AF459165

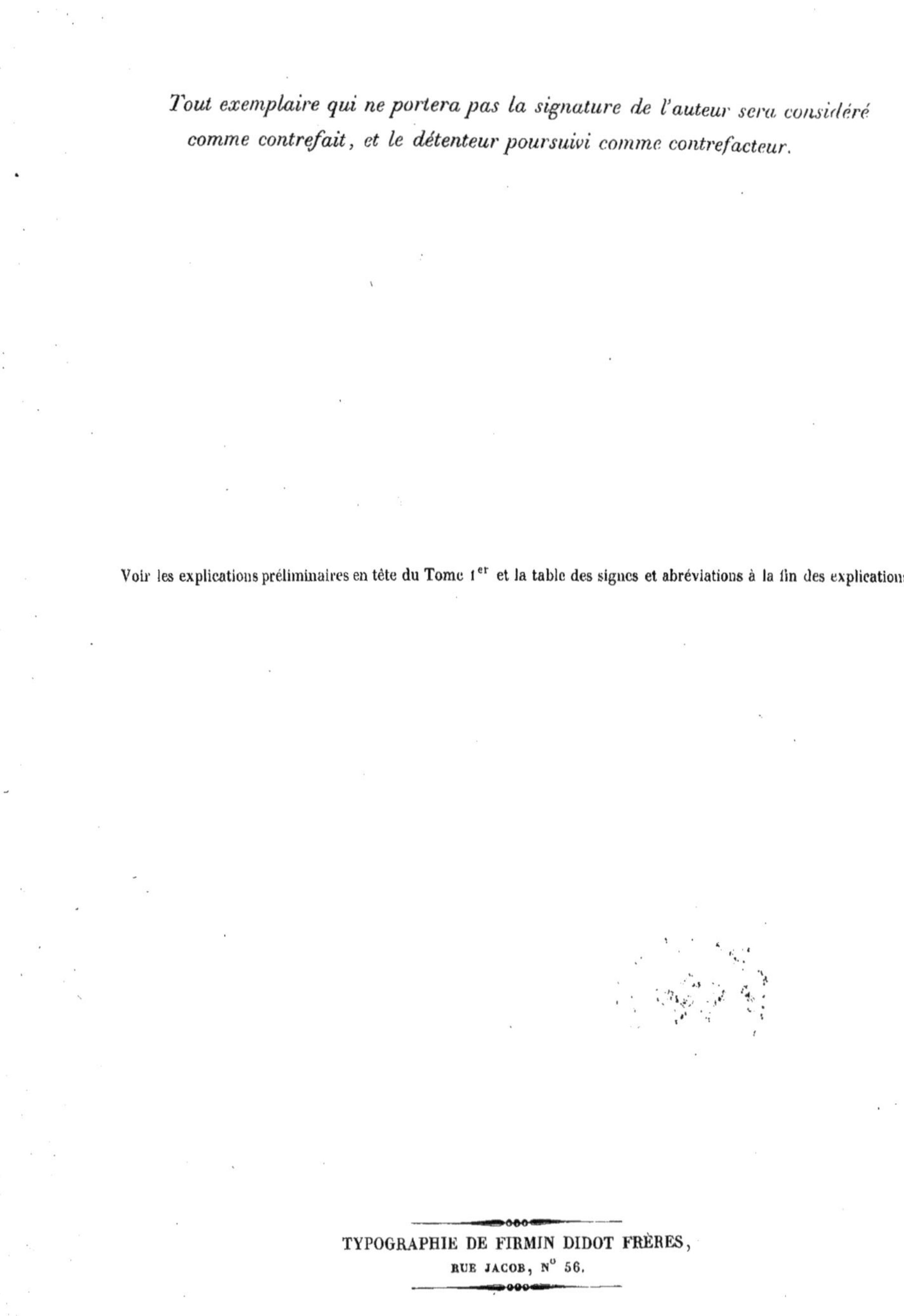

Voir les explications préliminaires en tête du Tome 1er et la table des signes et abréviations à la fin des explications.

TYPOGRAPHIE DE FIRMIN DIDOT FRÈRES,

RUE JACOB, N° 56.

ENCYCLOPÉDIE
DES LOIS.

DICTIONNAIRE GÉNÉRAL ANNOTÉ

Des Lois, Décrets, Ordonnances et Règlements,

DEPUIS 1788 JUSQUES ET Y COMPRIS LA SESSION DE 1837,

AVEC SUITE A PARTIR DE 1838.

PAR JULES FORFELIER, AVOCAT,

Précédée d'une Introduction,

PAR **M. TESTE**, AVOCAT, MEMBRE DE LA CHAMBRE DES DÉPUTÉS,

SUIVIE D'UNE TABLE CHRONOLOGIQUE.

TOME DEUXIÈME.

(2e PARTIE. VOL. IV.)

PARIS,

CHEZ MM. FIRMIN DIDOT FRÈRES, RUE JACOB, 56,

CHEZ L'AUTEUR, RUE FEYDEAU, 22,

A LA SOCIÉTÉ DE L'ENCYCLOPÉDIE DES LOIS, RUE FEYDEAU, 22,

ET CHEZ TOUS LES LIBRAIRES DE JURISPRUDENCE.

1837.

ENCYCLOPÉDIE

DES LOIS.

CONSTITUTION D'AVOUÉ.

Voy. AVOUÉ : C. Pr. art. 75 et 76 ; — TARIF, art. 67, 68, 70, 81, 92, 97, 132.

CONSTITUTION CIVILE
DU CLERGÉ (1).

9-27 NOVEMBRE 1789. — *Décret qui prohibe la disposition de tous bénéfices, à l'exception des cures.* (L. 1, 348 ; Baud. 1, 163.)

L'Assemblée nationale a décrété que le roi serait supplié de surseoir à toute nomination de bénéfice, excepté toutefois les cures ; qu'il serait pareillement sursis à toute nomination et disposition, de quelque nature qu'elle puisse être, de tous titres a collation ou patronage ecclésiastique qui ne sont pas a charge d'âmes.

11-21 AVRIL 1790. — *Décret portant qu'en cas de vacance de titre de bénéfices-cures dans les églises paroissiales où il y en a plusieurs, il sera sursis à toute nomination.* (L. 1, 725 ; Baud. II, 270.)

L'Assemblée nationale décrète ce qui suit : Dans toutes les églises paroissiales ou il y a deux ou plusieurs titres de bénéfices-cures, il sera par provision, en cas de vacance par mort, démission ou autrement, d'un des titres, sursis à toute nomination, collation et provision.

13 AVRIL 1790. — *Décret au sujet de la motion faite sur la religion catholique.* (Baud. II, 273.)

L'Assemblée nationale, considérant qu'elle n'a et ne peut avoir aucun pouvoir à exercer sur les consciences et sur les opinions religieuses ; que la majesté de la religion et le respect profond qui lui est dû, ne permettent point qu'elle devienne un sujet de délibération ; considérant que l'attachement de l'Assemblée nationale au culte apostolique, catholique et romain, ne saurait être mis en doute, au moment ou ce culte seul va être mis par elle à la première place des dépenses publiques, et ou, par un mouvement unanime de respect, elle a exprimé ses sentiments de la seule manière qui puisse convenir à la dignité de la religion et au caractère de l'Assemblée nationale,

Décrète qu'elle ne peut ni ne doit délibérer sur la motion proposée, et qu'elle va reprendre l'ordre du jour concernant les biens ecclésiastiques.

12-24 JUILLET 1790. — *Décret sur la constitution civile du clergé et la fixation de son traitement.* (L. 1, 1314 ; Baud. IV, 68.)

L'Assemblée nationale, après avoir entendu le rapport de son comité ecclésiastique, a décrété et décrète ce qui suit, comme articles constitutionnels :

TITRE Ier.

Des offices ecclésiastiques.

Art. 1er. Chaque département formera un seul diocese, et chaque diocèse aura la même étendue et les mêmes limites que le département.

2. Les siéges des évêchés des quatre-vingt-trois départements du royaume seront fixés, savoir :

Celui du département de la Seine-Inférieure, à Rouen ; du Calvados, à Bayeux ; de la Manche, à Coutances ; de l'Orne, à Séez ; de l'Eure, à Évreux ; de l'Oise, à Beauvais ; de la Somme, à Amiens ; du Pas-de-Calais, à Saint-Omer ; de la Marne, à Reims ; de la Meuse, à Verdun ; de la Meurthe, à Nancy ; de la Moselle, à Metz ; des Ardennes, à Sedan ; de l'Aisne, à Soissons ; du Nord, à Cambrai ; du Doubs, à Besançon ; du Haut-Rhin, à Colmar ; du Bas-Rhin, à Strasbourg ; des Vosges, à Saint-Diez ; de la Haute-Saône, à Vesoul ; de la Haute-Marne, à Langres ; de la Côte-d'Or, à Dijon ; du Jura, à Saint-Claude ; d'Ille-et-Vilaine, à Rennes ; des Côtes-du-Nord, a Saint-Brieux ; du Finistère, à Quimper ; du Morbihan, à Vannes ; de la Loire-Inférieure, à Nantes ; de Maine-et-Loire à Angers ; de la Sarthe, au Mans ; de la Mayenne, a Laval ; de Paris, à Paris ; de Seine-et-Oise, à Versailles ; d'Eure-et-Loir, à Chartres ; du Loiret, à Orléans ; de l'Yonne, à Sens ; de l'Aube, à Troyes ; de Seine-et-Marne, à Meaux, du Cher, à Bourges ; de Loir-et-Cher, à Blois ; d'Indre-et-Loire, à Tours ; de la Vienne, à Poitiers ; de l'Indre, à Châteauroux ; de la Creuse, à Guéret ; de l'Allier, à Moulins ; de la Nièvre, à Nevers ; de la Gironde, à Bordeaux ; de la Vendée, à Luçon ; de la Charente-Inférieure, à Saintes ; des Landes, à Dax ; de Lot-et-Garonne, à Agen ; de la Dordogne, à Périgueux ; de la Corrèze, à Tulles ; de la Haute-Vienne, à Limoges ; de la Charente, à Angoulême ; des Deux-Sèvres, à Saint-Maixent ; de la Haute-Garonne, à Toulouse ; du Gers, à Auch ; des Basses-Pyrénées, à Oléron ; des Hautes-Pyrénées, à Tarbes ; de l'Ariége, à Pamiers ; des Pyrénées-Orientales, à Perpignan ; de l'Aude, à Narbonne ; de l'Aveyron, à Rodez ; du Lot, a Cahors ; du Tarn, à Alby ; des Bouches-du-Rhône, a Aix ; de Corse, à Bastia ; du Var, à Fréjus ; des Basses-Alpes, à Digne ; des Hautes-Alpes, à Embrun ; de la Drôme, à Valence ; de la Lozère, à Mende ; du Gard, à Nimes ; de l'Hérault, à Béziers ; de Rhône-et-Loire, à Lyon ; du Puy-de-Dôme à Clermont ; du Cantal, à Saint-Flour ; de la Haute-Loire, au Puy ; de l'Ardèche, à Viviers ; de l'Isère, à Grenoble ; de l'Ain, à Bellay ; de Saône-et-Loire, à Autun.

Tous les autres évêchés existant dans les quatre-vingt-trois départements du royaume, et qui ne sont pas nommément compris au présent article, sont et demeurent supprimés.

Le royaume sera divisé en dix arrondissements métropolitains, dont les siéges seront Rouen, Reims, Besançon, Rennes, Paris, Bourges, Bordeaux, Toulouse, Aix et Lyon. Les métropoles auront la dénomination suivante :

Celle de Rouen sera appelée métropole des côtes de la Manche ; celle de Reims, métropole du nord-est ; celle de Besançon, métropole de l'est ; celle de Rennes, métropole du nord-ouest ; celle de Paris, métropole de Paris ; celle de Bourges, métropole du centre ; celle de Bordeaux, métropole du sud-ouest ; celle de Toulouse, métropole du sud ; celle d'Aix, métropole des côtes de la Méditerranée ; celle de Lyon, métropole du sud-est.

3. L'arrondissement de la métropole des côtes de la Manche comprendra les évêchés des départements de la Seine-Inférieure, du Calvados, de la Manche, de l'Orne, de l'Eure, de l'Oise, de la Somme, du Pas-de-Calais.

L'arrondissement de la métropole du nord-est comprendra les évêchés des départements de la Marne, de la Meuse, de la Meurthe, de la Moselle, des Ardennes, de l'Aisne, du Nord.

L'arrondissement de la métropole de l'est comprendra les évêchés des départements du Doubs, du Haut-Rhin, du Bas-Rhin, des Vosges, de la Haute-Saône, de la Haute-Marne, de la Côte-d'Or, du Jura.

L'arrondissement de la métropole du nord-ouest comprendra les évêchés des départements d'Ille-et-Vilaine, des Côtes-du-Nord, du Finistère, du Morbihan, de la Loire-Inférieure, de Maine-et-Loire, de la Sarthe, de la Mayenne.

L'arrondissement de la métropole de Paris comprendra les évêchés des départements de Paris, de Seine-et-Oise, d'Eure-et-Loir, du Loiret, de l'Yonne, de l'Aube, de Seine-et-Marne.

L'arrondissement de la métropole du centre comprendra les évêchés des départements du Cher, de Loir-et-Cher, d'Indre-et-Loire, de la Vienne, de l'Indre, de la Creuse, de l'Allier, de la Nièvre.

L'arrondissement de la métropole du sud-ouest comprendra les évêchés des départements de la Gironde, de la Vendée, de la Charente-Inférieure, des Landes, de Lot-et-Garonne, de la Dordogne, de la Corrèze, de la Haute-Vienne, de la Charente, des Deux-Sèvres.

L'arrondissement de la métropole du sud comprendra les évêchés des départements de la Haute-Garonne, du Gers, des Basses-Pyrénées, des Hautes-Pyrénées, de l'Ariége, des Pyrénées-Orientales, de l'Aude, de l'Aveyron, du Lot, du Tarn.

L'arrondissement de la métropole des côtes de la Méditerranée comprendra les évêchés des départements des Bouches-du-Rhône, de la Corse, du Var, des Basses-Alpes, des Hautes-Alpes, de la Drôme, de la Lozère, du Gard et de l'Hérault.

L'arrondissement de la métropole du sud-est comprendra les évêchés des départements de Rhône-et-Loire, du Puy-de-Dôme, du Cantal, de la Haute-Loire, de l'Ardèche, de l'Isère, de l'Ain, de Saône-et-Loire.

4. Il est défendu à toute église ou paroisse de France, et à tout citoyen français, de reconnaître, en aucun cas, et sous quelque prétexte que ce soit, l'autorité d'un évêque ordinaire ou métropolitain, dont le siége serait établi sous la dénomination d'une puissance étrangère, ni celle de ses délégués résidant en France ou ailleurs ; le tout sans préjudice de l'unité de foi et de la communion qui sera entretenue avec le chef visible de l'Église universelle, ainsi qu'il sera dit ci-après.

5. Lorsque l'évêque diocésain aura prononcé dans son synode sur des matières de sa compétence, il y aura lieu au recours au métropolitain, lequel prononcera dans le synode métropolitain.

6. Il sera procédé incessamment, et sur l'avis de l'évêque diocésain et de l'administration des districts, à une nouvelle formation et circonscription de toutes les paroisses du royaume ; le nombre et l'étendue en seront déterminés d'après les règles qui vont être établies.

7. L'église cathédrale de chaque diocèse sera ramenée à son état primitif, d'être en même temps église paroissiale et église épiscopale, par la suppression des paroisses, et par le démembrement des habitations qu'il sera jugé convenable d'y réunir.

8. La paroisse épiscopale n'aura pas d'autre pasteur immédiat que l'évêque. Tous les prêtres

(1) Nous avons réuni sous ce mot célèbre tous les actes qui ont eu pour objet de régler la *condition civile et politique* du clergé catholique jusqu'au concordat de 1801. — Les décrets relatifs aux biens du clergé se trouvent au mot BIENS NATIONAUX. — Voy. en outre CONCORDAT. CULTES.

IV.

qui y seront établis seront ses vicaires et en feront les fonctions.

9. Il y aura seize vicaires de l'église cathédrale dans les villes qui comprendront plus de dix mille âmes, et douze seulement où la population sera au-dessous de dix mille âmes.

10. Il sera conservé ou établi dans chaque diocèse un seul séminaire pour la préparation aux ordres, sans entendre rien préjuger, quant à présent, sur les autres maisons d'instruction et d'éducation.

11. Le séminaire sera établi, autant que faire se pourra, près de l'église cathédrale, et même dans l'enceinte des bâtiments destinés à l'habitation de l'évêque.

12. Pour la conduite et l'instruction des jeunes élèves reçus dans le séminaire, il y aura un vicaire supérieur et trois vicaires directeurs subordonnés à l'évêque.

13. Les vicaires supérieurs et vicaires directeurs sont tenus d'assister, avec les jeunes ecclésiastiques du séminaire, à tous les offices de la paroisse cathédrale, et d'y faire toutes les fonctions dont l'évêque ou son premier vicaire jugera à propos de les charger.

14. Les vicaires des églises cathédrales, les vicaires supérieurs et vicaires directeurs du séminaire, formeront ensemble le conseil habituel et permanent de l'évêque, qui ne pourra faire aucun acte de juridiction, en ce qui concerne le gouvernement du diocèse et du séminaire, qu'après en avoir délibéré avec eux; pourra néanmoins l'évêque, dans le cours de ses visites, rendre seul telles ordonnances provisoires qu'il appartiendra.

15. Dans toutes les villes et bourgs qui ne comprendront pas plus de six mille âmes, il n'y aura qu'une seule paroisse; les autres paroisses seront supprimées et réunies à l'église principale.

16. Dans les villes où il y a plus de six mille âmes, chaque paroisse pourra comprendre un plus grand nombre de paroissiens, et il en sera conservé ou établi autant que les besoins des peuples et les localités le demanderont.

17. Les assemblées administratives, de concert avec l'évêque diocésain, désigneront à la prochaine législature les paroisses, annexes ou succursales des villes ou de campagne qu'il conviendra de réserver ou d'étendre, d'établir ou de supprimer; et ils en indiqueront les arrondissements d'après ce que demanderont les besoins des peuples, la dignité du culte et les différentes localités.

18. Les assemblées administratives et l'évêque diocésain pourront même, après avoir arrêté entre eux la suppression et réunion d'une paroisse, convenir que, dans les lieux écartés, ou qui, pendant une partie de l'année, ne communiqueraient que difficilement avec l'église paroissiale, il sera établi ou conservé une chapelle où le curé enverra les jours de fêtes ou de dimanches un vicaire pour y dire la messe et faire au peuple les instructions nécessaires.

19. La réunion qui pourra se faire d'une paroisse à une autre, emportera toujours la réunion des biens de la fabrique de l'église supprimée, à la fabrique de l'église où se fera la réunion.

20. Tous titres et offices, autres que ceux mentionnés en la présente constitution, les dignités, canonicats, prébendes, demi-prébendes, chapelles, chapellenies, tant des églises cathédrales que des églises collégiales, et tous chapitres réguliers et séculiers de l'un et de l'autre sexe, les abbayes et prieurés en règle ou en commende, aussi de l'un et de l'autre sexe, et tous autres bénéfices et prestimonies généralement quelconques, de quelque nature et sous quelque dénomination que ce soit, sont, à compter du jour de la publication du présent décret, éteints et supprimés, sans qu'il puisse jamais en être établi de semblables.

21. Tous bénéfices en patronage laïque sont soumis à toutes les dispositions des décrets concernant les bénéfices de pleine collation ou de patronage ecclésiastique.

22. Sont pareillement compris auxdites dispositions tous titres et fondations de pleine collation laïcale, excepté les chapelles actuellement desservies, dans l'enceinte des maisons particulières, par un chapelain ou desservant à la seule disposition du propriétaire.

23. Le contenu dans les articles précédents aura lieu, nonobstant toutes clauses, même de réversion, apposées dans les actes de fondation.

24. Les fondations de messes et autres services, acquittés présentement dans les églises paroissiales par les curés et par les prêtres qui y sont attachés sans être pourvus de leurs places en titre perpétuel de bénéfice, continueront provisoirement à être acquittées et payées comme par le passé; sans néanmoins que, dans les églises où il est établi des sociétés de prêtres non pourvus en titre perpétuel de bénéfice, et connus sous les divers noms de filleuls agrégés, familiers, communalistes, mépartistes, chapelains ou autres, ceux d'entre eux qui viendront à mourir ou à se retirer puissent être remplacés.

25. Les fondations faites pour subvenir à l'éducation des parents des fondateurs, continueront d'être exécutées conformément aux dispositions écrites dans les titres de fondation; et à l'égard de toutes autres fondations pieuses, les parties intéressées présenteront leurs mémoires aux assemblées de département, pour, sur leur avis et celui de l'évêque diocésain, être statué par le corps législatif sur leur conservation ou leur remplacement.

TITRE II.

Nomination aux bénéfices.

Art. 1er. A compter du jour de la publication du présent décret, on ne connaîtra qu'une seule manière de pourvoir aux évêchés et aux cures, c'est à savoir la forme des élections.

2. Toutes les élections se feront par la voie du scrutin et à la pluralité absolue des suffrages.

3. L'élection des évêques se fera dans la forme prescrite et par le corps électoral indiqué, dans le décret du 22 décembre 1789, pour la nomination des membres de l'assemblée de département.

4. Sur la première nouvelle que le procureur général syndic du département recevra de la vacance du siége épiscopal, par mort, démission ou autrement, il en donnera avis aux procureurs syndics des districts, à l'effet par eux de convoquer les électeurs qui auront procédé à la dernière nomination des membres de l'assemblée administrative; et en même temps il indiquera le jour où devra se faire l'élection de l'évêque, lequel sera au plus tard le troisième dimanche après la lettre d'avis qu'il écrira.

5. Si la vacance du siége épiscopal arrivait dans les quatre derniers mois de l'année où doit se faire l'élection des membres de l'administration du département, l'élection de l'évêque serait différée et renvoyée à la prochaine assemblée des électeurs.

6. L'élection de l'évêque ne pourra se faire ou être commencée qu'un jour de dimanche, dans l'église principale du chef-lieu du département, à l'issue de la messe paroissiale, à laquelle seront tenus d'assister tous les électeurs.

7. Pour être éligible à un évêché, il sera nécessaire d'avoir rempli, au moins pendant quinze ans, les fonctions du ministère ecclésiastique dans le diocèse, en qualité de curé, de desservant ou de vicaire, ou comme vicaire supérieur, ou comme vicaire directeur du séminaire.

8. Les évêques dont les siéges sont supprimés par le présent décret, pourront être élus aux évêchés actuellement vacants, ainsi qu'à ceux qui vaqueront par la suite, ou qui sont érigés en quelques départements, encore qu'ils n'eussent pas quinze années d'exercice.

9. Les curés et autres ecclésiastiques qui, par l'effet de la nouvelle circonscription des diocèses, se trouveront dans un diocèse différent de celui où ils exerçaient leurs fonctions, seront réputés les avoir exercées dans leur nouveau diocèse, et ils y seront en conséquence éligibles, pourvu qu'ils aient d'ailleurs le temps d'exercice ci-devant exigé.

10. Pourront aussi être élus les curés actuels qui auraient dix années d'exercice dans une cure du diocèse, encore qu'ils n'eussent pas auparavant rempli les fonctions de vicaire.

11. Il en sera de même des curés dont les paroisses auraient été supprimées en vertu du présent décret, et il leur sera compté comme temps d'exercice celui qui se sera écoulé depuis la suppression de leur cure.

12. Les missionnaires, les vicaires généraux des évêques, les ecclésiastiques desservant les hôpitaux, ou chargés de l'éducation publique, seront pareillement éligibles, lorsqu'ils auront rempli leurs fonctions pendant quinze ans, à compter de leur promotion au sacerdoce.

13. Seront pareillement éligibles tous dignitaires, chanoines ou en général tous bénéficiers et titulaires qui étaient obligés à résidence, ou exerçaient des fonctions ecclésiastiques, et dont les bénéfices, titres, offices ou emplois se trouvent supprimés par le présent décret, lorsqu'ils auront quinze années d'exercice, comptées comme il est dit des curés dans l'article précédent.

14. La proclamation de l'élu se fera par le président de l'assemblée électorale, dans l'église où l'élection aura été faite, en présence du peuple et du clergé, et avant de commencer la messe solennelle qui sera célébrée à cet effet.

15. Le procès-verbal de l'élection et de la proclamation sera envoyé au roi par le président de l'assemblée des électeurs, pour donner à Sa Majesté connaissance du choix qui aura été fait.

16. Au plus tard dans le mois qui suivra son élection, celui qui aura été élu à un évêché se présentera en personne à son évêque métropolitain; et s'il est élu pour le siége de la métropole, au plus ancien évêque de l'arrondissement, avec le procès-verbal d'élection et de proclamation; et il le suppliera de lui accorder la confirmation canonique.

17. Le métropolitain ou l'ancien évêque aura la faculté d'examiner l'élu, en présence de son conseil, sur sa doctrine et ses mœurs : s'il le juge capable, il lui donnera l'institution canonique; s'il croit devoir la lui refuser, les causes du refus seront données par écrit, signées du métropolitain et de son conseil, sauf aux parties intéressées à se pourvoir par voie d'appel comme d'abus, ainsi qu'il sera dit ci-après.

18. L'évêque à qui la confirmation sera demandée, ne pourra exiger de l'élu d'autre serment, sinon qu'il fait profession de la religion catholique, apostolique et romaine.

19. Le nouvel évêque ne pourra s'adresser au pape pour en obtenir aucune confirmation; mais il lui écrira comme au chef visible de l'Église universelle, en témoignage de l'unité de foi et de la communion qu'il doit entretenir avec lui.

20. La consécration de l'évêque ne pourra se faire que dans son église cathédrale, par son métropolitain, ou, à son défaut, par le plus ancien évêque de l'arrondissement de la métropole, assisté des évêques des deux diocèses les plus voisins, un jour de dimanche, pendant la messe paroissiale, en présence du peuple et du clergé.

21. Avant que la cérémonie de la consécration commence, l'élu prêtera, en présence des officiers municipaux, du peuple et du clergé, le serment solennel de veiller avec soin sur les fidèles du diocèse qui lui est confié, d'être fidèle à la nation, à la loi et au roi, et de maintenir de tout son pouvoir la constitution décrétée par l'Assemblée nationale et acceptée par le roi.

22. L'évêque aura la liberté de choisir les vicaires de son église cathédrale dans tout le clergé de son diocèse, à la charge par lui de ne pouvoir nommer que des prêtres qui auront exercé des fonctions ecclésiastiques au moins pendant dix ans. Il ne pourra les destituer que de l'avis de son conseil, et par une délibération qui y aura été prise à la pluralité des voix, en connaissance de cause.

23. Les curés actuellement établis en aucunes églises cathédrales, ainsi que ceux des paroisses qui seront supprimées pour être réunies à l'église cathédrale et en former le territoire, seront de plein droit, s'ils le demandent, les premiers vicaires de l'évêque, chacun suivant l'ordre de leur ancienneté dans les fonctions pastorales.

24. Les vicaires supérieurs et vicaires directeurs du séminaire seront nommés par l'évêque et son conseil, et ne pourront être destitués que de la même manière que les vicaires de l'église cathédrale.

25. L'élection des curés se fera dans la forme prescrite et par les électeurs indiqués, dans le décret du 22 décembre 1789, pour la nomination des membres de l'assemblée administrative du district.

26. L'assemblée des électeurs, pour la nomination aux cures, se formera tous les ans à l'époque de la formation des assemblées de district, quand même il n'y aurait qu'une seule cure vacante dans le district; à l'effet de quoi, les municipalités seront tenues de donner avis au procureur syndic du district de toutes les vacances de cures qui arriveront dans leur arrondissement, par mort, démission ou autrement.

27. En convoquant l'assemblée des électeurs, le procureur syndic enverra à chaque municipalité la liste de toutes les cures auxquelles il faudra nommer.

28. L'élection des curés se fera par scrutins séparés pour chaque cure vacante.

29. Chaque électeur, avant de mettre son bulletin dans le vase du scrutin, fera serment de ne nommer que celui qu'il aura choisi en son âme et conscience, comme le plus digne, sans y avoir été déterminé par dons, promesses, sollicitations ou menaces. Ce serment sera prêté pour l'élection des évêques comme pour celle des curés.

30. L'élection des curés ne pourra se faire ou être commencée qu'un jour de dimanche, dans la principale église du chef-lieu de district, à l'issue de la messe paroissiale, à laquelle tous les électeurs seront tenus d'assister.

31. La proclamation des élus sera faite par le président du corps électoral dans l'église principale, avant la messe solennelle qui sera célébrée à cet effet, et en présence du peuple et du clergé.

32. Pour être éligible à une cure, il sera nécessaire d'avoir rempli les fonctions de vicaire dans une paroisse ou dans un hôpital et autre maison de charité du diocèse, au moins pendant cinq ans.

33. Les curés dont les paroisses ont été supprimées en exécution du présent décret, pourront être élus, encore qu'ils n'eussent pas cinq années d'exercice dans le diocèse.

34. Seront pareillement éligibles aux cures tous ceux qui ont été ci-dessus déclarés éligibles aux évêchés, pourvu qu'ils aient aussi cinq années d'exercice.

35. Celui qui aura été proclamé élu à une cure, se présentera en personne à l'évêque, avec le procès-verbal de son élection et proclamation, à l'effet d'obtenir de lui l'institution canonique.

36. L'évêque aura la faculté d'examiner l'élu, en présence de son conseil, sur sa doctrine et ses mœurs; s'il le juge capable, il lui donnera l'institution canonique; s'il croit devoir la lui refuser, les causes du refus seront données par écrit, signées de l'évêque et de son conseil, sauf aux parties le recours à la puissance civile, ainsi qu'il sera dit ci-après.

37. En examinant l'élu qui lui demandera l'institution canonique, l'évêque ne pourra exiger de lui d'autre serment, sinon qu'il fait profession de la religion catholique, apostolique et romaine.

38. Les curés élus et institués prêteront le même serment que les évêques dans leur église, un jour de dimanche, avant la messe paroissiale, en présence des officiers municipaux du lieu, du peuple et du clergé. Jusque-là, ils ne pourront faire aucune fonction curiale.

39. Il y aura, tant dans l'église cathédrale que dans chaque église paroissiale, un registre particulier sur lequel le secrétaire-greffier de la municipalité du lieu écrira, sans frais, le procès-verbal de la prestation de serment de l'évêque ou du curé; et il n'y aura pas d'autre acte de prise de possession que ce procès-verbal.

40. Les évêchés et les cures seront réputés vacants jusqu'à ce que les élus aient prêté le serment ci-dessus mentionné.

41. Pendant la vacance du siége épiscopal, le premier, et à son défaut, le second vicaire de l'église cathédrale, remplacera l'évêque, tant pour ses fonctions curiales que pour les actes de juridiction qui n'exigent pas le caractère épiscopal; mais en tout, il sera tenu de se conduire par les avis du conseil.

42. Pendant la vacance d'une cure, l'administration de la paroisse sera confiée au premier vicaire, sauf à y établir un vicaire de plus, si la municipalité le requiert; et dans le cas où il n'y aurait pas de vicaire dans la paroisse, il y sera établi un desservant par l'évêque.

43. Chaque curé aura le droit de choisir ses vicaires; mais il ne pourra fixer son choix que sur des prêtres ordonnés ou admis pour le diocèse par l'évêque.

44. Aucun curé ne pourra révoquer ses vicaires que pour des causes légitimes, jugées telles par l'évêque et son conseil.

TITRE III.

Du traitement des ministres de la religion.

Art. 1er. Les ministres de la religion exerçant les premières et les plus importantes fonctions de la société, et obligés de résider continuellement dans le lieu du service auquel la confiance des peuples les a appelés, seront défrayés par la nation.

2. Il sera fourni à chaque évêque, à chaque curé et aux desservants des annexes et succursales, un logement convenable, à la charge par eux d'y faire toutes les réparations locatives, sans entendre rien innover, quant à présent, à l'égard des paroisses où le logement des curés est fourni en argent, et sauf aux départements à prendre connaissance des demandes qui seront formées par les paroisses et par les curés; il leur sera en outre assigné à tous le traitement qui va être réglé.

3. Le traitement des évêques sera, savoir :

Pour l'évêque de Paris, de cinquante mille livres;

Pour les évêques des villes dont la population est de cinquante mille âmes et au-dessus, de vingt mille livres;

Pour les autres évêques, de douze mille livres.

4. Le traitement des vicaires des églises cathédrales sera, savoir :

A Paris, pour le premier vicaire, de six mille livres;

Pour le second, de quatre mille livres;

Pour tous les autres vicaires, de trois mille livres.

Dans les villes dont la population est de cinquante mille âmes et au-dessus,

Pour le premier vicaire, de quatre mille livres;

Pour le second, de trois mille livres;

Pour tous les autres, de deux mille quatre cents livres.

Dans les villes dont la population est de moins de cinquante mille âmes,

Pour le premier vicaire, de trois mille livres;

Pour le second, de deux mille quatre cents livres;

Pour tous les autres, de deux mille livres.

5. Le traitement des curés sera, savoir : à Paris, de six mille livres;

Dans les villes dont la population est de cinquante mille âmes et au-dessus, de quatre mille livres;

Dans celles dont la population est de moins de cinquante mille âmes, et de plus de dix mille âmes, de trois mille livres;

Dans les villes et bourgs dont la population est au-dessous de dix mille âmes, et au-dessus de trois mille âmes, de deux mille quatre cents livres;

Dans toutes les autres villes et bourgs et dans les villages, lorsque la paroisse offrira une population de trois mille âmes et au-dessous, jusqu'à deux mille cinq cents, de deux mille livres; lorsqu'elle en offrira une de deux mille cinq cents âmes jusqu'à deux mille, de dix-huit cents livres; lorsqu'elle en offrira une de moins de deux mille et de plus de mille, de quinze cents livres; et lorsqu'elle en offrira une de mille âmes et au-dessous, de douze cents livres.

6. Le traitement des vicaires sera, savoir : à Paris, pour le premier vicaire, de deux mille quatre cents livres; pour le second, de quinze cents livres; pour tous les autres, de mille livres;

Dans les villes dont la population est de cinquante mille âmes et au-dessus, pour le premier vicaire, de douze cents livres; pour le second, de mille livres, et pour tous les autres, de huit cents livres;

Dans toutes les autres villes et bourgs où la population sera de plus de trois mille âmes, de huit cents livres pour les deux premiers vicaires, et de sept cents livres pour tous les autres;

Dans toutes les autres paroisses de ville et de campagne, de sept cents livres pour chaque vicaire.

7. Le traitement *en argent* des ministres de la religion leur sera payé d'avance, de trois mois en trois mois, par le trésorier du district, à peine par lui d'y être contraint par corps sur une simple sommation; et dans le cas où l'évêque, curé ou vicaire viendrait à mourir ou à donner sa démission avant la fin du dernier quartier, il ne pourra être exercé contre lui, ni contre ses héritiers, aucune répétition.

8. Pendant la vacance des évêchés, des cures et de tous offices ecclésiastiques payés par la nation, les fruits du traitement qui y est attaché seront versés dans la caisse du district, pour subvenir aux dépenses dont il va être parlé.

9. Les curés qui, à cause de leur grand âge ou de leurs infirmités, ne pourraient plus vaquer à leurs fonctions, en donneront avis au directoire du département, qui, sur les instructions de la municipalité et de l'administration du district, laissera à leur choix, s'il y a lieu, ou de prendre un vicaire de plus, lequel sera payé par la nation sur le même pied que les autres vicaires, ou de se retirer avec une pension égale au traitement qui aurait été fourni au vicaire.

10. Pourront aussi les vicaires, aumôniers des hôpitaux, supérieurs des séminaires, et autres exerçant des fonctions publiques, en faisant constater leur état de la manière qui vient d'être prescrite, se retirer avec une pension de la valeur du traitement dont ils jouissent, pourvu qu'il n'excède pas la somme de huit cents livres.

11. La fixation qui vient d'être faite du traitement des ministres de la religion, aura lieu à compter du jour de la publication du présent décret, mais seulement pour ceux qui seront pourvus par la suite d'offices ecclésiastiques. A l'égard des titulaires actuels, soit ceux dont les offices ou emplois sont supprimés, soit ceux dont les titres sont conservés, leur traitement sera fixé par un décret particulier.

12. Au moyen du traitement qui leur est assuré par la présente constitution, les évêques, les curés et leurs vicaires exerceront gratuitement les fonctions épiscopales et curiales.

TITRE IV.

Art. 1er. La loi de la résidence sera religieusement observée, et tous ceux qui seront revêtus d'un office ou emploi ecclésiastique y seront soumis sans aucune exception ni distinction.

2. Aucun évêque ne pourra s'absenter chaque année pendant plus de quinze jours consécutifs hors de son diocèse, que dans le cas d'une véritable nécessité, et avec l'agrément, du directoire de département dans lequel son siége sera établi.

3. Ne pourront pareillement les curés et les vicaires s'absenter du lieu de leurs fonctions au delà du terme qui vient d'être fixé, que pour des raisons graves; et même, en ce cas, seront tenus les curés d'obtenir l'agrément, tant de leur évêque, que du directoire de leur district; les vicaires, la permission de leurs curés.

4. Si un évêque ou un curé s'écartait de la loi de la résidence, la municipalité du lieu en donnerait avis au procureur général syndic du département, qui l'avertirait par écrit de rentrer dans son devoir, et, après la seconde monition, le poursuivrait pour le faire déclarer déchu de son traitement pour tout le temps de son absence.

5. Les évêques, les curés et les vicaires ne pourront accepter de charges, d'emplois ou de commissions qui les obligeraient de s'éloigner de leurs diocèses ou de leurs paroisses, ou qui les enlèveraient aux fonctions de leur ministère; et ceux qui en sont actuellement pourvus, seront tenus de faire leur option dans le délai de trois mois, à compter de la notification qui leur sera faite du présent décret par le procureur général syndic de leur département; sinon, et après l'expiration de ce délai, leur office sera réputé vacant, et il leur sera donné un successeur en la forme ci-dessus prescrite.

6. Les évêques, les curés et vicaires pourront, comme citoyens actifs, assister aux assemblées primaires et électorales, y être nommés électeurs, députés aux législatures, élus membres du conseil général de la commune et du conseil des administrations des districts et des départements; mais leurs fonctions sont déclarées incompatibles avec celles de maire et autres officiers municipaux, et de membres des directoires de district et de département; et s'ils étaient nommés, ils seraient tenus de faire leur option.

7. L'incompatibilité mentionnée dans l'article 6 n'aura effet que pour l'avenir; et si aucuns évêques, curés ou vicaires ont été appelés par les vœux de leurs concitoyens aux offices de maire et autres municipaux, ou nommés mempres des directoires de district et de département, ils pourront continuer d'en exercer les fonctions.

---

24 JUILLET — 24 AOUT 1790. — *Décret sur le traitement du clergé.* (L. I, 1314; Baud. IV, 133.)

L'Assemblée nationale a décrété et décrète ce qui suit :

Art. 1er. A compter du 1er janvier 1790, le traitement de tous évêques en fonctions est fixé ainsi qu'il suit :

Ceux dont tous les revenus ecclésiastiques ne vont pas à douze mille livres, auront cette somme.

Ceux dont les revenus excèdent cette somme,

auront douze mille livres, plus la moitié de l'excédant, sans que le tout puisse aller au delà de trente mille livres.

Celui de Paris aura soixante-quinze mille livres. Tous continueront à jouir des bâtiments et des jardins à leur usage qui sont dans la ville épiscopale.

2. Les évêques qui, par la suppression effective de leurs siéges, resteront sans fonctions, auront pour pension de retraite les deux tiers du traitement ci-dessus.

3. Le traitement des évêques conservés qui jugeraient à propos de donner leur démission, sera des deux tiers de celui dont ils auraient joui en restant en fonctions, pourvu toutefois que ces deux tiers n'excèdent pas la somme de dix mille livres.

4. Les curés actuels auront le traitement fixé par le décret général sur la nouvelle organisation du clergé : s'ils ne voulaient pas s'en contenter, ils auront, 1° douze cents livres; 2° la moitié de l'excédant de tous les revenus ecclésiastiques actuels, pourvu que le tout ne s'élève pas au delà de six mille livres. Ils continueront tous à jouir des bâtiments à leur usage, et des jardins dépendants de leurs cures, qui seront situés dans le chef-lieu de leurs bénéfices.

5. Le traitement des vicaires actuels sera le même que celui fixé par le décret général sur la nouvelle organisation du clergé.

6. Au moyen des traitements fixés par les précédents articles, tant en faveur des évêques que des curés et vicaires, la suppression du casuel, ainsi que des prestations qui se perçoivent sous le nom de mesures par feu, ménages, moissons, passion, ou sous telle autre dénomination que ce puisse être, aura lieu à compter du 1er janvier 1791; jusqu'à cette époque, ils continueront de les percevoir.

Les droits attribués aux fabriques continueront d'être payés, même après ladite époque, suivant les tarifs et règlements.

7. Les traitements qui viennent d'être déterminés pour les curés et les vicaires auront lieu à compter du 1er janvier 1791.

8. En ce qui concerne la présente année, les curés auront, outre leur casuel, savoir, ceux dont le revenu excède douze cents livres, 1° ladite somme de douze cents livres, 2° la moitié de l'excédant, pourvu que le tout n'aille pas à plus de six mille livres.

A l'égard de ceux dont le revenu est inférieur à douze cents livres, ladite somme leur sera payée comme il suit : ils toucheront d'abord ce qu'ils étaient dans l'usage de recevoir, ainsi et de la manière qu'ils le recevaient par le passé, et le surplus leur sera compté dans les six premiers mois de 1791, par les receveurs des districts.

9. Les vicaires des villes, outre leur casuel, jouiront, aussi pendant la présente année, de la somme qu'on était dans l'usage de leur payer. A l'égard de ceux des campagnes, ils auront, outre leur casuel, la somme de sept cents livres qui leur sera payée de la manière portée par l'article ci-dessus.

10. Les abbés et prieurs commendataires, les dignitaires, chanoines prébendés, semi-prébendés, chapelains, officiers ecclésiastiques, pourvus de titres dans les chapitres supprimés, et tous autres bénéficiers généralement quelconques, dont les revenus ecclésiastiques n'excèdent pas mille livres, n'éprouveront aucune réduction.

Ceux dont les revenus excèdent ladite somme auront, 1° mille livres, 2° la moitié du surplus, sans que le tout puisse aller au delà de six mille livres, ce qui aura lieu à compter du 1er janvier 1791.

11. Dans les chapitres où les revenus sont partagés par les statuts en prébendes inégales, auxquelles on parvient successivement par option ou par ancienneté, le sort de chaque chanoine sera déterminé sur le pied de ce dont il jouit actuellement; mais lorsqu'un des anciens chanoines mourra, son traitement passera au plus ancien des chanoines dont le traitement se trouvera inférieur, et ainsi successivement; de sorte que le traitement qui était le moindre sera le seul qui cessera.

La faculté de parvenir à un traitement plus considérable n'aura lieu qu'en faveur des chanoines qui seront engagés dans les ordres sacrés.

12. Dans les chapitres où, par les statuts ou l'usage, les prébendes des nouveaux chanoines sont pendant un temps déterminé partagées en tout ou en partie entre les anciens chanoines, on n'aura aucun égard à cet usage, et le traitement de chaque chanoine sera fixé sur le pied d'une simple prébende.

13. Il pourra être accordé, sur l'avis des directoires de département et de district, aux ecclésiastiques qui, sans être pourvus de titres quelconques, sont attachés à des chapitres, sous le nom d'habitués ou sous toute autre dénomination, ainsi qu'aux officiers laïques, organistes, musiciens et autres personnes employées pour le service divin et aux gages desdits chapitres séculiers et réguliers, un traitement, soit en gratification, soit en pension, suivant le temps et la nature de leurs services, eu égard à leur âge et à leurs infirmités; et cependant les appointements ou traitements dont ils jouissent leur seront payés la présente année.

14. Les abbés réguliers perpétuels et les chefs d'ordres inamovibles jouiront, à compter de l'époque qui sera déterminée pour les pensions des religieux; savoir, ceux dont les maisons ont un revenu de dix mille livres, d'une somme de deux mille livres; et ceux dont la maison a un revenu plus considérable, du tiers de l'excédant, sans que le tout puisse aller au delà de six mille livres.

15. Après le décès des titulaires des bénéfices supprimés, les coadjuteurs entreront en jouissance d'un traitement à raison du produit particulier du bénéfice, lequel traitement sera fixé à la moitié de ceux décrétés par les articles précédents. Dans le cas néanmoins où les coadjuteurs auraient d'ailleurs, à raison d'autres bénéfices ou pensions, un traitement actuel égal à celui ci-dessus, ils n'auront plus rien à prétendre; et s'il est inférieur, il sera augmenté jusqu'à concurrence de la moitié des traitements décrétés par les précédents articles.

16. A compter du 1er janvier 1790, les évêques qui se sont anciennement démis, les coadjuteurs des évêques, les évêques suffragants de Trèves et de Bâle résidants en France, jouiront d'un traitement annuel de dix mille livres, pourvu que leur revenu ecclésiastique actuel en bénéfices ou pensions monte à cette somme; et si ce revenu est inférieur, ils n'auront de traitement qu'à concurrence de ce revenu. Leur traitement, comme coadjuteurs, cessera lorsqu'ils auront un traitement effectif.

17. Les ecclésiastiques qui n'ont d'autres revenus ecclésiastiques que des pensions sur bénéfices, continueront d'en jouir, pourvu qu'elles n'excèdent pas mille livres; et si elles excèdent ladite somme, ils jouiront, 1° de mille livres, 2° de la moitié de l'excédant, pourvu que le tout n'aille pas au delà de trois mille livres. La réduction déterminée par cet article aura lieu à compter du 1er janvier 1790.

18. Les pensions sur bénéfices dont les biens se trouveront régis par les économats, seront aussi continuées dans les mêmes proportions que ci-dessus.

19. Il en sera de même des pensions retenues suivant les lois canoniques, ensuite de résignation ou permutation tant des cures que d'autres bénéfices.

20. Les pensions assignées sur la caisse des économats, le clergé et autres biens ecclésiastiques, ainsi que les indemnités, dons, aumônes ou gratifications dont les revenus ecclésiastiques quelconques peuvent être chargés, seront réglés incessamment sur le rapport du comité des pensions assignées sur le trésor public.

21. Toutes les pensions, excepté celles créées par les curés ensuite de résignation ou permutation de leur cure, et celles qui n'étaient sujettes à aucune retenue, continueront de n'être comptées dans tous les cas que pour leur valeur réelle, c'est-à-dire, déduction faite des trois dixièmes dont la retenue était ordonnée.

22. Pour parvenir à fixer les divers traitements réglés par les articles précédents, chaque titulaire dressera, d'après les baux actuellement existants, pour les objets tenus à bail ou ferme, et d'après les comptes de régie et exploitation, pour les autres objets, un état estimatif de tous les revenus ecclésiastiques dont il jouit, ainsi que des charges dont il est grevé : ledit état sera communiqué aux municipalités des lieux où les biens sont situés, pour être contredit ou approuvé; et le directoire du département dans lequel se trouve le chef-lieu du bénéfice, donnera sa décision, après avoir pris l'avis du directoire de district.

23. Seront compris dans la masse des revenus ecclésiastiques dont jouit chaque corps ou chaque individu, les pensions sur bénéfices, les dîmes, les déports qui formaient l'unique dotation des archidiacres et archiprêtres; mais le casuel, ainsi que le produit des droits supprimés sans indemnité, ne pourront y entrer.

24. Les portions congrues, y compris leur augmentation, les pensions dont le titulaire est grevé, les frais du culte divin, la dépense pour le bas-chœur et les musiciens, lorsque les corps ou les titulaires en seront chargés, et toutes les autres charges réelles ordinaires et annuelles, seront déduites sur ladite masse. Le traitement sera ensuite fixé sur ce qui restera d'après les proportions réglées par les articles précédents.

25. La réduction qui sera faite à raison de l'augmentation des portions congrues, ne pourra néanmoins opérer la diminution des traitements des titulaires actuels au-dessous du *minimum* fixé pour chaque espèce de bénéfice.

26. Les titulaires qui tiendront des maisons de leurs corps à titre de vente à vie ou à bail à vie, en jouiront jusqu'à leur décès, à la charge de payer incessamment au receveur de district où se trouvera le chef-lieu du bénéfice, le prix de la vente dont ils seraient en arrière, et le prix du bail aux termes y portés.

27. A l'égard des chapitres dans lesquels des titres de fondation ou donation, des statuts homologués par arrêt ou revêtus de lettres patentes dûment enregistrées, ou un usage immémorial donnaient à l'acquéreur d'une maison canoniale, à ses héritiers ou ayants cause, un droit à la totalité ou à une partie du prix de la revente de cette maison, ces titres et statuts seront exécutés suivant leur forme et teneur, et l'usage immémorial sera suivi comme par le passé. En conséquence, les titulaires possesseurs desdites maisons, leurs héritiers ou ayants cause, pourront en disposer comme bon leur semblera, à la charge par eux de payer au receveur du district, outre ce qui sera porté dans les titres et statuts ou réglé par l'usage immémorial, le sixième de la valeur des maisons, suivant l'estimation qui en sera faite; et dans le cas où le droit n'existerait pas, les titulaires possesseurs n'auront que la jouissance accordée par l'article précédent.

28. Les donateurs desdites maisons et autres qui prétendront avoir droit de toucher une somme à chaque mutation, ou d'autres droits quelconques sur lesdites maisons, ne pourront exercer leurs actions que contre les titulaires auxquels il est permis d'en disposer par l'article 27 ci-dessus, sauf à ceux-ci leurs exceptions et défenses au contraire.

29. Les titulaires des bénéfices supprimés qui justifieraient en avoir bâti ou reconstruit entièrement à neuf la maison d'habitation à leurs frais, jouiront pendant leur vie de ladite maison.

30. Néanmoins, lors de l'aliénation qui sera faite, en vertu des décrets de l'Assemblée, des maisons dont la jouissance est laissée aux titulaires, ils seront indemnisés de la valeur de ladite jouissance, sur l'avis des administrations de district et de département.

31. Les maisons dont la jouissance ou la disposition est accordée aux titulaires par les articles 25, 26 et 28, n'entreront pour rien dans la composition de la masse de leurs revenus ecclésiastiques, qui sera faite pour la fixation de leur traitement; et ceux auxquels la jouissance en est accordée, tant qu'ils jouiront, resteront obligés à toutes les réparations et à toutes les charges.

32. Les revenus des bénéfices dont le titre est en litige n'entreront dans la formation de la masse à faire pour fixer le traitement des prétendants auxdits bénéfices, que pour mémoire, jusqu'au jugement du procès; sauf, après la décision, à accorder le traitement résultant desdits bénéfices à qui de droit; et les compétiteurs ne pourront faire juger que contradictoirement avec le procureur général syndic du département où s'en trouvera le chef-lieu.

33. Les titulaires qui sont autorisés à continuer, pour la présente année seulement, la régie et l'exploitation de leurs biens, retiendront par leurs mains les traitements fixés par les articles précédents, et les autres seront payés desdits traitements à la caisse du district, sur les premiers deniers qui seront versés par les fermiers ou locataires.

34. Tous ceux auxquels il est accordé des traitements ou pensions de retraite, et qui dans la suite seraient pourvus d'offices ou emplois dans

le service, ne conserveront que le tiers du traitement qui leur est accordé par le présent décret, et ils jouiront de la totalité de celui attribué à la place dont ils rempliront les fonctions. Dans le cas où ils se trouveraient de nouveau sans office ou emploi du même genre, ils reprendraient la jouissance de leur pension de retraite.

35. La moitié de la somme formant le *minimum* du traitement attribué à chaque classe d'ecclésiastiques, tant en activité que sans fonctions, sera insaisissable.

36. Les administrateurs de département et de district prendront la régie des bâtiments et édifices qui leur a été confiée par les décrets des 14 et 20 avril dernier, dans l'état où ils se trouveront; en conséquence, les bénéficiers actuels, maisons, corps et communautés, ne seront inquiétés en aucune manière pour les réparations qu'ils auraient dû faire.

37. Néanmoins ceux desdits bénéficiers qui auraient reçu de leurs prédécesseurs ou de leurs représentants des sommes ou valeurs moyennant lesquelles ils se seraient chargés en tout ou partie desdites réparations, seront tenus de prouver qu'ils ont rempli leurs engagements; et ceux qui ont obtenu des coupes de bois pour faire aucunes réparations ou réédifications, seront tenus d'en rendre compte au directoire de district du chef-lieu du bénéfice.

38. A dater du 1er janvier 1791, les traitements seront payés de trois mois en trois mois; savoir, aux évêques, curés et vicaires, par le receveur de leur district; et à tous les autres, ainsi qu'aux titulaires et aux pensionnaires, par le receveur du district dans lequel ils fixeront leur domicile; et seront les quittances allouées pour comptant aux receveurs qui auront payé.

39. Les évêques et les curés conservés dans leurs fonctions ne pourront recevoir leur traitement qu'au préalable ils n'aient prêté le serment prescrit par les articles 21 et 38 du titre II du décret sur la constitution du clergé.

40. Les administrateurs et desservants des églises catholiques établies dans l'étranger, notamment dans les lieux restitués à l'empire par le traité de Riswick, continueront de recevoir comme par le passé, des mains du receveur du district le plus prochain, le même traitement qui leur a été payé sur les deniers publics levés en France. Le directoire du département, sur l'avis du directoire du district, ordonnera et fera fournir par le même receveur ce qui sera nécessaire pour les frais du culte dans lesdites églises, conformément à l'usage, le tout provisoirement et jusqu'à ce que l'Assemblée ait pris un parti définitif.

3-24 AOUT 1790. — *Décret concernant le traitement du clergé.* (L. I, 1314; Baud. V, 25.)

L'Assemblée nationale, expliquant différents articles de son décret du 24 juillet dernier, sur le traitement du clergé actuel, décrète ce qui suit :

Art. 1er. Le traitement des vicaires des villes, pour la présente année, sera, suivant l'article 9 du décret du 24 juillet dernier, outre leur casuel, de la même somme qu'ils sont en usage de recevoir; et dans le cas où cette somme, réunie à leur casuel, ne leur produirait pas celle de sept cents livres, ce qui s'en manquera leur sera payé dans les six premiers mois de l'année 1791.

2. Si les titulaires de bénéfices éprouvent dans leur traitement une diminution résultant de celle qui proviendra de l'augmentation des portions congrues des curés jusqu'à concurrence de cinq cents livres, et des vicaires jusqu'à concurrence de trois cent cinquante livres, et du retranchement des droits supprimés sans indemnité, les pensionnaires supporteront une diminution proportionnelle à celle des titulaires, sur leurs revenus provenant des bénéfices sujets à pension.

3. La réduction qui sera faite par le retranchement des droits supprimés sans indemnité, ne pourra, de même que celle mentionnée dans l'article 25 dudit décret, et résultant de ladite augmentation des portions congrues, opérer la diminution des traitements des titulaires ni des pensions au-dessus du *minimum* fixé pour chaque espèce de bénéfices et pour les pensions.

4. Les évêques et les curés qui auraient été pourvus, à compter du 1er janvier 1790 jusqu'au jour de la publication du décret du 12 juillet suivant, sur l'organisation nouvelle du clergé, n'auront d'autre traitement que celui attribué à chaque espèce d'office par le même décret.

5. A l'égard des titulaires des autres espèces de bénéfices en patronage laïque ou de collation laïcale, qui auraient été pourvus dans le même intervalle de temps, autrement que par voie de permutation des bénéfices qu'ils possédaient avant le 1er janvier 1790, ils n'auront d'autre traitement que celui accordé par l'article 10 du décret du 24 juillet, sans que le *maximum* puisse s'élever au delà de mille livres.

Quant à ceux qui auraient été pourvus pendant ledit temps, par voie de permutation, de bénéfices du genre ci-dessus, qu'ils possédaient avant le 1er janvier 1790, le *maximum* de leur traitement pourra, suivant ledit article 10, s'élever à la somme de six mille livres.

6. Les bénéficiers dont les revenus anciens auraient pu augmenter en conséquence d'unions légitimes et consommées, mais dont l'effet se trouverait suspendu en tout ou en partie par la jouissance réservée aux titulaires dont les bénéfices avaient été supprimés et unis, recevront, au décès desdits titulaires, une augmentation de traitement proportionnelle à ladite jouissance, sans que cette augmentation puisse porter leur traitement au delà du *maximum* déterminé pour chaque espèce de bénéfices.

---

6 et 11-24 AOUT 1790. — *Décret pour accélérer la liquidation et le payement du traitement du clergé.* (L. I, 1314.)

L'Assemblée nationale, ouï le rapport de son comité ecclésiastique, voulant accélérer la fixation des traitements accordés aux ecclésiastiques par ses précédents décrets, désirant aussi en faciliter l'acquittement pour la présente année et celles à venir, et connaître la dépense de l'année 1791, tant pour ces traitements que pour les pensions des ordres religieux, décrète ce qui suit :

Art. 1er. Dans le mois, à compter de la publication du présent décret, tous ceux à qui il a été accordé des traitements ou pensions, seront tenus, pour satisfaire à l'article 22 du décret du 24 juillet dernier, de se conformer à ce qui est réglé ci-après, à défaut de quoi ils ne seront point compris dans les états dont il sera parlé dans les articles suivants.

2. Les évêques et les curés conservés dans leurs fonctions adresseront au directoire du district de leur résidence l'état de tous les revenus et pensions dont ils jouissaient, duquel état le secrétaire du district leur donnera son récépissé.

3. Les membres de chapitres et de tous autres corps, ainsi que les ecclésiastiques et les personnes qui leur sont attachées, et qui sont autorisées, par l'article 13 du décret du 24 juillet dernier, à présenter des mémoires pour obtenir des traitements, pensions ou gratifications, s'adresseront au directoire du district desdits établissements, dans quelque endroit que soient leurs revenus, tant en pensions qu'autrement.

4. Les titulaires qui n'avaient qu'un bénéfice sans pensions ou avec des pensions, s'adresseront au directoire du district du chef-lieu de ce bénéfice.

5. Ceux qui en avaient plusieurs, également sans pensions ou avec des pensions, s'adresseront au directoire de district dans lequel se trouvera le chef-lieu du bénéfice du plus grand produit.

6. Les ecclésiastiques qui n'ont que des pensions, et qui n'en ont que sur un bénéfice, s'adresseront, pour les faire régler, au directoire du district auquel le titulaire doit présenter l'état de ses revenus ecclésiastiques.

7. Quant à ceux qui en ont sur plusieurs bénéfices, ils s'adresseront au directoire du district dans lequel se trouvera le chef-lieu du bénéfice sur lequel sera assignée la plus forte pension, à la charge de rappeler la nature et la quotité des autres.

8. Par rapport à ceux qui en ont sur des bénéfices tombés aux économats, encore qu'ils en eussent sur d'autres bénéfices, ils s'adresseront à la municipalité de Paris.

9. Les directoires de district auxquels on se sera adressé, prendront, avant de donner leur avis, des directoires des districts de la situation des biens, les éclaircissements qu'ils jugeront nécessaires, et ces directoires seront tenus de les leur donner sans délai à la première réquisition.

10. Au moyen des dispositions contenues en l'article 9 ci-dessus, et pour une plus grande accélération, les titulaires et les pensionnaires sont dispensés de communiquer eux-mêmes leur état aux municipalités.

11. Les directoires de district chargés de donner leur avis, y procéderont sans délai; ils l'inscriront sur un registre qu'ils tiendront à cet effet, et ils feront mention du nom, du titre et du domicile du réclamant, ainsi que du montant des traitements, pensions ou gratifications, tant de ce qui aura été demandé, que de ce qu'ils estimeront devoir être réglé.

12. Néanmoins s'il se trouvait des traitements, pensions ou gratifications sur lesquels ils ne pourraient donner promptement leur avis définitif, ils le donneront provisoirement sur ce qui sera sans difficulté; et dans six mois, à compter de ce jour, ils s'expliqueront définitivement.

13. Dans trois semaines après l'expiration du délai d'un mois accordé aux titulaires par l'article 1er du présent décret, les directoires de district enverront à ceux de département un extrait des avis qu'ils auront donnés, avec un exposé succinct de leurs motifs; et il sera donné aux ecclésiastiques qui le requerront, une copie de l'avis du directoire du district.

14. Ils joindront audit extrait un tableau conforme au modèle qui leur sera envoyé, de la dépense, tant de la présente année que de l'année 1791, pour les traitements, pensions ou gratifications sur lesquels ils auront donné leur avis.

15. Ils placeront sur le même tableau le nombre des religieux, des religieuses et chanoinesses de leur ressort, en distinguant les religieux seulement qui sont âgés de moins de cinquante ans, ceux de cinquante ans et plus, ceux de soixante-dix ans et au delà; et enfin, ceux qui sont mendiants et ceux qui ne le sont pas, sous autant de colonnes que ces différentes distinctions pourront l'exiger.

16. Dans trois semaines après l'expiration du délai fixé pour les directoires de district, les directoires de département arrêteront et fixeront définitivement les traitements ou pensions dont le tableau leur aura été adressé; et dans le même délai, ils enverront à l'Assemblée nationale un tableau général formé de ceux des districts.

17. A l'égard des traitements ou pensions qu'ils ne pourraient régler définitivement, ils les arrêteront provisoirement jusqu'à concurrence du *minimum* de chaque espèce de bénéfices, ou jusqu'à concurrence de ce qui ne fera point de difficulté; et dans neuf mois, à compter de ce jour, ils régleront définitivement ce qui se trouvera en arrière.

18. Ils inscriront leurs décisions dans la forme prescrite pour les directoires de district, sur un registre qu'ils tiendront à cet effet; et ils auront soin de ne donner, de même que les directoires de district, qu'un simple avis sur les demandes qui seront faites par les personnes mentionnées dans l'article 13 du décret du 24 juillet dernier, dont ils renverront la décision à l'Assemblée nationale, avec les motifs de leur avis.

19. Pour la plus prompte expédition, tant des travaux ci-devant expliqués, que de ceux dont ils sont ou seront chargés, les directoires de district et ceux de département pourront s'adjoindre pendant six mois, savoir, les premiers, deux membres, et les seconds, quatre membres de ces administrations, lesquels auront voix délibérative. Les directoires de district pourront en outre déléguer aux municipalités qu'ils désigneront, telle partie de leurs travaux qu'ils jugeront à propos.

20. Tous les ecclésiastiques séculiers et réguliers qui ont dû continuer la gestion de leurs biens, en rendront compte dans le courant de janvier 1791.

21. Les comptes seront présentés aux directoires de district, qui, pour les débattre, prendront des municipalités les éclaircissements nécessaires, et ils seront arrêtés par les directoires de département.

22. Les directoires de district et de département où seront portés ces comptes, seront les mêmes que ceux déterminés par les articles 2, 3, 4, 5, 6 et 7 du présent décret, concernant les opérations relatives à la fixation des traitements, pensions ou gratifications.

23. Les comptables pourront porter dans la dépense de leur compte le montant de leurs traitements pensions ou gratifications de la présente

année, même les curés ce qu'ils auront payé à leurs vicaires.

24. Si, par la recette que les comptables auront faite, ils ne sont pas remplis de leurs avances ou de leurs traitements, pensions ou gratifications, ce qui s'en manquera leur sera payé incessamment, sans cependant avancer le payement des augmentations accordées aux curés et aux vicaires, qui ne doivent leur être comptées que dans les six premiers mois de 1791; et si les comptables sont reliquataires, ils pourront retenir sur leur reliquat le premier quartier de leur traitement ou pension de l'année 1791 : quant au restant, ils seront tenus de le verser dans la caisse du district ou directoire duquel ils auront rendu compte.

25. A l'égard de ceux dont les revenus étaient affermés, ils recevront, sur les premiers deniers qui entreront en caisse, leurs traitements, pensions ou gratifications de la présente année, des mains des receveurs des districts aux directoires desquels ils auront adressé leurs états ou mémoires pour les faire liquider.

26. Il en sera de même pendant la présente année, pour tous les pensionnaires sur bénéfices non tombés aux économats. Quant à ceux qui ont des pensions sur des bénéfices aux économats, ils les recevront, la présente année, des mains du receveur de cette administration, ou du trésorier de la municipalité de Paris.

27. Les receveurs de district sont et demeurent chargés, à peine de responsabilité, de faire toutes diligences pour faire rentrer tous les fermages, loyers, arrérages et toutes autres dettes actives, de quelque nature qu'elles soient, échues actuellement, même avant le 1er janvier 1790, et qui écherront par la suite; et néanmoins les titulaires particuliers dont les revenus forment une mense individuelle, et les membres des corps qui avaient une bourse particulière, ou qui en partageaient les fruits, pourront toucher directement des fermiers et débiteurs les fermages et arrérages échus avant le 1er janvier 1790, même ceux représentatifs des fruits crus en l'année 1789 et les précédentes, à quelque époque qu'ils soient dus, en justifiant qu'ils ont acquitté le premier tiers de leur contribution patriotique, ensemble toutes les charges bénéficiales autres que les réparations à faire, pour l'acquit desquelles ils n'ont reçu aucune somme de leurs prédécesseurs; pourquoi ils seront tenus de déclarer dans quinzaine, à compter du présent décret, aux directoires de district, qu'ils entendent user de la faculté qui leur est présentement accordée, de requérir dans le mois et d'obtenir ensuite une ordonnance de vérification de l'acquit des obligations ci-dessus, du directoire du département dans le ressort duquel se trouve le chef-lieu du bénéfice, laquelle ordonnance sera rendue sur l'avis du directoire du district.

28. L'Assemblée ayant déclaré nationales toutes les dettes passives légalement contractées par le clergé, et entendant y comprendre celles qui seront reconnues, suivant les règles qui seront incessamment déterminées, légitimement contractées par les corps, maisons et communautés séculiers et réguliers dont l'administration a été reprise en vertu du décret des 14 et 20 avril dernier, déclare pareillement nationales toutes les dettes actives des mêmes corps, maisons et communautés; en conséquence, il ne pourra être ordonné par aucun administrateur, ni être fait par les receveurs des districts auxdits corps, aucun payement des sommes provenant des causes énoncées en l'article ci-dessus.

29. Toutes les sommes qui doivent être versées dans les caisses des receveurs de district, seront payées par les débiteurs, nonobstant toutes saisies-arrêts ou oppositions existant entre leurs mains, lesquelles tiendront entre celles desdits receveurs.

30. Les fermiers dont le prix du bail sera en denrées, ainsi que les redevables de rentes de même nature, seront tenus de payer en argent, d'après l'évaluation des denrées, portée dans le tableau déposé au greffe de la justice royale du lieu, au moment de l'échéance des termes; et il leur sera donné, pour faire leur payement, un délai de trois mois après l'échéance des termes.

31. Les fermiers et locataires principaux payeront au receveur du district dans lequel se trouvera le chef-lieu du bénéfice ou de l'établissement des corps dont ils tiendront les biens, quelque part qu'ils soient situés, sous l'exception énoncée en l'article 37, laquelle aura également lieu pour les articles 32, 33, 34 et 35 ci-après.

32. Cependant s'ils tiennent leurs baux du même bénéficier ou d'un même corps, à des prix distincts et séparés pour des biens dépendant du même bénéfice ou du même corps, et situés dans différents districts, ou dépendant de plusieurs bénéfices, et situés également dans des districts différents, ils payeront au receveur du district de la situation des biens.

33. S'ils tiennent d'un seul bénéficier des biens dépendant de plusieurs bénéfices situés dans des districts différents, et si les baux ne contiennent pas des prix distincts et séparés, ils payeront au receveur du district où se trouvera le bénéfice du plus grand produit.

34. Les sous-fermiers qui n'auront pas été, par le bail, délégués à payer au bailleur lui-même, payeront au fermier principal, à la charge de donner préalablement au receveur du district connaissance du sous-bail; et celui-ci, de l'avis du directoire, pourra faire entre les mains des sous-fermiers telles saisies-arrêts ou oppositions qu'il jugera convenables pour la sûreté des deniers.

35. Tous les autres débiteurs payeront au receveur du district de l'établissement du corps ou du chef-lieu du bénéfice, de la même manière qu'ils étaient tenus de payer auxdits bénéficiers et auxdits corps.

36. Lesdits débiteurs seront tenus de déclarer, dans la quinzaine, à compter de la publication du présent décret, aux secrétariats des districts indiqués par l'article ci-dessus, ce qu'ils devront, à peine d'une amende de la valeur de la somme due, à l'exception cependant des redevables des cens et rentes ci-devant seigneuriales et foncières.

37. Seront pareillement tenus les fermiers, locataires et tous autres concessionnaires ou prétendants droit de jouir des biens nationaux, à quelque titre que ce soit, de déclarer dans le même délai; savoir : les fermiers et locataires, aux secrétariats des districts où ils doivent payer, suivant les articles 31, 32 et 33; et les autres, aux secrétariats des districts où se trouveront les chefs-lieux d'établissement des corps ou des bénéfices dont lesdits biens dépendront, comment, en vertu de quoi ils prétendront jouir, et de représenter et faire parapher leurs titres.

Ils déclareront en outre s'ils ont promis de payer quelques sommes à titre de pot-de-vin, signé quelques promesses ou billets en augmentation du prix de leur bail ou concession.

38. Ceux qui refuseront de faire leur déclaration, et ceux qui seront convaincus d'en avoir fait une fausse, ou d'avoir recélé la promesse de quelques pots-de-vin, seront et demeureront de plein droit déchus de toute jouissance et seront condamnés en une amende de la valeur des sommes qu'ils auraient recélées.

39. Les sommes dues pour pot-de-vin, qui resteront à payer, seront divisées en autant d'années que celles pour lesquelles les baux auraient été faits; et ce qui sera déterminé pour les années antérieures à l'année 1790, ou pour être représentatif des fruits de 1789, sera payé auxdits bénéficiers, ainsi qu'il est dit en l'article 27.

40. Lesdits receveurs seront tenus de payer, au fur et à mesure qu'ils recevront, et par numéro des ordonnances qui seront délivrées par les directoires de département, les sommes qui y seront portées; et s'il ne se trouvait pas de deniers dans leurs caisses, il sera pourvu par le directoire du département à ce qu'il soit fait des versements d'une caisse de district dans une autre de son ressort, et par l'Assemblée nationale, lorsqu'il s'agira du ressort d'un autre département.

41. Le payement des traitements, pensions ou gratifications sera fait pour l'année 1791 et les suivantes, conformément à l'article 38 du décret du 24 juillet dernier; et ceux qui changeront de domicile, seront tenus d'en faire leur déclaration au secrétariat, tant du district qu'ils quitteront que de celui où ils iront demeurer : ils seront tenus en outre, quand ils ne recevront pas eux-mêmes, de faire présenter par leur fondé de procuration un certificat de vie, qui leur sera délivré sans frais par les officiers de leur municipalité.

19-22 AOUT 1790. — *Décret qui ordonne d'informer contre les auteurs d'une lettre prétendue pastorale attribuée à l'évêque de Toulon.* (Baud. V, 204.)

L'Assemblée nationale, considérant que le premier devoir des ministres de la religion est d'éclairer les peuples sur l'obéissance qu'ils doivent aux lois; que ceux qui cherchent à les égarer sous le prétexte de la religion, doivent être sévèrement réprimés; après avoir entendu le rapport de son comité des recherches, et la lecture de la lettre prétendue pastorale attribuée à M. l'évêque de Toulon, a décrété que ladite lettre serait envoyée aux juges ordinaires de Toulon, pour informer contre les auteurs, et suivre la procédure jusqu'à jugement définitif inclusivement; et attendu que M. l'évêque de Toulon est absent du royaume, le traitement attaché à l'exercice de ses fonctions demeurera séquestré, conformément au décret du 4 janvier dernier.

18-23 OCTOBRE 1790. *Décret sur le traitement des curés, et leur logement.* (L. II, 231; Baud. VII, 102.)

Art. 1er. Les dispositions de l'article 23 du titre II du décret du 12 juillet dernier, concernant les curés actuellement établis en aucunes églises cathédrales, ainsi que ceux des paroisses qui seront supprimées pour être réunies à l'église cathédrale et en former le territoire, auront lieu pour les curés établis, soit dans les autres églises paroissiales des villes, soit dans celles des campagnes; en conséquence, tant les curés des villes dont les paroisses seront réunies à d'autres que celle de la cathédrale, que les curés de campagne dont les paroisses seront aussi réunies à d'autres paroisses, seront de plein droit, s'ils le demandent, les premiers vicaires des paroisses auxquelles les leurs seront unies, chacun suivant l'ordre de son ancienneté dans les fonctions pastorales.

2. Tous les curés qui voudront user de la faculté ci-dessus, et de celle accordée par l'article 22 du titre II dudit décret, seront tenus d'en faire leur déclaration dans la forme et dans le temps ci-après fixés; sinon et ledit temps passé, il sera pourvu auxdites places de vicaires par qui de droit.

3. Ceux qui sont établis en aucunes cathédrales, et ceux dont les paroisses doivent être réunies aux cathédrales actuellement formées, feront leur déclaration à l'évêque, dans la quinzaine à compter de la publication du présent décret, par le ministère d'un notaire.

4. Ceux dont les paroisses doivent être unies à des cathédrales non formées et dont l'évêque n'est pas nommé, feront leur déclaration de la même manière à l'évêque qui sera nommé, quinzaine après sa consécration.

5. Ceux dont les paroisses doivent être unies à des paroisses de ville ou de campagne, dont la suppression et la réunion ne sont pas encore déterminées, feront leur déclaration, aussi de la même manière, au curé de la paroisse à laquelle les leurs seront unies, dans la quinzaine après que l'union aura été consommée.

6. Les curés des villes et des campagnes dont les paroisses seront supprimées, et réunies, soit à des cathédrales, soit à d'autres paroisses, tant ceux actuellement pourvus, que ceux qui le seront d'ici à ce que la suppression de leurs paroisses soit effectuée, qui ne voudront pas user de la faculté ci-devant expliquée, jouiront d'une pension de retraite des deux tiers du traitement qu'ils auraient conservé s'ils n'eussent pas été supprimés; mais ladite pension ne pourra excéder la somme de deux mille quatre cents livres.

7. Ceux qui voudront user de ladite faculté, jouiront de la totalité de leur traitement, ainsi que des logements et jardins dont ils auraient conservé la jouissance s'ils n'eussent pas été supprimés.

8. Dans les logements conservés aux curés, sont compris tous les bâtiments dont ils jouissaient six mois avant le décret du 2 novembre dernier, et qui étaient destinés, soit à leur habitation, soit au service d'un cheval, ainsi que tous les objets d'aisance qui en dépendaient; mais non ceux qui, destinés à l'exploitation des dîmes et autres récoltes, étaient séparés des bâtiments d'habitation et hors des clôtures du presbytère.

9. Par jardins, l'Assemblée nationale entend

les fonds qui dépendaient du presbytère, et dont le sol était en nature de jardin six mois avant le décret du 2 novembre dernier, en quelque endroit de la paroisse qu'ils soient situés, et de quelque étendue qu'ils soient, pourvu qu'elle n'excède pas celle qu'ils avaient avant ladite époque.

Si le sol n'était pas en nature de jardin avant ladite époque, et qu'il n'y en eût point; ou s'il y en avait qui ne fussent pas de l'étendue d'un demi-arpent, mesure de roi, il sera pris sur ledit sol une quantité suffisante pour former un jardin d'un demi-arpent d'étendue, mesure de roi.

2-5 NOVEMBRE 1790. — *Décret qui annule tous titres de collation ou d'institution accordés depuis le 27 novembre 1789, pour des églises paroissiales qui étaient alors vacantes.* (L. II, 433; Baud. VIII, 2.)

L'Assemblée nationale, ouï le rapport de son comité ecclésiastique,

Déclare nuls et comme non avenus tous titres de collation ou d'institution qui se trouveront accordés, depuis le 27 novembre 1789, pour des églises paroissiales qui étaient alors vacantes, même gouvernées par un prêtre desservant, depuis trois ans au moins avant ledit jour 27 novembre 1789, ou qui étaient supprimées et réunies avant ledit jour par ordonnance du supérieur ecclésiastique, suivie ou non de lettres patentes dûment enregistrées. Défend en conséquence à tous ceux qui ont obtenu lesdites collations ou institutions, de s'en aider et servir, de se qualifier curés desdites églises, d'en faire les fonctions, et d'exiger le traitement légal du curé, à raison de ces mêmes églises; sauf aux parties intéressées à demander le rétablissement de celles desdites cures qui paraîtraient nécessaires, ou l'établissement ou conservation, dans lesdites églises, d'une succursale ou d'une messe aux jours de dimanches et de fêtes, le tout suivant les formes prescrites par le décret sur la constitution civile du clergé.

---

14 et 15-24 NOVEMBRE 1790. — *Décret contenant des articles additionnels à la constitution civile du clergé, concernant l'élection et la consécration des évêques et la formation et la circonscription des paroisses.* (L. II, 601; Baud. VIII, 89.)

Art. 1er. A la première convocation qui se fera des assemblées électorales, celles des départements dont le siége épiscopal se trouvera vacant procéderont à l'élection d'un évêque.

2. Si le métropolitain, ou à son défaut le plus ancien évêque de l'arrondissement, refuse de lui accorder la confirmation canonique, l'élu se présentera à lui assisté de deux notaires; il le requerra de lui accorder la confirmation canonique, et se fera donner acte de sa réponse ou de son refus de répondre.

3. Si le métropolitain ou le plus ancien évêque de l'arrondissement persiste dans son premier refus, l'élu se présentera en personne ou par son fondé de procuration, et successivement, à tous les évêques de l'arrondissement, chacun suivant l'ordre de leur ancienneté, toujours assisté de deux notaires; il leur exhibera le procès-verbal ou les procès-verbaux des refus qu'il aura essuyés, et il les suppliera de lui accorder la confirmation canonique.

4. Au cas qu'il ne se trouve dans l'arrondissement aucun évêque qui veuille accorder à l'élu la confirmation canonique, il y aura lieu à l'appel comme d'abus.

5. L'appel comme d'abus sera porté au tribunal de district dans lequel sera situé le siége épiscopal auquel l'élu aura été nommé, et il y sera jugé en dernier ressort.

6. L'élu sera tenu d'interjeter son appel comme d'abus, au plus tard dans le délai d'un mois, à compter de la date du procès-verbal qui constatera le refus des évêques de l'arrondissement, et de le mettre en état d'être jugé dans le mois ensuivant, à peine de déchéance.

7. Il ne sera intimé sur l'appel comme d'abus, d'autre partie que le commissaire du roi près du tribunal de district; et cependant les évêques dont le refus aura donné lieu à l'appel comme d'abus, auront la faculté d'intervenir sur l'appel pour justifier leur refus, mais sans que leur intervention puisse en aucun cas retarder le jugement de l'appel, ni qu'ils puissent former opposition au jugement qui serait intervenu, sous prétexte qu'ils n'y auraient pas été parties.

8. Si le tribunal de district déclare qu'il n'y a pas d'abus dans le refus, il ordonnera que son jugement sera, à la requête du commissaire du roi, signifié au procureur général syndic du département, pour par lui convoquer incessamment l'assemblée électorale, à l'effet de procéder à une nouvelle élection de l'évêque.

9. Si le tribunal de district déclare qu'il y a abus dans le refus, il enverra l'élu en possession du temporel, et nommera l'évêque auquel il sera tenu de se présenter, pour le supplier de lui accorder la confirmation canonique.

10. Lorsque, sur le refus du métropolitain et des autres évêques de l'arrondissement, l'élu aura été obligé de se retirer devers un évêque d'un autre arrondissement pour avoir la confirmation canonique, la consécration pourra se faire par l'évêque qui lui aura accordé ladite confirmation canonique.

11. Pareillement, lorsque le siége de l'évêque consécrateur sera d'un autre arrondissement que celui de l'élu, la consécration pourra se faire dans l'église cathédrale de l'évêque consécrateur, ou dans telle autre qu'il jugera à propos.

12. Les directoires de district procéderont sans retard à la nouvelle formation et circonscription des paroisses, conformément au titre Ier du décret du 12 juillet dernier. Ils s'occuperont d'abord de la formation et circonscription de la paroisse cathédrale, puis des paroisses des villes et bourgs, et ensuite des paroisses de campagne.

13. L'évêque diocésain sera invité et même requis, de par le directoire, de concourir par lui-même ou par son fondé de procuration, aux travaux préparatoires des suppressions et unions; mais son absence ou son refus d'y prendre part ne pourra en aucun cas retarder les opérations des directoires.

14. Pour accélérer leur travail, les directoires de district chargeront les municipalités des villes et bourgs de chaque canton, de leur envoyer toutes les instructions et tous les éclaircissements nécessaires sur la convenance des suppressions et unions à faire dans leur territoire et aux environs.

15. En procédant à la formation et circonscription d'une paroisse, les municipalités ou directoires de district auront soin d'indiquer les paroisses, quartiers, villages et hameaux qu'ils croiront devoir y être réunis; ils feront connaître la population de chaque endroit; ils expliqueront les raisons qui les détermineront à proposer de supprimer ou conserver, d'unir ou ériger, et du tout ils dresseront leur procès-verbal.

16. A mesure que les directoires de district auront achevé leur travail pour la formation et circonscription de la paroisse ou des paroisses d'une ville ou d'un bourg, ils en enverront le procès-verbal au directoire de leur département, qui le fera passer, avec son avis, à l'Assemblée nationale, pour y être décrété.

17. Si l'évêque diocésain est en retard de nommer les vicaires de la paroisse cathédrale, les curés des paroisses qui y auront été réunis, en rempliront provisoirement les fonctions, chacun suivant l'ordre de leur ancienneté dans les fonctions pastorales.

15-19 NOVEMBRE 1790. — *Décret qui supprime les offices de payeurs et de contrôleurs des rentes du clergé.* (L. II, 553; Baud. VIII, 92.)

Art. 1er. Les offices de payeurs des rentes, dites de l'ancien clergé, et les offices de contrôleurs desdites rentes, sont éteints et supprimés.

2. Lesdits payeurs seront tenus de verser incessamment au trésor public les parties non réclamées; de remettre à ceux des quarante payeurs des rentes qui leur seront désignés par le ministre des finances, un état certifié d'eux de toutes les parties dont ils sont chargés, contenant les immatricules de celles qui en sont susceptibles, et l'énonciation des saisies et oppositions faites en leurs mains, lesquelles tiendront en celles des nouveaux payeurs.

3. Lesdits payeurs et contrôleurs supprimés seront remboursés de leurs finances; savoir, lesdits contrôleurs immédiatement après la liquidation, et les payeurs après la reddition et apurement de leurs comptes.

4. Les payeurs et contrôleurs supprimés par le présent décret, seront préférés pour les charges de payeurs des rentes et de contrôleurs qui viendront à vaquer à compter de ce jour, à la charge qu'ils auront rendu et fait apurer leurs comptes à l'époque de la vacance.

19-24 NOVEMBRE 1790. — *Décret relatif aux suppressions et réunions des cures.* (L. II, 576; Baud. VIII, 107.)

L'Assemblée nationale, ouï le rapport de son comité ecclésiastique, décrète qu'en cas de suppression de cures de villes ou de campagnes, et de leur réunion à une église autre qu'une cathédrale, celui qui se trouvera curé de la paroisse à laquelle se fera la réunion, sera seul curé de la paroisse dans toute l'étendue de sa nouvelle circonscription, et les curés supprimés auront seulement la faculté d'être ses vicaires, suivant l'article 1er du décret du 18 octobre dernier.

Si cette église à laquelle se fait la réunion, est vacante, ou si le service paroissial des églises supprimées est tranféré dans une église qui n'avait point le titre de paroisse, dans ces deux cas, le curé de la paroisse nouvellement formée et circonscrite sera élu par le district dans les formes établies par les décrets sur la constitution civile du clergé; mais les électeurs ne pourront choisir, pour cette fois, que l'un des curés des églises supprimées ou transférées; les autres n'auront que la faculté d'être ses vicaires.

Et si, par quelque genre de vacances que ce soit, il n'y a de toutes les églises supprimées ou réunies qu'un seul curé existant, il sera de droit curé de la nouvelle paroisse, telle qu'elle sera nouvellement circonscrite.

---

27 NOVEMBRE — 26 DÉCEMBRE 1790. — *Décret relatif au serment des évêques, ci-devant archevêques, et autres ecclésiastiques fonctionnaires publics.* (L. II, 1053; Baud. VIII, 238.)

Art. 1er. Les évêques et ci-devant archevêques, et les curés conservés en fonctions, seront tenus, s'ils ne l'ont pas fait, de prêter le serment auquel ils sont assujettis par l'article 39 du décret du 13 juillet dernier, et réglé par les articles 21 et 38 de celui du 12 du même mois, concernant la constitution civile du clergé. En conséquence, ils jureront, en vertu de ce dernier décret, de veiller avec soin sur les fidèles du diocèse ou de la paroisse qui leur est confiée, d'être fidèles à la nation, à la loi et au roi, et de maintenir de tout leur pouvoir la constitution décrétée par l'Assemblée nationale et acceptée par le roi; savoir, ceux qui sont actuellement dans leur diocèse ou leur cure, dans la huitaine; ceux qui en sont absents, mais qui sont en France, dans un mois; et ceux qui sont en pays étranger, dans deux mois; le tout à compter de la publication du présent décret.

2. Les vicaires des évêques, les supérieurs et directeurs de séminaires, les vicaires des curés, les professeurs des séminaires et des colléges, et tous autres ecclésiastiques fonctionnaires publics, feront, dans les mêmes délais, le serment de remplir leurs fonctions avec exactitude, d'être fidèles à la nation, à la loi et au roi, et de maintenir de tout leur pouvoir la constitution décrétée par l'Assemblée nationale et acceptée par le roi.

3. Le serment sera prêté un jour de dimanche, à l'issue de la messe; savoir, par les évêques, les ci-devant archevêques, leurs vicaires, les supérieurs et directeurs de séminaires, dans l'église épiscopale; et par les curés, leurs vicaires, et tous autres ecclésiastiques fonctionnaires publics, dans l'église de leur paroisse, et tous en présence du conseil général de la commune et des fidèles. A cet effet, ils feront par écrit, au moins deux jours d'avance, leur déclaration au greffe de la municipalité, de leur intention de prêter le serment, et se concerteront avec le maire pour arrêter le jour.

4. Ceux desdits évêques, ci-devant archevêques, curés et autres ecclésiastiques fonctionnaires publics qui sont membres de l'Assemblée nationale, et qui y exercent actuellement leurs fonctions de députés, prêteront le serment qui les concerne respectivement, à l'Assemblée nationale, dans la huitaine du jour auquel la sanction du présent décret y aura été annoncée; et dans la huitaine suivante, ils enverront un extrait de la prestation de leur serment à leur municipalité.

5. Ceux desdits évêques, ci-devant archevêques, curés et autres ecclésiastiques fonctionnaires publics, qui n'auront pas prêté, dans les délais déterminés, le serment qui leur est respectivement prescrit, seront réputés avoir renoncé à leur office, et il sera pourvu à leur remplacement comme en cas de vacance par démission, à la forme du titre II du décret du 12 juillet dernier, concernant la constitution civile du clergé : à l'effet de quoi, le maire sera tenu, huitaine après l'expiration desdits délais, de dénoncer le défaut de prestation de serment; savoir, de la part de l'évêque ou ci-devant archevêque, de ses vicaires, des supérieurs et directeurs de séminaires, au procureur général syndic du département; et de celle du curé, de ses vicaires et des autres ecclésiastiques fonctionnaires publics, au procureur syndic du district, l'Assemblée les rendant garants et responsables les uns et les autres, de leur négligence à procurer l'exécution du présent décret.

6. Dans le cas où lesdits évêques, ci-devant archevêques, curés et autres ecclésiastiques fonctionnaires publics, après avoir prêté leur serment respectif, viendraient à y manquer, soit en refusant d'obéir aux décrets de l'Assemblée nationale, acceptés ou sanctionnés par le roi, soit en formant ou excitant des oppositions à leur exécution, ils seront poursuivis dans les tribunaux de district, comme rebelles à loi, et punis par la privation de leur traitement, et en outre déclarés déchus des droits de citoyen actif, incapables d'aucune fonction publique. En conséquence, il sera pourvu à leur remplacement, à la forme dudit décret du 12 juillet dernier, sauf plus grande peine s'il y échet, suivant l'exigence et la gravité des cas.

7. Ceux desdits évêques, ci-devant archevêques, curés, et autres ecclésiastiques fonctionnaires publics, conservés en fonctions, et refusant de prêter leur serment respectif, ainsi que ceux qui ont été supprimés, ensemble les membres des corps ecclésiastiques séculiers également supprimés, qui s'immisceraient dans aucune de leurs fonctions publiques ou dans celles qu'ils exerçaient en corps, seront poursuivis comme perturbateurs de l'ordre public, et punis des mêmes peines que ci-dessus.

8. Seront de même poursuivies comme perturbateurs de l'ordre public, et punies suivant la rigueur des lois, toutes personnes ecclésiastiques ou laïques qui se coaliseraient pour combiner un refus d'obéir aux décrets de l'Assemblée nationale, acceptés ou sanctionnés par le roi, ou pour former ou pour exciter des oppositions à leur exécution.

8-12 DÉCEMBRE 1790. — *Décret relatif aux collations de bénéfices.* (L. II, 858; Baud. IX, 104.)

L'Assemblée nationale décrète que tous actes de collation et de disposition de cures, faits par des ci-devant collateurs dans un lieu ou le décret de la constitution civile du clergé avait déjà été publié à l'époque desdites collations, sont et demeurent nuls et comme non avenus, encore que ledit décret n'eût pas été publié à ladite époque dans le lieu de la situation des cures.

10-15 DÉCEMBRE 1790. — *Décret sur le traitement du clergé.* (L. II, 880.)

L'Assemblée nationale, instruite des difficultés élevées sur l'exécution de quelques-uns des articles de son décret du 24 juillet dernier, concernant le traitement du clergé actuel; ouï le rapport de son comité ecclésiastique, décrète ce qui suit :

Art. 1er. Dans les chapitres ou autres corps dans lesquels la résidence était de rigueur, et dans lesquels, quand on ne résidait pas, les absents pourvus d'autres bénéfices, places ou emplois ecclésiastiques exigeant résidence, ne participaient en aucune manière aux revenus, ou lorsqu'ils n'y avaient qu'une part moindre que celle des présents, lesdits absents ne pourront, lors de la liquidation de leur traitement, porter dans l'état de leurs revenus ecclésiastiques aucune partie des revenus desdits chapitres, ou bien ils ne pourront y porter que celle dont ils jouissaient, le surplus devant être divisé entre les présents, suivant la règle ou l'usage observé dans lesdits chapitres.

2. Lorsqu'un ecclésiastique se trouvera titulaire de plusieurs bénéfices, si les revenus de l'un d'eux étaient absorbés par les augmentations accordées aux curés et aux vicaires qui étaient à portion congrue, et dont la déduction doit être faite sur ses revenus, il ne pourra, sous prétexte d'abandon de ce bénéfice, s'exempter de cette déduction sur la totalité de ses revenus ecclésiastiques, lui demeurant néanmoins réservé le *minimum* fixé par les précédents décrets de l'Assemblée.

3. Dans la déduction à faire des charges, en exécution de l'article 24 du décret du 24 juillet dernier, on suivra les règles ci-après :

1° On ne déduira pas les décimes qui étaient imposés avant l'année 1790, ni les impositions mises pour les derniers six mois de l'année 1789, et pour l'année 1790, ni aucune autre imposition mise ou à mettre;

2° On ne déduira pas les réparations locatives des logements des évêques et des curés dont ils sont restés chargés;

3° On ne déduira pas les diminutions qui pourraient survenir par vétusté ou cas fortuits;

4° On ne déduira pas la dépense des fondations et obits, dont les bénéficiers ou les corps faisaient eux-mêmes le service dans les églises non paroissiales, et à raison duquel service ils jouissaient des biens affectés auxdites fondations et obits; les revenus desquels biens ils porteront dans l'état de leurs revenus ecclésiastiques.

On déduira :

1° Ce que les corps ou bénéficiers payaient ou fournissaient pour le service des fondations ou obits qu'ils n'acquittaient pas eux-mêmes, soit dans leurs églises, soit dans d'autres;

2° Ce que les fabriques avaient droit d'exiger pour le service paroissial ou pour tout autre service, tant sur les biens affectés auxdites fondations et obits, que sur d'autres biens;

3° La fourniture des ornements, des vases sacrés, les frais d'entretien du bas-chœur, des musiciens et organistes, et toutes autres dépenses du culte vis-à-vis des corps ou bénéficiers qui étaient assujettis;

4° Les portions congrues des curés et des vicaires, à raison de douze cents livres pour les premiers et sept cents livres pour les seconds, sauf l'exécution de l'article 25 du décret du 24 juillet dernier, et de l'article 3 du décret du 3 août suivant;

5° Les pensions affectées sur les bénéfices;

6° Les intérêts des sommes dues en particulier par les corps ou les bénéficiers, à raison de leurs bénéfices, ensemble les rentes constituées, foncières, ci-devant seigneuriales et autres, même les droits casuels;

7° Les réparations d'entretien des bâtiments, autres que celles locatives, à l'égard des logements des évêques et des curés;

8° Les réparations aussi d'entretien des églises, chœur, cancel, cloches et autres édifices religieux, que supportaient les corps ou les bénéficiers, soit à raison des dîmes, soit à raison d'autres biens, sans déroger aux précédents décrets qui les dispensent de celles auxquelles ils auraient été obligés pour des dégradations arrivées avant le 1er janvier 1790;

9° La déduction pour les réparations sera réglée dans la proportion du vingtième du revenu des dîmes, ou des biens sur lesquels il y avait une action pour le payement desdites réparations.

4. Lors de la liquidation du traitement des curés, n'entreront point dans la masse de leurs revenus ecclésiastiques, les produits des biens affectés à l'acquit maintenu provisoirement par l'article 24 du titre 1er du décret du 12 juillet dernier, concernant la constitution civile du clergé, des fondations de messes et autres services établis dans les églises paroissiales non réunies légalement aux autres biens de la cure. Conformément audit article, les curés et les prêtres attachés aux églises paroissiales, sans être pourvus de leurs places en titre perpétuel de bénéfice, continueront d'acquitter lesdites fondations et autres services; ils en recevront les émoluments. Les curés et les vicaires qui feront ces services, les recevront outre leur traitement; les biens seront administrés comme par le passé, le tout provisoirement, et lesdits biens ne seront pas vendus, quant à présent.

5. De même les membres des chapitres ou d'autres corps, ainsi que les bénéficiers non curés, ne porteront point dans la masse de leurs revenus ecclésiastiques les produits des biens affectés aux fondations de messes et autres services établis dans les églises paroissiales, soit qu'ils les acquittassent eux-mêmes ou non. Il sera pourvu à la continuation desdits services, s'il y a lieu, conformément à l'article 25 du titre 1er du décret du 12 juillet dernier, concernant la constitution civile du clergé; et lesdits biens dont jouissaient, à raison desdits services, les membres des chapitres ou d'autres corps, ainsi que les bénéficiers non curés, seront administrés par les fabriques, à la charge d'en rendre compte, conformément à l'article 13 du titre 1er du décret des 23 et 28 octobre dernier.

6. Dans les chapitres ou autres corps dans lesquels il était de règle ou d'usage de former, sous le nom de *mense capitulaire*, ou sous toute autre dénomination, une partie distincte et séparée des revenus, et qui avait une destination particulière, cette mense n'entrera point dans la masse des revenus individuels ou communs sur laquelle les traitements seront liquidés. Les sommes dues à cette mense ne pourront être touchées par les membres du corps, et les dépenses assignées sur cette mense ne seront pas déduites.

7. Les membres des chapitres ou autres corps qui avaient, à raison des places amovibles, telles que celles de trésorier, prévôt ou autres, une rétribution particulière, ne pourront la porter dans la masse de leurs revenus individuels; le montant en sera réparti sur tous les membres.

8. Dans les chapitres ou autres corps dans lesquels les revenus étaient perçus en commun, et ensuite partagés, il en sera fait une masse commune, dont il sera assigné une portion à chaque membre, sur laquelle son traitement individuel sera liquidé.

9. Suivant les dispositions de l'article 22 du décret du 24 juillet dernier, les baux courants et exécutés en 1790, serviront, sans remonter aux précédents, de règle pour fixer le montant des revenus.

10. Néanmoins les sommes promises ou payées à titre de pot-de-vin, ou de telle autre manière, seront ajoutées au prix du bail, lorsqu'il sera établi qu'elles en faisaient partie, soit par des actes d'une date certaine antérieure au 2 novembre 1789, soit de toute autre manière pour les sommes promises et encore dues, et que les fermiers auront déclaré devoir, pour satisfaire à l'article 37 du décret des 6 et 11 août dernier.

11. Lorsqu'il n'y aura point de bail aux termes de l'article 9 ci-dessus, il sera formé une année commune de quatorze, en déduisant les deux où les denrées auront été au plus haut prix, et les deux dans lesquelles elles auront été au plus bas, sur l'état qui en sera fourni, lequel sera vérifié d'après les comptes de régie; et à défaut de comptes de régie, d'après les renseignements qu'on pourra se procurer en prenant les observations des municipalités, ou autrement.

12. Les baux des biens nationaux passés à des bénéficiers supprimés, pour durer pendant leur vie bénéficiaire, sont et demeurent résiliés à compter du 1er janvier 1790, sauf le payement de l'occupation de la même année 1790, et l'exécution de l'article 26 du décret du 24 juillet dernier.

4-9 JANVIER 1791. — *Décret relatif au serment des ecclésiastiques.* (L. III, 152; Baud. X, 8.)

L'Assemblée nationale décrète que le serment prescrit par le décret du 27 novembre dernier, sera prêté purement et simplement dans les termes du décret, sans qu'aucun des ecclésiastiques puisse se permettre de préambules, d'explications ou de restrictions.

7-9 JANVIER 1791. — *Décret relatif aux qualités requises pour être éligible aux évêchés et aux cures.* (L. III, 160; Baud. X, 29.)

L'Assemblée nationale décrète :

1° Relativement aux vacances des évêchés pendant l'année 1791, que tout Français prêtre, actuellement curé, ou ayant été fonctionnaire public pendant cinq ans, sera éligible dans tous les départements;

2° Relativement aux vacances des cures dans le courant de la même année, que tout Français prêtre depuis cinq ans sera éligible dans tous les départements;

3° Que les évêques qui, durant la même année, seront dans le cas de choisir des vicaires, pourront les prendre parmi tous les Français prêtres depuis cinq ans;

4° Que les curés qui, durant la même année, seront dans le cas de choisir des vicaires, pourront les prendre parmi tous les prêtres français;

6° Que tout religieux ou ecclésiastique pensionné, déjà pourvu de vicariat ou de cure, ou qui y sera porté par choix ou par élection dans le cours de l'année 1791, conservera la moitié de la pension, indépendamment de son traitement;

6° Que son comité ecclésiastique lui présentera, dans le plus court délai, un projet d'instruction sur la constitution civile du clergé, pour être adressée aux directoires des départements, avec ordre de la publier incessamment dans toute l'étendue de leur territoire;

7° Que le présent décret sera porté dans le jour à la sanction du roi.

9-19 JANVIER 1791. — *Décret relatif aux pensions qui se payaient ci-devant à la caisse des économats et à celle de l'ancienne administration du clergé.* (L. III, 186; Baud. X, 40.)

L'Assemblée nationale décrète que les pensions qui se payaient ci-devant à la caisse des économats, et qui ont été exceptées de la suspension générale par l'article 4 du décret du 27 juin dernier, seront payées sur le trésor public. Il en sera de même des pensions de six cents livres et au-dessous qui étaient établies sur la caisse de l'ancienne administration du clergé, et dont il est mention dans l'article 3 du titre III du décret du 3 août sur les pensions.

---

6 JANVIER — 23 FÉVRIER 1791. — *Décret qui règle le mode d'imposition des ecclésiastiques.* (L. III, 644; Baud. X, 30.)

L'Assemblée nationale, ouï le rapport de ses comités ecclésiastique et des finances; instruite qu'en la présente année 1790, on n'a suivi aucune règle de proportion pour l'imposition des ecclésiastiques; que le taux de leur cotisation varie dans les différents départements, districts et municipalités, ce qui a donné lieu à des contestations et à des plaintes sans nombre, a pensé que le moyen le plus sûr de les prévenir ou de les faire cesser, était de fixer le taux d'après lequel lesdites impositions seraient réglées et réduites pour l'année 1790 seulement, et sans tirer à conséquence pour l'avenir, décrète ce qui suit :

1° Les corps administratifs sont et demeurent autorisés à fixer et réduire les cotes des individus ecclésiastiques séculiers, autres que celles des maisons et jardins, dans la proportion ci-après; savoir : au vingtième des pensions ou traitements ecclésiastiques qui n'excèdent pas douze cents livres; au dix-huitième jusqu'à dix-huit cents livres; au quinzième jusqu'à deux mille quatre cents livres; au douzième jusqu'à trois mille deux cents livres, et au dixième au-dessus de cette dernière somme.

2° Les rôles seront exécutés provisoirement; et le montant des décharges accordées à raison des surtaxes, sera réimposé en l'année prochaine par émargement ou simple addition de rôle, sur l'ordonnance des directoires de district ou de département, sans qu'il soit besoin d'autre et plus ample autorisation, à moins que ce déficit ne puisse être couvert, au désir des intéressés, par la contribution des privilégiés pour les six derniers mois de l'année 1789.

3° Les contribuables qui ont été imposés au delà de la proportion ci-dessus, et qui ont payé en entier le montant de leur cote, seront tenus, ainsi que ceux qui croiront avoir à se plaindre, de former leurs demandes dans le mois, par-devant les districts, à dater du jour de la publication du présent décret au chef-lieu des départements, passé lequel temps ils en demeureront déchus. Ceux dont la cote n'a pas été portée au taux fixé par l'article 1er du présent décret, ne subiront néanmoins aucune augmentation pour l'année 1790, à raison du bénéfice qu'ils pourraient en ressentir.

11-19 JANVIER 1791. — *Décret relatif aux ecclésiastiques en démence, infirmes ou âgés de soixante-dix ans.* (L. III, 265; Baud. X, 54.)

L'Assemblée nationale, ouï le rapport de son comité des pensions, décrète que, par provision, il sera payé aux ecclésiastiques détenus dans des maisons de sûreté ou de charité pour cause de démence ou autre cause légitime, ainsi qu'aux ecclésiastiques infirmes ou âgés de plus de soixante-dix ans, lesquels jouissaient de pensions et secours sur la caisse des décimes de leur diocèse, un semestre de la pension ou secours annuel qu'ils recevaient précédemment.

Le payement de ce semestre sera fait d'avance, mais en deux termes, par les receveurs de district; et l'Assemblée charge ses comités des pensions, des lettres de cachet et de mendicité, de lui présenter incessamment un projet pour subvenir au soulagement et à l'entretien desdits ecclésiastiques.

13-19 JANVIER 1791. — *Décret relatif à l'élection des évêques et des curés.* (L. III, 254; Baud. X, 140.)

L'Assemblée nationale, instruite des doutes élevés sur le point de savoir si l'élection des évêques et celle des curés doivent être faites au scrutin de liste; ouï le rapport de son comité ecclésiastique, décrète ce qui suit :

L'élection des évêques et celle des curés se feront au scrutin individuel et à la pluralité absolue des suffrages, suivant les dispositions des articles 3 et 15 du titre II du décret du 12 juillet dernier, sur la constitution civile du clergé, accepté le 24 août suivant.

Et cependant elle déclare bonne et valable l'élection faite par le corps électoral du département de la Creuse, selon les procès-verbaux du 28 novembre dernier et jours suivants, de la personne du sieur J. F. Mourellon, curé de Néony, ci-devant archiprêtre d'Aubusson, à l'évêché du même département, si toutefois il remplit les conditions d'éligibilité prescrites par les décrets de l'Assemblée, acceptés ou sanctionnés par le roi, attendu qu'il a obtenu la majorité absolue des suffrages.

21-26 JANVIER 1791. — *Décret et instruction sur la constitution civile du clergé.* (L. III, 322; Baud. X, 210.)

L'Assemblée nationale décrète que l'instruction sur la constitution civile du clergé, lue dans la séance de ce jour, sera envoyée sans délai aux corps administratifs, pour l'adresser aux municipalités, et qu'elle sera sans retardement lue un jour de dimanche, à l'issue de la messe paroissiale, par le curé ou un vicaire, et, à leur défaut, par le maire ou le premier officier municipal.

Elle charge son président de se retirer dans le jour devers le roi, pour le prier d'accorder sa sanction au présent décret, et de donner les ordres les plus positifs pour sa plus prompte expédition et exécution.

Instruction de l'Assemblée nationale sur la constitution civile du clergé.

Lorsque l'Assemblée nationale a décrété une instruction sur la constitution civile du clergé, elle a voulu dissiper des calomnies. Ceux qui les répandent sont les ennemis du bien public; et ils ne s'y livrent avec hardiesse que parce que les peuples parmi lesquels ils les sèment, sont à une grande distance du centre des délibérations de l'Assemblée.

Ces détracteurs téméraires, beaucoup moins amis de la religion qu'intéressés à perpétuer les troubles, prétendent que l'Assemblée nationale, confondant tous pouvoirs, les droits du sacerdoce et ceux de l'empire, veut établir sur des bases jadis inconnues une religion nouvelle, et que, tyrannisant les consciences, elle veut obliger des hommes paisibles à renoncer par un serment criminel à des vérités antiques qu'ils révéraient, pour embrasser des nouveautés qu'ils ont en horreur.

L'Assemblée doit aux peuples, particulièrement aux personnes séduites et trompées, l'exposition franche et loyale de ses intentions, de ses principes, et des motifs de ses décrets. S'il n'est pas en son pouvoir de prévenir la calomnie, il lui sera facile au moins de réduire les calomniateurs à l'impuissance d'égarer plus longtemps les peuples, en abusant de leur simplicité et de leur bonne foi.

Les représentants des Français, fortement attachés à la religion de leurs pères, à l'Eglise catholique dont le pape est le chef visible sur la terre, ont placé au premier rang des dépenses de l'État celle de ses ministres et de son culte; ils ont respecté ses dogmes, ils ont assuré la perpétuité de son enseignement. Convaincus que la doctrine et la foi catholique avaient leur fondement dans une autorité supérieure à celle des hommes, ils savaient qu'il n'était pas en leur pouvoir d'y porter la main, ni d'attenter à cette autorité toute spirituelle; ils savaient que Dieu même l'avait établie, et qu'il l'avait confiée aux pasteurs pour conduire les âmes, leur procurer les secours que la religion assure aux hommes, perpétuer la chaîne de ses ministres, éclairer et diriger les consciences.

Mais, en même temps que l'Assemblée nationale était pénétrée de ces grandes vérités, auxquelles elle a rendu un hommage solennel toutes les fois qu'elles ont été énoncées dans son sein, la constitution que les peuples avaient demandée exigeait la promulgation de lois nouvelles sur l'organisation civile du clergé; il fallait fixer ses rapports extérieurs avec l'ordre politique de l'État.

Or il était impossible, dans une constitution qui avait pour base l'égalité, la justice et le bien général : l'égalité, qui appelle aux emplois publics tout homme qu'un mérite reconnu rend digne du choix libre de ses concitoyens; la justice, qui, pour exclure tout arbitraire, n'autorise que des délibérations prises en commun; le bien général, qui repousse tout établissement parasite; il était impossible, dans une telle constitution, de ne pas supprimer une multitude d'établissements devenus inutiles, de ne pas rétablir les élections libres des pasteurs, et de ne pas exiger, dans tous les actes de la police ecclésiastique, des délibérations communes, seules garantes, aux yeux du peuple, de la sagesse des résolutions auxquelles ils doivent être soumis.

La nouvelle distribution civile du royaume rendait nécessaire une nouvelle distribution des diocèses. Comment aurait-on laissé subsister des diocèses de quatorze cents paroisses, et des diocèses de vingt paroisses? L'impossibilité de surveiller un troupeau si nombreux contrastait d'une manière trop frappante avec l'inutilité des titres qui n'offraient presque point de devoirs à remplir.

Ces changements étaient utiles, on le reconnaît; mais l'autorité spirituelle devait, dit-on, y concourir. Qu'y a-t-il donc de spirituel dans une distribution de territoire? Jésus-Christ a dit à ses apôtres : *Allez et prêchez par toute la terre;* il ne leur a pas dit : *Vous serez les maîtres de circonscrire les lieux où vous enseignerez.*

La démarcation des diocèses est l'ouvrage des hommes; le droit ne peut en appartenir qu'aux peuples, parce que c'est à ceux qui ont des besoins à juger du nombre de ceux qui doivent y pourvoir.

D'ailleurs, si l'autorité spirituelle devait ici concourir avec la puissance temporelle, pourquoi les évêques ne s'empressent-ils pas de contribuer eux-mêmes à l'achèvement de cet ouvrage? pourquoi ne remettent-ils pas volontairement entre les mains de leurs collègues les droits exclusifs qu'ils prétendaient avoir? pourquoi enfin chacun d'eux ne se fait-il pas à lui-même la loi dont tous reconnaissent et dont aucun ne peut désavouer la sagesse et les avantages?

Tels ont été les motifs du décret de l'Assemblée nationale sur l'organisation civile du clergé; ils ont été dictés par la raison si prépondérante du bien public : telles ont été ses vues; leur pureté est évidente, elle se montre avec éclat aux yeux de tous les amis de l'ordre et de la loi. Imputer à l'Assemblée d'avoir méconnu les droits de l'Église, et de s'être emparée d'une autorité qu'elle déclare ne pas lui appartenir, c'est la calomnier sans pudeur.

Reprocher à un individu d'avoir fait ce qu'il déclare n'avoir ni fait, ni voulu ni pu faire, ce serait supposer en lui un excès de corruption dont l'hypocrisie serait le comble. C'est là cependant ce qu'on n'a pas honte d'imputer aux représentants des Français; on ne craint pas de les charger du reproche d'avoir envahi l'autorité spirituelle, tandis qu'ils l'ont toujours respectée, qu'ils ont toujours dit et déclaré que, loin d'y avoir porté atteinte, ils tenteraient en vain de s'en saisir, parce que les objets sur lesquels cette autorité agit, et la manière dont elle s'exerce, sont absolument hors de la sphère de la puissance civile.

L'Assemblée nationale, après avoir porté un décret sur l'organisation civile du clergé, après que ce décret a été accepté par le roi comme constitutionnel, a prononcé un second décret par lequel elle a assujetti les ecclésiastiques fonctionnaires publics à jurer qu'ils maintiendraient la constitution de l'État. Les motifs de ce second décret n'ont été ni moins purs, ni moins conformes à la raison, que ceux qui avaient déterminé le premier.

Il était arrivé d'un grand nombre de départements une multitude de dénonciations d'actes tendant par divers moyens, tous coupables, à empêcher l'exécution de la constitution civile du clergé. L'Assemblée pouvait faire rechercher les auteurs des troubles et les faire punir; mais elle pouvait aussi jeter un voile sur de premières fautes, avertir ceux qui s'étaient écartés de leur devoir, et ne punir que ceux qui se montreraient obstinément réfractaires à la loi : elle a pris ce dernier parti.

Elle n'a donné aucune suite aux dénonciations qui lui avaient été adressées; mais elle a ordonné pour l'avenir une déclaration solennelle par tous les ecclésiastiques fonctionnaires publics, semblable à celle qu'elle avait exigée des laïcs chargés de fonctions publiques, qu'ils exécuteraient et maintiendraient la loi de l'État.

Toujours éloignée du dessein de dominer les opinions, plus éloignée encore du projet de tyranniser les consciences, non-seulement l'Assemblée a laissé à chacun sa manière de penser, elle a déclaré que les personnes dont elle était en droit d'interroger l'opinion, comme fonctionnaires publics, pourraient se dispenser de répondre : elle a seulement prononcé qu'alors ils seraient remplacés, et qu'une fois remplacés, ils ne pourraient plus exercer de fonctions publiques, parce qu'en effet ce sont deux choses évidemment inconciliables, d'être fonctionnaire public dans un État, et de refuser de maintenir la loi de l'État.

Tel a été l'unique but du serment ordonné par la loi du 26 décembre dernier, de prévenir ou de rendre inutiles les odieuses recherches qui portent sur les opinions individuelles. Une déclaration authentique du fonctionnaire public rassure la nation sur tous les doutes qu'on élevait contre lui; le refus de la déclaration n'a d'autre effet que d'avertir que celui qui a refusé, ne peut plus parler au nom de la loi, parce qu'il n'a pas juré de maintenir la loi.

Que les ennemis de la constitution française cherchent à faire naître des difficultés sur la légitimité de ce serment, en lui donnant une étendue qu'il n'a pas; qu'ils s'étudient à disséquer minutieusement chaque expression employée dans la constitution civile du clergé, pour faire naître des doutes dans les esprits faibles et indéterminés, leur conduite manifeste des intentions et des artifices coupables; mais les vues de l'Assemblée sont droites, et ce n'est pas par des subtilités qu'il faut attaquer ses décrets.

Si des pasteurs ont quitté leurs églises au moment où on leur demandait de prêter leur serment, si d'autres les avaient déjà abandonnées avant qu'on le leur demandât, c'est peut-être l'effet de l'erreur qui s'était glissée dans l'intitulé de la loi; erreur réparée aussitôt que reconnue. Ils craignaient, disent-ils, d'être poursuivis comme perturbateurs du repos public, s'ils ne prêtaient pas leur serment; ce n'était pas là la disposition de la loi.

L'Assemblée, prévoyant à regret le refus que pourraient faire quelques ecclésiastiques, avait dû annoncer les mesures qu'elle prendrait pour les faire remplacer. Le remplacement étant consommé, elle avait dû nécessairement regarder comme perturbateurs du repos public ceux qui, élevant autel contre autel, ne céderaient pas leurs fonctions à leurs successeurs. C'est cette dernière résistance que la loi a qualifiée de criminelle. Jusqu'au remplacement, l'exercice des fonctions est censé avoir dû être continué.

Serait-ce le sacrifice de quelques idées particulières, de quelques opinions personnelles, qui les arrêterait! L'avantage général du royaume, la paix publique, la tranquillité des citoyens, le zèle même pour la religion, seront-ils donc trop faibles dans les ministres d'une religion qui ne prêche que l'amour du prochain, pour déterminer de tels sacrifices! Dès que la foi n'est pas en danger, tout est permis pour le bien des hommes, tout est sacrifié pour la charité. La résistance à la loi peut entraîner, dans les circonstances présentes, une suite de maux incalculables; l'obéissance à la loi maintiendra le calme dans tout l'empire : le dogme n'est point en danger, aucun article de la foi catholique n'est attaqué : comment serait-il possible, dans une telle position, d'hésiter entre obéir ou résister?

Français, vous connaissez maintenant les sentiments et les principes de vos représentants; ne vous laissez donc plus égarer par des assertions mensongères.

Et vous, pasteurs, réfléchissez que vous pouvez dans cet instant contribuer à la tranquillité des peuples. Aucun des articles de la foi n'est attaqué : cessez donc une résistance sans objet; qu'on ne puisse jamais vous reprocher la perte de la religion, et ne causez point aux représentants de la nation la douleur de vous avoir écartés de vos fonctions par une loi que les ennemis de la révolution ont rendue nécessaire. Le bien public en réclame l'exécution la plus prompte, et l'Assemblée nationale sera inébranlable dans ses résolutions pour la procurer.

---

26 JANVIER — 4 FÉVRIER 1791. — *Décret concernant les attributions des directoires de département et des tribunaux pour le remplacement des ecclésiastiques refusant de prêter serment.* (L. III, 415; Baud. X, 236.)

L'Assemblée nationale, instruite d'un jugement rendu le 20 de ce mois, par le tribunal du district d'Amiens, sur l'exécution d'une délibération du directoire du département de la Somme, en date du 17 du même mois, au sujet du remplacement des ecclésiastiques fonctionnaires publics, refusant de prêter le serment prescrit par le décret du 27 novembre précédent; après avoir entendu le rapport qui lui a été fait au nom de ses comités de constitution et ecclésiastique,

Décrète que l'exécution du décret du 27 novembre dernier appartient aux corps administratifs et aux municipalités, sauf aux tribunaux à prendre connaissance seulement des cas portés aux articles 6, 7 et 8 dudit décret;

Déclare le jugement du tribunal du district d'Amiens comme non avenu;

Approuve la conduite du directoire du département de la Somme; le charge néanmoins de procéder aux remplacements des ecclésiastiques fonctionnaires publics, refusant de prêter le serment prescrit par le décret du 27 novembre dernier, conformément à l'instruction de l'Assemblée, du 21 de ce mois;

Au surplus, renvoie au comité des recherches, tant la dénonciation que le directoire du département a arrêté de faire à l'accusateur public dudit tribunal, par sa délibération du 17 de ce mois, que celle faite le 20 du même mois au même directoire, pour du tout être rendu compte à l'Assemblée.

27-30 JANVIER 1791. — *Décret relatif au remplacement des ecclésiastiques qui n'auront pas prêté le serment.* (L. III, 349; Baud. X, 249.)

Art. 1er. Aussitôt après l'expiration du délai prescrit par le décret du 27 novembre dernier, il sera procédé au remplacement des ecclésiastiques fonctionnaires publics qui n'auront pas prêté le serment.

2. Dans les départements où il y a actuellement et un évêque et des curés à nommer, les assemblées électorales s'occuperont d'abord de l'élection de l'évêque; après quoi les électeurs se retireront dans le chef-lieu de leur district respectif, pour y faire l'élection des curés.

3. Dans les départements où les délais accordés à l'évêque ne sont point expirés, les assemblées électorales de chaque district procéderont sur-le-champ à l'élection des curés.

4. Les évêques qui ont été élus jusqu'à ce jour, et ceux qui le seront dans le courant de la présente année, ne pourront s'adresser à leur métropolitain ou à tout autre évêque de leur arrondissement, qu'autant que ceux-ci auront prêté le serment prescrit par le décret du 27 novembre dernier; et dans le cas où aucun des évêques de l'arrondissement n'aurait prêté le serment, ils s'adresseront au directoire de leur département, pour leur être indiqué un évêque en France, parmi ceux qui auront prêté le serment, lequel pourra procéder à la confirmation canonique et à la consécration.

---

5 FÉVRIER — 27 MARS 1791. — *Décret relatif au serment des prédicateurs.* (L. III, 1105; Baud. XI, 130.)

L'Assemblée nationale déclare que les prédicateurs sont compris dans les fonctionnaires publics tenus de prêter serment, aux termes du décret du 27 novembre dernier.

En conséquence, décrète que nul ne pourra prêcher dans quelque église que ce soit, sans avoir au préalable justifié de sa prestation de serment, conformément audit décret.

8-18 FÉVRIER 1791. — *Décret qui règle le traitement des curés qui seront remplacés par d'autres fonctionnaires publics.* (L. III, 563; Baud. XI, 159.)

L'Assemblée nationale décrète ce qui suit :

Les curés qui, d'après l'exécution des décrets, seront remplacés par d'autres fonctionnaires publics, recevront, du jour que leurs successeurs entreront en fonctions, un secours annuel de cinq cents livres, si, à raison de leurs autres anciens bénéfices ou de pensions sur anciens bénéfices, ils n'ont droit à un traitement égal ou supérieur.

21-25 FÉVRIER 1791. — *Décret relatif à la consécration des évêques élus.* (L. III, 750; Baud. XI, 244.)

L'Assemblée nationale, sur le rapport qui lui a été fait par le comité ecclésiastique, décrète

Que dans la rédaction de l'article 4 du décret du 27 janvier dernier, concernant l'exécution de celui du 27 novembre précédent, sur le serment à prêter par les fonctionnaires publics ecclésiastiques, il sera rétabli la disposition suivante :

Que la consécration de l'évêque élu se fera par un évêque en France, sans être tenu de demander la permission à l'évêque du lieu.

1er-6 MARS 1791. — *Décret relatif à la consécration des évêques.* (L. III, 826; Baud. XII, 1.)

L'Assemblée nationale, sur le rapport qui lui a été fait par son comité ecclésiastique, décrète que, pendant le cours de l'année 1791, l'évêque qui aura donné la confirmation canonique à un évêque élu, pourra faire la consécration, ou déléguer à un autre évêque le pouvoir de la faire dans telle église qu'ils jugeront convenable, encore que lesdits évêques soient du même arrondissement métropolitain que l'évêque consacré, et sans qu'ils soient tenus de demander une permission à l'évêque du lieu.

10-20 MARS 1791. — *Décret relatif à la nomination des vicaires épiscopaux.* (L. III, 976; Baud. XII, 143.)

L'Assemblée nationale, ouï le rapport de son comité ecclésiastique, décrète que l'article 22 du titre II de la constitution civile du clergé sera rétabli tel qu'il a été décrété le 14 juin 1790, et qu'il se trouve dans le procès-verbal de la séance dudit jour, dans les termes suivants :

« 22. L'évêque aura la liberté de choisir les « vicaires de son église cathédrale, dans tout le « clergé de son diocèse, à la charge par lui de ne « pouvoir nommer que des prêtres qui auront « exercé les fonctions ecclésiastiques au moins « pendant dix ans; et les vicaires une fois nommés ne pourront être destitués ni par l'évêque « qui les aura choisis, ni par son successeur, que « de l'avis de son conseil, et par une délibération « qui y aura été prise à la pluralité des voix et « en connaissance de cause. »

18-18 MARS 1791. — *Décret relatif au serment des ecclésiastiques fonctionnaires publics.* (L. III, 937; Baud. XII, 200.)

L'Assemblée nationale, considérant que ceux des fonctionnaires publics ecclésiastiques qui n'ont pas prêté le serment civique dans le délai prescrit par le décret du 27 novembre dernier, sanctionné par le roi le 26 décembre, ne s'y refusaient que par la suite d'une erreur où les ont entraînés des suggestions étrangères;

Que, mieux instruits de leur devoir, la plupart ont depuis satisfait ou sont déterminés à satisfaire à ce qu'exigent d'eux le patriotisme et la loi de l'État;

Que l'instruction du 21 janvier dernier, en les exhortant à l'obéissance lorsque le délai légitime était déjà écoulé dans plusieurs endroits du royaume, paraissait leur annoncer de l'indulgence, en cas de retour à l'ordre;

Décrète que les fonctionnaires publics ecclésiastiques qui ont prêté ou prêteront purement et simplement le serment prescrit par ladite loi, après l'expiration du délai qu'elle a fixé, mais avant le commencement du scrutin d'élection pour les remplacer, pourront conserver leurs places et offices, et ne seront pas réputés démissionnaires. Le présent décret ne portera aucune atteinte aux élections faites et acceptées avant sa publication.

25-30 MARS 1791. — *Décret relatif aux vicaires des églises paroissiales et succursales qui ont été ou seront supprimées.* (L. III, 1173; Baud. XII, 296.)

L'Assemblée nationale, ouï le rapport qui lui a été fait par son comité ecclésiastique, de la pétition présentée par les vicaires des églises supprimées, décrète :

Art. 1er. Les vicaires des églises paroissiales et succursales qui ont été ou seront supprimées en vertu des précédents décrets, et qui se trouveront sans emploi par l'effet desdites suppressions, auront droit, pourvu qu'ils aient prêté le serment prescrit par le décret du 27 novembre 1790, sanctionné par le roi le 26 décembre, d'être préférés à tous autres prêtres que les curés des églises supprimées, pour toutes les places de vicaires vacantes dans le département où ils exerçaient leurs fonctions avant ladite suppression, à l'exception des places de vicaires de la paroisse cathédrale. En conséquence, aucun curé ne pourra, jusqu'à ce qu'ils aient été replacés, se dispenser de choisir parmi eux ses vicaires.

2. Pour assurer l'exécution du présent article, il sera tenu, au secrétariat du directoire de chaque département, une liste où s'inscriront les vicaires des églises supprimées de ce même département, qui désireront jouir de la préférence qui leur appartient; et lesdits curés ne pourront à l'avenir choisir leurs vicaires que parmi ceux qui seront inscrits sur cette liste, jusqu'à ce qu'elle soit épuisée. A mesure qu'ils auront été replacés, lesdits vicaires seront rayés de la liste par apostille marginale de la main du président du directoire de département, ou de celui qui en fera les fonctions, et copie de cette liste sera envoyée tous les ans au secrétariat de chaque district, pour être consultée par les curés qui auront à nommer des vicaires.

4-6 AVRIL 1791. — *Décret relatif à l'élection des cures et vicaires, et aux ecclésiastiques fonctionnaires publics qui manqueraient au serment prêté.* (L. IV, 141; Baud. XIII, 33.)

Art. 1er. Dans les départements où les ministres de la religion sont dans la nécessité d'employer plus d'un idiome pour donner au peuple les secours spirituels, et même dans ceux des autres départements du royaume où, par des circonstances particulières, il pourrait ne pas se trouver suffisamment de prêtres réunissant toutes les conditions requises par le décret du 7 janvier dernier, il suffira, pendant la présente année seulement, pour être éligible aux cures et être appelé aux vicariat, d'être prêtre séculier ou régulier; l'Assemblée nationale dispensant à cet effet de la seule condition du temps de prêtrise exigé par l'article 2 du décret du 7 janvier dernier, et validant les élections et les choix déjà faits de semblables ecclésiastiques.

2. L'Assemblée nationale charge les municipalités et les corps administratifs de dénoncer, et les tribunaux de district de poursuivre diligemment toutes personnes ecclésiastiques ou laïques qui se trouveront dans les cas prévus par les articles 6, 7 et 8 du décret rendu le 27 novembre dernier, relativement à la prestation du serment des fonctionnaires publics ecclésiastiques; et les peines portées auxdits articles, et notamment la privation du traitement, leur seront appliquées.

Ordonne qu'après l'information et le décret, les tribunaux enverront à l'Assemblée nationale une copie de la procédure, pour être statué par elle sur les cas dont le jugement devra être attribué à la haute cour nationale établie à Orléans.

Charge son président de présenter dans le jour le présent décret à la sanction du roi.

---

12 AVRIL — 15 MAI 1791. — *Décret relatif au traitement des curés supprimés.* (L. IV, 111; Baud. XIII, 84.)

Art. 1er. Le traitement accordé par les articles 6 et 7 du décret du 18 octobre 1790, dans les cas portés par lesdits articles, ne doit et ne peut être fixé que sur les revenus dont jouissaient les curés supprimés avant la fixation du traitement accordé au clergé futur par le décret du 12 juillet — 24 août 1790.

2. Dans la fixation du revenu des curés supprimés, ne sera pas compris le casuel qu'ils percevaient avant la suppression.

3. Néanmoins l'article 10 du titre 1er du décret du 24 juillet — 24 août 1790, sera exécuté vis-à-vis lesdits curés supprimés; en conséquence, même dans le cas où ils ne voudraient accepter des places de vicaires, leur traitement n'éprouvera aucune réduction, lorsque leurs revenus n'excéderont pas mille livres, sans qu'ils puissent prétendre cette somme lorsque leurs anciens revenus ne l'atteignaient pas, mais seulement la somme de huit cents livres, quelque modique qu'ait été leur précédent revenu, ou quand ils n'en auraient eu d'autre que le casuel.

4. Dans le cas où ils accepteraient des places de vicaires, leur traitement, quelque modique qu'ait été leur revenu, ne pourra être au-dessous de la somme de douze cents livres.

5. Ils jouiront pareillement, en conséquence dudit article, de l'excédant de la totalité du revenu qu'ils avaient; à condition toutefois que la totalité de leur traitement ne pourra excéder le *maximum* de six mille livres, quel qu'ait été leur revenu, dans le cas où ils auraient accepté des places de vicaires; et dans le cas où ils préféreraient de n'exercer aucune fonction, le *maximum* de leur pension, quel qu'ait été leur revenu, sera de deux mille quatre cents livres, aux termes de l'article 6 du décret du 18 octobre 1790.

6. Les curés réguliers supprimés auront la faculté de prendre le traitement qui leur est accordé par le présent décret, ou la pension qui a été réglée pour les ci-devant religieux de leur maison ou congrégation.

7. Ne sont compris dans les dispositions de l'article 5, ceux qui, ayant obtenu des pensions de retraite sur des bénéfices dont ils étaient titulaires, autres que des cures, accepteraient des places de vicaires des évêques ou curés, ou qui seraient pourvus de cures; ils conserveront les portions de leurs pensions qui leur sont conservées par les précédents décrets, dans le cas où ils accepteraient des fonctions ecclésiastiques, et les réuniront aux traitements attachés à ces fonctions.

8. Les dispositions du présent décret ne sont applicables qu'aux curés qui ont prêté le serment prescrit par les décrets de l'Assemblée nationale.

7-13 MAI 1791. — *Décret relatif au serment des prêtres, et aux édifices consacrés à un culte religieux par des sociétés particulières.* (L. IV, 525; Baud. XIV, 79.)

Art. 1er. L'Assemblée nationale, après avoir entendu le rapport de son comité de constitution sur l'arrêté du 11 avril, du directoire du département de Paris, déclare que les principes de liberté religieuse qui l'ont dicté, sont les mêmes que ceux qu'elle a reconnus et proclamés dans sa déclaration des droits; et en conséquence, décrète que le défaut de prestation du serment prescrit par le décret du 27 novembre, ne pourra être opposé à aucun prêtre se présentant dans une église paroissiale, succursale et oratoire national, seulement pour y dire la messe.

2. Les édifices consacrés à un culte religieux par des sociétés particulières, et portant l'inscription qui leur sera donnée, seront fermés aussitôt qu'il y aura été fait quelque discours contenant des provocations directes contre la constitution, et en particulier contre la constitution civile du clergé. L'auteur du discours sera, à la requête de l'accusateur public, poursuivi criminellement dans le tribunal, comme perturbateur du repos public.

9-15 MAI 1791. — *Décret relatif au logement des évêques.* (L. IV, 707; Baud. XIV, 97.)

L'Assemblée nationale, ouï le rapport de son comité d'emplacement, déclare que le logement des évêques est à la charge de la nation.

9-17 JUIN 1791. — *Décret relatif aux brefs, bulles, constitutions, rescrits, décrets et autres expéditions de la cour de Rome.* (L. IV, 1172; Baud. XV, 122.)

L'Assemblée nationale, après avoir entendu ses comités de constitution et ecclésiastique réunis; considérant qu'il importe à la souveraineté nationale et au maintien de l'ordre public dans le royaume, de fixer constitutionnellement les formes conservatrices des antiques et salutaires maximes par lesquelles la nation française s'est toujours garantie des entreprises de la cour de Rome, sans manquer au respect dû au chef de l'Église catholique, décrète ce qui suit :

Art. 1er. Aucuns brefs, bulles, rescrits, constitutions, décrets, et aucunes expéditions de la cour de Rome, sous quelque dénomination que ce soit, ne pourront être reconnus pour tels, reçus, publiés, imprimés, affichés, ni autrement mis à exécution dans le royaume, mais y seront nuls et de nul effet, s'ils n'ont été présentés au Corps législatif, vus et vérifiés par lui, et si leur publication ou exécution n'ont été autorisées par un décret sanctionné par le roi et promulgué dans les formes établies pour la notification des lois.

2. Les évêques, curés et tous autres fonctionnaires publics, soit ecclésiastiques, soit laïques, qui, par contravention au précédent article, liront, distribueront, feront lire, distribuer, imprimer, afficher, ou autrement donneront publicité ou exécution aux brefs, bulles, rescrits, constitutions, décrets ou autres expéditions de la cour de Rome, non autorisés par un décret du Corps législatif, sanctionné par le roi, seront poursuivis criminellement comme perturbateurs de l'ordre public, et punis de la peine de la dégradation civique, sans préjudice de l'exécution de l'article 2 du décret du 7 mai dernier.

---

19 et 20 JUIN-28 JUIN 1791. — *Décret relatif à la poursuite des fonctionnaires publics ecclésiastiques qui refusent d'obéir à la loi.* (L. IV, 1332; Baud. XV, 274.)

L'Assemblée nationale décrète, 1° que les accusateurs publics seront tenus, sous peine de forfaiture et de destitution, de poursuivre tous ceux des anciens fonctionnaires publics ecclésiastiques qui, depuis leur remplacement entièrement consommé par l'installation de leurs successeurs, ou même depuis la notification à eux faite de la nomination desdits successeurs, auraient continué ou continueraient les mêmes fonctions publiques, et de requérir contre eux l'exécution des décrets des 27 novembre et 4 avril derniers;

2° Que les fonctionnaires publics ecclésiastiques qui auraient prêté le serment et se seraient rétractés, ou se rétracteraient à l'avenir, seront privés de tout traitement et pension accordés par les précédents décrets.

20-26 AOUT 1791. — *Décret relatif aux traitements et secours à accorder aux ci-devant employés ecclésiastiques ou laïques faisant fonctions relatives au service divin, dans les églises des ci-devant chapitres séculiers ou réguliers.* (L. V, 1059; Baud. XVII, 298.)

Art. 1er. Les officiers ou employés ecclésiastiques ou laïques des chapitres réguliers ou séculiers de l'un et de l'autre sexe, qui prouveront, par acte capitulaire ou autre écrit ayant date certaine, avoir été reçus à vie, pour remplir, dans les églises desdits chapitres, des fonctions relatives au service divin, sans avoir été pourvus d'aucun titre de bénéfice, auront pour traitement ou pension de retraite la moitié de ce dont ils jouissaient en gages et émoluments ordinaires; et néanmoins ladite moitié ne pourra excéder la somme de 200 livres par chaque année.

2. Il en sera de même à l'égard desdits employés qui, ne prouvant point par écrit, ainsi qu'il est dit ci-dessus, avoir été reçus pour le temps de leur vie, auront plus de vingt ans de service dans une ou plusieurs églises, et plus de cinquante ans d'âge. S'ils ne réunissent pas ces deux circonstances de l'âge et de la durée de service, ils auront seulement droit à une gratification d'une année de leurs gages ou anciens traitements, qui ne pourra néanmoins excéder la somme de 200 livres.

3. Les dispositions des deux précédents articles sont déclarées communes aux employés dans les églises des anciennes abbayes ou la conventualité avait cessé, et où le service divin était acquitté par des ecclésiastiques séculiers, à la charge des revenus desdites abbayes.

4. Lesdites pensions et secours ne seront payés qu'à ceux qui étaient reçus avant le 1er janvier 1789, qui n'avaient point d'autre état, et qui n'auront point obtenu ou refusé, depuis la suppression de leurs emplois, d'autres places ou emplois publics.

5. Quant à ceux qui, dès avant la suppression desdits chapitres, avaient obtenu des pensions de retraite dont ils jouissaient sans activité, ils les conserveront jusqu'à la concurrence de 200 livres par chaque année.

6. Les secours provisoires qui ont été accordés auxdits officiers et employés par les directoires de district ou de département, seront imputés sur les pensions et secours autorisés par le présent décret. Il est défendu aux corps administratifs d'accorder de semblables secours à l'avenir.

7. Les pensions créées par le présent décret courront à compter du 1er janvier 1791.

---

29 SEPTEMBRE — 16 OCTOBRE 1791. — *Décret relatif aux pensions assignées sur les décimes et chambres diocésaines, ou accordées à de pauvres ecclésiastiques.* (L. VI, 444; Baud. XVIII, 803.)

§ Ier. *Secours provisoires.*

Art. 1er. Les pensions assignées sur les décimes et chambres diocésaines, ou accordées à de pauvres ecclésiastiques sur des biens spécialement affectés à leur soulagement, et celles établies par titres antérieurs au 2 novembre 1789, sur des revenus ecclésiastiques, seront payées par provision, si fait n'a été, pour les années 1790 et 1791; mais seulement jusqu'à concurrence de six cents livres par an, pour les pensions qui excédaient cette somme, et en totalité pour celles qui étaient égales ou inférieures.

2. Les sommes qui auraient été payées sur lesdites pensions, à compte des années 1790 et 1791, par les receveurs des décimes, trésoriers de district, ou autres préposés, en vertu des décrets de l'Assemblée nationale, et notamment de celui du 11 janvier 1791, ou autrement, seront déduites sur le montant des secours accordés aux pensionnaires par l'article précédent.

3. Le payement de ces secours sera fait par la trésorerie nationale, sur la représentation du titre constitutif de chaque pension, certifié par le directoire du département où se trouvait l'établissement sur lequel ladite pension était assignée, ainsi qu'il sera dit ci-après.

4. Les pensionnaires dénommés au présent décret ne pourront toucher, à quelque titre que ce soit, que la somme de six cents livres, et dans les formes prescrites par les décrets précédents.

5. Pour l'exécution des articles ci-dessus, les directoires de département seront tenus de vérifier et de certifier, s'il y a lieu, le titre rapporté par chaque prétendant-droit auxdits secours provisoires; ils vérifieront aussi jusqu'à quelle époque la pension a été payée, les à-compte qui auraient pu être donnés sur les termes non acquittés; si le pensionnaire jouit d'un autre traitement à la charge de l'État, et enfin le montant de ce traitement; ils feront mention du tout dans leur avis.

§ II. *Pensions de retraite des fonctionnaires publics ecclésiastiques.*

6. Le décret du 3 - 22 août 1790, concernant les pensions de retraite, est applicable, ainsi qu'il sera dit ci-après, aux curés, vicaires et autres fonctionnaires publics ecclésiastiques qui n'auraient aucun traitement public, soit comme anciens bénéficiers, soit autrement, sans qu'on puisse inférer le contraire des articles 9 et 10 du titre III du décret du 24 juillet — 16 août 1790 sur l'organisation civile du clergé, et sans déroger à ces mêmes articles.

7. Le taux de la pension que chaque fonctionnaire public ecclésiastique pourra obtenir, en conséquence du décret du 3 - 22 août 1790, sera réglé sur le revenu ou traitement attaché à l'emploi qu'il aura occupé pendant trois années consécutives, sans que néanmoins ladite pension puisse excéder en aucun cas la somme de douze cents livres.

8. Les pensions de retraite demandées d'après les articles 9 et 10 du titre III du décret du 24 juillet — 24 août 1790 sur l'organisation civile du clergé, en conformité du décret du 3 - 22 aout 1790 et du présent décret, par des fonctionnaires publics ecclésiastiques, seront accordées d'après l'état qui en sera dressé et présenté à l'Assemblée nationale, dans les formes prescrites par les articles 22 et 23 du titre 1er du décret du 3 - 22 août 1790.

9. Les ecclésiastiques pauvres que leurs infirmités constatées ou leur âge de plus de soixante-dix ans ont forcés de se retirer, et qui ne réunissaient pas les conditions exigées par le décret du 3 - 22 août 1790 pour obtenir une pension de retraite, s'adresseront aux directoires de département; ceux-ci enverront leur avis, avec ceux des directoires de district, au ministre de l'intérieur, qui les remettra au directeur général de la liquidation, pour en être rendu compte à l'Assemblée nationale.

5-8 JANVIER 1792. — *Décret relatif aux cures vacantes dans le département du Haut-Rhin, et à celles qui viendront à vaquer dans les divers départements pendant l'année* 1792. (L. VIII, 34; Baud. XX, 26.)

Art. 1er. Dans le mois, à compter du jour de la publication du présent décret, les électeurs du département du Haut-Rhin seront convoqués extraordinairement dans le chef-lieu de leurs districts respectifs, à l'effet de procéder à la nomination aux cures vacantes dans ce département, par mort ou démission, défaut de prestation ou *rétractation* de serment, ainsi qu'à celles dont les nouveaux pourvus par les précédentes élections, n'auront pas pris possession dans la quinzaine qui suivra la promulgation du présent décret, dans les chefs-lieux de district ou les nominations ont été faites.

2. A l'avenir, les curés nouveaux élus seront tenus de se faire installer dans la quinzaine, à compter du jour qu'ils auront obtenu l'institution canonique; à l'effet de quoi, ils seront obligés de se présenter à l'évêque dans la première quinzaine qui suivra la notification que le procureur syndic du district où ils auront été élus sera tenu de leur donner par l'envoi de l'extrait du procès-verbal de leur élection, dans les trois jours de la proclamation qui en aura été faite, aux termes de l'article 31 du titre II du décret du 12 - 24 août 1790; et à défaut par les nouveaux pourvus d'avoir satisfait aux dispositions ci-dessus dans les délais prescrits, ou d'avoir justifié d'un empêchement légitime, les cures auxquelles ils auront été nommés seront dès lors réputées vacantes, et il y sera pourvu comme en cas de vacance par mort, démission ou autrement.

3. Les exceptions portées par les articles 1, 2, 3, et 4 du décret du 7 - 9 janvier 1791, et l'article 1er de celui du 4 - 6 avril suivant, par rapport aux qualités requises pour être éligible aux évêchés, cures et vicariats, soit des églises cathédrales ou autres qui pourraient vaquer dans le cours de 1791, sont et demeurent prorogées jusqu'au 1er janvier 1793.

4. Jusqu'à la même époque du 1er janvier 1793, les prêtres étrangers seront éligibles aux places de curés et de vicaires, à la nomination ou au remplacement desquels il y aura lieu de procéder, sauf à se conformer ensuite à ce qui est prescrit par l'article 4 du titre II de la constitution, et par les lois antérieures.

5. Les dispositions du présent décret sont déclarées communes à tous les départements qui se trouveront dans l'un ou l'autre des cas qui y sont exprimés.

---

25 FÉVRIER — 10 MARS 1792. — *Décret concernant l'élection aux cures vacantes.* (L. VIII, 252; Baud. XX, 279.)

L'Assemblée nationale, instruite qu'il s'est élevé des difficultés, dans plusieurs départements, sur l'élection de quelques curés par les assemblées électorales, décrète qu'il y a urgence.

L'assemblée nationale, après avoir décrété l'urgence, décrète que les dispositions de la loi du 18 octobre 1791 regardent seulement les cures vacantes par mort ou démission, et que les prêtres qui auront été élus en conformité des lois antérieures, pour remplacer les curés non assermentés ou qui ont rétracté le serment, seront maintenus dans leurs places.

Nota. Voyez le décret du 5 avril 1792, qui rectifie une erreur commise dans le présent décret.

5-6 AVRIL 1792. — *Décret qui rectifie une erreur dans le décret du* 25 *février* 1792, *relatif à l'élection des curés.* (L. VIII, 393; Baud. XXI, 150.)

L'Assemblée nationale, après avoir entendu le rapport de son comité des décrets sur une erreur commise dans le décret du 25 février dernier; considérant qu'il est toujours pressant de détruire les erreurs commises dans la rédaction des lois, décrète que l'erreur sera rectifiée et le décret réduit en ce termes :

« Les curés qui ont été nommés pour remplacer ceux qui n'ont point prêté le serment ou « qui l'ont rétracté, seront maintenus dans leurs « places. »

26-26 AOUT 1792. — *Décret relatif aux ecclésiastiques qui n'ont pas prêté leur serment, ou qui, après l'avoir prêté, l'ont rétracté et ont persisté dans leur rétractation.* (L. X, 626; Baud. XXIV, 437.)

Art. 1er. Tous les ecclésiastiques qui, étant assujettis au serment prescrit par le décret du 27 novembre — 26 décembre 1790, et celui du 15 - 17 avril 1791, ne l'ont pas prêté, ou qui, après l'avoir prêté, l'ont rétracté et ont persisté dans leur rétractation, seront tenus de sortir sous huit jours hors des limites du district et du département de leur résidence, et dans quinzaine, hors du royaume : ces différents délais courront du jour de la publication du présent décret.

2. En conséquence, chacun d'eux se présentera devant le directoire du district ou la municipalité de sa résidence, pour y déclarer le pays étranger dans lequel il entend se retirer, et il lui sera délivré sur-le-champ un passe-port, qui contiendra sa déclaration, son signalement, la route qu'il doit tenir, et le délai dans lequel il doit être sorti du royaume.

3. Passé le délai de quinze jours ci-devant prescrit, les ecclésiastiques non sermentés qui n'auraient pas obéi aux dispositions précédentes, seront déportés à la Guiane française; les directoires de district les feront arrêter et conduire, de brigade en brigade, aux ports de mer les plus voisins qui leur seront indiqués par le conseil exécutif provisoire, et celui-ci donnera, en conséquence, des ordres pour faire équiper et approvisionner les vaisseaux nécessaires au transport desdits ecclésiastiques.

4. Ceux ainsi transférés et ceux qui sortiront volontairement en exécution du présent décret, n'ayant ni pension ni revenu, obtiendront chacun trois livres par journée de dix lieues, jusqu'au lieu de leur embarquement ou jusqu'aux frontières du royaume, pour subsister pendant leur route. Ces frais seront supportés par le trésor public, et avancés par les caisses de district.

5. Tout ecclésiastique qui serait resté dans le royaume après avoir fait sa déclaration de sortir et obtenu passe-port, ou qui rentrerait après être sorti, sera condamné à la peine de détention pendant dix ans.

6. Tous autres ecclésiastiques non sermentés, séculiers et réguliers, prêtres, simples clercs, minorés ou frères lais, sans exception ni distinction, quoique n'étant point assujettis au serment par les décrets des 27 novembre — 17 décembre 1790 et 15 - 17 avril 1791, seront soumis à toutes les dispositions précédentes, lorsque, par quelques actes extérieurs, ils auront occasionné des troubles venus à la connaissance des corps administratifs, ou lorsque leur éloignement sera

demandé par six citoyens domiciliés dans le même département.

7. Les directoires de district seront tenus de notifier aux ecclésiastiques non sermentés qui se trouveront dans l'un ou l'autre des deux cas prévus par le précédent article, copie collationnée du présent décret, avec sommation d'y obéir et de s'y conformer.

8. Sont exceptés des dispositions précédentes les infirmes, dont les infirmités seront constatées par un officier de santé, qui sera nommé par le conseil général de la commune du lieu de leur résidence, et dont le certificat sera visé par le même conseil général. Sont pareillement exceptés les sexagénaires, dont l'âge sera aussi dûment constaté.

9. Tous les ecclésiastiques du même département qui se trouveront dans le cas des exceptions portées par le précédent article, seront réunis, au chef-lieu du département, dans une maison commune, dont la municipalité aura l'inspection et la police.

10. L'Assemblée nationale n'entend, par les dispositions précédentes, soustraire aux peines établies par le Code pénal les ecclésiastiques non sermentés qui les auraient encourues ou pourraient les encourir par la suite.

11. Les directoires de district informeront régulièrement de leurs suites et diligences aux fins du présent décret les directoires de département, qui veilleront à son entière exécution dans toute l'étendue de leur territoire, et seront eux-mêmes tenus d'en informer le pouvoir exécutif provisoire.

12. Les directoires de district seront en outre tenus d'envoyer, tous les quinze jours, au ministre de l'intérieur, par l'intermédiaire des directoires de département, des états nominatifs des ecclésiastiques de leur arrondissement qui seront sortis du royaume ou auront été déportés, et le ministre de l'intérieur sera tenu de communiquer de suite à l'Assemblée nationale lesdits états.

7-14 SEPTEMBRE 1792. — *Décret qui défend aux ecclésiastiques salariés par l'État de recevoir un casuel.* (L. XI, 230; Baud., XXIV, 733).

L'Assemblée nationale décrète que les ecclésiastiques salariés par l'État qui recevront un casuel sous quelque dénomination que ce soit, seront condamnés par les tribunaux de district à perdre leur place et leur traitement.

14-15 SEPTEMBRE 1792. — *Décret relatif à la nomination aux cures vacantes.* (L. XI, 364; Baud., XXIV, 880).

Le directoire du département des Hautes-Pyrénées demande à l'Assemblée quels sont les électeurs qui doivent procéder à la nomination des cures vacantes. Sont-ce les nouveaux ou les anciens?

L'Assemblée déclare que ce sont les nouveaux.

17-17 SEPTEMBRE 1792. — *Décret relatif aux ecclésiastiques non assermentés qui se retireraient dans les pays en guerre avec la France.* (L. XI, 411; Baud., XXIV, 992).

Art. 1er. A compter du jour de la publication du présent décret, les ecclésiastiques qui sortiront du territoire français en exécution de l'article 1er du décret du 26 août dernier, ne pourront se rendre dans aucun pays actuellement en guerre avec la France.

2. Les corps administratifs et municipalités auxquels se présenteraient des ecclésiastiques munis de passe-ports pour les pays ennemis, sont autorisés à les arrêter, et tenus de donner de nouveaux passe-ports.

3. Dans le cas où ces ecclésiastiques refuseraient de changer le lieu de leur retraite, ils seront traités conformément aux dispositions portées en l'article 3 du décret du 26 août dernier.

4. Le pouvoir exécutif est spécialement chargé de donner sur-le-champ les ordres nécessaires à l'exécution du présent décret.

---

27 SEPTEMBRE 1792. — *Décret relatif à la réduction des pensions accordées aux ecclésiastiques qui ne sont pas employés.* (L. XI, 580; Baud., XXIV, 23).

La Convention nationale décrète que les pensions accordées par l'Assemblée constituante aux ecclésiastiques réguliers ou séculiers qui ne sont pas employés, sont réduites de manière que leur *maximum* n'excédera pas 1,000 livres, et qu'à l'avenir lesdites pensions ne seront pas payées d'avance. Charge le pouvoir exécutif provisoire d'expédier dans le jour des courriers extraordinaires dans tous les départements, et d'en recommander la plus prompte exécution.

---

10 DÉCEMBRE 1792. — *Décret relatif aux ministres du culte catholique.* (Baud., XXVI, 49).

Un des secrétaires fait lecture du procès-verbal du 6. Un membre observe, sur la rédaction, que les ministres du culte catholique ne doivent pas être qualifiés de fonctionnaires publics, et il demande que cette dénomination soit effacée du procès-verbal.

La Convention nationale passe à l'ordre du jour, motivé sur l'existence de la loi à cet égard.

---

17 DÉCEMBRE 1792. — *Décret relatif au refus d'institution canonique fait par l'évêque de Seine-et-Oise à un vicaire, sous prétexte qu'il était marié.* (L. XII, 387; Baud., XXVI, 76).

La Convention nationale, sur la dénonciation faite par un de ses membres, que l'évêque du département de Seine-et-Oise a refusé l'institution canonique à un vicaire, sous prétexte qu'il était marié, passe à l'ordre du jour, motivé sur ce que tout citoyen peut se pourvoir devant les tribunaux contre la violation de la loi à son égard.

23-25 MARS 1793. — *Décret qui excepte de la loi du recrutement les évêques, les curés et vicaires salariés par la nation.* (Baud., XXVIII, 476).

La Convention nationale déclare qu'elle n'a pas entendu comprendre, dans la loi du recrutement, les évêques, curés et vicaires salariés par la nation; et, en conséquence, décrète que ceux qui, ayant concouru au recrutement, se trouveraient au nombre des citoyens qui doivent marcher, seront libres de rester ou de revenir à leur poste.

---

23 (21 et) — 24 AVRIL 1793. — *Décret portant que les ecclésiastiques séculiers et réguliers, frères convers et lais, qui n'ont pas prêté le serment de maintenir la liberté et l'égalité, seront transférés à la Guiane française.* (Baud., XXIX, 136).

Art. 1er. Tous les ecclésiastiques séculiers, réguliers, frères convers et lais, qui n'ont pas prêté le serment de maintenir la liberté et l'égalité, conformément à la loi du 15 août 1792, seront embarqués et transférés sans délai à la Guiane française.

2. Seront sujets à la même peine ceux qui seront dénoncés pour cause d'incivisme, par six citoyens dans le canton. La dénonciation sera jugée par les directoires de département, sur l'avis des districts.

3. Le serment qui aurait été prêté postérieurement au 23 mars dernier, est déclaré comme non avenu.

4. Les vieillards âgés de plus de soixante ans, les infirmes et caducs, seront renfermés sous huitaine, dans une maison particulière, dans le chef-lieu du département.

5. Ceux des déportés en exécution des articles 1er et 2 ci-dessus, qui rentreraient sur le territoire de la République, seront punis de mort dans vingt-quatre heures.

6. Les évêques, curés et vicaires élus par le peuple, ou conservés dans leurs places au moyen de la prestation du serment exigé par la loi; les professeurs, les ecclésiastiques appelés aux fonctions administratives, et les aumôniers des régiments et bataillons actuellement aux armées ou casernés, ne sont pas compris dans le présent décret.

---

7 JUIN 1793. — *Décret relatif à la déportation des prêtres réfractaires.* (Baud., XXXI, 56).

La Convention nationale décrète que le comité du salut public donnera les ordres nécessaires pour qu'un nombre suffisant de bâtiments de transport soient préparés sans délai, dans les ports de la République, afin que la déportation, à la Guiane, des prêtres réfractaires, puisse être effectuée.

27-28 JUIN 1793. — *Décret portant que le traitement des ecclésiastiques fait partie de la dette publique.* (L. XVIII, 5; Baud., XXXI, 250).

---

28 JUIN 1793. — *Décret relatif aux curés dont les paroisses ne sont réunies aux églises cathédrales que plusieurs années après la fixation des évêchés.* (L. XIV, 860; Baud., XXI, 253).

La Convention nationale, après avoir entendu le rapport de son comité de division, interprétant le décret du 12 juillet — 24 août 1790, décrète que les curés dont les paroisses ne sont réunies aux églises cathédrales que plusieurs années après la fixation des évêchés, ne peuvent requérir que les places vacantes dans le conseil épiscopal à l'époque de la réunion.

1er JUILLET 1793. — *Décret portant que les paroisses de campagne qui manquent de curés ou de desservants, seront desservies par les vicaires épiscopaux.* (L., XV, 7; Baud., XXXII, 11).

La Convention nationale, considérant que le nombre des vicaires épiscopaux est plus considérable que ne l'exigent leurs fonctions; que beaucoup de paroisses de campagne manquent de curés ou de desservants; décrète que les évêques seront tenus de faire desservir les paroisses vacantes par leurs vicaires épiscopaux, jusqu'à la prochaine réunion des assemblées électorales, et que lesdits vicaires, nommés par les évêques, seront tenus de desservir les paroisses, sous peine de privation de leurs traitements; et renvoie aux comités de finances et de législation réunis, la proposition tendante à réduire le nombre des vicaires épiscopaux.

19-27 JUILLET 1793. — *Décret portant qu'aucune loi ne peut priver du traitement les ministres du culte catholique qui se marient.* (L. XV, 141; Baud., XXXII, 148).

La Convention nationale, après avoir entendu le rapport de ses comités de législation et des finances réunis sur la pétition du citoyen Blanc Poupirac, curé du Coudray, district de Corbeil,

Passe à l'ordre du jour, motivé sur ce qu'aucune loi ne peut priver du traitement les ministres du culte catholique qui se marient; renvoie au ministre de la justice pour faire exécuter les lois, et poursuivre les auteurs des troubles et actes arbitraires dans la commune de Coudray, relativement au mariage dudit Blanc Poupirac.

19-29 JUILLET 1793. — *Décret qui ordonne la déportation des évêques qui apporteraient quelque obstacle au mariage des prêtres.* (L. XV, 142, Baud., XXXII, 149).

La Convention nationale décrète que les évêques qui apporteraient, soit directement, soit indirectement, quelque obstacle au mariage des prêtres, seront déportés et remplacés.

12-12 AOUT 1793. — *Décret relatif aux procédures ayant pour objet les obstacles apportés au mariage des prêtres.* (L. XV, 384; Baud., XXXIII, 82).

Art. 1er. Toute destitution de ministre du culte catholique qui aurait pour cause le mariage des individus qui y sont attachés, demeure annulée; et le prêtre qui en est l'objet pourra reprendre ou continuer ses fonctions.

2. Toutes plaintes, dénonciations, poursuites et procédures antérieures au décret du 19 juillet dernier, qui n'auraient pour objet que des obstacles apportés au mariage des prêtres, à l'état civil des citoyens ou à la loi du divorce, sont déclarées comme non avenues; néanmoins les individus qui, par leurs écrits ou par leur opposition, ont occasionné des frais ou des dommages, en demeurent personnellement responsables, et ils pourront être poursuivis devant les tribunaux ordinaires pour la quotité et pour le payement.

3. Le décret du 19 juillet dernier demeure commun à tout prêtre qui porterait la moindre opposition au décret concernant l'état civil des citoyens ou à celui du divorce.

4. A l'avenir, toutes contestations relatives aux décrets rappelés dans les articles précédents, seront portées de droit devant les tribunaux civils.

17 SEPTEMBRE 1793. — *Décret relatif au traitement des prêtres qui seraient inquiétés par leurs communes pour raison de leur mariage.* (L. XV, 893; Baud., XXXIV, 183).

La Convention nationale décrète que tout prêtre qui se sera marié, et qui sera inquiété à ce sujet par les habitants de la commune de sa résidence, pourra se retirer dans tel lieu qu'il jugera convenable, et que son traitement lui sera payé aux frais de la commune qui l'aura persécuté.

---

18 SEPTEMBRE 1793. — *Décret relatif aux pensions et traitements des évêques, des vicaires épiscopaux et des autres ecclésiastiques.* (L. XV, 598; Baud., XXXIV, 196).

Art. 1er. Les pensions qui étaient connues sous le nom de traitement, accordées aux évêques au-dessus de six mille livres, sont réduites à cette somme à compter du 1er octobre prochain.

2. Celles qui sont accordées aux vicaires épiscopaux sont supprimées à compter aussi du 1er octobre prochain. Il sera payé aux vicaires épiscopaux actuellement en place, une pension de douze cents livres, jusqu'à ce qu'ils aient obtenu une place dont le produit s'élève à la même somme; en cas de refus de la place, ladite pension sera supprimée.

3. Aucun ecclésiastique qui est attaché à un service quelconque ou qui y sera appelé, ne pourra toucher que la pension ou traitement affecté audit service.

4. Tous ecclésiastiques qui attachés à un service le quitteront ou qui refuseront le service auquel ils seront appelés, seront déchus des pensions dont ils pourraient jouir.

5. Les pensions accordées aux ecclésiastiques qui sont soumis ou non à un service, ne seront plus payées d'avance à compter du 1er octobre prochain.

---

29 et 30 VENDÉMIAIRE an II (20 et 21 octobre 1793). — *Décret relatif aux ecclésiastiques sujets à la déportation ou à des peines corporelles.* (L. XVI, 275; Baud., XXXV, 267).

Art. 1er. Les prêtres sujets à la déportation, pris les armes à la main, soit sur les frontières, soit en pays ennemi;

Ceux qui auront été ou se trouveront saisis de congés ou passe-ports délivrés par des chefs français émigrés, ou par des commandants des armées ennemies, ou par les chefs des rebelles;

Et ceux qui seront munis de quelques signes contre-révolutionnaires, seront, dans les vingt-quatre heures, livrés à l'exécuteur des jugements criminels et mis à mort, après que le fait aura été déclaré constant par une commission militaire formée par les officiers de l'état-major de la division dans l'étendue de laquelle ils auront été arrêtés.

2. Ceux qui ont été ou seront arrêtés sans armes dans les pays occupés par les troupes de la République, seront jugés dans les mêmes formes et punis des mêmes peines, s'ils ont été précédemment dans les armées ennemies ou dans des rassemblements d'émigrés ou de révoltés, ou s'ils y étaient à l'instant de leur arrestation.

3. La commission sera composée de cinq personnes prises dans les différents grades de la division.

4. Le fait demeurera constant, soit par une déclaration écrite, revêtue de deux signatures, ou d'une seule signature confirmée par la déposition d'un témoin, soit par la déposition orale et uniforme de deux témoins.

5. Ceux de ces ecclésiastiques qui rentreront, ceux qui sont rentrés sur le territoire de la République, seront envoyés à la maison de justice du tribunal criminel du département dans l'étendue duquel ils auront été ou seront arrêtés; et après avoir subi interrogatoire, dont il sera retenu note, ils seront, dans les vingt-quatre heures, livrés à l'exécuteur des jugements criminels et mis à mort, après que les juges du tribunal auront déclaré que les détenus sont convaincus d'avoir été sujets à la déportation.

6. Les moyens de conviction contre les prévenus, en cas de dénégation de leur part, résulteront de la déposition uniforme de deux témoins que les détenus étaient dans le cas de la déportation.

7. Si les accusés demandent à justifier de l'extrait du procès-verbal contenant leur prestation de serment, et qu'ils n'en soient pas porteurs, les juges pourront leur accorder un délai strictement nécessaire, ou le leur refuser suivant les circonstances : si le délai est accordé, les juges seront tenus d'en rendre compte au ministre de la justice, qui en instruira sur-le-champ le comité de sûreté générale de la Convention nationale.

8. Si les prévenus ne justifient de leur prestation de serment dans le délai accordé par le tribunal, ils seront livrés à l'exécuteur des jugements criminels. Les juges en instruiront pareillement le ministre de la justice, et celui-ci le comité de sûreté générale.

9. Dans le cas où ils produiraient le procès-verbal de leur serment de liberté et égalité, conformément au décret du 14 août 1792, l'accusateur public est autorisé à faire preuve, tant par pièces que par témoins, que les accusés ont rétracté leur serment, ou qu'ils ont été déportés pour cause d'incivisme, aux termes de l'article 2 du décret du 21 avril dernier; et cette preuve acquise, ils seront mis à mort : dans le cas contraire, ils seront mis en liberté.

10. Sont déclarés sujets à la déportation, jugés et punis comme tels, les évêques, les ci-devant archevêques, les curés conservés en fonctions, les vicaires de ces évêques, les supérieurs et directeurs de séminaires, les vicaires des curés, les professeurs de séminaires et de colléges, les instituteurs publics et ceux qui ont prêché dans quelques églises que ce soit, depuis le décret du 5 février 1791, qui n'auront pas prêté le serment prescrit par l'article 39 du décret du 24 juillet 1790, et réglé par les articles 21 et 38 de celui du 12 du même mois, et par l'article 2 du décret du 27 novembre de la même année, ou qui l'ont rétracté, quand bien même ils l'auraient prêté depuis leur rétractation;

Tous les ecclésiastiques séculiers ou réguliers, frères convers et lais, qui n'ont pas satisfait aux décrets des 14 août 1792 et 21 avril dernier, ou qui ont rétracté leur serment;

Et enfin tous ceux qui ont été dénoncés pour cause d'incivisme, lorsque la dénonciation aura été jugée valable, conformément au décret dudit jour 21 avril.

11. Les dispositions de l'art. 2 dudit décret ne sont point applicables aux vieillards âgés de plus de soixante ans, aux infirmes et caducs qui se trouveront dans les cas prévus par les articles 1, 2 et 5 du présent décret.

12. Les ecclésiastiques qui ont prêté le serment prescrit par les décrets des 24 juillet et 27 novembre 1790, ainsi que celui de liberté et égalité dans le temps déterminé, et qui seront dénoncés par cause d'incivisme, seront embarqués sans délai et transférés à la côte de l'ouest de l'Afrique, depuis le vingt-troisième degré sud jusqu'au vingt-huitième.

13. La dénonciation pour cause d'incivisme sera faite par six citoyens du canton, et jugée par le directoire du département, sur l'avis du district. (*Idem, art.* 2.)

14. Les ecclésiastiques mentionnés en l'article 10, qui, cachés en France, n'ont point été embarqués pour la Guiane française, seront tenus, dans la décade de la publication du présent décret, de se rendre auprès de l'administration de leurs départements respectifs, qui prendront les mesures nécessaires pour leur arrestation, embarquement et déportation, en conformité de l'article 12.

15. Ce délai expiré, ceux qui seront trouvés sur le territoire de la République, seront conduits à la maison de justice du tribunal criminel de leur département, pour y être jugés conformément à l'article 5.

16. La déportation, la reclusion et la peine de mort prononcées d'après les dispositions du présent décret, emporteront confiscation des biens.

17. Les prêtres déportés volontairement et avec passe-port, ainsi que ceux qui ont préféré la déportation à la reclusion, seront réputés émigrés.

18. Tout citoyen est tenu de dénoncer l'ecclésiastique qu'il saura être dans le cas de la déportation, de l'arrêter ou faire arrêter, et conduire devant l'officier de police le plus voisin; il recevra cent livres de récompense.

19. Tout citoyen qui recèlerait un prêtre sujet à la déportation sera condamné à la même peine.

---

23 BRUMAIRE an II (13 novembre 1793). — *Décret relatif aux abdications des ministres de tout culte.* (L. XVI, 435; Baud. XXXVI, 183).

Art. 1er. Toutes les autorités constituées sont autorisées à recevoir des ecclésiastiques et ministres de tout culte, la déclaration qu'ils abdiquent leur qualité.

2. Les listes certifiées de ces déclarations seront, tous les quinze jours, envoyées au comité d'instruction publique.

25-30 BRUMAIRE an II (15-20 novembre 1793). — *Décret portant que les prêtres mariés ou dont les bans ont été publiés, ne seront point sujets à la déportation ni à la reclusion.* (L. XVI, 449; Baud., XXXVI, 200).

Art. 1er. Les ministres du culte catholique qui se trouvent actuellement mariés; ceux qui antérieurement au présent décret auront réglé les conditions de leur mariage par acte authentique, ou seront en état de justifier de la publication de leurs bans, ne sont point sujets à la déportation ni à la reclusion, quoiqu'ils n'aient pas prêté le serment prescrit par les lois des 24 juillet et 27 novembre 1790.

2. Néanmoins, en cas d'incivisme, ils peuvent être dénoncés et punis, conformément à la loi du 30 vendémiaire dernier.

3. La dénonciation ne pourra être jugée valable, si elle n'est faite par trois citoyens d'un civisme reconnu par la société populaire ou les autorités constituées.

4. Sur la proposition faite de décréter que les prêtres du culte catholique qui abdiquent les fonctions de ce culte, ne peuvent être regardés comme ayant déserté leur poste, la Convention nationale passe à l'ordre du jour, sur ce que les prêtres n'ont jamais été considérés comme fonctionnaires publics, et que le décret qui ordonne aux fonctionnaires publics de rester à leur poste ne les concerne pas.

---

2 FRIMAIRE an II (22 novembre 1793). — *Décret qui accorde un secours annuel aux évêques, curés et vicaires qui abdiquent leur état.* (L. XVI, 491; Baud., XXXVII, 9).

Art. 1er. Les évêques, curés et vicaires qui ont abdiqué ou qui abdiqueront leur état ou fonctions de prêtrise, recevront de la République, par forme de secours annuel, savoir : ceux qui sont actuellement d'un âge au-dessous de cinquante ans, la somme de 800 liv.; ceux de cinquante ans accomplis jusqu'à soixante-dix accomplis, celle de 1,000 liv.; et ceux de ce dernier âge, la somme de 1,200 liv.

2. Les secours divers mentionnés en l'article ci-dessus ne seront pas susceptibles d'accroissement en passant d'un des trois âges déterminés à l'autre; ils seront payables à l'échéance de chaque semestre par le receveur du district du domicile de chaque individu, qui sera tenu de justifier de ses certificats de résidence, de non-émigration, de payement des contributions et de civisme.

3. Le quartier commencé le 1er octobre et qui finira au 1er janvier prochain, sera payé sur l'ancien pied.

---

12 FRIMAIRE an II (2 décembre 1793). — *Décret relatif à l'exécution de celui du 25 brumaire an II, en faveur des prêtres mariés.* (L. XVI, 587; Baud., XXXVII, 126).

La Convention nationale, après avoir entendu le rapport de son comité de législation sur la question de savoir si les prêtres en faveur desquels le décret du 25 brumaire a été rendu, peuvent y être compris, lorsque leur mariage, l'acte de ses conditions ou la publication des bans ont eu lieu avant la promulgation de la loi dans leurs communes respectives;

Considérant que les lois n'ont de force que du jour qu'elles sont connues par leur promulgation, passe à l'ordre du jour.

---

16 FRIMAIRE an II (6 décembre 1793). — *Décret qui annulle un arrêté du département du Tarn, qui ordonne le payement du traitement du prêtre Labat, quoiqu'il n'ait pas prêté le serment de liberté et d'égalité prescrit par la loi du 14 août 1792, dans le délai fixé.* (Baud., XXXVII, 165).

---

13 NIVÔSE an II (2 janvier 1794). — *Décret qui ordonne l'insertion au Bulletin des renoncia-*

tions aux fonctions ecclésiastiques. (Baud., XXXVIII, 85).

---

27 PLUVIÔSE — 2 VENTÔSE an II (15-20 février 1794). — *Décret relatif aux jugements rendus ou à rendre contre les ecclésiastiques, en exécution du décret du 30 vendémiaire an II.* (L. XVII, 423; Baud., XXXIX, 239).

La Convention nationale, après avoir entendu son comité de législation, décrète que les jugements rendus et à rendre, en exécution du décret du 30 vendémiaire dernier, contre les ecclésiastiques, seront exécutés sans appel ni recours au tribunal de cassation.

---

7 VENTÔSE an II (25 février 1794). — *Décret relatif à la loi du 29 brumaire, qui excepte de la peine de déportation et de réclusion les ecclésiastiques, lorsqu'ils sont mariés, et que les conditions de leur mariage sont réglées par acte authentique.* (Baud., XL, 54).

La Convention nationale, après avoir entendu le rapport de son comité de législation sur les nombreuses pétitions et mémoires adressés par les administrations de district et de département, qui demandent si la loi du 29 brumaire dernier, qui excepte de la peine de la déportation et de reclusion les ecclésiastiques lorsqu'ils sont mariés, ou que les conditions de leur mariage sont réglées par acte authentique, ou leurs bans publiés antérieurement à ladite loi, doit comprendre ceux qui sont dans un des cas prévus, soit antérieurement à la publication, soit antérieurement à la date de cette loi,

Considérant que le 12 frimaire aussi dernier, la Convention nationale a prononcé sur cette question, mais que le décret n'a pas été imprimé.

Décrète qu'il sera inséré au Bulletin sans délai avec le présent décret, et à la suite d'icelui.

---

22 VENTÔSE an II (12 mars 1794). — *Décret qui déclare acquis à l'État les biens des ecclésiastiques et frères lais ou convers qui sont ou ont été déportés, et contient un mode d'exécution du décret du 17 septembre 1793, relatif aux déportés.* (L. XVII, 577; Baud., XL, 206).

La Convention nationale, après avoir entendu le rapport de son comité de législation, décrète :

Art. 1er. Les biens des ecclésiastiques séculiers ou réguliers, frères convers et lais, donnés ou tierçaires, qui se sont déportés volontairement, ou qui l'ont été nominativement en exécution de la loi du 26 août 1792, ou des arrêtés des corps administratifs, ou pour cause d'incivisme, en vertu des lois des 21, 22 avril et 30 vendémiaire derniers, des vieillards et infirmes reclus, et de ceux qui ont préféré la déportation à la reclusion, sont acquis à la République.

2. Le numéro 3 de l'article 8 de la IVe section de la loi du 28 mars 1793, est rapporté.

3. Le décret du 17 septembre dernier, qui déclare applicables en tous points aux déportés les dispositions des lois contre les émigrés, sera exécuté ainsi qu'il suit :

4. La confiscation à l'égard des biens des ecclésiastiques nominativement déportés en exécution de la loi du 26 août 1792, ou des arrêtés des corps administratifs, et de ceux des vieillards et infirmes reclus en vertu de cette loi et autres postérieures, a lieu à compter du décret dudit jour 17 septembre dernier.

5. En conséquence, sont déclarés valables tous les actes de vente, cession, transports, obligations, donations, dettes, hypothèques, faits et contractés par eux antérieurement à ladite loi, pourvu que les actes aient été passés en forme authentique, ou aient acquis la fixité de date par enregistrement, dépôts publics ou jugements, avant le 17 septembre, sans néanmoins, à l'égard des donations, déroger aux dispositions adoptées par la loi du 17 nivôse dernier.

6. Leurs héritiers sont valablement saisis de leurs successions ouvertes avant cette époque.

7. A l'égard des ecclésiastiques qui se sont déportés volontairement, ou qui ont préféré la déportation à la reclusion, leurs biens sont frappés de la confiscation à compter du jour de leur sortie du territoire français.

8. Toutes dispositions de ces biens et tous contrats par eux consentis depuis cette époque, sont de nul effet.

9. Les biens des déportés pour cause d'incivisme, antérieurement à la loi du 17 septembre dernier, sont confisqués du jour de l'arrêté en vertu duquel leur déportation s'est effectuée.

10. Quant à ceux déportés depuis pour les mêmes causes, la confiscation de leurs biens a lieu du jour de la dénonciation prescrite par la loi du 30 vendémiaire dernier et autres antérieures.

11. Les dispositions du décret du 17 frimaire dernier, relatives à la séquestration des biens des pères et mères qui ont des enfants émigrés, ne sont pas applicables aux pères et mères des déportés ou reclus, si ce n'est dans le cas où ils seraient dans la classe de ci-devant noble.

12. La Convention renvoie à ses comités des secours publics et des finances réunis, les pétitions des parents des déportés et reclus qui demandent que les biens de leurs enfants soient exceptés de la confiscation par forme de secours.

Article additionnel au décret ci-dessus.

Les titres cléricaux n'existent plus à l'égard des ecclésiastiques déportés; en conséquence, les citoyens qui les avaient faits moyennant pension en sont déchargés, et ceux qui, au même effet, avaient cédé des biens en jouissance, sont autorisés à s'en remettre en possession.

---

22 GERMINAL — 1er FLORÉAL an II (11-20 avril 1794). — *Décret relatif aux receleurs d'ecclésiastiques sujets à la déportation.* (L. XVII, 700; Baud., XLI, 158).

Art. 1er. A compter de la promulgation du décret du 30 vendémiaire, concernant les ecclésiastiques sujets à la déportation, et en exécution de l'article 17 de ce décret, celui qui aura recelé un ecclésiastique sujet à la déportation ou reclusion, ou ayant encouru la peine de mort, sera puni de la déportation.

2. A compter de la publication du présent décret, le receleur d'ecclésiastiques soumis aux peines énoncées en l'article 1er sera regardé et puni comme leur complice.

3. Le présent décret sera publié par la voie du bulletin de correspondance.

22-27 FLORÉAL an II (11-16 mai 1794). *Décret relatif à la reclusion des ecclésiastiques infirmes ou sexagénaires.* (L. XVII, 786; Baud., XLII, 149).

Art. 1er. A compter de la publication du présent décret, tous ecclésiastiques infirmes ou sexagénaires, sujets à la reclusion, sont tenus, dans deux décades, de se transporter au chef-lieu de leurs départements respectifs, pour être reclus dans les maisons destinées à cet effet.

2. Tous ceux infirmes ou sexagénaires qui seront trouvés sur le territoire de la République et hors des maisons de reclusion, ce délai expiré, seront jugés et punis suivant les termes des articles 5 et 15 du décret du 30 vendémiaire dernier.

3. Les certificats d'infirmité présentés par ceux qui soutiendront n'être pas dans le cas de la déportation, seront mis à l'administration du département, qui nommera deux officiers de santé pour visiter l'infirme, et vérifier la sincérité de son certificat.

4. Dans le cas où les officiers de santé nommés par le département jugeraient que les certificats sont inexacts ou faux, ils donneront leur avis par écrit; et d'après l'arrêté du département, la déportation sera prononcée et effectuée.

---

22 PRAIRIAL an II (10 juin 1794). — *Décret d'ordre du jour relatif aux pensions et indemnités des chantres et officiers laïques des ci-devant églises.* (Baud., XLIII, p. 100).

---

9 MESSIDOR an II (27 juin 1794). — *Décret relatif à l'exclusion des ecclésiastiques des fonctions publiques.* (Baud., XLIV, 91).

---

15 THERMIDOR an II (2 août 1794). — *Décret qui exclut les ministres de tout culte et les ci-devant nobles de toutes les fonctions publiques civiles et militaires.* (Baud., XLV, 109).

---

16 THERMIDOR an II (3 août 1794). — *Décret qui rapporte celui du 15 thermidor, relatif aux ci-devant prêtres et nobles.* (Baud., XLV, 115).

---

18 FRUCTIDOR an II (4 septembre 1794). — *Décret portant que le comité de salut public fera, sous trois jours, un rapport sur la suspension du décret qui exclut les ci-devant nobles et prêtres de toutes fonctions publiques.* (Baud., XLVI, 140).

---

13 MESSIDOR an III (1er juillet 1795). — *Décret qui suspend la vente des biens des ecclésiastiques reclus, déportés ou sujets à la déportation.* (I. Bull., 942; Baud., LVI, p. 134).

La Convention nationale, après avoir entendu trois projets de décret présentés par son comité de législation; le premier relatif à la restitution des biens des ecclésiastiques reclus, déportés ou sujets à déportation; le second relatif aux personnes de ces mêmes ecclésiastiques; le troisième contenant des dispositions sur la police des cultes,

Décrète l'impression du discours du rapporteur et du premier projet de décret, l'ajournement à trois jours pour la discussion, avec la suspension de la vente desdits biens, et ajournement des deux autres projets jusqu'après l'acceptation de la constitution qui sera proposée.

---

20 FRUCTIDOR an III (6 septembre 1795). — *Décret qui ordonne le bannissement à perpétuité des prêtres déportés et rentrés sur le territoire français, et prononce des peines contre tout ministre des cultes qui ne se conformerait pas aux lois.* (I. Bull., 1072; Baud., LVIII, p. 199).

Art. 1er. La Convention nationale charge ses comités de gouvernement de faire observer, par tous les moyens qui sont en leur pouvoir, les lois rendues précédemment contre les prêtres déportés et rentrés sur le territoire de la République; ils seront bannis à perpétuité hors du territoire de la République, dans le délai de quinze jours, à dater de la promulgation du présent décret, et traités comme émigrés s'ils rentrent sur ce même territoire.

2. Les corps administratifs et judiciaires sont personnellement, en ce qui les concerne, responsables de l'exécution des lois rendues sur les ministres des cultes, à peine de destitution et de détention pendant trois mois.

3. Trois jours après la publication du présent décret, tous les ministres des cultes qui, ayant refusé l'acte de soumission exigé par la loi du 11 prairial, ou ayant ajouté des restrictions à cet acte, ou l'ayant rétracté, exerceront encore un culte quelconque dans les édifices publics, ou dans les maisons particulières, ou partout ailleurs, seront sur-le-champ arrêtés et traduits dans la maison de détention d'un des départements les plus voisins de celui de leur domicile.

4. Les propriétaires ou locataires des maisons dans lesquelles le culte serait exercé en contravention à l'article précédent, seront condamnés à une amende de mille livres, et, en cas de récidive, à une détention de six mois, le tout par forme de police correctionnelle et sans appel.

5. Les juges de paix informeront contre ceux des ministres des cultes qui se permettraient des discours, des écrits ou des actions contraires aux lois de la République, ou provoquant au rétablissement de la royauté; ils seront punis conformément aux lois pénales.

6. La Convention nationale décrète en principe que les biens des prêtres déportés, dont la confiscation avait été prononcée par les précédentes lois au profit de la République, seront restitués à leurs familles; charge ses comités de législation et des finances de lui présenter, sur ce point, une loi dans le délai de trois jours.

---

22 FRUCTIDOR an III (8 septembre 1795). — *Décret qui détermine un mode pour la remise des biens des prêtres déportés.* (I. Bull., n° 1084).

Art. 1er. Les décrets qui, relativement à la confiscation des biens, ont assimilé aux émigrés les ecclésiastiques déportés ou reclus, pour n'avoir pas prêté les serments ordonnés, ou comme ayant été dénoncés par six individus, sont rapportés en ce qui concerne ladite confiscation.

2. Les confiscations qui ont été prononcées ou qui ont eu lieu contre lesdits ecclésiastiques, cesseront d'avoir leur effet, à moins qu'elles ne se trouvent du nombre de celles qui sont expressément maintenues par la loi du 21 prairial dernier, relative à la restitution des biens des condamnés.

3. Les biens ou leur valeur seront remis sans délai, et suivant le mode ci-après, soit à ceux desdits ecclésiastiques qui pourraient être relevés de l'état de déportation, reclusion ou mort civile, et restitués dans les droits de citoyen, soit aux héritiers présomptifs de tous ceux desdits ecclésiastiques qui resteront en état de mort civile par les jugements ou arrêtés qui les ont condamnés à la déportation ou reclusion à vie (1).

4. Les héritiers présomptifs seront ceux qui, au moment de la déportation ou reclusion, auraient succédé auxdits ecclésiastiques, s'ils étaient morts naturellement.

5. En ce qui concerne les ventes faites des biens meubles et immeubles desdits ecclésiastiques, le payement du restant du prix, la restitution de ce qui reste en nature, le remboursement auxdits individus et à leurs héritiers de ce qui a été ou devra être exigé ou perçu au nom de la République, les perceptions de fruits, frais de séquestre, abus ou dilapidations, on se réglera sur les dispositions de la section II de la loi du 21 prairial dernier, relative au mode de restitution des biens des condamnés.

6. La disposition des articles précédents ne sera point applicable aux ci-devant évêques, curés, vicaires et autres ecclésiastiques, ni à leurs héritiers (bien que lesdits ecclésiastiques fussent au cas de la déportation ou reclusion, pour refus ou rétractation de prestation de serment), lorsqu'ils seront sortis du territoire de la République ou pays réunis, sans y avoir été autorisés, invités ou contraints par une loi promulguée en France, ou par arrêté ou délibération des représentants du peuple ou de quelque corps administratif, publié dans le ressort du district où ils avaient leur domicile : ceux-là étant émigrés, s'ils sont trouvés en France, pays réunis ou occupés par les armées de la République, seront punis comme émigrés rentrés ; dans aucun cas, leurs héritiers ne pourront rien prétendre à leurs biens.

(1) Un prêtre septuagénaire qui a refusé le serment civique a encouru la reclusion, mais non la confiscation. — Ses héritiers présomptifs n'ont pu demander l'envoi en possession de ses biens (2 octobre 1815 ; décret, J. C. t. II, p. 453).

Le débiteur d'un prêtre déporté, qui a versé le montant de son obligation à la caisse nationale, ignorant que son créancier était nominativement réintégré dans ses droits civils, n'est pas valablement libéré (Poitiers, 29 thermidor an XII ; — S. IV, 2, 498).

Un compromis signé entre un prêtre (rentré en France, ayant prêté serment de fidélité, et placé sous la surveillance du gouvernement) et son neveu, au sujet des biens du prêtre restitués au neveu par application de la loi du 22 fructidor an III, n'est pas nul ; on ne peut dire, ni que le prêtre fût incapable de contracter, en ce qu'il n'était pas amnistié, ni que le compromis fût nul, comme étant *sans cause* (Cass. 7 janvier 1806 ; — S. IX, 1, 218).

Les prêtres déportés étaient incapables de vendre, tant qu'ils n'avaient point été relevés de la déportation (Cass. 12 prairial an X ; — S. II, 1, 303).

Les héritiers *testamentaires* des prêtres déportés ou reclus n'ont pas été appelés à recueillir les biens dont cette loi a ordonné la restitution en faveur des héritiers présomptifs de ces prêtres (Cass. 24 messidor an X ; — S. III, 1, 7).

La rentrée d'un prêtre déporté et sa réintégration ne lui ont pas conféré le droit de réclamer la portion d'une succession échue, après les lois des 20 et 22 fructidor an III, et durant sa mort civile (Cass. 2 décembre 1807 ; — S. VIII, 1, 137).

Les prêtres relevés de la déportation volontaire n'ont pas été réintégrés dans les biens abandonnés à leurs héritiers, en vertu de cette loi (décret du 19 brumaire an XIII ; — S. V, 2, 40).

Idem, surtout si ces biens ont été transmis par les héritiers à des tiers (Cass. 3 messidor an XIII ; — S. VI, 1, 33).

Contrairement à cette jurisprudence il a été jugé par la cour de Rouen que la remise des biens d'un prêtre déporté volontairement, faite à ses héritiers, en exécution de cet article, ne leur transmettait que des droits précaires, et que le prêtre pouvait ultérieurement en rentrant en France, et en se faisant relever de l'état de déportation, reprendre ses biens dans les mains de ses héritiers (Rouen ; 17 février 1823 ; — S. XXIII, 2, 177). — Le même système a été présenté accessoirement dans l'affaire Legendre (voy. S. XXIV, 1, 10). Mais la cour de cassation n'a pas statué à cet égard.

12 PRAIRIAL an IV (31 mai 1796). — *Loi relative aux biens des ecclésiastiques sujets à la reclusion, qui ont préféré la déportation.* (II. Bull., n° 434).

Le Conseil des Cinq-Cents, après avoir entendu le rapport de sa commission, sur une pétition tendante à faire interpréter la loi du 22 fructidor an III, relative aux biens des prêtres déportés;

Considérant que l'exception contenue en l'article 6 de ladite loi ne doit s'entendre que des ecclésiastiques qui étaient sortis avant d'y être contraints par aucune loi, arrêté ou délibération des représentants ou de quelque corps administratif ;

Que la reclusion ordonnée par la loi du 26 août 1792, pour les infirmes et sexagénaires, était moins une obligation qu'une faculté dont ils pouvaient user ou ne pas user ;

Que l'usage qu'ils ont fait de cette faculté ne peut avoir aggravé leur sort ni celui de leurs héritiers ;

Que néanmoins, comme cette loi a fait naître quelques doutes par rapport à ces derniers, il est instant de les faire cesser, pour ne pas en retarder l'exécution ;

Déclare qu'il y a urgence.

Le Conseil des Cinq-Cents, après avoir déclaré l'urgence, prend la résolution suivante :

Art. 1er. L'exception contenue dans l'article 6 de la loi du 22 fructidor an III, n'est point applicable aux ecclésiastiques qui, à raison de leur âge ou de leurs infirmités, étant sujets à la reclusion, ont préféré la déportation, et en ont fait la déclaration conformément à l'article 2 de la loi du 26 août 1792 ; en conséquence, leurs biens ou leur valeur seront remis aux héritiers présomptifs desdits ecclésiastiques, comme il est expliqué aux articles 3, 4 et 5 de ladite loi du 22 fructidor an III.

19 FRUCTIDOR an IV (5 septembre 1796). — *Loi qui autorise les ecclésiastiques, dont la reclusion a été ordonnée par la loi du 3 brumaire an IV, à reprendre la jouissance de leurs biens.* (II. Bull., n° 684).

Le Conseil des Cinq-Cents, considérant que la loi du 22 fructidor de l'an III, qui lève la confiscation des biens des prêtres reclus ou sujets à la reclusion, n'en interdit la possession et la jouissance qu'à ceux de ces ecclésiastiques qui, ayant été condamnés par un jugement légal, ont encouru la peine de la mort civile ;

Considérant que la loi du 3 brumaire dernier, en ordonnant l'exécution des lois concernant les prêtres reclus, a déclaré qu'elle n'entendait rien changer aux dispositions de celle du 22 fructidor ; que néanmoins, quelques administrations en ayant mal saisi le sens, il en est résulté des décisions contraires aux principes consacrés dans ces lois ;

Considérant enfin qu'il est instant de faire cesser une erreur qui, en favorisant des prétentions odieuses de la part des héritiers présomptifs, attaque le droit de propriété et ajoute à la rigueur de la loi,

Déclare qu'il y a urgence.

Après avoir déclaré l'urgence, le Conseil prend la résolution suivante :

Art. 1er. Les ecclésiastiques dont la reclusion a été ordonnée par la loi du 3 brumaire dernier, en vertu des lois rendues contre eux en 1792 et 1793 (*vieux style*), sont autorisés à reprendre la possession et jouissance de leurs biens.

2. Leurs héritiers présomptifs qui s'en seraient emparés, et qui s'en trouveraient actuellement nantis, sont tenus de les leur restituer sans délai, sans pouvoir se prévaloir contre eux de leur reclusion, pour cause de non prestation de serment.

3. Les ventes légalement faites des biens meubles et immeubles des ecclésiastiques désignés dans l'article 1er, sont maintenues ; et le prix, ou ce qui en reste dû, en sera payé auxdits ecclésiastiques, soit par les acquéreurs desdits biens qui ne se seraient pas acquittés, soit par les héritiers présomptifs, ou toutes autres personnes qui en auraient reçu la valeur, soit par le trésor public pour les sommes provenant desdites ventes qui y auraient été versées.

4. En ce qui concerne les perceptions de fruits, frais de séquestre, abus ou dilapidations, on se réglera conformément à ce qui est indiqué par l'article 5 de la loi du 22 fructidor de l'an III.

5. Toutes dispositions contraires à la présente résolution sont révoquées.

26 FRUCTIDOR an IV (12 septembre 1796). — *Arrêté du Conseil des Cinq-Cents, relatif aux concessionnaires de biens des religionnaires fugitifs.* (Baud., LXV, n° 339).

28 FRUCTIDOR an IV (14 septembre 1796). — *Loi portant que celle du 26 floréal an III n'est point applicable aux ecclésiastiques sujets à la reclusion ou à la déportation.* (II. Bull., n° 712).

(Résolution du 9 fructidor).

Art. 1er. La loi du 26 floréal an III n'est point applicable aux ecclésiastiques sujets à la reclusion ou à la déportation.

2. En conséquence, nonobstant les dispositions de ladite loi, lesdits ecclésiastiques ou leurs héritiers sont admis, pendant six mois, à revendiquer leurs biens, ou leur valeur s'ils sont vendus, conformément à la loi du 22 fructidor an III.

3. Les ecclésiastiques sujets à la déportation, qui en ont été ou en seront relevés, et qui se trouvent inscrits sur une liste d'émigrés, seront envoyés provisoirement en possession de leurs biens par les administrations départementales, en justifiant, devant elles, qu'ils n'ont pas quitté le territoire de la République, depuis le 9 mai 1792, jusqu'au moment de la loi qui les déporte.

4. Dans le cas où lesdits ecclésiastiques ne seraient pas relevés de l'état de reclusion ou déportation, ou seraient décédés, leurs biens seront restitués à leurs héritiers présomptifs, à la charge par eux de faire la preuve ordonnée par l'article précédent (1).

5. Il n'est rien innové à la loi du 28 pluviôse dernier, qui charge le Directoire exécutif de statuer définitivement sur les demandes en radiation de la liste des émigrés.

7 FRUCTIDOR an V (24 août 1797). — *Loi qui rapporte celles relatives à la déportation ou à la reclusion des prêtres insermentés.* (II. Bull., n° 1375) (2).

(Résolution du 27 messidor).

Art. 1er. Les lois qui prononcent la peine de déportation ou de reclusion contre les ecclésiastiques qui étaient assujettis à des serments ou à des déclarations, ou qui avaient été condamnés par des arrêtés ou des jugements, comme *réfractaires*, ou pour cause *d'incivisme*, et contre ceux qui avaient donné retraite à des prêtres *insermentés*, sont et demeurent abrogées.

2. Les lois qui assimilent les prêtres déportés aux émigrés sont également rapportées.

3. Les individus atteints par les susdites lois rentrent dans tous les droits de citoyen français, en remplissant les conditions prescrites par la constitution pour jouir de la susdite qualité.

8 FRIMAIRE an VIII (29 novembre 1799). — *Arrêté des consuls de la République, relatif aux prêtres assermentés ou mariés, dont la déportation aurait été ordonnée en application de la loi du 19 fructidor an V.* (II. Bull., n° 3469) (3).

Art. 1er. Les arrêtés du Directoire exécutif, tant individuels que collectifs, rendus en application de l'article 24 de la loi du 19 fructidor an V (4), sont rapportés, en ce qui concerne les prêtres qui se trouvent compris dans l'une des trois classes suivantes :

1° Ceux qui auraient prêté tous les serments que les lois ont prescrits aux ministres du culte, et aux époques désignées par ces mêmes lois, et qui ne les ont pas rétractés ;

(1) Un prêtre déporté, frappé de confiscation au profit de ses héritiers, s'il est réintégré avant acceptation expresse de ces mêmes héritiers, se trouve n'avoir pas été réellement dépouillé (Cass. 3 mars 1813 ; — S. XV, 1, 417).

(2) Cette loi a été rapportée par l'art. 23 de la loi du 19 fructidor an V.

(3) Une première rédaction incomplète de cet arrêté, insérée sous le n° 3448, dans le 321e bulletin, doit être considérée comme nulle.

(4) Voy. CONSTITUTIONS POLITIQUES, section IV, § 3. — CONSPIRATION. — DÉPORTATION.

2° Ceux qui se seraient mariés.

3° Ceux qui n'ayant point exercé, ou qui ayant cessé d'exercer, avant la loi du 7 vendémiaire an IV, le ministère de leur culte sans en avoir repris l'exercice depuis cette époque, n'étaient plus assujettis à aucun serment.

2. Les prêtres compris dans l'une de ces trois classes, et qui se trouveraient actuellement détenus soit à l'île de Ré, soit à l'île d'Oléron, seront mis en liberté après avoir justifié de leur droit à l'une des exceptions ci-dessus déterminées, par-devant l'administration municipale dans l'arrondissement de laquelle ils se trouvent, et par des certificats authentiques délivrés par les administrations municipales des cantons où ils résidaient, lorsque leur déportation a été prononcée, et visés par les administrations centrales de leurs départements respectifs.

3. Ceux qui se sont soustraits à la déportation justifieront de leur droit à jouir de cette disposition, par-devant les administrations centrales de leur département.

4. Les individus désignés dans l'article 2 se feront délivrer, par l'autorité qui aura reconnu leur droit aux exceptions déterminées dans l'article 1er, un acte authentique qui constate l'application qui leur en aura été faite.

5. Les administrations centrales adresseront au ministre de la police le tableau nominatif de tous les prêtres mis en liberté; il sera fait mention, dans ce tableau, du lieu dans lequel chacun de ces prêtres déclarera vouloir fixer sa résidence.

CONSTITUTIONS POLITIQUES DE LA FRANCE (1).

TABLE SOMMAIRE.

SECTION I. CONSTITUTION DE 1791.

§ I. *Actes préliminaires.*

20 JUIN 1789. — *Arrêté contre toute suspension ou interruption de l'Assemblée.* (Baud., I, 17; Mon. 10).

L'Assemblée nationale, considérant qu'appelée à fixer la constitution du royaume, opérer la régénération de l'ordre public, et maintenir les vrais principes de la monarchie, rien ne peut empêcher qu'elle ne continue ses délibérations dans quelque lieu qu'elle soit forcée de s'établir, et qu'enfin partout où ses membres sont réunis, là est l'*Assemblée nationale*,

Arrête que tous les membres de cette Assem-

(1) La France avait-elle ou non, avant 1789, une constitution proprement dite?..... Cette importante question fut très-bien traitée par M. de Lally-Tollendal, dans un discours prononcé le 15 juin 1789 dans la chambre de la noblesse : nous en rapporterons ici quelques extraits, en y joignant le rapport du comité de constitution, contenant le résumé des cahiers relatifs à la constitution.

« On a fait, Messieurs, de longs reproches, mêlés « même de quelque amertume, aux membres de cette « assemblée qui, avec autant de douleur que de ré« serve, ont manifesté quelques doutes sur ce qu'on « appelle notre constitution. Cet objet n'avait peut« être pas un rapport très-direct avec celui que nous « traitons; mais puisqu'il a été le prétexte de l'accu« sation, qu'il devienne aussi celui de la défense, et qu'il « me soit permis d'adresser quelques mots aux au« teurs de ces reproches.

« Vous n'avez certainement pas de loi qui établisse « que les états généraux font partie intégrante de la « souveraineté, car vous en demandez une, et jus« qu'ici tantôt un arrêt du conseil leur défendait de « délibérer, tantôt l'arrêt d'un parlement cassait leurs « délibérations.

« Vous n'avez pas de loi qui nécessite le retour pé« riodique de vos états généraux, car vous en deman« dez une, et il y a cent soixante-quinze ans qu'ils « n'avaient été assemblés.

« Vous n'avez pas de loi qui mette votre sûreté, « votre liberté individuelle à l'abri des atteintes arbi« traires, car vous en demandez une, et sous le « règne d'un roi dont l'Europe entière connaît la jus« tice et respecte la probité, des ministres ont fait arra« cher vos magistrats du sanctuaire des lois par des « satellites armés. Sous le règne précédent, tous les « magistrats du royaume ont encore été arrachés à « leurs séances, à leurs foyers, et dispersés par l'exil, « les uns sur la cime des montagnes, les autres dans « la fange des marais, tous dans des endroits plus « affreux que la plus horrible des prisons. En remontant « plus haut, vous trouverez une profusion de cent « mille lettres de cachet pour de misérables querelles « théologiques. En vous éloignant davantage encore, « vous voyez autant de commissions sanguinaires que « d'emprisonnements arbitraires, et vous ne trouvez à « vous reposer qu'au règne de votre bon Henri.

« Vous n'avez pas de loi qui établisse la liberté de la « presse, car vous en demandez une, et jusqu'ici vos « pensées ont été asservies, vos vœux enchaînés; le « cri de vos cœurs dans l'oppression a été étouffé, « tantôt par le despotisme des particuliers, tantôt par « le despotisme plus terrible des corps.

« Vous n'avez pas ou vous n'avez plus de loi qui « nécessite votre consentement pour les impôts, car « vous en demandez une, et depuis deux siècles vous « avez été chargés de plus de trois ou quatre cents « millions d'impôts sans en avoir consenti un seul.

« Vous n'avez pas de loi qui rende responsables tous « les ministres du pouvoir exécutif, car vous en de« mandez une, et les créatures de ces commissions « sanguinaires, les distributeurs de ces ordres arbi« traires, les dilapidateurs du trésor public, les vio« lateurs du sanctuaire de la justice, ceux qui ont « trompé les vertus d'un roi, ceux qui ont flatté les « passions d'un autre, ceux qui ont causé le désastre « de la nation n'ont rendu aucun compte, n'ont subi « aucune peine.

« Enfin, vous n'avez pas une loi générale, positive « écrite, un diplôme national et royal tout à la fois, « une grande charte sur laquelle repose un ordre « fixe et invariable, où chacun apprenne ce qu'il doit « sacrifier de sa liberté et de sa propriété pour con« server le reste; qui assure tous les droits, qui défi« nisse tous les pouvoirs. Au contraire, le régime de « votre gouvernement a varié de règne en règne, sou« vent de ministère en ministère; il a dépendu de « l'âge, du caractère d'un homme. Dans les minorités, « sous un prince faible, l'autorité royale, qui importe « au bonheur et à la dignité de la nation, a été indé« cemment avilie, soit par les grands qui d'une main « ébranlaient le trône et de l'autre foulaient le peuple, « soit par des corps qui dans un temps envahissaient « avec témérité ce que dans un autre ils avaient dé« fendu avec courage. Sous des princes orgueilleux « qu'on a flattés, sous des princes vertueux qu'on a « trompés, cette même autorité a été poussée au delà « de toutes les bornes. Vos pouvoirs secondaires, vos « pouvoirs intermédiaires, comme vous les appelez, « n'ont été ni mieux définis ni plus fixés. Tantôt les « parlements ont mis en principe qu'ils ne pouvaient « pas se mêler des affaires d'État; tantôt ils ont sou« tenu qu'il leur appartenait de les traiter comme re« présentants de la nation. On a vu d'un côté des « proclamations annonçant les volontés du roi, de « l'autre des arrêts dans lesquels les officiers du roi « défendaient au nom du roi, l'exécution des ordres du « roi. Les cours ne s'accordent pas mieux entre elles : « elles se disputent leur origine, leurs fonctions; elles « se foudroient mutuellement par des arrêts.

« Je borne ces détails que je pourrais étendre jus« qu'à l'infini : mais si tous ces faits sont constants, si « vous n'avez aucune de ces lois que vous demandez « et que je viens de parcourir, ou si, en les ayant (et « faites bien attention à ceci), ou si, en les ayant, vous « n'avez pas celle qui force à les exécuter, celle qui « en garantit l'accomplissement et qui en maintient « la stabilité, définissez-nous donc ce que vous en« tendez par le mot de constitution, et convenez au « moins qu'on peut accorder quelque indulgence à « ceux qui ne peuvent se préserver de quelques doutes « sur l'existence de la nôtre. On parle sans cesse de « se rallier à cette constitution; ah! plutôt perdons « de vue ce fantôme pour y substituer une réalité; et « quant à cette expression d'innovation, quant à « cette qualification de novateur dont on ne cesse de « nous accabler, convenons encore que les premiers « novateurs sont dans nos mains, que les premiers « novateurs sont nos cahiers; respectons, bénissons « cette heureuse innovation qui doit tout mettre à sa « place, qui doit rendre tous les droits inviolables, « toutes les autorités bienfaisantes et tous les sujets « heureux.

« C'est pour cette constitution, Messieurs, que je « forme des vœux; c'est cette constitution qui est « l'objet de tous nos mandats et qui doit être le but « de tous nos travaux; c'est cette constitution qui « répugne à la seule idée de l'adresse qu'on nous pro« pose, adresse qui compromettrait le roi autant que « la nation, adresse enfin qui me paraît si dangereuse, « que non-seulement je m'y opposerai jusqu'au der« nier instant, mais que s'il était possible qu'elle fût « adoptée, je me croirais réduit à la douloureuse « nécessité de protester solennellement contre elle. »

Rapport du comité de constitution, contenant le résumé des cahiers relatifs à cet objet, lu à l'Assemblée nationale par M. le comte de Clermont-Tonnerre (séance du 27 juillet 1789).

« Messieurs, vous êtes appelés à régénérer l'empire « français : vous apportez à ce grand œuvre et votre « propre sagesse et la sagesse de vos commettants.

« Nous avons cru devoir d'abord rassembler et vous « présenter les lumières éparses dans le plus grand « nombre de vos cahiers : nous vous présenterons « ensuite et les vues particulières de votre comité et « celles qu'il a pu ou pourra recueillir encore dans « les divers plans, dans les diverses observations qui « ont été ou qui lui seront communiquées ou remi« ses par les membres de cette auguste assemblée.

« C'est de la première partie de ce travail, Mes« sieurs, que nous allons vous rendre compte.

« Nos commettants, Messieurs, sont tous d'accord « sur un point : ils veulent la régénération de l'État; « mais les uns l'ont attendue de la simple réforme des « abus et du rétablissement d'une constitution exis« tant depuis quatorze siècles, et qui leur a paru pou« voir revivre encore, si l'on réparait les outrages « que lui ont faits le temps et les nombreuses insur« rections de l'intérêt personnel contre l'intérêt pu« blic.

« D'autres ont regardé le régime social existant « comme tellement vicié, qu'ils ont demandé une « constitution nouvelle, et qu'à l'exception du gou« vernement et des formes monarchiques, qu'il est « dans le cœur de tout Français de chérir et de res« pecter, et qu'ils vous ont ordonné de maintenir, « ils vous ont donné tous les pouvoirs nécessaires pour « créer une constitution, et asseoir sur des principes « certains, et sur la distinction et la constitution régu« lière de tous les pouvoirs, la prospérité de l'empire « français; ceux-là, Messieurs, ont cru que le premier « chapitre de la constitution devrait contenir la décla« ration des droits de l'homme, de ces droits impres« criptibles pour le maintien desquels la société fut « établie.

« La demande de cette déclaration des droits de « l'homme, si constamment méconnue, est pour ainsi « dire la seule différence qui existe entre les cahiers « qui désirent une constitution nouvelle et ceux qui « ne demandent que le rétablissement de ce qu'ils « regardent comme la constitution existante.

« Les uns et les autres ont également fixé leurs « idées sur les principes du gouvernement monar« chique, sur l'existence du pouvoir et sur l'organi« sation du Corps législatif; sur la nécessité du con« sentement national à l'impôt, sur l'organisation des « corps administratifs et sur les droits des citoyens.

« Nous allons, Messieurs, parcourir ces divers ob« jets, et vous offrir sur chacun d'eux, comme déci« sion, les résultats uniformes, et comme question, « les résultats différents ou contradictoires que nous « ont présentés ceux de vos cahiers dont il nous a « été possible de faire ou de nous procurer le dé« pouillement.

« 1° Le gouvernement monarchique, l'inviolabilité « de la personne sacrée du roi et l'hérédité de la « couronne de mâle en mâle, sont également recon« nus et consacrés par le plus grand nombre de vos « cahiers, et ne sont mis en question dans aucun.

« 2° Le roi est également reconnu comme déposi« taire de toute la plénitude du pouvoir exécutif.

« 3° La responsabilité de tous les agents de l'autorité « est demandée généralement.

« 4° Quelques cahiers reconnaissent au roi le pou« voir législatif, limité par les lois constitutionnelles « et fondamentales du royaume; d'autres reconnais« sent que le roi, dans l'intervalle d'une assemblée « d'états généraux à l'autre, peut faire seul les lois « de police et d'administration qui ne seront que pro« visoires, et pour lesquelles ils exigent l'enregistre« ment libre dans les cours souveraines; un bailliage « a même exigé que l'enregistrement ne pût avoir lieu « qu'avec le consentement des deux tiers des com« missions intermédiaires des assemblées de districts. « Le plus grand nombre des cahiers reconnaît la né« cessité de la sanction royale pour la promulgation « des lois.

« Quant au pouvoir législatif, la pluralité des ca« hiers le reconnaît comme résidant dans la repré« sentation nationale sous la clause de la sanction « royale; et il paraît que cette maxime ancienne des « capitulaires : *Lex fit consensu populi et constitu« tione regis*, est presque généralement consacrée par « vos commettants.

« Quant à l'organisation de la représentation natio« nale, les questions sur lesquelles vous avez à vous « prononcer se rapportent à la convocation, ou à la « durée, ou à la composition de la représentation na« tionale, ou au mode de délibération que lui propo« saient vos commettants.

« Quant à la convocation, les uns ont déclaré que « les états généraux ne pouvaient être dissous que « par eux-mêmes; les autres, que le droit de convo« quer, proroger et dissoudre appartenait au roi, « sous la seule condition, en cas de dissolution, de « faire sur-le-champ une nouvelle convocation.

« Quant à la durée, les uns ont demandé la pério« dicité des états généraux, et ils ont voulu que le re« tour périodique ne dépendît ni des volontés ni de « l'intérêt des dépositaires de l'autorité; d'autres, « mais en plus petit nombre, ont demandé la perma« nence des états généraux, de manière que la sépa« ration des membres n'entraînât pas la dissolution « des états.

« Le système de la périodicité a fait naître une se« conde question : Y aura-t-il ou n'y aura-t-il pas de « commission intermédiaire pendant l'intervalle des « séances? La majorité de vos commettants a regardé

blée prêteront, à l'instant, serment solennel de ne jamais se séparer, et de se rassembler partout où les circonstances l'exigeront, jusqu'à ce que la constitution du royaume soit établie et affermie sur des fondements solides, et que ledit serment étant prêté, tous les membres, et chacun en particulier, confirmeront par leur signature cette résolution inébranlable. (*Cet arrêté a été pris dans la séance du jeu de paume*).

« l'établissement d'une commission intermédiaire « comme un établissement dangereux.

« Quant à la composition, les uns ont tenu à la sé- « paration des trois ordres; mais, à cet égard, l'exten- « sion des pouvoirs qu'ont déjà obtenus plusieurs « représentants, laisse sans doute une plus grande « latitude pour la solution de cette question.

« Quelques bailliages ont demandé la réunion des « deux premiers ordres dans une même chambre; « d'autres, la suppression du clergé, et la division « de ses membres dans les deux autres ordres; « d'autres, que la représentation de la noblesse fût « double de celle du clergé, et que toutes deux réu- « nies fussent égales à celle des communes.

« Un bailliage, en demandant la réunion des deux « premiers ordres, a demandé l'établissement d'un « troisième sous le titre d'ordre des campagnes. Il a « été également demandé que toute personne exer- « çant charge, emploi ou place à la cour, ne pût être « député aux états généraux.

« Enfin, l'inviolabilité de la personne des députés « est reconnue par le plus grand nombre des bailliа- « ges, et n'est contestée par aucun.

« Quant au mode de délibération, la question de l'o- « pinion par tête et de l'opinion par ordre est résolue: « quelques bailliages demandent les deux tiers des « opinions pour former une résolution.

« La nécessité du consentement national à l'impôt « est généralement reconnue par vos commettants, « établie par tous vos cahiers; tous bornent la durée « de l'impôt au terme que vous lui aurez fixé, terme « qui ne pourra jamais s'étendre au delà d'une tenue « à l'autre; et cette clause impérative a paru à tous « vos commettants le garant le plus sûr de la perpé- « tuité de vos assemblées nationales.

« L'emprunt n'étant qu'un impôt indirect leur a « paru devoir être assujetti aux mêmes principes.

« Quelques bailliages ont excepté des impôts à terme « ceux qui auraient pour objet la liquidation de la « dette nationale, et ont cru qu'ils devraient être « perçus jusqu'à son entière extinction.

« Quant aux corps administratifs ou états provin- « ciaux, tous les cahiers vous demandent leur éta- « blissement, et la plupart s'en rapportent à votre « sagesse sur leur organisation.

« Enfin, les droits des citoyens, la liberté, la pro- « priété sont réclamés avec force par toute la na- « tion française. Elle réclame pour chacun de ses « membres l'inviolabilité des propriétés particulières, « comme elle réclame pour elle-même l'inviolabilité « de la propriété publique; elle réclame dans toute « son étendue la liberté individuelle, comme elle « vient d'établir à jamais la liberté nationale; elle « réclame la liberté de la presse ou la libre commu- « nication des pensées; elle s'élève avec indignation « contre les lettres de cachet, qui disposaient arbi- « trairement des personnes, et contre la violation du « secret de la poste, l'une des plus absurdes et des « plus infâmes inventions du despotisme.

« Au milieu de ce concours de réclamations, nous « avons remarqué, Messieurs, quelques modifications « particulières relatives aux lettres de cachet et à la « liberté de la presse; vous les pèserez dans votre sa- « gesse; vous rassurerez sans doute le sentiment de « l'honneur français, qui, par son horreur pour la « honte, a quelquefois méconnu la justice, et qui « mettra sans doute autant d'empressement à se sou- « mettre à la loi lorsqu'elle commandera aux forts, « qu'il en mettait à s'y soustraire lorsqu'elle ne pesait « que sur le faible; vous calmerez les inquiétudes de « la religion, si souvent outragée par les libelles dans « le temps du régime prohibitif; et le clergé, se rappe- « lant que la licence fut longtemps la compagne de « l'esclavage, reconnaîtra lui-même que le premier « et le naturel effet de la liberté est le retour de « l'ordre, de la décence et du respect pour les objets « de la vénération publique.

« Tel est, Messieurs, le compte que votre comité « a cru devoir vous rendre de la partie de vos cahiers « qui traite de la constitution; vous y trouverez sans « doute les pierres fondamentales de l'édifice « que vous êtes chargés d'élever à toute sa hauteur; « mais vous y désirerez peut-être cet ordre, cet en- « semble de combinaisons politiques sans lesquelles « le régime social présentera toujours de nombreuses « défectuosités : les pouvoirs y sont indiqués, mais ne « sont pas encore distingués avec la précision néces- « saire; l'organisation de la représentation nationale « n'y est pas suffisamment établie; les principes de « l'éligibilité n'y sont pas posés. C'est de votre travail « que naîtront ces résultats : la nation a voulu être « libre, et c'est vous qu'elle a chargés de son affran- « chissement. Le génie de la France a précipité pour « ainsi dire la marche de l'esprit public; il a connoté « pour vous en peu d'heures l'expérience qu'on pou- « vait à peine attendre de plusieurs siècles. Vous pou- « vez, Messieurs, donner une constitution à la France; « le roi et le peuple la demandent, l'un et l'autre « l'ont méritée. »

RÉSULTAT DU DÉPOUILLEMENT DES CAHIERS.

Principes avoués.

Art. 1er. Le gouvernement français est un gouvernement monarchique.

2. La personne du roi est inviolable et sacrée.

3. La couronne est héréditaire de mâle en mâle.

4. Le roi est dépositaire du pouvoir exécutif.

5. Les agents de l'autorité sont responsables.

6. La sanction royale est nécessaire pour la promulgation des lois.

7. La nation fait la loi avec la sanction royale.

8. Le consentement national est nécessaire à l'emprunt et à l'impôt.

9. L'impôt ne peut être accordé que d'une tenue d'états généraux à l'autre.

10. La propriété sera sacrée.

11. La liberté individuelle sera sacrée.

Questions sur lesquelles l'universalité des cahiers ne s'est point expliquée d'une manière uniforme.

Art. 1er. Le roi a-t-il le pouvoir législatif limité par les lois constitutionnelles du royaume?

2. Le roi peut-il faire seul des lois provisoires de police et d'administration, dans l'intervalle des tenues des états généraux?

3. Ces lois seront-elles soumises à l'enregistrement libre des cours souveraines?

4. Les états généraux ne peuvent-ils être dissous que par eux-mêmes?

5. Le roi peut-il seul convoquer, proroger et dissoudre les états généraux?

6. En cas de dissolution, le roi n'est-il pas obligé de faire sur-le-champ une nouvelle convocation?

7. Les états généraux seront-ils permanents ou périodiques?

8. S'ils sont périodiques, y aura-t-il ou n'y aura-t-il pas une commission intermédiaire?

9. Les deux premiers ordres seront-ils réunis dans une même chambre?

10. Les deux chambres seront-elles formées sans distinction d'ordres?

11. Les membres de l'ordre du clergé seront-ils répartis dans les deux autres ordres?

12. La représentation du clergé, de la noblesse et des communes, sera-t-elle dans la proportion d'une, deux et trois.

13. Sera-t-il établi un troisième ordre sous le titre d'ordre des campagnes?

14. Les personnes possédant des charges, emplois ou places à la cour, peuvent-elles être députés aux états généraux?

15. Les deux tiers des voix seront-ils nécessaires pour former une résolution?

16. Les impôts ayant pour objet la liquidation de la dette nationale seront-ils perçus jusqu'à son entière extinction?

17. Les lettres de cachet seront-elles abolies ou modifiées?

18. La liberté de la presse sera-t-elle indéfinie ou modifiée?

---

23 JUIN 1789. — *Discours du Roi prononcé dans la séance présidée par S. M. aux états généraux.* (L. I, 93).

Messieurs, je croyais avoir fait tout ce qui était en mon pouvoir pour le bien de mes peuples, lorsque j'avais pris la résolution de vous rassembler; lorsque j'avais surmonté toutes les difficultés dont votre convocation était entourée; lorsque j'étais allé, pour ainsi dire, au-devant des vœux de la nation, en manifestant à l'avance ce que je voulais faire pour son bonheur.

Il semblait que vous n'aviez qu'à finir mon ouvrage, et la nation attendait avec impatience le moment où, par le concours des vues bienfaisantes de son souverain et du zèle éclairé de ses représentants, elle allait jouir des prospérités que cette union devait lui procurer.

Les états généraux sont ouverts depuis près de deux mois, et ils n'ont point encore pu s'entendre sur les préliminaires de leurs opérations. Une parfaite intelligence aurait dû naître du seul amour de la patrie, et une funeste division jette l'alarme dans tous les esprits. Je veux le croire, et j'aime à le penser, les Français ne sont pas changés. Mais pour éviter de faire à aucun de vous des reproches, je considère que le renouvellement des états généraux, après un si long terme, l'agitation qui l'a précédé, le but de cette convocation, si différent de celui qui rassemblait vos ancêtres, les restrictions dans les pouvoirs, et plusieurs autres circonstances, ont dû nécessairement amener des oppositions, des débats et des prétentions exagérées.

Je dois au bien commun de mon royaume, je me dois à moi-même, de faire cesser ces funestes divisions. C'est dans cette résolution, Messieurs, que je vous rassemble de nouveau autour de moi; c'est comme le père commun de tous mes sujets, c'est comme le défenseur des lois de mon royaume, que je viens vous en retracer le véritable esprit, et réprimer les atteintes qui ont pu y être portées.

Mais, Messieurs, après avoir établi clairement les droits respectifs des différents ordres, j'attends du zèle pour la patrie des deux premiers ordres, j'attends de leur attachement pour ma personne, j'attends de la connaissance qu'ils ont des maux urgents de l'État, que dans les affaires qui regardent le bien général, ils seront les premiers à proposer une réunion d'avis et de sentiments, que je regarde comme nécessaire dans la crise actuelle, et qui doit opérer le salut de l'État.

---

23 JUIN 1789. — *Déclaration du Roi concernant la présente tenue des états généraux.* (L. I, 94.)

Art. 1er. Le roi veut que l'ancienne distinction des trois ordres de l'État soit conservée en son entier, comme essentiellement liée à la constitution de son royaume; que les députés librement élus par chacun des trois ordres, formant trois chambres, délibérant par ordre, et pouvant, avec l'approbation du souverain, convenir de délibérer en commun, puissent seuls être considérés comme formant le corps des représentants de la nation. En conséquence, le roi a déclaré nulles les délibérations prises par les députés de l'ordre du tiers état, le 17 de ce mois, ainsi que celles qui auraient pu s'ensuivre, comme illégales et inconstitutionnelles.

2. Sa majesté déclare valides tous les pouvoirs vérifiés ou à vérifier dans chaque chambre, sur lesquels il ne s'est point élevé ou ne s'élèvera point de contestation : ordonne sa majesté qu'il en sera donné communication respective entre les ordres.

Quant aux pouvoirs qui pourraient être contestés dans chaque ordre, et sur lesquels les parties intéressées se pourvoiraient, il y sera statué, pour la présente tenue des états généraux seulement, ainsi qu'il sera ci-après ordonné.

3. Le roi casse et annulle, comme anticonstitutionnelles, contraires aux lettres de convocation et opposées à l'intérêt de l'État, les restrictions de pouvoir qui, en gênant la liberté des députés aux états généraux, les empêcheraient d'adopter les formes de délibération prises séparément, par ordre ou en commun, par le vœu distinct des trois ordres.

4. Si, contre l'intention du roi, quelques-uns des députés avaient fait le serment téméraire de ne point s'écarter d'une forme de délibération quelconque, sa majesté laisse à leur conscience de considérer si les dispositions qu'elle va régler s'écartent de la lettre ou de l'esprit de l'engagement qu'ils auraient pris.

5. Le roi permet aux députés qui se croiront gênés par leur mandat, de demander à leurs commettants un nouveau pouvoir; mais sa majesté leur enjoint de rester en attendant aux états généraux, pour assister à toutes les délibérations sur les affaires pressantes de l'État, et y donner un avis consultatif.

6. Sa majesté déclare que, dans les tenues suivantes d'états généraux, elle ne souffrira pas que les cahiers ou les mandats puissent être jamais considérés comme impératifs : ils ne doivent être que de simples instructions confiées à la conscience et à la libre opinion des députés dont on aura fait choix.

7. Sa majesté ayant exhorté, pour le salut de l'État, les trois ordres à se réunir pendant cette tenue d'états seulement, pour délibérer en commun sur les affaires d'une utilité générale, veut faire connaître ses intentions sur la manière dont il pourra y être procédé.

8. Seront nommément exceptées des affaires qui pourront être traitées en commun, celles qui regardent les droits antiques et constitutionnels des trois ordres, la forme de constitution à donner aux prochains états généraux, les propriétés féodales et seigneuriales, les droits utiles et les prérogatives honorifiques des deux premiers ordres.

9. Le consentement particulier du clergé sera nécessaire pour toutes les dispositions qui pourraient intéresser la religion, la discipline ecclésiastique, le régime des ordres et corps séculiers et réguliers.

10. Les délibérations à prendre par les trois ordres réunis sur les pouvoirs contestés, et sur lesquels les parties intéressées se pourvoiraient aux états généraux, seront prises à la pluralité des suffrages; mais si les deux tiers des voix, dans l'un des trois ordres, réclamaient contre la délibération de l'Assemblée, l'affaire sera rapportée au roi, pour y être définitivement statué par sa majesté.

11. Si, dans la vue de faciliter la réunion des trois ordres, ils désiraient que les délibérations qu'ils auront à prendre en commun passassent seulement à la pluralité des deux tiers des voix, sa majesté est disposée à autoriser cette forme.

12. Les affaires qui auront été décidées dans les assemblées des trois ordres réunis, seront remises le lendemain en délibération, si cent membres de l'assemblée se réunissent pour en faire la demande.

13. Le roi désire que, dans cette circonstance, et pour ramener les esprits à la conciliation, les trois chambres commencent à nommer séparément une commission composée du nombre de députés qu'elles jugeront convenable, pour préparer la forme et la distribution des bureaux de conférences qui devront traiter les différentes affaires.

14. L'assemblée générale des députés des trois ordres sera présidée par les présidents choisis par chacun des ordres, et selon leur rang ordinaire.

15. Le bon ordre, la décence et la liberté même des suffrages exigent que sa majesté défende, comme elle le fait expressément, qu'aucune personne, autre que les membres des trois ordres composant les états généraux, puisse assister à leurs délibérations, soit qu'ils les prennent en commun ou séparément.

Discours du roi.

J'ai voulu aussi, Messieurs, vous faire remettre sous les yeux les différents bienfaits que j'accorde à mes peuples. Ce n'est pas pour circonscrire votre zèle dans le cercle que je vais tracer; car j'adopterai avec plaisir toute autre vue de bien public qui sera proposée par les états généraux. Je puis dire, sans me faire illusion, que jamais roi n'en a autant fait pour aucune nation; mais quelle autre peut l'avoir mieux mérité par ses sentiments, que la nation française! Je ne craindrai pas de l'exprimer : ceux qui, par des prétentions exagérées ou par des difficultés hors de propos, retarderaient encore l'effet de mes intentions paternelles, se rendraient indignes d'être regardés comme Français.

Déclaration des intentions du roi.

Art. 1er. Aucun nouvel impôt ne sera établi, aucun ancien ne sera prorogé au delà du terme fixé par les lois, sans le consentement des représentants de la nation.

2. Les impositions nouvelles qui seront établies, ou les anciennes qui seront prorogées, ne le seront que pour l'intervalle qui devra s'écouler jusqu'à l'époque de la tenue suivante des états généraux.

3. Les emprunts pouvant devenir l'occasion nécessaire d'un accroissement d'impôt, aucun n'aura lieu sans le consentement des états généraux; sous la condition toutefois qu'en cas de guerre ou d'autre danger national, le souverain aura la faculté d'emprunter sans délai jusqu'à la concurrence d'une somme de *cent millions*, car l'intention formelle du roi est de ne jamais mettre le salut de son empire dans la dépendance de personne.

4. Les états généraux examineront avec soin la situation des finances, et ils demanderont tous les renseignements propres à les éclairer parfaitement.

5. Le tableau des revenus et des dépenses sera rendu public, chaque année, dans une forme proposée par les états généraux, et approuvée par sa majesté.

6. Les sommes attribuées à chaque département seront déterminées d'une manière fixe et invariable, et le roi soumet à cette règle générale les fonds mêmes qui sont destinés à l'entretien de sa maison.

7. Le roi veut que, pour assurer cette fixité des diverses dépenses de l'État, il lui soit indiqué par les états généraux les dispositions propres à remplir ce but; et sa majesté les adoptera, si elles s'accordent avec la dignité royale et la célérité indispensable du service public.

8. Les représentants d'une nation fidèle aux lois de l'honneur et de la probité, ne donneront aucune atteinte à la foi publique, et le roi attend d'eux que la confiance des créanciers de l'État soit assurée et consolidée de la manière la plus authentique.

9. Lorsque les dispositions formelles annoncées par le clergé et la noblesse, de renoncer à leurs priviléges pécuniaires, auront été réalisées par leurs délibérations, l'intention du roi est de les sanctionner, et qu'il n'existe plus dans le payement des contributions pécuniaires aucune espèce de priviléges ou de distinctions.

10. Le roi veut que, pour consacrer une disposition si importante, le nom de *tailles* soit aboli dans son royaume, et qu'on réunisse cet impôt, soit aux vingtièmes, soit à toute autre imposition territoriale, ou qu'il soit enfin remplacé de quelque manière, mais toujours d'après des proportions justes, égales, et sans distinction d'état, de rang et de naissance.

11. Le roi veut que le droit de franc-fief soit aboli du moment où les revenus et les dépenses fixes de l'État auront été mis dans une exacte balance.

12. Toutes les propriétés, sans exception, seront constamment respectées, et sa majesté comprend expressément sous le nom de propriétés, les *dîmes*, *cens*, *rentes*, *droits* et *devoirs féodaux* et *seigneuriaux*, et généralement tous les droits et prérogatives utiles ou honorifiques attachés aux terres et aux fiefs, ou appartenant aux personnes.

13. Les deux premiers ordres de l'État continueront à jouir de l'exemption des charges personnelles; mais le roi approuvera que les états généraux s'occupent des moyens de convertir ces sortes de charges en contributions pécuniaires, et qu'alors tous les ordres de l'État y soient assujettis également.

14. L'intention de sa majesté est de déterminer, d'après l'avis des états généraux, quels seront les emplois et les charges qui conserveront à l'avenir le privilége de donner et de transmettre la noblesse. Sa majesté néanmoins, selon le droit inhérent à sa couronne, accordera des lettres de noblesse à ceux de ses sujets qui, par des services rendus au roi et à l'État, se seraient montrés dignes de cette récompense.

15. Le roi, désirant assurer la liberté personnelle de tous les citoyens d'une manière solide et durable, invite les états généraux à chercher et à lui proposer les moyens les plus convenables de concilier l'abolition des ordres connus sous le nom de *lettres de cachet*, avec le maintien de la sûreté publique et avec les précautions nécessaires, soit pour ménager dans certains cas l'honneur des familles, soit pour réprimer avec célérité les commencements de sédition, soit pour garantir l'État des effets d'une intelligence criminelle avec les puissances étrangères.

16. Les états généraux examineront et feront connaître à sa majesté le moyen le plus convenable de concilier la liberté de la presse avec le respect dû à la religion, aux mœurs et à l'honneur des citoyens.

17. Il sera établi, dans les diverses provinces ou généralités du royaume, des états provinciaux, composés de deux dixièmes de membres du clergé, dont une partie sera nécessairement choisie dans l'ordre épiscopal; de trois dixièmes de membres de la noblesse, et de cinq dixièmes de membres du tiers état.

18. Les membres de ces états provinciaux seront librement élus par les ordres respectifs, et une mesure quelconque de propriété sera nécessaire pour être électeur ou éligible.

19. Les députés à ces états provinciaux délibéreront en commun sur toutes les affaires, suivant l'usage observé dans les assemblées provinciales que ces états remplaceront.

20. Une commission intermédiaire, choisie par ces états, administrera les affaires de la province pendant l'intervalle d'une tenue à l'autre; et ces commissions intermédiaires devenant seules responsables de leur gestion, auront pour délégués des personnes choisies uniquement par elles, ou par les états provinciaux.

21. Les états généraux proposeront au roi leurs vues pour toutes les autres parties de l'organisation intérieure des états provinciaux, et pour le choix des formes applicables à l'élection des membres de cette assemblée.

22. Indépendamment des objets d'administration dont les assemblées provinciales sont chargées, le roi confiera aux états provinciaux l'administration des hôpitaux, des prisons, des dépôts de mendicité, des enfants trouvés, l'inspection des dépenses des villes, la surveillance sur l'entretien des forêts, sur la garde et la vente des bois, et sur d'autres objets qui pourraient être administrés plus utilement par les provinces.

23. Les contestations survenues dans les provinces où il existe d'anciens états, et les réclamations élevées contre la constitution de ces assemblées, devront fixer l'attention des états généraux; et ils feront connaître à sa majesté les dispositions de justice et de sagesse qu'il est convenable d'adopter, pour établir un ordre fixe dans l'administration de ces mêmes provinces.

24. Le roi invite les états généraux à s'occuper de la recherche des moyens propres à tirer le parti le plus avantageux des domaines qui sont dans ses mains, et de lui proposer également leurs vues sur ce qu'il peut y avoir de plus convenable à faire relativement aux domaines engagés.

25. Les états généraux s'occuperont du projet conçu depuis longtemps par sa majesté, de porter les douanes aux frontières du royaume, afin que la plus parfaite liberté règne dans la circulation intérieure des marchandises nationales ou étrangères.

26. Sa majesté désire que les fâcheux effets de l'impôt sur le sel et l'importance de ce revenu soient discutés soigneusement, et que, dans toutes les suppositions, on propose au moins des moyens d'en adoucir la perception.

27. Sa majesté veut aussi qu'on examine attentivement les avantages et les inconvénients des droits d'aides et des autres impôts, mais sans perdre de vue la nécessité absolue d'assurer une exacte balance entre les revenus et les dépenses de l'État.

28. Selon le vœu que le roi a manifesté par sa déclaration du 23 septembre dernier, sa majesté examinera avec une sérieuse attention les projets qui lui seront présentés relativement à l'administration de la justice, et aux moyens de perfectionner les lois civiles et criminelles.

29. Le roi veut que les lois qu'il aura fait promulguer pendant la tenue, et d'après l'avis ou selon le vœu des états généraux, n'éprouvent, pour leur enregistrement et pour leur exécution, aucun retardement ni aucun obstacle dans toute l'étendue de son royaume.

30. Sa majesté veut que l'usage de la corvée pour la confection et l'entretien des chemins, soit entièrement et pour toujours aboli dans son royaume.

31. Le roi désire que l'abolition du droit de mainmorte, dont sa majesté a donné l'exemple dans ses domaines, soit étendue à toute la France, et qu'il lui soit proposé les moyens de pourvoir à l'indemnité qui pourrait être due aux seigneurs en possession de ce droit.

32. Sa majesté fera connaître incessamment aux états généraux les règlements dont elle s'occupe pour restreindre les capitaineries, et donner encore dans cette partie, qui tient de plus près à ses jouissances personnelles, un nouveau témoignage de son amour pour ses peuples.

33. Le roi invite les états généraux à considérer le tirage de la milice sous tous ses rapports, et à s'occuper des moyens de concilier ce qui est dû à la défense de l'État avec les adoucissements que sa majesté désire pouvoir procurer à ses sujets.

34. Le roi veut que toutes les dispositions d'ordre public et de bienfaisance envers ses peuples, que sa majesté aura sanctionnées par son autorité pendant la présente tenue des états généraux, celles entre autres relatives à la liberté personnelle, à l'égalité des contributions, à l'établissement des états provinciaux, ne puissent jamais être changées sans le consentement des trois ordres pris séparément. Sa majesté les place à l'avance au rang des propriétés nationales, qu'elle veut mettre, comme toutes les autres propriétés, sous la garde la plus assurée.

35. Sa majesté, après avoir appelé les états généraux à s'occuper, de concert avec elle, des grands objets d'utilité publique, et de tout ce qui peut contribuer au bonheur de son peuple déclare de la manière la plus expresse qu'elle veut conserver en son entier, et sans la moindre atteinte, l'institution de l'armée, ainsi que toute autorité, police et pouvoir sur le militaire, tels que les monarques français en ont constamment joui.

Discours du roi.

Vous venez, Messieurs, d'entendre le résultat de mes dispositions et de mes vues : elles sont conformes au vif désir que j'ai d'opérer le bien public; et si, par une fatalité loin de ma pensée, vous m'abandonniez dans une si belle entreprise, seul je ferai le bien de mes peuples, seul je me considérerai comme leur véritable représentant; et connaissant vos cahiers, connaissant l'accord parfait qui existe entre le vœu le plus général de la nation et mes intentions bienfaisantes, j'aurai toute la confiance que doit inspirer une si rare harmonie, et je marcherai vers le but auquel je veux atteindre avec tout le courage et la fermeté qu'il doit m'inspirer.

Réfléchissez, Messieurs, qu'aucun de vos projets, aucune de vos dispositions ne peut avoir force de loi sans mon approbation spéciale. Ainsi, je suis le garant naturel de vos droits respectifs, et tous les ordres de l'État peuvent se reposer sur mon équitable impartialité. Toute défiance de votre part serait une grande injustice. C'est moi jusqu'à présent qui fais tout pour le bonheur de mes peuples, et il est rare, peut-être, que l'unique ambition d'un souverain soit d'obtenir de ses sujets qu'ils s'entendent enfin pour accepter ses bienfaits.

Je vous ordonne, Messieurs, de vous séparer tout de suite, et de vous rendre demain matin chacun dans les chambres affectées à votre ordre pour y reprendre vos séances. J'ordonne en conséquence au grand maître des cérémonies de faire préparer les salles.

---

23 JUIN 1789 — 23 FÉVRIER 1791. — *Décret sur l'inviolabilité des députés.* (L. II, 633; Baud. I, 18.)

L'Assemblée nationale déclare que la personne de chacun des députés est inviolable; que tous particuliers, toute corporation, tribunal, cour ou commission, qui oseraient, pendant ou après la présente session, poursuivre, rechercher, arrêter ou faire arrêter, détenir ou faire détenir un député pour raison d'aucune proposition, avis, opinion ou discours par lui fait aux états généraux, de même que toutes personnes qui prêteraient leur ministère à aucun desdits attentats, de quelque part qu'il soit ordonné, sont infâmes et traîtres envers la nation, et coupables de crime capital. L'Assemblée nationale arrête que, dans les cas susdits, elle prendra toutes les mesures nécessaires pour faire rechercher, poursuivre et punir ceux qui en seront les auteurs, instigateurs ou exécuteurs.

---

13 JUILLET 1789 — 23 FÉVRIER 1791. — *Décret relatif à la responsabilité des ministres et des agents du gouvernement.* (L. II, 658; Baud. I, 28; Mon. 18.)

L'Assemblée, interprète des sentiments de la nation, déclare que M. Necker, ainsi que les autres ministres qui viennent d'être éloignés, emportent avec eux son estime et ses regrets; — Déclare qu'effrayée des suites funestes que peut entraîner la réponse du roi, elle ne cessera d'insister sur l'éloignement des troupes extraordinairement rassemblées près de Paris et de Versailles, et sur l'établissement des gardes bourgeoises; — Déclare de nouveau qu'il ne peut exister d'intermédiaire entre le roi et l'Assemblée nationale;

Déclare que les ministres et les agents civils et militaires de l'autorité sont responsables de toute entreprise contraire aux droits de la nation et aux décrets de cette assemblée;

Déclare que les ministres actuels et les conseils de sa majesté, de quelque rang et état qu'ils puissent être, ou quelques fonctions qu'ils puissent avoir, sont personnellement responsables des malheurs présents et de tous ceux qui peuvent suivre; — Déclare que la dette publique ayant été mise sous la garde de l'honneur et de la loyauté française, et la nation ne refusant point d'en payer les intérêts, nul pouvoir n'a le droit de prononcer l'infâme mot de *banqueroute*, nul pouvoir n'a le droit de manquer à la foi publique, sous quelque forme et dénomination que ce puisse être;

Enfin, l'Assemblée nationale déclare qu'elle persiste dans ses précédents arrêtés, et notamment dans ceux du 17, du 20 et du 23 juin dernier. — Et la présente délibération sera remise au roi par le président de l'Assemblée, et publiée par la voie de l'impression.

---

4 AOUT. — *Décret portant que la déclaration des droits de l'homme précédera la constitution.* (Baud. I, 51.)

4, 6, 7, 8 et 11 AOUT — 21 SEPTEMBRE et 3 NOVEMBRE 1789. — *Décret portant abolition du régime féodal, des justices seigneuriales, des dîmes, de la vénalité des offices, des priviléges, des annates, de la pluralité des bénéfices, etc.* (L. I, 108 et 259; Mon. 34, 36, 37, 38, 39 et 40.)

Art. 1er. L'Assemblée nationale détruit entièrement le régime féodal, et décrète que, dans les droits et devoirs tant féodaux que censuels, ceux qui tiennent à la mainmorte réelle ou personnelle et à la servitude personnelle, et ceux qui les représentent, sont abolis sans indemnité, et tous les autres déclarés rachetables, et que le prix et le mode du rachat seront fixés par l'Assemblée nationale. Ceux desdits droits qui ne sont point supprimés par ce décret continueront néanmoins à être perçus jusqu'au remboursement.

2. Le droit exclusif des fuies et colombiers est aboli; les pigeons seront enfermés aux époques fixées par les communautés; et durant ce temps, ils seront regardés comme gibier, et chacun aura le droit de les tuer sur son terrain.

3. Le droit exclusif de la chasse et des garennes ouvertes est pareillement aboli; et tout propriétaire a le droit de détruire et faire détruire, seulement sur ses possessions, toute espèce de gibier, sauf à se conformer aux lois de police qui pourront être faites relativement à la sûreté publique.

Toutes capitaineries, même royales, et toutes réserves de chasse, sous quelque dénomination que ce soit, sont pareillement abolies, et il sera pourvu, par des moyens compatibles avec le respect dû aux propriétés et à la liberté, à la conservation des plaisirs personnels du roi.

Monsieur le président sera chargé de demander au roi le rappel des galériens et des bannis pour simple fait de chasse, l'élargissement des prisonniers actuellement détenus, et l'abolition des procédures existant à cet égard.

4. Toutes les justices seigneuriales sont supprimées sans aucune indemnité; et néanmoins les officiers de ces justices continueront leurs fonctions, jusqu'à ce qu'il ait été pourvu par l'Assemblée nationale à l'établissement d'un nouvel ordre judiciaire.

5. Les dîmes de toute nature, et les redevances qui en tiennent lieu, sous quelque dénomination qu'elles soient connues et perçues, même par abonnement, *possédées par les corps séculiers et réguliers*, par les bénéficiers, les fabriques et tous gens de mainmorte, même par l'ordre de Malte et autres ordres religieux et militaires, même celles qui auraient été abandonnées à des laïques en remplacement et pour option de portion congrue, sont abolies, sauf à aviser aux moyens de subvenir d'une autre manière à la dépense du culte divin, à l'entretien des ministres des autels, au soulagement des pauvres, aux réparations et reconstructions des églises et presbytères, et à tous les établissements, séminaires, écoles, colléges, hôpitaux, communautés et autres, à l'entretien desquels elles sont actuellement affectées.

Et cependant, jusqu'à ce qu'il y ait été pourvu, et que les anciens possesseurs soient entrés en jouissance de leur remplacement, l'Assemblée nationale ordonne que lesdites dîmes continueront d'être perçues suivant les lois et en la manière accoutumée.

Quant aux autres dîmes, de quelque nature qu'elles soient, elles seront rachetables de la manière qui sera réglée par l'Assemblée; et jusqu'au règlement à faire à ce sujet, l'Assemblée nationale ordonne que la perception en sera aussi continuée.

6. Toutes les rentes foncières perpétuelles, soit en nature, soit en argent, de quelque espèce qu'elles soient, quelle que soit leur origine, à quelques personnes qu'elles soient dues, gens de mainmorte, domaines apanagistes, ordre de Malte, seront rachetables; les champarts de toute espèce, et sous toute dénomination, le seront pareillement au taux qui sera fixé par l'Assemblée. Défenses sont faites de plus à l'avenir créer aucune redevance non remboursable.

7. La vénalité des offices de judicature et de municipalité est supprimée dès cet instant. La justice sera rendue gratuitement; et néanmoins les officiers pourvus de ces offices continueront d'exercer leurs fonctions et d'en percevoir les émoluments, jusqu'à ce qu'il ait été pourvu par l'Assemblée aux moyens de leur procurer leur remboursement.

8. Les droits casuels des curés de campagne sont supprimés, et cesseront d'être payés aussitôt qu'il aura été pourvu à l'augmentation des portions congrues et à la pension des vicaires; et il sera fait un règlement pour fixer le sort des curés des villes.

9. Les priviléges pécuniaires personnels ou réels en matière de subsides sont abolis à jamais. La perception se fera sur tous les citoyens et sur tous les biens, de la même manière et dans la même forme; et il va être avisé aux moyens d'effectuer le payement proportionnel de toutes les contributions, même pour les six derniers mois de l'année d'impositions courantes.

10. Une constitution nationale et la liberté publique étant plus avantageuses aux provinces que les priviléges dont quelques-unes jouissaient, et dont le sacrifice est nécessaire à l'union intime de toutes les parties de l'empire, il est déclaré que tous les priviléges particuliers des provinces, principautés, pays, cantons, villes et communautés d'habitants, soit pécuniaires, soit de toute autre nature, sont abolis sans retour, et demeureront confondus dans le droit commun de tous les Français.

11. Tous les citoyens, sans distinction de naissance, pourront être admis à tous les emplois et dignités ecclésiastiques, civils et militaires, et nulle profession utile n'emportera dérogeance.

12. A l'avenir, il ne sera envoyé en cour de Rome, en la vice-légation d'Avignon, en la nonciature de Lucerne, aucuns deniers pour annates ou pour quelque autre cause que ce soit; mais les diocésains s'adresseront à leurs évêques pour toutes les provisions de bénéfices et dispenses, lesquelles seront accordées gratuitement, nonobstant toutes réserves, expectatives et partages de mois, toutes les églises de France devant jouir de la même liberté.

13. Les déports, droits de cotte morte, dépouilles, *vacat*, droits censaux, deniers de Saint-Pierre et autres de même genre établis en faveur des évêques, archidiacres, archiprêtres, chapitres, curés primitifs et tous autres, sous quelque nom que ce soit, sont abolis; sauf à pourvoir, ainsi qu'il appartiendra, à la dotation des archidiaconés et des archiprêtrés qui ne seraient pas suffisamment dotés.

14. La pluralité des bénéfices n'aura plus lieu à l'avenir, lorsque les revenus du bénéfice ou des bénéfices dont on sera titulaire excéderont la somme de trois mille livres. Il ne sera pas permis non plus de posséder plusieurs pensions sur bénéfices, ou une pension et un bénéfice, si le produit des objets de ce genre que l'on possède déjà excède la même somme de trois mille livres.

15. Sur le compte qui sera rendu à l'Assemblée nationale de l'état des pensions, grâces et traitements, elle s'occupera, de concert avec le roi, de la suppression de ceux qui n'auraient pas été mérités et de la réduction de ceux qui seraient excessifs, sauf à déterminer pour l'avenir une somme dont le roi pourra disposer pour cet objet.

16. L'Assemblée nationale décrète, qu'en mémoire des grandes et importantes délibérations qui viennent d'être prises pour le bonheur de la France, une médaille sera frappée, et qu'il sera chanté en action de grâce un *Te Deum* dans toutes les paroisses et églises du royaume.

17. L'Assemblée nationale proclame solennellement le roi Louis XVI *restaurateur de la liberté française.*

18. L'Assemblée nationale se rendra en corps auprès du roi, pour présenter à sa majesté l'arrêté qu'elle vient de prendre, lui porter l'hommage de sa plus respectueuse reconnaissance, et la supplier de permettre que le *Te Deum* soit chanté dans sa chapelle, et d'y assister elle-même.

19. L'Assemblée nationale s'occupera, immédiatement après la constitution, de la rédaction des lois nécessaires pour le développement des principes qu'elle a fixés par le présent arrêté, qui sera incessamment envoyé par MM. les députés dans toutes les provinces, avec le décret du 10 de ce mois, pour l'un et l'autre y être imprimés, publiés même aux prônes des paroisses, et affichés partout où besoin sera.

3, 9, 10, 12, 14, 22, 23, 27, 29, 30 SEPTEMBRE — 1er-5 OCTOBRE 1789. — *Loi contenant les bases de la constitution française.* (L. I, 259; Baud. I, 98.)

Séance du 23 septembre 1789.

Art. 1er. Tous les pouvoirs émanent essentiellement de la nation, et ne peuvent émaner que d'elle.

22 septembre.

2. Le gouvernement français est monarchique; il n'y a point en France d'autorité supérieure à la loi; le roi ne règne que par elle, et ce n'est qu'en vertu des lois qu'il peut exiger l'obéissance.

27 septembre.

3. L'Assemblée nationale a reconnu et déclaré comme points fondamentaux de la monarchie, que la personne du roi est inviolable et sacrée: que le trône est indivisible; que la couronne est héréditaire dans la race régnante, de mâle en mâle, par ordre de primogéniture, à l'exclusion perpétuelle et absolue des femmes et de leur descendance, sans entendre rien préjuger sur l'effet des renonciations.

9 septembre.

4. L'Assemblée nationale sera permanente.

10 septembre.

5. L'Assemblée nationale ne sera composée que d'une chambre.

12 septembre.

6. Chaque législature sera de deux ans.

14 septembre.

7. Le renouvellement des membres de chaque législature sera fait en totalité.

23 septembre.

8. Le pouvoir législatif réside dans l'Assemblée nationale, qui l'exercera ainsi qu'il suit.

9. Aucun acte du corps législatif ne pourra être considéré comme loi, s'il n'est fait par les représentants de la nation, librement et légalement élus, et s'il n'est sanctionné par le monarque.

11 septembre.

10. Le roi peut refuser son consentement aux actes du corps législatif.

11. Dans le cas où le roi refuserait son consentement, ce refus ne sera que suspensif.

21 septembre.

12. Le refus suspensif du roi cessera à la seconde des législatures qui suivront celle qui aura proposé la loi.

5 septembre.

13. Le roi peut inviter l'Assemblée nationale à prendre un objet en considération; mais la proposition des lois appartient exclusivement aux représentants de la nation.

14. La création et la suppression des offices ne pourront avoir lieu qu'en exécution d'un acte du corps législatif, sanctionné par le roi.

1er octobre.

15. Aucun impôt ou contribution en nature ou en argent ne peut être levé, aucun emprunt direct ou indirect ne peut être fait autrement que par un décret exprès de l'Assemblée des représentants de la nation.

23 septembre.

16. Le pouvoir exécutif suprême réside exclusivement dans la main du roi.

30 septembre.

17. Le pouvoir exécutif ne peut faire aucunes lois, même provisoires; mais seulement des proclamations conformes aux lois pour en ordonner ou en rappeler l'observation.

29 septembre.

18. Les ministres et les autres agents du pouvoir exécutif sont responsables de l'emploi des fonds de leur département, ainsi que de toutes les infractions qu'ils pourront commettre envers les lois, quels que soient les ordres qu'ils aient reçus; mais aucun ordre du roi ne pourra être exécuté, s'il n'a été signé par sa majesté, et contre-signé par un secrétaire d'État, ou par l'ordonnateur du département.

23 septembre.

19. Le pouvoir judiciaire ne pourra en aucun cas être exercé par le roi, ni par le corps législatif; mais la justice sera administrée au nom du roi, par les seuls tribunaux établis par la loi, suivant les principes de la constitution et selon les formes déterminées par la loi. J'accepte purement et simplement.

---

23 MARS 1790. — *Décret qui ordonne l'établissement d'un registre pour constater la sanction ou acceptation des décrets et leur envoi.* (Baud. II, 232.)

---

25 MARS 1790. — *Décret qui fixe le délai dans lequel les décrets seront présentés à la sanction ou acceptation du roi, et celui dans lequel le garde des sceaux en instruira l'assemblée.* (Mon. 86.)

L'Assemblée nationale ordonne que ses décrets seront constamment présentés par son président à l'acceptation ou à la sanction du roi, dans le délai de trois jours au plus, après celui où ils auront été rendus; et que, dans la huitaine après ladite présentation, monsieur le garde des sceaux instruira monsieur le président de l'Assemblée, soit de la sanction donnée par le roi, soit des raisons qui auraient pu porter à la différer; enfin, que les commissaires de l'Assemblée, ci devant nommés pour surveiller l'expédition et l'envoi des décrets sanctionnés, seront chargés de veiller à l'exécution de la présente disposition.

22-27 MAI 1790. — *Décret concernant le droit de faire la paix et la guerre.* (Mon. 17 et 24 MAI 1790; L. I, 840, Baud. II, 451.)

Art. 1er. Le droit de la paix et de la guerre appartient à la nation.

La guerre ne pourra être décidée que par un décret du Corps législatif, qui sera rendu sur la proposition formelle et nécessaire du roi, et ensuite sanctionné par sa majesté.

2. Le soin de veiller à la sûreté extérieure du royaume, de maintenir ses droits et ses possessions, est délégué au roi par la constitution de l'État; ainsi, lui seul peut entretenir des relations politiques au dehors, conduire les négociations, en choisir les agents, faire les préparatifs de guerre proportionnés à ceux des États voisins, distribuer les forces de terre et de mer, ainsi qu'il le jugera convenable, et en régler la direction en cas de guerre.

3. Dans le cas d'hostilités imminentes ou commencées, d'un allié à soutenir, d'un droit à conserver par la force des armes, le pouvoir exécutif sera tenu d'en donner, sans aucun délai, la notification au Corps législatif, d'en faire connaître les causes et les motifs; et si le Corps législatif est en vacance, il se rassemblera sur-le-champ.

4. Sur cette notification, si le Corps législatif juge que les hostilités commencées soient une agression coupable de la part des ministres ou de quelque autre agent du pouvoir exécutif, l'auteur de cette agression sera poursuivi comme criminel de lèse-nation; l'Assemblée nationale déclarant à cet effet que la nation française renonce à entreprendre aucune guerre dans la vue de faire des conquêtes, et qu'elle n'emploiera jamais ses forces contre la liberté d'aucun peuple.

5. Sur la même notification, si le Corps législatif décide que la guerre ne doit pas être faite, le pouvoir exécutif sera tenu de prendre sur-le-champ des mesures pour faire cesser ou prévenir toutes hostilités, les ministres demeurant responsables des délais.

6. Toute déclaration de guerre sera faite en ces termes: *De la part du roi des Français, au nom de la nation.*

7. Pendant tout le cours de la guerre, le Corps législatif pourra requérir le pouvoir exécutif de négocier la paix, et le pouvoir exécutif sera tenu de déférer à cette réquisition.

8. A l'instant où la guerre cessera, le Corps législatif fixera le délai dans lequel les troupes levées au-dessus du pied de paix seront congédiées, et l'armée réduite à son état permanent. La solde desdites troupes ne sera continuée que jusqu'à la même époque, après laquelle, si les troupes excédant le pied de paix restaient rassemblées, le ministre sera responsable et poursuivi comme criminel de lèse-nation.

9. Il appartient au roi d'arrêter et signer avec les puissances étrangères tous les traités de paix, d'alliance et de commerce, et autres conventions qu'il jugera nécessaires au bien de l'État; mais lesdits traités et conventions n'auront d'effet qu'autant qu'ils auront été ratifiés par le Corps législatif.

2-5 NOVEMBRE 1790. — *Décret qui règle le mode de la promulgation des lois.* (L. II, 337; Baud. VIII, 3.)

L'Assemblée nationale, après avoir entendu le rapport fait par le comité de constitution, déclare:

1° Que tous les décrets rendus jusqu'à présent par l'Assemblée nationale, sur lesquels le consentement royal est intervenu, sont valablement acceptés ou sanctionnés, quelle que soit la formule par laquelle le consentement du roi a été exprimé;

2° Que tous les décrets acceptés et sanctionnés par le roi, promulgués sous les divers titres de lettres patentes, proclamations du roi, déclarations du roi, arrêts du conseil ou tous autres, sont également lois du royaume, et que la différence dans l'intitulé des promulgations n'en produit aucune pour la validité de ces lois;

3° Que les transcriptions et publications de ces lois, faites par les corps administratifs, par les tribunaux et par les municipalités, sous quelque titre et en quelque forme que l'adresse leur en ait été faite, sont toutes également de même valeur;

4° Que ces lois sont obligatoires du moment où la publication en a été faite, soit par le corps administratif, soit par le tribunal de l'arrondissement, sans qu'il soit nécessaire qu'elle ait été faite par tous les deux.

Au surplus, l'Assemblée nationale décrète ce qui suit:

Art. 1er. A l'avenir, il sera fait, pour chaque décret, deux minutes en papier, sur chacune desquelles le consentement royal sera exprimé par cette formule: *Le roi accepte et fera exécuter*, lorsqu'il s'agira d'un décret constitutionnel; ou par celle-ci: *Le roi consent et fera exécuter*, lorsque le décret ne sera que législatif; et si, en ce dernier cas, le roi refusait son consentement, son refus suspensif serait exprimé sur chaque minute par la formule: *Le roi examinera.* Une de ces minutes, avec la réponse du roi signée par lui et contre-signée par le ministre de la justice, sera remise aux archives du Corps législatif.

2. Aucune autre formule ne sera employée pour exprimer soit l'acceptation, soit la sanction, soit le refus suspensif du roi.

3. Il sera fait de chaque décret, accepté ou sanctionné, deux expéditions en parchemin, dans la forme établie, pour la promulgation des lois, par les décrets constitutionnels des 8, 10, 12 octobre et 9 novembre 1789, qui sera la seule forme suivie désormais. Ces deux expéditions, signées du roi, contre-signées par le ministre de la justice et scellées du sceau de l'État, seront les originaux authentiques de chaque loi, dont une restera déposée à la chancellerie, et l'autre sera remise aux archives du Corps législatif.

4. Le ministre de la justice fera imprimer autant d'exemplaires de chaque loi qu'il en sera nécessaire pour les envois à faire, tant aux corps administratifs de département et de district, qu'aux tribunaux de district.

5. Il fera marquer d'un timbre sec du sceau de l'État, les exemplaires qui seront envoyés aux quatre-vingt-trois administrations de département et aux tribunaux de district, et certifiera par sa signature sur chacun de ces exemplaires, qu'il est conforme aux originaux authentiques de la loi.

6. Les envois seront faits au nom du roi; savoir, aux administrations de département, par le ministre ayant la correspondance des départements, et aux tribunaux de district, par le ministre de la justice.

7. Il sera envoyé à chaque administration de département un exemplaire marqué du timbre sec du sceau de l'État, et certifié par la signature du ministre de la justice. Cet exemplaire restera déposé aux archives du département, après avoir été transcrit sur les registres de l'administration.

8. Il sera en même temps envoyé à chaque administration de département, plusieurs exemplaires de la loi, non timbrés ni certifiés par le ministre de la justice, lesquels seront incessamment adressés par l'administration de département, à celles de district qui lui sont subordonnées, après que la première aura préalablement

vérifié et certifié sur chaque exemplaire, qu'il est conforme à celui qu'elle a reçu timbré et certifié par le ministre.

9. Les administrations de district feront transcrire sur leurs registres, et déposer dans leurs archives, toutes les lois qui leur seront envoyées par les administrations de département, certifiées par ces dernières, ainsi qu'il est dit en l'article précédent.

10. Les administrations de département feront imprimer des exemplaires de chaque loi, *tant en placard qu'en in-4°*, et les enverront, sous ce double format, aux administrations de district, pour être adressés par celles-ci aux municipalités de leur ressort, après qu'elles auront certifié, sur chaque exemplaire *in-4°*, sa conformité avec celui qu'elles ont reçu certifié par l'administration de département.

11. Les administrations de district feront, dans le plus bref délai, ces envois aux municipalités; celles-ci dresseront procès-verbal sur leur registre, de la réception de chaque loi, et rassembleront en forme de registre, tous les six mois, ou au plus tard à la fin de chaque année, toutes les lois qu'elles auront reçues.

12. Les corps administratifs, tant de département que de district, publieront dans la ville où ils sont établis, par placards imprimés et affichés, toutes les lois qu'ils auront transcrites; et cette publication sera faite en chaque municipalité par l'affiche des placards qui auront été envoyés aux officiers municipaux par l'administration de district, et en outre, à l'égard des municipalités de campagne, par la lecture publique à l'issue de la messe paroissiale.

13. Les administrations de département certifieront le ministre, dans le délai de quinzaine, tant de la transcription et publication qu'ils auront fait faire, que de l'envoi aux administrations de district qui leur sont subordonnées.

Les administrations de district certifieront celles de département, dans le même délai, tant de la transcription et publication par elles faites, que de l'envoi aux municipalités de leur arrondissement.

Les municipalités certifieront dans la huitaine les administrations de district, tant de la réception, que de la mention faite sur leurs registres, et de la publication.

14. Le ministre de la justice enverra directement à chacun des commissaires du roi près les tribunaux de district, un exemplaire de chaque loi, certifié par sa signature, et timbré du sceau de l'État.

15. Chaque commissaire du roi présentera la loi au tribunal près duquel il fait ses fonctions, dans les trois jours de la réception, et il en requerra la transcription et la publication.

16. Le tribunal sera tenu, sur la présentation de la loi, d'en faire faire, dans la huitaine, la transcription et la publication, tant par la lecture à l'audience que par placards affichés.

17. Les commissaires du roi certifieront le ministre de la justice, dans le délai de quinzaine, tant de la réception de la loi et de la présentation qu'ils en auront faite audit tribunal, que de la transcription et publication exécutées, ou du retard apporté par le tribunal.

18. Les décrets acceptés ou sanctionnés depuis la suppression des parlements, conseils supérieurs et autres cours de justice, et ceux qui, ayant été rendus antérieurement, n'auraient pas été envoyés aux parlements, conseils supérieurs ou autres cours supprimées, seront adressés sans délai, si fait n'a été, aux corps administratifs, et exécutés sur la publication qu'ils en auront fait faire.

19. Il en sera usé de même à l'égard des décrets qui seront acceptés et sanctionnés, jusqu'à l'installation des nouveaux tribunaux.

20. Les décrets mentionnés dans les deux articles précédents seront adressés aux nouveaux tribunaux après leur installation, transcrits et publiés par eux dans les formes établies par les articles précédents.

21. Les juges des tribunaux de district établis dans les villes où siégeaient les anciens parlements, conseils supérieurs et autres cours de justice supprimées, se feront représenter incessamment les registres des transcriptions qui servaient à ces anciens tribunaux, vérifieront les transcriptions qui y ont été faites; et s'ils y remarquent quelques omissions, ils en donneront avis tant à l'Assemblée nationale qu'au ministre de la justice.

6-12 DÉCEMBRE 1790. — *Décret concernant l'organisation de la force publique.* (Mon. des 6 et 7 DÉCEMBRE 1790; L. II, 865; Baud. IX, 74.)

L'Assemblée nationale déclare comme principes constitutionnels ce qui suit :

Premièrement. La force publique, considérée d'une manière générale, est la réunion des forces de tous les citoyens.

Secondement. L'armée est une force habituelle, extraite de la force publique, et destinée essentiellement à agir contre les ennemis du dehors.

Troisièmement. Les corps armés pour le service intérieur sont une force habituelle, extraite de la force publique, et essentiellement destinée à agir contre les perturbateurs de l'ordre et de la paix.

Quatrièmement. Ceux-là seuls jouiront du droit de citoyen actif, qui, réunissant d'ailleurs les conditions prescrites, auront pris l'engagement de rétablir l'ordre au dedans, quand ils seront légalement requis, et de s'armer pour la défense de la liberté et de la patrie.

Cinquièmement. Nul corps armé ne peut exercer le droit de délibérer : la force armée est essentiellement obéissante.

Sixièmement. Les citoyens actifs ne pourront exercer le droit de suffrage dans aucune des assemblées politiques, s'ils sont armés ou seulement vêtus d'un uniforme.

Septièmement. Les citoyens ne peuvent exercer aucun acte de la force publique établie par la constitution, sans en avoir été requis; mais lorsque l'ordre public troublé ou la patrie en péril demanderont l'emploi de la force publique, les citoyens ne pourront refuser le service dont ils seront requis légalement.

Huitièmement. Les citoyens armés ou prêts à s'armer pour la chose publique, ou pour la défense de la liberté et de la patrie, ne formeront point un corps militaire.

En conséquence, l'Assemblée nationale décrète ce qui suit :

Art. 1er. Les citoyens actifs, et leurs enfants mâles âgés de dix-huit ans, déclareront solennellement la résolution de remplir au besoin les devoirs ci-dessus énoncés, en s'inscrivant sur les registres à ce destinés.

2. L'organisation de la garde nationale n'est que la détermination du mode suivant lequel les citoyens doivent se rassembler, se former et agir, lorsqu'ils seront requis de remplir leur service.

3. Les citoyens requis de défendre la chose publique, et armés en vertu de cette réquisition, en s'occupant des exercices qui seront institués, porteront le nom de gardes nationales.

4. Comme la nation est une, il n'y a qu'une seule garde nationale, soumise aux mêmes règlements et à la même discipline, et revêtue du même uniforme.

L'Assemblée nationale décrète en outre :

1° Que les citoyens non actifs qui, durant le cours de la révolution, ont fait le service de gardes nationales, pourront être autorisés à en remplir les fonctions durant le reste de leur vie, selon les règlements qui seront statués à cet égard;

2° Que les citoyens qui font actuellement les fonctions de gardes nationales, continueront le service dont ils seront requis, et qu'il ne sera rien innové, d'après le présent décret, dans la composition des gardes nationales actuelles, jusqu'à ce que l'organisation générale ait été déterminée.

---

23 AVRIL 1791. — *Décret qui ordonne l'envoi aux départements, à l'armée et aux colonies, de la lettre par laquelle le roi manifeste ses sentiments sur la constitution.* (Baud. XIII, 230.)

L'Assemblée nationale, après avoir entendu la lecture de la lettre par laquelle le roi ordonne aux ambassadeurs dans les cours étrangères, de notifier aux puissances près desquelles ils résident, la constitution décrétée par les représentants de la nation française et acceptée par lui, et dans laquelle lettre le roi rappelle les sentiments qu'il n'a jamais cessé de manifester pour la constitution qu'il a solennellement juré de maintenir, a arrêté, 1° qu'il serait nommé une députation pour porter au roi l'expression des sentiments de l'Assemblée; 2° que cette lettre serait insérée dans le procès-verbal, qu'elle serait imprimée et envoyée dans tous les départements du royaume; 3° que la lecture en serait faite par les curés dans toutes les églises paroissiales, à l'issue de la messe du prône; 4° elle charge le ministre de la guerre de l'envoyer à tous les corps d'armée de terre et de mer, ainsi qu'aux colonies, pour être lue et publiée à la tête de chaque corps.

Discours du président au roi.

« Sire,

« L'Assemblée nationale m'a chargé d'apporter à votre majesté l'expression des sentiments qu'elle vient d'éprouver. L'instruction que vous avez ordonné d'adresser à vos ministres dans les cours étrangères, est le fidèle abrégé de la constitution française. Pour la première fois, peut-être, les maximes sacrées qui énoncent les droits des hommes entreront dans les mystères de la correspondance diplomatique. L'étranger, sire, apprendra de vous, qu'après avoir aidé le peuple français à régénérer la constitution, vous avez voulu en être le gardien et le défenseur : et l'étranger la respectera. Assis sur le plus beau trône du monde, vous avez donné le premier exemple d'un grand roi, proclamant au loin la liberté des peuples. Les Français ne seront pas surpris de cette nouvelle preuve que vous leur donnez de votre amour. Votre cœur, sire, leur est connu; ils sont accoutumés à prononcer votre nom avec ces épanchements de tendresse et de reconnaissance que commandent de grands bienfaits. Il est venu le moment où le calme va succéder aux craintes et aux espérances entre lesquelles la nation flottait incertaine : vous imposez silence aux détracteurs de nos lois nouvelles. L'hydre des factions avait cent têtes : vous avez fait tomber la dernière. Sire, j'ai la présomption d'annoncer à votre majesté qu'elle sera heureuse, car elle vient de fixer le bonheur du peuple. »

Réponse du roi.

« Je suis infiniment touché de la justice que me rend l'Assemblée. Si elle pouvait lire au fond de mon cœur, elle n'y verrait que des sentiments propres à justifier la confiance de la nation; toute défiance serait bannie d'entre nous, et nous en serions tous heureux. »

21-22 JUIN 1791. — *Décret relatif à la validité et à la formule des décrets de l'Assemblée nationale, en l'absence du roi.* (Mon. 173.)

L'Assemblée nationale décrète ce qui suit :

1° Les décrets de l'Assemblée nationale déjà rendus, qui n'auraient été ni sanctionnés ni acceptés par le roi, ainsi que les décrets à rendre qui ne pourraient être ni sanctionnés ni acceptés, à raison de l'absence du roi, porteront néanmoins le nom et auront dans toute l'étendue du royaume la force de lois, et la formule ordinaire continuera d'y être employée.

2° Il est enjoint au ministre de la justice d'y apposer le sceau de l'État, sans qu'il soit besoin de la sanction ni de l'acceptation du roi, et de signer, tant les minutes des décrets, qui doivent être déposées aux archives nationales et à celles de la chancellerie, que les expéditions des lois qui doivent être envoyées aux tribunaux et aux corps administratifs.

3° Les ministres sont autorisés à se réunir pour faire et signer ensemble les proclamations et autres actes de même nature.

15-16-18 JUILLET 1791. — *Décret qui détermine les cas où le roi sera censé avoir abdiqué la couronne et pourra être poursuivi comme simple citoyen; et qui ordonne que le sieur Bouillé et ses complices seront poursuivis au tribunal d'Orléans.* (L. V, 302; Baud. XVI, 185.)

Art. 1er. Si le roi, après avoir prêté son serment à la constitution, le rétracte, il sera censé avoir abdiqué.

2. Si le roi se met à la tête d'une armée pour en diriger les forces contre la nation, ou s'il ordonne à ses généraux d'exécuter un tel projet, ou enfin s'il ne s'oppose pas par un acte formel à toute action de cette espèce qui s'exécuterait en son nom, il sera censé avoir abdiqué.

3. Un roi qui aura abdiqué ou qui sera censé l'avoir fait, redeviendra simple citoyen, et il sera accusable suivant les formes ordinaires, pour tous les délits postérieurs à son abdication.

4. L'effet du décret du 25 du mois dernier, qui suspend l'exercice des fonctions royales et des fonctions du pouvoir exécutif entre les mains du roi, subsistera jusqu'au moment où la constitution étant achevée, l'acte constitutionnel entier aura été présenté au roi.

5. Attendu qu'il résulte des pièces dont le rapport lui a été fait, que le sieur de Bouillé, général de l'armée française sur la Meuse, la Sarre et la Moselle, a conçu le projet de renverser la constitution; qu'à cet effet, il a cherché à se faire un parti dans le royaume, sollicité et exécuté des ordres non contre-signés, attiré le roi et sa famille dans une ville de son commandement, disposé des détachements sur son passage, fait marcher des troupes vers Montmédi, préparé un camp près cette ville, tenté de corrompre les soldats, les a engagés à la désertion pour se réunir à lui, a sollicité les puissances voisines à une invasion sur le territoire français,

Il y a lieu à accusation contre ledit sieur Bouillé, ses complices et adhérents, et son procès lui sera fait et parfait devant la haute cour nationale séant à Orléans; à cet effet, les pièces qui ont été adressées à l'Assemblée seront envoyées à l'officier faisant auprès de ce tribunal les fonctions d'accusateur public.

6. Attendu qu'il résulte également des pièces dont le rapport a été fait, que les sieurs d'Heymann, Klinglin et d'Ophise, maréchaux de camp, employés dans la même armée; Déjoteux, adjudant général; Goglas, aide de camp; de Bouillé fils, major de hussards; de Choiseul-Stainville, colonel du premier régiment de dragons; le sieur de Mandel, lieutenant-colonel du régiment ci-devant Royal-Allemand; le comte de Fersen, ci-devant colonel propriétaire du régiment Royal-Suédois; les sieurs de Valory, de Malledent et Dumoustier, ci-devant gardes du corps, sont prévenus d'avoir eu connaissance des complots dudit Bouillé, et d'avoir agi dans la vue de le favoriser, il y a lieu à accusation contre eux, et leur procès leur sera fait et parfait devant ladite cour d'Orléans, devant laquelle seront renvoyées toutes les informations ordonnées et commencées pour ledit complot, soit devant le tribunal du premier arrondissement, soit par-devant tous autres tribunaux, pour être suivies par ladite cour provisoire.

7. Les particuliers désignés dans les articles 5 et 6 du présent décret, contre lesquels il y a lieu à accusation, qui sont ou seront arrêtés par la suite, seront conduits, sous bonne et sûre garde, dans les prisons d'Orléans.

8. Les sieurs de Damas, colonel du 13e régiment de dragons; Rémy et Floirac, officiers au même corps; les sieurs Daudoin et Lacour, l'un capitaine et l'autre lieutenant au premier régiment de dragons; Morassin et Tallot, l'un capitaine et l'autre lieutenant au régiment ci-devant Royal-Allemand; Devillecourt, commissaire ordonnateur des guerres, et Pébondi, sous-lieutenant au régiment de Castellas, suisse, et la dame de Tourzelle, gouvernante des enfants de France, demeureront dans le même état d'arrestation où ils se trouvent, jusqu'à ce qu'il en soit ultérieurement statué par l'Assemblée.

9. Le sieur Debriges, écuyer du roi, et les dames Brunières et Neuville, femmes de chambre de monsieur le Dauphin et de madame Royale, seront mis en liberté.

---

16 JUILLET 1791. — *Décret qui ordonne un projet sur tous les cas où le roi pourrait encourir la déchéance du trône.* (Baud. XVI, 184.)

---

5 AOUT 1791. — *Décret qui ordonne un projet sur les formes d'après lesquelles l'acte constitutionnel sera présenté à l'examen et à l'acceptation du roi.* (Baud. XVII, 80.)

1er SEPTEMBRE 1791. — *Décret portant qu'il sera nommé une députation pour offrir l'acte constitutionnel à l'adoption du roi.* (Baud. XVIII, 3.)

1er SEPTEMBRE 1791. — *Décret portant que l'acte constitutionnel ne sera présenté au roi que lorsqu'il aura été relu, et que l'Assemblée nationale aura déclaré qu'elle n'y changera rien.* (Baud. XVIII, 4.)

§ II. *Texte de la constitution.*

3-14 SEPTEMBRE 1791. — *Constitution française.* (L. V, 1213; Baud. XVIII, 10; Mon. 247 et 259.)

Déclaration des droits de l'homme et du citoyen (1).

Les représentants du peuple français, constitués en Assemblée nationale, considérant que l'ignorance, l'oubli ou le mépris des droits de l'homme, sont les seules causes des malheurs publics et de la corruption des gouvernements, ont résolu d'exposer dans une déclaration solennelle, les droits naturels, inaliénables et sacrés de l'homme, afin que cette déclaration, constamment présente à tous les membres du corps social, leur rappelle sans cesse leurs droits et leurs devoirs; afin que les actes du pouvoir législatif et ceux du pouvoir exécutif, pouvant être à chaque instant comparés avec le but de toute institution politique, en soient plus respectés; afin que les réclamations des citoyens, fondées désormais sur des principes simples et incontestables, tournent toujours au maintien de la constitution et au bonheur de tous.

En conséquence, l'Assemblée nationale reconnaît et déclare, en présence et sous les auspices de l'Être suprême, les droits suivants de l'homme et du citoyen.

Art. 1er. Les hommes naissent et demeurent libres et égaux en droits. Les distinctions sociales ne peuvent être fondées que sur l'utilité commune.

2. Le but de toute association politique est la conservation des droits naturels et imprescriptibles de l'homme. Ces droits sont la liberté, la propriété, la sûreté et la résistance à l'oppression.

3. Le principe de toute souveraineté réside essentiellement dans la nation; nul corps, nul individu ne peut exercer d'autorité qui n'en émane expressément.

4. La liberté consiste à pouvoir faire tout ce qui ne nuit pas à autrui : ainsi l'exercice des droits naturels de chaque homme n'a de bornes que celles qui assurent aux autres membres de la société la jouissance de ces mêmes droits. Ces bornes ne peuvent être déterminées que par la loi.

5. La loi n'a le droit de défendre que les actions nuisibles à la société. Tout ce qui n'est pas défendu par la loi ne peut être empêché, et nul ne peut être contraint à faire ce qu'elle n'ordonne pas.

6. La loi est l'expression de la volonté générale. Tous les citoyens ont droit de concourir personnellement, ou par leurs représentants, à sa formation. Elle doit être la même pour tous, soit qu'elle protége, soit qu'elle punisse. Tous les citoyens étant égaux à ses yeux, sont également admissibles à toutes dignités, places et emplois publics, selon leur capacité, et sans autre distinction que celle de leurs vertus et de leurs talents.

7. Nul homme ne peut être accusé, arrêté ni détenu que dans les cas déterminés par la loi, et selon les formes qu'elle a prescrites. Ceux qui sollicitent, expédient, exécutent ou font exécuter des ordres arbitraires, doivent être punis : mais tout citoyen appelé ou saisi en vertu de la loi, doit obéir à l'instant; il se rend coupable par la résistance.

8. La loi ne doit établir que des peines strictement et évidemment nécessaires, et nul ne peut être puni qu'en vertu d'une loi établie et promulguée antérieurement au délit, et légalement appliquée.

9. Tout homme étant présumé innocent jusqu'à ce qu'il ait été déclaré coupable, s'il est jugé indispensable de l'arrêter, toute rigueur qui ne serait pas nécessaire pour s'assurer de sa personne, doit être sévèrement réprimée par la loi.

10. Nul ne doit être inquiété pour ses opinions, même religieuses, pourvu que leur manifestation ne trouble pas l'ordre public établi par la loi.

11. La libre communication des pensées et des opinions est un des droits les plus précieux de l'homme; tout citoyen peut donc parler, écrire, imprimer librement, sauf à répondre de l'abus de cette liberté dans les cas déterminés par la loi.

12. La garantie des droits de l'homme et du citoyen nécessite une force publique; cette force est donc instituée pour l'avantage de tous, et non pour l'utilité particulière de ceux auxquels elle est confiée.

13. Pour l'entretien de la force publique, et pour les dépenses d'administration, une contribution commune est indispensable; elle doit être également répartie entre tous les citoyens, en raison de leurs facultés.

14. Tous les citoyens ont le droit de constater, par eux-mêmes ou par leurs représentants, la nécessité de la contribution publique, de la consentir librement, d'en suivre l'emploi, et d'en déterminer la quotité, l'assiette, le recouvrement et la durée.

15. La société a le droit de demander compte à tout agent public de son administration.

16. Toute société dans laquelle la garantie des droits n'est pas assurée, ni la séparation des pouvoirs déterminée, n'a point de constitution.

17. La propriété étant un droit inviolable et sacré, nul ne peut en être privé, si ce n'est lorsque la nécessité publique, légalement constatée, l'exige évidemment, et sous la condition d'une juste et préalable indemnité.

Constitution française.

L'Assemblée nationale, voulant établir la constitution française sur les principes qu'elle vient de reconnaître et de déclarer, abolit irrévocablement les institutions qui blessaient la liberté et l'égalité des droits.

Il n'y a plus ni noblesse (1), ni pairie (2), ni distinctions héréditaires, ni distinctions d'ordres, ni régime féodal, ni justices patrimoniales, ni aucun des titres, dénominations et prérogatives qui en dérivaient, ni aucun ordre de chevalerie, ni aucune des corporations ou décorations pour lesquelles on exigeait des preuves de noblesse, ou qui supposaient des distinctions de naissance, ni aucune autre supériorité, que celle des fonctionnaires publics dans l'exercice de leurs fonctions.

Il n'y a plus ni vénalité ni hérédité d'aucun office public.

Il n'y a plus, pour aucune partie de la nation, ni pour aucun individu, aucun privilége ni exception au droit commun de tous les Français.

Il n'y a plus ni jurandes, ni corporations de professions, arts et métiers (3).

La loi ne reconnaît plus ni vœux religieux, ni aucun autre engagement qui serait contraire aux droits naturels ou à la constitution (4).

TITRE Ier.

Dispositions fondamentales garanties par la constitution.

La constitution garantit, comme droits naturels et civils :

1° Que tous les citoyens sont admissibles aux places et emplois, sans autre distinction que celle des vertus et des talents (5);

2° Que toutes les contributions seront réparties entre tous les citoyens également, en proportion de leurs facultés (6);

3° Que les mêmes délits seront punis des mêmes peines, sans aucune distinction des personnes (7).

La constitution garantit pareillement, comme droits naturels et civils :

La liberté à tout homme d'aller, de rester, de partir sans pouvoir être arrêté ni détenu, que selon les formes déterminées par la constitution (8);

La liberté à tout homme de parler, d'écrire, d'imprimer et publier ses pensées, sans que ses écrits puissent être soumis à aucune censure ni inspection avant leur publication, et d'exercer le culte religieux auquel il est attaché (9);

La liberté aux citoyens de s'assembler paisible-

(1) Les articles de cette déclaration ont été votés dans les séances des 20, 21, 22 et 23 août 1789; le décret entier fut sanctionné par le roi le 5 octobre suivant.

(1) Voy. ci-après : CHARTE de 1814, art. 71; CHARTE de 1830, art. 62. — LÉGION D'HONNEUR. MAJORATS. NOBLESSE.

(2) Voy. CHAMBRE DES PAIRS, et notamment la L. du 7 janvier 1832.

(3) Voy. JURANDES : L. du 2-17 mars 1791.

(4) Voy. VOEUX RELIGIEUX : L. du 13-19 février 1790. — CONGRÉGATIONS : Décrets des 18-18 août 1792 et 3 messidor an XII.

(5) Voy. ci-après : CHARTE de 1814, art. 3; — CHARTE de 1830, art. 3.

(6) Voy. ci-après : CHARTE de 1814, art. 2; — CHARTE de 1830, art. 2.

(7) Voy. ci-après : CHARTE de 1814, art. 1; — CHARTE de 1830, art. 1.

(8) Voy. PASSE-PORTS.

(9) Voy. LIBERTÉ DE LA PRESSE.

ment et sans armes, en satisfaisant aux lois de police (1);

La liberté d'adresser aux autorités constituées des pétitions signées individuellement (2).

Le pouvoir législatif ne pourra faire aucune loi qui porte atteinte et mette obstacle à l'exercice des droits naturels et civils consignés dans le présent titre, et garantis par la constitution; mais comme la liberté ne consiste qu'à pouvoir faire tout ce qui ne nuit ni aux droits d'autrui, ni à la sûreté publique, la loi peut établir des peines contre les actes qui, attaquant ou la sûreté publique ou les droits d'autrui, seraient nuisibles à la société.

La constitution garantit l'inviolabilité des propriétés, ou la juste et préalable indemnité de celles dont la nécessité publique, légalement constatée, exigerait le sacrifice (3).

Les biens destinés aux dépenses du culte et à tous services d'utilité publique, appartiennent à la nation, et sont dans tous les temps à sa disposition (4).

La constitution garantit les aliénations qui ont été ou qui seront faites suivant les formes établies par la loi.

Les citoyens ont le droit d'élire ou choisir les ministres de leurs cultes (5).

Il sera créé et organisé un établissement général de *secours publics*, pour élever les enfants abandonnés, soulager les pauvres infirmes, et fournir du travail aux pauvres valides qui n'auraient pas pu s'en procurer.

Il sera créé et organisé une *instruction publique*, commune à tous les citoyens, gratuite à l'égard des parties d'enseignement indispensables pour tous les hommes, et dont les établissements seront distribués graduellement, dans un rapport combiné avec la division du royaume.

Il sera établi des fêtes nationales pour conserver le souvenir de la révolution française, entretenir la fraternité entre les citoyens, et les attacher à la constitution, à la patrie et aux lois.

Il sera fait un code de lois civiles communes à tout le royaume.

TITRE II.

De la division du royaume, et de l'état des citoyens.

Art. 1er. Le royaume est un et indivisible; son territoire est distribué en quatre-vingt-trois départements, chaque département en districts, chaque district en cantons.

2. Sont citoyens français :

Ceux qui sont nés en France d'un père français;

Ceux qui, nés en France d'un père étranger, ont fixé leur résidence dans le royaume;

Ceux qui, nés en pays étranger d'un père français, sont venus s'établir en France, et ont prêté le serment civique;

Enfin, ceux qui, nés en pays étranger, et descendant à quelque degré que ce soit, d'un Français ou d'une Française expatriés pour cause de religion, viennent demeurer en France et prêtent le serment civique.

3. Ceux qui, nés hors du royaume de parents étrangers, résident en France, deviennent citoyens français après cinq ans de domicile continu dans le royaume, s'ils y ont en outre acquis des immeubles ou épousé une Française, ou formé un établissement d'agriculture ou de commerce, et s'ils ont prêté le serment civique.

4. Le pouvoir législatif pourra, pour des considérations importantes, donner à un étranger un acte de naturalisation, sans autres conditions que de fixer son domicile en France et d'y prêter le serment civique.

5. Le serment civique est : *Je jure d'être fidèle à la nation, à la loi et au roi, et de maintenir de tout mon pouvoir la constitution du royaume, décrétée par l'Assemblée nationale constituante aux années* 1789, 1790 *et* 1791.

6. La qualité de citoyen français se perd,

1° Par la naturalisation en pays étranger;

2° Par la condamnation aux peines qui emportent la dégradation civique, tant que le condamné n'est pas réhabilité;

3° Par un jugement de contumace, tant que le jugement n'est pas anéanti;

4° Par l'affiliation à tout ordre de chevalerie étranger, ou à toute corporation étrangère qui supposerait, soit des preuves de noblesse, soit des distinctions de naissance, ou qui exigerait des vœux religieux.

7. La loi ne considère le mariage que comme contrat civil.

Le pouvoir législatif établira pour tous les habitants, sans distinction, le mode par lequel les naissances, mariages et décès seront constatés; et il désignera les officiers publics qui en recevront et conserveront les actes (1).

8. Les citoyens français, considérés sous le rapport des relations locales qui naissent de leur réunion dans les villes et dans de certains arrondissements du territoire des campagnes, forment les *communes*.

Le pouvoir législatif pourra fixer l'étendue de l'arrondissement de chaque commune.

9. Les citoyens qui composent chaque commune ont le droit d'élire à temps, et suivant les formes déterminées par la loi, ceux d'entre eux qui, sous le titre d'*officiers municipaux*, sont chargés de gérer les affaires particulières de la commune.

Il pourra être délégué aux officiers municipaux quelques fonctions relatives à l'intérêt général de l'État.

10. Les règles que les officiers municipaux seront tenus de suivre dans l'exercice, tant des fonctions municipales que de celles qui leur auront été déléguées pour l'intérêt général, seront fixées par les lois (2).

TITRE III.

Des pouvoirs publics.

Art. 1er. La souveraineté est une, indivisible, inaliénable et imprescriptible; elle appartient à la nation : aucune section du peuple ni aucun individu ne peut s'en attribuer l'exercice.

2. La nation, de qui seul émanent tous les pouvoirs, ne peut les exercer que par délégation.

La constitution française est représentative; les représentants sont le corps législatif et le roi.

3. Le pouvoir législatif est délégué à une Assemblée nationale composée de représentants temporaires, librement élus par le peuple, pour être exercé par elle, avec la sanction du roi, de la manière qui sera déterminée ci-après.

4. Le gouvernement est monarchique : le pouvoir exécutif est délégué au roi pour être exercé sous son autorité, par des ministres et autres agents responsables, de la manière qui sera déterminée ci-après.

5. Le pouvoir judiciaire est délégué à des juges élus à temps par le peuple.

CHAPITRE Ier.

De l'Assemblée nationale législative (3).

Art. 1er. L'Assemblée nationale formant le Corps législatif est permanente, et n'est composée que d'une chambre.

2. Elle sera formée tous les deux ans par de nouvelles élections.

Chaque période de deux années formera une législature.

3. Les dispositions de l'article précédent n'auront pas lieu à l'égard du prochain Corps législatif, dont les pouvoirs cesseront le dernier jour d'avril 1793.

4. Le renouvellement du Corps législatif se fera de plein droit.

5. Le Corps législatif ne pourra être dissous par le roi.

SECTION Ire.

Nombre des représentants. Bases de la représentation.

Art. 1er. Le nombre des représentants au Corps législatif est de sept cent quarante-cinq, à raison des quatre-vingt-trois départements dont le royaume est composé, et indépendamment de ceux qui pourraient être accordés aux colonies.

2. Les représentants seront distribués entre les quatre-vingt-trois départements, selon les trois proportions du territoire, de la population, et de la contribution directe.

3. Des sept cent quarante-cinq représentants, deux cent quarante-sept sont attachés au territoire.

Chaque département en nommera trois, à l'exception du département de Paris, qui n'en nommera qu'un.

4. Deux cent quarante-neuf représentants sont attribués à la population.

La masse totale de la population active du royaume est divisée en deux cent quarante-neuf parts, et chaque département nomme autant de députés qu'il a de parts de population.

5. Deux cent quarante-neuf représentants sont attachés à la contribution directe.

La somme totale de la contribution directe du royaume est de même divisée en deux cent quarante-neuf parts, et chaque département nomme autant de députés qu'il paye de parts de contribution.

SECTION II.

Assemblées primaires. Nomination des électeurs (1).

Art. 1er. Pour former l'Assemblée nationale législative, les citoyens actifs se réuniront tous les deux ans en assemblées primaires dans les villes et dans les cantons.

Les assemblées primaires se formeront de plein droit le second dimanche de mars, si elles n'ont pas été convoquées plus tôt par les fonctionnaires publics déterminés par la loi.

2. Pour être citoyen actif, il faut être né ou devenu Français; être âgé de vingt-cinq ans accomplis; être domicilié dans la ville ou dans le canton depuis le temps déterminé par la loi;

Payer, dans un lieu quelconque du royaume, une contribution directe au moins égale à la valeur de trois journées de travail, et en représenter la quittance;

N'être pas dans un état de domesticité, c'est-à-dire, de serviteur à gages;

Être inscrit, dans la municipalité de son domicile, au rôle des gardes nationales;

Avoir prêté le serment civique.

3. Tous les six ans, le Corps législatif fixera le *minimum* et le *maximum* de la valeur de la journée de travail, et les administrateurs des départements en feront la détermination locale pour chaque district.

4. Nul ne pourra exercer les droits de citoyen actif dans plus d'un endroit, ni se faire représenter par un autre.

5. Sont exclus de l'exercice des droits de citoyen actif :

Ceux qui sont en état d'accusation;

Ceux qui, après avoir été constitués en état de faillite ou d'insolvabilité, prouvé par pièces authentiques, ne rapportent pas un acquit général de leurs créanciers.

6. Les assemblées primaires nommeront des électeurs en proportion du nombre des citoyens actifs domiciliés dans la ville ou le canton.

Il sera nommé un électeur à raison de cent citoyens actifs présents ou non à l'assemblée.

Il en sera nommé deux depuis cent cinquante et un jusqu'à deux cent cinquante, et ainsi de suite.

7. Nul ne pourra être nommé électeur, s'il ne réunit aux conditions nécessaires pour être citoyen actif, savoir :

Dans les villes au-dessus de six mille âmes, celle d'être propriétaire ou usufruitier d'un bien évalué sur les rôles de contribution à un revenu égal à la valeur locale de deux cents journées de travail, ou d'être locataire d'une habitation évaluée sur les mêmes rôles à un revenu égal à la valeur de cent cinquante journées de travail.

Dans les villes au-dessous de six mille âmes, celle d'être propriétaire ou usufruitier d'un bien évalué sur les rôles de contribution à un revenu égal à la valeur locale de cent cinquante journées de travail, ou d'être locataire d'une habitation évaluée sur les mêmes rôles à un revenu égal à la valeur de cent journées de travail;

Et dans les campagnes, celle d'être propriétaire ou usufruitier d'un bien évalué sur les rôles de contribution à un revenu égal à la valeur locale de cent cinquante journées de travail, ou d'être fermier ou métayer de biens évalués sur les mé-

(1) Voy. ASSOCIATIONS, et notamment la L. du 11 avril 1834.

(2) Voy. ci-après : CHARTE de 1814, art. 53; — CHARTE de 1830, art. 45.

(3) Voy. EXPROPRIATION POUR CAUSE D'UTILITÉ PUBLIQUE, et notamment la L. du 7 juillet 1833, et l'ordonnance du 9 mars 1834.

(4) Voy. BIENS NATIONAUX. — DOMAINE DE L'ÉTAT.

(5) Voy. CONSTITUTION CIVILE DU CLERGÉ. — CONCORDAT : Convention du 23 fructidor an IX, publiée le 18 germinal an X, art. 40.

(1) Voy. ÉTAT CIVIL.

(2) Voy. MUNICIPALITÉS, et notamment la L. du 23 mars 1831.

(3) Voy. CORPS LÉGISLATIF.

(1) Voy. ÉLECTIONS PARLEMENTAIRES, section II.

mes rôles à la valeur de quatre cents journées de travail.

A l'égard de ceux qui seront en même temps propriétaires ou usufruitiers d'une part, et locataires, fermiers ou métayers de l'autre, leurs facultés à ces divers titres seront cumulées, jusqu'au taux nécessaire pour établir leur éligibilité.

SECTION III.

Assemblées électorales. Nomination des représentants.

Art. 1er. Les électeurs nommés en chaque département se réuniront pour élire le nombre des représentants dont la nomination sera attribuée à leur département, et un nombre de suppléants égal au tiers de celui des représentants.

Les assemblées électorales se formeront de plein droit le dernier dimanche de mars, si elles n'ont pas été convoquées plus tôt par les fonctionnaires publics déterminés par la loi.

2. Les représentants et les suppléants seront élus à la pluralité absolue des suffrages, et ne pourront être choisis que parmi les citoyens actifs du département.

3. Tous les citoyens actifs, quel que soit leur état, profession ou contribution, pourront être élus représentants de la nation.

4. Seront néanmoins obligés d'opter, les ministres et les autres agents du pouvoir exécutif révocables à volonté, les commissaires de la trésorerie nationale, les percepteurs et receveurs des contributions directes, les préposés à la perception et aux régies des contributions indirectes et des domaines nationaux, et ceux qui, sous quelque dénomination que ce soit, sont attachés à des emplois de la maison militaire et civile du roi.

Seront également tenus d'opter, les administrateurs, sous-administrateurs, officiers municipaux, et commandants des gardes nationales.

5. L'exercice des fonctions judiciaires sera incompatible avec celles de représentant de la nation, pendant toute la durée de la législature.

Les juges seront remplacés par leurs suppléants, et le roi pourvoira par des brevets de commission au remplacement de ses commissaires auprès des tribunaux.

6. Les membres du Corps législatif pourront être réélus à la législature suivante, et ne pourront l'être ensuite qu'après l'intervalle d'une législature.

7. Les représentants nommés dans les départements ne seront pas représentants d'un département particulier, mais de la nation entière, et il ne pourra leur être donné aucun mandat.

SECTION IV.

Tenue et régime des assemblées primaires et électorales.

Art. 1er. Les fonctions des assemblées primaires et électorales se bornent à élire; elles se sépareront aussitôt après les élections faites, et ne pourront se former de nouveau que lorsqu'elles seront convoquées, si ce n'est au cas de l'article 1er de la section II, et de l'article 1er de la section III ci-dessus.

2. Nul citoyen actif ne peut entrer ni donner son suffrage dans une assemblée, s'il est armé.

3. La force armée ne pourra être introduite dans l'intérieur sans le vœu exprès de l'assemblée, si ce n'est qu'on y commît des violences; auquel cas, l'ordre du président suffira pour appeler la force publique.

4. Tous les deux ans, il sera dressé, dans chaque district, des listes par cantons des citoyens actifs, et la liste de chaque canton y sera publiée et affichée deux mois avant l'époque de l'assemblée primaire.

Les réclamations qui pourront avoir lieu, soit pour contester la qualité des citoyens employés sur la liste, soit de la part de ceux qui se prétendront omis injustement, seront portées aux tribunaux pour y être jugées sommairement.

La liste servira de règle pour l'admission des citoyens dans la prochaine assemblée primaire, en tout ce qui n'aura pas été rectifié par des jugements rendus avant la tenue de l'assemblée.

5. Les assemblées électorales ont le droit de vérifier la qualité et les pouvoirs de ceux qui s'y présenteront, et leurs décisions seront exécutées provisoirement, sauf le jugement du Corps législatif lors de la vérification des pouvoirs des députés.

6. Dans aucun cas, et sous aucun prétexte, le roi, ni aucun des agents nommés par lui, ne pourront prendre connaissance des questions relatives à la régularité des convocations, à la tenue des assemblées, à la forme des élections, ni aux droits politiques des citoyens, sans préjudice des fonctions des commissaires du roi dans les cas déterminés par la loi, où les questions relatives aux droits politiques des citoyens doivent être portées dans les tribunaux.

SECTION V.

Réunion des représentants en Assemblée nationale législative.

Art. 1er. Les représentants se réuniront, le premier lundi du mois de mai, au lieu des séances de la dernière législature.

2. Ils se formeront provisoirement en Assemblée, sous la présidence du doyen d'âge, pour vérifier les pouvoirs des représentants présents.

3. Dès qu'ils seront au nombre de trois cent soixante-treize membres vérifiés, ils se constitueront sous le titre d'*Assemblée nationale législative* : elle nommera un président, un vice-président et des secrétaires, et commencera l'exercice de ses fonctions.

4. Pendant tout le cours du mois de mai, si le nombre des représentants présents est au-dessous de trois cent soixante-treize, l'Assemblée ne pourra faire aucun acte législatif.

Elle pourra prendre un arrêté pour enjoindre aux membres absents de se rendre à leurs fonctions dans le délai de quinzaine au plus tard, à peine de 3,000 livres d'amende, s'ils ne proposent pas une excuse qui soit jugée légitime par l'Assemblée.

5. Au dernier jour de mai, quel que soit le nombre des membres présents, ils se constitueront en Assemblée nationale législative.

6. Les représentants prononceront tous ensemble, au nom du peuple français, le serment de *vivre libres ou mourir.*

Ils prêteront ensuite individuellement le serment *de maintenir de tout leur pouvoir la constitution du royaume, décrétée par l'Assemblée nationale constituante, aux années 1789, 1790 et 1791; de ne rien proposer ni consentir, dans le cours de la législature, qui puisse y porter atteinte, et d'être en tout fidèles à la nation, à la loi et au roi.*

7. Les représentants de la nation sont inviolables : ils ne pourront être recherchés, accusés ni jugés en aucun temps, pour ce qu'ils auront dit, écrit ou fait dans l'exercice de leurs fonctions de représentants.

8. Ils pourront, pour faits criminels, être saisis en flagrant délit, ou en vertu d'un mandat d'arrêt; mais il en sera donné avis, sans délai, au Corps législatif; et la poursuite ne pourra être continuée qu'après que le Corps législatif aura décidé qu'il y a lieu à accusation.

CHAPITRE II.

De la royauté, de la régence et des ministres.

SECTION 1re.

De la royauté et du roi.

Art. 1er. La royauté est indivisible, et déléguée héréditairement à la race régnante, de mâle en mâle, par ordre de primogéniture, à l'exclusion perpétuelle des femmes et de leur descendance.

(Rien n'est préjugé sur l'effet des renonciations, dans la race actuellement régnante.)

2. La personne du roi est inviolable et sacrée; son seul titre est *roi des Français.*

3. Il n'y a point en France d'autorité supérieure à celle de la loi; le roi ne règne que par elle, et ce n'est qu'au nom de la loi qu'il peut exiger l'obéissance.

4. Le roi, à son avénement au trône, ou dès qu'il aura atteint sa majorité, prêtera à la nation, en présence du Corps législatif, le serment *d'être fidèle à la nation et à la loi, d'employer tout le pouvoir qui lui est délégué à maintenir la constitution décrétée par l'Assemblée nationale constituante, aux années 1789, 1790 et 1791, et à faire exécuter les lois.*

Si le Corps législatif n'est pas assemblé, le roi fera publier une proclamation dans laquelle seront exprimés ce serment et la promesse de le réitérer aussitôt que le corps législatif sera réuni.

5. Si, un mois après l'invitation du Corps législatif, le roi n'a pas prêté ce serment, ou si, après l'avoir prêté, il le rétracte, il sera censé avoir abdiqué la royauté.

6. Si le roi se met à la tête d'une armée et en dirige les forces contre la nation, ou s'il ne s'oppose pas par un acte formel à une telle entreprise qui s'exécuterait en son nom, il sera censé avoir abdiqué la royauté.

7. Si le roi, étant sorti du royaume, n'y rentrait pas après l'invitation qui lui en serait faite par le Corps législatif, et dans le délai qui sera fixé par la proclamation, lequel ne pourra être moindre de deux mois, il serait censé avoir abdiqué la royauté.

Le délai commencera à courir du jour où la proclamation du Corps législatif aura été publiée dans le lieu de ses séances; et les ministres seront tenus, sous leur responsabilité, de faire tous les actes du pouvoir exécutif, dont l'exercice sera suspendu dans la main du roi absent.

8. Après l'abdication expresse ou légale, le roi sera dans la classe des citoyens, et pourra être accusé et jugé comme eux pour les actes postérieurs à son abdication.

9. Les biens particuliers que le roi possède à son avénement au trône, sont réunis irrévocablement au domaine de la nation : il a la disposition de ceux qu'il acquiert à titre singulier; s'il n'en a pas disposé, ils sont pareillement réunis à la fin du règne.

10. La nation pourvoit à la splendeur du trône par une liste civile, dont le Corps législatif déterminera la somme à chaque changement de règne, pour toute la durée du règne (1.)

11. Le roi nommera un administrateur de la liste civile, qui exercera les actions judiciaires du roi, et contre lequel toutes les actions à la charge du roi seront dirigées, et les jugements prononcés. Les condamnations obtenues par les créanciers de la liste civile seront exécutoires contre l'administrateur personnellement, et sur ses propres biens.

12. Le roi aura, indépendamment de la garde d'honneur qui lui sera fournie par les citoyens gardes nationales du lieu de sa résidence, une garde payée sur les fonds de la liste civile; elle ne pourra excéder le nombre de douze cents hommes à pied, et de six cents hommes à cheval.

Les grades et les règles d'avancement y seront les mêmes que dans les troupes de ligne; mais ceux qui composeront la garde du roi rouleront pour tous les grades exclusivement sur eux-mêmes, et ne pourront en obtenir aucun dans l'armée de ligne.

Le roi ne pourra choisir les hommes de sa garde que parmi ceux qui sont actuellement en activité de service dans les troupes de ligne, ou parmi les citoyens qui ont fait depuis un an le service de gardes nationales, pourvu qu'ils soient résidants dans le royaume, et qu'ils aient précédemment prêté le serment civique.

La garde du roi ne pourra être commandée ni requise pour aucun autre service public.

SECTION II.

De la régence (2).

Art. 1er. Le roi est mineur jusqu'à l'âge de dix-huit ans accomplis; et pendant sa minorité, il y a un régent du royaume.

2. La régence appartient au parent du roi, le plus proche en degré suivant l'ordre de l'hérédité au trône, et âgé de vingt-cinq ans accomplis, pourvu qu'il soit Français et régnicole, qu'il ne soit pas héritier présomptif d'une autre couronne, et qu'il ait précédemment prêté le serment civique.

Les femmes sont exclues de la régence.

3. Si un roi mineur n'avait aucun parent réunissant les qualités ci-dessus exprimées, le régent du royaume sera élu ainsi qu'il va être dit aux articles suivants.

4. Le Corps législatif ne pourra élire le régent.

5. Les électeurs de chaque district se réuniront au chef-lieu de district, d'après une proclamation qui sera faite dans la première semaine du nouveau règne, par le Corps législatif, s'il est réuni; et s'il était séparé, le ministre de la justice sera tenu de faire cette proclamation dans la même semaine.

6. Les électeurs nommeront en chaque district, au scrutin individuel et à la pluralité absolue des suffrages, un citoyen éligible et domicilié dans le district, auquel ils donneront, par le

(1) Voy. LISTE CIVILE.

(2) Voy. ci-après le décret des 22, 23, 24, 25, 26, 28 et 29 mars — 12 septembre 1791.

procès-verbal de l'élection, un mandat spécial borné à la seule fonction d'élire le citoyen qu'il jugera en son âme et conscience le plus digne d'être élu régent du royaume.

7. Les citoyens mandataires nommés dans les districts, seront tenus de se rassembler dans la ville où le Corps législatif tiendra sa séance, le quarantième jour, au plus tard, à partir de celui de l'avénement du roi mineur au trône, et ils formeront l'assemblée électorale qui procédera à la nomination du régent.

8. L'élection du régent sera faite au scrutin individuel, et à la pluralité absolue des suffrages.

9. L'assemblée électorale ne pourra s'occuper que de l'élection, et se séparera aussitôt que l'élection sera terminée; tout autre acte qu'elle entreprendrait de faire est déclaré inconstitutionnel et de nul effet.

10. L'assemblée électorale fera présenter, par son président, le procès-verbal de l'élection au Corps législatif, qui, après avoir vérifié la régularité de l'élection, la fera publier dans tout le royaume par une proclamation.

11. Le régent exerce, jusqu'à la majorité du roi, toutes les fonctions de la royauté, et n'est pas personnellement responsable des actes de son administration.

12. Le régent ne peut commencer l'exercice de ses fonctions, qu'après avoir prêté à la nation, en présence du Corps législatif, le serment *d'être fidèle à la nation, à la loi et au roi; d'employer tout le pouvoir délégué au roi, et dont l'exercice lui est confié pendant la minorité du roi, à maintenir la constitution décrétée par l'Assemblée nationale constituante, aux années* 1789, 1790 *et* 1791, *et à faire exécuter les lois.*

Si le Corps législatif n'est pas assemblé, le régent fera publier une proclamation, dans laquelle seront exprimés ce serment et la promesse de le réitérer, aussitôt que le Corps législatif sera réuni.

13. Tant que le régent n'est pas entré en exercice de ses fonctions, la sanction des lois demeure suspendue; les ministres continuent de faire, sous leur responsabilité, tous les actes du pouvoir exécutif.

14. Aussitôt que le régent aura prêté le serment, le Corps législatif déterminera son traitement, lequel ne pourra être changé pendant la durée de la régence.

15. Si, à raison de la minorité d'âge du parent appelé à la régence, elle a été dévolue à un parent plus éloigné, ou déférée par élection, le régent qui sera entré en exercice continuera ses fonctions jusqu'à la majorité du roi.

16. La régence du royaume ne confère aucun droit sur la personne du roi mineur.

17. La garde du roi mineur sera confiée à sa mère; et s'il n'a pas de mère, ou si elle est remariée au temps de l'avénement de son fils au trône, ou si elle se remarie pendant la minorité, la garde sera déférée par le Corps législatif.

Ne peuvent être élus pour la garde du roi mineur, ni le régent et ses descendants, ni les femmes.

18. En cas de démence du roi notoirement reconnue, légalement constatée et déclarée par le Corps législatif après trois délibérations successivement prises de mois en mois, il y a lieu à la régence tant que la démence dure.

SECTION III.

De la famille du roi.

Art. 1er. L'héritier présomptif portera le nom de *prince royal.*

Il ne peut sortir du royaume sans un décret du Corps législatif et le consentement du roi.

S'il en est sorti, et si, étant parvenu à l'âge de dix-huit ans, il ne rentre pas en France après avoir été requis par une proclamation du Corps législatif, il est censé avoir abdiqué le droit de succession au trône.

2. Si l'héritier présomptif est mineur, le parent majeur, premier appelé à la régence, est tenu de résider dans le royaume.

Dans le cas où il en serait sorti, et n'y rentrerait pas sur la réquisition du Corps législatif, il sera censé avoir abdiqué son droit à la régence.

3. La mère du roi mineur ayant sa garde ou le gardien élu, s'ils sortent du royaume, sont déchus de la garde.

Si la mère de l'héritier présomptif mineur sortait du royaume, elle ne pourrait, même après son retour, avoir la garde de son fils mineur devenu roi, que par un décret du Corps législatif.

4. Il sera fait une loi pour régler l'éducation du roi mineur et celle de l'héritier présomptif mineur.

5. Les membres de la famille du roi appelés à la succession éventuelle au trône, jouissent des droits de citoyen actif, mais ne sont éligibles à aucune des places, emplois ou fonctions qui sont à la nomination du peuple.

A l'exception des départements du ministère, ils sont susceptibles des places et emplois à la nomination du roi; néanmoins ils ne pourront commander en chef aucune armée de terre ou de mer, ni remplir les fonctions d'ambassadeurs, qu'avec le consentement du Corps législatif, accordé sur la proposition du roi.

6. Les membres de la famille du roi appelés à la succession éventuelle au trône, ajouteront la dénomination de *prince français* au nom qui leur aura été donné dans l'acte civil constatant leur naissance, et ce nom ne pourra être ni patronymique, ni formé d'aucune des qualifications abolies par la présente constitution.

La dénomination de *prince* ne pourra être donnée à aucun autre individu, et n'emportera aucun privilége, ni aucune exception au droit commun de tous les Français.

7. Les actes par lesquels seront légalement constatés les naissances, mariages et décès des princes français, seront présentés au Corps législatif, qui en ordonnera le dépôt dans les archives.

8. Il ne sera accordé aux membres de la famille du roi aucun apanage réel.

Les fils puînés du roi recevront, à l'âge de vingt-cinq ans accomplis, ou lors de leur mariage, une rente apanagère, laquelle sera fixée par le Corps législatif, et finira à l'extinction de leur postérité masculine.

SECTION IV.

Des ministres (1).

Art. 1er. Au roi seul appartiennent le choix et la révocation des ministres.

2. Les membres de l'Assemblée nationale actuelle et des législatures suivantes, les membres du tribunal de cassation, et ceux qui serviront dans le haut jury, ne pourront être promus au ministère, ni recevoir aucune place, don, pension, traitement ou commission du pouvoir exécutif ou de ses agents, pendant la durée de leurs fonctions, ni pendant deux ans après en avoir cessé l'exercice.

Il en sera de même de ceux qui seront seulement inscrits sur la liste du haut jury, pendant tout le temps que durera leur inscription.

3. Nul ne peut entrer en exercice d'aucun emploi, soit dans les bureaux du ministère, soit dans ceux des régies ou administrations des revenus publics, ni en général d'aucun emploi à la nomination du pouvoir exécutif, sans prêter le serment civique, ou sans justifier qu'il l'a prêté.

4. Aucun ordre du roi ne pourra être exécuté, s'il n'est signé par lui et contre-signé par le ministre ou l'ordonnateur du département.

5. Les ministres sont responsables de tous les délits par eux commis contre la sûreté nationale et la constitution;

De tout attentat à la propriété et à la liberté individuelle;

De toute dissipation des deniers destinés aux dépenses de leur département.

6. En aucun cas, l'ordre du roi, verbal ou par écrit, ne peut soustraire un ministre à la responsabilité.

7. Les ministres sont tenus de présenter chaque année au Corps législatif, à l'ouverture de la session, l'aperçu des dépenses à faire dans leur département, de rendre compte de l'emploi des sommes qui y étaient destinées, et d'indiquer les abus qui auraient pu s'introduire dans les différentes parties du gouvernement.

8. Aucun ministre en place, ou hors de place, ne peut être poursuivi en matière criminelle pour fait de son administration, sans un décret du Corps législatif.

CHAPITRE III.

De l'exercice du pouvoir législatif.

SECTION Ire.

Pouvoirs et fonctions de l'Assemblée nationale législative.

Art. 1er. La constitution délègue exclusivement au Corps législatif les pouvoirs et fonctions ci-après :

1° De proposer et décréter les lois : le roi peut seulement inviter le Corps législatif à prendre un objet en considération;

2° De fixer les dépenses publiques;

3° D'établir les contributions publiques, d'en déterminer la nature, la quotité, la durée et le mode de perception;

4° De faire la répartition de la contribution directe entre les départements du royaume, de surveiller l'emploi de tous les revenus publics, et de s'en faire rendre compte;

5° De décréter la création ou la suppression des offices publics;

6° De déterminer le titre, le poids, l'empreinte et la dénomination des monnaies;

7° De permettre ou de défendre l'introduction des troupes étrangères sur le territoire français, et des forces navales étrangères dans les ports du royaume;

8° De statuer annuellement, après la proposition du roi, sur le nombre d'hommes et de vaisseaux dont les armées de terre et de mer seront composées; sur la solde et le nombre d'individus de chaque grade; sur les règles d'admission et d'avancement, les formes de l'enrôlement et du dégagement, la formation des équipages de mer; sur l'admission des troupes ou des forces navales étrangères au service de France, et sur le traitement des troupes en cas de licenciement;

9° De statuer sur l'administration, et d'ordonner l'aliénation des domaines nationaux;

10° De poursuivre devant la haute cour nationale la responsabilité des ministres, et des agents principaux du pouvoir exécutif;

D'accuser et de poursuivre devant la même cour, ceux qui seront prévenus d'attentat et de complot contre la sûreté générale de l'État ou contre la constitution;

11° D'établir les lois d'après lesquelles les marques d'honneur ou décorations purement personnelles seront accordées à ceux qui ont rendu des services à l'État;

12° Le Corps législatif a seul le droit de décerner les honneurs publics à la mémoire des grands hommes.

2. La guerre ne peut être décidée que par un décret du Corps législatif, rendu sur la proposition formelle et nécessaire du roi, et sanctionné par lui.

Dans le cas d'hostilités imminentes ou commencées, d'un allié à soutenir, ou d'un droit à conserver par la force des armes, le roi en donnera, sans aucun délai, la notification au Corps législatif, et en fera connaître les motifs. Si le Corps législatif est en vacance, le roi le convoquera aussitôt.

Si le Corps législatif décide que la guerre ne doive pas être faite, le roi prendra sur-le-champ des mesures pour faire cesser ou prévenir toutes hostilités, les ministres demeurant responsables des délais.

Si le Corps législatif trouve que les hostilités commencées soient une agression coupable de la part des ministres ou de quelque autre agent du pouvoir exécutif, l'auteur de l'agression sera poursuivi criminellement.

Pendant tout le cours de la guerre, le Corps législatif peut requérir le roi de négocier la paix; et le roi est tenu de déférer à cette réquisition.

A l'instant où la guerre cessera, le Corps législatif fixera le délai dans lequel les troupes élevées au-dessus du pied de paix, seront congédiées, et l'armée réduite à son état ordinaire.

3. Il appartient au Corps législatif de ratifier les traités de paix, d'alliance et de commerce; et aucun traité n'aura d'effet que par cette ratification.

4. Le Corps législatif a le droit de déterminer le lieu de ses séances, de les continuer autant qu'il le jugera nécessaire, et de s'ajourner. Au commencement de chaque règne, s'il n'est pas réuni, il sera tenu de se rassembler sans délai.

Il a le droit de police dans le lieu de ses séances, et dans l'enceinte extérieure qu'il aura déterminée.

Il a le droit de discipline sur ses membres; mais il ne peut prononcer de punition plus forte que la censure, les arrêts pour huit jours, ou la prison pour trois jours.

Il a le droit de disposer, pour sa sûreté et pour le maintien du respect qui lui est dû, des forces qui, de son consentement, seront établies dans la ville où il tiendra ses séances.

(1) Voy. MINISTÈRE, et notamment la L. du 27 avril — 25 mai 1791.

5. Le pouvoir exécutif ne peut faire passer ou séjourner aucun corps de troupes de ligne, dans la distance de trente mille toises du Corps législatif, si ce n'est sur sa réquisition ou avec son autorisation.

SECTION II.

Tenue des séances, et forme de délibérer.

Art. 1er. Les délibérations du Corps législatif seront publiques, et les procès-verbaux de ses séances seront imprimés.

2. Le Corps législatif pourra cependant, en toute occasion, se former en *comité général.*

Cinquante membres auront le droit de l'exiger.

Pendant la durée du comité général, les assistants se retireront, le fauteuil du président sera vacant, l'ordre sera maintenu par le vice-président.

3. Aucun acte législatif ne pourra être délibéré et décrété que dans la forme suivante.

4. Il sera fait trois lectures du projet de décret, à trois intervalles, dont chacun ne pourra être moindre de huit jours.

5. La discussion sera ouverte après chaque lecture; et néanmoins, après la première ou seconde lecture, le Corps législatif pourra déclarer qu'il y a lieu à l'ajournement, ou qu'il n'y a pas lieu à délibérer; dans ce dernier cas, le projet de décret pourra être représenté dans la même session.

Tout projet de décret sera imprimé et distribué avant que la seconde lecture puisse en être faite.

6. Après la troisième lecture, le président sera tenu de mettre en délibération, et le Corps législatif décidera s'il se trouve en état de rendre un décret définitif, ou s'il veut renvoyer la décision à un autre temps, pour recueillir de plus amples éclaircissements.

7. Le Corps législatif ne peut délibérer, si la séance n'est composée de deux cents membres au moins, et aucun décret ne sera formé que par la pluralité absolue des suffrages.

8. Tout projet de loi qui, soumis à la discussion, aura été rejeté après la troisième lecture, ne pourra être représenté dans la même session.

9. Le préambule de tout décret définitif énoncera : 1° les dates des séances auxquelles les trois lectures du projet auront été faites; 2° le décret par lequel il aura été arrêté, après la troisième lecture, de décider définitivement.

10. Le roi refusera sa sanction au décret dont le préambule n'attestera pas l'observation des formes ci-dessus : si quelqu'un de ces décrets était sanctionné, les ministres ne pourront le sceller ni le promulguer, et leur responsabilité à cet égard durera six années.

11. Sont exceptés des dispositions ci-dessus, les décrets reconnus et déclarés urgents par une délibération préalable du Corps législatif; mais ils peuvent être modifiés ou révoqués dans le cours de la même session.

Le décret par lequel la matière aura été déclarée urgente en énoncera les motifs; et il sera fait mention de ce décret préalable dans le préambule du décret définitif.

SECTION III.

De la sanction royale.

Art. 1er. Les décrets du Corps législatif sont présentés au roi, qui peut leur refuser son consentement.

2. Dans le cas où le roi refuse son consentement, ce refus n'est que suspensif.

Lorsque les deux législatures qui suivront celle qui aura présenté le décret auront successivement représenté le même décret dans les mêmes termes, le roi sera censé avoir donné la sanction.

3. Le consentement du roi est exprimé sur chaque décret par cette formule signée du roi : *Le roi consent et fera exécuter.*

Le refus suspensif est exprimé par celle-ci : *Le roi examinera.*

4. Le roi est tenu d'exprimer son consentement ou son refus sur chaque décret, dans les deux mois de la présentation.

5. Tout décret auquel le roi a refusé son consentement ne peut lui être représenté par la même législature.

6. Les décrets sanctionnés par le roi, et ceux qui lui auront été présentés par trois législatures consécutives, ont force de loi, et portent le nom et l'intitulé de *lois.*

7. Seront néanmoins exécutés comme lois, sans être sujets à la sanction, les actes du Corps législatif concernant sa constitution en assemblée délibérante;

Sa police intérieure, et celle qu'il pourra exercer dans l'enceinte extérieure qu'il aura déterminée;

La vérification des pouvoirs de ses membres présents;

Les injonctions aux membres absents;

La convocation des assemblées primaires en retard;

L'exercice de la police constitutionnelle sur les administrateurs et sur les officiers municipaux;

Les questions, soit d'éligibilité, soit de validité des élections.

Ne sont pareillement sujets à la sanction, les actes relatifs à la responsabilité des ministres, ni les décrets portant qu'il y a lieu à accusation.

8. Les décrets du Corps législatif concernant l'établissement, la prorogation et la perception des contributions publiques, porteront le nom et l'intitulé de *lois.* Ils seront promulgués et exécutés sans être sujets à la sanction, si ce n'est pour les dispositions qui établiraient des peines autres que des amendes et contraintes pécuniaires.

Ces décrets ne pourront être rendus qu'après l'observation des formalités prescrites par les articles 4, 5, 6, 7, 8 et 9 de la section II du présent chapitre; et le Corps législatif ne pourra y insérer aucune disposition étrangère à leur objet.

SECTION IV.

Relations du Corps législatif avec le roi.

Art. 1er. Lorsque le Corps législatif est définitivement constitué, il envoie au roi une députation pour l'en instruire. Le roi peut, chaque année, faire l'ouverture de la session, et proposer les objets qu'il croit devoir être pris en considération pendant le cours de cette session, sans néanmoins que cette formalité puisse être considérée comme nécessaire à l'activité du Corps législatif.

2. Lorsque le Corps législatif veut s'ajourner au delà de quinze jours, il est tenu d'en prévenir le roi par une députation, au moins huit jours d'avance.

3. Huitaine au moins avant la fin de chaque session, le Corps législatif envoie au roi une députation, pour lui annoncer le jour où il se propose de terminer ses séances. Le roi peut venir faire la clôture de la session.

4. Si le roi trouve important au bien de l'État que la session soit continuée, ou que l'ajournement n'ait pas lieu, ou qu'il n'ait lieu que pour un temps moins long, il peut à cet effet envoyer un message, sur lequel le Corps législatif est tenu de délibérer.

5. Le roi convoquera le Corps législatif, dans l'intervalle de ses sessions, toutes les fois que l'intérêt de l'État lui paraîtra l'exiger, ainsi que dans les cas qui auront été prévus et déterminés par le Corps législatif avant de s'ajourner.

6. Toutes les fois que le roi se rendra au lieu des séances du Corps législatif, il sera reçu et reconduit par une députation; il ne pourra être accompagné dans l'intérieur de la salle que par le prince royal et par les ministres.

7. Dans aucun cas, le président ne pourra faire partie d'une députation.

8. Le Corps législatif cessera d'être corps délibérant, tant que le roi sera présent.

9. Les actes de la correspondance du roi avec le Corps législatif seront toujours contre-signés par un ministre.

10. Les ministres du roi auront entrée dans l'Assemblée nationale législative; ils y auront une place marquée.

Ils seront entendus, toutes les fois qu'ils le demanderont, sur les objets relatifs à leur administration, ou lorsqu'ils seront requis de donner des éclaircissements.

Ils seront également entendus sur les objets étrangers à leur administration, quand l'Assemblée nationale leur accordera la parole.

CHAPITRE IV.

De l'exercice du pouvoir exécutif.

Art. 1er. Le pouvoir exécutif suprême réside exclusivement dans la main du roi.

Le roi est le chef suprême de l'administration générale du royaume : le soin de veiller au maintien de l'ordre et de la tranquillité publique lui est confié.

Le roi est le chef suprême de l'armée de terre et de l'armée navale.

Au roi est délégué le soin de veiller à la sûreté extérieure du royaume, d'en maintenir les droits et les possessions.

2. Le roi nomme les ambassadeurs et les autres agents des négociations politiques.

Il confère le commandement des armées et des flottes, et les grades de maréchal de France et d'amiral.

Il nomme les deux tiers des contre-amiraux, la moitié des lieutenants généraux, maréchaux de camp, capitaines de vaisseau, et colonels de la gendarmerie nationale.

Il nomme le tiers des colonels et des lieutenants-colonels, et le sixième des lieutenants de vaisseau.

Le tout en se conformant aux lois sur l'avancement.

Il nomme, dans l'administration civile de la marine, les ordonnateurs, les contrôleurs, les trésoriers des arsenaux, les chefs des travaux, sous-chefs des bâtiments civils, la moitié des chefs d'administration et des sous-chefs de constructions.

Il nomme les commissaires auprès des tribunaux.

Il nomme les préposés en chef aux régies des contributions indirectes, et à l'administration des domaines nationaux.

Il surveille la fabrication des monnaies, et nomme les officiers chargés d'exercer cette surveillance dans la commission générale et dans les hôtels des monnaies.

L'effigie du roi est empreinte sur toutes les monnaies du royaume.

3. Le roi fait délivrer les lettres patentes, brevets et commissions, aux fonctionnaires publics ou autres qui doivent en recevoir.

4. Le roi fait dresser la liste des pensions et gratifications, pour être présentée au Corps législatif à chacune de ses sessions, et décrétée s'il y a lieu.

SECTION Ire.

De la promulgation des lois.

Art. 1er. Le pouvoir exécutif est chargé de faire sceller les lois du sceau de l'État, et de les faire promulguer.

Il est chargé également de faire promulguer et exécuter les actes du Corps législatif qui n'ont pas besoin de la sanction du roi.

2. Il sera fait deux expéditions originales de chaque loi, toutes deux signées du roi, contre-signées par le ministre de la justice, et scellées du sceau de l'État.

L'une restera déposée aux archives du sceau, et l'autre sera remise aux archives du Corps législatif.

3. La promulgation sera ainsi conçue :

« N. (*le nom du roi*), par la grâce de Dieu et « par la loi constitutionnelle de l'État, roi des « Français, à tous présents et à venir, salut. « L'Assemblée nationale a décrété, et nous vou- « lons et ordonnons ce qui suit : »

(*La copie littérale du décret sera insérée sans aucun changement.*)

« Mandons et ordonnons à tous les corps ad- « ministratifs et tribunaux, que les présentes ils « fassent consigner dans leurs registres, lire, pu- « blier et afficher dans leurs départements et « ressorts respectifs, et exécuter comme loi du « royaume. En foi de quoi nous avons signé ces « présentes, auxquelles nous avons fait apposer « le sceau de l'État. »

4. Si le roi est mineur, les lois, proclamations et autres actes émanés de l'autorité royale pendant la régence, seront conçus ainsi qu'il suit :

« N. (*le nom du régent*), régent du royaume, « au nom de N. (*le nom du roi*), par la grâce de « Dieu et par la loi constitutionnelle de l'État, « roi des Français, etc. etc. »

5. Le pouvoir exécutif est tenu d'envoyer les lois aux corps administratifs et aux tribunaux, de faire certifier cet envoi, et d'en justifier au Corps législatif.

6. Le pouvoir exécutif ne peut faire aucune loi, même provisoire, mais seulement des proclamations conformes aux lois, pour en ordonner ou en rappeler l'exécution.

SECTION II.

De l'administration intérieure.

Art. 1er. Il y a dans chaque département une administration supérieure, et dans chaque district une administration subordonnée.

2. Les administrateurs n'ont aucun caractère de représentation.

Ils sont agents élus à temps par le peuple, pour exercer, sous la surveillance et l'autorité du roi, les fonctions administratives.

3. Ils ne peuvent, ni s'immiscer dans l'exercice du pouvoir législatif, ou suspendre l'exécution des lois, ni rien entreprendre sur l'ordre judiciaire, ni sur les dispositions ou opérations militaires.

4. Les administrateurs sont essentiellement chargés de répartir les contributions directes, et de surveiller les deniers provenant de toutes les contributions et revenus publics dans leur territoire.

Il appartient au pouvoir législatif de déterminer les règles et le mode de leurs fonctions, tant sur les objets ci-dessus exprimés, que sur toutes les autres parties de l'administration intérieure.

5. Le roi a le droit d'annuler les actes des administrateurs de département, contraires aux lois ou aux ordres qu'il leur aura adressés.

Il peut, dans le cas d'une désobéissance persévérante, ou s'ils compromettent par leurs actes la sûreté ou la tranquillité publique, les suspendre de leurs fonctions.

6. Les administrateurs de département ont de même le droit d'annuler les actes des sous-administrateurs de district, contraires aux lois ou aux arrêtés des administrateurs de département, ou aux ordres que ces derniers leur auront donnés ou transmis.

Ils peuvent également, dans le cas d'une désobéissance persévérante des sous-administrateurs, ou si ces derniers compromettent par leurs actes la sûreté ou la tranquillité publique, les suspendre de leurs fonctions, à la charge d'en instruire le roi, qui pourra lever ou confirmer la suspension.

7. Le roi peut, lorsque les administrateurs de département n'auront pas usé du pouvoir qui leur est délégué dans l'article ci-dessus, annuler directement les actes des sous-administrateurs, et les suspendre dans les même cas.

8. Toutes les fois que le roi aura prononcé ou confirmé la suspension des administrateurs ou sous-administrateurs, il en instruira le Corps législatif.

Celui-ci pourra ou lever la suspension, ou la confirmer, ou même dissoudre l'administration coupable; et, s'il y a lieu, renvoyer tous les administrateurs ou quelques-uns d'eux aux tribunaux criminels, ou porter contre eux le décret d'accusation.

SECTION III.

Des relations extérieures.

Art. 1er. Le roi seul peut entretenir des relations politiques au dehors, conduire les négociations, faire des préparatifs de guerre proportionnés à ceux des États voisins, distribuer les forces de terre et de mer ainsi qu'il le jugera convenable, et en régler la direction en cas de guerre.

2. Toute déclaration de guerre sera faite en ces termes : *De la part du roi des Français, au nom de la nation.*

3. Il appartient au roi d'arrêter et de signer, avec toutes les puissances étrangères, tous les traités de paix, d'alliance et de commerce, et autres conventions qu'il jugera nécessaires au bien de l'État, sauf la ratification du Corps législatif.

CHAPITRE V.

Du pouvoir judiciaire (1).

Art. 1er. Le pouvoir judiciaire ne peut, en aucun cas, être exercé par le Corps législatif ni par le roi.

2. La justice sera rendue gratuitement par des juges élus à temps par le peuple, et institués par lettres patentes du roi, qui ne pourra les refuser.

Ils ne pourront être, ni destitués que pour forfaiture dûment jugée, ni suspendus que par une accusation admise.

L'accusateur public sera nommé par le peuple.

3. Les tribunaux ne peuvent, ni s'immiscer dans l'exercice du pouvoir législatif, ou suspendre l'exécution des lois, ni entreprendre sur les fonctions administratives, ou citer devant eux les administrateurs pour raison de leurs fonctions.

4. Les citoyens ne peuvent être distraits des juges que la loi leur assigne, par aucune commission, ni par d'autres attributions et évocations que celles qui sont déterminées par les lois.

5. Le droit des citoyens, de terminer définitivement leurs contestations par la voie de l'arbitrage, ne peut recevoir aucune atteinte par les actes du pouvoir législatif.

6. Les tribunaux ordinaires ne peuvent recevoir aucune action au civil, sans qu'il leur soit justifié que les parties ont comparu, ou que le demandeur a cité sa partie adverse devant des médiateurs pour parvenir à une conciliation.

7. Il y aura un ou plusieurs juges de paix dans les cantons et dans les villes; le nombre en sera déterminé par le pouvoir législatif.

8. Il appartient au pouvoir législatif de régler le nombre et les arrondissements des tribunaux, et le nombre des juges dont chaque tribunal sera composé.

9. En matière criminelle, nul citoyen ne peut être jugé que sur une accusation reçue par des jurés, ou décrétée par le Corps législatif, dans les cas où il lui appartient de poursuivre l'accusation.

Après l'accusation admise, le fait sera reconnu et déclaré par des jurés.

L'accusé aura la faculté d'en récuser jusqu'à vingt, sans donner de motifs.

Les jurés qui déclareront le fait, ne pourront être au-dessous du nombre de douze.

L'application de la loi sera faite par des juges.

L'instruction sera publique, et l'on ne pourra refuser aux accusés le secours d'un conseil.

Tout homme acquitté par un jury légal ne peut plus être repris ni accusé à raison du même fait.

10. Nul homme ne peut être saisi que pour être conduit devant l'officier de police; et nul ne peut être mis en arrestation ou détenu, qu'en vertu d'un mandat des officiers de police, d'une ordonnance de prise de corps d'un tribunal, d'un décret d'accusation du Corps législatif, dans le cas où il lui appartient de le prononcer, ou d'un jugement de condamnation à prison ou détention correctionnelle.

11. Tout homme saisi et conduit devant l'officier de police, sera examiné sur-le-champ, ou au plus tard dans les vingt-quatre heures.

S'il résulte de l'examen qu'il n'y a aucun sujet d'inculpation contre lui, il sera remis aussitôt en liberté; ou s'il y a lieu de l'envoyer à la maison d'arrêt, il y sera conduit dans le plus bref délai, qui, en aucun cas, ne pourra excéder trois jours.

12. Nul homme arrêté ne peut être retenu, s'il donne caution suffisante, dans tous les cas où la loi permet de rester libre sous cautionnement.

13. Nul homme, dans le cas où sa détention est autorisée par la loi, ne peut être conduit et détenu que dans les lieux légalement et publiquement désignés pour servir de maison d'arrêt, de maison de justice ou de prison.

14. Nul gardien ou geôlier ne peut recevoir ni retenir aucun homme qu'en vertu d'un mandat ou ordonnance de prise de corps, décret d'accusation ou jugement mentionné dans l'article 10 ci-dessus, et sans que la transcription en ait été faite sur son registre.

15. Tout gardien ou geôlier est tenu, sans qu'aucun ordre puisse l'en dispenser, de représenter la personne du détenu à l'officier civil ayant la police de la maison de détention, toutes les fois qu'il en sera requis par lui.

La représentation de la personne du détenu ne pourra de même être refusée à ses parents et amis, porteurs de l'ordre de l'officier civil, qui sera toujours tenu de l'accorder, à moins que le gardien ou geôlier ne représente une ordonnance du juge, transcrite sur son registre, pour tenir l'arrêté au secret.

16. Tout homme, quelle que soit sa place ou son emploi, autre que ceux à qui la loi donne le droit d'arrestation, qui donnera, signera, exécutera ou fera exécuter l'ordre d'arrêter un citoyen, ou quiconque, même dans les cas d'arrestation autorisée par la loi, conduira, recevra ou retiendra un citoyen dans un lieu de détention non publiquement et légalement désigné, et tout gardien ou geôlier qui contreviendra aux dispositions des articles 14 et 15 ci-dessus, seront coupables du crime de détention arbitraire.

17. Nul homme ne peut être recherché ni poursuivi pour raison des écrits qu'il aura fait imprimer ou publier sur quelque matière que ce soit, si ce n'est qu'il ait provoqué à dessein la désobéissance à la loi, l'avilissement des pouvoirs constitués, la résistance à leurs actes, ou quelques-unes des actions déclarées crimes ou délits par la loi.

La censure sur les actes des pouvoirs constitués est permise; mais les calomnies volontaires contre la probité des fonctionnaires publics et la droiture de leurs intentions dans l'exercice de leurs fonctions, pourront être poursuivies par ceux qui en sont l'objet.

Les calomnies et injures contre quelques personnes que ce soit, relatives aux actions de leur vie privée, seront punies sur leurs poursuites.

18. Nul ne peut être jugé, soit par la voie civile, soit par la voie criminelle, pour fait d'écrits imprimés ou publiés, sans qu'il ait été reconnu et déclaré par un jury, 1° s'il a y délit dans l'écrit dénoncé, 2° si la personne poursuivie est coupable.

19. Il y aura pour tout le royaume un seul tribunal de cassation, établi auprès du Corps législatif. Il aura pour fonctions de prononcer,

Sur les demandes en cassation contre les jugements rendus en dernier ressort par les tribunaux;

Sur les demandes en renvoi d'un tribunal à un autre, pour cause de suspicion légitime;

Sur les règlements de juges et les prises à partie contre un tribunal entier.

20. En matière de cassation, le tribunal de cassation ne pourra jamais connaître du fond des affaires; mais, après avoir cassé le jugement qui aura été rendu sur une procédure dans laquelle les formes auront été violées, ou qui contiendra une contravention expresse à la loi, il renverra le fond du procès au tribunal qui doit en connaître.

21. Lorsque, après deux cassations, le jugement du troisième tribunal sera attaqué par les mêmes moyens que les deux premiers, la question ne pourra plus être agitée au tribunal de cassation, sans avoir été soumise au Corps législatif, qui portera un décret déclaratoire de la loi, auquel le tribunal de cassation sera tenu de se conformer.

22. Chaque année, le tribunal de cassation sera tenu d'envoyer à la barre du Corps législatif une députation de huit de ses membres, qui lui présenteront l'état des jugements rendus, à côté de chacun desquels seront la notice abrégée de l'affaire, et le texte de la loi qui aura déterminé la décision.

23. Une haute cour nationale, formée des membres du tribunal de cassation et de hauts-jurés, connaîtra des délits des ministres et agents principaux du pouvoir exécutif, et des crimes qui attaqueront la sûreté générale de l'État, lorsque le Corps législatif aura rendu un décret d'accusation.

Elle ne se rassemblera que sur la proclamation du Corps législatif, et à une distance de trente mille toises au moins du lieu où la législature tiendra ses séances.

24. Les expéditions exécutoires des jugements des tribunaux seront conçues ainsi qu'il suit :

« N. (*le nom du roi*), par la grâce de Dieu et « par la loi constitutionnelle de l'État, roi des « Français, à tous présents et à venir, salut. Le « tribunal de...... a rendu le jugement suivant : »

(*Ici sera copié le jugement, dans lequel il sera fait mention du nom des juges.*)

« Mandons et ordonnons à tous huissiers sur « ce requis, de mettre ledit jugement à exécu« tion, à nos commissaires auprès des tribunaux, « d'y tenir la main; et à tous commandants et « officiers de la force publique de prêter main« forte, lorsqu'ils en seront légalement requis. En « foi de quoi, le présent jugement a été signé « par le président du tribunal et par le greffier. »

25. Les fonctions des commissaires du roi auprès des tribunaux, seront de requérir l'observation des lois dans les jugements à rendre, et de faire exécuter les jugements rendus.

Ils ne seront point accusateurs publics, mais ils seront entendus sur toutes les accusations, et requerront, pendant le cours de l'instruction, pour la régularité des formes, et avant le jugement, pour l'application de la loi.

26. Les commissaires du roi auprès des tribunaux dénonceront au directeur du jury, soit d'office, soit d'après les ordres qui leur seront donnés par le roi,

Les attentats contre la liberté individuelle des citoyens, contre la libre circulation des subsis-

(1) Voy. ORGANISATION JUDICIAIRE.

tances et autres objets de commerce, et contre la perception des contributions;

Les délits par lesquels l'exécution des ordres donnés par le roi dans l'exercice des fonctions qui lui sont déléguées, serait troublée ou empêchée;

Les attentats contre le droit des gens;

Et les rebellions à l'exécution des jugements et de tous les actes exécutoires émanés des pouvoirs constitués.

27. Le ministre de la justice dénoncera au tribunal de cassation, par la voie du commissaire du roi, et sans préjudice du droit des parties intéressées, les actes par lesquels les juges auraient excédé les bornes de leur pouvoir.

Le tribunal les annullera; et s'ils donnent lieu à la forfaiture, le fait sera dénoncé au Corps législatif, qui rendra le décret d'accusation, s'il y a lieu, et renverra les prévenus devant la haute cour nationale.

TITRE IV.

De la force publique (1).

Art. 1er. La force publique est instituée pour défendre l'État contre les ennemis du dehors, et assurer au dedans le maintien de l'ordre et l'exécution des lois.

2. Elle est composée de l'armée de terre et de mer, de la troupe spécialement destinée au service de l'intérieur, et subsidiairement des citoyens actifs, et de leurs enfants en état de porter les armes, inscrits sur le rôle de la garde nationale.

3. Les gardes nationales ne forment ni un corps militaire, ni une institution dans l'État; ce sont les citoyens eux-mêmes appelés au service de la force publique.

4. Les citoyens ne pourront jamais se former ni agir comme gardes nationales, qu'en vertu d'une réquisition ou d'une autorisation légale.

5. Ils sont soumis, en cette qualité, à une organisation determinée par la loi.

Ils ne peuvent avoir dans tout le royaume qu'une même discipline et un même uniforme.

Les distinctions de grade et la subordination ne subsistent que relativement au service et pendant sa durée.

6. Les officiers sont élus à temps, et ne peuvent être élus qu'après un intervalle de service comme soldats.

Nul ne commandera la garde nationale de plus d'un district.

7. Toutes les parties de la force publique employées pour la sûreté de l'État contre les ennemis du dehors, agiront sous les ordres du roi.

8. Aucun corps ou détachement de troupes de ligne ne peut agir dans l'intérieur du royaume sans une réquisition légale.

9. Aucun agent de la force publique ne peut entrer dans la maison d'un citoyen, si ce n'est pour l'exécution des mandements de police et de justice, ou dans les cas formellement prévus par la loi.

10. La réquisition de la force publique dans l'intérieur du royaume, appartient aux officiers civils, suivant les règles déterminées par le pouvoir législatif.

11. Si des troubles agitent tout un département, le roi donnera, sous la responsabilité de ses ministres, les ordres nécessaires pour l'exécution des lois et le rétablissement de l'ordre, mais à la charge d'en informer le Corps législatif, s'il est assemblé, et de le convoquer, s'il est en vacance.

12. La force publique est essentiellement obeissante; nul corps armé ne peut délibérer.

13. L'armée de terre et de mer, et la troupe destinée à la sûreté intérieure, sont soumises à des lois particulières, soit pour le maintien de la discipline, soit pour la forme des jugements et la nature des peines en matière de délits militaires.

TITRE V.

Des contributions publiques (2).

Art. 1er. Les contributions publiques seront délibérées et fixées chaque année par le Corps législatif, et ne pourront subsister au delà du dernier jour de la session suivante, si elles n'ont pas été expressément renouvelées.

2. Sous aucun prétexte, les fonds nécessaires à l'acquittement de la dette nationale et au payement de la liste civile, ne pourront être ni refusés ni suspendus.

(1) Voy. ci-dessus le décret du 6-12 décembre 1790. — GENDARMERIE. — POLICE.

(2) Voy. CHARTE de 1830, art. 40 et 41.

Le traitement des ministres du culte catholique pensionnés, conservés, élus ou nommés en vertu des décrets de l'Assemblée nationale constituante, fait partie de la dette nationale.

Le Corps législatif ne pourra, en aucun cas, charger la nation du payement des dettes d'aucun individu.

3. Les comptes détaillés de la dépense des départements ministériels, signés et certifiés par les ministres ou ordonnateurs généraux, seront rendus publics par la voie de l'impression au commencement des sessions de chaque législature.

Il en sera de même des états de recette des diverses contributions, et de tous les revenus publics.

Les états de ces dépenses et recettes seront distingués suivant leur nature, et exprimeront les sommes touchées et dépensées année par année dans chaque district.

Les dépenses particulières à chaque département, et relatives aux tribunaux, aux corps administratifs et autres établissements, seront également rendues publiques.

4. Les administrateurs de département et sous-administrateurs ne pourront ni établir aucune contribution publique, ni faire aucune répartition au delà du temps et des sommes fixés par le Corps législatif, ni délibérer ou permettre, sans y être autorisés par lui, aucun emprunt local à la charge des citoyens du département.

5. Le pouvoir exécutif dirige et surveille la perception et le versement des contributions, et donne tous les ordres nécessaires à cet effet.

TITRE VI.

Des rapports de la nation française avec les nations étrangères.

La nation française renonce à entreprendre aucune guerre dans la vue de faire des conquêtes, et n'emploiera jamais ses forces contre la liberté d'aucun peuple.

La constitution n'admet point de droit d'aubaine.

Les étrangers, établis ou non en France, succèdent à leurs parents étrangers ou Français.

Ils peuvent contracter, acquérir et recevoir des biens situés en France, et en disposer de même que tout citoyen français, par tous les moyens autorisés par les lois.

Les étrangers qui se trouvent en France, sont soumis aux mêmes lois criminelles et de police que les citoyens français, sauf les conventions arrêtées avec les puissances étrangères; leur personne, leurs biens, leur industrie, leur culte, sont également protégés par la loi.

TITRE VII.

De la révision des décrets constitutionnels.

Art. 1er. L'Assemblée nationale constituante déclare que la nation a le droit imprescriptible de changer sa constitution; et néanmoins, considérant qu'il est plus conforme à l'intérêt national d'user seulement, par les moyens pris dans la constitution même, du droit d'en réformer les articles dont l'expérience aurait fait sentir les inconvénients, décrète qu'il y sera procédé par une assemblée de révision, en la forme suivante:

2. Lorsque trois législatures consécutives auront émis un vœu uniforme pour le changement de quelque article constitutionnel, il y aura lieu à la révision demandée.

3. La prochaine législature et la suivante ne pourront proposer la réforme d'aucun article constitutionnel.

4. Des trois législatures qui pourront par la suite proposer quelques changements, les deux premières ne s'occuperont de cet objet que dans les deux derniers mois de leur dernière session; et la troisième à la fin de sa première session annuelle, ou au commencement de la seconde.

Leurs délibérations sur cette matière seront soumises aux mêmes formes que les actes législatifs; mais les décrets par lesquels elles auront émis leur vœu, ne seront pas sujets à la sanction du roi.

5. La quatrième législature, augmentée de deux cent quarante-neuf membres élus en chaque département, par doublement du nombre ordinaire qu'il fournit pour sa population, formera l'assemblée de révision.

Ces deux cent quarante-neuf membres seront élus après que la nomination des représentants au Corps législatif aura été terminée, et il en sera fait un procès-verbal séparé.

L'assemblée de révision ne sera composée que d'une chambre.

6. Les membres de la troisième législature qui aura demandé le changement, ne pourront être élus à l'assemblée de révision.

7. Les membres de l'assemblée de révision, après avoir prononcé tous ensemble le serment de *vivre libres ou mourir*, prêteront individuellement celui de *se borner à statuer sur les objets qui leur auront été soumis par le vœu uniforme des trois législatures précédentes; de maintenir au surplus, de tout leur pouvoir, la constitution du royaume, décrétée par l'Assemblée nationale constituante, aux années* 1789, 1790 *et* 1791, *et d'être en tout fidèles à la nation, à la loi et au roi.*

8. L'assemblée de révision sera tenue de s'occuper ensuite, et sans délai, des objets qui auront été soumis à son examen: aussitôt que son travail sera terminé, les deux cent quarante-neuf membres nommés en augmentation se retireront, sans pouvoir prendre part, en aucun cas, aux actes législatifs.

Les colonies et possessions françaises dans l'Asie, l'Afrique et l'Amérique, quoiqu'elles fassent partie de l'empire français, ne sont pas comprises dans la présente constitution.

Aucun des pouvoirs institués par la constitution n'a le droit de la changer dans son ensemble ni dans ses parties, sauf les réformes qui pourront y être faites par la voie de la révision, conformément aux dispositions du titre VII ci-dessus.

L'Assemblée nationale constituante en remet le dépôt à la fidélité du Corps législatif, du roi et des juges, à la vigilance des pères de famille, aux épouses et aux mères, à l'affection des jeunes citoyens, au courage de tous les Français.

Les décrets rendus par l'Assemblée nationale constituante, qui ne sont pas compris dans l'acte de constitution, seront exécutés comme lois; et les lois antérieures auxquelles elle n'a pas dérogé, seront également observées, tant que les uns ou les autres n'auront pas été révoqués ou modifiés par le pouvoir législatif.

L'Assemblée nationale, ayant entendu la lecture de l'acte constitutionnel ci-dessus, et après l'avoir approuvé, déclare que la constitution est terminée, et qu'elle ne peut y rien changer.

Il sera nommé à l'instant une députation de soixante membres, pour offrir, dans le jour, l'acte constitutionnel au roi.

22, 23, 24, 26, 28 et 29 MARS — 12 SEPTEMBRE 1791. — *Décret relatif à la régence, à la garde du roi mineur, et à la résidence des fonctionnaires publics.* (L. V, 1210; Mon. 23 à 30.)

Art. 1er. Au commencement de chaque règne, le Corps législatif, s'il n'était pas réuni, sera tenu de se rassembler sans délai.

2. Si le roi est mineur, il y aura un régent du royaume.

3. La régence du royaume appartiendra de plein droit, pendant tout le temps de la minorité du roi, à son parent, âgé de vingt-cinq ans accomplis, le plus proche suivant l'ordre de l'hérédité au trône.

4. Aucun parent du roi ayant les qualités ci-dessus ne pourra cependant être régent, s'il n'est pas Français et régnicole, s'il n'a pas précédemment prêté le serment civique, ou s'il est héritier présomptif d'une autre couronne.

5. Le régent ne pourra commencer l'exercice de ses fonctions, qu'après avoir prêté à la nation, entre les mains du Corps législatif, s'il est assemblé, le serment *d'employer tout le pouvoir délégué au roi par la loi constitutionnelle de l'État, et dont l'exercice lui est confié pendant la minorité du roi, tant à maintenir la constitution décrétée par l'Assemblée nationale constituante, aux années* 1789, 1790 *et* 1791, *acceptée par le roi* Louis XVI, *qu'à faire exécuter les lois.*

6. Si le Corps législatif n'était pas rassemblé, le régent ne pourra pareillement commencer l'exercice de ses fonctions, qu'après avoir publié une proclamation par laquelle il déclarera prêter à la nation le serment ci-dessus, dont il énoncera la formule, et promettra de le réitérer

(1) Voy. ci-dessus CONSTITUTION de 1791, tit. III, chap. II, sect. II.

entre les mains du Corps législatif, aussitôt qu'il sera réuni.

7. Les femmes sont exclues de la régence.

8. Si un roi mineur n'avait aucun parent réunissant les qualités ci-dessus exprimées, le régent du royaume sera élu ainsi qu'il va être dit aux articles suivants.

9. Le Corps législatif ne pourra pas élire le régent.

10. Les électeurs de chaque district se réuniront au chef-lieu du district, d'après une proclamation qui sera faite dans la première semaine du nouveau règne par le Corps législatif, s'il est réuni; et s'il était séparé, le ministre de la justice sera tenu de faire cette proclamation dans la même semaine.

11. Les électeurs nommeront en chaque district, au scrutin individuel et à la pluralité absolue des suffrages, un citoyen éligible et domicilié dans le district, auquel ils donneront, par le procès-verbal de l'élection, un mandat spécial, borné à la seule fonction d'élire le citoyen qu'il jugera en son âme et conscience le plus digne d'être régent du royaume.

12. Les citoyens mandataires nommés dans les districts, seront tenus de se rassembler dans la ville où le Corps législatif tiendra sa séance, le quarantième jour au plus tard, à partir de celui de l'avénement du roi mineur au trône, et ils y formeront l'assemblée électorale qui procédera à la nomination du régent.

13. L'élection du régent sera faite au scrutin individuel, à la pluralité absolue des suffrages.

14. L'assemblée électorale ne pourra s'occuper que de l'élection, et se séparera aussitôt que l'élection sera terminée : tout autre acte qu'elle entreprendrait de faire, est déclaré inconstitutionnel et de nul effet.

15. L'assemblée électorale fera présenter, par son président, le procès-verbal de l'élection au Corps législatif, qui, après avoir vérifié la régularité de l'élection, la fera publier dans tout le royaume par une proclamation.

Si, par quelque cause que ce soit, le régent ne pouvait commencer sur-le-champ l'exercice de ses fonctions, ou si, aux termes de l'article 8 ci-dessus, la régence devenait élective, les ministres seront tenus de faire provisoirement, sous leur responsabilité, les actes du pouvoir exécutif qui seront nécessaires à la suite de l'administration du royaume; mais ils ne pourront, sous aucun prétexte, s'immiscer en rien de ce qui concerne la sanction des décrets.

Tant que le régent ne sera pas entré en exercice, les ministres seront tenus de se réunir en conseil, pour délibérer sur tous les actes qui excéderont les détails d'expédition journalière confiés à chaque département ministériel: ils tiendront registre de ces délibérations, qui seront signées par tous ceux dont les suffrages auront concouru à les former.

Si, à raison de la minorité d'âge du parent appelé à la régence, elle avait été déférée par élection ou dévolue à un parent plus éloigné, le régent qui sera entré en exercice continuera ses fonctions jusqu'à la majorité du roi.

Le régent exercera toutes les fonctions de la royauté, en se conformant aux règles établies par la constitution, et il ne sera pas responsable personnellement de ses actes relatifs à ces mêmes fonctions.

Les lois, proclamations et autres actes du gouvernement émanés de l'autorité royale pendant la régence, seront conçus ainsi qu'il suit :

« N. (*le nom du régent*), régent du royaume, « au nom de N. (*le nom du roi*), par la grâce « de Dieu et par la loi constitutionnelle de l'État, « roi des Français, etc. »

Le roi, parvenu à l'âge de quatorze ans accomplis, pourra assister au conseil pour son instruction seulement.

Le roi sera majeur à l'âge de dix-huit ans accomplis; de ce jour, la régence cessera de plein droit, et les lois, proclamations et autres actes du gouvernement, ne seront plus intitulés du nom du régent.

Aussitôt que le roi sera devenu majeur, il annoncera, par une proclamation publiée dans tout le royaume, qu'il a atteint sa majorité, et qu'il est entré en exercice des fonctions de la royauté.

Le roi exprimera par cette proclamation qu'il prête à la nation le serment d'employer tout le pouvoir qui lui est délégué par la loi constitutionnelle de l'État, tant à maintenir la constitution décrétée par l'Assemblée nationale constituante, aux années 1789, 1790 et 1791, et acceptée par le roi Louis XVI, qu'à faire exécuter les lois; et il promettra de réitérer ce serment entre les mains du Corps législatif, en la forme qui sera déterminée.

De la garde du roi mineur.

Art. 1er. La régence du royaume ne confère aucun droit sur la personne du roi mineur.

2. La garde de la personne du roi mineur sera confiée à sa mère.

3. Si le roi mineur n'a plus de mère, ou si elle est remariée au temps de l'avénement de son fils au trône, ou si elle se remarie pendant la durée de la minorité, la garde sera déférée par élection du Corps législatif.

4. Dans tous les cas énoncés en l'article ci-dessus, le ministre de la justice sera tenu de pourvoir provisoirement à la conservation de la personne du roi, jusqu'à ce que le gardien soit élu, et il en demeurera responsable.

5. L'acte par lequel le Corps législatif nommera à la garde du roi mineur, n'aura pas besoin d'être sanctionné.

6. Le régent et ses descendants, et les femmes, ne pourront être élus pour la garde du roi mineur.

7. Celui qui, à défaut de la mère, sera chargé de la garde du roi mineur, prêtera à la nation, entre les mains du Corps législatif, le serment *de veiller religieusement à la conservation de la vie et de la santé du roi.*

8. L'Assemblée nationale se réserve de régler, par une loi particulière, ce qui est relatif à l'éducation du roi mineur, ou de l'héritier présomptif du trône.

De la résidence des fonctionnaires publics.

Art. 1er. Les fonctionnaires publics seront tenus de résider, pendant toute la durée de leurs fonctions, dans les lieux où ils les exercent, s'ils n'en sont dispensés pour causes approuvées.

2. Les causes ne pourront être approuvées, et les dispenses leur être accordées, que par le corps dont ils sont membres, ou par leurs supérieurs, s'ils ne tiennent pas à un corps, ou par les directoires administratifs, dans les cas spécifiés par la loi.

3. Le roi, premier fonctionnaire public, doit avoir sa résidence à vingt lieues de distance au plus de l'Assemblée nationale, lorsqu'elle est réunie, et lorsqu'elle est séparée, le roi peut résider dans toute autre partie du royaume.

4. L'héritier présomptif de la couronne étant, en cette qualité, le premier suppléant du roi, est tenu de résider auprès de sa personne. La permission du roi lui suffira pour voyager dans l'intérieur de la France; mais il ne pourra sortir du royaume sans un décret de l'Assemblée nationale, sanctionné par le roi.

5. Si l'héritier présomptif est mineur, le parent âgé de vingt-cinq ans, qui sera le premier appelé à l'exercice de la régence du royaume, s'il y avait lieu, sera assujetti à la résidence conformément au précédent article.

6. La mère de l'héritier présomptif, tant qu'il sera mineur, la mère du roi mineur, pendant qu'elle aura la garde du roi, et celui qui, à défaut de la mère, aura été élu à la garde, seront tenus à la même résidence.

7. Les autres membres de la famille du roi ne sont point compris dans les dispositions du présent décret; ils ne sont soumis qu'aux lois communes aux autres citoyens.

8. Si le roi sortait du royaume, et si, après avoir été invité par une proclamation du Corps législatif, il ne rentrait pas en France, il serait censé avoir abdiqué la royauté.

9. Dans le même cas, le régent du royaume serait déchu de la régence.

10. Dans le même cas encore l'héritier présomptif, et s'il est mineur, le parent âgé de vingt-cinq ans, premier appelé à l'exercice de la régence, seront censés avoir renoncé personnellement et sans retour, le premier, à la succession au trône, et le second, à la régence, si, après avoir été pareillement invités par une proclamation du Corps législatif, ils ne rentrent pas en France.

11. La mère du roi mineur, et celui qui, à défaut de la mère, aura été élu à la garde du roi, seront censés avoir renoncé sans retour à la garde, par le seul fait de leur sortie du royaume sans l'autorisation du Corps législatif.

12. La mère de l'héritier présomptif mineur qui serait sortie du royaume, ne pourra même, après qu'elle y serait rentrée, obtenir la garde de son fils devenu roi, que par un décret du Corps législatif.

13. Les fonctionnaires publics dont il est parlé dans les premiers articles ci-dessus, qui contreviendront aux dispositions de ces deux articles, seront censés, par le seul fait de leur contravention, avoir renoncé sans retour à leurs fonctions, et devront être remplacés.

---

§ III. *Actes complémentaires ou modificatifs.*

5 SEPTEMBRE 1791. — *Décret qui ordonne d'informer contre les auteurs, fauteurs et distributeurs d'une édition de la constitution française portant faussement le chiffre et le nom de l'imprimerie nationale.* (Baud. XVIII, 61.)

---

5 SEPTEMBRE 1791. — *Décret qui ordonne le rétablissement d'un article* (1) *de la constitution rayé à l'imprimerie.* (Baud. XVIII, 73.)

---

14 SEPTEMBRE 1791. — *Serment du roi pour l'acceptation de la constitution.* (Baud. XVIII, 52.)

15-15 SEPTEMBRE. — *Décret relatif à la proclamation de la loi constitutionnelle.* (L. V, 1273; Baud. XVIII, 145; Mon. 259.)

L'Assemblée nationale décrète que ses commissaires pour porter les décrets à la sanction, se retireront à l'instant par-devers le roi, pour prier sa majesté de donner des ordres pour que dimanche prochain, dans la capitale, la constitution soit solennellement proclamée par les officiers municipaux, et qu'il soit fait des réjouissances publiques, pour célébrer son heureux achèvement;

Et que la même publication solennelle et les mêmes réjouissances aient lieu dans tous les chefs-lieux de département, le dimanche qui suivra le jour où la constitution sera parvenue officiellement aux administrations de département; et dans les autres municipalités, le jour qui sera fixé par un arrêté du directoire du département.

L'Assemblée nationale décrète que les prisonniers détenus à Paris pour dettes de mois de nourrice, seront mis en liberté, et que la dette pour laquelle ils étaient détenus sera acquittée des fonds du trésor public.

Renvoie aux comités des finances et de mendicité, pour présenter à l'Assemblée un projet pour faire participer les départements à cet acte de bienfaisance.

---

23 SEPTEMBRE — 16 OCTOBRE 1791. — *Décret relatif aux protestations faites contre la constitution.* (L. VI, 413; Baud. XVIII, 548. Mon. 267.)

Art. 1er. Tous ceux qui ont signé ou signeraient quelque protestation ou autres actes quelconques, ayant pour objet de déclarer que la constitution décrétée par l'Assemblée nationale et acceptée par le roi ne doit pas être regardée comme la loi du royaume, obligatoire pour tous les Français, ne pourront être élus ou nommés à aucune place ou emploi civil ou militare, ni à aucune autre place ou emploi auxquels on n'est admis qu'après la prestation du serment de maintenir la constitution, et ils seront déchus de tous ceux qu'ils pourraient occuper maintenant.

2. Tous ceux qui, pourvus des places ou emplois mentionnés en l'article précédent, ont signé de semblables protestations ou déclarations, seront tenus de les rétracter dans un mois, en prêtant le serment civique et celui attaché à la fonction qu'ils exercent; faute de quoi ils en seront déchus, et aucun d'eux ne pourra être choisi ou nommé à quelque place ou emploi civil ou militaire quelconque, sans avoir prêté lesdits serments.

3. Le roi sera prié de donner des ordres à chacun de ses ministres, de faire connaître dans six semaines au Corps législatif si la présente loi a été mise à exécution, et s'il a été procédé au remplacement des signataires desdites protestations ou déclarations, qui auraient refusé de prêter lesdits serments.

(1) L'article dont il s'agit ici est le dernier article de la constitution, tit. VII, art. 8.

30 et 31 OCTOBRE — 6 NOVEMBRE 1791. — *Décret suivi d'une proclamation de l'Assemblée nationale, relative à Louis-Stanislas-Xavier, prince français.* (L. VI, 636; Baud. XIX, 57.)

L'Assemblée nationale décrète qu'en exécution du décret du 29 de ce mois, la proclamation dont la teneur suit sera imprimée, affichée et publiée sous trois jours dans la ville de Paris, et que le pouvoir exécutif rendra compte à l'Assemblée nationale, dans les trois jours suivants, des mesures qu'il aura prises pour l'exécution du présent décret.

Proclamation.

Louis-Stanislas-Xavier, prince français, l'Assemblée nationale vous requiert, en vertu de la constitution française, titre III, chapitre II, section III, article 2, de rentrer dans le royaume dans le délai de deux mois, à compter de ce jour; faute de quoi et après l'expiration dudit délai, vous serez censé avoir abdiqué votre droit éventuel à la régence.

14-14 JANVIER 1792. — *Décret contre les Français qui prendraient part à quelque congrès ou médiation tendant à modifier la constitution française.* (L. VIII, 45; Baud. XX, 72; Mon. 15.)

L'Assemblée nationale, considérant que, dans un moment où la liberté du peuple français est menacée de toutes parts, il importe que les représentants du peuple écartent, par tous les moyens qui sont en leur pouvoir, les efforts dirigés contre la constitution française, décrète qu'il y a urgence.

L'Assemblée nationale, après avoir décrété l'urgence, décrète ce qui suit :

L'Assemblée nationale déclare infâme, traître à la patrie et coupable du crime de lèse-nation, tout agent du pouvoir exécutif, tout Français qui pourrait prendre part directement ou indirectement, soit à un congrès dont l'objet serait d'obtenir la modification de la constitution française, soit à une médiation entre la nation française et les rebelles conjurés contre elle, soit enfin à une composition avec les puissances possessionnées dans la ci-devant province d'Alsace, qui tendrait à leur rendre sur notre territoire quelqu'un des droits supprimés par l'Assemblée nationale constituante, sauf une indemnité conforme aux principes de la constitution.

L'Assemblée nationale décrète que cette déclaration sera portée au roi par une députation, et qu'il sera invité à la faire connaître aux puissances de l'Europe, en leur annonçant, au nom de la nation française, que, résolue à maintenir sa constitution tout entière, ou à périr tout entière avec elle, elle regardera comme ennemi tout prince qui voudrait y porter atteinte.

---

4 et 5-8 JUILLET 1792. — *Décret qui fixe les mesures à prendre quand la patrie est en danger.* (L. IX, 512; Baud. XXIII, 39.)

Art. 1er. Lorsque la sûreté intérieure ou la sûreté extérieure de l'État seront menacées, et que l'Assemblée nationale aura jugé indispensable de prendre des mesures extraordinaires, elle le déclarera par un acte du Corps législatif, conçu en ces termes :

Citoyens, la patrie est en danger.

2. Aussitôt après la déclaration publiée, les conseils de département et de district se rassembleront, et seront, ainsi que les conseils généraux des communes, en surveillance permanente; dès ce moment, aucun fonctionnaire public ne pourra s'éloigner ou rester éloigné de son poste.

3. Tous les citoyens en état de porter les armes, et ayant déjà fait le service de gardes nationales, seront aussi en état d'activité permanente.

4. Tous les citoyens seront tenus de déclarer, devant leurs municipalités respectives, le nombre et la nature des armes et munitions dont ils sont pourvus. Le refus de déclaration, ou la fausse déclaration dénoncée et prouvée, seront punis par la voie de la police correctionnelle; savoir, dans le premier cas, d'un emprisonnement dont le terme ne pourra être moindre de deux mois, ni excéder une année; et dans le second cas, d'un emprisonnement dont le terme ne pourra être moindre d'une année, ni excéder deux ans.

5. Le Corps législatif fixera le nombre de gardes nationales que chaque département devra fournir.

6. Les directoires de département en feront la répartition par district, et les districts entre les cantons, à proportion du nombre de gardes nationales de chaque canton.

7. Trois jours après la publication de l'arrêté des directoires, les gardes nationales se rassembleront par canton, et, sous la surveillance de la municipalité du chef-lieu, ils choisiront entre eux le nombre d'hommes que le canton devra fournir.

8. Les citoyens qui auront obtenu l'honneur de marcher les premiers au secours de *la patrie en danger*, se rendront trois jours après au chef-lieu de leur district; ils s'y formeront en compagnies, en présence d'un commissaire de l'administration du district, conformément à la loi du 4 août 1791 : ils y recevront le logement sur le pied militaire, et se tiendront prêts à marcher à la première réquisition.

9. Les capitaines commanderont alternativement et par semaine les gardes nationales choisies et réunies au chef-lieu de district.

10. Lorsque les nouvelles compagnies de gardes nationales de chaque département seront en nombre suffisant pour former un bataillon, elles se réuniront dans les lieux qui leur seront désignés par le pouvoir exécutif, et les volontaires y nommeront leur état-major.

11. Leur solde sera fixée sur le même pied que celle des autres volontaires nationaux; elle aura lieu du jour de la réunion au chef-lieu de canton.

12. Les armes nationales seront remises, dans les chefs-lieux de canton, aux gardes nationales choisies pour la composition des nouveaux bataillons de volontaires. L'Assemblée nationale invite tous les citoyens à confier volontairement, et pour le temps du danger, les armes dont ils sont dépositaires, à ceux qu'ils chargeront de les défendre.

13. Aussitôt après la publication du présent décret, les directoires de district se fourniront chacun de mille cartouches à balle, calibre de guerre, qu'ils conserveront en lieu sain et sûr, pour en faire la distribution aux volontaires, lorsqu'ils le jugeront convenable.

Le pouvoir exécutif sera tenu de donner les ordres pour faire parvenir aux départements les objets nécessaires à la fabrication des cartouches.

14. La solde des volontaires leur sera payée sur les états qui seront délivrés par les directoires de district, ordonnancés par les directoires de département, et les quittances en seront reçues à la trésorerie nationale comme comptant.

15. Les volontaires pourront faire leur service sans être revêtus de l'uniforme national.

16. Tout homme résidant ou voyageant en France, est tenu de porter la cocarde nationale.

Sont exceptés de la présente disposition les ambassadeurs et agents accrédités des puissances étrangères.

17. Toute personne revêtue d'un signe de rébellion, sera poursuivie devant les tribunaux ordinaires; et, en cas qu'elle soit convaincue de l'avoir pris à dessein, elle sera punie de mort : il est ordonné à tout citoyen de l'arrêter ou de la dénoncer sur-le-champ, à peine d'être réputé complice. Toute cocarde autre que celle aux trois couleurs nationales, est un signe de rébellion.

18. La déclaration du danger de la patrie ne pourra être prononcée dans la même séance où elle aura été proposée; et avant tout, le ministère sera entendu sur l'état du royaume.

19. Lorsque le danger de la patrie aura cessé, l'Assemblée nationale le déclarera par un acte du Corps législatif conçu en ces termes :

Citoyens, la patrie n'est plus en danger.

23-23 JUILLET 1792. — *Décret concernant la responsabilité solidaire des ministres.* (L. IX, 681; Baud. XXIII, 193; Mon. 206.) (1).

L'Assemblée nationale, considérant que le plus sacré de ses devoirs est de déployer tous les moyens que la constitution met à sa disposition, pour prévenir et faire promptement cesser le danger de la patrie; considérant que rien ne peut contribuer plus efficacement à remplir cet objet important, que de donner à la responsabilité des ministres toute la latitude que le salut de l'État exige dans de telles circonstances,

(1) Voy. MINISTÈRE.

Décrète que, quand le Corps législatif a proclamé dans les formes prescrites par le décret du 5 de ce mois, que la patrie est en danger, indépendamment des cas où la responsabilité peut être exercée contre les agents du pouvoir exécutif, tous les ministres sont solidairement responsables, soit des actes délibérés au conseil, relatifs à la sûreté intérieure et extérieure de l'État, qui auraient occasionné le danger, soit de la négligence des mesures qui auraient dû y être prises pour le prévenir ou en arrêter les progrès;

Laquelle responsabilité solidaire aura lieu également contre tous les ministres après la proclamation du danger, et tant qu'elle ne sera pas révoquée.

9, 10-24 AOUT 1792. — *Décret relatif aux différentes mesures de surveillance et de police pour la sûreté intérieure et extérieure de l'État.* (Baud.)

L'Assemblée nationale, s'étant déclarée en séance permanente jusqu'à ce qu'elle ait pris toutes les mesures législatives ou de surveillance nécessaires pour la sûreté intérieure et extérieure de l'État; considérant que ces mesures exigent la plus grande célérité, décrète ce qui suit :

Art. 1er. A compter de la publication du présent décret, tous les citoyens, les fédérés, excepté ceux qui se trouvent actuellement à Paris, et qui n'y ont point acquis de domicile par la résidence d'une année, ou qui n'y exercent aucune fonction publique, sont tenus d'exhiber, soit devant les juges de paix, soit devant les commissaires de la section qu'ils habitent, des certificats de civisme de leurs municipalités respectives; faute de quoi, et dans le même délai, il leur sera enjoint de se retirer dans les cantons ou municipalités des lieux où se trouvent leurs principaux domiciles.

2. Ceux qui refuseront de satisfaire ou qui contreviendront aux dispositions portées par l'article précédent, seront arrêtés comme suspects de conspiration contre la patrie, et détenus en conséquence jusqu'à la fin de la guerre.

3. Les municipalités seront autorisées à empêcher la distribution de journaux ou feuilles publiques qui sont notoirement connues pour prêcher l'incivisme et la contre-révolution; à la charge, dans tous les cas particuliers où elles auront jugé ces prohibitions nécessaires, d'en donner avis incessamment à l'Assemblée nationale et au pouvoir exécutif.

4. Il sera nommé quatre commissaires chargés d'extraire des procès-verbaux de l'Assemblée, à compter de l'époque de la déclaration de guerre, *toutes les réquisitions* qui ont été faites au pouvoir exécutif pour le renforcement et approvisionnement de nos armées; *les réponses des ministres* à chaque réquisition; *les plaintes et dénonciations* qui ont été portées à ce sujet, et les *éclaircissements donnés*, ou les *promesses faites* successivement par les ministres sur ces dénonciations. Les commissaires seront chargés en outre de tirer de ces divers rapprochements, un résultat du faite qui sera immédiatement après envoyé à un comité, pour servir de base aux délibérations de l'Assemblée nationale, tant sur les accusations portées contre les ministres, que sur les mesures à prendre pour le renforcement effectif de l'armée.

5. A compter de ce jour, et pendant le temps que pourra durer la discussion sur la déchéance, les ministres, notamment celui de la guerre et celui de l'intérieur, seront tenus de venir rendre compte chaque jour, et à l'heure de midi, de la situation des affaires dans leurs départements respectifs. Ces comptes, signés d'eux, seront envoyés sur-le-champ à la commission extraordinaire, qui sera tenue d'en examiner la fidélité, en les rapprochant des dénonciations, mémoires ou pétitions des départements, districts, municipalités, ou même des simples citoyens; et le lendemain, la commission fera son rapport sur le tout à l'Assemblée nationale, qui, en cas de négligence ou de délit, délibérera dans l'instant même sur les mesures de répression.

6. L'Assemblée nationale, jugeant extrêmement avantageux l'envoi de commissaires à Soissons, et le rapport qui en a été la suite, décrète que ces mêmes commissaires, auxquels il en sera adjoint six, élus de la même manière, c'est-à-dire, à haute voix et par appel nominal, se transporteront aux armées du Nord, du Centre et du

Rhin, pour y remplir la même commission que celle qu'ils ont remplie à Soissons, et pour en faire leur rapport à l'Assemblée.

---

10 AOUT 1792. — *Décret relatif à la suspension du pouvoir exécutif.* (L. X, 110; Baud. XXIV, 5; Mon. 225.)

L'Assemblée nationale, considérant que les dangers de la patrie sont parvenus à leur comble;

Que c'est pour le Corps législatif le plus saint des devoirs d'employer tous les moyens de la sauver;

Qu'il est impossible d'en trouver d'efficaces, tant qu'on ne s'occupera pas de tarir la source de ses maux;

Considérant que ces maux dérivent principalement des défiances qu'a inspirées la conduite du chef du pouvoir exécutif, dans une guerre entreprise en son nom contre la constitution et l'indépendance nationale;

Que ces défiances ont provoqué, des diverses parties de l'empire, un vœu tendant à la révocation de l'autorité déléguée à Louis XVI;

Considérant néanmoins que le Corps législatif ne doit ni ne veut agrandir la sienne par aucune usurpation;

Que, dans les circonstances extraordinaires où l'ont placé des événements imprévus par toutes les lois, il ne peut concilier ce qu'il doit à sa fidélité inébranlable à la constitution, avec la ferme résolution de s'ensevelir sous les ruines du temple de la liberté plutôt que de la laisser périr, qu'en recourant à la souveraineté du peuple, et prenant en même temps les précautions indispensables pour que ce recours ne soit pas rendu illusoire par des trahisons, décrète ce qui suit :

Art. 1er. Le peuple français est invité à former une Convention nationale; la commission extraordinaire présentera demain un projet pour indiquer le mode et l'époque de cette Convention.

2. Le chef du pouvoir exécutif est provisoirement suspendu de ses fonctions, jusqu'à ce que la Convention nationale ait prononcé sur les mesures qu'elle croira devoir adopter pour assurer la souveraineté du peuple et le règne de la liberté et de l'égalité.

3. La commission extraordinaire présentera dans le jour un mode d'organiser un nouveau ministère; les ministres actuellement en activité continueront provisoirement l'exercice de leurs fonctions.

4. La commission extraordinaire présentera, également dans le jour, un projet de décret sur la nomination du gouverneur du prince royal.

5. Le payement de la liste civile demeurera suspendu jusqu'à la décision de la Convention nationale. La commission extraordinaire présentera, dans vingt-quatre heures, un projet de décret sur le traitement à accorder au roi pendant la suspension.

6. Les registres de la liste civile seront déposés sur le bureau de l'Assemblée nationale, après avoir été cotés et paraphés par deux commissaires de l'Assemblée, qui se transporteront à cet effet chez l'intendant de la liste civile.

7. Le roi et sa famille demeureront dans l'enceinte du Corps législatif, jusqu'à ce que le calme soit rétabli dans Paris.

8. Le département donnera des ordres pour leur faire préparer dans le jour un logement au Luxembourg, où ils seront mis sous la garde des citoyens et de la loi.

9. Tout fonctionnaire public, tout soldat, sous-officier, officier de quelque grade qu'il soit et général d'armée, qui, dans ces jours d'alarmes, abandonnera son poste, est déclaré infâme et traître à la patrie.

10. Le département et la municipalité de Paris feront proclamer sur-le-champ et solennellement le présent décret.

11. Il sera envoyé par des courriers extraordinaires aux quatre-vingt-trois départements, qui seront tenus de le faire parvenir dans les vingt-quatre heures aux municipalités de leur ressort, pour y être proclamé avec la même solennité.

---

10 AOUT 1792. — *Décret relatif à la suspension du roi.* (Baud. XXIV, 7.)

L'Assemblée nationale décrète,

1° Que le roi est suspendu et que sa famille et lui restent en otage;

2° Que le ministère actuel n'a pas la confiance de la nation, et que l'Assemblée va procéder à le remplacer;

3° Que la liste civile cesse d'avoir lieu.

---

10 AOUT 1792. — *Décret relatif au remplacement du ministère.* (Baud. XXIV, 13; Mon. 225.)

Art. 1er. Les ministres seront provisoirement nommés par l'Assemblée nationale et par une élection individuelle; ils ne pourront pas être pris dans son sein.

2. Ils seront élus dans l'ordre suivant : le ministre de l'intérieur, le ministre de la guerre, le ministre des contributions publiques, le ministre de la justice, le ministre de la marine, le ministre des affaires étrangères.

3. Celui qui sera nommé le premier, aura la signature pour tous les départements du ministère, tant qu'ils resteront vacants.

4. L'élection se fera de la manière suivante : chaque membre de l'Assemblée proposera à haute voix un sujet; il en sera dressé une liste, qui sera lue à l'Assemblée, avec le nombre de voix que chaque sujet aura obtenues.

5. Chaque membre de l'Assemblée nommera ensuite un des sujets dont le nom se trouvera sur la liste; et néanmoins l'élection par seconde liste ne portera que sur ceux qui n'auront pas obtenu dans la première la majorité absolue des suffrages.

6. Si aucun sujet ne réunit la majorité absolue des votants, l'Assemblée prononcera entre les deux qui auront le plus de voix, d'abord par assis et levé, et ensuite par appel nominal, s'il y a du doute.

7. Le secrétaire du conseil sera nommé de la même manière.

8. Le gouverneur du prince royal sera aussi nommé de la même manière.

---

10 AOUT 1792. — *Décret relatif à la nomination des nouveaux ministres.* (Baud. XXIV, 9.)

Un secrétaire donne connaissance du résultat du scrutin pour la nomination des ministres. La majorité absolue était de cent quarante-trois voix.

M. Danton en ayant réuni deux cent vingt-deux pour le ministère de la justice, et M. Monge cent cinquante-quatre pour la marine, l'un et l'autre ont été proclamés ministres de ces départements.

Pour les affaires étrangères, M. Lebrun a obtenu cent neuf suffrages, M. Grouvelle quatre-vingt-onze : il y avait quatre-vingt-quatre voix de perdues; aux termes du décret de ce matin, on est allé aux voix entre les deux candidats.

Un membre a observé que l'un et l'autre de ces sujets étaient également propres à remplir la place de secrétaire du conseil; il a demandé que cette place fût dévolue à celui d'entre eux qui n'obtiendrait pas le ministère.

L'Assemblée, après avoir rapporté le décret de ce matin sur la nomination du secrétaire du conseil, et décrété l'urgence, décrète la proposition.

On met aux voix le choix du ministre des affaires étrangères, entre M. Lebrun et M. Grouvelle : le premier obtient la majorité des suffrages; il est proclamé ministre des affaires étrangères; M. Grouvelle est proclamé secrétaire du conseil.

10-11 AOUT 1792. — *Décrets relatifs au mode d'impression et de publication des décrets.* (L. X, 125; Baud. XXIV, 12; Mon. 225.)

1er DÉCRET.

L'Assemblée nationale décrète ce qui suit :

1° Les décrets déjà rendus, et qui n'auraient pas été sanctionnés par le roi, ainsi que les décrets à rendre, et qui ne pourraient l'être, attendu le décret de suspension du pouvoir exécutif, de cejourd'hui, porteront néanmoins le nom, et auront dans toute l'étendue du royaume la force de loi, et la formule ordinaire continuera d'y être employée;

2° Il est enjoint au ministre de la justice d'y apposer le sceau de l'État, sans qu'il soit besoin de sanction du roi, et de signer les minutes et expéditions des lois qui doivent être envoyées aux tribunaux et aux corps administratifs :

Les ministres arrêteront et signeront ensemble les proclamations et autres actes de même nature.

2e DÉCRET.

L'Assemblée nationale rapporte le décret de ce jour, en ce qu'il ordonne que les décrets seront publiés suivant l'ancienne forme.

L'Assemblée décrète qu'à compter de ce jour, tous ses décrets seront imprimés et publiés sans préambule, et suivis du mandement accoutumé, signé par le ministre de la justice au nom de la nation.

10-11 AOUT 1792. — *Décret relatif à la nomination de MM. Roland, Clavière et Servan au ministère.* (L. X, 120; Baud. XXIV, 17; Mon. 225.)

L'Assemblée reprend la nomination des nouveaux ministres.

On décrète en premier lieu qu'elle sera faite selon la forme prescrite par le décret rendu, en cette séance, sur l'organisation du nouveau ministère.

Ce décret est rapporté, sur la motion d'un membre, appuyée de plusieurs autres, en ce qui concerne la nomination aux ministères de l'intérieur, de la guerre et des contributions publiques.

L'Assemblée nationale décrète que, pour ces trois départements, le président proposera successivement les trois ministres qui précédemment ont été déclarés avoir emporté les regrets de la nation, et que l'on opinera par assis et levé.

En conséquence, monsieur le président propose de nommer M. Roland au ministère de l'intérieur.

L'Assemblée nationale décrète qu'elle défère le ministère de l'intérieur à M. Roland.

Monsieur le président met ensuite aux voix si M. Servan sera ministre de la guerre.

L'Assemblée nationale décrète que M. Servan est ministre de la guerre.

Monsieur le président met enfin aux voix si M. Clavière sera ministre des contributions publiques.

L'Assemblée nationale décrète que M. Clavière exercera le ministère des contributions publiques.

10-11 AOUT 1792. — *Décret relatif aux ministres de la guerre, de l'intérieur et des contributions publiques.* (L. X, 123; Mon. 225.)

L'Assemblée nationale, considérant que, dans les circonstances présentes, il importe à l'intérêt général de remettre le pouvoir exécutif entre les mains de citoyens qui ont déjà bien mérité de la nation, et qui réunissent la confiance publique, décrète que, conformément au décret qu'elle a rendu ce matin, elle confie le ministère de l'intérieur à M. Roland, le ministère de la guerre à M. Servan, et le ministère des contributions publiques à M. Clavière.

15-15 AOUT 1792. — *Décret relatif à la formule provisoire des actes de la puissance exécutive.* (L. X, 325; Baud. XXIV, 185; Mon. 230.)

Art. 1er. Le conseil exécutif provisoire, formé par les six ministres, sera chargé, en vertu du décret du 10 de ce mois, de toutes les fonctions de la puissance exécutive.

2. Il sera chargé de faire sceller les lois du sceau de l'État, et de les faire promulguer.

3. Chaque ministre remplira à tour de rôle, semaine par semaine, les fonctions du président du conseil.

4. Il sera fait deux expéditions originales de chaque loi, toutes deux signées par le président du conseil, contre-signées par le ministre de la justice, et scellées du sceau de l'État. L'une restera déposée aux archives du sceau, et l'autre sera remise aux archives de l'Assemblée nationale.

5. La promulgation des lois sera faite dans la forme suivante. Les décrets de l'Assemblée nationale seront intitulés du nom de loi; ils ne seront précédés d'aucune formule, et seulement terminés par la formule suivante :

« Au nom de la nation, le Conseil exécutif provisoire mande et ordonne à tous les corps administratifs et tribunaux, que les présentes ils fassent consigner dans leurs registres, lire, publier et afficher dans leurs départements et ressorts respectifs, et exécuter comme loi. En

« foi de quoi, nous avons signé ces présentes, « auxquelles nous avons fait apposer le sceau de « l'État. »

6. Le sceau de l'État sera changé; il portera la figure de la Liberté, armée d'une pique surmontée du bonnet de la liberté, et pour légende : *Au nom de la nation française.*

7. Les expéditions exécutoires des jugements des tribunaux seront suivies de la formule suivante :

« Au nom de la nation, il est ordonné à tous « huissiers sur ce requis, de mettre ledit juge« ment à exécution; à tous commandants et offi« ciers de la force publique, de prêter main-forte « lorsqu'ils en seront légalement requis; et aux « commissaires du pouvoir exécutif près les tribu« naux, d'y tenir la main. En foi de quoi, le pré« sent jugement a été signé par le président du « tribunal et par le greffier. » Les jugements des tribunaux et les actes des notaires seront précédés de la formule : *Au nom de la nation.*

8. Les commissaires provisoirement commis par les tribunaux pour remplir les fonctions des commissaires du roi, seront désignés sous le nom de *commissaires du pouvoir exécutif.*

9. Les formules usitées jusqu'à ce jour pour les différents actes de la puissance exécutive, et pour les expéditions des jugements, pourront être provisoirement employées, et les divers actes auxquels elles auront servi, ne pourront être attaqués, jusqu'à ce que les formules prescrites par le présent décret aient été faites et imprimées.

10. Jusqu'à ce que le nouveau sceau de l'État ait été gravé, le ministre de la justice se servira de l'ancien.

11. La formule *au nom de la nation*, et la forme prescrite par les articles précédents, seront suivies par le conseil, par chaque ministre en particulier, et par tous les agents du pouvoir exécutif, pour tous les actes, ordres, commissions ou brevets qui doivent être expédiés au nom de la puissance exécutive.

---

19 AOUT-3 SEPTEMBRE 1792. — *Décret relatif à la légende du sceau de l'État.* (L. X, 519.)

Un membre propose de changer la légende du sceau de l'État, ainsi que celles de l'Assemblée nationale, des tribunaux, corps administratifs et municipalités. L'Assemblée décrète la proposition, et renvoie au pouvoir exécutif pour les moyens d'exécution.

Les commissaires inspecteurs de la salle sont chargés de veiller aux changements à faire sur les cachets de l'Assemblée nationale et des comités.

21-22 SEPTEMBRE 1792. — *Décret qui ordonne l'exécution provisoire des lois non abrogées, maintient les pouvoirs non révoqués ou non suspendus, et prescrit la continuation du payement des contributions publiques.* (L. XI, 555; Baud. XXV, 3.)

La Convention nationale décrète que, jusqu'à ce qu'il en ait été autrement ordonné, les lois non abrogées seront provisoirement exécutées; que les pouvoirs non révoqués ou non suspendus sont provisoirement maintenus; et que les contributions publiques existantes continueront à être perçues et payées comme par le passé.

---

21 SEPTEMBRE 1792. — *Décret qui abolit la royauté en France.* (L. XI, 555; Baud. XXV, 3; Mon. 266.)

La Convention nationale décrète à l'unanimité que la royauté est abolie en France.

SECTION II. CONSTITUTION DE 1793 (1).

§ 1. *Actes préliminaires.*

21-22 SEPTEMBRE 1792. — *Déclaration sur l'acceptation de la constitution, et sur la sauvegarde des personnes et des propriétés.* (L. XI, 555; Baud. XXV, 3.)

La Convention nationale déclare, 1° qu'il ne peut y avoir de constitution que celle qui est acceptée par le peuple;

2° Que les personnes et les propriétés sont sous la sauvegarde de la nation.

---

25 SEPTEMBRE 1792. — *Déclaration sur l'unité et l'indivisibilité de la république française.* (L. XI, 571; Baud. XXV, 15.)

La Convention nationale déclare que la république française est une et indivisible.

---

5 DÉCEMBRE 1792. — *Décret portant peine de mort contre ceux qui proposeraient ou tenteraient d'établir en France la royauté.* (Baud. XXVI, 16.)

La Convention nationale décrète que quiconque proposerait ou tenterait d'établir en France la royauté ou tout autre pouvoir attentatoire à la souveraineté du peuple, sous quelque dénomination que ce soit, sera puni de mort.

---

16 DÉCEMBRE 1792. — *Décret portant peine de mort contre quiconque proposera ou tentera de rompre l'unité de la France.* (L. XII, 385; Baud. XXVI, 75.)

La Convention nationale décrète que quiconque proposera ou tentera de rompre l'unité de la république française, ou d'en détacher des parties intégrantes pour les unir à un territoire étranger, sera puni de mort.

---

13 MAI 1793. — *Décret : ordre de séries, de chapitres et de questions à suivre dans la discussion de la constitution.* (Mon. du 20.)

La Convention nationale adopte l'ordre de séries présenté par sa commission des Six, comme suit :

Série des chapitres ou titres dans l'ordre desquels le comité des Six propose de discuter et délibérer la constitution.

Chapitre 1er, ou titre 1er. De la division du territoire.

2. Des conditions requises pour être citoyen, et en exercer les droits.
3. Des assemblées primaires.
4. Du Corps législatif.
5. Des conventions nationales.
6. Des agents supérieurs d'exécution.
7. Des administrations secondaires.
8. De l'administration de la justice civile et criminelle.
9. De la force publique.
10. Des contributions publiques.
11. De la trésorerie nationale et de la comptabilité.
12. Comment le peuple exerce lui-même sa souveraineté sur les fonctionnaires publics et sur leurs actes.
13. Des lois civiles et criminelles, et des institutions les plus propres à garantir le maintien de la constitution.
14. Des relations de la république française avec les nations étrangères.

Série des questions générales sur la constitution proposée par le comité des Six.

1. Quelle sera la division politique du territoire?
2. Quelles seront les conditions requises pour être citoyen, pour voter et être éligible dans les assemblées du peuple?
3. Quelles seront les fonctions des assemblées primaires, leur organisation, leur police intérieure, la forme de leurs délibérations, les règles générales qu'elles devront observer dans leurs élections?
4. Quelles seront les fonctions du Corps législatif, son organisation, le mode d'élection de ses membres, les règles concernant la tenue de ses séances, et la formation des lois et des décrets?
5. Quelles seront les règles concernant les conventions nationales?
6. Qui seront les agents supérieurs de l'exécution des lois? Quelles seront leurs fonctions et leur autorité? Quel sera le mode de leur élection et celui de leurs relations avec le Corps législatif?
7. Quelles seront les agences d'administration locale? Quelles seront leurs fonctions et leur autorité? Comment seront organisées, et par qui seront nommées ces agences secondaires?
8. Comment sera organisée l'administration de la justice civile et criminelle?
9. Quelles seront les bases des contributions publiques?
10. Comment seront organisées la trésorerie et la comptabilité?
11. Quels sont la nature, la destination et les devoirs de la force publique?
12. Comment le peuple exerce-t-il lui-même sa souveraineté sur les fonctionnaires publics et sur leurs actes?
13. Quelles sont les lois et les institutions qu'il convient de rendre constitutionnelles?
14. Quelles seront les bases de nos relations avec les nations étrangères?

---

29 MAI — 8 JUIN. — *Déclaration des droits de l'homme* (1). — (Voy. *Constit. du 24 juin.*)

La Convention nationale décrète ce qui suit :

Art. 1er. Les droits de l'homme en société, sont : l'égalité, la liberté, la sûreté, la propriété, la garantie sociale et la résistance à l'oppression.

2. L'égalité consiste à ce que chacun puisse jouir des mêmes droits.

3. La loi est l'expression de la volonté générale; elle est égale pour tous, soit qu'elle récompense ou qu'elle punisse, soit qu'elle protége ou qu'elle réprime.

4. Tous les citoyens sont admissibles à toutes les places, emplois ou fonctions publiques; les peuples libres ne connaissent d'autres motifs de préférence dans leur choix, que les vertus et les talents.

5. La liberté consiste à pouvoir faire tout ce qui ne nuit pas à autrui.

Elle repose sur cette maxime : Ne fais pas aux autres ce que tu ne veux pas qu'ils te fassent.

6. Tout homme est libre de manifester sa pensée et ses opinions.

7. La liberté de la presse et de tout autre moyen de publier ses pensées, ne peut être interdite, suspendue, ni limitée.

8. La conservation de la liberté dépend de la soumission à la loi. Tout ce qui n'est pas défendu par la loi ne peut être empêché, et nul ne peut être contraint à faire ce qu'elle n'ordonne pas.

9. La sûreté consiste dans la protection accordée par la société à chaque citoyen pour la conservation de sa personne, de ses biens et de ses droits.

10. Nul ne doit être accusé, arrêté ni détenu que dans les cas déterminés par la loi, et selon les formes qu'elle a prescrites; mais tout homme appelé ou saisi par l'autorité de la loi, doit obéir à l'instant : il se rend coupable par la résistance.

11. Tout acte exercé contre un homme hors des cas et sans les formes déterminées par la loi, est arbitraire et nul; tout homme contre qui l'on tenterait d'exécuter un pareil acte, a le droit de repousser la force par la force.

12. Ceux qui solliciteraient, expédieraient, signeraient, exécuteraient ou feraient exécuter des actes arbitraires seront coupables et doivent être punis.

13. Tout homme étant présumé innocent jusqu'à ce qu'il ait été déclaré coupable, s'il est jugé indispensable de l'arrêter, toute rigueur qui ne serait pas nécessaire pour s'assurer de sa personne doit être sévèrement réprimée par la loi.

14. Nul ne doit être jugé et puni qu'en vertu d'une loi établie, promulguée antérieurement au délit, et légalement appliquée; la loi qui punirait des délits commis avant qu'elle existât serait un acte arbitraire.

15. L'effet rétroactif donné à la loi est un crime.

16. La loi ne doit décerner que des peines strictement et évidemment nécessaires : les peines doivent être proportionnées au délit, et utiles à la société.

17. Le droit de propriété consiste en ce que tout homme est le maître de disposer, à son gré, de ses biens, de ses capitaux, de ses revenus et de son industrie.

18. Nul genre de travail, de culture, de commerce, ne peut lui être interdit; il peut fabriquer, vendre et transporter toutes espèces de productions.

19. Tout homme peut engager ses services, son temps; mais il ne peut se vendre lui-même, sa personne n'est pas une propriété aliénable.

(1) Cette constitution, qui a succédé à celle de 1791, a été elle-même remplacée par celle du 5 fructidor an III. Sa durée nominale est donc de deux ans et deux mois; mais, en réalité, elle n'a jamais été exécutée; car dès le 10 octobre l'établissement du gouvernement provisoire révolutionnaire suspendit l'empire de la constitution.

(1) Déclarée nulle le 16 vent. an II.

20. Nul ne peut être privé de la moindre portion de sa propriété, sans son consentement, si ce n'est lorsque la nécessité publique, légalement constatée, l'exige évidemment, et sous la condition d'une juste et préalable indemnité.

21. Nulle contribution ne peut être établie que pour l'utilité générale, et pour subvenir aux besoins publics. Tous les citoyens ont droit de concourir personnellement, ou par des représentants, à l'établissement des contributions; d'en surveiller l'emploi, et de s'en faire rendre compte.

22. L'instruction est le besoin de tous, et la société la doit également à tous ses membres.

23. Les secours publics sont une dette sacrée, et c'est à la loi à en déterminer l'étendue et l'application.

24. La garantie sociale, les droits de l'homme, consistent dans l'action de tous pour assurer à chacun la jouissance et la conservation de ses droits.

Cette garantie repose sur la souveraineté nationale.

25. La garantie sociale ne peut exister, si les limites des fonctions publiques ne sont pas clairement déterminées par la loi, et si la responsabilité de tous les fonctionnaires publics n'est pas assurée.

26. La souveraineté nationale réside essentiellement dans le peuple entier, et chaque citoyen a un droit égal de concourir à son exercice; elle est une et indivisible, imprescriptible et inaliénable.

27. Nulle réunion partielle de citoyens et nul individu ne peuvent s'attribuer la souveraineté.

28. Nul, dans aucun cas, ne peut exercer aucune autorité, et remplir aucune fonction publique, sans une délégation formelle de la loi.

29. Dans tout gouvernement libre, les hommes doivent avoir un moyen légal de résister à l'oppression; et lorsque ce moyen est impuissant, l'insurrection est le plus saint de tous les devoirs.

30. Un peuple a toujours droit de revoir, de réformer et de changer sa constitution.

Une génération n'a pas le droit d'assujettir à ses lois les générations futures; toute hérédité dans les fonctions est absurde et tyrannique.

§ II. *Texte de la constitution.*

24 JUIN 1793. — *Acte constitutionnel, et déclaration des droits de l'homme et du citoyen.* (L. XIV, 788; Baud. XXXI, 208.)

Déclaration des droits de l'homme et du citoyen (1).

Le peuple français, convaincu que l'oubli et le mépris des droits naturels de l'homme sont les seules causes des malheurs du monde, a résolu d'exposer, dans une déclaration solennelle, ces droits sacrés et inaliénables, afin que tous les citoyens, pouvant comparer sans cesse les actes du gouvernement avec le but de toute institution sociale, ne se laissent jamais opprimer et avilir par la tyrannie; afin que le peuple ait toujours devant les yeux les bases de sa liberté et de son bonheur, le magistrat la règle de ses devoirs, le législateur l'objet de sa mission.

En conséquence, il proclame, en présence de l'Être suprême, la déclaration suivante des droits de l'homme et du citoyen.

Art. 1er. Le but de la société est le bonheur commun.

Le gouvernement est institué pour garantir à l'homme la jouissance de ses droits naturels et imprescriptibles.

2. Ces droits sont l'égalité, la liberté, la sûreté, la propriété.

3. Tous les hommes sont égaux par la nature et devant la loi.

4. La loi est l'expression libre et solennelle de la volonté générale; elle est la même pour tous, soit qu'elle protége, soit qu'elle punisse; elle ne peut ordonner que ce qui est juste et utile à la société; elle ne peut défendre que ce qui lui est nuisible.

5. Tous les citoyens sont également admissibles aux emplois publics. Les peuples libres ne connaissent d'autres motifs de préférence dans leurs élections que les vertus et les talents.

6. La liberté est le pouvoir qui appartient à l'homme de faire tout ce qui ne nuit pas aux droits d'autrui : elle a pour principe la nature, pour règle la justice, pour sauvegarde la loi; sa limite morale est dans cette maxime : *Ne fais pas à un autre ce que tu ne veux pas qui te soit fait.*

7. Le droit de manifester sa pensée et ses opinions, soit par la voie de la presse, soit de toute autre manière, de s'assembler paisiblement, le libre exercice des cultes, ne peuvent être interdits.

La nécessité d'énoncer ces droits suppose ou la présence ou le souvenir récent du despotisme.

8. La sûreté consiste dans la protection accordée par la société à chacun de ses membres pour la conservation de sa personne, de ses droits et de ses propriétés.

9. La loi doit protéger la liberté publique et individuelle contre l'oppression de ceux qui gouvernent.

10. Nul ne doit être accusé, arrêté ni détenu, que dans les cas déterminés par la loi et selon les formes qu'elle a prescrites. Tout citoyen, appelé ou saisi par l'autorité de la loi, doit obéir à l'instant; il se rend coupable par la résistance.

11. Tout acte exercé contre un homme hors des cas et sans les formes que la loi détermine, est arbitraire et tyrannique; celui contre lequel on voudrait l'exécuter par la violence, a le droit de le repousser par la force.

12. Ceux qui solliciteraient, expédieraient, signeraient, exécuteraient ou feraient exécuter des actes arbitraires, sont coupables, et doivent être punis.

13. Tout homme étant présumé innocent jusqu'à ce qu'il ait été déclaré coupable, s'il est jugé indispensable de l'arrêter, toute rigueur qui ne serait pas nécessaire pour s'assurer de sa personne, doit être sévèrement réprimée par la loi.

14. Nul ne doit être jugé et puni qu'après avoir été entendu ou légalement appelé, et qu'en vertu d'une loi promulguée antérieurement au délit. La loi qui punirait des délits commis avant qu'elle existât, serait une tyrannie; l'effet rétroactif donné à la loi serait un crime.

15. La loi ne doit décerner que des peines strictement et évidemment nécessaires : les peines doivent être proportionnées au délit et utiles à la société.

16. Le droit de propriété est celui qui appartient à tout citoyen, de jouir et de disposer à son gré de ses biens, de ses revenus, du fruit de son travail et de son industrie.

17. Nul genre de travail, de culture, de commerce, ne peut être interdit à l'industrie des citoyens.

18. Tout homme peut engager ses services, son temps; mais il ne peut se vendre ni être vendu; sa personne n'est pas une propriété aliénable. La loi ne connait point de domesticité; il ne peut exister qu'un engagement de soins et de reconnaissance entre l'homme qui travaille et celui qui l'emploie.

19. Nul ne peut être privé de la moindre portion de sa propriété, sans son consentement, si ce n'est lorsque la nécessité publique légalement constatée l'exige, et sous la condition d'une juste et préalable indemnité.

20. Nulle contribution ne peut être établie que pour l'utilité générale. Tous les citoyens ont droit de concourir à l'établissement des contributions, d'en surveiller l'emploi et de s'en faire rendre compte.

21. Les secours publics sont une dette sacrée. La société doit la subsistance aux citoyens malheureux, soit en leur procurant du travail, soit en assurant les moyens d'exister à ceux qui sont hors d'état de travailler.

22. L'instruction est le besoin de tous. La société doit favoriser de tout son pouvoir les progrès de la raison publique, et mettre l'instruction à la portée de tous les citoyens.

23. La garantie sociale consiste dans l'action de tous pour assurer à chacun la jouissance et la conservation de ses droits : cette garantie repose sur la souveraineté nationale.

24. Elle ne peut exister, si les limites des fonctions publiques ne sont pas clairement déterminées par la loi, et si la responsabilité de tous les fonctionnaires n'est pas assurée.

25. La souveraineté réside dans le peuple; elle est une et indivisible, imprescriptible et inaliénable.

26. Aucune portion du peuple ne peut exercer la puissance du peuple entier; mais chaque section du souverain assemblée doit jouir du droit d'exprimer sa volonté avec une entière liberté.

27. Que tout individu qui usurperait la souveraineté, soit à l'instant mis à mort par les hommes libres.

28. Un peuple a toujours le droit de revoir, de réformer et de changer sa constitution. Une génération ne peut assujettir à ses lois les générations futures.

29. Chaque citoyen a un droit égal de concourir à la formation de la loi et à la nomination de ses mandataires ou de ses agents.

30. Les fonctions publiques sont essentiellement temporaires; elles ne peuvent être considérées comme des distinctions ni comme des récompenses, mais comme des devoirs.

31. Les délits des mandataires du peuple et de ses agents ne doivent jamais être impunis. Nul n'a le droit de se prétendre plus inviolable que les autres citoyens.

32. Le droit de présenter des pétitions aux dépositaires de l'autorité publique, ne peut, en aucun cas, être interdit, suspendu ni limité.

33. La résistance à l'oppression est la conséquence des autres droits de l'homme.

34. Il y a oppression contre le corps social, lorsqu'un seul de ses membres est opprimé : il y a oppression contre chaque membre, lorsque le corps social est opprimé.

35. Quand le gouvernement viole les droits du peuple, l'insurrection est pour le peuple, et pour chaque portion du peuple, le plus sacré des droits et le plus indispensable des devoirs.

ACTE CONSTITUTIONNEL.

De la république.

Art. 1er. La république française est une et indivisible.

De la distribution du peuple.

2. Le peuple français est distribué, pour l'exercice de sa souveraineté, en assemblées primaires de cantons.

3. Il est distribué, pour l'administration et pour la justice, en départements, districts, municipalités.

De l'état des citoyens.

4. Tout homme né et domicilié en France, âgé de vingt et un ans accomplis;

Tout étranger âgé de vingt et un ans accomplis, qui, domicilié en France depuis une année

Y vit de son travail,

Ou acquiert une propriété,

Ou épouse une Française,

Ou adopte un enfant,

Ou nourrit un vieillard;

Tout étranger enfin qui sera jugé par le Corps législatif avoir bien mérité de l'humanité,

Est admis à l'exercice des droits de citoyen français.

5. L'exercice des droits de citoyen se perd,

Par la naturalisation en pays étranger;

Par l'acceptation de fonctions ou faveurs émanées d'un gouvernement non populaire;

Par la condamnation à des peines infamantes ou afflictives jusqu'à réhabilitation.

6. L'exercice des droits de citoyen est suspendu,

Par l'état d'accusation;

Par un jugement de contumace, tant que le jugement n'est pas anéanti.

De la souveraineté du peuple.

7. Le peuple souverain est l'universalité des citoyens français.

8. Il nomme immédiatement ses députés.

9. Il délègue à des électeurs le choix des administrateurs, des arbitres publics, des juges criminels et de cassation.

10. Il délibère sur les lois.

Des assemblées primaires.

11. Les assemblées primaires se composent des citoyens domiciliés depuis six mois dans chaque canton.

12. Elles sont composées de deux cents citoyens au moins, de six cents au plus, appelés à voter.

13. Elles sont constituées par la nomination d'un président, de secrétaires, de scrutateurs.

14. Leur police leur appartient.

15. Nul n'y peut paraître en armes.

16. Les élections se font au scrutin ou à haute voix, au choix de chaque votant.

(1) Cette déclaration remplace celle qui avait été adoptée provisoirement le 29 mai 1793, mais qui fut annulée par un décret du 18 vendémiaire an II, comme n'ayant pas été présentée à l'acceptation du peuple.

17. Une assemblée primaire ne peut, en aucun cas, prescrire un mode uniforme de voter.

18. Les scrutateurs constatent le vote des citoyens qui, ne sachant pas écrire, préfèrent de voter au scrutin.

19. Les suffrages sur les lois sont donnés par *oui* et par *non*.

20. Le vœu de l'assemblée primaire est proclamé ainsi : *Les citoyens réunis en assemblée primaire de... au nombre de... votants, votent pour ou votent contre, à la majorité de...*

De la représentation nationale.

21. La population est la seule base de la représentation nationale.

22. Il y a un député en raison de quarante mille individus.

23. Chaque réunion d'assemblées primaires, résultant d'une population de trente-neuf à quarante-un mille âmes, nomme immédiatement un député.

24. La nomination se fait à la majorité absolue des suffrages.

25. Chaque assemblée fait le dépouillement des suffrages, et envoie un commissaire pour le recensement général, au lieu désigné comme le plus central.

26. Si le premier recensement ne donne point de majorité absolue, il est procédé à un second appel, et on vote entre les deux citoyens qui ont réuni le plus de voix.

27. En cas d'égalité de voix, le plus âgé a la préférence, soit pour être balloté, soit pour être élu. En cas d'égalité d'âge, le sort décide.

28. Tout Français exerçant les droits de citoyen, est éligible dans l'étendue de la république.

29. Chaque député appartient à la nation entière.

30. En cas de non-acceptation, démission, déchéance ou mort d'un député, il est pourvu à son remplacement par les assemblées primaires qui l'ont nommé.

31. Un député qui a donné sa démission ne peut quitter son poste qu'après l'admission de son successeur.

32. Le peuple français s'assemble tous les ans, le 1er mai, pour les élections.

33. Il y procède, quel que soit le nombre des citoyens ayant droit d'y voter.

34. Les assemblées primaires se forment extraordinairement, sur la demande du cinquième des citoyens qui ont droit d'y voter.

35. La convocation se fait, en ce cas, par la municipalité du lieu ordinaire du rassemblement.

36. Ces assemblées extraordinaires ne délibèrent qu'autant que la moitié, plus un, des citoyens qui ont droit d'y voter, sont présents.

Des assemblées électorales.

37. Les citoyens réunis en assemblées primaires nomment un électeur à raison de deux cents citoyens présents ou non; deux depuis trois cent un jusqu'à quatre cents; trois depuis cinq cent un jusqu'à six cents.

38. La tenue des assemblées électorales et le mode des élections sont les mêmes que dans les assemblées primaires.

Du Corps législatif.

39. Le Corps législatif est un, indivisible et permanent.

40. Sa session est d'un an.

41. Il se réunit le 1er juillet.

42. L'Assemblée nationale ne peut se constituer, si elle n'est composée au moins de la moitié des députés, plus un.

43. Les députés ne peuvent être recherchés, accusés ni jugés en aucun temps, pour les opinions qu'ils ont énoncées dans le sein du Corps législatif.

44. Ils peuvent, pour fait criminel, être saisis en flagrant délit : mais le mandat d'arrêt ni le mandat d'amener ne peuvent être décernés contre eux qu'avec l'autorisation du Corps législatif.

Tenue des séances du Corps législatif.

45. Les séances de l'Assemblée nationale sont publiques.

46. Les procès-verbaux de ses séances sont imprimés.

47. Elle ne peut délibérer si elle n'est composée de deux cents membres au moins.

48. Elle ne peut refuser la parole à ses membres, dans l'ordre où ils l'ont réclamée.

49. Elle délibère à la majorité des présents.

50. Cinquante membres ont le droit d'exiger l'appel nominal.

51. Elle a le droit de censure sur la conduite de ses membres dans son sein.

52. La police lui appartient dans le lieu de ses séances, et dans l'enceinte extérieure qu'elle a déterminée.

Des fonctions du Corps législatif.

53. Le Corps législatif propose des lois, et rend des décrets.

54. Sont compris, sous le nom général de *loi*, les actes du Corps législatif concernant :

La législation civile et criminelle;

L'administration générale des revenus et des dépenses ordinaires de la république;

Les domaines nationaux;

Le titre, le poids, l'empreinte et la dénomination des monnaies;

La nature, le montant et la perception des contributions;

La déclaration de guerre;

Toute nouvelle distribution générale du territoire français;

L'instruction publique;

Les honneurs publics à la mémoire des grands hommes.

55. Sont désignés sous le nom particulier de *décret*, les actes du Corps législatif concernant :

L'établissement annuel des forces de terre et de mer;

La permission ou la défense du passage des troupes étrangères sur le territoire français;

L'introduction des forces navales étrangères dans les ports de la république;

Les mesures de sûreté et de tranquillité générales;

La distribution annuelle et momentanée des secours et travaux publics;

Les ordres pour la fabrication des monnaies de toute espèce;

Les dépenses imprévues et extraordinaires;

Les mesures locales et particulières à une administration, à une commune, à un genre de travaux publics;

La défense du territoire;

La ratification des traités;

La nomination et la destitution des commandants en chef des armées;

La poursuite de la responsabilité des membres du conseil, des fonctionnaires publics;

L'accusation des prévenus de complots contre la sûreté générale de la république;

Tout changement dans la distribution partielle du territoire français;

Les récompenses nationales.

De la formation de la loi.

56. Les projets de loi sont précédés d'un rapport.

57. La discussion ne peut s'ouvrir et la loi ne peut être provisoirement arrêtée que quinze jours après le rapport.

58. Le projet est imprimé et envoyé à toutes les communes de la république, sous ce titre : *Loi proposée.*

59. Quarante jours après l'envoi de la loi proposée, si, dans la moitié des départements, plus un, le dixième des assemblées primaires de chacun d'eux, régulièrement formées, n'a pas réclamé, le projet est accepté et devient *loi*.

60. S'il y a réclamation, le Corps législatif convoque les assemblées primaires.

De l'intitulé des lois et des décrets.

61. Les lois, les décrets, les jugements et tous les actes publics sont intitulés : *Au nom du peuple français, l'an......... de la république française.*

Du conseil exécutif.

62. Il y a un conseil exécutif composé de vingt-quatre membres.

63. L'assemblée électorale de chaque département nomme un candidat. Le Corps législatif choisit sur la liste générale les membres du conseil.

64. Il est renouvelé par moitié à chaque législature, dans les derniers mois de sa session.

65. Le conseil est chargé de la direction et de la surveillance de l'administration générale; il ne peut agir qu'en exécution des lois et des décrets du Corps législatif.

66. Il nomme, hors de son sein, les agents en chef de l'administration générale de la république.

67. Le Corps législatif détermine le nombre et les fonctions de ces agents.

68. Ces agents ne forment point un conseil; ils sont séparés, sans rapports immédiats entre eux, ils n'exercent aucune autorité personnelle.

69. Le conseil nomme hors de son sein les agents extérieurs de la république.

70. Il négocie les traités.

71. Les membres du conseil, en cas de prévarication, sont accusés par le Corps législatif.

72. Le conseil est responsable de l'inexécution des lois et des décrets, et des abus qu'il ne dénonce pas.

73. Il révoque et remplace les agents à sa nomination.

74. Il est tenu de les dénoncer, s'il y a lieu, devant les autorités judiciaires.

Des relations du conseil exécutif avec le Corps législatif.

75. Le conseil exécutif réside auprès du Corps législatif; il a l'entrée et une place séparée dans le lieu de ses séances.

76. Il est entendu toutes les fois qu'il a un compte à rendre.

77. Le Corps législatif l'appelle dans son sein, en tout ou en partie lorsqu'il le juge convenable.

Des corps administratifs et municipaux.

78. Il y a dans chaque commune de la république une administration municipale;

Dans chaque district, une administration intermédiaire;

Dans chaque département, une administration centrale.

79. Les officiers municipaux sont élus par les assemblées de commune.

80. Les administrateurs sont nommés par les assemblées électorales de département et de district.

81. Les municipalités et les administrations sont renouvelées tous les ans par moitié.

82. Les administrateurs et officiers municipaux n'ont aucun caractère de représentation.

Ils ne peuvent, en aucun cas, modifier les actes du Corps législatif, ni en suspendre l'exécution.

83. Le Corps législatif détermine les fonctions des officiers municipaux et des administrateurs, les règles de leur subordination, et les peines qu'ils pourront encourir.

84. Les séances des municipalités et des administrations sont publiques.

De la justice civile.

85. Le code des lois civiles et criminelles est uniforme pour toute la république.

86. Il ne peut être porté aucune atteinte au droit qu'ont les citoyens de faire prononcer sur leurs différends par des arbitres de leur choix.

87. La décision de ces arbitres est définitive, si les citoyens ne se sont pas réservé le droit de réclamer.

88. Il y a des juges de paix élus par les citoyens des arrondissements déterminés par la loi.

89. Ils concilient et jugent sans frais.

90. Leur nombre et leur compétence sont réglés par le Corps législatif.

91. Il y a des arbitres publics élus par les assemblées électorales.

92. Leur nombre et leurs arrondissements sont fixés par le Corps législatif.

93. Ils connaissent des contestations qui n'ont pas été terminées définitivement par les arbitres privés ou par les juges de paix.

94. Ils délibèrent en public.

Ils opinent à haute voix.

Ils statuent en dernier ressort, sur défenses verbales, ou sur simple mémoire, sans procédures et sans frais.

Ils motivent leurs décisions.

95. Les juges de paix et les arbitres publics sont élus tous les ans.

De la justice criminelle.

96. En matière criminelle, nul citoyen ne peut être jugé que sur une accusation reçue par les jurés ou décrétée par le Corps législatif.

Les accusés ont des conseils choisis par eux, ou nommés d'office.

L'instruction est publique.

Le fait et l'intention sont déclarés par un jury de jugement.

La peine est appliquée par un tribunal criminel.

97. Les juges criminels sont élus tous les ans par les assemblées électorales.

Du tribunal de cassation.

98. Il y a pour toute la république un tribunal de cassation.

99. Ce tribunal ne connaît point du fond des affaires.

Il prononce sur la violation des formes, et sur les contraventions expresses à la loi.

100. Les membres de ce tribunal sont nommés tous les ans par les assemblées électorales.

Des contributions publiques.

101. Nul citoyen n'est dispensé de l'honorable obligation de contribuer aux charges publiques.

De la trésorerie nationale.

102. La trésorerie nationale est le point central des recettes et dépenses de la république.

103. Elle est administrée par des agents comptables nommés par le conseil exécutif.

104. Ces agents sont surveillés par des commissaires nommés par le Corps législatif, pris hors de son sein, et responsables des abus qu'ils ne dénoncent pas.

De la comptabilité.

105. Les comptes des agents de la trésorerie nationale et des administrateurs des deniers publics sont rendus annuellement à des commissaires responsables, nommés par le conseil exécutif.

106. Ces vérificateurs sont surveillés par des commissaires à la nomination du Corps législatif, pris hors de son sein, et responsables des abus et des erreurs qu'ils ne dénoncent pas.

Le Corps législatif arrête les comptes.

Des forces de la république.

107. La force générale de la république est composée du peuple entier.

108. La république entretient à sa solde, même en temps de paix, une force armée de terre et de mer.

109. Tous les Français sont soldats; ils sont tous exercés au maniement des armes.

110. Il n'y a point de généralissime.

111. La différence des grades, leurs marques distinctives et la subordination ne subsistent que relativement au service et pendant sa durée.

112. La force publique employée pour maintenir l'ordre et la paix dans l'intérieur, n'agit que sur la réquisition par écrit des autorités constituées.

113. La force publique employée contre les ennemis du dehors, agit sous les ordres du conseil exécutif.

114. Nul corps armé ne peut délibérer.

Des conventions nationales.

115. Si, dans la moitié des départements, plus un, le dixième des assemblées primaires de chacun d'eux, régulièrement formées, demande la révision de l'acte constitutionnel, ou le changement de quelques-uns de ses articles, le Corps législatif est tenu de convoquer toutes les assemblées primaires de la république, pour savoir s'il y a lieu à une convention nationale.

116. La convention nationale est formée de la même manière que les législatures, et en réunit les pouvoirs.

117. Elle ne s'occupe, relativement à la constitution, que des objets qui ont motivé sa convocation.

Des rapports de la république française avec les nations étrangères.

118. Le peuple français est l'ami et l'allié naturel des peuples libres.

119. Il ne s'immisce point dans le gouvernement des autres nations; il ne souffre pas que les autres nations s'immiscent dans le sien.

120. Il donne asile aux étrangers bannis de leur patrie pour la cause de la liberté.

Il le refuse aux tyrans.

121. Il ne fait point la paix avec un ennemi qui occupe son territoire.

De la garantie des droits.

122. La constitution garantit à tous les Français l'égalité, la liberté, la sûreté, la propriété, la dette publique, le libre exercice des cultes, une instruction commune, des secours publics, la liberté indéfinie de la presse, le droit de pétition, le droit de se réunir en sociétés populaires, la jouissance de tous les droits de l'homme.

123. La république française honore la loyauté, le courage, la vieillesse, la piété filiale, le malheur. Elle remet le dépôt de sa constitution sous la garde de toutes les vertus.

124. La déclaration des droits et l'acte constitutionnel sont gravés sur des tables au sein du Corps législatif et dans les places publiques.

27-28 JUIN 1793. — *Décret de la Convention nationale, qui ordonne la convocation des assemblées primaires, pour la présentation de la déclaration des droits de l'homme et du citoyen, et de l'acte constitutionnel.* (L. XIV, 845; Baud. XXXI, 247.)

La Convention nationale, après avoir entendu le rapport de son comité de salut public, décrète :

Art. 1er. La déclaration des droits de l'homme et du citoyen, et l'acte constitutionnel présentés à l'acceptation du peuple français, seront envoyés à toutes les communes, aux armées et aux sociétés populaires; et le comité de salut public est chargé d'en adresser aux représentants du peuple près les armées et aux généraux.

2. La déclaration des droits et l'acte constitutionnel seront présentés à l'acceptation des assemblées primaires convoquées dans la huitaine au plus tard, à compter du jour de la réception du présent décret.

3. Les assemblées primaires se formeront dans les chefs-lieux de canton, ainsi qu'il a été pratiqué jusqu'à présent.

4. Le peuple français est invité à exprimer son vœu par la formule énoncée dans l'article 20, au titre des assemblées primaires.

5. Après que les votes seront recensés, chaque assemblée primaire enverra à la Convention une expédition de son procès-verbal, et un citoyen pour se réunir à Paris le 10 août, à la fête nationale de l'unité et de l'indivisibilité de la république, lesquels envoyés ne pourront être choisis parmi les fonctionnaires publics, officiers civils et militaires.

6. Le recensement de la volonté nationale sera fait à la Convention nationale en présence des envoyés des assemblées primaires et des citoyens; son résultat sera proclamé solennellement le 10 août sur l'autel de la patrie.

7. La réunion civique qui avait lieu chaque année le 14 juillet, aura lieu à l'avenir le 10 août.

8. Immédiatement après la publication du vœu du peuple français sur l'acte constitutionnel, la Convention indiquera l'époque prochaine des assemblées primaires, pour l'élection des députés de l'Assemblée nationale et la formation des autorités constituées.

9. Le comité d'instruction publique est expressément chargé de présenter dans trois jours les moyens d'exécution de la fête nationale du 10 août.

10. Il sera envoyé avec le présent décret une instruction et un modèle de procès-verbal ci-annexés, et que les assemblées primaires seront invitées à suivre, pour que l'uniformité de l'expression de leur vœu ne laisse aucune incertitude de son résultat.

11. Il sera alloué à chacun des envoyés des assemblées primaires, six livres par poste pour le départ et le retour, et soixante livres pour leur séjour à Paris.

Les frais seront payés sur la présentation du procès-verbal de l'assemblée primaire et sur la quittance du citoyen nommé; savoir, pour le départ, par les receveurs de district; et pour le séjour et le retour, par la trésorerie nationale.

Ces quittances et procès-verbaux seront reçus comme comptant à la trésorerie nationale, et serviront de pièces comptables.

12. L'acte constitutionnel et le présent décret adressés aux communes, aux armées et aux sociétés populaires, seront portés par des courriers extraordinaires aux administrations de département et de district qui, dans les trois jours, seront tenues de les faire parvenir dans toutes les communes et chef-lieux de canton pour y être affichés.

13. Les administrateurs de département et de district feront annoncer solennellement l'envoi de l'acte constitutionnel, et certifieront au ministre de l'intérieur, de la réception, affiche et proclamation.

Instruction.

La constitution présentée au peuple français contient tout ce qui a paru nécessaire pour déterminer la formation régulière des assemblées primaires, et le mode d'exprimer leur vœu; mais les assemblées convoquées pour délibérer l'acceptation de l'acte constitutionnel, ne pouvaient être assujetties à ces formes avant que la volonté nation le les eût adoptées. Il était donc indispensable de suivre encore ce qui s'est pratiqué jusqu'à ce jour pour constituer ces assemblées, et recueillir les voix.

C'est sur ce plan qu'a été rédigé le modèle du procès-verbal qui doit être dressé; les citoyens composant ces assemblées sont invités à le suivre, pour mettre dans la rédaction de leur délibération, l'uniformité, sans laquelle le recensement deviendrait impossible, ou le résultat incertain.

Chaque assemblée ayant la police dans son sein, le modèle n'a pu avoir pour objet que d'indiquer ce qui a été jugé le plus simple; c'est dans cette vue qu'il a été restreint à l'expression des actes essentiels, sans spécifier aucune des formes qui peuvent être choisies.

Modèle du procès-verbal.

DÉPARTEMENT d

DISTRICT d

CANTON d

Cejourd'hui...... mil sept cent quatre-vingt-treize, l'an second de la république française, les citoyens {*du canton d....* / *de la section d...*} *district d..... département d..... se sont réunis en assemblée primaire, ensuite de la convocation faite en exécution du décret de la Convention nationale, du.....*

N..... citoyen le plus âgé, a fait provisoirement les fonctions de président.

N..... citoyen le plus jeune, a fait provisoirement les fonctions de secrétaire.

L'assemblée a procédé à la nomination d'un président, d'un secrétaire, et de trois citoyens appelés au bureau, pour inscrire les noms des citoyens présents, et tenir note des suffrages.

N.... a été élu président.

N..... secrétaire.

N....., N....., N....., pour siéger au bureau.

Le président a annoncé l'objet de la réunion des citoyens en assemblée primaire.

{Le commissaire chargé / Les commissaires chargés} *par* {la municipalité / les municipalités} *du canton, de porter à l'assemblée, avec les lettres de convocation, l'acte constitutionnel présenté au peuple français par la Convention nationale, et le décret du..... dernier, en* {*a* / *ont*} *fait remise sur le bureau.*

Le secrétaire a fait lecture de l'acte constitutionnel.

Dans le cas où la séance serait interrompue, il sera fait mention de l'ajournement pour la continuation de la délibération.

La lecture de l'acte constitutionnel achevée, le président a mis aux voix l'acceptation, et fait faire l'appel sur la liste des citoyens présents.

L'appel fini et le recensement fait, le nombre des votants s'est trouvé de..... dont..... ont voté pour l'acceptation, et..... contre.

Le présent procès-verbal a été rédigé en deux doubles, l'un pour être déposé au secrétariat de la municipalité du lieu de l'assemblée, l'autre pour être remis à N...... citoyen nommé pour le porter à la Convention nationale, conformément à l'article... du décret dudit jour.....

Et ont signé les président, secrétaire et scrutateurs.

1er JUILLET 1793. — *Décret de la Convention nationale, qui prononce la peine de mort contre tout falsificateur de la déclaration des droits de l'homme et du citoyen, et de l'acte constitutionnel.* (L. XV, 4; Baud. XXXII, 3.)

La Convention nationale, sur le rapport de son comité de salut public, décrète ce qui suit :

Toute personne qui aura imprimé ou fait imprimer, vendu ou distribué, fait vendre ou distribuer un ou plusieurs exemplaires, altérés ou falsifiés de la déclaration des droits de l'homme et du citoyen, et de l'acte constitutionnel dont la rédaction a été décrétée le 24 juin 1793, et présentée ensuite par la Convention nationale à l'acceptation du peuple français, sera puni de mort.

---

17 JUILLET 1793. — *Décret de la Convention nationale, relatif à l'envoi de l'acte constitutionnel.* (L. XV, Baud. XXXII.)

Art. 1er. Le conseil exécutif fera passer, par

des courriers extraordinaires, si besoin est, l'acte constitutionnel aux communes dépendant de départements ou de districts qui, par leurs principes contre-révolutionnaires, ne l'ont pas fait parvenir aux communes de leur arrondissement.

2. Les officiers municipaux, aussitôt qu'ils auront reçu l'acte constitutionnel, convoqueront les citoyens de leur commune pour se réunir au chef-lieu du canton, en assemblée primaire, à l'effet d'émettre leur vœu sur l'acte constitutionnel.

---

19 JUILLET 1793. — *Décret de la Convention nationale, qui convoque pour le 28 juillet les assemblées primaires en retard, pour émettre leur vœu sur l'acceptation de l'acte constitutionnel.* (L. XV, 133; Baud. XXXII, 153.)

Art. 1er. Toutes les assemblées primaires qui, par les intrigues coupables de leurs administrateurs, ou par des manœuvres criminelles, ou pour toute autre cause que ce soit, n'auraient pas reçu le décret du 27 juin, des assemblées primaires, sont convoquées pour le dimanche 28 juillet. Le présent décret tiendra lieu de convocation.

2. Aussitôt qu'elles seront formées, elles sont invitées à émettre leur vœu sur l'acceptation de l'acte constitutionnel, dans la forme indiquée par le décret du 27 juin dernier.

Le présent décret sera envoyé par des courriers extraordinaires.

---

19 JUILLET 1793. — *Décret de la Convention nationale, relatif au recensement des votes pour l'acceptation de l'acte constitutionnel.* (L. XV, Baud. XXXII.)

La Convention nationale, en interprétant l'article 5 de son décret du 7 juin, concernant la convocation et la tenue des assemblées primaires dans toute l'étendue de la république, à l'effet de délibérer sur la déclaration des droits de l'homme et de l'acte constitutionnel, présentés à l'acceptation du peuple français, désirant qu'il ne soit apporté aucun retard au recensement des votes, dont le résultat doit être proclamé le 10 août prochain, décrète que les présidents et secrétaires de chaque assemblée primaire sont tenus d'adresser à la Convention nationale, dans les vingt-quatre heures qui suivront la clôture de ladite assemblée, une expédition de son procès-verbal, et qu'il en sera remis un double au citoyen envoyé pour se réunir à Paris à la fête nationale de l'unité et de l'indivisibilité de la république.

Le présent décret sera envoyé par des courriers extraordinaires.

---

9 AOUT 1793. — *Décret de la Convention nationale, relatif aux indemnités des citoyens porteurs du vœu des assemblées primaires, pour l'acceptation de la constitution.* (L. XV, 377; Baud. XXXIII, 61.)

La Convention nationale décrète que tout citoyen, nommé par les assemblées primaires pour porter le vœu d'acceptation de la constitution, recevra à Paris, et sur sa déclaration, les indemnités, qui lui sont dues, tant pour la totalité ou complément des frais de route, que pour ceux de séjour, sans avoir égard à tous arrêtés de districts ou de départements, contraires au présent décret.

---

9 AOUT 1793. *Rapport de la commission chargée de recueillir et réunir les procès-verbaux d'acceptation de la constitution, et décret qui en ordonne l'impression et la distribution.* (Besenne, I, 60.)

La Convention nationale décrète que le rapport fait par la commission chargée de recueillir et réunir les procès-verbaux d'acceptation de la constitution, sera imprimé et distribué aux envoyés du peuple au nombre de six exemplaires.

Suit le rapport :

Citoyens, l'édifice de la liberté est achevé; élevé par la main du peuple souverain, il sera durable. La trahison, la persécution et la calomnie ont constamment entouré la Convention nationale pendant tout le temps qu'elle en préparait les matériaux : elle n'a vu que son devoir, elle savait que sa persévérance dans son caractère ferme et ses principes républicains, assurerait à la raison un triomphe éclatant.

Une constitution populaire, symbole de la vertu et du bonheur, succède enfin à une constitution monstrueuse, idolâtrée plus que jamais par l'aristocratie, et protégée vivement par le canon des rois. C'est dans ce livre monarchique que l'on a découvert la source des malheureux événements qui ont si rapidement eu lieu depuis 1789 : le peuple souffre encore, mais sa patience et son courage, en mesure avec la misère que la tyrannie lui fait éprouver, le sauveront du naufrage.

Qu'il est doux, pour la représentation nationale, de posséder, dans le temple des lois, les envoyés du souverain! La grande famille est donc réunie malgré les orages politiques qui grondent encore sur la surface du globe pour la dissoudre!... Fidèles mandataires, hommes libres, vous voilà! votre force est dans votre fraternité : elle se développera par votre énergie.

Citoyens, le génie destructeur du cabinet de Saint-James a aussi cherché à répandre son venin dans les assemblées primaires; quelques-unes, peu nombreuses à la vérité, en furent infectées; la presque majorité de leurs membres a voté contre l'acceptation de la constitution. La commission que vous avez nommée pour réunir les procès-verbaux des assemblées répondant à votre confiance, les a examinés avec une scrupuleuse attention; elle a vu sans étonnement que le peuple français, jaloux d'avoir recouvré ses droits, demeurerait libre : il l'a juré.

Imitateur du peuple romain, mais plus digne que lui d'exercer la souveraineté, il volera de la charrue au combat : nul sacrifice ne sera plus épargné pour le succès de sa cause.

Oui, la malveillance a fait très-peu de progrès dans les assemblées primaires. Des hommes revenus de Londres, de Madrid, de Vienne et de Berlin, ont eu l'audace de s'y introduire, notamment dans le district de Lons-le-Saulnier, département du Jura, et dans quelques autres départements dont les administrateurs se sont révoltés. Ils y ont osé développer des opinions anticiviques, mais absolument étrangères à l'objet de la réunion des citoyens. Gémissons sur cet égarement éphémère dans lequel ils ont jeté nos frères, qui ne peuvent pas se séparer de nous; ils ne seront pas insensibles à la voix de la patrie qui les rappelle. Il en est qui ont étendu leurs délibérations au delà de l'acceptation de la constitution; cette acceptation étant presque unanime, tous autres objets font la matière de pétitions à renvoyer aux comités compétents.

La preuve la plus convaincante à donner à l'univers entier, du vœu bien prononcé du peuple français pour la forme du gouvernement qu'il adopte, c'est que sur 44,000 communes qui composent la république, et qui offrent une immense population, la commune de Saint-Donan, faisant partie de l'assemblée primaire du canton de Plouvara, district de Saint-Brieuc, département des Côtes-du-Nord, forte seulement de 190 habitants, est l'unique qui ait demandé le fils de Capet pour roi et le rétablissement du clergé; toutes les autres communes de cette assemblée primaire en ont été indignées; et celle de Saint-Donan, ayant à sa tête un nommé Ives Lotelier pour maire, s'est retirée après avoir usé de menaces et rédigé séparément un procès-verbal qui n'est pas parvenu à votre commission.

Un seul point sur lequel vous devrez sérieusement fixer vos regards, sera de faire connaître à quelle époque auront lieu les convocations pour l'élection des députés de l'Assemblée nationale. Un petit nombre d'assemblées primaires le demande, et avec une telle âcreté, que, si tel était leur pouvoir, à peine vous donneraient-elles le temps de paraître à la fête civique avec votre caractère de représentants du peuple. Dans la presque totalité des assemblées, la déclaration des droits de l'homme et l'acte constitutionnel furent lus, relus, médités, discutés avec calme, et vous remarquerez, par le résultat du recensement des votes, que peu de citoyens ont voté contre l'acceptation; qu'un petit nombre a fait des observations sur l'ensemble ou partie de cet utile et important travail; qu'enfin, la masse imposante du peuple souverain l'a honoré de sa sanction.

L'éloignement des départements qui confinent à l'Espagne et à la Méditerranée, le peu d'intervalle qu'il y a entre la tenue des assemblées primaires et la célébration de la fête nationale, la difficulté de se procurer des chevaux sur les routes, retardent nécessairement l'arrivée à Paris, des citoyens de ces contrées; plusieurs sont déjà à leur poste; les autres, probablement, y seront rendus dans le jour; on sait d'ailleurs qu'ils se sont levés en masse, et qu'ils combattent, dans ce moment, les Espagnols. Le tableau du recensement des votes s'achève; demain il sera remis au doyen des envoyés du peuple, qui l'offrira au président de la Convention, pour le proclamer au Champ de Mars, sous la voûte du ciel. Il est à croire que bien peu d'assemblées primaires n'auront pas répondu à temps au vœu général.

La république comprend, dans toute son étendue, 4,944 cantons, dont plusieurs sont divisés en différentes assemblées primaires; votre commission a désiré suppléer à ce qu'il y a d'imparfait dans la rédaction de quelques procès-verbaux, où l'unanimité, pour l'acceptation, est prononcée sans qu'il y soit question du nombre des votants. Elle s'est rappelé qu'un peuple libre pouvait, dans l'exercice de sa souveraineté, s'élever au-dessus des formes que l'enthousiasme seul a fait oublier; et, par respect pour ses droits, elle a cru ne devoir s'attacher qu'à bien connaître le total des assemblées primaires de la France; elle n'a pu, à cet égard, se procurer des renseignements sûrs, ni à votre comité de division, ni chez les ministres : chaque envoyé du peuple, et plusieurs autorités constituées auxquelles elle en avait écrit, l'ont aidée de leurs lumières. Il fallait adopter cette mesure pour donner un résultat certain.

Si l'on excepte Marseille, qui se déshonore en violant l'unité de la république, qui guerroie encore sans pudeur le patriotisme, et qui oppose une barrière aux envoyés des assemblées primaires tenues près de ses murs, les autres grandes communes, qui d'abord avaient été aveuglées sur les derniers et mémorables événements de Paris, ont vu la vérité tout entière; elles ont senti l'odieux du projet de fédéralisme qui avait été perfidement formé; leurs procès-verbaux portent acceptation unanime de l'acte constitutionnel; c'est la plus belle et la plus généreuse rétractation qu'elles aient eue à offrir à la France, de l'erreur où elles ont été entraînées.

Le département de la Corse, séparé par les mers, se trouve actuellement en proie à l'intrigue et à l'aristocratie; il n'a pu participer au vœu de la France, dont il fait partie; il est encore douteux si les bons citoyens de ce département ont connaissance des utiles travaux de la Convention depuis le 2 juin.

Quant au département de la Vendée, il n'est pas entièrement gangrené; les patriotes, échappés à la fureur des brigands, se sont ralliés. Votre commission a connaissance que vingt-neuf assemblées primaires y ont eu lieu; elles ont voté, à l'unanimité, l'acceptation de la constitution : leurs envoyés sont dans cette enceinte.

Le nombre des assemblées primaires, dans le département du Nord, est de cent quatre-vingt-quatre; la très-grande majorité a eu lieu : les puissances étrangères qui envahissent une partie de son territoire, ont mis nécessairement obstacle à la tenue du surplus, notamment dans les districts de Valenciennes, Lille, et dans les cantons de Bavay, Marchiennes et Orchies.

En général, les habitants de nos vastes frontières ont montré un grand caractère; leur amour pour la liberté ne peut pas être suspect; on sait que le sort des armes n'est pas toujours heureux. Eh bien! ils ont prévu les événements : l'ennemi à leurs portes, menacés d'une invasion prochaine, ils se sont empressés de voter l'acceptation de la constitution, de l'annoncer par le canon des remparts, et d'adresser à la Convention nationale les procès-verbaux de leurs assemblées primaires.

Les armées de la république n'ont pas été les dernières à se signaler; c'est dans les camps, en face de leurs nombreux ennemis, qu'elles combattent avec valeur, qu'elles ont juré fidélité à la constitution, et que leurs bras, pour sa défense, ne seraient jamais inactifs.

Toutes les sociétés populaires, la majorité des corps constitués, un grand nombre de citoyens, non contents d'avoir émis leurs vœux dans leurs assemblées respectives, ont envoyé à la Convention des adresses qui prouveront aux siècles futurs combien le républicanisme, dès son berceau, avait déjà d'empire sur les Français libres.

Vous avez vu, dans ce temple, l'enfance et la vieillesse parsemer de fleurs et orner de trophées le livre de la loi. Qu'il était touchant d'entendre le vénérable vieillard, blanchi sous le harnois, dire à ses enfants : *Voilà votre héritage ; il sera le prix de vos travaux et de vos vertus ; suivez mes traces ; mon bras, quoique affaibli, demeurera armé jusqu'à la mort pour vous le conserver !*

Les peuples de la terre, mieux instruits un jour, s'étonneront que tout le fruit de leurs sueurs et de leur industrie ait servi aux despotes qui les gouvernent, pour tâcher de faire retomber sous le joug vingt-cinq millions de Français.

Revenus de leur léthargie politique, alors seulement ils sentiront le poids de leurs chaînes, ils les secoueront, la France entière leur offrira un vaste tableau de prospérité.

Une guerre sans exemple à soutenir au dehors; des ennemis de tout genre à subjuguer; des malveillants à contenir; des troubles intérieurs, excités par un or étranger et corrupteur, à apaiser; la rareté et le prix excessif des denrées et des vêtements : voilà nos fléaux momentanés; mais ils ne refroidiront pas notre attachement au gouvernement républicain : que le canon qui a renversé la Bastille et le trône, gronde utilement sur les rives de la Loire, du Rhin et de l'Escaut, et la France libre ne sera pas plus longtemps opprimée.

Le peuple français a renoncé à ses usages, parce qu'il en a trouvé de meilleurs : fier, généreux, ennemi de la monarchie, il s'est déclaré l'ami des peuples.

Que prétendent donc les satellites qui souillent impunément son territoire? Croient-ils que la prise de quelques forteresses assoupira son courage, obligera la France à capituler avec eux? Non, nous tiendrons nos serments; la constitution que nous allons jurer sur l'autel de la patrie, nous prescrit de résister à l'oppression. Nos ennemis sentiront la puissance de nos armes et de notre bonne cause; les fugitifs et les proscrits combattent pour leurs dernières espérances; la barrière qui les contient, subsistera, et tous les moyens que les puissances coalisées emploient pour dégoûter les Français de leurs devoirs seront impuissants.

Envoyés du peuple, lorsque vous serez de retour dans vos foyers, instruisez vos concitoyens de ce qui se passe à Paris. Avez-vous vu l'habitant de cette grande cité, le poignard à la main, exercer d'injustes vengeances et crier à l'anarchie? (*Les envoyés du peuple ont unanimement répondu*, NON.) Voilà cependant le tableau qu'on vous en a fait; on ne voulait pas que vous parvinssiez jusqu'à lui : cette étonnante ville, berceau de la liberté, sera toujours la terreur des méchants. Engagez ses habitants, une fois la république affermie, d'aller visiter leurs frères des départements, ils trouveront écrits en gros caractère, sur chacune de leurs demeures, ces mots : *Ici est l'asile du Parisien.*

Avez-vous vu la représentation nationale outragée, cernée, environnée de despotes? (*Les envoyés du peuple ont encore unanimement répondu*, NON.) Comment ce vain prétexte, inventé pour fédéraliser quelques départements mal administrés, aurait-il pu longtemps séduire? Jamais législateur ne fut plus libre dans son opinion. La constitution n'est pas sortie du volcan qui, dans les premiers mois de cette année, alimentait ici la discorde; ses éruptions ont fait de grands ravages, il est vrai; mais le calme et la paix règnent autour de nous, et chaque jour est marqué par des lois salutaires.

Soyez notre organe auprès de nos frères; assurez-les tous, et nous en prenons ici l'engagement sacré, qu'avant notre remplacement, qu'importe son époque, un code civil et uniforme, une instruction nationale, et, s'il est possible, des lois explicatives des bases de la constitution, auront été décrétés : ce seront nos derniers travaux. Assurez-les que nous nous occuperons en même temps à faire fleurir le commerce, source inépuisable du bonheur d'une république; dites-leur que le soldat, le philosophe, l'agriculteur, l'orateur et l'artiste trouveront dans ce temple, en récompense de leurs travaux, la branche d'olivier et la couronne civique; dites-leur encore que nous ôterons à ceux qui commandent nos armées, jusqu'à la pensée de rien faire, de rien entreprendre contre l'intérêt de la patrie. Puissent ces grandes et utiles mesures s'opérer promptement! Il nous sera agréable alors de déposer en d'autres mains les rênes de l'État. Forts de notre conscience, nous serons satisfaits.

Premières sentinelles de la République, gardez-vous de jamais désespérer de son salut : après avoir planté au Champ-de-Mars l'olivier de la paix et de la fraternité, portez à vos concitoyens ces mots d'ordre : LIBERTÉ, ÉGALITÉ, UNITÉ, INDIVISIBILITÉ DE LA RÉPUBLIQUE.

---

18 VENDÉMIAIRE an II (9 OCTOBRE 1793). — *Décret relatif à l'acte du 29 mai 1793, intitulé :* Déclaration des droits de l'homme. (L. XVI, 166; Baud. XXXV, 161.)

La Convention nationale, après avoir entendu le rapport de son comité de législation, sur la lettre du ministre de la justice du 16 juillet dernier, par laquelle il propose d'annuler la première déclaration des droits de l'homme décrétée le 29 mai, et de retirer les exemplaires qui en ont été envoyés officiellement avant le 24 juin, date de celle qui depuis a été acceptée par le peuple; — considérant que l'acte du 29 mai, intitulé *Déclaration des droits de l'homme*, est nul de plein droit, n'ayant été ni accepté par le peuple, ni même présenté à son acceptation, déclare qu'il n'y a pas lieu à délibérer.

Le présent décret sera envoyé à toutes les autorités constituées et à tous les fonctionnaires publics auxquels a été adressé l'acte du 29 mai.

1er FLORÉAL an II (20 avril 1794). — *Décret relatif à l'affermissement de la république démocratique.* (L. XVII, 743; Baud. XLII, 9.)

SECTION III. GOUVERNEMENT PROVISOIRE ET RÉVOLUTIONNAIRE (1).

19 VENDÉMIAIRE an II (10 octobre 1793). — *Décret portant que le gouvernement provisoire de la France est révolutionnaire jusqu'à la paix.* (L. XVI, 179; Baud. XXXV, 173) (2).

Du gouvernement

Art. 1er. Le gouvernement provisoire de la France est révolutionnaire jusqu'à la paix.

2. Le conseil exécutif provisoire, les ministres, les généraux, les corps constitués, sont placés sous la surveillance du comité de salut public, qui en rendra compte tous les huit jours à la Convention.

3. Toute mesure de sûreté doit être prise par le conseil exécutif provisoire, sous l'autorisation du comité, qui en rendra compte à la Convention.

4. Les lois révolutionnaires doivent être exécutées rapidement. Le gouvernement correspondra immédiatement avec les districts dans les mesures de salut public.

5. Les généraux en chef seront nommés par la Convention nationale, sur la présentation du comité de salut public.

6. L'inertie du gouvernement étant la cause des revers, les délais pour l'exécution des décrets et des mesures de salut public seront fixés. La violation des délais sera punie comme un attentat à la liberté.

Subsistances.

7. Le tableau des productions en grains, de chaque district, fait par le comité de salut public, sera imprimé et distribué à tous les membres de la Convention, pour être mis en action sans délai.

8. Le nécessaire de chaque département sera évalué par approximation, et garanti. Le superflu sera soumis aux réquisitions.

9. Le tableau des productions de la république sera adressé aux représentants du peuple, aux ministres de la marine et de l'intérieur, aux administrateurs des subsistances. Ils devront requérir dans les arrondissements qui leur auront été assignés. Paris aura un arrondissement particulier.

10. Les réquisitions pour le compte des départements stériles seront autorisées et réglées par le conseil exécutif provisoire.

11. Paris sera approvisionné au 1er de mars pour une année.

Sûreté générale.

12. La direction et l'emploi de l'armée révolutionnaire seront incessamment réglés, de manière à comprimer les contre-révolutionnaires.

Le comité de salut public en présentera le plan.

13. Le conseil enverra garnison dans les villes où il sera élevé des mouvements contre-révolutionnaires. Les garnisons seront payées et entretenues par les riches de ces villes jusqu'à la paix.

Finances.

14. Il sera créé un tribunal et un jury de comptabilité. Ce tribunal et ce jury seront nommés par la Convention nationale; ils seront chargés de poursuivre tous ceux qui ont manié les deniers publics depuis la révolution, et de leur demander compte de leur fortune.

L'organisation de ce tribunal est renvoyée au comité de législation.

---

14 FRIMAIRE an II (4 décembre 1793). — *Décret sur le mode de gouvernement provisoire et révolutionnaire.* (L. XVI, 690; Baud. XXXVII, 141.)

SECTION 1re.

Envoi et promulgation des lois.

Art. 1er. Les lois qui concernent l'intérêt public, ou qui sont d'une exécution générale, seront imprimées séparément dans un bulletin numéroté, qui servira désormais à leur notification aux autorités constituées. Ce bulletin sera intitulé *Bulletin des lois de la République.*

2. Il y aura une imprimerie exclusivement destinée à ce bulletin, et une commission composée de quatre membres pour en suivre les épreuves, et pour en expédier l'envoi. Cette commission, dont les membres seront personnellement responsables de la négligence et des retards dans l'expédition, est placée sous la surveillance immédiate du comité de salut public.

3. La commission de l'envoi des lois réunira dans ses bureaux les traducteurs nécessaires pour traduire les décrets en différents idiomes encore usités en France, et en langues étrangères pour les lois, discours, rapports et adresses dont la publicité dans les pays étrangers est utile aux intérêts de la liberté et de la République française : le texte français sera toujours placé à côté de la version.

4. Il sera fabriqué un papier particulier pour l'impression de ce bulletin, qui portera le sceau de la République : les lois y seront imprimées telles qu'elles sont délivrées par le comité des procès-verbaux; chaque numéro portera de plus ces mots, *pour copie conforme*, et le contreseing de deux membres de la commission de l'envoi des lois.

5. Les décrets seront délivrés par le comité des procès-verbaux à la commission de l'envoi des lois, et sur sa réquisition, le jour même où leur rédaction aura été approuvée; et la lecture de cette rédaction sera faite au plus tard le lendemain du jour où le décret aura été rendu.

6. L'envoi des lois d'une exécution urgente aura lieu dès le lendemain de l'approbation de leur rédaction. Quant aux lois moins pressantes ou très-volumineuses, leur expédition ne pourra être retardée plus de trois jours après l'adoption de leur rédaction.

7. Le bulletin des lois sera envoyé par la poste aux lettres. Le jour du départ et le jour de la réception seront constatés de la même manière que les paquets chargés.

8. Ce bulletin sera adresssé directement, et jour par jour, à toutes les autorités constituées, et à tous les fonctionnaires publics chargés, ou de surveiller l'exécution, ou de faire l'application des lois. Ce bulletin sera distribué aux membres de la Convention.

9. Dans chaque lieu, la promulgation de la loi sera faite, dans les vingt-quatre heures de la réception, par une publication à son de trompe ou de tambour; et la loi deviendra obligatoire à compter du jour de la promulgation.

10. Indépendamment de cette proclamation dans chaque commune de la république, les lois seront lues aux citoyens dans un lieu public, chaque décadi, soit par le maire, soit par un

(1) Les actes compris dans cette section auraient pu être considérés comme actes modificatifs de la constitution de 1793; mais, vu leur grande importance historique, et leur caractère provisoire, nous avons pensé qu'il valait mieux en faire une section à part.

Voy. CONVENTION NATIONALE. — COMITÉS.

(2) Voy. Acte constit. du 24 juin 1793. — Loi du 14 frim. an II.

officier municipal, soit par les présidents de section.

11. Le traitement de chaque membre de la commission de l'envoi des lois sera de 8,000 livres. Ces membres seront nommés par la Convention, sur une liste présentée par le comité de salut public.

12. Le comité de salut public est chargé de prendre toutes les mesures nécessaires pour l'exécution des articles précédents, et d'en rendre compte tous les mois à la Convention.

SECTION II.

Exécution des lois.

Art. 1er. La Convention nationale est le centre unique de l'impulsion du gouvernement.

2. Tous les corps constitués et les fonctionnaires publics sont mis sous l'inspection immédiate du comité de salut public, pour les mesures de gouvernement et de salut public, conformément au décret du 19 vendémiaire; et pour tout ce qui est relatif aux personnes et à la police générale et intérieure, cette inspection particulière appartient au comité de sûreté générale de la Convention, conformément au décret du 17 septembre dernier : ces deux comités sont tenus de rendre compte à la fin de chaque mois, des résultats de leurs travaux, à la Convention nationale. Chaque membre de ces deux comités est personnellement responsable de l'accomplissement de cette obligation.

3. L'exécution des lois se distribue en surveillance et en application.

4. La surveillance active relativement aux lois et mesures militaires, aux lois administratives, civiles et criminelles, est déléguée au conseil exécutif, qui en rendra compte par écrit, tous les dix jours, au comité de salut public, pour lui dénoncer les retards et les négligences dans l'exécution des lois civiles et criminelles, des actes de gouvernement et des mesures militaires et administratives, ainsi que les violations de ces lois et de ces mesures, et les agents qui se rendront coupables de ces négligences et de ces infractions.

5. Chaque ministre est en outre personnellement tenu de rendre un compte particulier et sommaire des opérations de son département, tous les dix jours, au comité de salut public, et de dénoncer tous les agents qu'il emploie, et qui n'auraient pas exactement rempli leurs obligations.

6. La surveillance de l'exécution des lois révolutionnaires et des mesures de gouvernement, de sûreté générale et de salut public dans les départements, est exclusivement attribuée aux districts, à la charge d'en rendre compte exactement tous les dix jours au comité de salut public, pour les mesures de gouvernement et de salut public, et au comité de surveillance de la Convention, pour ce qui concerne la police générale et intérieure, ainsi que les individus.

7. L'application des mesures militaires appartient aux généraux et autres agents attachés au service des armées; l'application des lois militaires appartient aux tribunaux militaires; celle des lois relatives aux contributions, aux manufactures, aux grandes routes, aux canaux publics, à la surveillance des domaines nationaux, appartient aux administrations de département; celle des lois civiles et criminelles, aux tribunaux, à la charge expresse d'en rendre compte tous les dix jours au conseil exécutif.

8. L'application des lois révolutionnaires et des mesures de sûreté générale et de salut public est confiée aux municipalités et aux comités de surveillance ou révolutionnaires, à la charge pareillement de rendre compte, tous les dix jours, de l'exécution de ces lois, au district de leur arrondissement, comme chargé de leur surveillance immédiate.

9. Néanmoins, afin qu'à Paris l'action de la police n'éprouve aucune entrave, les comités révolutionnaires continueront de correspondre, directement et sans aucun intermédiaire, avec le comité de sûreté générale de la Convention, conformément au décret du 17 septembre dernier.

10. Tous les corps constitués enverront aussi, à la fin de chaque mois, l'analyse de leurs délibérations et de leur correspondance à l'autorité qui est spécialement chargée, par ce décret, de les surveiller immédiatement.

11. Il est expressément défendu à toute autorité et à tout fonctionnaire public de faire des proclamations, ou de prendre des arrêtés extensifs, limitatifs ou contraires au sens littéral de la loi, sous prétexte de l'interpréter ou d'y suppléer.

A la Convention seule appartient le droit de donner l'interprétation des décrets, et l'on ne pourra s'adresser qu'à elle seule pour cet objet.

12. Il est également défendu aux autorités intermédiaires, chargées de surveiller l'exécution et l'application des lois, de prononcer aucune décision, et d'ordonner l'élargissement des citoyens arrêtés. Ce droit appartient exclusivement à la Convention nationale, aux comités de salut public et de sûreté générale, aux représentants du peuple dans les départements et près les armées, et aux tribunaux, en faisant l'application des lois criminelles et de police.

13. Toutes les autorités constituées seront sédentaires, et ne pourront délibérer que dans le lieu ordinaire de leurs séances, hors les cas de force majeure, et à l'exception seulement des juges de paix et de leurs assesseurs, et des tribunaux criminels des départements, conformément aux lois qui consacrent leur ambulance.

14. A la place des procureurs syndics de district, des procureurs de commune, et de leurs substituts, qui sont supprimés par ce décret, il y aura des agents nationaux spécialement chargés de requérir et de poursuivre l'exécution des lois, ainsi que de dénoncer les négligences apportées dans cette exécution, et les infractions qui pourraient se commettre. Ces agents nationaux sont autorisés à se déplacer et à parcourir l'arrondissement de leur territoire, pour surveiller et s'assurer plus positivement que les lois sont exactement exécutées.

15. Les fonctions des agents nationaux seront exercées par les citoyens qui occupent maintenant les places de procureurs syndics de district, de procureurs des communes et de leurs substituts, à l'exception de ceux qui sont dans le cas d'être destitués.

16. Les agents nationaux attachés aux districts, ainsi que tout autre fonctionnaire public chargé personnellement par ce décret, ou de requérir l'exécution de la loi, ou de la surveiller plus particulièrement, sont tenus d'entretenir une correspondance exacte avec les comités de salut public et de sûreté générale. Ces agents nationaux écriront aux deux comités tous les dix jours, en suivant les relations établies par l'article 10 de cette section, afin de certifier les diligences faites pour l'exécution de chaque loi, et dénoncer les retards et les fonctionnaires publics négligents et prévaricateurs.

17. Les agents nationaux attachés aux communes sont tenus de rendre le même compte au district de leur arrondissement, et les présidents des comités de surveillance et révolutionnaires entretiendront la même correspondance, tant avec le comité de sûreté générale, qu'avec le district chargé de les surveiller.

18. Les comités de salut public et de sûreté générale sont tenus de dénoncer à la Convention les agents nationaux et tout autre fonctionnaire public chargé personnellement de la surveillance ou de l'application des lois, pour les faire punir conformément aux dispositions portées dans le présent décret.

19. Le nombre des agents nationaux, soit auprès des districts, soit auprès des communes, sera égal à celui des procureurs-syndics de district et de leurs substituts, et des procureurs de commune et de leurs substituts, actuellement en exercice.

20. Après l'épuration faite des citoyens appelés par ce décret à remplir les fonctions des agents nationaux près les districts, chacun d'eux fera passer à la Convention nationale, dans les vingt-quatre heures de l'épuration, les noms de ceux qui auront été ou conservés ou nommés dans cette place; et la liste en sera lue à la tribune, pour que les membres de la Convention s'expliquent sur les individus qu'ils pourront connaître.

21. Le remplacement des agents nationaux près les districts, qui seront rejetés, sera provisoirement fait par la Convention nationale.

22. Après que la même épuration aura été opérée dans les communes, elles enverront, dans le même délai, une pareille liste au district de leur arrondissement, pour y être proclamée publiquement.

SECTION III.

Compétence des autorités constituées.

Art. 1er. Le comité de salut public est particulièrement chargé des opérations majeures en diplomatie, et il traitera directement ce qui dépend de ces mêmes opérations.

2. Les représentants du peuple correspondront tous les dix jours avec le comité de salut public. Ils ne pourront suspendre et remplacer les généraux que provisoirement, et à la charge d'en instruire dans les vingt-quatre heures le comité de salut public; ils ne pourront contrarier ni arrêter l'exécution des arrêtés et des mesures de gouvernement pris par le comité de salut public; ils se conformeront, dans toutes leurs missions, aux dispositions du décret du 6 frimaire.

3. Les fonctions du conseil exécutif seront déterminées d'après les bases établies dans le présent décret.

4. La Convention se réserve la nomination des généraux en chef des armées de terre et de mer. Quant aux autres officiers généraux, les ministres de la guerre et de la marine ne pourront faire aucune promotion sans en avoir présenté la liste ou la nomination motivée au comité de salut public, pour être par lui acceptée ou rejetée. Ces deux ministres ne pourront pareillement destituer aucun des agents militaires nommés provisoirement par les représentants du peuple envoyés près les armées, sans en avoir fait la proposition écrite et motivée au comité de salut public, et sans que le comité l'ait acceptée.

5. Les administrations de département restent spécialement chargées de la répartition des contributions entre les districts, et de l'établissement des manufactures, des grandes routes et des canaux publics, de la surveillance des domaines nationaux. Tout ce qui est relatif aux lois révolutionnaires, et aux mesures de gouvernement et de salut public, n'est plus de leur ressort. En conséquence, la hiérarchie qui plaçait les districts, les municipalités, ou toute autre autorité, sous la dépendance des départements, est supprimée, pour ce qui concerne les lois révolutionnaires et militaires, et les mesures de gouvernement, de salut public et de sûreté générale.

6. Les conseils généraux, les présidents et les procureurs généraux syndics des départements, sont également supprimés. L'exercice des fonctions de président sera alternatif entre les membres du directoire, et ne pourra durer plus d'un mois. Le président sera chargé de la correspondance, et de la réquisition et surveillance particulière dans la partie d'exécution confiée aux directoires de département.

7. Les présidents et les secrétaires des comités révolutionnaires et de surveillance seront pareillement renouvelés tous les quinze jours, et ne pourront être réélus qu'après un mois d'intervalle.

8. Aucun citoyen déjà employé au service de la République ne pourra exercer ni concourir à l'exercice d'une autorité chargée de la surveillance médiate ou immédiate de leurs fonctions.

9. Ceux qui réunissent ou qui concourent à l'exercice cumulatif de semblables autorités, seront tenus de faire leur option dans les vingt-quatre heures de la publication du présent décret.

10. Tous les changements ordonnés par le présent décret seront mis à exécution dans les trois jours, à compter de la publication de ce décret.

11. Les règles de l'ancien ordre établi, et auquel il n'est rien changé par ce décret, seront suivies jusqu'à ce qu'il en ait été autrement ordonné. Seulement les fonctions du district de Paris sont attribuées au département, comme étant devenues incompatibles, par cette nouvelle organisation, avec les opérations de la municipalité.

12. La faculté d'envoyer des agents appartient exclusivement au comité de salut public, aux représentants du peuple, au conseil exécutif et à la commission des subsistances. L'objet de leur mission sera énoncé en termes précis dans leur mandat.

Ces missions se borneront strictement à faire exécuter les mesures révolutionnaires et de sûreté générale, les réquisitions et les arrêtés pris par ceux qui les auront nommés.

Aucun de ces commissaires ne pourra s'écarter

des limites de son mandat; et dans aucun cas, la délégation des pouvoirs ne peut avoir lieu.

13. Les membres du conseil exécutif sont tenus de présenter la liste motivée des agents qu'ils enverront dans les départements, aux armées et chez l'étranger, au comité de salut public, pour être par lui vérifiée et acceptée.

14. Les agents du conseil exécutif et de la commission des subsistances sont tenus de rendre compte exactement de leurs opérations aux représentants du peuple qui se trouveront dans les mêmes lieux. Les pouvoirs des agents nommés par les représentants près les armées et dans les départements, expireront dès que la mission des représentants sera terminée, ou qu'ils seront rappelés par décret.

15. Il est expressément défendu à toute autorité constituée, à tout fonctionnaire public, à tout agent employé au service de la République, d'étendre l'exercice de leurs pouvoirs au delà du territoire qui leur est assigné, de faire des actes qui ne sont pas de leur compétence, d'empiéter sur d'autres autorités, et d'outre-passer les fonctions qui leur sont déléguées, ou de s'arroger celles qui ne leur sont pas confiées.

16. Il est aussi expressément défendu à toute autorité constituée d'altérer l'essence de son organisation, soit par des réunions avec d'autres autorités, soit par des délégués chargés de former des assemblées centrales, soit par des commissaires envoyés à d'autres autorités constituées. Toutes les relations entre tous les fonctionnaires publics ne peuvent plus avoir lieu que par écrit.

17. Tous congrès ou réunions centrales établies, soit par les représentants du peuple, soit par les sociétés populaires, quelque dénomination qu'elles puissent avoir, même de comité central de surveillance, ou de commission centrale révolutionnaire ou militaire, sont révoquées et expressément défendues par ce décret, comme subversives de l'unité d'action du gouvernement, et *tendant au fédéralisme;* et celles existantes se dissoudront dans les vingt-quatre heures, à compter du jour de la publication du présent décret.

18. Toute armée révolutionnaire, autre que celle établie par la Convention et commune à toute la république, est licenciée par le présent décret; et il est enjoint à tous citoyens incorporés dans de semblables institutions militaires, de se séparer dans les vingt-quatre heures, à compter de la publication du présent décret, sous peine d'être regardés comme rebelles à la loi, et traités comme tels.

19. Il est expressément défendu à toute force armée, quelle que soit son institution ou sa dénomination, et à tous chefs qui la commandent, de faire des actes qui appartiennent exclusivement aux autorités civiles constituées, même des visites domiciliaires, sans un ordre écrit et émané de ces autorités; lequel ordre sera exécuté dans les formes prescrites par les décrets.

20. Aucune force armée, aucune taxe, aucun emprunt forcé ou volontaire, ne pourront être levés qu'en vertu d'un décret. Les taxes révolutionnaires des représentants du peuple n'auront d'exécution qu'après avoir été approuvées par la Convention, à moins que ce soit en pays ennemi ou rebelle.

21. Il est défendu à toute autorité constituée de disposer des fonds publics, ou d'en changer la destination, sans y être autorisée par la Convention ou par une réquisition expresse des représentants du peuple, sous peine d'en répondre personnellement.

SECTION IV.

Réorganisation et épuration des autorités constituées.

Art. 1er. Le comité de salut public est autorisé à prendre toutes les mesures nécessaires pour procéder au changement d'organisation des autorités constituées portées dans le présent décret.

2. Les représentants du peuple dans les départements sont chargés d'en assurer et d'en accélérer l'exécution; comme aussi d'achever sans délai l'épuration complète de toutes les autorités constituées, et de rendre un compte particulier de ces deux opérations à la Convention nationale, avant la fin du mois prochain.

SECTION V.

De la pénalité des fonctionnaires publics et des autres agents de la république.

Art. 1er. Les membres du conseil exécutif, coupables de négligence dans la surveillance et dans l'exécution des lois pour la partie qui leur est attribuée, tant individuellement que collectivement, seront punis de la privation du droit de citoyen pendant six ans, et de la confiscation de la moitié des biens du condamné.

2. Les fonctionnaires publics salariés, et chargés personnellement par ce décret de requérir et de suivre l'exécution des lois, ou d'en faire l'application, et de dénoncer les négligences, les infractions, et les fonctionnaires et autres agents coupables, placés sous leur surveillance, et qui n'auront pas rigoureusement rempli ces obligations, seront privés du droit de citoyen pendant cinq ans, et condamnés pendant le même temps à la confiscation du tiers de leur revenu.

3. La peine des fonctionnaires publics non salariés, et chargés personnellement des mêmes devoirs et coupables des mêmes délits, sera la privation du droit de citoyen pendant quatre ans.

4. La peine infligée aux membres des corps judiciaires, administratifs, municipaux et révolutionnaires, coupables de négligence dans la surveillance ou dans l'application des lois, sera la privation du droit de citoyen pendant quatre ans, et une amende égale au quart du revenu de chaque condamné pendant une année pour les fonctionnaires salariés, et de trois ans d'exclusion de l'exercice des droits de citoyen pour ceux qui ne reçoivent aucun traitement.

5. Les officiers généraux et tous agents attachés aux divers services des armées, coupables de négligence dans la surveillance, exécution et application des opérations qui leur sont confiées, seront punis de la privation des droits de citoyen pendant huit ans, et de la confiscation de la moitié de leurs biens.

6. Les commissaires et agents particuliers nommés par les comités de salut public et de sûreté générale, par les représentants du peuple près les armées et dans les départements, par le conseil exécutif et la commission des subsistances, coupables d'avoir excédé les bornes de leur mandat, ou d'en avoir négligé l'exécution, ou de ne s'être pas soumis aux dispositions du présent décret, et notamment à l'article 13 de la section II, en ce qui les concerne, seront punis de cinq ans de fers.

7. Les agents inférieurs du gouvernement, même ceux qui n'ont aucun caractère public, tels que les chefs de bureau, les secrétaires, les commis de la Convention, du conseil exécutif, des diverses administrations publiques, de toute autorité constituée, ou de tout fonctionnaire public qui a des employés, seront punis par la suspension du droit de citoyen pendant trois ans, et par une amende du tiers du revenu du condamné pendant le même espace de temps, pour cause personnelle de toutes négligences, retards volontaires, ou infractions commises dans l'exécution des lois, des ordres et des mesures de gouvernement, de salut public et d'administration dont ils peuvent être chargés.

8. Toute infraction à la loi, toute prévarication, tout abus d'autorité, commis par un fonctionnaire public, ou par tout autre agent principal et inférieur du gouvernement et de l'administration civile et militaire, qui reçoit un traitement, seront punis de cinq ans de fers et de la confiscation de la moitié des biens du condamné; et pour ceux non salariés, coupables des mêmes délits, la peine sera la privation du droit de citoyen pendant six ans, et la confiscation du quart de leurs revenus pendant le même temps.

9. Tout contrefacteur du Bulletin des lois sera puni de mort.

10. Les peines infligées pour les retards et négligences dans l'expédition, l'envoi et la réception du Bulletin des lois, sont, pour les membres de la commission de l'envoi des lois, et pour les agents de la poste aux lettres, la condamnation à cinq années de fers, sauf les cas de force majeure légalement constatés.

11. Les fonctionnaires publics ou tous autres agents soumis à une responsabilité solidaire, et qui auront averti la Convention du défaut de surveillance exacte, ou de l'inexécution d'une loi, dans le délai de quinze jours, seront exceptés des peines prononcées par ce décret.

12. Les confiscations ordonnées par les précédents articles seront versées dans le trésor public, après toutefois avoir prélevé l'indemnité due au citoyen lésé par l'inexécution ou la violation d'une loi, ou par un abus d'autorité.

12-13 GERMINAL an II (1er-2 avril 1794). — *Décret qui supprime le conseil exécutif provisoire, et remplace le ministère par douze commissions.* (L. XVII, 654; Baud. XLI, 101.)

La Convention nationale, après avoir entendu le rapport de son comité de salut public, décrète:

Art. 1er. Le conseil exécutif provisoire est supprimé, ainsi que les six ministres qui le composent.

Toutes leurs fonctions cesseront au 1er floréal prochain.

2. Le ministère sera suppléé par douze commissions, dont l'énumération suit:

1° Commission des administrations civiles, police et tribunaux; 2° commission de l'instruction publique; 3° commission de l'agriculture et des arts; 4° commission du commerce et des approvisionnements; 5° commission des travaux publics; 6° commission des secours publics; 7° commission des transports, postes et messageries; 8° commission des finances; 9° commission de l'organisation et du mouvement de l'armée de terre; 10° commission de la marine et des colonies; 11° commission des armes, poudres et exploitation des mines; 12° commission des relations extérieures.

3. Chacune de ces commissions, à l'exception de celles dont il sera parlé dans l'article suivant, sera composée de deux membres et d'un adjoint: cet adjoint fera les fonctions de secrétaire et de garde des archives de la commission.

4. La commission des administrations civiles, police et tribunaux, et celle de l'instruction publique, seront composées chacune d'un commissaire et deux adjoints.

La commission des relations extérieures ne sera que d'un seul commissaire sans adjoint.

Celle de la guerre et celle de la marine ne seront également chacune que d'un seul commissaire et d'un adjoint.

Celle des finances sera de cinq commissaires et un adjoint.

La trésorerie nationale, le bureau de comptabilité et celui de la liquidation générale seront indépendants des susdites commissions, et correspondront directement avec la Convention nationale et le comité de salut public.

5. La commission des administrations civiles, police et tribunaux, comprendra celle qui est aujourd'hui désignée sous le nom de *commission de l'envoi des lois.*

Elle sera chargée du sceau de la républiq..., et des archives du sceau;

De l'impression de lois, de leur publication et de leur envoi à toutes les autorités civiles et militaires;

Du maintien général de la police, de la surveillance des tribunaux et de celle des corps administratifs et municipaux.

6. La commission de l'instruction publique sera chargée de la conservation des monuments nationaux, des bibliothèques publiques, musées, cabinets d'histoire naturelle, et collections précieuses;

De la surveillance des écoles et du mode d'enseignement;

De tout ce qui concerne les inventions et recherches scientifiques;

De la fixation des poids et mesures;

Des spectacles et fêtes nationales;

De la formation des tableaux de population et d'économie politique.

7. La commission d'agriculture, arts et manufactures, sera chargée de tout ce qui concerne l'économie rurale, les desséchements et défrichements, l'éducation des animaux domestiques, les écoles vétérinaires, les arts mécaniques, les usines, les filatures: et tout ce qui tient à l'industrie manufacturière.

8. La commission du commerce et des approvisionnements sera chargée de la circulation intérieure des subsistances et denrées de toute espèce, des importations et exportations;

De la formation des greniers d'abondance et magasins de tout genre;

De la subsistance des armées, et de leurs fournitures en effets d'habillement, d'équipement, casernement et campement.

Elle exercera seule le droit de préemption, sous la surveillance du comité de salut public.

9. La commission des travaux publics sera chargée de la construction des ponts et chaussées, du système général des routes et canaux de la République;

Du travail des ports et défense des côtes;

Des fortifications et travaux défensifs de la frontière;

Des monuments et édifices nationaux, civils et militaires.

10. La commission des secours publics sera chargée de tout ce qui concerne l'administration des hôpitaux civils et militaires, les secours à domicile, l'extinction de la mendicité, les invalides, les sourds et muets, les enfants abandonnés, la salubrité des maisons d'arrêt.

11. La commission des transports, postes et messageries, sera chargée de tout ce qui concerne le roulage, la poste aux chevaux, la poste aux lettres, les remontes, les charrois, convois et relais militaires de tout genre.

12. La commission des finances sera chargée de tout ce qui concerne l'administration des domaines et revenus nationaux, les contributions directes, les bois et forêts, les aliénations des domaines, les assignats et monnaies.

13. La commission de l'organisation et du mouvement des armées de terre sera chargée

De la levée des troupes et de leur organisation;

De l'exercice et de la discipline des gens de guerre;

Des mouvements et opérations militaires.

14. La commission de la marine et des colonies aura la levée des gens de mer, les classes et l'organisation des armées navales;

La défense des colonies;

La direction des forces et expéditions maritimes.

15. La commission des armes et poudres est chargée de tout ce qui concerne les manufactures d'armes à feu et armes blanches, les fonderies, bouches à feu et machines de guerre quelconques;

Des poudres, salpêtres et munitions de guerre;

Des magasins et arsenaux, tant pour la guerre que pour la marine.

16. Enfin la commission des relations extérieures sera chargée des affaires étrangères et des douanes.

17. Ces douze commissions correspondront avec le comité de salut public, auquel elles sont subordonnées : elles lui rendront compte de la série et des motifs de leurs opérations respectives.

Le comité annullera ou modifiera celles de ces opérations qu'il trouvera contraires aux lois ou à l'intérêt public. Il hâtera près d'elles l'expédition des affaires, fixera leurs attributions respectives, et les lignes de démarcation entre elles.

18. Chacune des commissions remettra, jour par jour, au comité de salut public,

1° L'état de situation sommaire de son département;

2° La dénonciation des abus et difficultés d'exécution qui se seront rencontrés;

3° Ses vues sur les réformes, le perfectionnement et la célérité des mesures d'ordre public.

Les membres de chacune des commissions particulières sont solidairement responsables pour leurs actes illégaux et pour leur négligence, conformément au décret du 14 frimaire relatif au gouvernement révolutionnaire.

19. Tous les emplois ou commissions, tant civils que militaires, seront donnés au nom de la Convention, et délivrés sous l'approbation du comité de salut public.

20. Les membres des commissions et leurs adjoints seront nommés par la Convention nationale, sur la présentation du comité du salut public

Ces commissions organiseront sans délai leurs bureaux, sous l'approbation du comité de salut public. Les nominations des employés lui seront également soumises, et devront être confirmées par lui.

21. Le traitement de chacun des commissaires sera de douze mille livres; celui des adjoints sera de huit mille livres; celui des employés dans les bureaux sera arrêté par le comité de salut public, et ne pourra excéder six mille livres.

22. Le comité de salut public est chargé de prendre toutes les mesures nécessaires à l'exécution du présent décret.

---

20 GERMINAL an II (19 avril 1794). — *Décret relatif à la comptabilité des douze commissions créées par décret du 12 germinal an II.* (L. XVII, 733; Baud. XLI, 241; Mon. du 1er floréal an II.)

Art. 1er. La comptabilité des douze commissions qui ont été créées par décret du 12 germinal, sera distincte et séparée de celle des anciens ministères, commissions ou administrations qui ont été supprimés.

2. Les nouvelles commissions ne pourront point disposer des fonds qui ont été mis à la disposition des anciens ministres, ordonnateurs, commissaires ou administrateurs qu'elles remplacent : toute disposition de fonds qui aurait été décrétée, et qui n'a pas été employée, est annulée.

3. A l'avenir, la trésorerie nationale ne pourra acquitter aucune ordonnance que sur les fonds qui auront été mis à la disposition de l'ordonnateur par un décret de la Convention.

4. Sont exceptées des dispositions de l'article précédent les dépenses de solde, subsistances et traitements des troupes de terre et de mer, dont la quotité est réglée par les lois; la trésorerie nationale demeurant chargée de les faire payer, comme par le passé, sur les revues et états ordonnancés.

5. Chaque commission présentera, dans le courant du mois de floréal, l'état détaillé et par aperçu des fonds nécessaires au service qui lui est confié, jusqu'au 30 prairial prochain, qui termine le troisième trimestre de l'an deuxième.

Elle présentera en même temps un état des dépenses arriérées qui seront dues.

6. Avant le 20 du dernier mois de chaque trimestre, chaque commission présentera de pareils états pour la dépense par aperçu du trimestre suivant.

7. Afin que le service public n'éprouve pas de retard, il sera mis provisoirement, et jusqu'à la remise des états, à la disposition,

1° De la commission des administrations civiles, police et tribunaux, jusqu'à concurrence d'un million cinq cent mille livres;

2° De celle de l'instruction publique, jusqu'à concurrence de deux millions;

3° De celle de l'agriculture et des arts, jusqu'à concurrence d'un million cinq cent mille livres;

4° De celle du commerce et des approvisionnements, jusqu'à concurrence de cent millions;

5° De celle des travaux publics, jusqu'à concurrence de six millions;

6° De celle des secours publics, jusqu'à concurrence de vingt millions;

7° De celle des transports, postes et messageries, jusqu'à concurrence de dix-huit millions;

8° De celle des revenus nationaux, jusqu'à concurrence de deux millions;

9° De celle de l'organisation et du mouvement des armées de terre, jusqu'à concurrence de trois millions;

10° De celle de la marine et des colonies, jusqu'à concurrence de douze millions;

11° De celle des armes et poudres, jusqu'à concurrence de vingt millions;

12° De celle des relations extérieures, jusqu'à concurrence d'un million.

8. Les ministres, ordonnateurs, commissaires, administrateurs, payeurs, receveurs, trésoriers, et tous ceux qui ont disposé, perçu ou administré les deniers de la République, ou qui ont établi des contributions, taxes, emprunts, saisies ou échanges, ou qui ont été chargés de l'argenterie des églises, depuis le 1er juillet 1791, époque de l'établissement de la trésorerie nationale, seront tenus de dresser et fournir aux commissaires de la trésorerie nationale, dans le délai de trois mois, le compte en débit et crédit de leur administration; et ils fourniront à l'appui les pièces justificatives et acquits comptables qui sont relatifs à leur comptabilité.

9. Les ministres, administrateurs et commissaires dont les fonctions qui leur étaient confiées sont déléguées aux douze nouvelles commissions, leur rendront compte des dépenses arriérées qui sont encore dues.

10. Les commissaires de la trésorerie nationale surveilleront l'exécution de l'article 8; ils en rendront compte aux comités de salut public et des finances; ils seront tenus de leur dénoncer les abus qui auraient pu être commis dans l'administration des deniers de la République, et la négligence des comptables qui n'exécuteront pas, dans le délai prescrit, les obligations qui leur sont imposées par le présent décret.

SECTION IV. CONSTITUTION DU 5 FRUCTIDOR AN III (1).

1er GERMINAL an III (21 mars 1795). — *Décret portant qu'il sera nommé une commission chargée spécialement de travailler à la confection des lois organiques qui doivent mettre en activité la constitution démocratique.* (Baud. LIII, p. 2.)

---

29 GERMINAL an III (18 avril 1795). — *Loi portant qu'il sera formé une commission chargée de préparer les lois nécessaires pour mettre la constitution en activité.* (I. Bull. n° 770.)

La Convention nationale, après avoir entendu la commission instituée par le décret du 10 germinal, pour faire un rapport et présenter un projet de décret sur le mode de préparer les lois organiques de la constitution, et sur les moyens de la mettre partiellement et successivement en activité, décrète ce qui suit :

Art. 1er. Il sera formé une commission de onze membres, qui sera chargée de préparer les lois nécessaires pour mettre en activité la constitution.

Elle sera nommée dans la séance du 2 floréal, par bulletin signé.

2. La commission exécutera et présentera son travail dans l'ordre suivant :

Les lois sur la composition du territoire de la République, et sa distribution intérieure;

Celles sur l'état politique des citoyens;

Celles sur l'exercice de la souveraineté du peuple;

Celles sur les corps municipaux, administratifs, et sur les autorités judiciaires;

Celles sur le conseil exécutif et ses agents;

Celles sur les relations extérieures;

Celles sur les finances;

Celles sur la force publique;

Celles sur le Corps législatif.

3. Les projets de lois sur chaque partie seront imprimés, et la discussion en sera ajournée à une décade après la distribution.

4. La commission est autorisée à prendre, partout où elle le jugera convenable, les renseignements dont elle aura besoin. A cet effet, les comités de la Convention, les commissions exécutives, les corps administratifs, et tous autres établissements publics, sont tenus de lui fournir, dans le plus bref délai, ceux qu'elle leur demandera.

Les citoyens qu'elle appellera auprès d'elle, et dont elle réglera l'indemnité, conserveront les fonctions et emplois qu'ils exercent, et y seront provisoirement remplacés.

5. Tous les citoyens ont le droit et sont invités de communiquer leurs vues, tant sur les dispositions, le développement dont la constitution est susceptible, que sur la meilleure organisation du gouvernement.

La commission demeure autorisée à faire imprimer ceux des projets et mémoires qui lui paraîtront devoir être soumis à l'opinion publique.

6. Il n'est fixé aucun terme aux travaux de la commission; mais il lui est recommandé d'y mettre la plus grande célérité.

---

19 PRAIRIAL an III (7 juin 1795). — *Décret qui rappelle les représentants à leur poste pour la discussion des lois constitutionnelles.* (I. Bull. n° 905.)

---

5 MESSIDOR an III (23 juin 1795). — *Décret ordonnant l'impression, la distribution aux membres de la Convention, l'envoi aux communes et aux armées, du projet de constitution présenté par la commission des Onze.* (Baud. LVI, 23.)

---

16 MESSIDOR an III (4 juillet 1795). — *Décret portant que la discussion sur la constitution sera continuée tous les jours impairs.* (Baud. LVI, 147.)

---

§ 11. *Texte de la constitution.*

5 FRUCTIDOR an III (22 août 1795). — CONSTITUTION DE LA RÉPUBLIQUE FRANÇAISE, *proclamée loi fondamentale de la république, en vertu de l'acceptation du peuple, le* 1er VENDÉMIAIRE an IV (23 septembre 1795). (B. t. LVIII, p. 31; Mon. du 10 fruct. an III.)

Déclaration des droits et des devoirs de l'homme et du citoyen (1).

Le peuple français proclame, en présence de

(1) Voy. les mots DIRECTOIRE; CONSEILS DES ANCIENS ET DES CINQ-CENTS; ÉLECTIONS PARLEMENTAIRES, section IV.

(1) Voy. ci-dessus, page 18 et 29, les déclarations des

l'Être suprême, la déclaration suivante des droits et des devoirs de l'homme et du citoyen.

DROITS.

Art. 1er. Les droits de l'homme en société sont la liberté, l'égalité, la sûreté, la propriété.

2. La liberté consiste à pouvoir faire ce qui ne nuit pas aux droits d'autrui.

3. L'égalité consiste en ce que la loi est la même pour tous, soit qu'elle protége, soit qu'elle punisse.

L'égalité n'admet aucune distinction de naissance, aucune hérédité de pouvoirs.

4. La sûreté résulte du concours de tous pour assurer les droits de chacun.

5. La propriété est le droit de jouir et de disposer de ses biens, de ses revenus, du fruit de son travail et de son industrie.

6. La loi est la volonté générale, exprimée par la majorité des citoyens ou de leurs représentants.

7. Ce qui n'est pas défendu par la loi ne peut être empêché.

Nul ne peut être contraint à faire ce qu'elle n'ordonne pas.

8. Nul ne peut être appelé en justice, accusé, arrêté ni détenu, que dans les cas déterminés par la loi, et selon les formes qu'elle a prescrites (1).

9. Ceux qui sollicitent, expédient, signent, exécutent ou font exécuter des actes arbitraires sont coupables, et doivent être punis (2).

10. Toute rigueur qui ne serait pas nécessaire pour s'assurer de la personne d'un prévenu, doit être sévèrement réprimée par la loi.

11. Nul ne peut être jugé qu'après avoir été entendu ou légalement appelé.

12. La loi ne doit décerner que des peines strictement nécessaires et proportionnées au délit.

13. Tout traitement qui aggrave la peine déterminée par la loi, est un crime.

14. Aucune loi, ni criminelle, ni civile, ne peut avoir d'effet rétroactif.

15. Tout homme peut engager son temps et ses services, mais il ne peut se vendre ni être vendu; sa personne n'est pas une propriété aliénable.

16. Toute contribution est établie pour l'utilité générale; elle doit être répartie entre les contribuables, en raison de leurs facultés.

17. La souveraineté réside essentiellement dans l'universalité des citoyens.

18. Nul individu, nulle réunion partielle de citoyens ne peut s'attribuer la souveraineté.

19. Nul ne peut, sans une délégation légale, exercer aucune autorité, ni remplir aucune fonction publique.

20. Chaque citoyen a un droit égal de concourir, immédiatement ou médiatement, à la formation de la loi, à la nomination des représentants du peuple et des fonctionnaires publics.

21. Les fonctions publiques ne peuvent devenir la propriété de ceux qui les exercent.

22. La garantie sociale ne peut exister si la division des pouvoirs n'est pas établie, si leurs limites ne sont pas fixées, et si la responsabilité des fonctionnaires publics n'est pas assurée.

DEVOIRS.

Art. 1er. La déclaration des droits contient les obligations des législateurs : le maintien de la société demande que ceux qui la composent connaissent et remplissent également leurs devoirs.

2. Tous les devoirs de l'homme et du citoyen dérivent de ces deux principes, gravés par la nature dans tous les cœurs :

Ne faites pas à autrui ce que vous ne voudriez pas qu'on vous fît.

Faites constamment aux autres le bien que vous voudriez en recevoir.

3. Les obligations de chacun envers la société consistent à la défendre, à la servir, à vivre soumis aux lois, et à respecter ceux qui en sont les organes.

4. Nul n'est bon citoyen s'il n'est bon fils, bon père, bon frère, bon ami, bon époux.

5. Nul n'est homme de bien, s'il n'est franchement et religieusement observateur des lois.

6. Celui qui viole ouvertement les lois, se déclare en état de guerre avec la société.

7. Celui qui, sans enfreindre les lois, les élude par ruse ou par adresse, blesse les intérêts de tous; il se rend indigne de leur bienveillance et de leur estime.

8. C'est sur le maintien des propriétés que reposent la culture des terres, toutes les productions, tout moyen de travail, et tout l'ordre social.

9. Tout citoyen doit ses services à la patrie et au maintien de la liberté, de l'égalité et de la propriété, toutes les fois que la loi l'appelle à les défendre.

CONSTITUTION.

Art. 1er. La République française est une et indivisible.

2. L'universalité des citoyens français est le souverain.

TITRE Ier.

Division du territoire (1).

3. La France est divisée en... départements.

Ces départements sont, l'Ain, l'Aisne, l'Allier, les Basses-Alpes, les Hautes-Alpes, les Alpes-Maritimes, l'Ardèche, les Ardennes, l'Arriége, l'Aube, l'Aude, l'Aveyron, les Bouches-du-Rhône, le Calvados, le Cantal, la Charente, la Charente-Inférieure, le Cher, la Corrèze, la Côte-d'Or, les Côtes-du-Nord, la Creuse, la Dordogne, le Doubs, la Drôme, l'Eure, Eure-et-Loir, le Finistère, le Gard, la Haute-Garonne, le Gers, la Gironde, le Golo, l'Hérault, Ille-et-Vilaine, l'Indre, Indre-et-Loire, l'Isère, le Jura, les Landes, le Liamone, Loir-et-Cher, la Loire, la Haute-Loire, la Loire-Inférieure, le Loiret, le Lot, Lot-et-Garonne, la Lozère, Maine-et-Loire, la Manche, la Marne, la Haute-Marne, la Mayenne, la Meurthe, la Meuse, le Mont-Blanc, le Mont-Terrible, le Morbihan, la Moselle, la Nièvre, le Nord, l'Oise, l'Orne, le Pas-de-Calais, le Puy-de-Dôme, les Basses-Pyrénées, les Hautes-Pyrénées, les Pyrénées-Orientales, le Bas-Rhin, le Haut-Rhin, le Rhône, la Haute-Saône, Saône-et-Loire, la Sarthe, la Seine, la Seine-Inférieure, Seine-et-Marne, Seine-et-Oise, les Deux-Sèvres, la Somme, le Tarn, le Var, Vaucluse, la Vendée, la Vienne, la Haute-Vienne, les Vosges, l'Yonne....

4. Les limites des départements peuvent être changées ou rectifiées par le Corps législatif; mais, en ce cas, la surface d'un département ne peut excéder cent myriamètres carrés (quatre cents lieues carrées moyennes) (2).

5. Chaque département est distribué en cantons, chaque canton en communes.

Les cantons conservent leurs circonscriptions actuelles.

Leurs limites pourront néanmoins être changées ou rectifiées par le Corps législatif; mais, en ce cas, il ne pourra y avoir plus d'un myriamètre (deux lieues moyennes de deux mille cinq cent soixante-six toises chacune) de la commune la plus éloignée au chef-lieu du canton.

6. Les colonies françaises sont parties intégrantes de la République, et sont soumises à la même loi constitutionnelle (3).

7. Elles sont divisées en départements, ainsi qu'il suit :

L'île de Saint-Domingue, dont le Corps législatif déterminera la division en quatre départements au moins, et en six au plus ;

La Guadeloupe, Marie-Galande, la Désirade, les Saintes, et la partie française de Saint-Martin ;

La Martinique ;

La Guyane française et Caïenne ;

Sainte-Lucie et Tabago ;

L'île de France, les Seychelles, Rodrigue, les établissements de Madagascar ;

L'île de la Réunion ;

Les Indes orientales, Pondichéri, Chandernagor, Mahé, Karical, et autres établissements.

TITRE II.

État politique des citoyens.

8. Tout homme né et résidant en France, qui, âgé de vingt et un ans accomplis, s'est fait inscrire sur le registre civique de son canton, qui a demeuré depuis pendant une année sur le territoire de la république, et qui paye une contribution directe, foncière ou personnelle, est citoyen français.

9. Sont citoyens, sans aucune condition de contribution, les Français qui auront fait une ou plusieurs campagnes pour l'établissement de la République.

10. L'étranger devient citoyen français, lorsque, après avoir atteint l'âge de vingt et un ans accomplis et avoir déclaré l'intention de se fixer en France, il y a résidé pendant sept années consécutives, pourvu qu'il y paye une contribution directe, et qu'en outre il y possède une propriété foncière, ou un établissement d'agriculture ou de commerce, ou qu'il y ait épousé une Française.

11. Les citoyens français peuvent seuls voter dans les assemblées primaires, et être appelés aux fonctions établies par la constitution.

12. L'exercice des droits de citoyen se perd,

1° Par la naturalisation en pays étranger ;

2° Par l'affiliation à toute corporation étrangère qui supposerait des distinctions de naissance, ou qui exigerait des vœux de religion ;

3° Par l'acceptation de fonctions ou de pensions offertes par un gouvernement étranger ;

4° Par la condamnation à des peines afflictives ou infamantes, jusqu'à réhabilitation.

13. L'exercice des droits de citoyen est suspendu,

1° Par l'interdiction judiciaire pour cause de fureur, de démence ou d'imbécillité ;

2° Par l'état de débiteur failli, ou d'héritier immédiat, détenteur, à titre gratuit, de tout ou partie de la succession d'un failli ;

3° Par l'état de domestique à gages, attaché au service de la personne ou du ménage ;

4° Par l'état d'accusation ;

5° Par un jugement de contumace, tant que le jugement n'est pas anéanti (1).

14. L'exercice des droits de citoyen n'est perdu ni suspendu que dans les cas exprimés dans les deux articles précédents.

15. Tout citoyen qui aura résidé sept années consécutives hors du territoire de la République, sans mission ou autorisation donnée au nom de la nation, est réputé étranger; il ne redevient citoyen français qu'après avoir satisfait aux conditions prescrites par l'article 10.

16. Les jeunes gens ne peuvent être inscrits sur le registre civique, s'ils ne prouvent qu'ils savent lire et écrire, et exercer une profession mécanique.

Les opérations manuelles de l'agriculture appartiennent aux professions mécaniques.

Cet article n'aura d'exécution qu'à compter de l'an XII de la république.

TITRE III.

Assemblées primaires (2).

17. Les assemblées primaires se composent des citoyens domiciliés dans le même canton.

Le domicile requis pour voter dans ces assemblées s'acquiert par la seule résidence pendant une année, et il ne se perd que par un an d'absence.

18. Nul ne peut se faire remplacer dans les assemblées primaires, ni voter pour le même objet dans plus d'une de ces assemblées.

19. Il y a au moins une assemblée primaire par canton.

Lorsqu'il y en a plusieurs, chacune est composée de quatre cent cinquante citoyens au moins, de neuf cents au plus.

Ces nombres s'entendent des citoyens présents ou absents, ayant droit d'y voter.

20. Les assemblées primaires se constituent provisoirement sous la présidence du plus ancien d'âge; le plus jeune remplit provisoirement les fonctions de secrétaire.

21. Elles sont définitivement constituées par la nomination au scrutin d'un président, d'un secrétaire et trois scrutateurs.

22. S'il s'élève des difficultés sur les qualités requises pour voter, l'assemblée statue provisoirement, sauf le recours au tribunal civil du département.

23. En tout autre cas, le Corps législatif prononce seul sur la validité des opérations des assemblées primaires.

droits de l'homme en tête des constitutions de 1791 et de 1793. — La constitution de l'an III est la dernière qui ait été précédée d'une telle déclaration.

(1) Voy. ci-après, art. 222 et suivants. Voy. aussi LIBERTÉ INDIVIDUELLE

(2) Voy. LOIS : Code civil, art. 2.

(1) Voy. au mot TERRITOIRE la loi du 19 vendémiaire an IV sur la division du territoire de la France par rapport à l'exercice des droits politiques, à l'administration de la police, à la justice, et à l'organisation administrative et judiciaire.

(2) La lieue moyenne linéaire est de deux mille cinq cent soixante-six toises.

(3) Voy. COLONIES.

(1) Voy. DROITS CIVILS ET POLITIQUES ; et ci-après les notes sur l'article 5 de la constitution du 22 frimaire an VIII.

(2) Voy. ÉLECTIONS PARLEMENTAIRES, section IV, § II et notamment les lois des 25 fructidor an III, 13 et 19 vendémiaire an IV.

24. Nul ne peut paraître en armes dans les assemblées primaires.

25. Leur police leur appartient.

26. Les assemblées primaires se réunissent,

1° Pour accepter ou rejeter les changements à l'acte constitutionnel, proposés par les assemblées de révision;

2° Pour faire les élections qui leur appartiennent suivant l'acte constitutionnel.

27. Elles s'assemblent de plein droit le 1er germinal de chaque année, et procèdent, selon qu'il y a lieu, à la nomination,

1° Des membres de l'assemblée électorale;

2° Du juge de paix et de ses assesseurs;

3° Du président de l'administration municipale du canton, ou des officiers municipaux dans les communes au-dessus de cinq mille habitants.

28. Immédiatement après ces élections, il se tient, dans les communes au-dessous de cinq mille habitants, des assemblées communales qui élisent les agents de chaque commune et leurs adjoints.

29. Ce qui se fait dans une assemblée primaire ou communale au delà de l'objet de sa convocation, et contre les formes déterminées par la constitution, est nul.

30. Les assemblées, soit primaires, soit communales, ne font aucune autre élection que celles qui leur sont attribuées par l'acte constitutionnel.

31. Toutes les élections se font au scrutin secret.

32. Tout citoyen qui est légalement convaincu d'avoir vendu ou acheté un suffrage, est exclu des assemblées primaires et communales, et de toute fonction publique, pendant vingt ans; en cas de récidive, il l'est pour toujours (1).

TITRE IV.

Assemblées électorales (2).

33. Chaque assemblée primaire nomme un électeur à raison de deux cents citoyens, présents ou absents, ayant droit de voter dans ladite assemblée. Jusqu'au nombre de trois cents citoyens inclusivement, il n'est nommé qu'un électeur.

Il en est nommé deux depuis trois cent un jusqu'à cinq cents;

Trois depuis cinq cent un jusqu'à sept cents;

Quatre depuis sept cent un jusqu'à neuf cents.

34. Les membres des assemblées électorales sont nommés chaque année, et ne peuvent être réélus qu'après un intervalle de deux ans.

35. Nul ne pourra être nommé électeur, s'il n'a vingt-cinq ans accomplis, et s'il ne réunit aux qualités nécessaires pour exercer les droits de citoyen français, l'une des conditions suivantes; savoir :

Dans les communes au-dessus de six mille habitants, celle d'être propriétaire ou usufruitier d'un bien évalué à un revenu égal à la valeur locale de deux cents journées de travail, ou d'être locataire, soit d'une habitation évaluée à un revenu égal à la valeur de cent cinquante journées de travail, soit d'un bien rural évalué à deux cents journées de travail;

Dans les communes au-dessous de six mille habitants, celle d'être propriétaire ou usufruitier d'un bien évalué a un revenu égal à la valeur locale de cent cinquante journées de travail, ou d'être locataire, soit d'une habitation évaluée à un revenu égal à la valeur de cent journées de travail, soit d'un bien rural évalué à cent journées de travail;

Et dans les campagnes, celle d'être propriétaire ou usufruitier d'un bien évalué à un revenu égal à la valeur locale de cent cinquante journées de travail, ou d'être fermier ou métayer de biens évalués à la valeur de deux cents journées de travail.

A l'égard de ceux qui seront en même temps propriétaires ou usufruitiers, d'une part, et locataires, fermiers ou métayers, de l'autre, leurs facultés à ces divers titres seront cumulées jusqu'au taux nécessaire pour établir leur éligibilité.

36. L'assemblée électorale de chaque département se réunit le 20 germinal de chaque année, et termine, en une seule session de dix jours au plus, et sans pouvoir s'ajourner, toutes les élections qui se trouvent à faire; après quoi elle est dissoute de plein droit (1).

37. Les assemblées électorales ne peuvent s'occuper d'aucun objet étranger aux élections dont elles sont chargées; elles ne peuvent envoyer ni recevoir aucune adresse, aucune pétition, aucune députation.

38. Les assemblées électorales ne peuvent correspondre entre elles.

39. Aucun citoyen, ayant été membre d'une assemblée électorale, ne peut prendre le titre d'électeur, ni se réunir, en cette qualité, avec ceux qui ont été avec lui membres de cette même assemblée.

La contravention au présent article est un attentat à la sûreté générale.

40. Les articles 18, 20, 21, 23, 24, 25, 29, 30, 31 et 32 du titre précédent, sur les assemblées primaires, sont communs aux assemblées électorales.

41. Les assemblées électorales élisent, selon qu'il y a lieu,

1° Les membres du Corps législatif; savoir, les membres du Conseil des Anciens, ensuite les membres du Conseil des Cinq-Cents;

2° Les membres du tribunal de cassation;

3° Les hauts jurés;

4° Les administrateurs de département;

5° Les président, accusateur public et greffier du tribunal criminel;

6° Les juges des tribunaux civils.

42. Lorsqu'un citoyen est élu par les assemblées électorales pour remplacer un fonctionnaire mort, démissionnaire ou destitué, ce citoyen n'est élu que pour le temps qui restait au fonctionnaire remplacé.

43. Le commissaire du Directoire exécutif près l'administration de chaque département est tenu, sous peine de destitution, d'informer le Directoire de l'ouverture et de la clôture des assemblées électorales : ce commissaire n'en peut arrêter ni suspendre les opérations, ni entrer dans le lieu des séances; mais il a droit de demander communication du procès-verbal de chaque séance dans les vingt-quatre heures qui la suivent; et il est tenu de dénoncer au Directoire les infractions qui seraient faites à l'acte constitutionnel.

Dans tous les cas, le Corps législatif prononce seul sur la validité des opérations des assemblées électorales.

TITRE V.

Pouvoir législatif (2).

Dispositions générales.

44. Le Corps législatif est composé d'un Conseil des Anciens et d'un Conseil des Cinq-Cents.

45. En aucun cas, le Corps législatif ne peut déléguer à un ou plusieurs de ses membres, ni à qui que ce soit, aucune des fonctions qui lui sont attribuées par la présente constitution.

46. Il ne peut exercer par lui-même, ni par des délégués, le pouvoir exécutif, ni le pouvoir judiciaire.

47. Il y a incompatibilité entre la qualité de membre du Corps législatif et l'exercice d'une autre fonction publique, excepté celle d'archiviste de la République.

48. La loi détermine le mode du remplacement définitif ou temporaire des fonctionnaires publics qui viennent à être élus membres du Corps législatif.

49. Chaque département concourt, à raison de sa population seulement, à la nomination des membres du Conseil des Anciens et des membres du Conseil des Cinq-Cents.

50. Tous les dix ans, le Corps législatif, d'après les états de population qui lui sont envoyés, détermine le nombre des membres de l'un et de l'autre Conseil que chaque département doit fournir.

51. Aucun changement ne peut être fait dans cette répartition, durant cet intervalle.

52. Les membres du Corps législatif ne sont pas représentants du département qui les a nommés, mais de la nation entière, et il ne peut leur être donné aucun mandat.

53. L'un et l'autre Conseil est renouvelé tous les ans par tiers.

54. Les membres sortant après trois années peuvent être immédiatement réélus pour les trois années suivantes; après quoi il faudra un intervalle de deux ans pour qu'ils puissent être élus de nouveau.

55. Nul, en aucun cas, ne peut être membre du Corps législatif durant plus de six années consécutives.

56. Si, par des circonstances extraordinaires, l'un des deux Conseils se trouve réduit à moins des deux tiers de ses membres, il en donne avis au Directoire exécutif, lequel est tenu de convoquer, sans délai, les assemblées primaires des départements qui ont des membres du Corps législatif à remplacer par l'effet de ces circonstances : les assemblées primaires nomment sur-le-champ les électeurs, qui procèdent aux remplacements nécessaires.

57. Les membres nouvellement élus pour l'un et pour l'autre Conseil, se réunissent, le 1er prairial de chaque année, dans la commune qui a été indiquée par le Corps législatif précédent, ou dans la commune même où il a tenu ses dernières séances, s'il n'en a pas désigné une autre.

58. Les deux Conseils résident toujours dans la même commune.

59. Le Corps législatif est permanent : il peut néanmoins s'ajourner à des termes qu'il désigne.

60. En aucun cas, les deux Conseils ne peuvent se réunir dans une même salle.

61. Les fonctions de président et de secrétaire ne peuvent excéder la durée d'un mois, ni dans le Conseil des Anciens, ni dans celui des Cinq-Cents.

62. Les deux Conseils ont respectivement le droit de police dans le lieu de leurs séances, et dans l'enceinte extérieure qu'ils ont déterminée.

63. Ils ont respectivement le droit de police sur leurs membres; mais ils ne peuvent prononcer de peine plus forte que la censure, les arrêts pour huit jours, et la prison pour trois.

64. Les séances de l'un et de l'autre Conseil sont publiques : les assistants ne peuvent excéder en nombre la moitié des membres respectifs de chaque Conseil.

Les procès-verbaux des séances sont imprimés.

65. Toute délibération se prend par assis et levé; en cas de doute, il se fait un appel nominal, mais alors les votes sont secrets.

66. Sur la demande de cent de ses membres, chaque Conseil peut se former en comité général et secret, mais seulement pour discuter, et non pour délibérer.

67. Ni l'un ni l'autre de ces Conseils ne peut créer dans son sein aucun comité permanent.

Seulement chaque Conseil a la faculté, lorsqu'une matière lui paraît susceptible d'un examen préparatoire, de nommer parmi ses membres une commission spéciale, qui se renferme uniquement dans l'objet de sa formation.

Cette commission est dissoute aussitôt que le Conseil a statué sur l'objet dont elle était chargée.

68. Les membres du Corps législatif reçoivent une indemnité annuelle; elle est, dans l'un et l'autre Conseil, fixée à la valeur de trois mille myriagrammes de froment (six cent-treize quintaux trente-deux livres).

69. Le Directoire exécutif ne peut faire passer ou séjourner aucun corps de troupes dans la distance de six myriamètres (douze lieues moyennes) de la commune ou le Corps législatif tient ses séances, si ce n'est sur sa réquisition ou avec son autorisation.

70. Il y a près du Corps législatif une garde de citoyens pris dans la garde nationale sédentaire de tous les départements, et choisis par leurs frères d'armes.

Cette garde ne peut être au-dessous de quinze cents hommes en activité de service.

71. Le Corps législatif détermine le mode de ce service et sa durée.

72. Le Corps législatif n'assiste à aucune cérémonie publique, et n'y envoie point de députations.

Conseil des Cinq-Cents (1).

73. Le Conseil des Cinq-Cents est invariablement fixé à ce nombre.

74. Pour être élu membre du Conseil des Cinq-Cents, il faut être âgé de trente ans accomplis, et avoir été domicilié sur le territoire de la République pendant les dix années qui auront immédiatement précédé l'élection.

(1) Voy. SUFFRAGES (*vente de*) : Code pénal, art. 113.

(2) Voy. ÉLECTIONS PARLEMENTAIRES, section IV, § 2; et notamment les lois des 24 fructidor an III et 16 vendémiaire an IV.

(1) Voy. ÉLECTIONS PARLEMENTAIRES, lois des 1er vendémiaire, 25 brumaire et 22 ventôse an IV.

(2) Voy. CONSEILS DES ANCIENS ET DES CINQ-CENTS.

(1) Voy. CONSEILS DES ANCIENS ET DES CINQ-CENTS.

La condition de l'âge de trente ans ne sera point exigible avant l'an septième de la République : jusqu'à cette époque, l'âge de vingt-cinq ans accomplis sera suffisant.

75. Le Conseil des Cinq-Cents ne peut délibérer, si la séance n'est composée de deux cents membres au moins.

76. la proposition des lois appartient exclusivement au Conseil des Cinq-Cents.

77. Aucune proposition ne peut être délibérée ni résolue dans le Conseil des Cinq-Cents, qu'en observant les formes suivantes :

Il se fait trois lectures de la proposition ; l'intervalle entre deux de ces lectures ne peut être moindre de dix jours.

La discussion est ouverte après chaque lecture ; et néanmoins, après la première ou la seconde, le Conseil des Cinq Cents peut déclarer qu'il y a lieu à l'ajournement, ou qu'il n'y a pas lieu à délibérer.

Toute proposition doit être imprimée et distribuée deux jours avant la seconde lecture.

Après la troisième lecture, le Conseil des Cinq-Cents décide s'il y a lieu ou non à l'ajournement.

78. Toute proposition qui, soumise à la discussion, a été définitivement rejetée après la troisième lecture, ne peut être reproduite qu'après une année révolue.

79. Les propositions adoptées par le Conseil des Cinq-Cents s'appellent *Résolutions*.

80. Le préambule de toute résolution énonce,

1° Les dates des séances auxquelles les trois lectures de la proposition auront été faites ;

2° L'acte par lequel il a été déclaré, après la troisième lecture, qu'il n'y a pas lieu à l'ajournement.

81. Sont exemptes des formes prescrites par l'article 77, les propositions reconnues urgentes par une déclaration préalable du Conseil des Cinq-Cents.

Cette déclaration énonce les motifs de l'urgence, et il en est fait mention dans le préambule de la résolution.

Conseil des Anciens.

82. Le Conseil des Anciens est composé de deux cent cinquante membres.

83. Nul ne peut être élu membre du Conseil des Anciens,

S'il n'est âgé de quarante ans accomplis ;

Si, de plus, il n'est pas marié ou veuf ;

Et s'il n'a pas été domicilié sur le territoire de la République pendant les quinze années qui auront immédiatement précédé l'élection.

84. La condition de domicile exigée par le présent article, et celle prescrite par l'article 74, ne concernent point les citoyens qui sont sortis du territoire de la République avec mission du gouvernement.

85. Le Conseil des Anciens ne peut délibérer si la séance n'est composée de cent vingt-six membres au moins.

86. Il appartient exclusivement au Conseil des Anciens d'approuver ou de rejeter les résolutions du Conseil des Cinq-Cents.

87. Aussitôt qu'une résolution du Conseil des Cinq-Cents est parvenue au Conseil des Anciens, le président donne lecture du préambule.

88. Le Conseil des Anciens refuse d'approuver les résolutions du Conseil des Cinq-Cents qui n'ont point été prises dans les formes prescrites par la constitution.

89. Si la proposition a été déclarée urgente par le Conseil des Cinq-Cents, le Conseil des Anciens délibère pour approuver ou rejeter l'acte d'urgence.

90. Si le Conseil des Anciens rejette l'acte d'urgence, il ne délibère point sur le fond de la résolution.

91. Si la résolution n'est pas précédée d'un acte d'urgence, il en est fait trois lectures : l'intervalle entre deux de ces lectures ne peut être moindre de cinq jours.

La discussion est ouverte après chaque lecture.

Toute résolution est imprimée et distribuée deux jours au moins avant la seconde lecture.

92. Les résolutions du Conseil des Cinq-Cents, adoptées par le Conseil des Anciens, s'appellent *Lois*.

93. Le préambule des lois énonce les dates des séances du Conseil des Anciens auxquelles les trois lectures ont été faites.

94. Le décret par lequel le Conseil des Anciens reconnaît l'urgence d'une loi, est motivé et mentionné dans le préambule de cette loi.

95. La proposition de la loi, faite par le Conseil des Cinq-Cents, s'entend de tous les articles d'un même projet : le Conseil doit les rejeter tous, ou les approuver dans leur ensemble.

96. L'approbation du Conseil des Anciens est exprimée sur chaque proposition de loi par cette formule, signée du président et des secrétaires : *Le Conseil des Anciens approuve....*

97. Le refus d'adopter pour cause d'omission des formes indiquées dans l'article 77, est exprimé par cette formule, signée du président et des secrétaires : *La Constitution annulle....*

98. Le refus d'approuver le fond de la loi proposée est exprimé par cette formule, signée du président et des secrétaires : *Le Conseil des Anciens ne peut adopter....*

99. Dans le cas du présent article, le projet de loi rejeté ne peut plus être présenté par le Conseil des Cinq-Cents qu'après une année révolue.

100. Le Conseil des Cinq-Cents peut néanmoins présenter, à quelque époque que ce soit, un projet de loi qui contienne des articles faisant partie d'un projet qui a été rejeté.

101. Le Conseil des Anciens envoie dans le jour les lois qu'il a adoptées, tant au Conseil des Cinq-Cents qu'au Directoire exécutif.

102. Le Conseil des Anciens peut changer la résidence du Corps Législatif ; il indique, en ce cas, un nouveau lieu et l'époque à laquelle les deux Conseils sont tenus de s'y rendre.

Le décret du Conseil des Anciens sur cet objet est irrévocable.

103. Le jour même de ce décret, ni l'un ni l'autre des Conseils ne peuvent plus délibérer dans la commune où ils ont résidé jusqu'alors.

Les membres qui y continueraient leurs fonctions se rendraient coupables d'attentat contre la sûreté de la République.

104. Le membres du Directoire exécutif qui retarderaient ou refuseraient de sceller, promulguer et envoyer le décret de translation du Corps législatif, seraient coupables du même délit.

105. Si, dans les vingt jours après celui fixé par le Conseil des Anciens, la majorité de chacun des deux Conseils n'a pas fait connaître à la République son arrivée au nouveau lieu indiqué, ou sa réunion dans un autre lieu quelconque, les administrateurs de département, ou, à leur défaut, les tribunaux civils de département convoquent les assemblées primaires pour nommer des électeurs qui procèdent aussitôt à la formation d'un nouveau Corps législatif, par l'élection de deux cent cinquante députés pour le Conseil des Anciens, et de cinq cents pour l'autre Conseil.

106. Les administrateurs de département qui, dans le cas de l'article précédent, seraient en retard de convoquer les assemblées primaires, se rendraient coupables de haute trahison et d'attentat contre la sûreté de la République.

107. Sont déclarés coupables du même délit tous citoyens qui mettraient obstacle à la convocation des assemblées primaires et électorales, dans le cas de l'article 106.

108. Les membres du nouveau Corps législatif se rassemblent dans le lieu où le Conseil des Anciens avait transféré ses séances.

S'ils ne peuvent se réunir dans ce lieu, dans quelque endroit qu'ils se trouvent en majorité, là est le Corps législatif.

109. Excepté dans le cas de l'article 102, aucune proposition de loi ne peut prendre naissance dans le Conseil des Anciens.

De la garantie des membres du Corps législatif.

110. Les citoyens qui sont ou ont été membres du Corps législatif, ne peuvent être recherchés, accusés ni jugés en aucun temps, pour ce qu'ils ont dit ou écrit dans l'exercice de leurs fonctions (1).

111. Les membres du Corps législatif, depuis le moment de leur nomination jusqu'au trentième jour après l'expiration de leurs fonctions, ne peuvent être mis en jugement que dans les formes prescrites par les articles qui suivent.

112. Ils peuvent, pour faits criminels, être saisis en flagrant délit : mais il en est donné avis, sans délai, au Corps législatif, et la poursuite ne pourra être continuée qu'après que le Conseil des Cinq-Cents aura proposé la mise en jugement, et que le Conseil des Anciens l'aura décrétée.

(1) Voy. ci-dessus, CONSTITUTION de 1793, art. 43 et 44 ; et ci-après, CHARTE de 1830, art. 29 et 44.

113. Hors le cas du flagrant délit, les membres du Corps législatif ne peuvent être amenés devant les officiers de police, ni mis en état d'arrestation, avant que le Conseil des Cinq-Cents ait proposé la mise en jugement, et que le Conseil des Anciens l'ait décrétée.

114. Dans les cas des deux articles précédents, un membre du Corps législatif ne peut être traduit devant aucun autre tribunal que la haute Cour de justice.

115. Ils sont traduits devant la même Cour pour les faits de trahison, de dilapidation, de manœuvres pour renverser la constitution, et d'attentat contre la sûreté intérieure de la République.

116. Aucune dénonciation contre un membre du Corps législatif ne peut donner lieu à poursuite, si elle n'est rédigée par écrit, signée et adressée au Conseil des Cinq-Cents.

117. Si, après y avoir délibéré en la forme prescrite par l'article 77, le Conseil des Cinq-Cents admet la dénonciation, il le déclare en ces termes :

La dénonciation contre... pour le fait de... datée... signée de... est admise.

118. L'inculpé est alors appelé : il a, pour comparaître, un délai de trois jours francs ; et lorsqu'il comparaît, il est entendu dans l'intérieur du lieu des séances du Conseil des Cinq-Cents.

119. Soit que l'inculpé se soit présenté ou non, le Conseil des Cinq-Cents déclare, après ce délai, s'il y a lieu ou non à l'examen de sa conduite.

120. S'il est déclaré par le Conseil des Cinq-Cents qu'il y a lieu à examen, le prévenu est appelé par le Conseil des Anciens : il a, pour comparaître, un délai de deux jours francs ; et s'il comparaît, il est entendu dans l'intérieur du lieu des séances du Conseil des Anciens.

121. Soit que le prévenu se soit présenté ou non, le Conseil des Anciens, après ce délai, et après y avoir délibéré dans les formes prescrites par l'article 91, prononce l'accusation, s'il y a lieu, et renvoie l'accusé devant la haute Cour de justice, laquelle est tenue d'instruire le procès sans aucun délai.

122. Toute discussion, dans l'un et dans l'autre Conseil, relative à la prévention ou à l'accusation d'un membre du Corps législatif, se fait en comité général.

Toute délibération sur les mêmes objets est prise à l'appel nominal et au scrutin secret.

123. L'accusation prononcée contre un membre du Corps législatif entraîne suspension.

S'il est acquitté par le jugement de la haute Cour de justice, il reprend ses fonctions.

Relations des deux Conseils entre eux.

124. Lorsque les deux Conseils sont définitivement constitués, ils s'en avertissent mutuellement par un messager d'État.

125. Chaque Conseil nomme quatre messagers d'État pour son service.

126. Ils portent à chacun des Conseils et au Directoire exécutif les lois et les actes du Corps législatif ; ils ont entrée à cet effet dans le lieu des séances du Directoire exécutif.

Ils marchent précédés de deux huissiers.

127. L'un des Conseils ne peut s'ajourner au delà de cinq jours sans le consentement de l'autre.

Promulgation des lois (1).

128. Le Directoire exécutif fait sceller et publier les lois et les autres actes du Corps législatif, dans les deux jours après leur réception.

129. Il fait sceller et promulguer, dans le jour, les lois et actes du Corps législatif qui sont précédés d'un décret d'urgence.

130. La publication de la loi et des actes du Corps législatif est ordonnée en la forme suivante :

« *Au nom de la république française* (*loi*) ou (*acte du Corps législatif*).... *Le Directoire ordonne que la loi* ou *l'acte législatif ci-dessus sera publié, exécuté, et qu'il sera muni du sceau de la république.* »

131. Les lois dont le préambule n'atteste pas l'observation des formes prescrites par les articles 77 et 91, ne peuvent être promulguées par le Directoire exécutif, et sa responsabilité à cet égard dure six années.

Sont exceptées les lois pour lesquelles l'acte

(1) Voy. LOIS.

d'urgence a été approuvé par le Conseil des Anciens.

TITRE VI.

Pouvoir exécutif (1).

132. Le pouvoir exécutif est délégué à un directoire de cinq membres, nommés par le Corps législatif, faisant alors les fonctions d'assemblée électorale, au nom de la nation.

133. Le Conseil des Cinq-Cents forme, au scrutin secret, une liste décuple du nombre des membres du Directoire qui sont à nommer, et la présente au Conseil des Anciens, qui choisit, aussi au scrutin secret, dans cette liste.

134. Les membres du Directoire doivent être âgés de quarante ans au moins.

135. Ils ne peuvent être pris que parmi les citoyens qui ont été membres du Corps législatif, ou ministres.

La disposition du présent article ne sera observée qu'à commencer de l'an neuvième de la République.

136. A compter du premier jour de l'an v de la République, les membres du Corps législatif ne pourront être élus membres du Directoire ni ministres, soit pendant la durée de leurs fonctions législatives, soit pendant la première année après l'expiration de ces mêmes fonctions.

137. Le Directoire est partiellement renouvelé, par l'élection d'un nouveau membre, chaque année.

Le sort décidera, pendant les quatre premières années, de la sortie successive de ceux qui auront été nommés la première fois.

138. Aucun des membres sortants ne peut être réélu qu'après un intervalle de cinq ans.

139. L'ascendant et le descendant en ligne directe, les frères, l'oncle et le neveu, les cousins au premier degré, et les alliés à ces divers degrés, ne peuvent être en même temps membres du Directoire, ni s'y succéder, qu'après un intervalle de cinq ans.

140. En cas de vacance par mort, démission ou autrement, d'un des membres du Directoire, son successeur est élu par le Corps législatif dans dix jours pour tout délai.

Le Conseil des Cinq-Cents est tenu de proposer les candidats dans les cinq premiers jours, et le Conseil des Anciens doit consommer l'élection dans les cinq derniers.

Le nouveau membre n'est élu que pour le temps d'exercice qui restait à celui qu'il remplace.

Si néanmoins ce temps n'excède pas six mois, celui qui est élu demeure en fonctions jusqu'à la fin de la cinquième année suivante.

141. Chaque membre du Directoire le préside à son tour durant trois mois seulement.

Le président a la signature et la garde du sceau.

Les lois et les actes du Corps législatif sont adressés au Directoire, en la personne de son président.

142. Le Directoire exécutif ne peut délibérer, s'il n'y a trois membres présents au moins.

143. Il se choisit, hors de son sein, un secrétaire qui contre-signe les expéditions, et rédige les délibérations sur un registre où chaque membre a le droit de faire inscrire son avis motivé.

Le Directoire peut, quand il le juge à propos, délibérer sans l'assistance de son secrétaire; en ce cas, les délibérations sont rédigées sur un registre particulier, par un des membres du Directoire.

144. Le Directoire pourvoit, d'après les lois, à la sûreté extérieure ou intérieure de la République.

Il peut faire des proclamations conformes aux lois et pour leur exécution.

Il dispose de la force armée, sans qu'en aucun cas, le Directoire collectivement, ni aucun de ses membres, puisse la commander, ni pendant le temps de ses fonctions, ni pendant les deux années qui suivent immédiatement l'expiration de ces mêmes fonctions.

145. Si le Directoire est informé qu'il se trame quelque conspiration contre la sûreté extérieure ou intérieure de l'État, il peut décerner des mandats d'amener, et des mandats d'arrêt contre ceux qui en sont présumés les auteurs ou les complices; il peut les interroger : mais il est obligé, sous les peines portées contre le crime de détention arbitraire, de les renvoyer par-devant l'officier de police, dans le délai de deux jours, pour procéder suivant les lois.

(1) Voy. DIRECTOIRE.

146. Le Directoire nomme les généraux en chef; il ne peut les choisir parmi les parents ou alliés de ses membres, dans les degrés exprimés par l'article 139 (1).

147. Il surveille et assure l'exécution des lois dans les administrations et tribunaux, par des commissaires à sa nomination.

148. Il nomme hors de son sein les ministres, et les révoque lorsqu'il le juge convenable (2).

Il ne peut les choisir au-dessous de l'âge de trente ans, ni parmi les parents ou alliés de ses membres, aux degrés énoncés dans l'article 139.

149. Les ministres correspondent immédiatement avec les autorités qui leur sont subordonnées.

150. Le Corps législatif détermine les attributions et le nombre des ministres.

Ce nombre est de six au moins et de huit au plus.

151. Les ministres ne forment point un conseil.

152. Les ministres sont respectivement responsables, tant de l'inexécution des lois, que de l'inexécution des arrêtés du Directoire.

153. Le Directoire nomme le receveur des impositions directes de chaque département.

154. Il nomme les préposés en chef aux régies des contributions indirectes et à l'administration des domaines nationaux.

155. Tous les fonctionnaires publics dans les colonies françaises, excepté les départements des îles de France et de la Réunion, seront nommés par le Directoire jusqu'à la paix.

156. Le Corps législatif peut autoriser le Directoire à envoyer dans toutes les colonies françaises, suivant l'exigence des cas, un ou plusieurs agents particuliers nommés par lui pour un temps limité.

Les agents particuliers exerceront les mêmes fonctions que le Directoire, et lui seront subordonnés.

157. Aucun membre du Directoire ne peut sortir du territoire de la République, que deux ans après la cessation de ses fonctions.

158. Il est tenu, pendant cet intervalle, de justifier au Corps législatif de sa résidence.

L'article 112 et les suivants, jusqu'à l'article 123 inclusivement, relatifs à la garantie du Corps législatif, sont communs aux membres du Directoire.

159. Dans le cas où plus de deux membres du Directoire seraient mis en jugement, le Corps législatif pourvoira, dans les formes ordinaires, à leur remplacement provisoire durant le jugement.

160. Hors les cas des articles 119 et 120, le Directoire, ni aucun de ses membres, ne peut être appelé, ni par le Conseil des Cinq-Cents, ni par le Conseil des Anciens.

161. Les comptes et les éclaircissements demandés par l'un ou l'autre Conseil au Directoire, sont fournis par écrit.

162. Le Directoire est tenu, chaque année, de présenter, par écrit, à l'un et à l'autre Conseil, l'aperçu des dépenses, la situation des finances, l'état des pensions existantes, ainsi que le projet de celles qu'il croit convenable d'établir.

Il doit indiquer les abus qui sont à sa connaissance.

163. Le Directoire peut, en tout temps, inviter par écrit le Conseil des Cinq-Cents à prendre un objet en considération; il peut lui proposer des mesures, mais non des projets rédigés en forme de lois.

164. Aucun membre du Directoire ne peut s'absenter plus de cinq jours, ni s'éloigner au delà de quatre myriamètres (huit lieues moyennes) du lieu de la résidence du Directoire, sans l'autorisation du Corps législatif.

165. Les membres du Directoire ne peuvent paraître, dans l'exercice de leurs fonctions, soit au dehors, soit dans l'intérieur de leurs maisons, que revêtus du costume qui leur est propre.

166. Le Directoire a sa garde habituelle, et soldée aux frais de la République, composée de cent vingt hommes à pied, et de cent vingt hommes à cheval.

167. Le Directoire est accompagné de sa garde dans les cérémonies et marches publiques, où il a toujours le premier rang.

168. Chaque membre du Directoire se fait accompagner au dehors de deux gardes.

169. Tout poste de force armée doit au Directoire et à chacun de ses membres les honneurs militaires supérieurs.

170. Le Directoire a quatre messagers d'État, qu'il nomme et qu'il peut destituer.

Ils portent aux deux Conseils législatifs les lettres et mémoires du Directoire; ils ont entrée à cet effet dans le lieu des séances des Conseils législatifs.

Ils marchent précédés de deux huissiers.

171. Le Directoire réside dans la même commune que le Corps législatif.

172. Les membres du Directoire sont logés aux frais de la République, et dans un même édifice.

173. Le traitement de chacun d'eux est fixé, pour chaque année, à la valeur de cinquante mille myriagrammes de froment (dix mille deux cent vingt-deux quintaux.)

(1) Voy. DIRECTOIRE : loi du 3 brumaire an IV.
(2) Voy. DIRECTOIRE : loi du 10 vendémiaire an IV.

TITRE VII.

Corps administratifs et municipaux (1).

174. Il y a dans chaque département une administration centrale, et dans chaque canton une administration municipale au moins.

175. Tout membre d'une administration départementale ou municipale doit être âgé de vingt-cinq ans au moins.

176. L'ascendant et le descendant en ligne directe, les frères, l'oncle et le neveu, et les alliés aux mêmes degrés, ne peuvent simultanément être membres de la même administration, ni s'y succéder qu'après un intervalle de deux ans.

177. Chaque administration de département est composée de cinq membres; elle est renouvelée par cinquième tous les ans.

178. Toute commune dont la population s'élève depuis cinq mille habitants jusqu'à cent mille, a pour elle seule une administration municipale.

179. Il y a dans chaque commune dont la population est inférieure à cinq mille habitants, un agent municipal et un adjoint.

180. La réunion des agents municipaux de chaque commune forme la municipalité de canton.

181. Il y a de plus un président de l'administration municipale, choisi dans tout le canton.

182. Dans les communes dont la population s'élève de cinq à dix mille habitants, il y a cinq officiers municipaux :

Sept, depuis dix mille jusqu'à cinquante mille;

Neuf, depuis cinquante mille jusqu'à cent mille.

183. Dans les communes dont la population excède cent mille habitants, il y a au moins trois administrations municipales.

Dans ces communes, la division des municipalités se fait de manière que la population de l'arrondissement de chacune n'excède pas cinquante mille individus, et ne soit pas moindre de trente mille.

La municipalité de chaque arrondissement est composée de sept membres.

184. Il y a, dans les communes divisées en plusieurs municipalités, un bureau central pour les objets jugés indivisibles par le Corps législatif.

Ce bureau est composé de trois membres nommés par l'administration de département, et confirmés par le pouvoir exécutif.

185. Les membres de toute administration municipale sont nommés pour deux ans, et renouvelés chaque année par moitié ou par partie la plus approximative de la moitié, et alternativement par la fraction la plus forte et par la fraction la plus faible.

186. Les administrateurs de département et les membres des administrations municipales peuvent être réélus une fois sans intervalle.

187. Tout citoyen qui a été deux fois de suite élu administrateur de département ou membre d'une administration municipale, et qui en a rempli les fonctions en vertu de l'une et l'autre élection, ne peut être élu de nouveau qu'après un intervalle de deux années.

188. Dans le cas où une administration départementale ou municipale perdrait un ou plusieurs de ses membres par mort, démission ou autrement, les administrateurs restants peuvent s'adjoindre en remplacement des administrateurs temporaires, et qui exercent en cette qualité jusqu'aux élections suivantes.

189. Les administrations départementales et

(1) Voy. ADMINISTRATIONS CENTRALES et ADMINISTRATIONS MUNICIPALES.

municipales ne peuvent modifier les actes du Corps législatif, ni ceux du Directoire exécutif, ni en suspendre l'exécution.

Elles ne peuvent s'immiscer dans les objets dépendant de l'ordre judiciaire.

190. Les administrateurs sont essentiellement chargés de la répartition des contributions directes et de la surveillance des deniers provenant des revenus publics dans leur territoire.

Le Corps législatif détermine les règles et le mode de leurs fonctions, tant sur ces objets que sur les autres parties de l'administration intérieure.

191. Le Directoire exécutif nomme, auprès de chaque administration départementale et municipale, un commissaire qu'il révoque lorsqu'il le juge convenable.

Ce commissaire surveille et requiert l'exécution des lois.

192. Le commissaire près de chaque administration locale doit être pris parmi les citoyens domiciliés depuis un an dans le département où cette administration est établie.

Il doit être âgé de vingt-cinq ans au moins.

193. Les administrations municipales sont subordonnées aux administrations de département, et celles-ci aux ministres.

En conséquence, les ministres peuvent annuler, chacun dans sa partie, les actes des administrations de département, et celles-ci, les actes des administrations municipales, lorsque ces actes sont contraires aux lois ou aux ordres des autorités supérieures.

194. Les ministres peuvent aussi suspendre les administrations de département qui ont contrevenu aux lois ou aux ordres des autorités supérieures; et les administrations de département ont le même droit à l'égard des membres des administrations municipales.

195. Aucune suspension ni annulation ne devient définitive sans la confirmation formelle du Directoire exécutif.

196. Le Directoire peut aussi annuler immédiatement les actes des administrations départementales ou municipales.

Il peut suspendre ou destituer immédiatement, lorsqu'il le croit nécessaire, les administrateurs, soit de département, soit de canton, et les envoyer devant les tribunaux de département, lorsqu'il y a lieu.

197. Tout arrêté portant cassation d'actes, suspension ou destitution d'administrateur, doit être motivé.

198. Lorsque les cinq membres d'une administration départementale sont destitués, le Directoire exécutif pourvoit à leur remplacement jusqu'à l'élection suivante; mais il ne peut choisir leurs suppléants provisoires que parmi les anciens administrateurs du même département.

199. Les administrations, soit de département, soit de canton, ne peuvent correspondre entre elles que sur les affaires qui leur sont attribuées par la loi, et non sur les intérêts généraux de la République.

200. Toute administration doit annuellement le compte de sa gestion.

Les comptes rendus par les administrations départementales sont imprimés.

201. Tous les actes des corps administratifs sont rendus publics par le dépôt du registre où ils sont consignés, et qui est ouvert à tous les administrés.

Ce registre est clos tous les six mois, et n'est déposé que du jour qu'il a été clos.

Le Corps législatif peut proroger, selon les circonstances, le délai fixé pour ce dépôt.

TITRE VIII.

Pouvoir judiciaire (1).

Dispositions générales.

202. Les fonctions judiciaires ne peuvent être exercées ni par le Corps législatif, ni par le pouvoir exécutif.

203. Les juges ne peuvent s'immiscer dans l'exercice du pouvoir législatif, ni faire aucun règlement.

Ils ne peuvent arrêter ou suspendre l'exécution d'aucune loi, ni citer devant eux les administrateurs pour raison de leurs fonctions.

204. Nul ne peut être distrait des juges que la loi lui assigne, par aucune commission, ni par d'autres attributions que celles qui sont déterminées par une loi antérieure.

(1) Voy. ORGANISATION JUDICIAIRE.

205. La justice est rendue gratuitement.

206. Les juges ne peuvent être destitués que pour forfaiture légalement jugée, ni suspendus que par une accusation admise.

207. L'ascendant et le descendant en ligne directe, les frères, l'oncle et le neveu, les cousins au premier degré, et les alliés à ces divers degrés, ne peuvent être simultanément membres du même tribunal.

208. Les séances des tribunaux sont publiques; les juges délibèrent en secret (1); les jugements sont prononcés à haute voix; ils sont motivés, et on y énonce les termes de la loi appliquée.

209. Nul citoyen, s'il n'a l'âge de trente ans accomplis, ne peut être élu juge d'un tribunal de département, ni juge de paix, ni assesseur de juge de paix, ni juge d'un tribunal de commerce, ni membre du tribunal de cassation, ni juré, ni commissaire du Directoire exécutif près les tribunaux.

De la justice civile.

210. Il ne peut être porté atteinte au droit de faire prononcer sur les différends par les arbitres du choix des parties (2).

211. La décision de ces arbitres est sans appel, et sans recours en cassation, si les parties ne l'ont expressément réservé.

212. Il y a, dans chaque arrondissement déterminé par la loi, un juge de paix et ses assesseurs.

Ils sont tous élus pour deux ans, et peuvent être immédiatement et indéfiniment réélus (3).

213. La loi détermine les objets dont les juges de paix et les assesseurs connaissent en dernier ressort.

Elle leur en attribue d'autres qu'ils jugent à la charge de l'appel.

214. Il y a des tribunaux particuliers pour le commerce de terre et de mer; la loi détermine les lieux où il est permis de les établir.

Leur pouvoir de juger en dernier ressort ne peut être étendu au delà de la valeur de cinq cents myriagrammes de froment (cent deux quintaux vingt-deux livres).

215. Les affaires dont le jugement n'appartient ni aux juges de paix ni aux tribunaux de commerce, soit en dernier ressort, soit à la charge d'appel, sont portées immédiatement devant le juge de paix et ses assesseurs, pour être conciliées.

Si le juge de paix ne peut les concilier, il les renvoie devant le tribunal civil.

216. Il y a un tribunal civil par département. Chaque tribunal civil est composé de vingt juges au moins, d'un commissaire et d'un substitut nommés et destituables par le Directoire exécutif, et d'un greffier.

Tous les cinq ans on procède à l'élection de tous les membres du tribunal.

Les juges peuvent être réélus (4).

217. Lors de l'élection des juges, il est nommé cinq suppléants, dont trois sont pris parmi les citoyens résidant dans la commune où siége le tribunal.

218. Le tribunal civil prononce en dernier ressort, dans les cas déterminés par la loi, sur les appels des jugements, soit des juges de paix, soit des arbitres, soit des tribunaux de commerce.

219. L'appel des jugements prononcés par le tribunal civil se porte au tribunal civil de l'un des trois départements les plus voisins, ainsi qu'il est déterminé par la loi.

220. Le tribunal civil se divise en sections.

Une section ne peut juger au-dessous du nombre de cinq juges.

221. Les juges réunis dans chaque tribunal nomment entre eux, au scrutin secret, le président de chaque section.

De la justice correctionnelle et criminelle.

222. Nul ne peut être saisi que pour être conduit devant l'officier de police; et nul ne peut être mis en arrestation ou détenu qu'en vertu d'un

(1) D'après le décret du 26 juin 1793, les juges devaient opiner à haute voix.

(2) Voy. ARBITRES. — Sous l'empire de cette constitution, comme sous l'empire de la loi du 21 août 1790, lorsque les parties soumettent une contestation à des arbitres, la réserve de l'appel insérée dans le compromis n'est valable qu'autant que le tribunal auquel l'appel sera déféré est désigné (22 avril 1807; Cass. S. VII, 2, 741).

(3) Voy. JUSTICES DE PAIX.

(4) Voy. ORGANISATION JUDICIAIRE et TRIBUNAUX CIVILS.

mandat d'arrêt des officiers de police ou du Directoire exécutif, dans le cas de l'article 145, ou d'une ordonnance de prise de corps, soit d'un tribunal, soit du directeur du jury d'accusation, ou d'un décret d'accusation du Corps législatif, dans le cas où il lui appartient de la prononcer, ou d'un jugement de condamnation à la prison ou détention correctionnelle (1).

223. Pour que l'acte qui ordonne l'arrestation puisse être exécuté, il faut,

1° Qu'il exprime formellement le motif de l'arrestation, et la loi en conformité de laquelle elle est ordonnée;

2° Qu'il ait été notifié à celui qui en est l'objet, et qu'il lui en ait été laissé copie.

224. Toute personne saisi est conduite devant l'officier de police, sera examinée sur-le-champ, ou dans le jour au plus tard.

225. S'il résulte de l'examen qu'il n'y a aucun sujet d'inculpation contre elle, elle sera remise aussitôt en liberté; ou, s'il y a lieu de l'envoyer à la maison d'arrêt, elle y sera conduite dans le plus bref délai, qui, en aucun cas, ne pourra excéder trois jours.

226. Nulle personne arrêtée ne peut être retenue, si elle donne caution suffisante, dans tous les cas où la loi permet de rester libre sous cautionnement.

227. Nulle personne, dans le cas où sa détention est autorisée par la loi, ne peut être conduite ou détenue que dans les lieux légalement et publiquement désignés pour servir de maison d'arrêt, de maison de justice ou de maison de détention.

228. Nul gardien ou geôlier ne peut recevoir ni retenir aucune personne qu'en vertu d'un mandat d'arrêt, selon les formes prescrites par les articles 222 et 223, d'une ordonnance de prise de corps, d'un décret d'accusation ou d'un jugement de condamnation à prison ou détention correctionnelle, et sans que la transcription en ait été faite sur son registre.

229. Tout gardien ou geôlier est tenu, sans qu'aucun ordre puisse l'en dispenser, de présenter la personne détenue à l'officier civil ayant la police de la maison de détention, toutes les fois qu'il en sera requis par cet officier.

230. La représentation de la personne détenue ne pourra être refusée à ses parents et amis porteurs de l'ordre de l'officier civil, lequel sera toujours tenu de l'accorder, à moins que le gardien ou geôlier ne représente une ordonnance du juge, transcrite sur son registre, pour tenir la personne arrêtée au secret.

231. Tout homme, quelle que soit sa place ou son emploi, autre que ceux à qui la loi donne le droit d'arrestation, qui donnera, signera, exécutera ou fera exécuter l'ordre d'arrêter un individu, ou quiconque, même dans le cas d'arrestation autorisée par la loi, conduira, recevra ou retiendra un individu dans un lieu de détention non publiquement et légalement désigné, et tous les gardiens ou geôliers qui contreviendront aux dispositions des trois articles précédents, seront coupables du crime de détention arbitraire.

232. Toutes rigueurs employées dans les arrestations, détentions, ou exécutions, autres que celles prescrites par la loi, sont des crimes.

233. Il y a dans chaque département, pour le jugement des délits dont la peine n'est ni afflictive, ni infamante, trois tribunaux correctionnels au moins, et six au plus.

Ces tribunaux ne pourront prononcer de peines plus graves que l'emprisonnement pour deux années.

La connaissance des délits dont la peine n'excède pas, soit la valeur de trois journées de travail, soit un emprisonnement de trois jours, est déléguée au juge de paix, qui prononce en dernier ressort.

234. Chaque tribunal correctionnel est composé d'un président, de deux juges de paix ou assesseurs de juges de paix de la commune où il est établi, d'un commissaire du pouvoir exécutif, et d'un greffier.

235. Le président de chaque tribunal correctionnel est pris tous les six mois, et par tour, parmi les membres des sections du tribunal civil du département, les présidents exceptés.

236. Il y a appel des jugements du tribunal correctionnel par-devant le tribunal criminel de département.

237. En matière de délits emportant peine afflictive ou infamante, nulle personne ne peut

(1) Voy. LIBERTÉ INDIVIDUELLE.

être jugée que sur une accusation admise par les jurés (1), ou décrétée par le Corps législatif, dans le cas où il lui appartient de décréter d'accusation.

238. Un premier jury déclare si l'accusation doit être admise ou rejetée : le fait est reconnu par un second jury, et la peine déterminée par la loi est appliquée par des tribunaux criminels.

239. Les jurés ne votent que par scrutin secret.

240. Il y a dans chaque département autant de jurys d'accusation que de tribunaux correctionnels.

Les présidents des tribunaux correctionnels en sont les directeurs, chacun dans son arrondissement.

Dans les communes au-dessus de cinquante mille âmes, il pourra être établi par la loi, outre le président du tribunal correctionnel, autant de directeurs de jurys d'accusation que l'expédition des affaires l'exigera.

241. Les fonctions de commissaire du pouvoir exécutif et de greffier près le directeur du jury d'accusation, sont remplies par le commissaire et par le greffier du tribunal correctionnel.

242. Chaque directeur du jury d'accusation a la surveillance immédiate de tous les officiers de police de son arrondissement.

243. Le directeur du jury poursuit immédiatement, comme officier de police, sur les dénonciations que lui fait l'accusateur public, soit d'office, soit d'après les ordres du Directoire exécutif,

1° Les attentats contre la liberté ou la sûreté individuelle des citoyens;

2° Ceux commis contre le droit des gens;

3° La rébellion à l'exécution, soit des jugements, soit de tous les actes exécutoires émanés des autorités constituées;

4° Les troubles occasionnés et les voies de fait commises pour entraver la perception des contributions, la libre circulation des subsistances et des autres objets de commerce.

244. Il y a un tribunal criminel pour chaque département.

245. Le tribunal criminel est composé d'un président, d'un accusateur public, de quatre juges pris dans le tribunal civil, du commissaire du pouvoir exécutif près le tribunal, ou de son substitut, et d'un greffier.

Il y a dans le tribunal criminel du département de la Seine un vice-président et un substitut de l'accusateur public : ce tribunal est divisé en deux sections; huit membres du tribunal civil y exercent les fonctions de juges.

246. Les présidents des sections du tribunal civil ne peuvent remplir les fonctions de juges au tribunal criminel.

247. Les autres juges y font le service, chacun à son tour, pendant six mois, dans l'ordre de leur nomination, et ils ne peuvent, pendant ce temps, exercer aucune fonction au tribunal civil.

248. L'accusateur public est chargé,

1° De poursuivre les délits, sur les actes d'accusation admis par les premiers jurés;

2° De transmettre aux officiers de police les dénonciations qui lui sont adressées directement;

3° De surveiller les officiers de police du département, et d'agir contre eux suivant la loi, en cas de négligence ou de faits plus graves.

249. Le commissaire du pouvoir exécutif est chargé,

1° De requérir, dans le cours de l'instruction, pour la régularité des formes, et avant le jugement, pour l'application de la loi;

2° De poursuivre l'exécution des jugements rendus par le tribunal criminel.

250. Les juges ne peuvent proposer aux jurés aucune question complexe.

251. Le jury de jugement est de douze jurés au moins : l'accusé a la faculté d'en récuser, sans donner de motifs, un nombre que la loi détermine.

252. L'instruction devant le jury de jugement est publique, et l'on ne peut refuser aux accusés le secours d'un conseil, qu'ils ont la faculté de choisir, ou qui leur est nommé d'office.

253. Toute personne acquittée par un jury légal, ne peut être reprise ni accusée pour le même fait.

(1) Le jury d'accusation est aujourd'hui remplacé par la chambre des mises en accusation. — Voy. CODE DE BRUMAIRE AN IV, COURS D'ASSISES. — JURY.

Tribunal de cassation (1).

254. Il y a, dans toute la République, un tribunal de cassation.

Il prononce,

1° Sur les demandes en cassation contre les jugements en dernier ressort rendus par les tribunaux;

2° Sur les demandes en renvoi d'un tribunal à un autre, pour cause de suspicion légitime ou de sûreté publique;

3° Sur les règlements de juges et les prises à partie contre un tribunal entier.

255. Le tribunal de cassation ne peut jamais connaître du fond des affaires; mais il casse les jugements rendus sur les procédures dans lesquelles les formes ont été violées, ou qui contiennent quelque contravention expresse à la loi; et il renvoie le fond du procès au tribunal qui doit en connaître.

256. Lorsque après une cassation, le second jugement sur le fond est attaqué par les mêmes moyens que le premier, la question ne peut plus être agitée au tribunal de cassation, sans avoir été soumise au Corps législatif, qui porte une loi à laquelle le tribunal de cassation est tenu de se conformer.

257. Chaque année, le tribunal de cassation est tenu d'envoyer à chacune des sections du Corps législatif une députation qui lui présente l'état des jugements rendus, avec la notice en marge et le texte de la loi qui a déterminé le jugement.

258. Le nombre des juges du tribunal de cassation ne peut excéder les trois quarts du nombre des départements.

259. Ce tribunal est renouvelé par cinquième tous les ans.

Les assemblées électorales des départements nomment successivement et alternativement les juges qui doivent remplacer ceux qui sortent du tribunal de cassation.

Les juges de ce tribunal peuvent toujours être réélus.

260. Chaque juge du tribunal de cassation a un suppléant élu par la même assemblée électorale.

261. Il y a près du tribunal de cassation un commissaire et des substituts, nommés et destituables par le Directoire exécutif.

262. Le Directoire exécutif dénonce au tribunal de cassation, par la voie de son commissaire, et sans préjudice du droit des parties intéressées, les actes par lesquels les juges ont excédé leurs pouvoirs.

263. Le tribunal annulle ces actes; et, s'ils donnent lieu à la forfaiture, le fait est dénoncé au Corps législatif, qui rend le décret d'accusation, après avoir entendu ou appelé les prévenus.

264. Le Corps législatif ne peut annuler les jugements du tribunal de cassation, sauf à poursuivre personnellement les juges qui auraient encouru la forfaiture.

Haute cour de justice (2).

265. Il y a une haute cour de justice pour juger les accusations admises par le Corps législatif, soit contre ses propres membres, soit contre ceux du Directoire exécutif.

266. La haute cour de justice est composée de cinq juges et de deux accusateurs nationaux tirés du tribunal de cassation, et de haut jurés nommés par les assemblées électorales des départements.

267. La haute cour de justice ne se forme qu'en vertu d'une proclamation du Corps législatif, rédigée et publiée par le Conseil des Cinq-Cents.

268. Elle se forme et tient ses séances dans le lieu désigné par la proclamation du Conseil des Cinq-Cents.

Ce lieu ne peut être plus près qu'à douze myriamètres de celui où réside le Corps législatif.

269. Lorsque le Corps législatif a proclamé la formation de la haute cour de justice, le tribunal de cassation tire au sort quinze de ses membres dans une séance publique; il nomme de suite, dans la même séance, par la voie du scrutin secret, cinq de ces quinze : les cinq juges ainsi nommés sont les juges de la haute cour de justice; ils choisissent entre eux un président.

270. Le tribunal de cassation nomme, dans la même séance, par scrutin, à la majorité absolue, deux de ses membres, pour remplir à la haute cour de justice les fonctions d'accusateurs nationaux.

(1) Voy. le mot TRIBUNAL DE CASSATION, où nous rapportons tous les actes relatifs, soit au tribunal, soit à la Cour de cassation.

(2) Voy. COUR (HAUTE) NATIONALE.

271. Les actes d'accusation sont dressés et rédigés par le Conseil des Cinq-Cents.

272. Les assemblées électorales de chaque département nomment, tous les ans, un jury pour la haute cour de justice.

273. Le Directoire exécutif fait imprimer et publier, un mois après l'époque des élections, la liste des jurés nommés par la haute cour de justice.

TITRE IX.

De la force armée (1).

274. La force armée est instituée pour défendre l'État contre les ennemis du dehors, et pour assurer au dedans le maintien de l'ordre et l'exécution des lois.

275. La force publique est essentiellement obéissante : nul corps armé ne peut délibérer.

276. Elle se distingue en garde nationale sédentaire et garde nationale en activité.

De la garde nationale sédentaire (2).

277. La garde nationale sédentaire est composée de tous les citoyens et fils de citoyens en état de porter les armes.

278. Son organisation et sa discipline sont les mêmes pour toute la République; elles sont déterminées par la loi.

279. Aucun Français ne peut exercer les droits de citoyen, s'il n'est inscrit au rôle de la garde nationale sédentaire.

280. Les distinctions de grades et la subordination n'y subsistent que relativement au service et pendant sa durée.

281. Les officiers de la garde nationale sédentaire sont élus à temps par les citoyens qui la composent, et ne peuvent être réélus qu'après un intervalle.

282. Le commandement de la garde nationale d'un département entier ne peut être confié habituellement à un seul citoyen.

283. S'il est jugé nécessaire de rassembler toute la garde nationale d'un département, le Directoire exécutif peut nommer un commandant temporaire.

284. Le commandement de la garde nationale sédentaire, dans une ville de cent mille habitants et au-dessus, ne peut être habituellement confié à un seul homme.

De la garde nationale en activité.

285. La République entretient à sa solde, même en temps de paix, sous le nom de gardes nationales en activité, une armée de terre et de mer.

286. L'armée se forme par enrôlement volontaire, et, en cas de besoin, par le mode que la loi détermine.

287. Aucun étranger qui n'a point acquis les droits de citoyen français, ne peut être admis dans les armées françaises, à moins qu'il n'ait fait une ou plusieurs campagnes pour l'établissement de la République.

288. Les commandants ou chefs de terre et de mer ne sont nommés qu'en cas de guerre; ils reçoivent du Directoire exécutif des commissions révocables à volonté. La durée de ces commissions se borne à une campagne; mais elles peuvent être continuées.

289. Le commandement des armées de la République ne peut être confié à un seul homme.

290. L'armée de terre et de mer est soumise à des lois particulières, pour la discipline, la forme des jugements et la nature des peines.

291. Aucune partie de la garde nationale sédentaire, ni de la garde nationale en activité, ne peut agir, pour le service intérieur de la République, que sur la réquisition par écrit de l'autorité civile, dans les formes prescrites par la loi.

292. La force publique ne peut être requise par les autorités civiles que dans l'étendue de leur territoire; elle ne peut se transporter d'un canton dans un autre, sans y être autorisée par l'administration du département, ni d'un département dans un autre, sans les ordres du Directoire exécutif.

293. Néanmoins le Corps législatif détermine les moyens d'assurer par la force publique l'exécution des jugements et la poursuite des accusés sur tout le territoire français.

294. En cas de danger imminent, l'adminis-

(1) Voy. ARMÉE, section 1re. — FORCE PUBLIQUE.

(2) Voy. GARDE NATIONALE.

tration municipale d'un canton peut requérir la garde nationale des cantons voisins; en ce cas, l'administration qui a requis, et les chefs des gardes nationales qui ont été requises, sont également tenus d'en rendre compte au même instant à l'administration départementale.

295. Aucune troupe étrangère ne peut être introduite sur le territoire français, sans le consentement préalable du Corps législatif.

TITRE X.

Instruction publique (1).

296. Il y a dans la République des écoles primaires où les élèves apprennent à lire, à écrire, les éléments du calcul et ceux de la morale. La République pourvoit aux frais de logement des instituteurs préposés à ces écoles.

297. Il y a, dans les diverses parties de la République, des écoles supérieures aux écoles primaires, et dont le nombre sera tel, qu'il y en ait au moins une pour deux départements.

298. Il y a pour toute la République un Institut national chargé de recueillir les découvertes, de perfectionner les arts et les sciences.

299. Les divers établissements d'instruction publique n'ont entre eux aucun rapport de subordination ni de correspondance administrative.

300. Les citoyens ont le droit de former les établissements particuliers d'éducation et d'instruction, ainsi que des sociétés libres, pour concourir aux progrès des sciences, des lettres et des arts.

301. Il sera établi des fêtes nationales, pour entretenir la fraternité entre les citoyens, et les attacher à la constitution, à la patrie et aux lois.

TITRE XI.

Contributions (2).

302. Les contributions publiques sont délibérées et fixées chaque année par le Corps législatif. A lui seul appartient d'en établir. Elles ne peuvent subsister au delà d'un an si elles ne sont expressément renouvelées.

303. Le Corps législatif peut créer tel genre de contribution qu'il croira nécessaire; mais il doit établir chaque année une imposition foncière et une imposition personnelle.

304. Tout individu qui, n'étant pas dans le cas des articles 12 et 13 de la constitution, n'a pas été compris au rôle des contributions directes, a le droit de se présenter à l'administration municipale de sa commune, et de s'y inscrire pour une contribution personnelle égale à la valeur locale de trois journées de travail agricole.

305. L'inscription mentionnée dans l'article précédent ne peut se faire que durant le mois de messidor de chaque année.

306. Les contributions de toute nature sont réparties entre tous les contribuables à raison de leurs facultés.

307. Le Directoire exécutif dirige et surveille la perception et le versement des contributions, et donne à cet effet tous les ordres nécessaires.

308. Les comptes détaillés de la dépense des ministres, signés et certifiés par eux, sont rendus publics au commencement de chaque année.

Il en sera de même des états de recette des diverses contributions et de tous les revenus publics.

309. Les états de ces dépenses et recettes sont distingués suivant leur nature; ils expriment les sommes touchées et dépensées, année par année, dans chaque partie d'administration générale.

310. Sont également publiés les comptes des dépenses particulières aux départements, et relatives aux tribunaux, aux administrations, aux progrès des sciences, à tous les travaux et établissements publics.

311. Les administrations de département et les municipalités ne peuvent faire aucune répartition au delà des sommes fixées par le Corps législatif, ni délibérer ou permettre, sans être autorisées par lui, aucun emprunt local à la charge des citoyens du département, de la commune ou du canton.

312. Au Corps législatif seul appartient le droit de régler la fabrication et l'émission de toute espèce de monnaies, d'en fixer la valeur et le poids, et d'en déterminer le type.

313. Le Directoire surveille la fabrication des monnaies, et nomme les officiers chargés d'exercer immédiatement cette inspection.

314. Le Corps législatif détermine les contributions des colonies et leurs rapports commerciaux avec la métropole.

Trésorerie nationale et comptabilité (1).

315. Il y a cinq commissaires de la trésorerie nationale, élus par le Conseil des Anciens, sur une liste triple présentée par celui des Cinq-Cents.

316. La durée de leurs fonctions est de cinq années : l'un deux est renouvelé tous les ans, et peut être réélu sans intervalle et indéfiniment.

317. Les commissaires de la trésorerie sont chargés de surveiller la recette de tous les deniers nationaux;

D'ordonner les mouvements de fonds et le payement de toutes les dépenses publiques consenties par le Corps législatif;

De tenir un compte ouvert de dépense et de recette avec le receveur des contributions directes de chaque département, avec les différentes régies nationales, et avec les payeurs qui seraient établis dans les départements;

D'entretenir avec lesdits receveurs et payeurs, avec les régies et administrations, la correspondance nécessaire pour assurer la rentrée exacte et régulière des fonds.

318. Ils ne peuvent rien faire payer, sous peine de forfaiture, qu'en vertu,

1° D'un décret du Corps législatif, et jusqu'à concurrence des fonds décrétés par lui sur chaque objet;

2° D'une décision du Directoire;

3° De la signature du ministre qui ordonne la dépense.

319. Ils ne peuvent aussi, sous peine de forfaiture, approuver aucun payement, si le mandat, signé par le ministre que ce genre de dépense concerne, n'énonce pas la date, tant de la décision du Directoire exécutif, que des décrets du Corps législatif, qui autorisent le payement.

320. Les receveurs des contributions directes dans chaque département, les différentes régies nationales, et les payeurs dans les départements, remettent à la trésorerie nationale leurs comptes respectifs : la trésorerie les vérifie et les arrête.

321. Il y a cinq commissaires de la comptabilité nationale, élus par le Corps législatif, aux mêmes époques et selon les mêmes formes et conditions que les commissaires de la trésorerie.

322. Le compte général de recettes et dépenses de la République, appuyé des comptes particuliers et des pièces justificatives, est présenté par les commissaires de la trésorerie aux commissaires de la comptabilité, qui le vérifient et l'arrêtent.

323. Les commissaires de la comptabilité donnent connaissance au Corps législatif, des abus, malversations, et de tous les cas de responsabilité qu'ils découvrent dans le cours de leurs opérations; ils proposent dans leur partie les mesures convenables aux intérêts de la République.

324. Le résultat des comptes arrêtés par les commissaires de la comptabilité est imprimé et rendu public.

325. Les commissaires, tant de la trésorerie nationale que de la comptabilité, ne peuvent être suspendus ni destitués que par le Corps législatif.

Mais, durant l'ajournement du Corps législatif, le Directoire exécutif peut suspendre et remplacer provisoirement les commissaires de la trésorerie nationale au nombre de deux au plus, à charge d'en référer à l'un et l'autre Conseil du Corps législatif, aussitôt qu'ils ont repris leurs séances.

TITRE XII.

Relations extérieures (2).

326. La guerre ne peut être décidée que par un décret du Corps législatif, sur la proposition formelle et nécessaire du Directoire exécutif.

327. Les deux Conseils législatifs concourent, dans les formes ordinaires, au décret par lequel la guerre est décidée.

328. En cas d'hostilités imminentes ou commencées, de menaces ou de préparatifs de guerre contre la République française, le Directoire exécutif est tenu d'employer, pour la défense de l'État, les moyens mis à sa disposition, à la charge d'en prévenir sans délai le Corps législatif.

Il peut même indiquer, en ce cas, les augmentations de forces et les nouvelles dispositions législatives que les circonstances pourraient exiger.

329. Le Directoire seul peut entretenir des relations politiques au dehors, conduire les négociations, distribuer les forces de terre et de mer, ainsi qu'il le juge convenable, et en régler la direction en cas de guerre.

330. Il est autorisé à faire les stipulations préliminaires, telles que des armistices, des neutralisations; il peut arrêter aussi des conventions secrètes.

331. Le Directoire exécutif arrête, signe ou fait signer avec les puissances étrangères, tous les traités de paix, d'alliance, de trêve, de neutralité, de commerce, et autres conventions qu'il juge nécessaires au bien de l'État.

Ces traités et conventions sont négociés, au nom de la République française, par des agents diplomatiques nommés par le Directoire exécutif, et chargés de ses instructions.

332. Dans le cas où un traité renferme des articles secrets, les dispositions de ces articles ne peuvent être destructives des articles patents, ni contenir aucune aliénation du territoire de la République.

333. Les traités ne sont valables qu'après avoir été examinés et ratifiés par le Corps législatif; néanmoins les conditions secrètes peuvent recevoir provisoirement leur exécution, dès l'instant même où elles sont arrêtées par le Directoire.

334. L'un et l'autre Conseil législatif ne délibèrent sur la guerre ni sur la paix qu'en comité général.

335. Les étrangers établis ou non en France succèdent à leurs parents étrangers ou français; ils peuvent contracter, acquérir et recevoir des biens situés en France, et en disposer de même que les citoyens français, par tous les moyens autorisés par les lois.

TITRE XIII.

Révision de la constitution.

336. Si l'expérience faisait sentir les inconvénients de quelques articles de la constitution, le Conseil des Anciens en proposerait la révision.

337. La proposition du Conseil des Anciens est, en ce cas, soumise à la ratification du Conseil des Cinq-Cents.

338. Lorsque, dans un espace de neuf années, la proposition du Conseil des Anciens, ratifiée par le Conseil des Cinq-Cents, a été faite à trois époques éloignées l'une de l'autre de trois années au moins, une assemblée de révision est convoquée.

339. Cette assemblée est formée de deux membres par département, tous élus de la même manière que les membres du Corps législatif, et réunissant les mêmes conditions que celles exigées pour le Conseil des Anciens.

340. Le Conseil des Anciens désigne, pour la réunion de l'assemblée de révision, un lieu distant de vingt myriamètres au moins de celui où siége le Corps législatif.

341. L'assemblée de révision a le droit de changer le lieu de sa résidence, en observant la distance prescrite par l'article précédent.

342. L'assemblée de révision n'exerce aucune fonction législative ni de gouvernement; elle se borne à la révision des seuls articles constitutionnels qui lui ont été désignés par le Corps législatif.

343. Tous les articles de la constitution, sans exception, continuent d'être en vigueur tant que les changements proposés par l'assemblée de révision n'ont pas été acceptés par le peuple.

344. Les membres de l'assemblée de révision délibèrent en commun.

345. Les citoyens qui sont membres du Corps législatif au moment où une assemblée de révision est convoquée, ne peuvent être élus membres de cette assemblée.

346. L'assemblée de révision adresse immédiatement aux assemblées primaires le projet de réforme qu'elle a arrêté.

Elle est dissoute dès que ce projet leur a été adressé.

(1) Voy. INSTRUCTION PUBLIQUE. — UNIVERSITÉ. — ÉCOLES.

(2) Voy. BUDGETS. — CONTRIBUTIONS.

(1) Voy. TRÉSOR PUBLIC.

(2) Voy. AMBASSADEURS. — MINISTÈRE DES AFFAIRES ÉTRANGÈRES. — TRAITÉS.

347. En aucun cas, la durée de l'assemblée de révision ne peut excéder trois mois.

348. Les membres de l'assemblée de révision ne peuvent être recherchés, accusés ni jugés, en aucun temps, pour ce qu'ils ont dit ou écrit dans l'exercice de leurs fonctions.

Pendant la durée de ces fonctions, ils ne peuvent être mis en jugement, si ce n'est par une décision des membres mêmes de l'assemblée de révision.

349. L'assemblée de révision n'assiste à aucune cérémonie publique; ses membres reçoivent la même indemnité que celle des membres du Corps législatif.

350. L'assemblée de révision a le droit d'exercer ou faire exercer la police dans la commune où elle réside.

TITRE XIV.

Dispositions générales.

351. Il n'existe entre les citoyens d'autre supériorité que celle des fonctionnaires publics, et relativement à l'exercice de leurs fonctions (1).

352. La loi ne reconnaît ni vœux religieux, ni aucun engagement contraire aux droits naturels de l'homme (2).

353. Nul ne peut être empêché de dire, écrire, imprimer et publier sa pensée.

Les écrits ne peuvent être soumis à aucune censure avant leur publication.

Nul ne peut être responsable de ce qu'il a écrit ou publié, que dans les cas prévus par la loi (3).

354. Nul ne peut être empêché d'exercer, en se conformant aux lois, le culte qu'il a choisi (4).

Nul ne peut être forcé de contribuer aux dépenses d'un culte. La République n'en salarie aucun (5).

355. Il n'y a ni privilége, ni maîtrise, ni jurande, ni limitation à la liberté de la presse, du commerce, et à l'exercice de l'industrie et des arts de toute espèce.

Toute loi prohibitive en ce genre, quand les circonstances la rendent nécessaire, est essentiellement provisoire, et n'a d'effet que pendant un an au plus, à moins qu'elle ne soit formellement renouvelée.

356. La loi surveille particulièrement les professions qui intéressent les mœurs publiques, la sûreté et la santé des citoyens; mais on ne peut faire dépendre l'admission à l'exercice de ces professions d'aucune prestation pécuniaire (6).

357. La loi doit pourvoir à la récompense des inventeurs ou au maintien de la propriété exclusive de leurs découvertes ou de leurs productions.

358. La constitution garantit l'inviolabilité de toutes les propriétés, ou la juste indemnité de celles dont la nécessité publique, légalement constatée, exigerait le sacrifice (7).

359. La maison de chaque citoyen est un asile inviolable : pendant la nuit, nul n'a le droit d'y entrer que dans le cas d'incendie, d'inondation ou de réclamation venant de l'intérieur de la maison.

Pendant le jour, on peut y exécuter les ordres des autorités constituées.

Aucune visite domiciliaire ne peut avoir lieu qu'en vertu d'une loi, et pour la personne ou l'objet expressément désigné dans l'acte qui ordonne la visite (8).

360. Il ne peut être formé de corporations ni d'associations contraires à l'ordre public (9).

361. Aucune assemblée de citoyens ne peut se qualifier de société populaire.

362. Aucune société particulière s'occupant de questions politiques ne peut correspondre avec une autre, ni s'affilier à elle, ni tenir des séances publiques, composées de sociétaires et d'assistants distingués les uns des autres, ni imposer des conditions d'admission et d'éligibilité, ni s'arroger des droits d'exclusion, ni faire porter à ses membres aucun signe extérieur de leur association.

363. Les citoyens ne peuvent exercer leurs droits politiques que dans les assemblées primaires ou communales.

364. Tous les citoyens sont libres d'adresser aux autorités publiques les pétitions; mais elles doivent être individuelles; nulle association ne peut en présenter de collectives, si ce n'est les autorités constituées et seulement pour des objets propres à leur attribution.

Les pétitionnaires ne doivent jamais oublier le respect dû aux autorités constituées.

365. Tout attroupement armé est un attentat à la constitution, il doit être dissipé sur-le-champ par la force (1).

366. Tout attroupement non armé doit être également dissipé, d'abord par voie de commandement verbal, et, s'il est nécessaire, par le développement de la force armée.

367. Plusieurs autorités constituées ne peuvent jamais se réunir pour délibérer ensemble; aucun acte émané d'une telle réunion ne peut être exécuté.

368. Nul ne peut porter des marques distinctives qui rappellent des fonctions antérieurement exercées, ou des services rendus (2).

369. Les membres du Corps législatif, et tous les fonctionnaires publics, portent, dans l'exercice de leurs fonctions, le costume ou signe de l'autorité dont ils sont revêtus; la loi en détermine la forme.

370. Nul citoyen ne peut renoncer, ni en tout ni en partie, à l'indemnité ou au traitement qui lui est attribué par la loi, à raison de fonctions publiques.

371. Il y a dans la République uniformité de poids et de mesures.

372. L'ère française commence le 22 septembre 1792, jour de la fondation de la République.

373. La nation française déclare qu'en aucun cas elle ne souffrira le retour des Français qui, ayant abandonné leur patrie depuis le 15 juillet 1789, ne sont pas compris dans les exceptions portées aux lois rendues contre les émigrés; et elle interdit au Corps législatif de créer de nouvelles exceptions sur ce point.

Les biens des émigrés sont irrévocablement acquis au profit de la République.

374. La nation française proclame pareillement, comme garantie de la foi publique, qu'après une adjudication légalement consommée de biens nationaux, quelle qu'en soit l'origine, l'acquéreur légitime ne peut en être dépossédé, sauf aux tiers réclamants à être, s'il y a lieu, indemnisés par le trésor national.

375. Aucun des pouvoirs institués par la constitution n'a le droit de la changer dans son ensemble ni dans aucune de ses parties, sauf les réformes qui pourront y être faites par la voie de la révision, conformément aux dispositions du titre XIII.

376. Les citoyens se rappelleront sans cesse que c'est de la sagesse des choix dans les assemblées primaires et électorales que dépendent principalement la durée, la conservation et la prospérité de la République.

377. Le peuple français remet le dépôt de la présente constitution à la fidélité du Corps législatif, du Directoire exécutif, des administrateurs et des juges; à la vigilance des pères de famille, aux épouses et aux mères, à l'affection des jeunes citoyens, au courage de tous les Français.

Collationné à l'original par nous président et secrétaires de la Convention nationale.

A Paris, ce 5 fructidor an 3 de la République française.

Signé M. J. CHENIER, *président;* DERASEY, SOULIGNAC, BERNIER, LAURENCEOT, DENTZEL, QUIROT, *secrétaires.*

§ III. *Actes complémentaires ou modificatifs* (3).

5 FRUCTIDOR an III (22 août 1795). — *Décret sur les moyens de terminer la révolution.* (1, Bull. n° 1102) (1).

TITRE Ier.

De la formation du nouveau Corps législatif.

Art. 1er. Le Corps législatif sera composé de membres élus par les prochaines assemblées électorales, dans les proportions qui sont réglées par l'acte constitutionnel pour le renouvellement annuel.

2. Tous les membres actuellement en activité dans la Convention sont rééligibles. Les assemblées électorales ne pourront en prendre moins de deux tiers pour former le Corps législatif.

3. Ne sont point compris parmi les députés en activité ceux qui sont décrétés d'accusation ou d'arrestation.

4. Chaque député remettra par écrit, d'ici au 20 fructidor, au comité des décrets, procès-verbaux et archives, sa déclaration sur son âge, et sur les autres conditions pre-crites par la constitution pour être membre de l'un ou de l'autre Conseil législatif.

5. Les députés en mission, tant auprès des armées que dans les départements, ainsi que les absents par congé ou maladie, feront parvenir leur déclaration d'ici au 30 fructidor au même comité, qui pourra néanmoins demander dès à présent les éclaircissements qui les concernent, à ceux dont ils sont plus particulièrement connus.

TITRE II.

De la présentation de l'acte constitutionnel aux assemblées primaires.

Art. 1er. Aussitôt après l'envoi de l'acte constitutionnel à toutes les communes de la République, les assemblées primaires seront convoquées à la diligence du procureur général syndic et de l'administration de chaque département, pour être ouvertes, au plus tard, le 20 fructidor, dans le même lieu où se sont tenues les dernières assemblées, sauf les changements survenus depuis dans quelques chefs-lieux de canton.

2. Tous les Français qui ont voté dans les dernières assemblées primaires, y seront admis.

3. Le bureau sera formé, par un seul tour de scrutin de liste simple, de cinq membres, à la pluralité relative. Parmi les cinq citoyens qui réuniront le plus de suffrages, les fonctions de président, de secrétaires et de scrutateurs, seront distribuées suivant l'ordre de pluralité; et en cas d'égalité de suffrages entre deux ou plusieurs élus, l'âge décidera du rang.

4. Dès que le bureau sera formé, il sera donné lecture de la déclaration des droits et des devoirs, et de l'acte constitutionnel.

5. Les assemblées primaires exprimeront leur vœu sur l'ensemble de l'acte constitutionnel, pour l'admettre ou le rejeter.

6. Chaque votant donnera son suffrage de la manière qui lui sera convenable.

7. Le bureau constatera par un procès-verbal le nombre des votants et le résultat des suffrages.

8. Le procès-verbal de chaque assemblée primaire, relatif à l'acte constitutionnel, sera mis, aussitôt après sa rédaction, par les membres du bureau, sous enveloppe, avec cette adresse : *Au comité des décrets, procès-verbaux et archives de la Convention nationale, à Paris,* et contresigné, *assemblée primaire du canton de...... département de.......* Les directeurs des postes de chaque bureau de départ en chargeront leurs feuilles d'avis.

9. Le procureur général syndic de chaque département, concurremment avec l'administration, se fera rendre compte, tant par la municipalité de chaque chef-lieu de canton, que par les directeurs des postes qui auront reçu les paquets, de l'exécution du précédent article, au plus tard

(1) Voy. ci-après CHARTE DE 1830, art. 5.

(2) Voy. VOEUX RELIGIEUX. — CULTES. — CONCORDAT. — CONSTITUTION CIVILE DU CLERGÉ. — CONGRÉGATIONS RELIGIEUSES.

(3) Voy. LIBERTÉ DE LA PRESSE.

(4) Voy. ci-après CHARTE DE 1814, et CHARTE de 1830.

(5) Il en est autrement depuis le concordat du 18 germinal an X.

(6) Les étudiants en droit et en médecine sont aujourd'hui obligés d'acquitter des droits d'inscription et de diplôme.

(7) Voy. EXPROPRIATION POUR CAUSE D'UTILITÉ PUBLIQUE.

(8) Voy. LIBERTÉ INDIVIDUELLE.

(9) Voy. ASSOCIATIONS.

(1) Voy. ATTROUPEMENTS. — LOI MARTIALE.

(2) Voy. ci-dessus le décret du 4 août 1789. — Voy. en outre le mot DÉCORATION. — LÉGION D'HONNEUR.

(3) Nous avons placé sous ce paragraphe :

1° Le décret du 3 fructidor an III, parce qu'il appelle les armées à délibérer et à voter, ce qui est contraire à l'article 276 de l'acte constitutionnel;

2° Le décret du 13 fructidor an III sur la réélection des deux tiers de la Convention nationale, parce que ce décret restreint la liberté des élections garantie par la constitution;

3° La loi du 3 brumaire an IV qui crée des incapacités politiques non reconnues par la constitution;

4° Les actes relatifs au coup d'état du 18 fructidor an IV;

5° Enfin ceux relatifs à l'acte de violence du 18 brumaire an VIII qui renversa et le Directoire et la constitution.

Nous ne prétendons nullement juger ces actes au point de vue politique; nous voulons seulement faire connaître les raisons qui nous ont engagés à les classer parmi ceux qui ont modifié (violé) la constitution de l'an III.

Rappelons en terminant que les décrets des 3 et 13 fructidor an III furent la cause ou le prétexte de l'insurrection parisienne de vendémiaire an IV : les actes relatifs à cette insurrection se trouvent au mot CONVENTION NATIONALE.

(1) Voy. ci-après la loi du 1er vendémiaire an IV.

le 25 fructidor, et en informera aussitôt le comité des décrets, procès-verbaux et archives.

10. Immédiatement après la rédaction et l'envoi du procès-verbal dont il vient d'être parlé, les assemblées primaires nommeront le nombre d'électeurs que chacune doit fournir d'après l'acte constitutionnel; il sera fait de cette élection un procès-verbal séparé. La tenue des assemblées électorales sera indiquée ultérieurement par un nouveau décret.

11. Les députés en mission auprès de chaque armée se concerteront, dans le plus court délai, avec le général en chef et les généraux, tant de division que de brigade, pour assembler tous les défenseurs de la patrie et les employés à la suite de l'armée, et leur donner lecture de l'acte constitutionnel.

12. Les députés en mission auprès des armées navales dans les ports ou en rade, et, à leur défaut, les commandants en chef de la marine, en donneront aussi lecture à l'armée de mer et aux marins.

13. Le jour où chaque armée exprimera son vœu sera ensuite fixé par les députés en mission, qui régleront sommairement la forme de la délibération convenable aux localités et aux circonstances.

14. Les députés en mission auprès de chaque armée de terre ou de mer, ou le général en chef, feront passer au comité des décrets, procès-verbaux et archives, le vœu de chaque armée aussitôt qu'ils l'auront recueilli.

TITRE III.

De la mise en activité de la constitution.

Art. 1er. Le comité des finances, section des domaines, est chargé de faire un rapport à la Convention nationale sur le placement tant des deux Conseils législatifs que du Directoire exécutif.

2. Le comité des inspecteurs fera pareillement un rapport sur les distributions et travaux nécessaires dans l'intérieur du Palais-National, en se concertant avec le comité des finances, section des domaines.

3. Le comité d'instruction publique fera un rapport sur le costume particulier à donner à chacun des deux Conseils législatifs, et à tous les fonctionnaires publics.

4. Le comité des finances est chargé de faire un rapport sur l'attribution à donner aux administrations instituées par la Constitution, des opérations relatives à la vente des biens nationaux, et qui se faisaient par les districts supprimés.

5. Ces divers rapports seront faits d'ici au 15 fructidor au plus tard.

6. Aussitôt que le comité des décrets, procès-verbaux et archives, aura fait le dépouillement des procès-verbaux des assemblées primaires, il en fera son rapport à la Convention nationale.

7. La Convention déterminera ensuite le jour de la clôture de ses travaux comme pouvoir constituant.

8. Le lendemain au plus tard de la dernière séance de la Convention nationale, les deux Conseils législatifs ouvriront leurs séances. Le mode de répartition de tous les membres actuellement en activité dans la Convention entre les deux Conseils sera déterminé par un nouveau décret.

9. Dans trois jours, pour tout délai, le Conseil des Cinq-Cents présentera une liste de cinquante candidats pour former le Directoire exécutif. Les cinq membres qui le composeront seront nommés par le Conseil des Anciens, dans les trois jours qui suivront la présentation de la liste.

10. Les membres qui, à l'époque de la formation des deux Conseils, composeront les comités de salut public et sûreté générale, continueront provisoirement leurs fonctions jusqu'au jour de l'installation du Directoire.

11. A dater du jour de cette installation, les comités ne pourront prendre ni signer aucun arrêté : ils fourniront au Directoire les éclaircissements dont il aura besoin.

12. Toutes les commissions exécutives continueront leurs fonctions jusqu'à ce que le Directoire ait organisé le ministère, et tous les fonctionnaires publics, jusqu'à ce qu'ils aient été renouvelés dans la forme prescrite par la constitution.

13. Les assemblées électorales sont convoquées par la Convention immédiatement après le rapport qui lui sera fait du résultat des suffrages des assemblées primaires, et avant qu'elle cesse l'exercice du pouvoir constituant.

14. Les assemblées tant primaires qu'électorales qui vont être successivement convoquées, le sont par anticipation sur celles de l'an 4, pendant lequel il n'en sera plus tenu.

15. Quinze jours avant la tenue des assemblées primaires du mois de germinal de l'an 5, les membres de la Convention nationale qui auront pris place dans l'un l'autre et Conseil, tireront au sort la sortie de la moitié d'entre eux, laquelle formera le tiers du Corps législatif pour le renouvellement annuel prescrit par la constitution.

16. Ceux qui sortiront alors par la voie du sort, seront immédiatement rééligibles.

17. Le présent décret sera joint à l'acte constitutionnel, pour être envoyé par des courriers extraordinaires aux armées et aux administrations de département. Celles-ci seront tenues de les faire passer, sans aucun délai, aux administrations de district; et les administrations de district, à toutes les communes de la République.

---

6 FRUCTIDOR an III (23 août 1795). — *Décret qui ordonne l'impression d'une adresse aux Français; teneur de l'adresse.* (Baud. LVIII, p. 77.)

La Convention nationale, après avoir entendu la lecture de l'adresse ci-jointe, présentée par un de ses membres, — Décrète qu'elle sera imprimée, envoyée aux départements et aux assemblées primaires avec le projet de constitution.

Français,

Après de longs orages, vous allez fixer vos destinées en prononçant sur votre constitution. — Depuis longtemps la patrie appelait à grands cris un gouvernement libre, qui trouvât, dans la sagesse de ses principes, la garantie de sa durée. — Vos mandataires ont-ils atteint ce but? Ils le croient, ils en ont fortement le désir. — Patriotes de 1789, qui restâtes purs au milieu des écueils révolutionnaires; généreux guerriers, qui versâtes votre sang pour la patrie; citoyens, qui aimez l'ordre et la tranquillité, acceptez-en le gage; il est dans le gouvernement qui vous est offert; lui seul peut, en nous donnant la paix, ramener par degrés l'abondance et le bonheur. — Français! citoyens de toutes les professions, de toutes les opinions, ralliez-vous pour l'intérêt de la patrie; surtout ne portez pas de regards rétrogrades vers le point du départ. Des siècles se sont écoulés depuis six ans; et si le peuple français est las de révolutions, il ne l'est pas de liberté : vous souffrez, il est vrai; mais ce n'est pas en faisant des révolutions nouvelles, c'est en finissant celle qui est commencée, que vous trouverez le terme de vos maux. — Non, vous n'imputerez point à la République, qui jusqu'à ce jour ne fut point organisée, des malheurs qui ne sauraient se reproduire sous un gouvernement libre sans licence, et fort sans despotisme. — Peuple souverain! écoute la voix de tes mandataires; le projet de pacte social qu'ils t'offrent leur fut dicté par le désir de ton bonheur. — C'est à toi d'y attacher ton sort; consulte ton intérêt et ta gloire, et la patrie est sauvée.

---

11 FRUCTIDOR an III (28 août 1795). — *Décret qui autorise les réfugiés des départements de l'Ouest à voter sur l'acceptation de la constitution dans les assemblées primaires des communes où ils font leur résidence actuelle.* (Baud. LVIII, p. 140.)

---

13 FRUCTIDOR an III (30 août 1795). — *Loi concernant le mode de réélection des deux tiers de la Convention nationale.* (I. Bull. n° 1103.)

Art. 1er. Les prochaines assemblées électorales, en exécution des articles 1 et 2 du titre 1er de la loi du 5 de ce mois, nommeront d'abord les deux tiers des membres que chacune d'elles doit fournir au Corps législatif, et les choisiront, soit dans la députation actuelle de leur département, soit parmi tous les autres membres de la Convention, si ce n'est ceux qui sont exceptés par l'article 3 de la même loi.

2. Il sera en conséquence adressé à chaque assemblée électorale, lors de la convocation prescrite par l'article 10 du titre II, des exemplaires de la liste des membres qui sont en activité dans la Convention. Les exemplaires seront certifiés par le comité des décrets, procès-verbaux et archives.

3. Chaque assemblée électorale, indépendamment des deux tiers qu'elle doit nommer d'abord, formera une liste supplémentaire triple de la première, et composée de membres également pris sur la totalité de la Convention; en sorte, par exemple, qu'en supposant une députation de neuf membres dans sa totalité, il en sera, avant tout, choisi six pour former la *liste des deux tiers*, et dix-huit autres pour la *liste supplémentaire*.

4. Il sera procédé successivement et séparément à chacune de ces deux élections; elles seront faites l'une et l'autre au scrutin de liste simple, à la pluralité absolue, aux deux premiers tours; et à la pluralité relative, au troisième tour, si l'on est obligé d'y recourir. Après chaque tour de scrutin, le bureau en publiera le résultat, en annonçant les élections consommées, s'il y en a, et en proclamant les noms de ceux qui, n'étant pas encore élus, auront obtenu des suffrages, ainsi que le nombre de voix donné à chacun d'eux.

5. L'élection du dernier tiers, qui sera pris soit dans la Convention, soit au dehors, ne pourra se faire qu'après avoir achevé celles qui sont prescrites par les articles précédents.

6. En cas d'insuffisance du résultat des scrutins de toutes les assemblées électorales pour la réélection de cinq cents membres de la Convention, ce nombre sera complété par ceux qui auront été réélus dans son sein pour composer les deux tiers du Corps législatif.

7. Cette opération suivra immédiatement la vérification des pouvoirs, et se fera par scrutin de liste, en observant les conditions prescrites par l'article 4.

8. Il sera envoyé à chaque assemblée électorale, un tableau du nombre de députés qu'elle doit fournir d'après les états de population.

9. La distribution des députés entre le Conseil des Cinq-Cents et le Conseil des Anciens sera faite, pour cette fois, par la totalité de ceux qui seront élus pour former le Corps législatif.

10. Aucun député en mission ou en congé ne sera éligible dans le département ou il se trouvera pendant la tenue de l'assemblée électorale.

---

13 FRUCTIDOR an III (30 août 1795). — *Décret qui ordonne l'impression de l'adresse aux Français sur la réélection des deux tiers de la Convention.* (Baud. LVIII, 143) (1).

Français,

Des hommes qui souriaient de pitié, il y a peu de jours encore, lorsqu'on parlait de la souveraineté du peuple, affectent aujourd'hui de s'en montrer les plus zélés défenseurs, en s'élevant contre la mesure qui vous est proposée par la Convention nationale celle de conserver dans le prochain Corps législatif les deux tiers de ses membres choisis par les assemblées électorales.

Ils vous disent qu'il faut assurer au peuple l'exercice de sa souveraineté; ils le disent, et nous, nous la voulons. La constitution qui vous est présentée consacre pleinement cet exercice; c'est donc vous l'assurer que de la maintenir quand vous l'aurez acceptée. Le moyen de la maintenir, c'est de laisser, pendant le temps prescrit par la constitution elle-même, dans le Corps législatif, un nombre d'hommes suffisant pour résister aux efforts des novateurs; un nombre d'hommes intéressés eux-mêmes à consolider le nouveau gouvernement. Et qu'on cesse enfin de contester la légitimité de cette mesure! La seule légitime est celle qui sauvera la patrie. D'ailleurs, si la majorité des assemblées primaires de France l'approuve, qui oserait dire que le peuple aurait renoncé à sa souveraineté, en énonçant ainsi sa volonté?

Perdant alors l'espoir d'amener un état de choses conforme à ses intérêts, à ses vues ou à ses passions, chacun cherchera à se placer dans le nouvel ordre politique; et tel qui aurait tout bouleversé, concourra puissamment à tout maintenir : par là l'ordre public s'affermissant, la confiance renaissant de jour en jour, l'abondance et le crédit public viendront nous consoler dans nos souffrances, et réparer progressivement nos maux.

Mais, au contraire, si le Corps législatif se trouve composé en entier d'hommes nouveaux, c'en est fait de votre liberté, de votre repos, et peut-être même de votre existence politique. Un autre système de révolution s'établira; on poursuivra avec acharnement tous les soutiens de la République, tous les patriotes de 1789, tous ceux qui ont occupé des fonctions publiques depuis la révolution, quelque peu importantes qu'elles fussent, tous les acquéreurs de biens nationaux; il suffira enfin d'avoir porté l'habit national pour devenir un objet de persécution. Les braves dé-

(1) Les décrets des 5 et 13 fructidor avaient causé une vive irritation. On se plaignait que le premier en appelant les armées à voter sur l'acceptation de la constitution eût violé cette même constitution. Quant au second, sur la réélection des deux tiers, il déconcertait les espérances des partis qui comptaient sur une assemblée entièrement nouvelle. — La Convention, vivement attaquée, répondit par la proclamation dont nous reproduisons ici le texte.

fenseurs de la patrie surtout exciteraient la rage de ces nouveaux révolutionnaires.

Le désir de détruire et d'innover est si naturel au cœur de l'homme! Quels sont au surplus ceux qui vous pressent de renouveler en entier la Convention? des ambitieux qui espèrent se rendre maîtres du prochain Corps législatif, afin d'opérer une révolution nouvelle, et se placer les uns à la tête d'un parti anarchique, les autres relever le trône pour y faire asseoir celui dont ils espéraient devenir les favoris.........

Et lors même que ces partisans du royalisme seraient d'accord sur le choix d'un maître (ce que tout homme de sens doit reconnaître impossible), la guerre civile en serait-elle moins inévitable? Où serait cette illusion qui seule donne la force à un roi? elle est pour jamais dissipée. Où seraient ses armées? Quelles seraient les forces qu'il opposerait à quatorze armées triomphantes, qui n'ont pas versé leur sang et vaincu tant de despotes pour en rétablir un et devenir l'objet de ses fureurs? Où seraient ses trésors? Où trouverait-il des subsistances pour alimenter les grandes communes, lorsque les campagnes seraient ravagées par vingt partis qui se joueraient de son autorité et se partageraient les lambeaux sanglants de la patrie, jusqu'à ce que l'étranger l'eût envahie comme une autre Pologne?

Quels sont encore les hommes qui s'élèvent contre la mesure proposée? ce sont d'exécrables agioteurs; ils savent bien que le gouvernement une fois établi, les fortunes illicites pourraient enfin être connues; que d'ailleurs des opérations secrètes, promptes et sages, rétabliraient les finances, mettraient un frein à leur affreux brigandage. Ils ont besoin de changements et de troubles pour continuer de vous dévorer.

Enfin, ce sont des hommes animés par un désir incessé de vengeance qui, dans leur aveuglement, aiment mieux consommer la ruine de leur pays, que de ne pas satisfaire cette atroce passion.

Français, et vous surtout habitants de Paris, n'êtes-vous pas las enfin et désabusés des intrigants qui vous ont égarés si longtemps? Au 31 mai, ils vous ont fait construire de vos propres mains les échafauds où vous deviez périr par milliers; au 31 mai, ils vous ont fait forger de vos propres mains les horribles fers dont vous enchaîna la tyrannie; au 31 mai, ils vous ont fait fermer de vos propres mains toutes les sources de la reproduction, et il faudra de longues années de vertu, de sagesse et de paix pour en rappeler le cours entier.

Aujourd'hui ils veulent encore vous faire relever de vos propres mains les échafauds, et allumer le flambeau de la guerre civile.

Des vengeances et la guerre civile!... Génie de la patrie, ne souffrez pas que de pareilles horreurs se renouvellent. La France serait-elle destinée à devenir toute entière une Vendée! Là des villes ont disparu, et presque partout les restes malheureux des habitants n'ont plus que des huttes pour abri.

Génie de la patrie, éclaire ses enfants, ouvre leur esprit à la lumière, et ferme leur cœur au désir de la vengeance : dis-leur que la modération n'est pas la vertu la moins nécessaire dans les républiques; qu'elle est surtout indispensable à la suite d'une grande révolution : que sans elle, enfin, la société n'est qu'un affreux rassemblement de bêtes féroces.

Dis-leur que ces hommes qui gagnent si bien le honteux salaire qu'ils reçoivent de l'étranger pour nous détruire, n'évoquent ici la souveraineté du peuple que pour la lui faire perdre : ils couvrent de miel les bords du vase, pour lui faire avaler le poison de la discorde.

Ah! certes, ce n'est pas nous qui serons leurs complices! la Convention nationale régénérée ne se rendra jamais coupable d'une aussi lâche perfidie.

Français, nous le croyons sincèrement : il s'agit ici, ou de la paix ou de la guerre civile, ou du retour à la vie, ou de la mort absolue du corps politique dans les pénibles angoisses d'une anarchie sans fin : choisissez.

Quant à nous, quel que soit le parti que vous prendrez, que vous adoptiez ou rejetiez la mesure que nous vous proposons, aussi tranquilles au milieu des tempêtes que dans le calme le plus parfait, nous dirigerons avec courage tous nos vœux et tous nos efforts pour assurer à notre pays la paix et le bonheur.

---

23 FRUCTIDOR an III (9 septembre 1795). — *Décret portant que les militaires qui se trouvent à Paris, en vertu de permissions légales, pourront se rassembler le 24 fructidor, présent mois, à la maison des Invalides, pour donner leur vœu sur l'acte constitutionnel, et sur le décret du 5 du courant.* (Baud. LVIII, 227.)

---

30 FRUCTIDOR an III (16 septembre 1795). — *Décret qui ordonne l'impression et l'envoi aux départements et aux armées, des votes des assemblées primaires.* (I. Bull. n° 1094.)

6e JOUR COMPLÉMENTAIRE an III (22 septembre 1795). — *Décret portant que demain, premier vendémiaire, le comité des décrets fera son rapport sur l'acceptation de la constitution et des décrets des 5 et 13 fructidor.* (Baud. LVIII, p. 311.)

1er VENDÉMIAIRE an IV (23 septembre 1795). — *Décret concernant l'acceptation des décrets des 5 et 13 fructidor, sur la réélection des deux tiers de la Convention nationale.* (I. Bull. n° 1101.)

La Convention nationale, après avoir entendu le rapport du comité des décrets, procès-verbaux et archives, du recensement des votes émis sur les décrets des 5 et 13 fructidor, soumis à la sanction du peuple français, déclare, au nom du peuple français, que ces décrets sont lois de la République, et que les assemblées électorales seront tenues de s'y conformer.

La présente déclaration sera proclamée dans le jour à Paris, et envoyée par des courriers extraordinaires aux départements et aux armées, et publiée dans toutes les communes.

1er VENDÉMIAIRE an IV (23 septembre 1795). — *Décret portant proclamation de l'acceptation, par le peuple français, de la constitution qui lui a été présentée par la Convention nationale.* (I. Bull. n° 1100.)

La Convention nationale, après avoir entendu le rapport que lui a fait son comité des décrets, procès-verbaux et archives, du recensement des votes émis sur la constitution présentée à l'acceptation du peuple français, déclare, au nom du peuple français, que la constitution est acceptée, et qu'elle est la loi fondamentale de la République.

La présente déclaration sera proclamée dans le jour à Paris, et envoyée par des courriers extraordinaires aux départements et aux armées, et publiée dans toutes les communes.

---

5 VENDÉMIAIRE an IV (27 septembre 1795). — *Décret qui détermine un mode pour l'impression et l'envoi du recensement des votes sur l'acte constitutionnel et les décrets des 5 et 13 fructidor.* (I. Bull. n° 1125.)

La Convention nationale, après avoir entendu le rapport de son comité des décrets, procès-verbaux et archives, décrète :

Art. 1er. L'impression du recensement des votes dans les assemblées primaires sur l'acte constitutionnel et sur les décrets des 5 et 13 fructidor, décrétée le 30 fructidor, sera faite sur tableau, suivant l'ordre et la division contenus au modèle annexé au présent; le résultat sur l'acceptation et le rejet sera constaté.

2. Il en sera envoyé un exemplaire à chaque administration de département, aux municipalités ou sections où se sont tenues les assemblées primaires, et en nombre égal aux assemblées primaires, et aux armées pour chaque bataillon ou réunion des défenseurs de la patrie appelés à prononcer sur l'acceptation ou rejet de l'acte constitutionnel et des décrets; cet exemplaire sera déposé au greffe de la municipalité, ou chaque citoyen pourra en prendre communication, et pour les armées au dépôt du conseil d'administration, où chaque militaire pourra aussi en prendre communication.

---

15 VENDÉMIAIRE an IV (7 octobre 1795). — *Loi qui prononce des peines contre les électeurs qui se conformeraient à des mandats contraires aux lois des 5 et 13 fructidor.* (I. Bull. n° 1147.)

La Convention nationale, après avoir entendu le rapport de son comité de législation, décrète ce qui suit :

Art. 1er. Il est défendu aux électeurs de se conformer aux mandats qui auraient pu leur être donnés par leurs assemblées primaires, et qui se trouveraient contraires aux dispositions des lois des 5 et 13 fructidor dernier, sanctionnées par le peuple.

2. Les électeurs, présidents et secrétaires des assemblées électorales qui proposeraient, appuieraient, proclameraient ou signeraient des arrêtés qui seraient contraires aux dispositions des lois des 5 et 13 fructidor dernier, seront punis comme coupables d'attentat contre la souveraineté du peuple.

3. Seront également punis comme coupables d'attentat contre la souveraineté du peuple, les individus qui, étant nommés députés au prochain Corps législatif d'une manière contraire aux dispositions des lois des 5 et 13 fructidor dernier, se rendraient à Paris pour exercer les fonctions de député, ou dans toute autre commune indiquée pour la tenue des séances du Corps législatif.

4. Le président de chaque assemblée électorale, en adressant, conformément aux articles 3 et 4 du décret du 10 de ce mois, l'extrait du procès-verbal de nomination à chaque député réélu dans la Convention, ou nouvellement élu pour le dernier tiers, soit qu'il soit présent ou non à l'assemblée, sera tenu d'exprimer dans ledit extrait le numéro de la nomination, et de certifier qu'elle est conforme aux lois des 5 et 13 fructidor dernier; en cas de faux exposé le président sera puni, comme il est dit en l'article 2 du présent décret.

5. Les citoyens prévenus des délits énoncés dans les précédents articles seront sur-le-champ saisis, poursuivis et jugés conformément aux lois.

6. Le procureur général syndic et l'accusateur public du département sont chargés, sous leur responsabilité, de l'exécution du présent décret, et d'en rendre compte dans les vingt-quatre heures aux comités de gouvernement.

---

3 BRUMAIRE an IV (25 octobre 1795). — *Décret qui exclut de toutes fonctions publiques les provocateurs ou signataires de mesures séditieuses et contraires aux lois, etc.* (I. Bull. n° 1193.)

Art. 1er. Les individus qui, dans les assemblées primaires ou dans les assemblées électorales, auront provoqué ou signé des mesures séditieuses et contraires aux lois, ne pourront, jusqu'à la paix générale, exercer aucunes fonctions législatives, administratives, municipales et judiciaires, ainsi que celles de haut juré près la haute cour nationale, et de juré près les autres tribunaux.

2. Tout individu qui a été porté sur une liste d'émigrés et n'a pas obtenu sa radiation définitive; les pères, fils et petit-fils, frères et beaux-frères, les alliés au même degré, ainsi que les oncles et neveux des individus compris dans la liste d'émigrés et non définitivement rayés, sont exclus, jusqu'à la paix générale, de toutes fonctions législatives, administratives, municipales et judiciaires, ainsi que de celles de haut juré près la haute cour nationale, et de juré près les autres tribunaux.

3. Quiconque se trouvant dans les cas portés aux précédents articles, accepterait ou aurait accepté une fonction publique de la nature de celles ci-dessus désignées, et ne s'en démettrait pas dans les vingt-quatre heures de la publication de la loi, sera puni de la peine du bannissement à perpétuité, et tous les actes qu'il aurait pu faire depuis la publication de la loi sont déclarés nuls et non avenus.

4. Sont exceptés des dispositions des articles 2 et 3 les citoyens qui ont été membres de l'une des trois assemblées nationales, ceux qui, depuis l'époque de la révolution, ont rempli sans interruption des fonctions publiques au choix du peuple, et ceux qui obtiendront leur radiation définitive ou celle de leurs parents ou alliés.

5. Le Directoire exécutif pourvoira, sans aucun délai, en ce qui le concerne, au remplacement de ceux qui seront dans le cas de se retirer.

6. Pour l'exécution des précédents articles, les membres du Corps législatif et des autorités administratives, municipales, judiciaires et du haut juré, avant d'entrer en fonctions, déclareront par écrit, les premiers aux archives du Corps législatif, et les autres sur les registres des délibérations de l'autorité dont ils sont ou seront appelés à être membres, qu'ils n'ont provoqué ni signé aucun arrêté séditieux et contraire aux lois, et qu'ils ne sont point parents ou alliés d'émigrés au degré déterminé par l'article 2. Ceux qui feraient une fausse déclaration, seront punis de la peine portée en l'article 3.

7. Tous ceux qui ne voudraient pas vivre sous les lois de la République, et s'y conformer, sont autorisés, dans les trois mois qui suivront la publication du présent décret, à quitter le territoire français, à la charge d'en faire la déclaration à la municipalité du lieu de leur domicile, dans le délai d'un mois.

8. Ils pourront toucher leur revenu, même réaliser leur fortune, mais de manière cependant qu'ils n'emportent ni numéraire, ni métaux, ni marchandises dont l'exportation est prohibée par les lois, et sauf l'indemnité qui pourra être déterminée par le Corps législatif, au profit de la République.

7.

9. Ceux qui se seront ainsi bannis volontairement, ne pourront plus rentrer en France ; s'ils y rentraient, ils seront considérés comme émigrés, et punis comme tels.

10. Les lois de 1792 et 1793 contre les prêtres sujets à la déportation ou à la réclusion, seront exécutées dans les vingt-quatre heures de la promulgation du présent décret, et les fonctionnaires publics qui seront convaincus d'en avoir négligé l'exécution, seront condamnés à deux années de détention.

Les arrêtés des comités de la Convention et des représentants du peuple en mission, contraires à ces lois, sont annulés.

11. Il n'est rien innové à la loi du 22 fructidor dernier, qui a levé la confiscation des biens des prêtres déportés.

12. Les femmes d'émigrés, même divorcées et non remariées à l'époque de la publication de la loi; les mères, belles-mères, filles et belles-filles d'émigrés, non remariées, et âgées de plus de vingt et un ans, seront tenues de se retirer, dans la huitaine de la publication du présent décret, et jusqu'à la paix générale, dans la commune de leur domicile habituel en 1792.

Elles y resteront sous la surveillance de leur municipalité, et ce à peine de deux années de détention.

Sont exceptées celles dont les communes sont au pouvoir des rebelles dans les départements de l'Ouest.

13. Toutes les dispositions de l'article ci-dessus seront également applicables à tout citoyen dont la femme sera émigrée, ou qui sera parent d'émigré aux degrés de père, beau-père, gendre et petit-fils : la contravention sera également punie de deux années de détention.

14. Tout officier de terre et de mer, commissaire des guerres, ou employé dans les administrations militaires, qui, étant en activité de service au 10 août 1792, a, depuis cette époque, donné sa démission, et qui a été réintégré dans un service quelconque, est destitué de ses fonctions, et ne pourra être réemployé au service de la République.

15. Tout officier ou commissaire des guerres qui n'était pas en activité de service le 15 germinal an III, et qui a été placé depuis cette époque jusqu'au 15 thermidor, même année, est suspendu de ses fonctions, et ne pourra être réintégré que par ordre exprès du Directoire exécutif, sur preuves authentiques de bons services antérieurement rendus à la République.

16. La Convention nationale recommande paternellement à tous les républicains, à tous les amis de la liberté et des lois, la surveillance de l'exécution du présent décret.

7 BRUMAIRE an IV (29 octobre 1795). — *Décret du Conseil des Anciens, qui ordonne l'impression du texte de la constitution et des lois organiques.* (Baud. LXI, p. 11.)

14 PRAIRIAL an V (2 juin 1797). — *Arrêté du Directoire exécutif, contenant rectification d'erreurs dans le texte d'une édition originale de la constitution française.* (II. Bull. 1225.)

Le Directoire exécutif, vu, 1° une édition originale de l'acte constitutionnel imprimée à l'imprimerie de la République, portant, article 216 :

« Tous les cinq ans, on procède à l'élection de « tous les *membres* du tribunal ;

« Les juges peuvent toujours être réélus ; »

2° Une autre édition également originale de la constitution imprimée à l'imprimerie nationale, où cette disposition de l'article 216 est ainsi transcrite :

« Tous les cinq ans, on procède à l'élection « de tous les *juges* du tribunal;

« Ils peuvent toujours être réélus; »

3° Les extraits délivrés, collationnés et certifiés conformes par le citoyen Camus, garde des archives de la république, tant de la minute originale authentique de l'acte constitutionnel, déposée aux archives de la République, que de celle du procès-verbal de la Convention nationale, du 5 fructidor an III, desquels il résulte que le véritable texte de l'article 216 de l'acte constitutionnel est celui qui est consigné dans l'édition de l'imprimerie de la République; qu'ainsi la véritable leçon de cet article est :

« Tous les cinq ans, on procède à l'élection de « tous les *membres* du tribunal;

« Les juges peuvent toujours être réélus ; »

Considérant qu'il est important de rétablir dans toute sa pureté le texte de la constitution, altéré dans une édition originale, d'après laquelle il a dû se faire une foule de copies qui en partagent la défectuosité;

Après avoir entendu le ministre de la justice,

Déclare que les deux derniers alinéa de l'article 216 de l'acte constitutionnel doivent être lus de la manière suivante :

« Tous les cinq ans, on procède à l'élection de « tous les *membres* du tribunal;

« Les juges peuvent toujours être réélus. »

14 FRUCTIDOR an V (31 août 1797). — *Loi qui annulle les décrets ou arrêtés prononçant des mises hors de la loi.* (II. Bull. CXLII, n° 1397; Mon. du 21 fructidor an V.)

(Résolution du 12 fructidor.)

Le Conseil des Anciens, adoptant les motifs de la déclaration d'urgence qui précède la résolution ci-après, approuve l'acte d'urgence.

Suit la teneur de la déclaration d'urgence et de la résolution du 12 fructidor :

Le Conseil des Cinq-Cents, ouï le rapport qui lui a été fait par une commission spéciale, sur diverses réclamations contre des décrets de la Convention nationale ou des arrêtés des représentants du peuple qui ont prononcé des mises hors la loi;

Considérant qu'il est instant de faire cesser tous les doutes qui pourraient encore exister relativement à l'application du principe consacré par l'acte constitutionnel, que nul ne peut être jugé qu'après avoir été entendu ou légalement appelé;

Déclare qu'il y a urgence, et prend la résolution suivante :

Tous les décrets de la Convention nationale, ainsi que tous arrêtés des représentants du peuple et autres qui ont prononcé des mises hors de la loi contre des citoyens, soit en masse, soit individuellement, sont annulés, et seront regardés comme non avenus : en conséquence, nul ne pourra être poursuivi, arrêté ou traduit en justice, à raison des délits qui pourraient avoir donné lieu auxdits décrets ou arrêtés, que dans les cas déterminés par la loi, et dans les formes qu'elle a prescrites.

18 FRUCTIDOR an V (4 septembre 1797). — *Loi qui autorise le Directoire exécutif à faire entrer des troupes dans le rayon constitutionnel.* (II. Bull. n° 1390.)

Le Conseil des Anciens, adoptant les motifs de la déclaration d'urgence qui précède la résolution ci-après, approuve l'acte d'urgence.

Suit la teneur de la déclaration d'urgence et de la résolution du 18 fructidor :

Le Conseil des Cinq-Cents, considérant qu'il importe d'assurer la tranquillité publique par tous les moyens prescrits par la constitution, et que l'emploi des moyens ne peut, dans les circonstances actuelles, souffrir le moindre retard ;

Déclare qu'il y a urgence;

Et après avoir déclaré l'urgence, prend la résolution suivante :

Le Directoire exécutif est autorisé à faire entrer sans délai, dans le rayon fixé par l'article 69 de la constitution, et de faire arriver à Paris, le plus tôt possible, les corps de troupes qu'il jugera nécessaires pour défendre la République et la constitution de l'an III contre les attaques des agents du royalisme et de l'anarchie, maintenir la tranquillité publique et le respect dû aux personnes et aux propriétés.

18 FRUCTIDOR an V (4 septembre 1797). — *Arrêté du Directoire exécutif, concernant les grenadiers du Corps législatif.* (II. Bull. n° 1389.)

Le Directoire exécutif, extrêmement satisfait de la manière dont les grenadiers du Corps législatif se sont conduits dans cette journée importante pour le salut de la République, et voulant leur donner sur-le-champ un témoignage de sa confiance, leur notifie que les salles de l'Odéon et de l'École de santé sont destinées provisoirement pour recevoir le Corps législatif, et les invite à s'y rendre pour continuer leur service;

Le général en chef est chargé de leur transmettre le présent arrêté.

19 FRUCTIDOR an V (5 septembre 1797). — *Loi portant que le général de l'armée de l'intérieur et les braves défenseurs de la liberté ont bien mérité de la patrie.* (II. Bull. CXLIII, n° 1401.)

19 FRUCTIDOR an V (5 septembre 1797). — *Loi contenant des mesures de salut public prises relativement à la conspiration royale.* (II. Bull. n° 1400.)

(Résolution du 18 fructidor.)

Le Conseil...... considérant que les ennemis de la République ont constamment suivi le plan qui leur a été tracé par les instructions saisies sur Brottier, Berthelot la Villeurnois et Duverne de Presle, et qu'ils ont été secondés par une foule d'émissaires royaux disséminés sur tous les points de la France;

Considérant qu'il a été spécialement recommandé à ces agents de diriger les opérations et les choix des dernières assemblées primaires, communales et électorales, et de faire tomber tous ces choix sur les partisans de la royauté;

Qu'à l'exception d'un petit nombre de départements où l'énergie des républicains les a neutralisées, les élections ont porté aux fonctions publiques et fait entrer jusque dans le sein du Corps législatif, des émigrés, des chefs de rebelles, et des royalistes prononcés;

Considérant que la constitution se trouvant attaquée par une partie de ceux-là mêmes qu'elle avait spécialement appelés à la défendre, et contre qui elle ne s'était pas précautionnée, il ne serait pas possible de la maintenir sans recourir à des mesures extraordinaires;

Considérant enfin que, pour étouffer la conspiration existante, prévenir la guerre civile et l'effusion générale de sang qui allaient en être la suite inévitable, rien n'est plus instant que de réparer les atteintes portées à l'acte constitutionnel depuis le 1er prairial dernier, et de prendre les mesures nécessaires pour empêcher qu'à l'avenir la liberté, le repos et le bonheur du peuple ne soient encore exposés à des dangers aussi imminents... approuve l'acte d'urgence et la résolution suivante :

Art. 1er. Les opérations des assemblées primaires communales et électorales des départements de l'Ain, l'Ardèche, l'Ariége, l'Aube, l'Aveyron, Bouches-du-Rhône, Calvados, Charente, Cher, Côte-d'Or, Côtes-du-Nord, Dordogne, l'Eure, Eure-et-Loir, Gironde, Hérault, Ille-et-Vilaine, Indre-et-Loire, Loire, Haute-Loire, Loire-Inférieure, Loiret, Manche, Marne, Mayenne, Mont-Blanc, Morbihan, Moselle, les Deux-Nèthes, Nord, Oise, Orne, Pas-de-Calais, Puy-de-Dôme, Bas-Rhin, Haut-Rhin, Rhône, Saône-et-Loire, Sarthe, Haute-Saône, Seine, Seine-Inférieure, Seine-et-Marne, Seine-et-Oise, Somme, Tarn, Var, Vaucluse, Yonne, sont déclarées illégitimes et nulles.

2. Celles de l'assemblée électorale du département du Gers sont déclarées légitimes et valables.

En conséquence, le citoyen Duffau est admis au Conseil des Anciens, et les citoyens Carrière, Lagarrière et Sauran sont admis au Conseil des Cinq-Cents.

Les administrateurs et les juges nommés par cette assemblée entreront incessamment en fonctions.

Le haut jury nommé par la même assemblée remplira les fonctions attachées à cette qualité.

3. La loi du 22 prairial dernier, relative aux opérations de l'assemblée électorale du département du Lot, est rapportée;

Les opérations de l'assemblée tenue dans la maison de la Palonie sont déclarées nulles : celles tenues dans la ci-devant église du collége de Cahors sont déclarées valables;

Et le citoyen Lachieze, élu membre du Conseil des Anciens;

Et les citoyens Poncet et Delbrel, élus membres du Conseil des Cinq-Cents, prendront leur place.

4. Les individus nommés à des fonctions publiques par les assemblées primaires, communales et électorales, sans exception, et ceux nommés au Corps législatif des départements cités dans l'article premier cesseront toutes fonctions à l'instant de la publication de la présente loi, sous les peines portées par l'article 6 de la cinquième section du titre 1er de la seconde partie du code pénal.

5. Le Directoire exécutif est chargé de nom-

mer aux places qui deviennent vacantes dans les tribunaux en vertu des articles précédents, ainsi qu'à celles qui viendraient à vaquer par démission ou autrement avant les élections du mois de germinal de l'an VI.

6. Les nominations faites par le Directoire exécutif en vertu de l'article précédent auront en tout point le même effet et la même durée que si elles avaient été faites par les assemblées primaires et électorales.

7. La loi du 1er prairial dernier, qui, en contravention à l'article 78 de l'acte constitutionnel, rappelle dans le Corps législatif les citoyens Aymé, Mersan, Ferrand-Vaillant, Gau et Polissart, est rapportée.

8. Est pareillement rapporté l'article 1er de la loi du 9 messidor dernier, portant, au mépris du même article de l'acte constitutionnel, révocation des articles 1, 2, 3, 4, 5 et 6 de la loi du 3 brumaire an IV relatifs aux parents d'émigrés, etc.

9. Les articles 1, 2, 3, 4, 5 et 6 de la ladite loi du 3 brumaire an IV sont rétablis, et resteront en vigueur pendant les quatre années qui suivront la publication de la paix générale.

10. Aucun parent ou allié d'émigré, au degré déterminé par l'article 2 de ladite loi, ne sera admis pendant le même espace de temps à voter dans les assemblées primaires, et ne pourra être nommé électeur, s'il n'est compris dans l'une des exceptions portées par l'article 4 de la même loi.

11. Nul ne sera non plus admis à voter dans les assemblées primaires et électorales s'il n'a préalablement prêté devant l'assemblée dont il sera membre, entre les mains du président, le serment individuel de haine à la royauté et à l'anarchie, de fidélité et attachement à la république et à la constitution de l'an III.

12. L'article 2 de la loi du 9 messidor dernier est également rapporté en ce qui concerne les chefs des rebelles de la Vendée et des chouans, auxquels, en conséquence, la disposition de l'article 8 de la présente loi demeure commune.

Sont, à cet égard, réputés chefs de rebelles de la Vendée et de chouans ceux qui sont désignés comme tels par la loi du 5 juillet 1793.

13. Les individus ci-après nommés :

Aubri, du Conseil des Cinq-Cents; J. J. Aymé, *id.*; Bayard, *id.*; Boissy-d'Anglas, *id.*; Borne, *id.*; Bourdon (de l'Oise), *id.*; Cadroy, *id.*; Couchery, *id.*; Delahaye (de la Seine-Inférieure), *id.*; Delarue, *id.*; Doumerc, *id.*; Dumolard, *id.*; Duplantier, *id.*; Duprat, *id.*; Gilbert-Desmolières, *id.*; Henri Larivière, *id.*; Imbert-Colomès, *id.*; Camille-Jordan, *id.*; Jourdan (André-Joseph), Bouches-du-Rhône, *id.*; Gau, *id.*; Lacariers, *id.*; Lemarchant-Gomicourt, *id.*; Lemerer, *id.*; Mersan, *id.*; Madier, *id.*; Maillard, *id.*; Noailles, *id.*; André (de la Lozère) *id.*; Mac-Curtin, *id.*; Pavie, *id.*; Pastoret, *id.*; Pichegru, *id.*; Polissard, *id.*; Praire-Montault, *id.*; Quatremère-Quincy, *id.*; Saladin, *id.*; Siméon, *id.*; Vauvilliers, *id.*; Viénot-Vaublanc, *id.*; Villaret-Joyeuse, *id.*; Villot, *id.*; Barbé-Marbois, du Conseil des Anciens; Dumas, *id.*; Ferrand-Vaillant, *id.*; Laffon-Ladebat, *id.*; Laumont, *id.*; Muraire, *id.*; Murinais, *id.*; Paradis, *id.*; Portalis, *id.*, Rovère, *id.*; Tronçon-Ducoudray, *id.*; Blain (des Bouches-du-Rhône), du Conseil des Cinq-Cents; Carnot, directeur; Barthélemy, directeur; Brottier, ex-abbé; la Villeurnois, ex-magistrat; Duverne de Presle, dit Dunan; Cochon, ex-ministre de la police; Dossonville, ex-employé à la police; Miranda, général; Morgan, *id.*; Suard, journaliste; Mailhe, ex-conventionnel; Ramel, commandant des grenadiers du Corps législatif,

Seront, sans retard, déportés dans le lieu qui sera déterminé par le Directoire exécutif.

Leurs biens seront séquestrés aussitôt après la publication de la présente loi; et mainlevée ne leur en sera accordée que sur la preuve authentique de leur arrivée au lieu fixé pour leur déportation (1).

14. Le Directoire exécutif est autorisé à leur procurer provisoirement, sur leurs biens, les moyens de pourvoir à leurs besoins les plus urgents.

15. Tous les individus inscrits sur la liste des émigrés, et non rayés définitivement, seront tenus de sortir du territoire de la République, savoir : de Paris et de toute autre commune dont la population est de vingt mille habitants et au-dessus, dans les vingt-quatre heures qui suivront la publication de la présente loi; et, dans les quinze jours qui suivront cette même publication, de toutes les autres parties de la République.

16. Passé les délais respectifs prescrits par l'article précédent, tout individu inscrit sur la liste des émigrés, et non rayé définitivement, qui sera arrêté dans le territoire de la république, sera traduit devant une commission militaire, pour y être jugé dans les vingt-quatre heures, d'après l'article 2 du titre IV de la loi du 25 brumaire an III, relative aux émigrés.

17. Cette commission sera composée de sept membres, qui seront nommés par le général commandant la division militaire dans l'étendue de laquelle l'individu inscrit sur la liste des émigrés, et non rayé définitivement, aura été arrêté.

Les jugements ne pourront être attaqués par recours à aucun tribunal, et seront exécutés dans les vingt-quatre heures de leur prononciation.

18. Les dispositions ci-dessus sont applicables aux individus qui, ayant émigré, sont rentrés en France, quoiqu'ils ne soient inscrits sur aucune liste d'émigrés.

19. Les émigrés actuellement détenus seront déportés; et ceux d'entre eux qui rentreront en France seront jugés et punis ainsi qu'il est prescrit par les articles 16 et 17 de la présente.

20. Les individus inscrits sur la liste des émigrés, et non rayés définitivement, qui ont réclamé contre leur inscription avant le 26 floréal an III, pourront correspondre des pays étrangers avec leurs parents, amis ou fondés de pouvoirs résidant en France, mais seulement pour tout ce qui sera relatif à leur demande en radiation définitive.

21. Toute correspondance pour d'autres objets, quels qu'ils soient, avec des individus inscrits sur la liste des émigrés, est interdite ; et tout individu domicilié, ou séjournant dans le territoire de la République, qui en sera convaincu, sera, comme complice d'émigrés, puni des peines portées par l'article 6 du titre IV de la loi du 25 brumaire an III.

22. Les lois des 22 et 30 prairial dernier, qui rayent définitivement de la liste des émigrés les noms de François-Grégoire de Rumare et de Jacques Imbert-Colomès, sont rapportées.

23. La loi du 7 de ce mois, qui rappelle les prêtres déportés, est révoquée.

24. Le Directoire exécutif est investi du pouvoir de déporter, par des arrêtés individuels motivés, les prêtres qui troubleraient dans l'intérieur la tranquillité publique (1).

25. La loi du 7 vendémiaire an IV, sur la police des cultes, continuera d'être exécutée à l'égard des ecclésiastiques autorisés à demeurer dans le territoire de la République, sauf qu'au lieu de la déclaration prescrite par l'article 6 de ladite loi, ils seront tenus de prêter le serment de haine à la royauté et à l'anarchie, d'attachement et de fidélité à la république et à la constitution de l'an III (2).

26. Tout administrateur, officier de police judiciaire, accusateur public, juge, commissaire du pouvoir exécutif, officier ou membre de la gendarmerie nationale, qui ne fera pas exécuter ponctuellement, en ce qui le concerne, les dispositions ci-dessus, relatives aux émigrés et aux ministres des cultes, ou qui en empêchera ou entravera l'exécution, sera puni de deux années de fers; à l'effet de quoi, le Directoire exécutif est autorisé à décerner tous mandats d'arrêt nécessaires.

27. Les dispositions des lois des 2 vendémiaire et 24 messidor an IV, qui prorogent l'exercice des membres du tribunal de cassation élus pour quatre années seulement en 1791, sont rapportées.

En conséquence, chaque membre du tribunal de cassation élu en 1791 cessera ses fonctions aussitôt qu'il sera remplacé.

28. Le Directoire exécutif est chargé de nommer les remplaçants.

29. Les dix juges qui, d'après l'article 259 de l'acte constitutionnel, doivent sortir tous les ans du tribunal de cassation, seront pris au mois de prairial an VI, parmi les juges nommés en vendémiaire an IV.

30. Le cinquième sortant en prairial an VII sera composé du restant des membres élus en vendémiaire an IV, et supplétivement des membres nommés par le Directoire exécutif en exécution de la présente loi.

31. Le cinquième sortant en prairial an VIII sera pris parmi les membres nommés par le Directoire exécutif en exécution de la présente loi, et ainsi successivement d'année en année, jusqu'à ce qu'ils soient tous sortis.

32. Aucun juré ordinaire, spécial ou haut juré, ne pourra exercer de fonctions avant d'avoir prêté le serment de haine à la royauté, à l'anarchie, de fidélité, attachement à la République et à la constitution de l'an III.

33. Les jurés ne pourront, dans les vingt-quatre heures de leur réunion, voter pour ou contre qu'à l'unanimité; ils seront, pendant ce temps, exclus de toute communication extérieure : si, après ce délai, ils déclarent qu'ils n'ont pu s'accorder pour émettre un vœu unanime, ils se réuniront derechef, et la déclaration se fera à la majorité absolue.

34. Les décrets des 1er août et 17 septembre 1793 et 21 prairial an III, qui ordonnent l'expulsion des Bourbons, y compris la veuve de Philippe-Joseph d'Orléans, et la confiscation de leurs biens, seront exécutés; et il est dérogé à toutes dispositions contraires.

Le Directoire exécutif est chargé de désigner le lieu de leur déportation, et de leur assigner, sur le produit de leurs biens, les secours nécessaires à leur existence.

35. Les journaux, les autres feuilles périodiques, et les presses qui les impriment, sont mis, pendant un an, sous l'inspection de la police, qui pourra les prohiber, aux termes de l'article 355 de l'acte constitutionnel.

36. La loi du 7 thermidor dernier, relative aux sociétés particulières s'occupant de questions politiques, est rapportée.

37. Toute société particulière s'occupant de questions politiques, dans laquelle il serait professé des principes contraires à la constitution de l'an III, acceptée par le peuple français, sera fermée; et ceux de ses membres qui auraient professé ces principes seront poursuivis et punis conformément à la loi du 27 germinal an IV.

38. Les lois des 25 thermidor dernier et 13 fructidor présent mois, relatives à l'organisation et au service de la garde nationale, sont rapportées.

39. Le pouvoir de mettre une commune en état de siége est rendu au Directoire.

---

20 FRUCTIDOR an V (6 septembre 1797). — *Loi portant une nouvelle rédaction des articles 30 et 31 de celle du 19 fructidor, contenant des mesures de salut public.* (II. Bull. n° 1402.)

(Résolution du 20 fructidor.)

Art. 1er. L'article 30 de la loi du 19 de ce mois demeure rédigé ainsi qu'il suit :

Le cinquième sortant en prairial an VII sera composé du restant des membres élus en vendémiaire an IV, et supplétivement des membres élus en germinal an V, en suivant l'ordre alphabétique des départements qui les ont nommés.

2. L'article 31 de la même loi demeure rédigé ainsi qu'il suit :

Le cinquième sortant en prairial an VIII sera composé du restant des membres élus en germinal an V, et supplétivement des membres nommés par le Directoire exécutif en exécution de la présente loi.

Le cinquième sortant en prairial an IX sera pris parmi les membres nommés par le Directoire exécutif en exécution de la présente loi, et ainsi successivement d'année en année, jusqu'à ce qu'ils soient tous sortis.

---

20 FRUCTIDOR an V (6 septembre 1797). — *Décrets du Conseil des Anciens, qui rejettent la résolution portant que la révolution du 18 fructidor est l'ouvrage commun des Français et des bons citoyens, et celle relative à la solde des officiers réformés.* (B. t. LXIX, p. 336 et 337.)

21 FRUCTIDOR an V (7 septembre 1797). *Loi portant que les membres du nouveau tiers du Corps législatif seront tenus de prêter le serment de haine à la royauté et à l'anarchie; à défaut de quoi ils seront réputés démissionnaires, conformément aux dispositions de la loi du 19 ventôse an IV.* (II. Bull. CXLIV, n° 1414.)

(1) Voy. arrêté du 19 pluviôse an VI.

(1) La déportation ne change pas le domicile du déporté. (16 frimaire an XI, Cass. S. 3, 1, 147.)

Voy. Arrêté du 5 frimaire an VI. S. 1, 2, 5.

(2) Voy. Arrêté du 4 brumaire an VI.

21 FRUCTIDOR an V (7 septembre 1797). — *Loi contenant une adresse aux départements et aux armées.* (II, Bull. n° 1403.)

Le Conseil des Anciens, adoptant les motifs de la déclaration d'urgence qui précède la résolution ci-après, approuve l'acte d'urgence.

Suit la teneur de la déclaration d'urgence et de la résolution du 20 fructidor :

Le Conseil des Cinq-Cents, considérant que dans les circonstances extraordinaires et critiques où se trouve placée la République, il est du devoir du Corps législatif de faire connaître au peuple français les trames qui ont été ourdies contre lui pour l'asservir et pour renverser la constitution républicaine de l'an III, de lui manifester ses sentiments et ses espérances, et en même temps de le prémunir contre les manœuvres que pourraient tenter, pour l'égarer, les complices des conspirateurs,

Déclare qu'il y a urgence.

Le Conseil, après avoir déclaré l'urgence, prend la résolution suivante :

Art. 1er. Le Corps législatif fait aux départements et aux armées l'adresse dont la teneur suit :

Adresse du Corps législatif aux départements et aux armées.

Français,

Nous vous devons la vérité, nous allons vous la dire.

Une conspiration qui a pour objet de rétablir en France un trône, des privilèges, et des vexations mille fois plus odieuses que celles qui ont été abolies par votre volonté, une conspiration toujours dévoilée et jamais détruite, avait amené de nouveau la République sur le bord de l'abîme : le gouvernement, par sa sagesse et sa fermeté, en a déconcerté l'action au moment où elle allait éclater. Encore une nuit, et un deuil éternel couvrait notre patrie! encore une nuit, et le despotisme levait sa tête hideuse, et asseyait sans retour son usurpation sur les cadavres de tout ce qui avait servi plus ou moins la cause de la liberté!

Des hommes qui n'avaient ambitionné le pouvoir populaire que pour en user contre le peuple, travaillaient depuis longtemps à l'exécution de cet exécrable projet : la plupart des chefs révoltés de vendémiaire, enhardis par l'impunité, avaient repris le fil de leurs trames; ils correspondaient plus audacieusement que jamais avec les agents du prétendu Louis XVIII : les aveux de l'un de ces agents royaux (Duverne de Presle) en font foi; leurs lettres surprises à Venise, leurs intelligences avec les émigrés et les principaux rebelles, le prouvent : toutes les pièces sont rendues publiques. Leurs moyens étaient, 1° l'anéantissement de tout esprit public; 2° l'assassinat de tout ce qu'ils appelaient *suspect de patriotisme*, et l'impunité accordée aux assassins par des tribunaux vendus au royalisme; 3° l'extinction des ressources financières de l'État; 4° l'avilissement du gouvernement et des institutions républicaines; 5° la guerre civile allumée sur divers points de la République; 6° la sûreté intérieure détruite et les routes interceptées; 7° la misère du rentier, de l'ouvrier, du soldat; 8° enfin, l'active fabrication de toutes les lois éversives de la constitution.

Ce but et ces moyens ne vous étonneront point, lorsque vous apprendrez par les pièces authentiques trouvées, que leurs nominations, ordonnées d'avance et réglées par des bureaux particuliers de contre-révolution dans presque tous les départements, dérivaient d'un plan général, formé, organisé sous le nom de *société des fils légitimes;* société dont une des règles était le plus absolu, le plus aveugle dévouement de ses membres aux ordres que leur donnaient des chefs inconnus. C'est par ce moyen, citoyens français, que vous avez vu sortir tout à coup du sein de vos assemblées primaires et électorales cette foule de délégués ignorés jusqu'alors dans la révolution, ou connus seulement par l'incivisme le plus révoltant; c'est par là que s'est formée dans presque toutes les places une majorité d'hommes séduits, vendus ou égarés, qui, parlant sans cesse de mandat spécial, et ne s'occupant que du renversement de la République et de la constitution, laissaient douter si leurs commettants étaient en France ou siégeaient à Blankembourg; c'est ainsi que le vote des vrais citoyens s'est trouvé de nul compte dans les élections, et qu'à l'exception d'un petit nombre d'assemblées où leurs voix ont pu se faire entendre, presque partout la voix du crime et de l'intrigue royale a prévalu. On conçoit comment ensuite, s'établissant eux-mêmes les juges de leurs propres élections, ils se sont empressés de les déclarer bonnes ou mauvaises, suivant qu'il leur convenait; tantôt argumentant de la majorité des votants, pour couvrir les violences, les dénis de justice, les inconstitutionnalités de ces assemblées; tantôt opposant des protestations obscures et sans caractère, au vœu formel d'une majorité républicaine. Certes on peut s'étonner qu'avec tant de moyens de corruption et d'influence destructive, quelques nominations, une seule place leur soit échappée; comme, après un vaste incendie, on voit avec étonnement quelques bâtiments épars respectés par les flammes.

Nous ne vous rappellerons pas, citoyens, quel a été le déplorable succès de ces atroces combinaisons. En floréal, la paix, la paix honorable et solide souriait à nos vœux; elle s'est éloignée. Pouvait-elle s'asseoir sur une terre en convulsion, près de se couvrir de sang et de décombres? Le crédit national prenait de la consistance, le rentier allait être payé, la solde était au courant : tout à coup la misère, la pénurie, reviennent fondre sur la France; le rentier se désespère; les inscriptions, de 40 liv. descendent à 10 liv.; les armées, sans solde, sans vêtements, les armées triomphantes de l'Europe, ô honte! ô douleur! sont obligées de vivre ou de réquisitions, ou du produit de leur courage; et cependant un rire affreux s'échappe des lèvres des ouvriers de la contre-révolution; chaque jour ils voient l'embarras du gouvernement augmenter, chaque jour ils l'accroissent encore : les interprétations les plus forcées, la mauvaise foi la plus impudente, tout leur est bon, pourvu qu'ils atteignent le but désiré. Les artisans du fanatisme sont rappelés; un trafic honteux et public de radiations d'émigrés est affiché : les citoyens effrayés se rassemblent, ce droit leur est interdit : on réclame, on est traité de séditieux, d'égorgeur : on parle des malheureux assassinés, on vous objecte la légitimité de la vengeance, et le crime est érigé en système. Une nouvelle révolution mille fois plus sanglante que la première sort par tous les pores du corps politique : des indiscrétions, des signes de joie prématurés trahissent les conjurés; on s'honore d'être royaliste; une séparation avant-courrière de l'égorgement est élevée entre les proscripteurs et les proscrits; les premiers s'intitulent *les vrais représentants;* déjà les autres *ne sont plus leurs collègues;* ils sont jugés, ils sont républicains. Des armes sont distribuées, des poignards fabriqués; plusieurs sont saisis avec des cartes de ralliement; des registres d'enrôlement sont ouverts.... O patrie! ô doux et noble sentiment de la liberté, élans généreux de l'honneur, de l'orgueil national, qu'êtes-vous devenus? Noms tant profanés de justice, de morale, d'humanité, vertus sociales et publiques, où êtes-vous réfugiées? ELLES VIVENT AUX ARMÉES.

Cette intrépide avant-garde d'une nation dont des monstres ont juré la perte, fidèle à ses serments, sonne l'alarme; ses cris sont entendus dans toute la France; ils retentissent dans le camp ennemi; ils ont refoulé l'épouvante dans l'âme des traîtres : alors leur plan change; sans être moins actifs, ils feignent une modération extérieure pour atténuer les mesures de résistance qu'ils redoutent. Mais c'en était fait, l'éveil était donné : le gouvernement, longtemps trompé, s'était souvenu que lui aussi était dépositaire de la constitution et garant des destinées de la république. Dans les deux conseils, une minorité courageuse et clairvoyante, luttant sans cesse contre un parti démasqué, ne désespérait plus de ramener à elle ceux des membres intègres que ce parti s'était associés en les trompant; elle sentait que la constitution, en ne prévoyant point le cas où une faction de législateurs la renverserait en s'environnant de l'apparence des formes, laissait, par cela même, à ceux qui voudraient la sauver alors, le droit d'employer tous les moyens, et qu'il était absurde de prétendre que si une majorité perverse ou trompée décrétait l'abrogation de la République, tous les pouvoirs institués par la constitution dussent fermer les yeux et exécuter le décret.

L'événement, Français, ne trompa point leurs espérances; et cette fois encore, comme au jeu de paume, la Providence, conservatrice des lumières, des vertus et de la liberté, défendit la République. Vous connaissez le résultat de la mémorable journée du 18 fructidor. Les conspirateurs ont été arrêtés; le Corps législatif, dégagé de l'oppression, éclairé sur les manœuvres réitérées des coupables, sentant sa dignité et ses devoirs, n'a pas manqué à l'une, et a rempli les autres avec courage. Il n'a pas mis, il n'a pas dû mettre des considérations quelconques, dans cette circonstance impérieuse, en balance avec le salut de la patrie et de la constitution; mais en frappant des conspirateurs, il n'a point oublié qu'il représentait une nation sensible et grande, et qu'il devait en conserver le caractère. Ces hommes évidemment coupables du plus grand des crimes, ces hommes qui parlaient d'humanité en méditant des assassinats, ces hommes qui n'eussent épargné la vie d'aucun républicain, iront traîner la leur loin de nous avec les remords et l'opprobre : ils sont déportés. Aucune tache de sang, aucun acte de violence ou de désordre n'a souillé cette journée. Aussi cette attitude imposante et sage des Français, et notamment de nos frères d'armes dans cette terrible occasion, en complétant leur éloge, atteste la bassesse et l'infamie de celui qui, dans sa criminelle correspondance, de ceux qui, dans leurs audacieuses diatribes, ont osé les peindre comme des pillards et des scélérats. La constitution est leur bien, ils l'ont scellée de leur sang; ils ne souffriront point qu'on y porte atteinte : tous les Français l'ont placée entre la royauté et l'anarchie; ils sauront l'y maintenir.

O vous, pères, mères, épouses, enfants, que le souvenir des malheurs et des désastres de la révolution irritait, considérez avec effroi quelle épouvantable révolution l'on vous préparait de nouveau; et que ce sentiment éloigne enfin de vos cœurs ces haines barbares, ces oppositions meurtrières qui dissolvent une nation et précipitent sur elle un déluge de calamités! Appréciez la conduite de ceux qui avaient surpris votre confiance, et dont la perversité n'a point reculé à l'aspect du sang et des larmes qu'ils allaient faire verser : que cette considération vous remette devant les yeux l'article constitutionnel qui vous avertit que la stabilité de la constitution et votre bonheur dépendent de la bonté et de la sagesse de vos choix.

Citoyens, la méchanceté dévoilée tentera sans doute de nous calomnier, et de vous armer les uns contre les autres : ses calomnies, nous les bravons; mais votre péril, nous ne le bravons pas. Nous vous avons dit la vérité : examinez l'intérêt de ceux qui vous parlent différemment; le Corps législatif vous en conjure; repoussez loin de vous toute insinuation perfide; que l'Angleterre et l'Autriche ne vous arrachent point les fruits de cette dernière victoire, qui ferme enfin la révolution. Serrons-nous tous autour de la constitution; songeons que son esprit et sa lettre ne doivent point être séparés. Ah! si après vingt ans de cette guerre civile qu'on voulait nous donner, et les affreuses catastrophes qui en eussent été la suite, un génie bienfaisant fût venu nous apporter cette constitution de l'an III, avec quels transports nous l'eussions reçue! quelles larmes de reconnaissance elle nous eût fait verser! quelles douces espérances elle eût rappelées dans des familles désolées! Eh bien! nous l'avons, nous la possédons; sachons la conserver.

Quant à vous, Français, c'est à votre union, c'est à votre confiance à nous servir d'encouragement. Rendus bientôt à nos travaux ordinaires, tous nos soins vont être de fermer les plaies que nos ennemis s'occupaient d'agrandir : la restauration des finances, du commerce, de l'industrie, de l'agriculture; le soulagement de la classe indigente, des hôpitaux, des rentiers; la dette de nos immortels défenseurs, appelleront nos premiers regards. La paix aussi, cette paix consolatrice, conquise par la victoire, viendra, nous en avons l'espoir, consolider tous nos triomphes et réparer toutes nos pertes : si, au contraire, l'ennemi s'obstine à précipiter sa propre destruction, que l'union de tous les bons citoyens, que leur attachement au gouvernement et à la constitution de l'an III, soient son désespoir et le gage de sa ruine prochaine.

Magistrats, administrateurs, fonctionnaires, la voix de la patrie vous appelle à vos postes : partout, dans une république, on est au champ d'honneur, quand on se conduit en républicain. Hommes de lettres, vous que le despotisme de la calomnie réduisait au silence, reprenez votre première énergie; commencez l'instruction républicaine; faites rougir les lâches apologistes de l'esclavage, et les déhontés fauteurs de la licence : vous aussi, aidez au Corps législatif et au gouvernement; formez les mœurs de la nation.

Français, l'unité d'action est rétablie entre les deux grands pouvoirs; non pas celle qui résulterait de la dépendance de l'un d'eux, mais celle que produit l'harmonie des volontés réciproques. Nous vous avons exposé notre conduite et nos principes; notre vie tout entière est vouée au maintien de la République : nous ne vous dirons pas que nous sommes prêts à la perdre pour combattre toutes les factions; mais nous jurons entre vos mains de les vaincre.

2. La loi du 19 de ce mois sera annexée à la présente, proclamée avec elle dans chaque municipalité, dans les armées de la République, et affichée.

---

22 FRUCTIDOR an V (8 septembre 1797). — *Loi qui ordonne la déportation des journalistes royaux.* (II. Bull. n° 1405.)

Le Conseil des Anciens, considérant que rien n'est plus instant que d'arrêter les efforts des ennemis déclarés de la liberté et de la constitution, approuve l'acte d'urgence.

Suit la teneur de la déclaration d'urgence et de la résolution du 20 fructidor :

Le Conseil des Cinq-Cents, considérant que, parmi les ennemis de la République et les complices de la conjuration royale, les plus actifs et les plus dangereux ont été les journalistes payés et dirigés par les agents royaux;

Considérant que, pour étouffer la conspiration existante, prévenir la guerre civile et l'effusion générale du sang qui allait en être la suite inévitable, rien n'est plus instant que de purger le sol français des ennemis déclarés de la liberté et de la constitution,

Déclare qu'il y a urgence.

Le Conseil, après avoir déclaré l'urgence, prend la résolution suivante :

Art. 1er. Les propriétaires, entrepreneurs, les directeurs, auteurs, rédacteurs des journaux ci-après désignés :

Le Mémorial; le Messager du soir; le Miroir; Nouvelles politiques, nationales et étrangères; l'Observateur de l'Europe; Perlet; le Petit-Gauthier, ou la Petite-Poste; le Postillon des armées, ou Bulletin général de France; le Précurseur; la Quotidienne; Rapsodies du jour; le Spectateur du Nord; le Tableau de Paris; le Thé; la Tribune publique; le Véridique; l'Argus; Annales catholiques; les Actes des Apôtres; l'Accusateur public; l'Anti-Terroriste; l'Aurore; le Censeur des journaux; le Courrier de Lyon; Courrier extraordinaire; Courrier républicain; le Cri public, ou Frères et Amis; le Défenseur des vieilles institutions; le Déjeuner; l'Écho; l'Éclair; l'Europe littéraire; Gazette française; Gazette universelle; le Grondeur; l'Impartial Bruxellois; l'Impartial Européen; l'Invariable; le Journal des journaux; le Journal des colonies; Journal général de France, ou le Gardien de la Constitution; l'Abréviateur universel, seront, sans retard, déportés dans le lieu qui sera déterminé par le Directoire exécutif.

2. Leurs biens seront séquestrés aussitôt après la publication de la présente loi; et mainlevée ne leur en sera accordée que sur la preuve authentique de leur arrivée au lieu désigné pour leur déportation.

3. Le Directoire exécutif est autorisé à leur procurer provisoirement, sur leurs biens, les moyens de pourvoir à leurs besoins les plus urgents.

4. Le Directoire exécutif est autorisé, pour l'exécution de la présente loi, à faire des visites domiciliaires, aux termes de la constitution.

5. Les citoyens connus pour prendre habituellement des notes dans les Conseils, ne sont point compris dans la présente résolution.

---

23 FRUCTIDOR an V (9 septembre 1797). — *Proclamation du Directoire exécutif aux Français.* (I. Bull. n° 1416.)

Citoyens,

Le peuple français a remis, en première ligne, le dépôt de sa constitution à la fidélité du Corps législatif et du pouvoir exécutif [1].

L'intégrité de ce dépôt a été menacée par un complot de royalistes organisé de longue main, tissu avec adresse, suivi avec constance. Le Directoire exécutif a découvert la trame; les coupables ont été saisis : le Corps législatif a pris sur-le-champ les mesures que commandaient les circonstances.

Le sang n'a point coulé : la sagesse a conduit la force; la valeur et la discipline en ont réglé l'emploi. La justice nationale a été consacrée par le calme du peuple. Il était évident aux yeux de tout le monde qu'on ne voulait rien déplacer, mais remettre tout à sa place.

Le Corps législatif, le Directoire exécutif, ont rempli leur devoir.

Mais le peuple français a remis aussi le dépôt de sa charte fondamentale à la fidélité des administrateurs et des juges, à la vigilance éclairée des pères de famille, aux épouses et aux mères, à l'affection vertueuse des jeunes citoyens, et enfin au courage qui distingue tous les Français [1].

Administrateurs, juges, pères de famille, épouses, mères, jeunes citoyens, Français de tout âge et de toute profession, avez-vous rempli vos serments? avez-vous gardé le dépôt qui vous était recommandé?

Ouvrez les yeux, Français; apercevez, il en est temps, le piége ou les amis des rois et les ennemis de la France voulaient vous entraîner.

Pour vous remettre sous le joug que vous avez brisé, pour vous y ramener en quelque sorte par vous-mêmes, ils avaient introduit dans toutes vos magistratures, des hommes corrompus, mais aussi adroits que pervers, habiles à tourner contre la liberté du peuple le pouvoir qu'ils avaient reçu pour la défendre et l'affermir.

Ils avaient dans vos tribunaux des juges prévaricateurs, abusant de l'indépendance que leur avait donnée la constitution, et n'usant de leurs droits que pour absoudre ou protéger les ennemis de la patrie.

Surtout ils n'avaient rien omis pour ramener la France aux formes monarchiques, et replier au despotisme les institutions, les fêtes, les mœurs, les usages. Ils savaient bien que l'homme dépend des habitudes, et qu'en changeant ses habitudes on le change lui-même.

Les formes monarchiques convenaient sans doute à merveille au but des conjurés; il était important pour eux de repétrir royalement la masse de la nation : mais la nation indignée les repousse loin d'elle. La République a triomphé, et les formes républicaines doivent manifester et consolider son triomphe; ce doit être le signe comme le fruit de la victoire.

L'esprit républicain, la morale républicaine, les institutions, les usages républicains, doivent prévaloir aujourd'hui : mais pour les embrasser, il faut les mieux connaître, et commencer par s'en former de plus justes idées.

L'esprit républicain rassemblant tous les intérêts dans le foyer sacré de l'intérêt public, se compose de tout ce qu'il y a de juste, d'équitable, de bon et d'aimable parmi les hommes.

Chez un peuple animé de cet esprit divin, la justice préside aux relations sociales; nul ne cherche à blesser les intérêts d'autrui; l'égalité des citoyens les porte à s'entr'aider. S'il naît des contestations, le droit de les juger n'est point un métier lucratif qui inspire l'envie de les éterniser; la justice républicaine est la sœur de la paix.

Les sentiments de la nature les plus doux, les plus purs; le respect pour l'âge avancé, l'union conjugale, la tendresse paternelle et la piété filiale, honorés en public, règnent dans le sein des familles, et font, de tous les nœuds du sang, des liens de fraternité, d'amour et de bonheur.

Les arts apportent en hommage à la chose publique, le trésor de leurs jouissances et la pompe de leurs chefs-d'œuvre. L'éloquence, la poésie, la musique, se réunissent pour exciter dans tous les cœurs l'amour de la patrie et pour exalter le courage. La valeur, le génie, sont enfants de la liberté; le pinceau, le ciseau, la noble architecture, lui élèvent des monuments. La scène retentit des oracles de la morale, des maximes sacrées de la philosophie, des grands exemples de vertu.

Les beaux-arts triomphent surtout dans les fêtes nationales, dans ces solennités fraternelles et populaires, dans ces réunions augustes et touchantes, où un seul sentiment rapproche et meut un peuple immense : imposantes cérémonies que l'on ne peut connaître dans les palais des rois, et qui sont un objet d'horreur pour les fauteurs du despotisme, mais qui ont un charme invincible pour les républicains.

Dans une république, les écrivains, les gens de lettres, s'honorent de la liberté, professent ses maximes, opposent à l'erreur, au fanatisme et au mensonge, l'instruction et la lumière, prêtent au règne de la loi l'appui de leurs talents, ajoutent à sa force le supplément de leur génie. Ils recherchent les vrais principes des mœurs et de la liberté; ils les inspirent, les propagent; ils apprennent aux citoyens à s'aimer davantage entre eux, et à mieux aimer la patrie.

C'est là que doit fleurir l'instruction publique : cette source vivifiante coule comme un lait pur dans toutes les parties de la société; tous les parents s'empressent d'envoyer leurs enfants s'y abreuver et s'en nourrir. L'enseignement particulier s'y raccorde toujours avec l'enseignement public; l'un prépare et conduit à l'autre. L'un et l'autre sont surveillés par l'œil des magistrats; et ces magistrats, à leur tour, soit par la lecture publique des actes du gouvernement, soit par leur soin à faire circuler les lumières, soit par leur zèle à provoquer la célébration des jeux républicains et des fêtes nationales, surtout par l'exemple vivant de leur conduite et de leurs mœurs, ces magistrats aussi sont les instituteurs du peuple.

Enfin, c'est là que règne le plus puissant ressort et le plus grand mobile des actions louables et des traits courageux, cette sainte émulation qui engage les citoyens à se surpasser à l'envi par la vertu particulière et par l'utilité publique. Le droit universel aux premiers emplois de l'État est la première clause du pacte de l'égalité. Point de distinction de naissance ou de privilége : le seul mérite est honoré; motif impérieux pour élever les hommes à former de grandes pensées et à tenter de grandes choses.

Peuple français, voilà ce que tu devrais être! tu le serais déjà, si tu t'étais bien pénétré de l'esprit de ton acte constitutionnel, si tu n'avais pas écouté ceux qui ont diffamé l'esprit républicain pour rétablir le joug des prêtres et des rois.

Ah! cesse de les croire; hâte-toi de sortir du chemin qu'ils t'avaient tracé, et qui ne pouvait te conduire qu'à ta honte et à ta ruine. Tu devrais être le modèle et l'arbitre des peuples; ils voulaient, au contraire, t'en faire devenir l'opprobre. Vois aussi comme ils t'ont trompé! vois si la République est le règne du terrorisme! La République a triomphé; et cependant le sang des traîtres a été épargné. Non, ce n'est pas du sang qui cimente les républiques. Pour le despotisme d'un seul il faut verser du sang; mais pour fonder l'égalité il ne faut que des lois.

C'est à la constitution d'être la règle de tes mœurs et la boussole de ta vie. Fais donc apprendre à tes enfants, retiens et pratique toi-même la déclaration des droits et des devoirs. Reprends avec empressement les usages républicains, qui te distingueront bientôt entre les peuples, et qui te rendront à jamais l'exemple des nations libres.

Abjure des abus serviles; sers-toi de ton calendrier, division du temps si claire, si commode, et qui, par un trait admirable des destinées républicaines, te rappelle que le soleil recommence l'année au jour ou commença la République.

Pour tes jours de repos, préfère constamment ceux qu'indique la loi; que ces jours ramènent pour toi, non-seulement ce doux repos, suite et prix du travail, mais la joie innocente, les réunions de famille, la lecture des lois, les fêtes et les jeux.

Que les rendez-vous de commerce, les foires, les marchés soient d'accord désormais avec l'ère républicaine. Toutes les affaires civiles ne doivent se régler que par les lois civiles. Toute usurpation sur le domaine de la loi doit cesser dans la République.

Porte le nom de citoyen avec un orgueil légitime : ce beau titre a des droits sacrés; nos pères, sous le despotisme, l'ont envié longtemps; ils regrettaient, ils déploraient de n'être pas des citoyens. Que ce nom te soit cher; n'en donne jamais d'autre, si ce n'est par mépris. Que ta bouche, enfin libre, ne se souille jamais de ces qualités féodales, de ces honneurs honteux qui t'avilissaient autrefois, et dont le plus modeste même doit te blesser encore, puisqu'il rappelle l'esclavage.

Que chez toi désormais l'esprit national se forme et s'élève au niveau de tes sublimes destinées. Sois le premier des peuples libres, et que

[1] Art. 377 de la constitution.

[1] Art. 377 de la constitution.

la qualité de citoyen français soit le plus beau de tous les titres.

Que le goût et la propreté président à tes vêtements; que l'aimable simplicité n'en soit jamais bannie; que la jeunesse évite le faste et l'affectation; qu'elle n'ait pas besoin qu'on lui dise de renoncer à ces signes de ralliement, à ces costumes de révolte qui sont les uniformes d'une armée ennemie; que la beauté douce et modeste, parée de sa pudeur, préfère pour ses ornements ceux qu'ont tissus des mains françaises.

Défends-toi de l'intempérance; car c'est un vice des esclaves : la frugalité est une des vertus qui distinguent les peuples libres.

Sois humain et compatissant; c'est chez les peuples libres que respire l'humanité, foulée aux pieds par les despotes : l'autel de la miséricorde est dans le cœur de l'homme libre.

Souviens-toi des principes que ton immortel Montesquieu assigne aux trois gouvernements : il donne au despotisme le fondement de la terreur; l'honneur est le fantôme qui marche à la suite des rois; mais la base des républiques, leur essence, c'est la vertu.

Peuple français, vois par ce mot ce que ta constitution, ton gouvernement, ta patrie, exigent aujourd'hui de toi; ne fais pas dire aux autres et ne dis pas toi-même que tu n'es pas républicain, parce que la vertu est la base des républiques; ne te calomnie pas et fais taire la calomnie. Peuple français, sois vertueux, aime ta constitution, ton gouvernement, ta patrie, et tu seras républicain, et rien n'égalera ta gloire et ton bonheur.

Tu dois être attaché à ton gouvernement, comme sont attachés maintenant l'un à l'autre les deux pouvoirs suprêmes institués par toi.

Sois frappé de ce grand exemple.

Les conspirateurs royalistes avaient désuni ces pouvoirs; et en brisant ce nœud, cette clef de la voûte de l'édifice social, ils étaient presque parvenus à dissoudre la République. Grâces à ta destinée, les conspirateurs ne sont plus ni dans le Directoire, ni dans les deux Conseils! Les Conseils et le Directoire marchent enfin d'accord, et la république est sauvée.

VIVE LA RÉPUBLIQUE!

---

24 FRUCTIDOR an V (10 septembre 1797). — *Loi relative aux événements du 18 fructidor.* (II. Bull. n° 1418.)

Le Conseil des Anciens, adoptant les motifs de la déclaration d'urgence qui précède la résolution ci-après, approuve l'acte d'urgence.

Suit la teneur de la déclaration d'urgence et de la résolution du 23 fructidor :

Le Conseil des Cinq-Cents, considérant que toutes les armées françaises ont contribué aux heureux événements du 18 fructidor, que rendaient indispensablement nécessaires les périls de la République et de la constitution de l'an III; et qu'il est pressant d'acquitter le tribut de la reconnaissance nationale,

Déclare qu'il y a urgence.

Le Conseil, après avoir déclaré l'urgence, prend la résolution suivante :

Art. 1er. Les événements du 18 fructidor, qui ont sauvé la République et la constitution de l'an III sans effusion de sang, sont l'ouvrage commun de toutes les armées françaises, des bons citoyens de Paris, et des membres fidèles du Directoire exécutif et du Corps législatif.

2. Toutes les armées françaises ont bien mérité de la République.

La présente résolution sera imprimée.

---

2 BRUMAIRE an VIII (24 octobre 1799). — *Décret du Conseil des Anciens, qui rejette la résolution qui déclare traîtres à la patrie tous négociateurs, généraux, etc., qui proposeraient ou accepteraient des conditions de paix tendant à modifier la constitution de l'an III.* (B. t. LXXVIII, p. 148.)

---

18 BRUMAIRE an VIII (9 novembre 1799). — *Décret qui transfère à Saint-Cloud les séances du Corps législatif.* (II. Bull. n° 3405.)

Le Conseil des Anciens, en vertu des articles 102, 103 et 104 de la constitution, décrète ce qui suit :

Art. 1er. Le Corps législatif est transféré dans la commune de Saint-Cloud; les deux Conseils y siégeront dans les deux ailes du palais.

2. Ils y seront rendus demain, 19 brumaire, à midi. Toute continuation de fonctions et de délibération est interdite ailleurs et avant ce temps.

3. Le général Bonaparte est chargé de l'exécution du présent décret. Il prendra toutes les mesures nécessaires pour la sûreté de la représentation nationale.

Le général commandant la dix-septième division militaire, la garde du Corps législatif, les gardes nationales sédentaires, les troupes de ligne qui se trouvent dans la commune de Paris et dans l'arrondissement constitutionnel, et dans toute l'étendue de la dix-septième division, sont mis immédiatement sous ses ordres, et tenus de le reconnaître en cette qualité. Tous les citoyens lui prêteront main-forte à sa première réquisition.

4. Le général Bonaparte est appelé dans le sein du Conseil pour y recevoir une expédition du présent décret, et prêter serment. Il se concertera avec les commissions des inspecteurs des deux conseils.

5. Le présent décret sera de suite transmis, par un messager d'État, au Conseil des Cinq-Cents et au Directoire exécutif : il sera imprimé, affiché, promulgué, et envoyé dans toutes les communes de la République par des courriers extraordinaires.

Le Conseil des Anciens décrète en outre l'adresse aux Français qui suit :

LE CONSEIL DES ANCIENS AUX FRANÇAIS.

Français,

Le Conseil des Anciens use du droit qui lui est délégué par l'article 102 de la constitution, de changer la résidence du Corps législatif.

Il use de ce droit pour enchaîner les factions qui prétendent subjuguer la représentation nationale, et pour vous rendre la paix intérieure.

Il use de ce droit pour amener la paix extérieure, que vos longs sacrifices et l'humanité réclament.

Le salut commun, la prospérité commune, tel est le but de cette mesure constitutionnelle : il sera rempli.

Et vous, habitants de Paris, soyez calmes; dans peu la présence du Corps législatif vous sera rendue.

Français, les résultats de cette journée feront bientôt foi si le Corps législatif est digne de préparer votre bonheur, et s'il le peut.

Vive le peuple, par qui et en qui est la République!

La présente adresse sera imprimée, proclamée, et affichée à la suite du décret de translation de la résidence du Corps législatif, comme en faisant partie.

Le 18 brumaire, an VIII de la République française.

Signé CORNET, *ex-président;* DELNEUFCOURT, CHABOT, *secrétaires;* BOUTTEVILLE, *ex-secrétaire.*

Le Directoire exécutif ordonne que le décret ci-dessus sera publié, exécuté, et qu'il sera muni du sceau de la république. Fait au palais national du Directoire exécutif, le 18 brumaire, an VIII de la République française, une et indivisible.

---

19 BRUMAIRE an VIII (10 novembre 1799). — *Loi du 19 brumaire an VIII de la République française, une et indivisible.* (II. Bull. n° 3413.)

Le Conseil des Anciens, considérant la situation de la République,

Déclare l'urgence, et prend la résolution suivante :

Art. 1er. Il n'y a plus de Directoire; et ne sont plus membres de la représentation nationale, pour les excès et les attentats auxquels ils se sont constamment portés, et notamment le plus grand nombre d'entre eux, dans la séance de ce matin, les individus ci-après nommés.

Joubert (de l'Hérault); Jouanne; Talot; Duplantier (de la Gironde); Aréna; Garau; Quirot; Leclerc-Scheppers; Brische (de l'Ourthe); Poulain-Grandprey; Bertrand (du Calvados); Goupilleau (de Montaigu); Daubermesnil; Marquezy; Guesdon; Grandmaison; Groscassand-Dorimond; Frison; Dessaix; Bergasse-Lasiroulle; Montpellier; Constant (des Bouches-du-Rhône); Briot; Destrem; Carrère la Garrière; Gorrand; Legot; Blin; Boulay-Paty; Souilhé; Demoor; Bigonnet; Mentor; Boissier; Bailly (de la Haute-Garonne); Bouvier; Brichet; Honoré Declerck; Housset; Gastaing (du Var); Laurent (du Bas-Rhin); Beitz; Prudhon; Porte; Truck; Delbrel; Leyris; Doche (de Lille); Stevenotte; Jourdan (de la Haute-Vienne); Lesage-Senault; Chalmel; André (du Bas-Rhin); Dimartinelli; Colombel (de la Meurthe); Philippe; Moreau (de l'Yonne); Jourdain (d'Ille-et-Vilaine); Letourneux; Citadella; Bordas.

2. Le Corps législatif crée provisoirement une commission consulaire exécutive, composée des citoyens Sieyes, Roger-Ducos, ex-directeurs, et Bonaparte, général, qui porteront le nom de Consuls de la République française.

3. Cette commission est investie de la plénitude du pouvoir directorial, et spécialement chargée d'organiser l'ordre dans toutes les parties de l'administration, de rétablir la tranquillité intérieure, et de procurer une paix honorable et solide.

4. Elle est autorisée à envoyer des délégués, avec un pouvoir déterminé, et dans les limites du sien.

5. Le Corps législatif s'ajourne au 1er ventôse prochain; il se réunira de plein droit à cette époque, à Paris dans ses palais.

6. Pendant l'ajournement du Corps législatif, les membres ajournés conservent leur indemnité, et leur garantie constitutionnelle.

7. Ils peuvent, sans perdre leur qualité de représentants du peuple, être employés comme ministres, agents diplomatiques, délégués de la commission consulaire exécutive, et dans toutes les autres fonctions civiles. Ils sont même invités, au nom du bien public, à les accepter.

8. Avant sa séparation, et séance tenante, chaque Conseil nommera dans son sein une commission composée de vingt-cinq membres.

9. Les commissions nommées par les deux Conseils statueront, avec la proposition formelle et nécessaire de la commission consulaire exécutive, sur tous les objets urgents de police, de législation et de finances.

10. La commission des Cinq-Cents exercera l'initiative; la commission des Anciens, l'approbation.

11. Les deux commissions sont encore chargées de préparer, dans le même ordre de travail et de concours, les changements à apporter aux dispositions organiques de la constitution dont l'expérience a fait sentir les vices et les inconvénients.

12. Ces changements ne peuvent avoir pour but que de consolider, garantir et consacrer inviolablement la souveraineté du peuple français, la république une et indivisible, le système représentatif, la division des pouvoirs, la liberté, l'égalité, la sûreté et la propriété.

13. La commission consulaire exécutive pourra leur présenter ses vues à cet égard.

14. Enfin, les deux commissions sont chargées de préparer un code civil.

15. Elles siégeront à Paris dans les palais du Corps législatif; et elles pourront le convoquer extraordinairement pour la ratification de la paix, ou dans un plus grand danger public.

SECTION V. CONSTITUTION CONSULAIRE DU 22 FRIMAIRE AN VIII (1).

§ I. *Actes préliminaires* (2).

---

19 BRUMAIRE an VIII (10 novembre 1799). — *Loi contenant une proclamation au peuple français.* (II. Bull. n° 3415.)

Le Conseil des Anciens, adoptant les motifs de la déclaration d'urgence qui précède la résolution ci-après, approuve l'acte d'urgence.

Suit la teneur de la déclaration d'urgence et de la résolution du 19 brumaire :

Art. 1er. Le Conseil des Cinq-Cents, considérant l'état où se trouve, dans ce moment, la République, décrète avec urgence, qu'il sera fait une proclamation dont la teneur suit :

(1) Voyez ci-dessus la loi du 19 brumaire an VIII qui renverse le Directoire.

(2) Voyez CONSULAT. — SÉNAT. — CORPS LÉGISLATIF. — TRIBUNAT. — ÉLECTIONS PARLEMENTAIRES, section V.

Voyez aussi à la section suivante le sénatus-consulte organique du 28 floréal an XII, qui a véritablement substitué une constitution nouvelle à celle du 22 frimaire.

AU PEUPLE FRANÇAIS.

Français,

La République vient encore une fois d'échapper aux fureurs des factions. Vos fidèles représentants ont brisé le poignard dans ces mains parricides : mais après avoir détourné les coups dont vous étiez immédiatement menacés, ils ont senti qu'il fallait enfin prévenir pour toujours ces éternelles agitations ; et ne prenant conseil que de leur devoir et de leur courage, ils osent dire qu'ils se sont montrés dignes de vous.

Français, votre liberté, toute déchirée, toute sanglante encore des atteintes du gouvernement révolutionnaire, venait de chercher un asile dans les bras d'une constitution qui lui promettait du moins quelque repos. Le besoin de ce repos était alors généralement senti : il restait une terreur profonde dans toutes les âmes, des crises dont vous sortiez à peine. Votre gloire militaire pouvait effacer les plus gigantesques souvenirs de l'antiquité; dans l'étonnement et l'admiration, les peuples de l'Europe tressaillaient de votre gloire et bénissaient secrètement le but de tous vos exploits; enfin vos ennemis vous demandaient la paix; tout, en un mot, semblait se réunir pour vous assurer enfin la jouissance tranquille de la liberté et du bonheur; le bonheur, et la liberté, qui peut seule le garantir, semblaient enfin prêts à payer dignement tant de généreux efforts.

Mais des hommes séditieux ont attaqué sans cesse avec audace les parties faibles de votre constitution ; ils ont habilement saisi celles qui pouvaient prêter à des commotions nouvelles. Le régime constitutionnel n'a bientôt plus été qu'une suite de révolutions dans tous les sens, dont les différents partis se sont successivement emparés ; ceux même qui voulaient le plus sincèrement le maintien de cette constitution, ont été forcés de la violer à chaque instant pour l'empêcher de périr. De cet état d'instabilité du gouvernement, est résultée l'instabilité plus grande encore dans la législation; et les droits les plus sacrés de l'homme social ont été livrés à tous les caprices des factions et des événements.

Il est temps de mettre un terme à ces orages; il est temps de donner des garanties solides à la liberté des citoyens, à la souveraineté du peuple, à l'indépendance des pouvoirs constitutionnels, à la République enfin, dont le nom n'a servi que trop souvent à consacrer la violation de tous les principes : il est temps que la grande nation ait un gouvernement digne d'elle, un gouvernement ferme et sage, qui puisse vous donner une prompte et solide paix, et vous faire jouir d'un bonheur véritable.

Français, telles sont les vues qui ont dicté les énergiques déterminations du Corps législatif.

Afin d'arriver plus rapidement à la réorganisation définitive et complète de toutes les parties de l'établissement public, un gouvernement provisoire est institué : il est revêtu d'une force suffisante pour faire respecter les lois, pour protéger les citoyens paisibles, pour comprimer tous les conspirateurs et les malveillants.

Le royalisme ne relèvera point la tête; les traces hideuses du gouvernement révolutionnaire seront effacées : la République et la liberté cesseront d'être de vains noms; une ère nouvelle va commencer.

Français, ralliez-vous autour de vos magistrats. Il ne se ralentira point le zèle de ceux qui ont osé concevoir pour vous de si belles et de si grandes espérances : c'est maintenant de votre confiance, de votre union, de votre sagesse, que dépend tout le succès.

Soldats de la liberté, vous fermerez l'oreille à toute insinuation perfide; vous poursuivrez le cours de vos victoires; vous achèverez la conquête de la paix, pour revenir bientôt, au milieu de vos frères, jouir de tous les biens que vous leur aurez assurés, et recevoir de la reconnaissance publique, les honneurs et les récompenses réservés à vos glorieux travaux. *Vive la République !*

2. La présente proclamation sera imprimée et affichée dans toutes les communes, et envoyée aux armées.

Signé Lucien Bonaparte, *président;* Émile Gaudin, Bara, *secrétaires.*

Après une seconde lecture, le Conseil des Anciens approuve la résolution ci-dessus. A Saint-Cloud, le 19 brumaire, an VIII de la République française.

Signé Joseph Cornudet, *ex-président;* Herwyn, P. C. Laussat, *ex-secrétaires.*

Les Consuls de la République française ordonnent que la loi ci-dessus sera publiée, exécutée, et qu'elle sera munie du sceau de la République. Fait au palais national des consuls de la République française, le 19 brumaire, an VIII de la République. *Signé* Bonaparte; Sieyes; Roger-Ducos. Pour copie conforme : *le secrétaire général*, signé Hugues B. Maret. *Et scellé du sceau de la République.*

19 BRUMAIRE an VIII (10 novembre 1799). — *Acte du Corps législatif, qui nomme la commission de vingt-cinq membres, établie par la loi de ce jour.* (II. Bull. n° 3417.)

Le Conseil procède à la nomination de la commission de vingt-cinq membres établie par l'article 8 de la loi de ce jour.

La majorité des suffrages se réunit sur les citoyens,

Lebrun ; Garat ; Rousseau ; Vimar ; Cretet ; Lemercier ; Regnier ; Cornudet ; Porcher ; Vernier ; Lenoir-Laroche ; Cornet ; Goupil-Préfeln fils ; Sédillez ; Laloi : Fargues ; Peré (des Hautes-Pyrénées) ; Depère ; Laussat ; Chassiron ; Perrin (des Vosges) ; Caillemer ; Chatry-Lafosse ; Herwyn ; Beaupuy.

Le Conseil arrête que la liste ci-dessus sera transmise à la commission consulaire exécutive.

19 BRUMAIRE an VIII (10 novembre 1799). — *Acte du Corps législatif.* (II. Bull. n° 3425.)

En exécution de la loi de ce jour, portant qu'avant sa séparation, et séance tenante, chaque Conseil nommera dans son sein une commission composée de vingt-cinq membres, lesquels statueront, pendant l'ajournement du Corps législatif, avec la proposition formelle et nécessaire de la commission consulaire exécutive, sur tous les objets urgents de police, de législation et de finances,

Le Conseil des Cinq-Cents nomme, pour composer la commission prise dans son sein qu'il est chargé de former,

Les représentants du peuple,

Cabanis ; Boulay (de la Meurthe) ; Chazal ; Lucien Bonaparte ; Chenier ; Creuzé-Latouche ; Berenger ; Villetard ; Girot-Pouzol ; Gourlay ; Casenave ; Chollet (de la Gironde) ; Ludot ; Daunou ; Gaudin (de la Loire) ; Jacqueminot ; Beauvais ; Arnould (de la Seine) ; Mathieu ; Thiessé ; Devinck-Thierry ; Frégeville ; Thibaut ; Chabaud (du Gard) ; Bara (des Ardennes).

19 BRUMAIRE an VIII (10 novembre 1799). — *Loi qui déclare que les généraux Bonaparte, Lefebvre, Murat, Gardanne, etc., ont bien mérité de la patrie.* (II. Bull. n° 3424.)

Le Conseil des Anciens, adoptant les motifs de la déclaration d'urgence qui précède la résolution ci-après, approuve l'acte d'urgence.

Suit la teneur de la déclaration d'urgence et de la résolution du 19 brumaire :

Le Conseil des Cinq-Cents, considérant que le général Bonaparte, les généraux et l'armée sous ses ordres, ont sauvé la majorité du Corps législatif et la République, attaquées par une minorité composée d'assassins ;

Considérant qu'il est instant de leur témoigner la reconnaissance nationale,

Déclare qu'il y a urgence, et prend la résolution suivante :

Art. 1er. Le général Bonaparte, les généraux Lefebvre, Murat, Gardanne, les autres officiers généraux et particuliers dont les noms seront proclamés, les grenadiers du Corps législatif et du Directoire exécutif, les 6e, 79e, 96e de ligne, les 8e et 9e de dragons, le 21e de chasseurs à cheval, et les grenadiers qui ont couvert le général Bonaparte de leur corps et de leurs armes, ont bien mérité de la patrie.

20 BRUMAIRE an VIII (11 novembre 1799). — *Arrêté des Consuls de la République.* (II. Bull. n° 3414.)

Les Consuls de la République, après avoir entendu le ministre de la justice, arrêtent :

Les fonctionnaires institués par le Directoire exécutif, et dont les pouvoirs n'ont pas été révoqués, continueront à exercer, en vertu de l'arrêté de leur nomination, jusqu'à ce qu'il en ait été autrement ordonné.

20 BRUMAIRE an VIII (11 novembre 1799). — *Arrêté des Consuls de la République, qui détermine des mesures de sûreté contre plusieurs individus.* (II. Bull. n° 3432.)

Les Consuls de la République, en exécution de l'article 3 de la loi du 19 de ce mois, qui les charge spécialement de rétablir la tranquillité intérieure, arrêtent :

Art. 1er. Les individus ci-après nommés : Destrem, ex-député; Aréna, ex-député; Marquezi, ex-député; Truck, ex-député; Félix Lepelletier, Charles Hesse, Scipion Duroure, Gagny, Massard, Fournier, Giraud, Fiquet, Bache, Boyer, Vanhek, Michel, Brutus Maignet, Marchand, Gabriel, Mamin, J. Sabatier, Clémence, Marné, Jourdeuil, Metge, Mourgoing, Corchand, Maignan de Marseille, Henriot, Lebois, Soulavie, Dubreuil, Didier, Lamberté, Daubigny, Xavier Audouin, sortiront du territoire continental de la République française.

2. Les individus ci-après nommés : Briot, Antonelle, Lachevardière, Poulain-Grandprey, Grandmaison, Talot, Daubermesnil, Frison, Declercq, Lesage-Senault, Prudhon, Groscassand-Dorimont, Guesdon, Julien de Toulouse, Sonthonax, Tilly, ex-chargé d'affaires à Gênes; Stevenotte, Gasting, Bouvier et Delbrel, seront tenus de se rendre dans la commune de la Rochelle, département de la Charente-Inférieure, pour être ensuite conduits et retenus dans tel lieu de ce département qui sera indiqué par le ministre de la police générale.

3. Immédiatement après la publication du présent arrêté, les individus compris dans les deux articles précédents, seront dessaisis de l'exercice de tout droit de propriété, et la remise ne leur en sera faite que sur la preuve authentique de leur arrivée aux lieux fixés par le présent arrêté.

4. Seront pareillement dessaisis de l'exercice de ce droit, ceux qui quitteront le lieu où ils se seront rendus ou celui où ils auront été conduits en vertu des dispositions précédentes.

5. Le présent arrêté sera inséré au Bulletin des lois. Les ministres de la police générale, de la marine, et des finances, sont chargés, chacun en ce qui le concerne, d'en surveiller et d'en assurer l'exécution.

Les Consuls de la République, signé SIEYES, ROGER-DUCOS, BONAPARTE. Pour copie conforme, *le secrétaire général*, signé HUGUES B. MARET.

26 BRUMAIRE an VIII (17 novembre 1799). — *Arrêté des Consuls de la République, relatif au président du tribunal criminel du département de l'Yonne.* (I. Bull. n° 3428.)

Les Consuls de la République, vu l'extrait des registres du tribunal criminel du département de l'Yonne, séant à Auxerre, en date du 23 de ce mois, duquel il résulte que le n° 323 du Bulletin des lois de la République, contenant une loi du 19 de ce mois, et un arrêté des consuls de la République du 20 du même mois, a été présenté le 23 à ce tribunal; qu'il en a ordonné la lecture; et qu'aussitôt après, le citoyen Barnabé, président, non-seulement s'est opposé à l'enregistrement de ce numéro du Bulletin des lois, mais qu'il a refusé de mettre aux voix l'enregistrement, et de prononcer ensuite la décision prise par les quatre autres juges du tribunal, portant qu'il est donné acte de la lecture et publication dudit Bulletin, et ordonné qu'il sera déposé au greffe du tribunal, et consigné sur le registre à ce destiné; et enfin, qu'après ce refus, cette décision a été prononcée par le plus ancien des quatre autres juges;

Après avoir entendu le ministre de la justice;

Considérant que, suivant l'article 11 du titre II de la loi des 16-24 août 1790, les tribunaux sont tenus de faire transcrire purement et simplement dans un registre particulier, les lois qui leur sont envoyées; que, suivant les articles 4 et 7 de la loi du 12 vendémiaire an IV, les Bulletins des lois doivent être envoyés aux tribunaux, et y être déposés à perpétuité pour l'utilité publique; qu'en conséquence de cette disposition, le dépôt de ces lois doit être constaté par un acte authentique émané des tribunaux;

Que, suivant l'article 208 de la loi du 1er vendémiaire an IV, les jugements sont prononcés à haute voix, et que l'une des principales fonctions déléguées au président, c'est de prononcer ces jugements, quels qu'ils soient, lorsqu'ils ont été rendus contre son avis;

Qu'en refusant de mettre aux voix la lecture du n° 323 du Bulletin des lois, et de prononcer à haute voix la décision du tribunal, le citoyen Barnabé, président, a entravé et arrêté l'exécution des lois, et fait un acte public de révolte, qui doit être réprimé,

Arrêtent :

Art. 1er. En exécution des articles 203, 262 et 263 de l'acte du 1er vendémiaire an IV, des articles 501, 502 et 644, quatrième partie du code des délits et des peines, la décision du tribunal criminel du département de l'Yonne, ci-dessus énoncée, sera dénoncée au tribunal de cassation par le commissaire du gouvernement près de ce tribunal, pour être annulée, et le citoyen Barnabé être dénoncé au pouvoir législatif comme prévenu de forfaiture.

2. En exécution de l'article 3 de la loi du 19 brumaire présent mois, qui charge spécialement les Consuls de la République de rétablir la tranquillité intérieure, le citoyen Barnabé sera tenu de se rendre dans la commune d'Orléans, département du Loiret, pour y rester en surveillance jusqu'à ce qu'il en ait été autrement ordonné, et de se présenter à cet effet à l'administration municipale de cette commune.

3. En conséquence, il sera procédé au remplacement provisoire du citoyen Barnabé, suivant l'article 260 du code des délits et des peines.

4. Immédiatement après la notification qui sera faite du présent arrêté par le commissaire du gouvernement près l'administration du département de l'Yonne, au domicile du citoyen Barnabé, il sera dessaisi du droit de propriété, et la remise ne lui en sera faite que sur la preuve authentique de sa mise en surveillance, par l'administration municipale.

5. Il sera également dessaisi de l'exercice de ce droit, s'il quitte ladite commune d'Orléans avant d'y avoir été autorisé par un arrêté des Consuls.

---

29 BRUMAIRE an VIII (21 novembre 1799). — *Arrêté des Consuls de la République, contenant nomination de délégués dans les départements.* (II. Bull. n° 3437.)

---

2 FRIMAIRE an VIII (23 novembre 1799). — *Arrêté des Consuls de la République, contenant des changements dans les nominations de délégués faites par celui du 29 brumaire.* (II. Bull. n° 3438.)

---

4 FRIMAIRE an VIII (25 novembre 1799). — *Arrêté des Consuls de la République, qui nomme le citoyen Chaillot délégué dans la sixième division militaire, en remplacement du citoyen Lahary.* (II. Bull. n° 3440.)

---

4 FRIMAIRE an VIII (25 novembre 1799). — *Rapport fait par le ministre de la justice aux Consuls de la République.* (II. Bull. n° 3436.)

Citoyens consuls,

Je viens soumettre à votre examen le compte rendu de la promulgation du décret du 18 brumaire, et de celle de la loi du lendemain 19.

Vous y verrez que ces deux actes de la puissance législative ont été accueillis partout avec la satisfaction qu'ils devaient inspirer, et qu'à l'exception de quelques esprits prévenus, exagérés ou malintentionnés, l'immense majorité du peuple n'a aperçu, dans les changements qui viennent de s'opérer, que le salut de la République, et le présage heureux des destinées que ce grand événement lui prépare.

Cette touchante unanimité de suffrages dans la partie la plus nombreuse des citoyens, ne permet plus de craindre qu'un génie désorganisateur puisse mettre obstacle au bien que la France attend de votre courage et de vos soins.

Investis, par la loi du 19 brumaire, de toute la plénitude des pouvoirs nécessaires pour créer et maintenir la paix intérieure, vous avez dû porter le dernier coup aux factions qui l'avaient altérée, en éloignant de la société les chefs et les sectateurs d'un parti qui a mis si souvent la liberté en péril, et qui, dans ces derniers temps, n'a pas craint de manifester sans détour les coupables projets qu'il avait conçus.

Vous avez atteint, citoyens consuls, le but désiré.

La faction qui avait voulu former un État dans l'État, n'existe plus. Ses membres, dispersés, sont livrés à leur rage impuissante, ou au poids de leurs propres remords. Les hommes séduits ont abjuré solennellement leurs erreurs; et la confiance générale vous environnant de toute l'efficacité de ses moyens, il n'est plus besoin, pour conserver la tranquillité publique, que d'exercer une stricte surveillance sur les mêmes individus que des mesures plus énergiques ont empêchés de la troubler.

C'est dans cet esprit, citoyens consuls, que je vous propose l'arrêté ci-joint.

Salut et respect.

Le ministre de la justice, signé CAMBACÉRÈS.

Les Consuls de la République, après avoir entendu le ministre de la justice, tant sur la promulgation du décret du 18 et de la loi du 19 brumaire, que sur les mesures de sûreté déterminées par l'arrêté du 20,

Arrêtent ce qui suit :

Art. 1er. Les individus qui, en conformité de l'arrêté du 20 brumaire, étaient tenus de sortir du territoire continental de la République, et ceux qui devaient se rendre dans le département de la Charente-Inférieure, sont mis sous la surveillance du ministre de la police générale.

2. Ils se retireront respectivement dans les communes qui leur seront désignées par ce ministre, et y demeureront jusqu'à ce qu'il en soit autrement ordonné.

3. Il leur est enjoint de se représenter à l'administration municipale aux époques que le ministre de la police générale aura soin de déterminer.

---

§ II. *Texte de la constitution.*

22 FRIMAIRE an VIII (13 décembre 1799). — CONSTITUTION FRANÇAISE. (II. Bull. n° 3348 *bis.*)

TITRE Ier.

De l'exercice des droits de cité (1).

Art. 1er. La République française est une et indivisible.

Son territoire européen est distribué en départements et arrondissements communaux (2).

2. Tout homme né et résidant en France, qui, âgé de vingt et un ans accomplis, s'est fait inscrire sur le registre civique de son arrondissement communal, et qui a demeuré depuis pendant un an sur le territoire de la république, est citoyen français (3).

3. Un étranger devient citoyen français, lorsqu'après avoir atteint l'âge de vingt et un ans accomplis, et avoir déclaré l'intention de se fixer en France, il y a résidé pendant dix années consécutives (4).

4. La qualité de citoyen français se perd,

Par la naturalisation en pays étranger;

Par l'acceptation de fonctions ou de pensions offertes par un gouvernement étranger;

Par l'affiliation à toute corporation étrangère qui supposerait des distinctions de naissance;

Par la condamnation à des peines afflictives ou infamantes (1).

5. L'exercice des droits de citoyen français est suspendu, par l'état de débiteur failli, ou d'héritier immédiat détenteur à titre gratuit de la succession totale ou partielle d'un failli;

Par l'état de domestique à gages, attaché au service de la personne ou du ménage;

Par l'état d'interdiction judiciaire, d'accusation ou de contumace (2).

6. Pour exercer les droits de cité dans un arrondissement communal, il faut y avoir acquis domicile par une année de résidence, et ne l'avoir pas perdu par une année d'absence (3).

7. Les citoyens de chaque arrondissement communal désignent par leurs suffrages ceux d'entre eux qu'ils croient les plus propres à gérer les affaires publiques. Il en résulte une liste de confiance, contenant un nombre de noms égal au dixième du nombre des citoyens ayant droit d'y coopérer. C'est dans cette première liste communale que doivent être pris les fonctionnaires publics de l'arrondissement.

8. Les citoyens compris dans les listes communales d'un département, désignent également un dixième d'entre eux. Il en résulte une seconde liste dite départementale, dans laquelle doivent être pris les fonctionnaires publics du département.

9. Les citoyens portés dans la liste départementale, désignent pareillement un dixième d'entre eux : il en résulte une troisième liste qui comprend les citoyens de ce département éligibles aux fonctions publiques nationales.

10. Les citoyens ayant droit de coopérer à la formation de l'une des listes mentionnées aux trois articles précédents, sont appelés tous les trois ans à pourvoir au remplacement des inscrits décédés, ou absents pour toute autre cause que l'exercice d'une fonction publique.

11. Ils peuvent, en même temps, retirer de la liste les inscrits qu'ils ne jugent pas à propos d'y maintenir, et les remplacer par d'autres citoyens dans lesquels ils ont une plus grande confiance.

12. Nul n'est retiré d'une liste que par les votes de la majorité absolue des citoyens ayant droit de coopérer à sa formation.

13. On n'est point retiré d'une liste d'éligibles par cela seul qu'on n'est pas maintenu sur une autre liste d'un degré inférieur ou supérieur.

14. L'inscription sur une liste d'éligibles n'est nécessaire qu'à l'égard de celles des fonctions publiques pour lesquelles cette condition est expressément exigée par la constitution ou par la loi. Les listes d'éligibles seront formées pour la première fois dans le cours de l'an IX.

Les citoyens qui seront nommés pour la première formation des autorités constituées, feront partie nécessaire des premières listes d'éligibles (4).

TITRE II.

Du Sénat conservateur.

15. Le Sénat conservateur est composé de quatre-vingts membres, inamovibles et à vie, âgés de quarante ans au moins.

(1) Voyez les mots DROITS CIVILS ET POLITIQUES, et NATURALISATION; notamment le sénatus-consulte du 11 vendémiaire an XI; les articles 7 et suivants du code civil; la déclaration du 4 juin 1814, etc.

Voyez encore ci-dessus : CONSTITUTION de 1791, titre II, art. 2; CONSTITUTION de 1793, art. 4 et suiv.; CONSTITUTION de l'an III, art. 8 et suiv.

(2) Voyez TERRITOIRE DE LA FRANCE, et notamment les sénatus-consultes des 8 et 24 fructidor an X.

(3) Voyez ÉLECTIONS PARLEMENTAIRES, section X; les notes sur l'article 1er de la loi du 19 avril 1831.

Les registres civiques établis par cet article sont tombés complétement en désuétude depuis la restauration : à quel signe pourrait-on donc aujourd'hui distinguer un citoyen français d'un simple Français? Dans une discussion qui s'est élevée à la chambre des députés, à l'occasion de la loi du 21 mars 1831, sur l'organisation municipale, MM. Marchal et Isambert demandaient l'insertion d'un article qui définit le citoyen français, en soutenant que l'article 2 de la constitution de l'an VIII était abrogé par désuétude. MM. Dupin et Faure ont soutenu, au contraire, que toute disposition sur cette matière était inutile, puisque la constitution de l'an VIII contenait à cet égard des règles complémentaires. Il nous semble que, dans sa réponse, l'honorable rapporteur a toujours confondu deux questions très-différentes, l'acquisition de la qualité de simple Français avec celle de citoyen français. Quoi qu'il en soit, l'opinion de MM. Dupin et Faure a prévalu, et la chambre a repoussé la proposition de M. Marchal. — Mais alors, il faudrait donc que le gouvernement ordonnât le rétablissement des registres civiques? — Au reste, on s'accorde à considérer comme droits politiques l'aptitude à être électeur ou éligible à la chambre des députés, aux conseils de département, d'arrondissement, aux conseils municipaux; à être pair, juré, fonctionnaire public.

(4) Cet article a été modifié par les articles 9 et 10 du code civil; par le sénatus-consulte du 26 vendémiaire an XI, et l'ordonnance du 4 juin 1814.

(1) Voyez FRANÇAIS. — DROITS CIVILS ET POLITIQUES.

(2) L'incapacité s'applique aussi bien au failli concordataire qu'à celui qui n'a pas obtenu de concordat (Cons. d'État, 18 septembre 1831. — D. P. XXXI, 3, 44.)

L'incapacité prononcée par l'article 5 contre l'héritier immédiat du failli existe-t-elle encore sous l'empire de la Charte? Oui : il a été jugé plusieurs fois que cette disposition n'avait été abrogée par aucune loi postérieure. (Saumur, 18 septembre 1831; civ. rej. 9 juillet 1832. — D. P. XXXII, 1, 304.)

Le condamné par contumace qui se présente dans les cinq ans à partir de l'exécution par effigie, recouvre de plein droit l'exercice de ses droits. (Code civil, art. 29; Rennes, 17 juin 1834. — D. P. XXXIV, 2, 214.)

(3) Voyez ci-après le sénatus-consulte organique du 16 thermidor an X, qui règle d'une manière nouvelle l'exercice des droits de cité.

(4) Voyez ci-après sénatus-consulte du 16 thermidor an X, art. 31, 40 à 43, 43 à 52, 54 à 65, 77 à 79, 88 et 86. — Arrêté du 19 fructidor an X et sénatus-consulte du 12 fructidor an X.

Pour la formation du sénat, il sera d'abord nommé soixante membres : ce nombre sera porté à soixante-deux dans le cours de l'an VIII, à soixante-quatre en l'an IX, et s'élèvera ainsi graduellement à quatre-vingts par l'addition de deux membres en chacune des dix premières années.

16. La nomination à une place de sénateur se fait par le sénat, qui choisit entre trois candidats présentés, le premier par le Corps législatif; le second, par le tribunat; et le troisième, par le premier consul.

Il ne choisit qu'entre deux candidats, si l'un d'eux est proposé par deux des trois autorités présentantes : il est tenu d'admettre celui qui serait proposé à la fois par les trois autorités.

17. Le premier consul sortant de place, soit par l'expiration de ses fonctions, soit par démission, devient sénateur de plein droit et nécessairement.

Les deux autres consuls, durant le mois qui suit l'expiration de leurs fonctions, peuvent prendre place dans le sénat, et ne sont pas obligés d'user de ce droit.

Ils ne l'ont point quand ils quittent leurs fonctions consulaires par démission.

18. Un sénateur est à jamais inéligible à toute autre fonction publique.

19. Toutes les listes faites dans les départements en vertu de l'article 9, sont adressées au sénat : elles composent la liste nationale.

20. Il élit dans cette liste les législateurs, les tribuns, les consuls, les juges de cassation, et les commissaires à la comptabilité.

21. Il maintient ou annulle tous les actes qui lui sont déférés comme inconstitutionnels par le tribunat ou par le gouvernement : les listes d'éligibles sont comprises parmi ces actes.

22. Des revenus de domaines nationaux déterminés sont affectés aux dépenses du sénat. Le traitement annuel de chacun de ses membres se prend sur ces revenus, et il est égal au vingtième de celui du premier consul.

23. Les séances du sénat ne sont pas publiques.

24. Les citoyens Sieyes et Roger-Ducos, consuls sortants, sont nommés membres du sénat conservateur : ils se réuniront avec le second et le troisième consul nommés par la présente constitution. Ces quatre citoyens nomment la majorité du sénat, qui se complète ensuite lui-même, et procède aux élections qui lui sont confiées.

TITRE III.

Du pouvoir législatif.

25. Il ne sera promulgué de lois nouvelles que lorsque le projet en aura été proposé par le gouvernement, communiqué au tribunat, et décrété par le Corps législatif.

26. Les projets que le gouvernement propose sont rédigés en articles. En tout état de la discussion de ces projets, le gouvernement peut les retirer; il peut les reproduire modifiés.

27. Le tribunat est composé de cent membres, âgés de vingt-cinq ans au moins; ils sont renouvelés par cinquième tous les ans, et indéfiniment rééligibles tant qu'ils demeurent sur la liste nationale (1).

28. Le tribunat discute les projets de loi : il en vote l'adoption ou le rejet.

Il envoie trois orateurs pris dans son sein, par lesquels les motifs du vœu qu'il a exprimé sur chacun de ces projets, sont exposés et défendus devant le Corps législatif.

Il défère au sénat, pour cause d'inconstitutionnalité seulement, les listes d'éligibles, les actes du Corps législatif et ceux du gouvernement.

29. Il exprime son vœu sur les lois faites et à faire, sur les abus à corriger, sur les améliorations à entreprendre dans toutes les parties de l'administration publique, mais jamais sur les affaires civiles ou criminelles portées devant les tribunaux.

Les vœux qu'il manifeste en vertu du présent article, n'ont aucune suite nécessaire, et n'obligent aucune autorité constituée à une délibération.

30. Quand le tribunat s'ajourne, il peut nommer une commission de dix à quinze de ses membres, chargée de le convoquer si elle le juge convenable.

31. Le Corps législatif est composé de trois cents membres, âgés de trente ans au moins; ils sont renouvelés par cinquième tous les ans (1).

Il doit toujours s'y trouver un citoyen au moins de chaque département de la République.

32. Un membre sortant du Corps législatif ne peut y rentrer qu'après un an d'intervalle; mais il peut être immédiatement élu à toute autre fonction publique, y compris celle de tribun, s'il y est d'ailleurs éligible.

33. La session du Corps législatif commence chaque année le 1er frimaire, et ne dure que quatre mois; il peut être extraordinairement convoqué durant les huit autres par le gouvernement (2).

34. Le Corps législatif fait la loi en statuant par scrutin secret, et sans aucune discussion de la part de ses membres, sur les projets de loi débattus devant lui par les orateurs du tribunat et du gouvernement.

35. Les séances du tribunat et celles du Corps législatif sont publiques; le nombre des assistants, soit aux unes soit aux autres, ne peut excéder deux cents.

36. Le traitement annuel d'un tribun est de quinze mille francs; celui d'un législateur, de dix mille francs.

37. Tout décret du Corps législatif, le dixième jour après son émission, est promulgué par le premier consul, à moins que dans ce délai, il n'y ait eu recours au sénat pour cause d'inconstitutionnalité. Ce recours n'a point lieu contre les lois promulguées.

38. Le premier renouvellement du Corps législatif et du tribunat n'aura lieu que dans le cours de l'an X.

TITRE IV.

Du gouvernement.

39. Le gouvernement est confié à trois consuls nommés pour dix ans, et indéfiniment rééligibles (3).

Chacun d'eux est élu individuellement, avec la qualité distincte ou de premier, ou de second, ou de troisième consul.

La constitution nomme premier consul le citoyen Bonaparte, ex-consul provisoire; second consul, le citoyen Cambacérès, ex-ministre de la justice; et troisième consul, le citoyen Lebrun, ex-membre de la commission du Conseil des Anciens.

Pour cette fois, le troisième consul n'est nommé que pour cinq ans.

40. Le premier consul a des fonctions et des attributions particulières, dans lesquelles il est momentanément suppléé, quand il y a lieu, par un de ses collègues.

41. Le premier consul promulgue les lois; il nomme et révoque à volonté les membres du conseil d'État, les ministres, les ambassadeurs et autres agents extérieurs en chef, les officiers de l'armée de terre et de mer, les membres des administrations locales et les commissaires du gouvernement près les tribunaux. Il nomme tous les juges criminels et civils autres que les juges de paix et les juges de cassation, sans pouvoir les révoquer.

42. Dans les autres actes du gouvernement, le second et le troisième consul ont voix consultative : ils signent le registre de ces actes pour constater leur présence; et s'ils le veulent, ils y consignent leurs opinions; après quoi la décision du premier consul suffit.

43. Le traitement du premier consul sera de cinq cent mille francs en l'an VIII. Le traitement de chacun des deux autres consuls est égal aux trois dixièmes de celui du premier (4).

44. Le gouvernement propose les lois, et fait les règlements nécessaires pour assurer leur exécution (1).

45. Le gouvernement dirige les recettes et les dépenses de l'État, conformément à la loi annuelle qui détermine le montant des unes et des autres (2); il surveille la fabrication des monnaies, dont la loi seule ordonne l'émission, fixe le titre, le poids et le type.

46. Si le gouvernement est informé qu'il se trame quelque conspiration contre l'État, il peut décerner des mandats d'amener et des mandats d'arrêt contre les personnes qui en sont présumées les auteurs ou les complices; mais si, dans un délai de dix jours après leur arrestation, elles ne sont mises en liberté ou en justice réglée, il y a, de la part du ministre signataire du mandat, crime de détention arbitraire (3).

47. Le gouvernement pourvoit à la sûreté intérieure et à la défense extérieure de l'État; il distribue les forces de terre et de mer, et en règle la direction.

48. La garde nationale en activité est soumise aux règlements d'administration publique : la garde nationale sédentaire n'est soumise qu'à la loi.

49. Le gouvernement entretient des relations politiques au dehors, conduit les négociations, fait les stipulations préliminaires, signe, fait signer et conclut tous les traités de paix, d'alliance, de trêve, de neutralité, de commerce, et autres conventions.

50. Les déclarations de guerre et les traités de paix, d'alliance et de commerce, sont proposés, discutés, décrétés et promulgués comme des lois.

Seulement les discussions et délibérations sur ces objets, tant dans le tribunat que dans le Corps législatif, se font en comité secret quand le gouvernement le demande.

51. Les articles secrets d'un traité ne peuvent être destructifs des articles patents.

52. Sous la direction des consuls, un conseil d'État est chargé de rédiger les projets de lois et les règlements d'administration publique, et de résoudre les difficultés qui s'élèvent en matière administrative (4).

53. C'est parmi les membres du conseil d'État que sont toujours pris les orateurs chargés de porter la parole au nom du gouvernement devant le Corps législatif.

Ces orateurs ne sont jamais envoyés au nombre de plus de trois pour la défense d'un même projet de loi.

54. Les ministres procurent l'exécution des lois et des règlements d'administration publique.

55. Aucun acte du gouvernement ne peut avoir d'effet s'il n'est signé par un ministre.

56. L'un des ministres est spécialement chargé de l'administration du trésor public : il assure les recettes, ordonne les mouvements de fonds et les payements autorisés par la loi. Il ne peut rien faire payer qu'en vertu, 1° d'une loi, et jusqu'à la concurrence des fonds qu'elle a déterminés pour un genre de dépenses; 2° d'un arrêté du gouvernement; 3° d'un mandat signé par un ministre.

57. Les comptes détaillés de la dépense de chaque ministre, signés et certifiés par lui, sont rendus publics.

58. Le gouvernement ne peut élire ou conserver pour conseillers d'État, pour ministres, que des citoyens dont les noms se trouvent inscrits sur la liste nationale.

59. Les administrations locales établies soit pour chaque arrondissement communal, soit pour des portions plus étendues du territoire, sont subordonnées aux ministres. Nul ne peut devenir ou rester membre de ces administrations,

(1) Voyez ci-après le sénatus-consulte du 16 thermidor an X qui réduit à cinquante le nombre des membres du tribunat, à partir de l'an XIII. — Le tribunat fut entièrement supprimé par le sénatus-consulte du 19 août 1807. — Voyez CORPS LÉGISLATIF et TRIBUNAT.

(1) Les sénatus-consultes des 8 et 24 fructidor an X ont porté à 318 le nombre des membres du Corps législatif.

(2) Cet article a été modifié par l'article 75 du sénatus-consulte du 16 thermidor an X qui donne au gouvernement le droit de *convoquer, ajourner et proroger* le Corps législatif.

(3) Voyez ci-après le sénatus-consulte du 10 floréal an X qui réélit Napoléon Bonaparte premier consul pour les dix années qui suivront immédiatement l'expiration des dix ans pour lesquels il est nommé par l'article 39; et le sénatus-consulte du 16 thermidor an X qui le proclame consul à vie.

(4) Voyez ci-après le sénatus-consulte du 16 thermidor an X, art. 53, qui porte : « La loi fixe pour la vie de chaque premier consul les dépenses du gouvernement. »

(1) Tant que les actes du gouvernement n'étaient pas déférés au sénat par le tribunat, ils étaient obligatoires pour les tribunaux. (Cass. 23 floréal an X. — S. II, 1, 203.)

(2) Cet article a été violé par le décret impérial du 3 novembre 1813 qui ordonna un accroissement d'impôts, sans le concours du Corps législatif.

(3) Voyez LIBERTÉ INDIVIDUELLE.

(4) Voyez au mot CONSEIL D'ÉTAT, l'arrêté du 5 nivôse an VIII dont l'article 11 charge le conseil d'État de développer le sens des lois, c'est-à-dire de les interpréter. Cette disposition de l'arrêté était une extension inconstitutionnelle de l'article 52 de la constitution; elle était en outre contraire aux principes généraux du droit; car le droit d'interpréter les lois par voie d'autorité ne peut appartenir qu'au législateur : *Ejus est (leges) interpretari, cujus est condere* : Voyez LOIS.

s'il n'est porté ou maintenu sur l'une des listes mentionnées aux articles 7 et 8.

TITRE V.

Des tribunaux.

60. Chaque arrondissement communal a un ou plusieurs juges de paix, élus immédiatement par les citoyens pour trois années.

Leur principale fonction consiste à concilier les parties, qu'ils invitent, dans le cas de non-conciliation, à se faire juger par des arbitres (1).

61. En matière civile, il y a des tribunaux de première instance et des tribunaux d'appel. La loi détermine l'organisation des uns et des autres, leur compétence, et le territoire formant le ressort de chacun.

62. En matière de délits emportant peine afflictive ou infamante, un premier jury admet ou rejette l'accusation : si elle est admise, un second jury reconnaît le fait; et les juges, formant un tribunal criminel, appliquent la peine. Leur jugement est sans appel.

63. La fonction d'accusateur public près un tribunal criminel est remplie par le commissaire du gouvernement.

64. Les délits qui n'emportent pas peine afflictive ou infamante, sont jugés par des tribunaux de police correctionnelle, sauf l'appel aux tribunaux criminels.

65. Il y a, pour toute la République, un tribunal de cassation, qui prononce sur les demandes en cassation contre les jugements en dernier ressort rendus par les tribunaux; sur les demandes en renvoi d'un tribunal à un autre pour cause de suspicion légitime ou de sûreté publique; sur les prises à partie contre un tribunal entier.

66. Le tribunal de cassation ne connaît point du fond des affaires; mais il casse les jugements rendus sur des procédures dans lesquelles les formes ont été violées, ou qui contiennent quelque contravention expresse à la loi; et il renvoie le fond du procès au tribunal qui doit en connaître.

67. Les juges composant les tribunaux de première instance, et les commissaires du gouvernement établis près ces tribunaux, sont pris dans la liste communale ou dans la liste départementale.

Les juges formant les tribunaux d'appel, et les commissaires placés près d'eux, sont pris dans la liste départementale.

Les juges composant le tribunal de cassation, et les commissaires établis près ce tribunal, sont pris dans la liste nationale.

68. Les juges, autres que les juges de paix, conservent leurs fonctions toute leur vie, à moins qu'ils ne soient condamnés pour forfaiture, ou qu'ils ne soient pas maintenus sur les listes d'éligibles.

TITRE VI.

De la responsabilité des fonctionnaires publics.

69. Les fonctions des membres soit du sénat, soit du Corps législatif, soit du tribunat, celles des consuls et des conseillers d'État, ne donnent lieu à aucune responsabilité.

70. Les délits personnels emportant peine afflictive ou infamante, commis par un membre soit du sénat, soit du tribunat, soit du Corps législatif, soit du conseil d'État, sont poursuivis devant les tribunaux ordinaires, après qu'une délibération du corps auquel le prévenu appartient, a autorisé cette poursuite.

71. Les ministres prévenus de délits privés emportant peine afflictive ou infamante, sont considérés comme membres du conseil d'État.

72. Les ministres sont responsables, 1° de tout acte de gouvernement signé par eux, et déclaré inconstitutionnel par le sénat; 2° de l'inexécution des lois et des règlements d'administration publique; 3° des ordres particuliers qu'ils ont donnés, si ces ordres sont contraires à la constitution, aux lois et aux règlements.

73. Dans les cas de l'article précédent, le tribunat dénonce le ministre par un acte sur lequel le Corps législatif délibère dans les formes ordinaires, après avoir entendu ou appelé le dénoncé. Le ministre mis en jugement par un décret du Corps législatif, est jugé par une haute cour, sans appel et sans recours en cassation.

La haute cour est composée de juges et de jurés. Les juges sont choisis par le tribunal de cassation, et dans son sein; les jurés sont pris dans la liste nationale : le tout suivant les formes que la loi détermine.

74. Les juges civils et criminels sont, pour les délits relatifs à leurs fonctions, poursuivis devant les tribunaux auxquels celui de cassation les renvoie après avoir annulé leurs actes.

75. Les agents du gouvernement, autres que les ministres, ne peuvent être poursuivis pour des faits relatifs à leurs fonctions, qu'en vertu d'une décision du conseil d'État : en ce cas, la poursuite a lieu devant les tribunaux ordinaires (1).

TITRE VII.

Dispositions générales.

76. La maison de toute personne habitant le territoire français, est un asile inviolable.

Pendant la nuit, nul n'a le droit d'y entrer que dans le cas d'incendie, d'inondation, ou

(1) Voyez JUSTICES DE PAIX : aujourd'hui les juges de paix sont nommés par le roi.

(1) L'article 75 de la constitution du 22 frimaire an VIII n'a fait que généraliser et régulariser un principe déjà consacré par les lois antérieures. D'après l'article 61 de la loi du 14 décembre 1789, les officiers municipaux ne pouvaient être mis en jugement, pour des délits d'administration, sans une autorisation préalable du Directoire du département. L'article 13 de la loi du 24 août 1790 défendait aux juges, sous peine de forfaiture, de citer devant eux des administrateurs à raison de leurs fonctions. L'article 75 de la constitution de l'an VIII étend à tous les agents du gouvernement la garantie résultant de l'autorisation préalable, et investit en outre le conseil d'État du droit d'accorder ou de refuser ces autorisations. La sanction de l'article 75 se trouve dans les articles 127, 128 et 129 du code pénal, lesquels prononcent différentes peines contre les fonctionnaires de l'ordre judiciaire qui empiéteraient sur les attributions, soit du pouvoir législatif, soit du pouvoir exécutif (administratif).

Cette matière est très-délicate, car elle intéresse au plus haut point et l'indépendance respective des divers pouvoirs de l'État et les libertés publiques. Nous allons reproduire sous les chefs suivants les décisions intervenues sur les difficultés nombreuses qu'a soulevées cette partie de notre droit public.

§ I. *A quelle autorité appartient le droit d'autoriser les poursuites contre les agents du gouvernement.*

En règle générale ce droit n'appartient qu'au conseil d'État; mais il y a des exceptions.

1° Ainsi, le directeur de l'enregistrement et des domaines peut traduire devant les tribunaux, sans autorisation préalable du conseil d'État, les agents inférieurs de son administration. — (Arrêté du 9 pluv. an X.) — La même faculté a été depuis étendue aux autres directeurs généraux.

Les préfets peuvent aussi accorder les autorisations, mais seulement pour les préposés de l'octroi et pour les percepteurs des contributions. — (Arrêtés des 10 flor. an X et 29 therm. an XI.)

Les autorisations à fins de poursuites ont été successivement considérées, tantôt comme matière purement administrative, tantôt comme rentrant dans le contentieux administratif. — Sous l'empire, les mises en jugement étaient dans les attributions du comité de législation, et même de la section de l'intérieur. — L'ordonnance du 29 juin 1814 (rapportée le 23 août 1815) avait attribué les mises en jugement au comité du contentieux; et ce système fut encore adopté par l'ordonnance du 20 septembre 1815. — Mais l'ordonnance du 22 mars 1831 a définitivement rangé les affaires de cette nature dans la classe des affaires purement administratives qui restent dispensées de publicité. (Voyez ces ordonnances, au mot CONSEIL D'ÉTAT.)

§ II. *De la nature et de l'étendue de la garantie qui résulte pour les agents du gouvernement de la nécessité d'une autorisation préalable.*

L'autorisation préalable est d'ordre public; en conséquence, la Cour de cassation a décidé, avec raison que le défaut d'autorisation ne pouvait être couvert par l'acquiescement du fonctionnaire. — (Cr. cass. 6 juin 1811. — S. XII, 1, 73.)

L'autorisation préalable du gouvernement, qui est nécessaire pour traduire en justice ses agents, ne fait pas obstacle à ce que les magistrats chargés de la poursuite des délits informent et recueillent tous les renseignements relatifs aux délits commis par les agents du gouvernement; mais il ne peut être, dans ce cas, décerné aucun mandat, ni subi aucun interrogatoire juridique, sans autorisation préalable du gouvernement. — (Décret du 9 avril 1806.)

Un tribunal correctionnel, saisi d'une plainte en calomnie par un agent du gouvernement, peut prononcer un sursis à l'action en calomnie, et ordonner d'informer à raison des faits imputés, non-seulement avant l'autorisation du conseil d'État, mais lors même que cette autorisation a été refusée par le préfet, si l'arrêté est dénoncé au conseil d'État. — Il n'y a pas violation de la garantie constitutionnelle dès qu'il n'y a ni mandat décerné, ni interrogatoire subi. — Il n'y a point d'excès de pouvoir dans l'ordre d'informer; ce n'est point là s'arroger l'exercice de l'action publique attribué au ministère public. — (Cr. rej. 24 juin 1819. — S. XX, 1, 40. — D. A. VIII, 678.)

L'article 75 de la constitution de l'an VIII, qui défend de mettre en jugement les fonctionnaires de l'administration sans l'autorisation expresse du gouvernement, est applicable, soit qu'il s'agisse d'une action civile, soit qu'il s'agisse d'une action criminelle. — (Nîmes, 1er février 1811. — S. XI, 2, 41.)

Jugé, au contraire, que l'article 75 de la constitution de l'an VIII, qui défend de mettre en jugement les agents du gouvernement pour des faits relatifs à leurs fonctions, sans autorisation du conseil d'État, n'est applicable qu'au cas de poursuites soit criminelles, soit correctionnelles, et non au cas d'action purement civile. — (Paris, 7 mai 1833. — S. XXXIII, 2, 274.)

En faveur de la jurisprudence adoptée par la cour de Nîmes, on peut dire que l'article 75 ne parle pas des *délits*, mais bien des *faits* relatifs aux fonctions.

L'ordre donné par le gouvernement à un tribunal de justice répressive de connaître d'un délit, et au procureur général de poursuivre tous auteurs et complices, ne renferme pas une autorisation suffisante pour mettre en jugement *de plano* les agents du gouvernement qui pourraient, à raison de leurs fonctions, être impliqués dans les poursuites. Mais il suffirait, que, dans l'injonction de poursuites, il eût été énoncé qu'elles seraient faites contre les auteurs et complices, fussent-ils agents du gouvernement. — (Cr. cass. 21 mai 1807. — S. VII, 2, 712.)

Lorsqu'un agent du gouvernement, poursuivi pour un délit, sans l'autorisation préalable du conseil d'État, a été acquitté par le jugement qui est intervenu sur les poursuites dirigées illégalement contre lui, on ne peut, en annulant ce jugement, ordonner que le prévenu sera poursuivi et jugé de nouveau. — En ce cas, le jugement ne doit être annulé que dans l'intérêt de la loi. — (Cons. d'État, 12-17 déc. 1809. — S. VII, 2, 1064.)

Un tribunal de justice répressive, saisi de poursuites dirigées contre un agent du gouvernement, en sa qualité, sans autorisation préalable du conseil d'État, excède ses pouvoirs s'il statue au fond, même pour acquitter, avant que cette autorisation soit rapportée. — (Cr. cass. 30 août 1833. — S. XXXIV, 1, 63.)

Le défaut d'autorisation nécessaire pour poursuivre un fonctionnaire public ne suffit pas pour élever le conflit. — Ce défaut ne constitue qu'une exception qui doit être proposée devant les tribunaux. — (Arr. du Cons. 24 mars 1824. — Mac. VI, 139.)

En matière de mise en jugement, lorsqu'un tribunal de police correctionnelle procède à l'instruction contre un fonctionnaire public, sans que l'autorisation préalable ait été accordée par le roi en son conseil d'État, un préfet n'a pas le droit d'élever le conflit par ce dernier motif. — (Arr. du Cons. 3 déc. 1823. — Mac. V, 819.)

Le fait de spoliation commis par un agent de l'administration ne regarde l'autorité administrative que pour autoriser des poursuites : il n'appartient qu'à l'autorité judiciaire de prononcer une condamnation. — (Décr. du 10 sept. 1808. — S. XVII, 2, 24.)

§ III. *Quels fonctionnaires peuvent ou non invoquer la garantie résultant de l'article 75 de la constitution de l'an VIII.*

La garantie établie par l'article 75 est générale et absolue; elle couvre tous les agents du gouvernement : la seule question est donc de savoir quels sont les fonctionnaires qu'on doit ou non considérer comme *agents du gouvernement.*

1° *Maires. Adjoints. Conseillers municipaux. Fabriciens. Membres des bureaux de bienfaisance.*

Un maire est agent du gouvernement, même dans l'exercice de celles de ses fonctions qui n'embrassent que les intérêts de sa commune, notamment dans les mesures qu'il prend pour la réparation d'un chemin vicinal; en conséquence, il ne peut être poursuivi à raison de ces mesures, par le particulier qui en a souffert, qu'après autorisation du conseil d'État. — (Cr. cass. — 15 déc. 1827. — S. XXVIII, 1, 71. — D. XXVI, 1, 61.)

Jugé, au contraire, que le maire qui fait faire des travaux à un chemin vicinal n'est-pas, relativement à ce fait, agent du gouvernement : il est simplement mandataire de la commune. — Comme tel, il peut être poursuivi par le particulier qui prétend avoir à se plaindre des travaux, sans qu'il soit nécessaire d'obtenir l'autorisation préalable du conseil d'État. — (Bourges, 8 fév. 1827. — S. XXVII, 2, 173. — D. XXVI, 2, 4.)

Un tribunal ne peut connaître des faits imputés à un maire dans l'exercice de ses fonctions, avant que le gouvernement ait autorisé la mise en jugement. — Cette compétence ne peut être couverte par l'acquiescement de l'administrateur. — (Cr. cass. 6 juin 1811. — S. XII, 1, 73.)

On ne peut, sans décision préalable du conseil d'État, citer un maire en justice, pour avoir fait faucher des grains qu'un particulier avait semés sur un terrain qu'il prétend lui appartenir, et que le maire soutient faire partie d'un chemin public. — (Cr. cass. 15 nov. 1809. — S. X, 1, 83. — D. VII, 2, 214.

Un maire peut être poursuivi sans autorisation préalable, à raison de dégradations par lui commises sur le fonds d'un particulier, lorsqu'il a agi seulement comme mandataire légal de la commune et pour ses intérêts. — L'autorisation n'est nécessaire que lorsque le maire a agi en qualité de délégué du gouvernement. — (Cr. cass. — 23 mai 1822. — S. XXII, 1, 298. — D. XX, 1, 207. — D. A. 864.)

Il n'est pas nécessaire de demander l'autorisation du

de réclamation faite de l'intérieur de la maison.

Pendant le jour, on peut y entrer pour un objet spécial déterminé ou par une loi, ou par un ordre émané d'une autorité publique.

77. Pour que l'acte qui ordonne l'arrestation d'une personne puisse être exécuté, il faut, 1° qu'il exprime formellement le motif de l'arrestation, et la loi en exécution de laquelle elle est ordonnée; 2° qu'il émane d'un fonctionnaire à qui la loi ait donné formellement ce pouvoir; 3° qu'il soit notifié à la personne arrêtée, et qu'il lui en soit laissé copie.

roi pour poursuivre un maire à raison d'un acte qu'il a fait en sa qualité d'officier de police judiciaire. — (Arr. du Cons. 13 nov. 1822. — Mac. IV, 366; — 20 nov. 1822. — Mac. IV, 428.)

Un maire peut être poursuivi sans l'autorisation préalable du conseil d'État, à raison des crimes ou délits par lui commis en sa qualité d'officier de police judiciaire. — La seule garantie que le maire peut réclamer, en ce cas, consiste dans le mode de procédure établi par la sect. 2, chap. 3, tit. 4, C. I. cr. — (Cr. rej. 8 fév. 1828. — S. XXVIII, 1, 324. — D. XXVI, 1, 123.)

Lorsqu'un maire de commune s'est rendu coupable d'un délit en agissant comme officier de police judiciaire, il peut et doit être poursuivi directement, en la forme prescrite par les art. 479, 483, C. I. cr. — (Cons. d'État, 12 mai 1820. — S. XX, 2, 304.)

En admettant que l'autorisation du conseil d'État soit nécessaire pour poursuivre en jugement un maire qui paraît avoir agi comme un officier de police judiciaire, le défaut d'autorisation ne peut être un motif pour élever le conflit. — Ce défaut constitue seulement un moyen de nullité de nature à être proposé devant la cour de cassation. — (Arr. du Cons. 26 déc. 1827. — Mac. IX, 621.)

Les officiers de l'état civil, quoique maires ou adjoints, peuvent être traduits en justice à la requête des procureurs du roi, sans autorisation préalable du conseil d'État. — (Cons. d'État, 30 niv. 4 pluv. an XII, et 28 juin 1806. — S. VII, 2, 774. — Cr. cass. 3 sept. 1807. — S. VII, 1, 774. — D. A. VIII, 684. — Cr. cass. 9 mars 1815. — S. XV, 1, 218. — D. A. VIII, 682.)

La raison est que, n'ayant pas à délibérer comme officiers de l'état civil, n'étant que de simples rédacteurs de formules, ils ne sont point des agents du gouvernement dans le sens de l'art. 75 de l'acte constitutionnel du 22 frimaire an VIII. — (Cr. rej. 11 juin 1807. — S. XVIII, 1, 323. — D. A. VIII. 683.)

Encore que les officiers de l'état civil puissent être poursuivis sans autorisation, néanmoins le grand juge est autorisé à prescrire aux procureurs du roi de lui faire connaître les poursuites qu'ils se proposent de faire, et à arrêter celles qui n'auraient pas pour objet des négligences vraiment coupables par leur gravité. — (Avis du Cons. d'État, 31 juill. 1806. — S. XIII, 2, 296.)

L'adjoint d'un maire qui, agissant en cette qualité, a porté un trouble quelconque à la possession annale d'un particulier, ne peut être cité par voie de complainte possessoire devant le juge de paix, sans autorisation préalable du conseil d'État. — (Cr. cass. 8 déc. 1817. — S. XX, 1, 70. — D. XXVII, 1, 878. — D. A. VIII, 684. — L. LXVI, 367.)

L'article 75 de la constitution du 22 frim. an VIII, qui ne permet de poursuivre les agents du gouvernement qu'après autorisation du conseil d'État, n'est pas applicable aux conseillers municipaux. — (Agen, Cr. 23 mars 1835. — S. XXXV, 2, 329.)

Les membres des conseils municipaux ne sont pas agents du gouvernement; et pour les poursuivre en justice, à raison d'un fait relatif à leurs fonctions, il n'est pas besoin d'une autorisation préalable. — (Arr. du Cons. 2 déc. 1822. — Mac. IV, 440.)

Le conseiller municipal ne peut être considéré comme agent du gouvernement, et il n'est pas besoin de l'autorisation royale pour le poursuivre, à raison d'un délit ou d'un crime commis dans ses fonctions. — (Arr. du Cons. 21 mai 1823. — Mac. V, 336.)

Il n'est pas besoin d'autorisation pour poursuivre devant les tribunaux les membres d'un conseil municipal pour cause d'arrestation arbitraire. — (Arr. du Cons. 29 janv. 1823. — Mac. V, 44.)

Les fabriciens ne peuvent être traduits devant les tribunaux pour raison d'un fait qui rentre dans l'exercice de leurs fonctions; tel que le placement des chaises dans une église. — (Cr. cass. 9 déc. 1808. — S. IX, 1, 401. — D. VII, 2, 103.)

Les administrateurs du bureau de bienfaisance sont agents du gouvernement. — Ils ne peuvent être poursuivis à raison de leurs fonctions qu'après autorisation. — (Déc. du 14 juill. 1812. — S. XIII, 2, 100.)

2° Membres des colléges électoraux.

Les membres des colléges électoraux ne sont pas des agents du gouvernement; ils peuvent être poursuivis sans autorisation préalable. — (Cr. cass. 18 oct. 1812. — S. XXVII, 1, 383. — D. A. VIII, 692.)

Le directeur du scrutin ne peut, sans autorisation préalable du gouvernement, être traduit devant les tribunaux, à raison d'injures dites par lui aux personnes qui se rendent dans sa maison pour y voter. — (Cr. cass. 3 niv. an XI. — S. III, 2, 397.)

3° Agents diplomatiques.

Les agents francais dans les pays étrangers doivent, au cas de prévarication, être traduits par-devant la cour criminelle la plus voisine du lieu du delit. — (Cr. cass. 23 fruct. an XIII. — S. VII, 2, 774. — D. III, 1, 559. — L. XIV, 292.)

Un ancien consul de France dans l'étranger qui, dans une affaire de vente de prise maritime, s'est approprié indûment une somme d'argent, peut être poursuivi devant les tribunaux français, mais avec l'autorisation du Roi en conseil d'État. — (Cons. d'État, 18 nov. 1818. — S. XX, 2, 234.)

4° Ministres du culte.

1° Les ministres du culte peuvent être poursuivis à raison des délits par eux commis dans l'exercice de leurs fonctions, sans qu'il soit nécessaire d'obtenir préalablement du conseil d'État l'autorisation dont parle l'article 75 de l'acte constitutionnel du 22 frimaire an VIII : ce ne sont pas des agents du gouvernement dans le sens de cet article. — 2° Les articles 6, 7 et 8 de la loi du 18 germinal an X, d'après lesquels il y a lieu à recours au conseil d'État dans tous les cas d'abus de la part des personnes ecclésiastiques, sont inapplicables au cas où les faits reprochés ont le caractère de crimes ou délits prévus et punis par les lois. — (Cr. 23 nov. 1831. — S. XXXII, 1, 306.)

Les agents du gouvernement dont parle l'article 75 de la constitution de l'an VIII sont ceux qui, dépositaires d'une partie de son autorité, agissent directement en son nom et font partie de la puissance publique. Ce n'est ni le serment ni le salaire ou traitement qui indiquent les fonctionnaires qui ne peuvent être mis en jugement qu'avec autorisation du gouvernement. Ainsi, les ministres du culte catholique, bien qu'ils reçoivent un traitement de l'État, et qu'ils soient astreints par le concordat de 1802 à la prestation d'un serment, ne doivent pas pour cela être considérés comme fonctionnaires ou agents du gouvernement. Ils peuvent, en conséquence, être poursuivis sans l'autorisation préalable du conseil d'État, à raison des faits par eux commis dans l'exercice de leur ministère... si ces faits n'ont pas le caractère d'abus ecclésiastique dans le sens expressément déterminé par la loi du 18 germinal an X : à leur égard, l'article 75 de la constitution de l'an VIII est applicable. — 3° Les articles 6, 7 et 8 de la loi du 18 germinal an X, portant qu'il y aura recours au conseil d'État dans tous les cas d'abus de la part des supérieurs et autres personnes ecclésiastiques... ne sont pas applicables à un ministre du culte prévenu de s'être rendu coupable dans l'exercice de ses fonctions d'une attaque contre l'ordre de successibilite au trône et l'autorité que le roi tient du vœu de la nation. — (Cr. cass. 23 juin 1831. — S. XXXI, 1, 264.)

Ainsi, c'est aujourd'hui une jurisprudence constante que les ecclésiastiques ne sont pas agents du gouvernement dans le sens de l'article 75 de la constitution de l'an VIII : c'est sans doute par suite d'une erreur irréfléchie que l'opinion contraire est avancée par Cormenin, dans sa nouvelle édition. (Voy. les mots CULTES et CONCORDAT.)

5° Gardes forestiers. Gardes champêtres.

Les gardes généraux des eaux et forêts sont considérés comme fonctionnaires de l'administration; ainsi, ils ne peuvent être judiciairement poursuivis, à raison de leurs fonctions, avant que le gouvernement ait autorisé leur mise en jugement. — On ne peut même poursuivre avant l'autorisation ceux qui auraient agi par leurs ordres. — (Nîmes, 1er fév. 1811. — S. XI, 2, 441.)

Un garde forestier ne peut, sans autorisation préalable de l'administration générale des forêts, être traduit en justice pour délit commis dans l'exercice de ses fonctions. — (Cr. cass. 7 déc. 1809. — S. X, 1, 262. — D. A. VIII, 683. — Cr. cass. 4 oct. 1823. — S. XXIV, 1, 149. — D. XXI, 1, 483. — D. A. VIII, 683.)

Un garde forestier prévenu d'avoir, avec violence, désarmé un chasseur, est mis en jugement par le conseil d'État, vu l'article 8 de la loi du 30 avril 1790, qui prohibe le désarmement, et le décret du 4 mai 1812, qui prescrit l'exécution de cette loi. — (Cons. d'État, 23 janv. 1820. — S. XX, 2, 303.)

Un garde forestier prévenu d'un délit qu'il aurait commis en agissant dans sa double qualité d'agent de l'administration forestière et d'officier de police judiciaire, jouit d'une double garantie : d'abord, comme agent de l'administration, il ne peut être poursuivi qu'après autorisation préalable; ensuite, comme officier de police judiciaire, il ne peut être jugé que par une cour royale. — (L. 22 frim. an VIII; décr. 28 pluv. an XI. — Rouen, Cr. cass. 24 déc. 1824. — S. XXV, 1, 233.)

Lorsque, sur l'imputation portée contre un agent forestier, son administration déclare qu'il n'a agi que d'après les ordres de ses supérieurs, l'agent est dès lors déchargé de toute responsabilité pour le fait inculpé. — (Arr. du Cons. 7 mai 1823. — Mac. V, 334.)

Les gardes forestiers du domaine de la couronne doivent être assimilés aux gardes forestiers du domaine de l'État, et jouir, à ce titre, du privilége de ne pouvoir être mis en jugement qu'avec l'autorisation du conseil d'État. — (Arr. du Cons. 19 déc. 1821. — Mac. II, 588.)

Les gardes des forêts qui dépendent de l'apanage d'un prince doivent être assimilés aux gardes des forêts domaniales, et jouir, à ce titre, du privilége de ne pouvoir être mis en jugement qu'en vertu de l'autorisation accordée par une ordonnance royale. — (Arr. du Cons. 17 fév. 1822. — Mac. III, 228.)

1° Le garde champêtre ou forestier d'un particulier, qui commet un délit dans l'exercice de ses fonctions, doit, à raison de sa qualité d'officier de police, judiciaire, être traduit directement devant la cour royale et non devant le tribunal correctionnel. — (Cod. Inst. Cr. 16, 17, 18, 20, 483, 479; décret du 6 juill. 1810 art. 4 et 7.) — 2° Le vol commis, dans l'exercice de ses fonctions, par le garde champêtre ou forestier d'un particulier, au préjudice de la personne dont il reçoit son salaire, ne constitue pas un vol domestique dans le sens de l'article 386, Cod. pén. — Ce garde, à raison de sa qualité d'officier de police judiciaire, ne peut dans ce cas être considéré comme homme de service à gages. — (Cr. 21 mai 1835. — S. XXXV, 1, 735.)

A la différence des gardes forestiers, l'autorisation royale n'est pas nécessaire pour poursuivre un garde champêtre prévenu de délit dans l'exercice de ses fonctions. — (Arr. du Cons. 22 janv. 1823. — Mac. V, 17. — 13 fév. 1823. — Mac. V, 72. — 18 juin 1823. — Mac. V, 433.)

Les gardes champêtres ne sont pas placés dans la classe des fonctionnaires publics, qu'on ne peut mettre en jugement sans autorisation préalable. — (Cr. cass. 19 août 1808. — S. IX, 1, 128. — D. VI, 2, 176. — Cr. cass. 2 août 1809. — S. XVII, 1, 323.

6° Employés de l'enregistrement.

Les receveurs de l'enregistrement sont des agents du gouvernement; en conséquence, ils ne peuvent être traduits en justice pour crimes commis dans l'exercice de leurs fonctions, sans l'autorisation préalable du conseil d'État. — (Cr. cass. 19 fruct. an XII. — S. VII, 2, 991. — D. A. VIII, 687.)

Le directeur général de l'enregistrement est autorisé à traduire devant les tribunaux, sans recourir à la décision du conseil d'État, les agents inférieurs de cette administration. — (Arrêté des consuls, 9 pluv an X. — S. II, 2, 14.)

Les préfets sont autorisés, après avoir pris l'avis des sous-préfets, à traduire devant les tribunaux, sans recourir à la décision du conseil d'État, les percepteurs de contributions, pour faits relatifs à leurs fonctions. — (Arrêté des consuls, 10 flor. an X. — S. II, 2, 123.)

L'autorisation du préfet est suffisante, alors même que c'est à la requête d'un particulier que le percepteur ou receveur des contributions doit être traduit en justice. — (Cr. cass. rej. 6 mars 1806. — S. VI, 2, 902. — D. IV, 2, 134. — D. A. VIII, 686.)

Un percepteur de contributions ne peut être poursuivi judiciairement, à raison de ses fonctions, en vertu de la seule autorisation du sous-préfet. — (Cr. cass. 14 niv. an XII. — S. IV, 2, 60. — D. A VIII, 686.)

L'administration générale des postes aux lettres est autorisée à traduire devant les tribunaux, sans recourir à la décision du conseil d'État, les agents qui lui sont subordonnés. — (Arrêté des consuls, 9 pluv. an X. — S. II, 2, 14.)

7° Employés des poudres.

Les administrateurs généraux des poudres et salpêtres peuvent autoriser la mise en jugement des préposés qui leur sont subordonnés. — (Déc. 28 fév. 1806. — S. VI, 2, 263.)

8° Employés de la loterie.

L'administration de la loterie est autorisée à traduire devant les tribunaux, sans recourir à la décision du conseil d'État, les agents qui lui sont subordonnés. — (Arrêté des consuls, 9 pluv. an X. — S. II, 2, 14.)

9° Employés des douanes.

Les préposés aux douanes ne peuvent être mis en jugement pour délits commis dans l'exercice de leurs fonctions, qu'en vertu d'une décision de l'autorité supérieure. — (Cr. cass. 11 sept. 1807. — S. VII, 2, 271. — D. A. VIII, 663, 2 juill. — Id. 1807. — S. VII, 2, 340.)

Les préposés des douanes et de l'octroi municipal peuvent être mis en jugment, les premiers sur l'autorisation du directeur général des douanes, les seconds sur celle du préfet. — (Arrêté des consuls, 29 therm. an XI. — S. III, 2, 224.)

Encore qu'il s'agisse d'un délit antérieur à la constitution de l'an VIII. — (Cr. cass. 19 pluv. an XII. — S. IV, 2, 677. — D. A. VIII, 687.)

10° Vérificateurs des poids et mesures.

Les vérificateurs des poids et mesures sont des agents du gouvernement; ils ne peuvent donc être traduits devant les tribunaux pour faits relatifs à leurs fonctions, sans l'autorisation préalable du conseil d'État. — (Cr. cass. 3 fév. 1810. — S. XI, 1, 88.)

11° Gardes-ports.

Les gardes-ports, commissionnés par l'administration de la navigation intérieure, ne peuvent être poursuivis devant les tribunaux pour délits commis dans l'exercice de leurs fonctions, sans une autorisation préalable de l'autorité administrative. — (Cr. cass. 1er juill. 1808. — S. VIII, 1, 387. — D. A. VIII, 688.)

12° Employés des contributions indirectes.

Un préposé de la régie des droits réunis ne peut être poursuivi en réparations d'injures par lui proférées dans l'exercice de ses fonctions, sans autorisation préalable du directeur général de la régie. — (Cr. cass. 25 fév. 1808. — S. IX, 1, 257. — D. A. VIII, 687. — Cr. cass. 12 juin 1809. — S. IX, 1, 265. — D. VII, 1, 237. — D. A. VIII, 687. — L. XXV, 392.)

Lorsqu'un préposé des droits réunis a commis un délit, il est présumé, jusqu'à preuve contraire, ne pas l'avoir commis dans l'exercice de ses fonctions, et conséquemment il peut être poursuivi et condamné à raison dudit délit sans autorisation préalable du directeur général.

78. Un gardien ou geôlier ne peut recevoir ou détenir aucune personne qu'après avoir transcrit sur son registre l'acte qui ordonne l'arrestation : cet acte doit être un mandat donné dans les formes prescrites par l'article précédent, ou une ordonnance de prise de corps, ou un décret d'accusation, ou un jugement.

79. Tout gardien ou geôlier est tenu, sans qu'aucun ordre puisse l'en dispenser, de représenter la personne détenue à l'officier civil ayant la police de la maison de détention, toutes les fois qu'il en sera requis par cet officier.

Cette preuve contraire ne peut être établie par une simple déclaration donnée (*ex post facto*) par un employé supérieur, portant que, lors du délit commis par le préposé, celui-ci était en fonctions. — (Cr. cass. 12 mars 1813. — S. XVII, 1, 393.)

Aux termes de l'article 144 de la loi du 8 déc. 1814, les tribunaux sont compétents pour juger, sans autorisation préalable du gouvernement, tous employés des contributions indirectes prévenus de crimes ou délits dans l'exercice de leurs fonctions, fût-ce même le directeur général. — (Cons. d'État, 20 janv. 1819. — S. XX, 2, 234.)

Depuis la loi du 28 avril 1816, art. 168, 223 et 224 (dérogative au décret du 17 mai 1809), l'autorisation du préfet n'est plus nécessaire pour la poursuite des préposés de l'octroi ou des contributions indirectes, à raison des faits relatifs à leurs fonctions. Ces préposés sont poursuivis dans les formes communes à tous les citoyens. — (Cr. cass. 28 août 1827. — S. XXVIII, 1, 21. — D. XXV, 1, 479.)

Les poursuites contre les préposés et employés de la régie des contributions indirectes, sont dispensées d'autorisation préalable. — (Arr. du Cons. 30 sept. 1830. — Mac. XII, 481.)

Un simple préposé du régisseur de l'octroi n'est pas un agent du gouvernement qui ne puisse être poursuivi sans autorisation préalable.

Il en est de même des employés internes des bureaux des administrations. — (Cr. cass. 21 mai 1807 et 8 déc. 1808. — S. XVII, 1, 393. — D. A. VIII, 687.)

13° Entrepreneurs de travaux publics.

Les entrepreneurs de travaux publics ne peuvent être traduits devant les tribunaux de police, à raison de contraventions commises dans l'exécution de ces travaux. Défenses sont faites à un commissaire de police de rapporter aucun procès-verbal à cet égard. — (Arrêté des consuls, 9 fruct. an X. — S. II, 2, 209.)

L'entrepreneur du lestage, dans un port maritime, a essentiellement un caractère d'agent subordonné de l'administration, pour les faits de lestage. S'il arrive que ces faits de lestage donnent lieu à quelque demande en dommages et intérêts, l'intervention de l'autorité administrative est indispensable, afin qu'il soit constaté si les faits reprochés n'ont pas été l'exécution obligée d'ordres administratifs. — (Arrêté des consuls, des 2 ventôse an XI. — S. XXVIII, 2, 28. — D. XXVI, 2, 27.)

14° Officiers de police judiciaire.

Il n'est pas besoin d'autorisation pour poursuivre, devant les tribunaux, un officier de police judiciaire, prévenu d'arrestation arbitraire. Cette décision est applicable à un garde général des forêts, lorsqu'il résulte des faits de la cause qu'il n'a pu agir que comme officier de police judiciaire. — (Arr. du Cons. 24 oct. 1821. — Mac. II, 301.)

Les greffiers des tribunaux peuvent, pour délits commis dans l'exercice de leurs fonctions, être poursuivis sans autorisation préalable du conseil d'État. — (C. cass. 20 déc. 1807. — S. VII, 8, 20. — D. A. VIII, 685.)

15° Gendarmes.

Lorsque des faits reprochés à des gendarmes sont étrangers aux ordres que l'autorité supérieure leur a donnés, ils ne sont pas couverts par la responsabilité de leurs supérieurs. — (Arr. du Cons. 18 juill. 1821. — Mac. II, 187.)

16° Officier de recrutement.

Un officier de recrutement n'est pas un agent du gouvernement, dans ce sens qu'il ne puisse être mis en jugement sans une autorisation préalable du conseil d'État. — (Cr. cass. 6 mars 1807. — S. VII, 2, 237.)

§ 4. *Des faits pour lesquels les fonctionnaires jouissent de la garantie constitutionnelle.*

Lorsque les faits imputés à un fonctionnaire public sont reconnus être entièrement étrangers au service auquel il est employé, il n'est pas besoin d'une autorisation de mise en jugement pour le poursuivre, à raison de ces faits, devant les tribunaux. — (Arr. du Cons. 6 nov. 1822. — Mac. IV, 340.)

Un fonctionnaire, agent du gouvernement, est réputé avoir délinqué dans l'exercice de ses fonctions, et doit jouir de la garantie constitutionnelle, toutes les fois que le délit est un incident survenu dans ses opérations. Tel un receveur qui, occupé d'une opération financière, prend querelle avec un contribuable, s'emporte et le frappe. — (Cr. cass. 6 mars 1806. — S. VI, 2, 902. — D. IV, 2, 134. — D. A. VIII, 690.)

Des habitants d'une commune n'ont pas besoin de l'autorisation préalable du conseil d'État pour poursuivre devant les tribunaux un maire, en raison de la négociation qu'il a faite d'une créance appartenante à la commune, lorsqu'il est constaté que c'est en qualité de mandataire délégué, non de la commune même, mais d'un certain nombre de ses habitants, que ledit maire a concouru à la négociation dont il s'agit. — (Arr. du Cons. 6 nov. 1822. — Mac. IV, 339.)

Le fait de convention illicite, bien qu'imputé à un maire dans l'exercice de ses fonctions, doit cependant être considéré comme étranger à ses fonctions, et peut donner lieu à des poursuites judiciaires, sans autorisation préalable du conseil d'État. — (Cr. cass. 31 mai 1820. — S. XX, 1, 364. — D. A. X, 738.)

Un fonctionnaire administratif qui, dans un procès civil intenté d'office, se permet de diffamer ou d'injurier son adversaire, est-il pour ce cas-là même, revêtu d'une inviolabilité provisoire, tellement que les juges ne puissent le condamner, pour diffamation ou injure, avant qu'il y ait autorisation du gouvernement? Les juges doivent-ils dans ce cas diviser le procès et statuer sur la demande principale? — (Cr. rej. 14 juin 1826. — S. XXVI, 1, 433. — D. XXVI, 1, 316.)

§ 5. *Des faits pour lesquels l'autorisation n'est pas nécessaire.*

Les agents du gouvernement peuvent être poursuivis, sans autorisation préalable du conseil d'État, pour les délits qu'ils commettent hors de l'exercice de leurs fonctions. — (Cr. rej. 11 sept. 1807. — S. VII, 2, 270. — D. A. VIII, 683.)

Des faits étrangers aux fonctions remplies par un individu, ne peuvent pas donner lieu à une demande en autorisation de le poursuivre. — (Arr. du Cons. 13 mars 1822. — Mac. III, 263.)

L'art. 483, C. I. cr. du touchant le mode de poursuite des délits commis par des fonctionnaires de l'ordre judiciaire dans l'exercice de leurs fonctions, ne s'applique qu'au cas où le fait, cause des poursuites, est relatif à ces mêmes fonctions; il ne suffit pas que ce fait ait eu lieu en un temps où le fonctionnaire était en fonctions. Ainsi, le garde-pêche qui, même pendant l'exercice de ses fonctions, commet un délit de chasse, peut être poursuivi à raison de ce délit, d'après les formes ordinaires. — (Cr. cass. 6 janv. 1827. — S. XXVII, 1, 483.)

Les exécuteurs d'un ordre émané du conseil municipal, qui portent atteinte à la propriété d'autrui, peuvent être poursuivis devant les tribunaux sans autorisation préalable. — (Cr. cass. 6 mai 1826. — S. XXVII, 1, 188. — D. XXIV, 1, 308.

§ 6. *Des cas où l'autorisation doit être accordée ou refusée.*

Sur la demande en autorisation, le conseil d'État peut ou refuser purement et simplement l'autorisation, ou surseoir à prononcer, ou bien accorder l'autorisation soit à fins civiles seulement, soit à fins criminelles, soit à toutes fins.

1° Cas de refus d'autorisation.

Un fournisseur n'est pas recevable à demander l'autorisation de poursuivre devant les tribunaux un administrateur qui l'a exclu d'un marché de fournitures. — (Arr. du Cons. 18 juill. 1821. — Mac. II, 187.)

L'envoi de la gendarmerie pour pourvoir à la conservation des propriétés de l'État, ne constitue pas une violation de domicile de la part d'un administrateur envers un fournisseur, lorsque ce dernier n'est ni propriétaire, ni locataire de l'établissement considéré comme usine et non comme maison d'habitation. — (Arr. du Cons. 18 juill. 1821. — Mac. II, 187. — 6 août 1821. — Mac. II, 240.)

Lorsque les torts d'un agent de l'administration paraissent suffisamment punis par la destitution qu'il a encourue, il y a lieu de refuser l'autorisation des poursuites commencées contre lui à raison du fait qui lui est imputé, alors surtout qu'il n'y a pas de partie civile. — (Arr. du Cons. 8 sep. 1821. — Mac. II, 363.)

Lorsque des particuliers ont commis des excès envers d'autres particuliers, et qu'il est constant qu'ils ont agi sans les ordres d'un maire (ce qui exclut son intervention), il n'y a pas lieu de poursuivre le maire. La négligence que le maire peut avoir apportée ne constitue pas un délit. Il peut seulement en résulter une faute qui ne saurait être l'objet que d'une mesure administrative. — (Arr. du Cons. 19 déc. 1821. — Mac. II, 580.)

Lorsque le conseil d'État ne trouve pas les faits exposés suffisants, il peut ne pas accorder l'autorisation de poursuivre par la voie criminelle, mais seulement à fins civiles. Dans ce cas, il reconnait qu'il y a lieu d'accorder l'autorisation, et il la limite. — (Arr. du Cons. 30 mai 1821. — Mac. II, 9.)

On ne doit pas accorder l'autorisation de poursuivre un fonctionnaire public, lorsque cette autorisation remettrait en question ce qui a déjà été jugé par une ordonnance. — (Arr. du Cons. 13 mars 1822. — Mac. III, 269.)

Il y a lieu de refuser l'autorisation de poursuivre un fonctionnaire public, lorsque les faits qui lui sont imputés ne sont pas suffisamment justifiés par l'information judiciaire. — (Arr. du Cons. 13 mars 1822. — Mac. III, 263.)

Il n'y a pas lieu d'autoriser la mise en jugement de préposés des douanes prévenus d'homicide et de blessures sur des contrebandiers, lorsque le délit de contrebande a été reconnu par les tribunaux, et qu'il résulte de l'ensemble des faits et circonstances que les douaniers ont agi dans le cas de légitime défense. — (Arr. du Cons. 13 mars 1822. — Mac. III, 261.)

Il n'y a pas lieu d'autoriser la mise en jugement d'un comptable accusé de faux et de concussion, lorsqu'il est prouvé que les faits à lui imputés ne sont que l'effet de l'erreur et de la négligence. — (Arr. du Cons. 29 mai 1822. — Mac. III, 388.)

Lorsque, de la déposition des témoins et de la déclaration même de la partie plaignante, il ne résulte la présomption d'aucun fait de violence exercée contre ladite partie, c'est le cas de rejeter sa demande en autorisation de poursuivre un fonctionnaire public pour un prétendu fait d'abus d'autorité et d'arrestation illégale. — (Arr. du Cons. 18 nov. 1822. Mac. IV, 383.)

On ne doit pas autoriser la mise en jugement d'un fonctionnaire prévenu d'actes arbitraires, lorsque la personne qu'on prétend en avoir été l'objet ne se rend pas partie plaignante et déclare n'avoir été en butte à aucun acte de cette nature. — (Arr. du Cons. 18 nov. 1822. — Mac. IV, 389.)

Il n'y a pas lieu d'autoriser la mise en jugement d'un fonctionnaire public, lorsque les faits allégués contre lui ne sont pas jugés de nature à donner lieu à des poursuites judiciaires. — (Arr. du Cons. 14 août 1822. — Mac. IV, 233.)

Il n'y a pas lieu d'accorder l'autorisation de continuer les poursuites commencées contre un fonctionnaire public, lorsque les déclarations des témoins entendus, et l'information préalable, ne fournissent pas de motifs suffisants. — (Arr. du Cons. 6 nov. 1822. — Mac. IV, 341.)

Il n'y a pas lieu d'autoriser la mise en jugement d'un percepteur prévenu de concussion, lorsqu'il résulte des vérifications faites par le préfet qu'aucun reproche de concussion ne peut lui être adressé, et que la procédure n'en fournit d'ailleurs aucun indice. — (Arr. du Cons. 13 nov. 1822. — Mac. IV, 398.)

Il n'y a pas lieu d'autoriser la mise en jugement de fonctionnaires publics qui, dans un cas de rébellion à main armée, ont fait agir la force publique et ordonné l'incendie d'une maison où les rebelles étaient réfugiés. — (Arr. du Cons. 17 juill. 1822. — Mac. IV, 407.)

Un adjoint de maire, qui s'est permis une détention arbitraire envers un particulier, peut n'être pas mis en jugement s'il est constaté que, peu d'heures après la mise en détention, il a permis au détenu de sortir, s'il l'eût voulu. Une réprimande, donnée à l'adjoint par le préfet, peut paraître une punition suffisante. — (Cons. d'État, 18 avril 1816. — S. XVIII, 2, 70.)

Il n'y a pas lieu de permettre la mise en jugement d'un préfet qui a refusé d'autoriser un particulier à donner sur le théâtre d'une ville quelques représentations dramatiques. — (Arr. du Cons. 12 févr. 1823. — Mac. V, 71.)

2° Cas où il y a lieu à surseoir.

Il y a lieu à surseoir à la mise en jugement : 1° jusqu'à ce que l'autorité compétente ait statué sur la propriété litigieuse du terrain sur lequel on l'accuse d'avoir commis des actes arbitraires. — (Arr. du Cons. 29 mai 1822. — Mac. III, 387.)

2° Quand le procureur général, en transmettant au conseil d'État les pièces de la procédure, n'y a pas joint son avis personnel.

3° Quand le réclamant ne justifie d'aucune plainte portée devant les tribunaux. — (Voy. ci-après le § 8.)

4° Quand le fait qui motive la demande d'autorisation ne peut être constaté que par une information judiciaire préalable. — (Décret du 9 août 1806.)

5° Quand le ministre dont dépend l'agent inculpé n'a pas été appelé à donner son avis. — (Même décret.)

3° Cas où il y a lieu à accorder l'autorisation, soit à fins civiles, soit à fins criminelles.

Autorisation de poursuivre à fins civiles un adjoint de maire pour cause d'empêchement apporté à l'établissement d'un repère et pour réparation des dommages qui en sont résultés. — (Arr. du Cons. 30 déc. 1822. — Mac. IV, 826.)

Autorisation de poursuivre un maire à fins civiles pour le contraindre à représenter l'extrait d'un titre de rente en vins communiqué administrativement. — (Arr. du Cons. 30 déc. 1822. — Mac. IV, 826.)

Lorsque le maire et l'adjoint d'une commune ont concédé, moyennant un certain prix, un droit de pâturage sur des fonds appartenants à divers particuliers, si ces particuliers s'opposent à la jouissance du concessionnaire, celui-ci peut demander l'autorisation d'appeler le maire et l'adjoint en garantie, et cette autorisation doit être accordée. — (Arr. du Cons. 19 déc. 1821. — Mac. II, 862.)

Le conseil d'État autorise la mise en jugement d'un agent du gouvernement, prévenu de meurtre, bien que le meurtre ait eu lieu en légitime défense : l'exception ou la circonstance de légitime défense, bien qu'elle soit plus qu'une excuse, bien qu'elle ôte au crime son caractère constitutif, bien que le fait cesse par elle d'être criminel, le gouvernement ne se permet pas d'en connaître; il en renvoie la connaissance aux tribunaux. — (Cons. d'État, 18 mars 1816. — S. XVIII, 2, 63.)

Il n'y a pas lieu à statuer sur les demandes en autorisation de poursuivre des ex-fonctionnaires pour des faits postérieurs à l'époque où ils ont cessé leurs fonctions. — (Arr. du Cons. 18 juill. 1821. — Mac. II, 182.)

Les comptables destitués peuvent être mis en jugement sans autorisation préalable du conseil d'État. — (Cons. d'État, 19 févr. et 16 mars 1807. — S. VIII, 2, 27. — D. VI, 2, 13.)

Les comptables démissionnaires peuvent être mis en jugement sans autorisation préalable du conseil d'État. — (Cons. d'État, 16 mars 1807. — Cr. cass. Douai, 3 juin 1823. — S. XXIII, 1, 361. — D. XXI, 1, 309.)

Un arrêt de la cour de cassation du 28 septembre 1821, s'appuyant sur un avis du conseil d'État, du 16 mars 1807, a jugé « que cet avis a acquis force légale d'exécution, et que les motifs de ces dispositions les rendent applicables à tous préposés qui, par l'effet de leur destitution, ont perdu tout droit à une garantie qui ne

80. La représentation de la personne détenue ne pourra être refusée à ses parents et amis porteurs de l'ordre de l'officier civil, lequel sera toujours tenu de l'accorder, à moins que le gardien ou geôlier ne représente une ordonnance du juge pour tenir la personne au secret.

81. Tous ceux qui, n'ayant point reçu de la loi le pouvoir de faire arrêter, donneront, signeront, exécuteront l'arrestation d'une personne quelconque; tous ceux qui, même dans le cas de l'arrestation autorisée par la loi, recevront ou retiendront la personne arrêtée, dans un lieu de détention non publiquement et légalement désigné comme tel, et tous les gardiens ou geôliers qui contreviendront aux dispositions des trois articles précédents, seront coupables du crime de détention arbitraire.

82. Toutes rigueurs employées dans les arrestations, détentions ou exécutions, autres que celles autorisées par les lois, sont des crimes.

83. Toute personne a le droit d'adresser des pétitions individuelles à toute autorité constituée, et spécialement au tribunat.

84. La force publique est essentiellement obéissante; nul corps armé ne peut délibérer.

85. Les délits des militaires sont soumis à des tribunaux spéciaux, et à des formes particulières de jugement.

86. La nation française déclare qu'il sera accordé des pensions à tous les militaires blessés à la défense de la patrie, ainsi qu'aux veuves et aux enfants des militaires morts sur le champ de bataille ou des suites de leurs blessures.

87. Il sera décerné des récompenses nationales aux guerriers qui auront rendu des services éclatants en combattant pour la République.

88. Un Institut national est chargé de recueillir les découvertes, de perfectionner les sciences et les arts.

89. Une commission de comptabilité nationale règle et vérifie les comptes des recettes et des dépenses de la République. Cette commission est composée de sept membres choisis par le sénat dans la liste nationale.

90. Un corps constitué ne peut prendre de délibération que dans une séance où les deux tiers au moins de ses membres se trouvent présents.

91. Le régime des colonies françaises est déterminé par des lois spéciales.

92. Dans le cas de révolte à main armée, ou de troubles qui menacent la sûreté de l'État, la loi peut suspendre, dans les lieux et pour le temps qu'elle détermine, l'empire de la constitution.

Cette suspension peut être provisoirement déclarée dans les mêmes cas, par un arrêté du gouvernement, le Corps législatif étant en vacance, pourvu que ce corps soit convoqué au plus court terme par un article du même arrêté.

93. La nation française déclare qu'en aucun cas elle ne souffrira le retour des Français qui, ayant abandonné leur patrie depuis le 14 juillet 1789, ne sont pas compris dans les exceptions portées aux lois rendues contre les émigrés; elle interdit toute exception nouvelle sur ce point.

Les biens des émigrés sont irrévocablement acquis au profit de la République.

94. La nation française déclare qu'après une vente légalement consommée de biens nationaux, quelle qu'en soit l'origine, l'acquéreur légitime ne peut en être dépossédé, sauf aux tiers réclamants à être, s'il y a lieu, indemnisés par le trésor public.

95. La présente constitution sera offerte de suite à l'acceptation du peuple français.

Fait à Paris le 22 frimaire an VIII de la République française, une et indivisible.

Signé REGNIER, *président de la commission du conseil des Anciens;* JACQUEMINOT, *président de la commission du conseil des Cinq-Cents;* ROUSSEAU, VERNIER, *secrétaires de la commission du conseil des Anciens;* ALEX. VILLETARD, FRÉGEVILLE, *secrétaires de la commission du conseil des Cinq-Cents;* ROGER-DUCOS, SIEYES, BONAPARTE, *consuls;* P. C. LAUSSAT, FARGUES, N. BEAUPUY, BEAUVAIS, CABANIS, PERRIN (des Vosges), DEPÈRE, CORNET, LUDOT, GIROT-POUZOL, LEMERCIER, CHATRY-LAFOSSE, CHOLET (de la Gironde), CAILLEMER, BARA, CHASSIRON, GOURLAY, PERÉ (des Hautes-Pyrénées), PORCHER, VIMAR, THIESSÉ, BÉRENGER, CASENAVE, SEDILLEZ, THIBAULT, DAUNOU, HERWYN, JOSEPH, CORNUDET, P. A. LALOY, LENOIR-LAROCHE, J. A. CREUZÉ-LATOUCHE, ARNOULD (de la Seine), GOUPIL-PRÉFELN fils, MATHIEU, CHABAUD, CRETET, BOULAY (de la Meurthe), CABAT, ÉMILE GAUDIN, LEBRUN, LUCIEN BONAPARTE, DEVINCK-THIERRY, J. P. CHAZAL, M. J. CHÉNIER.

---

§ III. *Actes complémentaires ou modificatifs.*

23 FRIMAIRE an VIII (14 décembre 1799). — *Loi qui règle la manière dont la constitution sera présentée au peuple français.* (II. Bull. n° 3348 bis; et Mon. du 24 frimaire an VIII.)

La Commission du Conseil des Anciens, créée par la loi du 19 brumaire, adoptant les motifs de la déclaration d'urgence qui précède la résolution ci-après, approuve l'acte d'urgence.

Suit la teneur de la déclaration d'urgence et de la résolution du 23 frimaire :

La Commission du Conseil des Cinq-Cents, créée par la loi du 19 brumaire dernier;

Délibérant sur la proposition formelle, contenue dans le message des Consuls, en date de ce jour, de régler par une loi la manière dont la constitution sera présentée au peuple français;

Considérant que la constitution qui doit substituer à un gouvernement provisoire un ordre de choses définitif et invariable, doit être, sans délai, présentée à l'acceptation des citoyens;

Que le mode d'acceptation le plus convenable et le plus populaire est celui qui répond le plus promptement et le plus facilement aux besoins et à la juste impatience de la nation :

Déclare qu'il y a urgence.

La Commission, après avoir déclaré l'urgence, prend la résolution suivante :

Art. 1er. Il sera ouvert, dans chaque commune, des registres d'acceptation et de non acceptation. Les citoyens sont appelés à y consigner ou y faire consigner leur vote sur la constitution.

2. Les registres seront ouverts au secrétariat de toutes les administrations, aux greffes de tous les tribunaux, entre les mains des agents communaux, des juges de paix et des notaires : les citoyens ont droit de choisir à leur gré entre ces divers dépôts.

3. Le délai pour voter, dans chaque département, est de quinze jours, à dater de celui où la constitution est parvenue à l'administration centrale : il est de trois jours pour chaque commune, à dater de celui où l'acte constitutionnel est arrivé au chef-lieu du canton.

4. Les Consuls de la République sont chargés de régulariser et d'activer la formation, l'ouverture, la tenue, la clôture et l'envoi des registres.

5. Les Consuls sont pareillement chargés d'en proclamer le résultat.

---

24 FRIMAIRE an VIII (15 décembre 1799). — *Proclamation des Consuls de la République.* (II. Bull. n° 3460.)

LES CONSULS DE LA RÉPUBLIQUE AUX FRANÇAIS.

Une constitution vous est présentée.

Elle fait cesser les incertitudes que le gouvernement provisoire mettait dans les relations extérieures, dans la situation intérieure et militaire de la République.

Elle place dans les institutions qu'elle établit, les premiers magistrats dont le dévouement a paru nécessaire à son activité.

La constitution est fondée sur les vrais principes du gouvernement représentatif, sur les droits sacrés de la propriété, de l'égalité, de la liberté.

Les pouvoirs qu'elle institue seront forts et stables, tels qu'ils doivent être pour garantir les droits des citoyens et les intérêts de l'État.

Citoyens, la révolution est fixée aux principes qui l'ont commencée : elle est finie.

---

24 FRIMAIRE an VIII (15 décembre 1799). — *Arrêté des Consuls de la République, concernant l'ouverture des registres pour l'émission des votes sur la constitution.* (II. Bull. 3461.)

Les Consuls de la République, en exécution de l'article 4 de la loi du 23 frimaire, qui règle la manière dont la constitution sera présentée au peuple français,

Arrêtent ce qui suit :

Art. 1er. Aussitôt après la réception de la constitution, et de la loi du 23 frimaire, les administrations centrales et municipales, les agents communaux, les tribunaux, et les juges de paix,

---

leur était accordée que dans l'intérêt de l'administration publique, et pour que son action ne fût pas arrêtée ou ralentie. »

Cormenin soutient, au contraire, que la garantie s'applique aux agents du gouvernement destitués ou démissionnaires, comme aux agents en activité de service : il s'appuie sur trois ordonnances du conseil d'État, qui l'ont ainsi décidé, et qu'on peut voir dans Macarel, II, 479, 481, 182. — Quant à l'avis du conseil d'État, sur lequel s'est appuyée la cour de cassation, Cormenin l'explique en disant que le vrai motif de cet avis a été qu'on n'a pas voulu conserver à des comptables infidèles, destitués ou révoqués, un privilège qui ne leur avait été accordé que dans l'intérêt du service, et qu'il n'y a pas de raison de le prolonger au delà de l'exercice de leurs fonctions.

§ 7. *Comment sont instruites et jugées les demandes d'autorisation à fins de poursuites.*

Ainsi qu'on l'a vu ci-dessus, les affaires de cette nature sont dispensées de publicité; il n'y a pas de débat contradictoire entre les parties; aucune d'elles ne peut exiger communication ni des pièces de l'instruction, ni de l'avis émis par un ministre; seulement, aux termes du décret du 9 août 1806, art. 2, la demande d'autorisation doit être communiquée au ministre dans le département duquel se trouve l'agent inculpé.

Une demande en autorisation de poursuite contre un maire, un agent diplomatique, ne peut pas être présentée par la voie contentieuse. — (Arr. du Cons. des 31 oct. 1833 : Mac. 2e série, III, 604; 6 juin 1834 : Mac. 2e série, IV, 372; 10 fév. 1835 : Mac. 2e série, V, 90.)

Les ordonnances rendues en pareille matière ne peuvent être attaquées ni par requête civile, ni par tierce-opposition. — (Arr. du Cons. 21 oct. 1831 : Mac. 2e série, I, 400.)

On n'est pas recevable à demander au conseil d'État l'autorisation de poursuivre devant les tribunaux un fonctionnaire public, lorsqu'il n'y a, dans l'espèce, ni plainte ni information juridique préalables. — (Arr. du Cons. 29 août 1821. — Mac. II, 309.)

La demande en autorisation de poursuivre, en réparation civile, le maire d'une commune, ne peut pas être introduite incidemment à une instance contentieuse. — (Arr. du Cons. 13 mars 1822. — Mac. III, 266.)

Un particulier n'a pas qualité pour intervenir devant le conseil d'État, et y prendre des conclusions sur la demande en autorisation d'une poursuite criminelle, lorsqu'il n'a point formé préalablement de plainte régulière, et qu'il ne s'est point constitué partie civile. — (Arr. du Cons. 12 fév. 1823. — Mac. V, 63.)

Il n'est pas besoin d'une plainte et d'une information préalable pour être admis à demander de le poursuivre à fins civiles. — (Arr. du Cons. 4 juin 1823. — Mac. V, 375.)

On ne peut demander devant le conseil d'État l'autorisation de poursuivre un maire par la voie criminelle, lorsque le requérant ne justifie d'aucune plainte qui ait saisi les tribunaux. — (Arr. du Cons. 4 juin 1823. — Mac. V, 373.)

La demande tendante à obtenir l'autorisation de mettre un maire en jugement n'est pas recevable, lorsqu'il n'existe aucune plainte, ni information judiciaire. — (Arr. du Cons. 23 juill. 1823. — Mac. V, 535.)

Une demande de mise en jugement ne peut être portée devant le roi en conseil d'État simultanément avec un pourvoi contre une décision administrative. — (Arr. du Cons. 21 janv. 1829. — Mac. XI, 14.)

Une demande en autorisation de poursuivre un agent du gouvernement ne peut être présentée dans un pourvoi par la voie contentieuse. — (Cons. d'État, 10 fév. 1835. — S. XXXV, 2, 305.)

Une demande en autorisation de poursuivre un fonctionnaire public ne peut être portée devant le conseil d'État simultanément avec un rapport contre une décision administrative. — (Arr. du Cons. 21 janv. 1829. — S. XXIX, 2, 72. — D. XXVII, III, 94.)

Une demande en autorisation de poursuivre d'anciens fonctionnaires publics, pour des actes relatifs à leurs fonctions, ne peut être portée au conseil d'État pour la voie contentieuse, directement et sans l'intermédiaire du procureur général. — (Arr. du Cons. 12 févr. 1823. — Mac. V, 63.)

L'autorisation gouvernementale, pour la mise en jugement d'un administrateur poursuivi à raison de ses fonctions, doit être demandée, non avant la plainte ou instruction, mais avant le jugement. Il est nécessaire que cette demande arrive au conseil d'État accompagnée de l'instruction judiciaire, pour que le conseil d'État puisse prononcer en connaissance de cause, et sur des renseignements impartiaux. — (Arr. du Cons. 2 févr. 1821. — S. XXI, 2, 307.)

Des particuliers, agissant *ut singuli*, sont non recevables à demander l'autorisation de poursuivre, à fins civiles, un maire qu'ils accusent d'avoir détourné une partie des revenus communaux. — (Arr. du Cons. 15 juin 1823. — Mac. VII, 274.)

Lorsque, parmi les faits reprochés à un fonctionnaire public dont la mise en jugement est autorisée, il en est qui impliquent connexité entre lui et un autre fonctionnaire, il y a lieu d'autoriser la mise en jugement de ce dernier. — (Arr. du Cons. 14 août 1822. — Mac. IV, 232.)

Les ordonnances intervenues sur les demandes en autorisation de poursuivre des fonctionnaires publics, ne sont pas susceptibles d'être attaquées par la voie contentieuse. — (Cons. d'État, 21 oct. 1831. — S. XXXII, 2, 102.)

ouvriront des registres sur papier libre, l'un d'acceptation, l'autre de non acceptation de la Constitution.

2. Les administrations municipales enverront à chacun des agents communaux, des tribunaux, juges de paix et notaires de leur arrondissement, deux registres semblables, également sur papier libre.

3. A l'expiration des délais portés par l'article 3 de la même loi du 23 frimaire, les administrations centrales et municipales, les agents communaux, les tribunaux, et les juges de paix, fermeront et arrêteront les deux registres d'acceptation et de non acceptation.

4. Les mêmes délais étant expirés, les juges de paix mettront leur *visa* aux deux registres d'acceptation et de non acceptation de chacun des notaires de leur arrondissement.

5. Les registres clos et arrêtés par les administrations centrales et communales, et par les agents municipaux, seront immédiatement envoyés au ministre de l'intérieur.

6. Les registres clos et arrêtés par les tribunaux et les juges de paix, seront immédiatement envoyés au ministre de la justice.

7. Les registres adressés, en conformité des deux articles précédents, aux ministres de l'intérieur et de la justice, seront remis aux directeurs de la poste de chaque commune et arrondissement, sans frais et sur récépissé.

8. Les frais faits et avancés par les administrations centrales et communales pour l'établissement de leurs registres et pour ceux des agents communaux, tribunaux, juges de paix et notaires, seront acquittés par la régie de l'enregistrement.

9. Les ministres de l'intérieur, de la justice, et des finances, sont chargés, chacun pour ce qui le concerne, de l'exécution du présent arrêté, qui sera inséré au Bulletin des lois.

---

3 NIVÔSE an VIII (24 décembre 1799). — *Loi sur la mise en activité de la constitution.* (II. Bull. 3492.)

La Commission du Conseil des Anciens, créée par la loi du 19 brumaire, adoptant les motifs de la déclaration d'urgence qui précède la résolution ci-après, approuve l'acte d'urgence.

Suit la teneur de la déclaration d'urgence et de la résolution du 2 nivôse :

La Commission du Conseil des Cinq-Cents, créée par la loi du 19 brumaire an VIII ;

Vu le message des consuls de la République, en date du Ier nivôse an VIII, contenant la proposition formelle de prendre les mesures nécessaires pour mettre la constitution en activité ;

Considérant qu'il est instant de statuer sur cette proposition,

Déclare qu'il y a urgence, et prend la résolution suivante ;

Art. Ier. Le sénat conservateur et les consuls entreront en fonctions le 4 nivôse an VIII.

2. A l'instant où le sénat conservateur communiquera aux commissions la nomination des membres du tribunat et du Corps législatif, les conseils des Anciens et des Cinq-Cents, et les commissions, seront dissous.

3. Néanmoins les sections des inspecteurs des Anciens et des Cinq-Cents continueront leurs fonctions de comptabilité jusqu'à ce que la solde définitive des dépenses des conseils et de leurs commissions soit effectuée.

4. Les membres des autres autorités actuellement en activité continueront aussi leurs fonctions jusqu'à l'installation des autorités correspondantes.

5. La garde actuelle du Corps législatif est mise à la disposition des consuls.

6. Les consuls fourniront au sénat conservateur, au Corps législatif et au tribunat, une garde d'honneur.

7. Les édifices nationaux ci-après désignés sont affectés aux diverses autorités constituées :

1° Le palais du Luxembourg, au sénat conservateur ;

2° Le palais des Tuileries, aux consuls ;

3° Le palais des Cinq-Cents, au Corps législatif ;

4° Le palais Égalité, au tribunat.

8. La correspondance entre les premières autorités se fera selon le mode actuellement en usage entre le pouvoir législatif et le pouvoir exécutif.

9. Le sénat conservateur, les consuls, le Corps législatif et le tribunat, auront des messagers d'État et des huissiers qui rempliront les mêmes fonctions que ceux qui étaient auprès des Conseils et du Directoire.

10. Le Corps législatif et le tribunat auront chacun deux secrétaires rédacteurs.

11. Le sénat conservateur déterminera son costume et celui de ses messagers et huissiers.

12. Les consuls détermineront leur costume, celui des ministres, des conseillers d'État, de leurs messagers et huissiers.

13. Le costume des membres du Corps législatif consiste en un habit fermé, bleu national, doublure de même couleur, collet et parements brodés en or, ceinture tricolore avec des franges en or, chapeau français avec des glands en or.

14. Le costume des tribuns consiste en un habit fermé, bleu clair, doublure de même couleur, collet et parements brodés en argent, ceinture tricolore avec des franges en argent, chapeau français avec des glands en argent.

15. Les habits du Corps législatif et du tribunat seront en velours pendant l'hiver, et en soie pendant l'été.

16. Les secrétaires rédacteurs du Corps législatif et du tribunat porteront un habit de drap noir, fermé.

17. Le costume des messagers du Corps législatif consiste en un habit de drap bleu national, ceinture bleu clair, franges en soie de même couleur ; celui des messagers du tribunat, en un habit de drap bleu clair, ceinture bleu national, franges en soie de même couleur.

Celui des huissiers du Corps législatif et du tribunat consiste en un habit de drap gris, ceinture rouge, franges en laine de même couleur.

18. Les autres fonctionnaires publics continueront à porter les costumes décrétés par les lois existantes.

19. La dépense des costumes est à la charge de chacun des membres des autorités constituées.

---

4 NIVÔSE an VIII (25 décembre 1799). — *Proclamation.* (II, Bull. n° 3497.) (1).

Bonaparte, premier Consul de la République, aux Français.

Français,

Rendre la République chère aux citoyens, respectable aux étrangers, formidable aux ennemis, telles sont les obligations que nous avons contractées en acceptant la première magistrature.

Elle sera chère aux citoyens, si les lois, si les actes de l'autorité sont toujours empreints de l'esprit d'ordre, de justice, de modération.

Sans l'ordre, l'administration n'est qu'un chaos ; point de finances, point de crédit public, et avec la fortune de l'État s'écroulent les fortunes particulières. Sans justice, il n'y a que des partis, des oppresseurs et des victimes.

La modération imprime un caractère auguste aux gouvernements comme aux nations ; elle est toujours la compagne de la force, et le garant de la durée des institutions sociales.

La République sera imposante aux étrangers, si elle sait respecter dans leur indépendance le titre de sa propre indépendance ; si ses engagements préparés par la sagesse, formés par la franchise, sont gardés par la fidélité.

Elle sera enfin formidable aux ennemis, si ses armées de terre et de mer sont fortement constituées, si chacun de ses défenseurs trouve une famille dans le corps auquel il appartient, et dans cette famille un héritage de vertus et de gloire ; si l'officier, formé par de longues études, obtient, par un avancement régulier, la récompense due à ses talents et à ses travaux.

A ces principes tiennent la stabilité du gouvernement, les succès du commerce et de l'agriculture, la grandeur et la prospérité des nations.

En les développant, nous avons tracé la règle qui doit nous juger. Français, nous vous avons dit nos devoirs ; ce sera vous qui nous direz si nous les avons remplis.

---

7 NIVÔSE an VIII (27 décembre 1799). — *Arrêté qui détermine la formule du serment à prêter par les fonctionnaires publics, etc.* (II. Bull. 3516.)

Les Consuls de la République, vu l'avis motivé du Conseil d'État, d'après l'acceptation faite par le peuple français de la constitution de l'an VIII,

Arrêtent ce qui suit :

Tous les fonctionnaires publics, ministres des cultes, instituteurs et autres personnes qui étaient, par les lois antérieures à la constitution, assujettis à un serment ou déclaration quelconque, y satisferont par la déclaration suivante :

JE PROMETS FIDÉLITÉ A LA CONSTITUTION.

Les ministres de la justice et de la police générale sont chargés, chacun en ce qui le concerne, de l'exécution du présent arrêté, qui sera inséré au Bulletin des lois.

---

9 NIVÔSE an VIII (30 décembre 1799). — *Arrêté qui ordonne la publication du procès-verbal des élections des membres du sénat conservateur, du tribunat et du Corps législatif.* (II. Bull. 3510.)

Au nom du peuple français, Bonaparte, premier Consul de la République, arrête ce qui suit :

Art Ier. Le procès-verbal des élections des membres du sénat conservateur, de ceux du tribunat et de ceux du Corps législatif, sera inséré au Bulletin des lois (1).

2. Le ministre de la justice enverra à chacun des individus nommés dans les procès-verbaux mentionnés ci-dessus, un exemplaire du Bulletin des lois où ces procès-verbaux seront insérés, lequel leur tiendra lieu de notification, et leur servira de titre pour constater leur qualité.

---

10 PLUVIÔSE an VIII (9 janvier 1800). — *Loi concernant les opérations et communications respectives des autorités chargées par la constitution de concourir à la formation de la loi.* (III. Bull. n° 1.)

Le Corps législatif, réuni au nombre de membres prescrit par l'article 90 de la constitution ;

Lecture faite du projet de loi concernant les opérations et communications respectives des autorités chargées par la constitution de concourir à la formation de la loi, proposé par le gouvernement, le 12 nivôse présent mois, et communiqué au tribunat le lendemain ;

Les orateurs du tribunat et ceux du gouvernement entendus dans la séance du 10 nivôse, les suffrages recueillis au scrutin secret ;

Décrète :

Art. Ier. Quand le gouvernement a arrêté qu'un projet de loi sera proposé, il en prévient le Corps législatif par un message.

2. Le gouvernement indique le jour auquel il croit que doit être ouverte la discussion sur le projet de loi.

3. Après qu'un orateur du conseil d'État a lu au Corps législatif le projet de loi, et en a exposé les motifs, il en dépose sur le bureau trois expéditions.

4. Sur l'une de ces expéditions, mention est faite de la proposition de la loi, et elle est remise, signée du président et des secrétaires, à l'orateur ou aux orateurs du gouvernement.

5. Une des autres expéditions est déposée aux archives du Corps législatif.

6. La troisième expédition est adressée, sans délai, par le Corps législatif, au tribunat.

7. Au jour indiqué par le gouvernement, le tribunat envoie au Corps législatif ses orateurs, pour faire connaître son vœu sur la proposition de loi.

8. Si, au jour indiqué, le tribunat demande une prorogation de délai, le Corps législatif, après avoir entendu l'orateur ou les orateurs du gouvernement, prononce s'il y a lieu ou non à la prorogation demandée.

9. Si le Corps législatif décide qu'il y a lieu à prorogation, le gouvernement propose un nouveau délai.

10. Si le Corps législatif décide qu'il n'y a pas lieu à prorogation, la discussion est ouverte.

11. Si le tribunat ne fait pas connaître son vœu sur le projet de loi, il est censé en consentir la proposition.

12. Le bureau du Corps législatif ne peut fermer la discussion ni sur les propositions de lois, ni sur les demandes de nouveau délai, qu'après

(1) Voyez au mot ÉMIGRÉS un avis du conseil d'État du même jour (4 nivôse).

(1) Voyez cet acte au mot ÉLECTIONS PARLEMENTAIRES, section V.

que chacun des orateurs du gouvernement ou du tribunat aura été entendu au moins une fois s'il le demande.

13. Pour mettre le gouvernement en état de délibérer s'il y a lieu ou non à retirer le projet de loi, les orateurs du gouvernement peuvent toujours demander l'ajournement, et l'ajournement ne peut leur être refusé.

14. Le Corps législatif vote, dans tous les cas, de la manière suivante : deux urnes sont placées sur le bureau ; un secrétaire fait l'appel nominal des votants ; à mesure qu'ils se présentent au bureau, un autre secrétaire remet à chacun une boule blanche destinée à exprimer le *oui*, et une boule noire destinée à exprimer le *non* : une des urnes seulement est destinée à recevoir les votes ; dans l'autre sont jetées les boules inutiles. Quand l'appel est achevé, les secrétaires ouvrent, à la vue de l'assemblée, l'urne du scrutin, et font le compte des voix ; le président proclame le résultat.

---

21 NIVÔSE an VIII (11 janvier 1800). — *Loi qui exige de tous les fonctionnaires publics, etc., une promesse de fidélité à la constitution.* (III. Bull. n° 2.)

Au nom du peuple français, Bonaparte, premier Consul, proclame loi de la République le décret suivant, rendu par le Corps législatif le 21 nivôse an VIII, sur la proposition faite par le gouvernement le 16 du même mois, communiquée au tribunat le lendemain.

Le Corps législatif, réuni au nombre de membres prescrit par l'article 90 de la constitution ;

Lecture faite du projet de loi concernant une promesse de fidélité à la constitution, à exiger de ceux qui étaient obligés à une déclaration ou à un serment, proposé par le gouvernement le 16 de ce mois, communiqué au tribunat le lendemain ;

Les orateurs du tribunat et ceux du gouvernement entendus dans la séance du 19 du même mois, et les suffrages recueillis au scrutin secret,

Décrète :

Art. 1er. Les membres du sénat conservateur, ceux du Corps législatif et du tribunat, les consuls de la République, les membres du conseil d'État, les ministres, les fonctionnaires publics dans l'ordre administratif et judiciaire, les officiers militaires de tout grade, les ministres d'un culte quelconque, les instituteurs ; ceux qui remplissent habituellement ou momentanément des fonctions, places ou emplois publics, et, en général, toute personne assujettie jusqu'à présent, par quelques lois, à un serment ou déclaration, ne pourront commencer ou continuer l'exercice de leurs fonctions ou emplois, que préalablement ils n'aient fait la déclaration suivante :

JE PROMETS D'ÊTRE FIDÈLE A LA CONSTITUTION.

2. Toute autre formule de serment ou déclaration est abrogée.

---

23 NIVÔSE an VIII (13 janvier 1800). — *Loi qui suspend l'empire de la constitution dans quatre divisions militaires.* (III. Bull. n° 4.)

Au nom du peuple français, Bonaparte, premier Consul, proclame loi de la République le décret suivant, rendu par le Corps législatif le 23 nivôse, en conformité de la proposition faite par le gouvernement le 21 nivôse, communiquée au tribunat le même jour.

Le Corps législatif, réuni au nombre de membres prescrit par l'article 90 de la constitution ;

Lecture faite, en comité secret, du projet de loi concernant la suspension de l'empire de la constitution dans les départements y dénommés, proposé par le gouvernement le 21 nivôse, communiqué au tribunat le même jour ;

Les orateurs du tribunat et ceux du gouvernement entendus en comité secret dans la séance du 22 de ce mois, et les suffrages recueillis au scrutin secret, conformément à l'article 14 de la loi du 19 du courant,

Décrète :

L'empire de la constitution est suspendu, pendant les trois mois qui suivront la publication de la présente loi, dans les lieux des 12e, 13e, 14e, 22e divisions militaires auxquels le gouvernement croira nécessaire d'appliquer cette mesure.

---

26 NIVÔSE an VIII (16 janvier 1800). — *Arrêté qui suspend l'empire de la constitution dans quatre départements.* (II. Bull. 3533.)

Les Consuls de la République, vu la loi du 23 nivôse qui suspend l'empire de la constitution dans les lieux des 12e, 13e, 14e, et 22e divisions militaires auxquels le gouvernement croira nécessaire d'appliquer cette mesure,

Arrêtent ce qui suit :

Art. 1er. L'empire de la constitution est suspendu dans les départements des Côtes-du-Nord, d'Ille-et-Vilaine, du Morbihan et de la Loire-Inférieure.

2. Le règlement arrêté ce présent jour 26 nivôse, pour les lieux où la constitution est suspendue par la loi du 23 nivôse an VIII, sera exécuté dans les départements précités, suivant sa teneur.

---

26 NIVÔSE an VIII (16 janvier 1800). — *Arrêté contenant des mesures relatives aux lieux où la constitution est suspendue.* (II. Bull. n° 3534.)

Les Consuls de la République, sur le rapport du ministre de la justice, vu l'avis motivé du conseil d'État,

Arrêtent :

Art. 1er. Le général commandant en chef l'armée de l'Ouest pourra faire des règlements, même portant peine de mort, pour les lieux où la constitution est suspendue.

2. Le général en chef pourra imposer des contributions extraordinaires, par forme de peine, sur les communes, cantons ou départements.

Il pourra prendre les mesures usitées en pays ennemi, pour assurer le payement de ces contributions et le maintien de la tranquillité publique.

3. Les autorités existantes continueront provisoirement leurs fonctions.

4. Le gouvernement, lorsqu'il jugera nécessaire leur remplacement total ou partiel, nommera, pour chaque département, un lieutenant de justice et police, et un lieutenant d'administration et finances.

5. La justice criminelle sera exercée par un tribunal extraordinaire.

6. Ce tribunal sera composé du lieutenant de justice et police, de sept assesseurs, et d'un commissaire du gouvernement : l'un des assesseurs fera les fonctions de rapporteur.

Le tribunal sera présidé par le lieutenant, et, en son absence, par un assesseur.

Il sera nommé trois assesseurs suppléants.

7. Les assesseurs, les suppléants et le greffier, seront nommés par le lieutenant de justice et police.

8. Le tribunal procédera suivant les formes établies par la loi du 13 brumaire an V concernant les conseils de guerre.

Il se conformera, quant à l'application des peines, aux règlements du général en chef ; et pour les cas qui n'y seront pas prévus, aux lois pénales ordinaires.

9. Le général en chef, les généraux sous ses ordres, les lieutenants de justice et police, et les commissaires du gouvernement, feront traduire devant les conseils de guerre les individus arrêtés les armes à la main, ou faisant partie de rassemblements armés ; et devant les tribunaux extraordinaires, les prévenus de délits portés au code pénal, ou de contravention aux règlements du général en chef.

10. Les mandats d'arrêt décernés en vertu de l'article précédent, seront exécutés provisoirement sur tout le territoire de la République ; mais les individus arrêtés hors des lieux où la constitution est suspendue, ne pourront être traduits devant les tribunaux désignés ci-dessus, qu'avec l'autorisation du ministre de la justice.

11. Les jugements du tribunal extraordinaire et des conseils de guerre seront exécutés sans appel, révision, ni cassation.

Néanmoins, et en cas seulement de condamnation à mort, le général en chef pourra suspendre l'exécution du jugement, à la charge d'en référer dans les vingt-quatre heures au gouvernement.

Il n'est pas dérogé, par cet article, aux lois observées dans les conseils de guerre pour les jugements des délits militaires et l'exécution de ces jugements.

12. Le lieutenant de justice et police pourra, avec l'approbation du général en chef, déterminer le lieu où siégera le tribunal, et en ordonner la translation.

13. En remplacement de chacun des tribunaux de police correctionnelle, le lieutenant de justice et police nommera un seul juge, pour connaître des délits qui sont de la compétence de la police correctionnelle ;

Ses jugements seront exécutés provisoirement, sauf l'appel devant le lieutenant de justice et police, qui statuera définitivement.

14. Les tribunaux civils et de commerce continueront leurs fonctions. Les juges qui les composent pourront être destitués et remplacés par le premier consul, sur le rapport du ministre de la justice.

La justice de paix, la police municipale, seront maintenues ; mais le lieutenant de justice et police pourra destituer et remplacer provisoirement les juges de paix, les agents municipaux, les commissaires du gouvernement près les administrations municipales, et les commissaires de police.

15. Le lieutenant d'administration et finances remplacera l'administration centrale du département et le commissaire du gouvernement, dans toutes celles de leurs fonctions qui ne sont pas attribuées ci-dessus au lieutenant de justice et police.

16. Le lieutenant d'administration et finances surveillera tous les agents et percepteurs des contributions directes ou indirectes, et en général ceux qui seront chargés des diverses parties de l'administration.

Il pourra nommer, pour les différentes branches de service, des agents extraordinaires, notamment pour la répartition et la perception des contributions ordinaires, et des contributions extraordinaires que le général en chef pourrait imposer en vertu de l'article 2 du présent règlement.

17. Le lieutenant d'administration et finances pourra, avec l'approbation du général en chef, déterminer le lieu où siégera d'administration, et en ordonner la translation.

18. Les règlements et les ordres du général en chef, relatifs aux habitants des lieux où la constitution est suspendue, seront envoyés par le chef de l'état-major général aux lieutenants de justice et police, d'administration et finances, qui les feront publier, et en instruiront le gouvernement dans les vingt-quatre heures.

19. Le lieutenant de justice et police, celui d'administration et finances, correspondront avec les ministres, suivant la division de leurs attributions.

20. Il n'est point dérogé, par le présent règlement, aux règlements antérieurs concernant la marine.

---

18 PLUVIÔSE an VIII (7 février 1800). — *Rapport présenté aux Consuls de la République, par le ministre de l'intérieur, sur l'acceptation de la constitution.* (III. Bull. n° 20.)

Citoyens consuls,

Les Français ont reçu la constitution de l'an VIII avec enthousiasme. Leur expression simultanée de confiance et d'espoir ne laisse plus aucun doute sur la volonté du peuple.

Cependant tous les citoyens ayant été appelés à émettre nominativement leur vœu, j'ai dû recueillir avec soin les votes qui me sont parvenus. J'ai joint à leur résultat le relevé de ceux reçus par les ministres de la justice, de la guerre et de la marine. La distance où se trouvent les fonctionnaires placés sous la surveillance du ministre des relations extérieures, n'a point permis qu'il m'en fût parvenir. J'ai l'honneur de mettre sous vos yeux le tableau général de ces votes.

Leur nombre est de 3,011,007 ; et celui des non acceptants, de 1,562.

Trois constitutions avaient été précédemment proclamées.

Celle de 1791 ne fut point acceptée nominativement.

Le nombre des citoyens acceptant celle de 1793 a été de 1,801,918 ; celui des refusants s'est élevé à 11,610.

Les votants pour la constitution de l'an III furent au nombre de 1,057,390 ; les refusants, de 49,977.

Ainsi le nombre des votants pour la constitution de l'an VIII excède de 1,209,089 celui des votants pour la constitution de 1793 ; et de 1,953,617, celui des votants pour la constitution de l'an III.

Différence extrêmement considérable, si l'on considère,

1° Que la totalité des votes des départements éloignés n'est pas encore connue;

2° Que quelques autres n'ont pas encore envoyé leurs votes;

3° Que quinze départements environ étaient en état de trouble lors de l'envoi de la constitution;

4° Que la brièveté du temps fixé pour l'émission des votes dans chaque commune, n'a point permis à tous les citoyens de se présenter aux lieux indiqués;

5° Qu'un nombre immense de citoyens, ayant cru que le délai était de quinze jours, ont été privés par la clôture des registres, de la satisfaction de faire connaître leur adhésion.

Quant au nombre des refusants, il est sept fois moindre que celui des refusants en 1793, et trente fois plus faible que les rejets de la constitution de l'an III : il est donc la preuve complète de l'assentiment général de la nation.

Il suffit, pour s'en convaincre, de remarquer que cette époque est la seule où aucune des mesures propres à assurer la liberté de l'émission des votes, n'a été omise, puisque tous les citoyens ont eu la faculté de confier leur vœu aux dépositaires naturels des plus chers intérêts particuliers, et que cette émission de votes isolés, en écartant le prestige des réunions tumultueuses, a laissé tous les citoyens dans la plénitude de la liberté.

Une telle unanimité de sentiments prouve, citoyens Consuls, qu'après une bien longue et bien douloureuse tourmente, le vaisseau de la République est enfin arrivé au port du salut et de la gloire : c'est là que toutes les divisions, inséparables suites d'une course orageuse, doivent disparaître.

Instruits à l'école du malheur et par une longue expérience, que c'est de l'union seule des citoyens que dépendent la splendeur et la prospérité des États, tous les amis de la patrie, les bons Français, par leur adhésion au nouvel acte constitutionnel, ont enfin déposé sur l'autel de la liberté tous les souvenirs amers et pénibles, tous les regrets insensés, toutes les folles espérances, toutes les animosités funestes, enfants illégitimes et cruels d'une révolution qui ne leur eût pas donné naissance, si le meilleur peuple de la terre n'eût pas été poussé quelquefois, par les factions diverses, hors de son caractère aimant et généreux.

Le jour qui verra bientôt toutes ces passions odieuses expirer, et faire place à un seul sentiment durable, celui de la bienveillance et d'une indulgence mutuelle, ce jour sera le premier de ceux que les destins devaient accorder à l'immortalité de la France régénérée;...... c'est celui où le vœu du peuple français sera solennellement proclamé :...... il doit marquer par une fête nationale.

Mais il me paraît, citoyens Consuls, que le caractère auguste de ce grand jour doit consister surtout dans l'union absolue de tous les Français : tant qu'un reste de guerre intestine souillera les départements de la Vendée, cette fête de famille vous paraîtrait sans doute troublée, incomplète; je vous propose d'attendre, pour la célébrer, l'époque déjà tant rapprochée depuis votre avénement de la pacification générale de l'Ouest....... Alors, citoyens Consuls, se placera, avec plus de force et d'ensemble, la célébration de cette charte à qui la France devra tant de bien, à qui elle doit déjà la fin de tant de maux.

Signé L. BONAPARTE.

Les Consuls de la République, entendu le ministre de l'intérieur,

Arrêtent :

Art. 1er. Le résultat des votes émis sur la constitution sera proclamé, publié et affiché dans toutes les communes de la République.

2. Il sera célébré dans toutes les communes, pour l'acceptation de la constitution, une fête nationale consacrée à l'union des citoyens français.

3. Cette fête sera célébrée dans la décade qui suivra l'entière pacification des départements de l'Ouest.

---

18 PLUVIÔSE (7 février 1800.) — *Extrait des registres des délibérations des Consuls de la République, du 18 pluviôse.* (III. Bull. n° 20.)

PROCLAMATION.

Les Consuls de la République, en conformité de l'article 5 de la loi du 23 frimaire, qui règle la manière dont la constitution sera présentée au peuple français; après avoir entendu le rapport des ministres de la justice, de l'intérieur, de la guerre et de la marine,

Proclament le résultat des votes émis par les citoyens français sur l'acte constitutionnel :

Sur trois millions douze mille cinq cent soixante-neuf votants, quinze cent soixante-deux ont rejeté, trois millions onze mille sept ont accepté la constitution.

1er FLORÉAL an VIII (21 avril 1800). — *Arrêté portant que l'empire de la constitution cesse d'être suspendu dans les départements des Côtes-du-Nord, d'Ille-et-Vilaine, du Morbihan et de la Loire-Inférieure.* (III. Bull. n° 128.)

Les Consuls de la République, vu la loi du 23 nivôse dernier, qui suspend l'empire de la constitution dans les lieux des 12e, 13e, 14e et 22e divisions militaires auxquels le gouvernement croira nécessaire d'appliquer cette mesure, et ce pendant les trois mois qui suivront la publication de ladite loi; l'arrêté du 26 du même mois, qui applique la suspension aux départements des Côtes-du-Nord, d'Ille-et-Vilaine, du Morbihan, et de la Loire-Inférieure; un autre arrêté du même jour, contenant des mesures relatives aux lieux où la constitution est suspendue,

Arrêtent ce qui suit :

Art. 1er. Le quatrième jour du présent mois de floréal, l'empire de la constitution cesse d'être suspendu dans les départements des Côtes-du-Nord, d'Ille-et-Vilaine, du Morbihan et de la Loire-Inférieure.

2. Les mesures extraordinaires déterminées par le second arrêté du 26 nivôse, les autorités et pouvoirs institués pour son exécution, cessent d'être en vigueur, à compter du même jour 4 floréal, dans les quatre départements ci-dessus dénommés.

Les ministres sont chargés, chacun en ce qui le concerne, de l'exécution du présent arrêté.

1er FLORÉAL an VIII (21 avril 1800). — *Proclamation des Consuls de la République aux habitants des départements mis hors la constitution par la loi du 23 nivôse an VIII* (1). (III. Bull. n° 129.)

Citoyens,

Ce fut à regret que les Consuls de la République se virent forcés d'invoquer et d'exécuter une loi que les circonstances avaient rendue nécessaire. Ces circonstances ne sont plus. Les agents de l'étranger ont fui de votre territoire; ceux qu'ils égarèrent ont abjuré leurs erreurs. Le gouvernement ne voit plus désormais parmi vous que des Français soumis aux mêmes lois, liés par de communs intérêts, unis par les mêmes sentiments.

Si, pour opérer ce retour, il fut obligé de déployer un grand pouvoir, il en confia l'exercice au général en chef Brune, qui sut concilier avec les rigueurs nécessaires, cette bienveillance fraternelle qui, dans les discordes civiles, ne cherche que des innocents, et ne trouve que des hommes dignes d'excuse ou de pitié.

La constitution reprend son empire. Vous vivrez désormais sous des magistrats qui, presque tous, sont connus de vous par des talents et par des vertus; qui, étrangers aux dissensions intestines, n'ont ni haine ni vengeance à exercer. Confiez-vous à leurs soins; ils rappelleront parmi vous l'harmonie; ils vous feront jouir des bienfaits de la liberté.

Oubliez tous les événements que le caractère français désavoue; tous ceux qui ont démenti votre respect pour les lois, votre fidélité à la patrie : qu'il ne reste de vos divisions et de vos malheurs qu'une haine implacable contre l'ennemi étranger qui les a enfantés et nourris; qu'une douce confiance vous attache à ceux qui, chargés de vos destinées, ne mettent d'autre prix à leurs travaux que votre estime; qui ne veulent de gloire que celle d'avoir arraché la France aux discordes domestiques, et d'autre récompense que l'espoir de vivre dans votre souvenir.

---

22 FRIMAIRE an IX (13 décembre 1800). — *Loi relative à la suspension de l'empire de la constitution dans les départements du Golo, du Liamone, et dans plusieurs îles du territoire français européen.* (III. Bull. n° 435.)

Au nom du peuple français, Bonaparte, premier Consul, proclame loi de la République le décret suivant, rendu par le Corps législatif le 22 frimaire an IX, conformément à la proposition faite par le gouvernement le 9 dudit mois, communiquée au tribunat le même jour.

L'empire de la constitution est suspendu, jusqu'à la paix maritime, dans les départements du Golo et du Liamone, et dans toutes les îles du territoire français européen distantes du continent de deux myriamètres et au delà.

---

18 FLORÉAL an X (8 mai 1802). — *Sénatus-consulte qui réélit Napoléon Bonaparte premier consul pour les dix années qui suivront immédiatement les dix années pour lesquelles il a été nommé.* — (Mon. n° 231.)

Le Sénat... considérant que, dans les circonstances où se trouve la République, il est du devoir du sénat conservateur d'employer tous les moyens que la constitution a mis en son pouvoir pour donner au gouvernement la stabilité qui seule multiplie les ressources, inspire la confiance au dehors, établit le crédit au dedans, rassure les alliés, décourage les ennemis secrets, écarte les fléaux de la guerre, permet de jouir des fruits de la paix, et laisse à la sagesse le temps d'exécuter tout ce qu'elle peut concevoir pour le bonheur d'un peuple libre;

Considérant, de plus, que le magistrat suprême qui, après avoir conduit tant de fois les légions républicaines à la victoire, délivré l'Italie, triomphé en Europe, en Asie, en Afrique, et rempli le monde de la renommée, a préservé la France des horreurs de l'anarchie qui la menaçaient, brisé la faux révolutionnaire, dissipé les factions, éteint les discordes civiles et les troubles religieux, ajouté aux bienfaits de la liberté ceux de l'ordre et de la sécurité, hâté les progrès des lumières, consolé l'humanité, et pacifié le continent, les mers, a les plus grands droits à la reconnaissance des citoyens, ainsi qu'à l'admiration de la postérité;

Que le vœu du tribunat, parvenu au sénat dans la séance de ce jour, peut, dans cette circonstance, être considéré comme celui de la nation française;

Que le sénat ne peut pas exprimer plus solennellement au premier consul la reconnaissance de la nation, qu'en lui donnant une preuve éclatante de la confiance qu'il a inspirée au peuple français;

Considérant, enfin, que le second et le troisième consuls ont dignement secondé les glorieux travaux du premier consul de la République;

D'après tous ces motifs, et les suffrages ayant été recueillis au scrutin secret,

Le Sénat décrète ce qui suit :

Art. 1er. Le Sénat conservateur, au nom du peuple français, témoigne sa reconnaissance aux consuls de la République.

2. Le Sénat conservateur réélit le citoyen Napoléon Bonaparte premier consul de la République française, pour les dix années qui suivront immédiatement les dix ans pour lesquels il a été nommé par l'article 39 de la constitution.

3. Le présent sénatus-consulte sera transmis, par un message, au Corps législatif, au tribunat et aux consuls de la République (1).

---

(1) Voyez AMNISTIE, décret du 22 thermidor an VIII.

(1) Le 18 floréal, Napoléon répondit :

« Sénateurs, la preuve honorable d'estime consignée « dans votre délibération du 18 sera toujours gravée « dans mon cœur.

« Le suffrage du peuple m'a investi de la suprême « magistrature. Je ne me croirais pas assuré de sa con- « fiance, si l'acte qui m'y retiendrait n'était encore « sanctionné par son suffrage.

« Dans les trois années qui viennent de s'écouler, la « fortune a souri à la République; mais la fortune est « inconstante; et combien d'hommes qu'elle avait com- « blés de ses faveurs, ont vécu trop de quelques an- « nées !

« L'intérêt de ma gloire et celui de mon bonheur sem- « bleraient avoir marqué le terme de ma vie publi- « que au moment où la paix du monde est proclamée.

« Mais la gloire et le bonheur du citoyen doivent se « taire, quand l'intérêt de l'État et la bienveillance pu- « blique l'appellent.

« Vous jugez que je dois au peuple un nouveau sa- « crifice : je le ferai, si le vœu du peuple commande ce « que votre suffrage autorise. »

20 FLORÉAL an X (10 mai 1802). — *Extrait des registres des délibérations des Consuls de la République.* (III. Bull. 1449.)

Les Consuls de la République, sur les rapports des ministres;

Le conseil d'État entendu;

Vu l'acte du sénat conservateur du 18 de ce mois,

Le message du premier consul au sénat conservateur, en date du lendemain 19;

Considérant que la résolution du premier consul est un hommage éclatant rendu à la souveraineté du peuple; que le peuple, consulté sur ses plus chers intérêts, ne doit connaître d'autre limite que ses intérêts mêmes,

Arrêtent ce qui suit :

Art. 1er. Le peuple français sera consulté sur cette question :

Napoléon Bonaparte sera-t-il consul à vie?

2. Il sera ouvert, dans chaque commune, des registres où les citoyens seront invités à consigner leur vœu sur cette question.

3. Ces registres seront ouverts aux secrétariats de toutes les administrations, aux greffes de tous les tribunaux, chez tous les maires et tous les notaires.

4. Le délai pour voter dans chaque département sera de trois semaines, à compter du jour où cet arrêté sera parvenu à la préfecture; et de sept jours, à compter de celui où l'expédition sera parvenue à chaque commune.

---

11 MESSIDOR an X (30 juin 1802). — *Arrêté relatif à la mise en activité de la constitution dans les départements de la Roër, de la Sarre, de Rhin-et-Moselle et du Mont-Tonnerre.* (III. Bull. 1791.)

Les Consuls de la République, sur le rapport du ministre de l'intérieur;

Vu la loi du 18 ventôse an IX, article 2 et 3, concernant la réunion des quatre départements de la rive gauche du Rhin au territoire français, et la promulgation des lois et règlements de la République qui y seront appliqués;

Le conseil d'État entendu,

Arrêtent :

Art. 1er. A compter du 1er vendémiaire prochain, la constitution de la République sera mise en activité dans les départements de la Roër, de la Sarre, de Rhin-et-Moselle et du Mont-Tonnerre.

2. La loi du 13 ventôse an IX, concernant la formation et le renouvellement des listes d'éligibilité prescrites par la constitution, sera publiée et affichée dans ces départements, ainsi que tous les arrêtés qui ont été pris par le gouvernement sur cet objet : l'exécution de cette loi y aura lieu de manière qu'en observant les intervalles qu'elle a fixés, les opérations soient terminées au 10 nivose an XI.

3. La loi du 28 pluviôse an VIII sera publiée, affichée et exécutée dans ces départements, ainsi que les arrêtés y relatifs.

4. Le commissaire général du gouvernement dans ces quatre départements, et préfet du département du Mont-Tonnerre, cessera, le même dit jour, ses fonctions de commissaire général, et continuera d'exercer celles de préfet.

5. Les pièces, registres et cartons contenant les affaires du commissariat général, seront renvoyés par ledit commissaire aux ministres que ces objets concerneront respectivement. Les maison et mobilier affectés à ce service, qui n'auront pas été reconnus nécessaires à celui de la préfecture, seront remis à la disposition du directeur des domaines nationaux.

6. Conformément au § 3, articles 12 et suivants de la loi du 28 pluviôse, il y aura un maire et un ou plusieurs adjoints, ainsi qu'un conseil municipal partout où il y a aujourd'hui un maire, quel que soit le nombre des communes réunies sous son administration.

Tous fonctionnaires administratifs, autres que ceux établis par ladite loi, cesseront leurs fonctions : les nominations seront faites suivant les dispositions qu'elle prescrit.

7. Des arrêtés ultérieurs détermineront celles des lois de la République qui devront être proclamées postérieurement dans ces départements.

---

14 THERMIDOR an X (2 août 1802). — *Sénatus-consulte qui proclame Napoléon Bonaparte premier consul à vie.* (III. Bull. n° 1675.) (1).

Le Sénat conservateur, réuni au nombre de membres prescrit par l'article 90 de la constitution;

Délibérant sur le message des consuls de la République, du 10 de ce mois;

Après avoir entendu le rapport de sa commission spéciale, chargée de vérifier les registres des votes émis par les citoyens français;

Vu le procès-verbal fait par la commission spéciale, et qui constate que *trois millions cinq cent soixante-dix-sept mille deux cent cinquante-neuf* citoyens ont donné leurs suffrages, et que *trois millions cinq cent soixante-huit mille huit cent quatre-vingt-cinq* citoyens ont voté pour que Napoléon Bonaparte soit nommé premier consul à vie;

Considérant que le sénat, établi, par la constitution, organe du peuple pour ce qui intéresse le pacte social, doit manifester d'une manière éclatante la reconnaissance nationale envers le héros vainqueur et pacificateur, et proclamer solennellement la volonté du peuple français, de donner au gouvernement toute la stabilité nécessaire à l'indépendance, à la prospérité et à la gloire de la République, décrète ce qui suit :

Art. 1er. Le peuple français nomme, et le sénat proclame, Napoléon Bonaparte premier consul à vie.

2. Une statue de la Paix, tenant d'une main le laurier de la Victoire, et de l'autre le décret du sénat, attestera à la postérité la reconnaissance de la nation.

3. Le sénat portera au premier consul l'expression de la confiance, de l'amour et de l'admiration du peuple français.

(1) *Discours de M. Barthélemy, président du sénat.*

« Citoyen premier Consul, le peuple français, reconnaissant des immenses services que vous lui avez rendus, veut que la première magistrature de l'État soit inamovible dans vos mains. En s'emparant ainsi de votre vie tout entière, il n'a fait qu'exprimer la pensée du sénat, déposée dans son sénatus-consulte du 18 floréal. La nation, par cet acte solennel de gratitude, vous donne la mission de consolider nos institutions.

« Une nouvelle carrière commence pour le premier consul. Après des prodiges de valeur et de talents militaires, il a terminé la guerre et obtenu partout les conditions de paix les plus honorables. Les Français, sous ses auspices, ont pris l'attitude et le caractère de la véritable grandeur. Il est le pacificateur des nations, et le restaurateur de la France; son nom seul est une grande puissance.

« Déjà une administration de moins de trois années a presque fait oublier cette époque d'anarchie et de calamités, qui semblaient avoir tari les sources de la prospérité publique.

« Mais il reste des maux à guérir et des inquiétudes à dissiper. Les Français, après avoir étonné le monde par des exploits guerriers, attendent de vous, citoyen premier Consul, tous les bienfaits de la paix que vous leur avez procurée.

« S'il existait encore des semences de discorde, la proclamation du consulat perpétuel de Bonaparte les fera disparaître. Tout est maintenant rallié autour de lui; son puissant génie saura tout maintenir et tout conserver. Il ne respire que pour la prospérité et le bonheur des Français; il ne leur donnera jamais que l'élan de la gloire et le sentiment de la grandeur nationale. En effet, quelle nation mérite mieux le bonheur! et de quel peuple plus éclairé et plus sensible pourrait-on désirer l'estime et l'attachement!

« Le sénat conservateur s'associera à toutes les pensées généreuses du gouvernement; il secondera de ses moyens toutes les améliorations qui auront pour but de prévenir le retour des maux qui nous ont affligés si longtemps, d'étendre et de consolider les biens que vous avez ramenés parmi nous. C'est un devoir pour lui de concourir ainsi à l'accomplissement des vœux du peuple, qui vient de manifester d'une manière si éclatante son zèle et son discernement.

« Le sénatus-consulte que le sénat en corps vient vous remettre, citoyen premier Consul, contient l'expression de sa reconnaissance particulière. Organe de la volonté souveraine, il a cru devoir, pour mieux remplir les intentions du peuple français, appeler les arts à perpétuer le souvenir de ce mémorable événement. »

Napoléon répondit :

« Sénateurs, la vie d'un citoyen est à sa patrie. Le « peuple français veut que la mienne tout entière lui « soit consacrée, j'obéis à sa volonté....

« En me donnant un nouveau gage, un gage per« manent de sa confiance, il m'impose le devoir d'é« tayer le système de ses lois sur des institutions pré« voyantes.

« Par mes efforts, par votre concours, citoyens sé« nateurs, par le concours de toutes les autorités, par « la confiance et la volonté de cet immense peuple, la « liberté, l'égalité, la prospérité de la France seront « à l'abri des caprices du sort et de l'incertitude de « l'avenir....... Le meilleur des peuples sera le plus heu« reux, comme il est le plus digne de l'être, et sa féli« cité contribuera à celle de l'Europe entière.

« Content alors d'avoir été appelé, par l'ordre de ce« lui de qui tout émane, à ramener sur la terre la jus« tice, l'ordre et l'égalité, j'entendrais sonner ma der« nière heure sans regret...... et sans inquiétude sur « l'opinion des générations futures.

« Sénateurs, recevez mes remerciments d'une démar« che aussi solennelle. Le sénat a désiré ce que le peuple « français a voulu, et par là il s'est plus étroitement « associé à tout ce qui reste à faire pour le bonheur de « la patrie.

« Il m'est bien doux d'en trouver la certitude dans « le discours d'un président aussi distingué. »

Lettre d'envoi du sénatus-consulte aux préfets.

« Je vous envoie, citoyen préfet, le sénatus-consulte « qui proclame la volonté du peuple français.

« Vous le ferez publier solennellement dans toute « l'étendue de votre département, le 15 août (27 ther« midor).

« Ce jour sera désormais consacré par de bien grands « souvenirs : il rappellera à nos derniers neveux l'é« poque mémorable du bonheur public, de la paix des « consciences, et du plus grand acte de souveraineté « qu'ait jamais exercé une nation.

« Le 15 août est à la fois l'anniversaire de la naissance « du premier consul, le jour de la signature du con« cordat, et l'époque où le peuple français, voulant « assurer et perpétuer son bonheur, en lie la durée à « celle de la glorieuse carrière de Napoléon Bona« parte.

« Que de doux souvenirs pour exciter l'enthousiasme « du peuple français! quel concours puissant d'événe« ments et de circonstances pour réveiller dans tous les « cœurs les sentiments généreux qui caractérisent la « nation!

« Des actes de bienfaisance peuvent célébrer cette « grande journée, et je vous invite, citoyen préfet, à « consacrer tout entière au bonheur, en unissant par « le mariage des individus recommandables par leurs « vertus. »

---

16 THERMIDOR an X (4 août 1802). — *Sénatus-consulte organique de la constitution.* (III. Bull. 1876.)

Bonaparte, premier Consul, au nom du peuple français, proclame loi de la République le sénatus-consulte dont la teneur suit :

Le Sénat conservateur, réuni au nombre de membres prescrit par l'article 90 de la constitution;

Vu le message des consuls de la République, en date de ce jour, annonçant l'envoi de trois orateurs du gouvernement, chargés de présenter au sénat un projet de sénatus-consulte organique de la constitution;

Vu ledit projet de sénatus-consulte, présenté au sénat par les citoyens Regnier, Portalis et Dessolles, conseillers d'État, nommés à cet effet par arrêté du premier consul de la République, sous la même date;

Après avoir entendu les orateurs du gouvernement sur les motifs dudit projet;

Délibérant sur le rapport qui lui a été fait par sa commission spéciale, nommée dans la séance du 11 de ce mois,

Décrète ce qui suit :

TITRE Ier.

Art. 1er. Chaque ressort de justice de paix a une assemblée de canton.

2. Chaque arrondissement communal ou district de sous-préfecture a un collége électoral d'arrondissement.

3. Chaque département a un collége électoral de département.

TITRE II.

Des assemblées de canton.

4. L'assemblée de canton se compose de tous les citoyens domiciliés dans le canton, et qui y sont inscrits sur la liste communale d'arrondissement.

A dater de l'époque où, aux termes de la constitution, les listes communales doivent être renouvelées, l'assemblée de canton sera composée de tous les citoyens domiciliés dans le canton, et qui y jouissent des droits de citoyen.

5. Le premier consul nomme le président de l'assemblée de canton;

Ses fonctions durent cinq ans; il peut être renommé indéfiniment.

Il est assisté de quatre scrutateurs, dont deux sont les plus âgés, et les deux autres les plus imposés des citoyens ayant droit de voter dans l'assemblée de canton.

Le président et les quatre scrutateurs nomment le secrétaire.

6. L'assemblée de canton se divise en sections pour faire les opérations qui lui appartiennent.

Lors de la première convocation de chaque

assemblée, l'organisation et les formes en seront déterminées par un règlement émané du gouvernement.

7. Le président de l'assemblée de canton nomme les présidents des sections.

Leurs fonctions finissent avec chaque assemblée sectionnaire.

Ils sont assistés chacun de deux scrutateurs, dont l'un est le plus âgé, et l'autre le plus imposé des citoyens ayant droit de voter dans la section.

8. L'assemblée de canton désigne deux citoyens sur lesquels le premier consul choisit le juge de paix du canton.

Elle désigne pareillement deux citoyens pour chaque place vacante de suppléant de juge de paix.

9. Les juges de paix et leurs suppléants sont nommés pour dix ans.

10. Dans les villes de cinq mille âmes, l'assemblée de canton présente deux citoyens pour chacune des places du conseil municipal. Dans les villes où il y aura plusieurs justices de paix ou plusieurs assemblées de canton, chaque assemblée présentera pareillement deux citoyens pour chaque place du conseil municipal.

11. Les membres des conseils municipaux sont pris par chaque assemblée de canton, sur la liste des cent plus imposés du canton. Cette liste sera arrêtée et imprimée par ordre du préfet.

12. Les conseils municipaux se renouvellent tous les dix ans par moitié.

13. Le premier consul choisit les maires et adjoints dans les conseils municipaux; ils sont cinq ans en place : ils peuvent être renommés.

14. L'assemblée de canton nomme, au collége électoral d'arrondissement, le nombre de membres qui lui est assigné, en raison du nombre de citoyens dont elle se compose.

15. Elle nomme au collége électoral de département, sur une liste dont il sera parlé ci-après, le nombre de membres qui lui est attribué.

16. Les membres des colléges électoraux doivent être domiciliés dans les arrondissements et départements respectifs.

17. Le gouvernement convoque les assemblées de canton, fixe le temps de leur durée et l'objet de leur réunion.

TITRE III.

Des colléges électoraux.

18. Les colléges électoraux d'arrondissement ont un membre pour cinq cents habitants domiciliés dans l'arrondissement.

Le nombre des membres ne peut néanmoins excéder deux cents, ni être au-dessous de cent vingt.

19. Les colléges électoraux de département ont un membre par mille habitants domiciliés dans le département; et néanmoins ces membres ne peuvent excéder trois cents, ni être au-dessous de deux cents.

20. Les membres des colléges électoraux sont à vie.

21. Si un membre d'un collége électoral est dénoncé au gouvernement, comme s'étant permis quelque acte contraire à l'honneur ou à la patrie, le gouvernement invite le collége à manifester son vœu : il faut les trois quarts des voix pour faire perdre au membre dénoncé sa place dans le collége.

22. On perd sa place dans les colléges électoraux pour les mêmes causes qui font perdre le droit de citoyen.

On la perd également, lorsque, sans empêchement légitime, on n'a point assisté à trois réunions successives.

23. Le premier consul nomme les présidents des colléges électoraux à chaque session.

Le président a seul la police du collége électoral, lorsqu'il est assemblé.

24. Les colléges électoraux nomment, à chaque session, deux scrutateurs et un secrétaire.

25. Pour parvenir à la formation des colléges électoraux de département, il sera dressé dans chaque département, sous les ordres du ministre des finances, une liste des six cents citoyens plus imposés aux rôles des contributions foncière, mobiliaire et somptuaire, et au rôle des patentes.

On ajoute à la somme de la contribution, dans le domicile du département, celle qu'on peut justifier payer dans les autres parties du territoire de la France et de ses colonies.

Cette liste sera imprimée.

26. L'assemblée de canton prendra sur cette liste les membres qu'elle devra nommer au collége électoral du département.

27. Le premier consul peut ajouter aux colléges électoraux d'arrondissement dix membres pris parmi les citoyens appartenant à la Légion d'honneur, ou qui ont rendu des services.

Il peut ajouter à chaque collége électoral de département vingt citoyens, dont dix pris parmi les trente plus imposés du département, et les dix autres, soit parmi les membres de la Légion d'honneur, soit parmi les citoyens qui ont rendu des services.

Il n'est point assujetti, pour ces nominations, à des époques déterminées.

28. Les colléges électoraux d'arrondissement présentent au premier consul deux citoyens domiciliés dans l'arrondissement, pour chaque place vacante dans le conseil d'arrondissement.

Un au moins de ces citoyens doit être pris hors du collége électoral qui le désigne.

Les conseils d'arrondissement se renouvellent par tiers tous les cinq ans.

29. Les colléges électoraux d'arrondissement présentent, à chaque réunion, deux citoyens pour faire partie de la liste sur laquelle doivent être choisis les membres du tribunat.

Un au moins de ces citoyens doit être pris nécessairement hors du collége qui le présente.

Tous deux peuvent être pris hors du département.

30. Les colléges électoraux de département présentent au premier consul deux citoyens domiciliés dans le département pour chaque place vacante dans le conseil général du département.

Un de ces citoyens au moins doit être pris nécessairement hors du collége électoral qui le présente.

Les conseils généraux de département se renouvellent par tiers tous les cinq ans.

31. Les colléges électoraux de département présentent, à chaque réunion, deux citoyens pour former la liste sur laquelle sont nommés les membres du sénat.

Un au moins doit être nécessairement pris hors du collége qui le présente; et tous deux peuvent être pris hors du département.

Ils doivent avoir l'âge et les qualités exigés par la constitution.

32. Les colléges électoraux de département et d'arrondissement présentent chacun deux citoyens domiciliés dans le département, pour former la liste sur laquelle doivent être nommés les membres de la députation au Corps législatif.

Un de ces citoyens doit être pris nécessairement hors du collége qui le présente.

Il doit y avoir trois fois autant de candidats différents sur la liste formée par la réunion des présentations des colléges électoraux de département et d'arrondissement, qu'il y a de places vacantes.

33. On peut être membre d'un conseil de commune et d'un collége électoral d'arrondissement ou de département.

On ne peut être à la fois membre d'un collége d'arrondissement et d'un collége de département.

34. Les membres du Corps législatif et du tribunat ne peuvent assister aux séances du collége électoral dont ils feront partie. Tous les autres fonctionnaires publics ont droit d'y assister et d'y voter.

35. Il n'est procédé par aucune assemblée de canton à la nomination des places qui lui appartiennent dans un collége électoral, que quand ces places sont réduites aux deux tiers.

36. Les colléges électoraux ne s'assemblent qu'en vertu d'un acte de convocation émané du gouvernement, et dans le lieu qui leur est assigné.

Ils ne peuvent s'occuper que des opérations pour lesquelles ils sont convoqués, ni continuer leurs séances au delà du terme fixé par l'acte de convocation.

S'ils sortent de ces bornes, le gouvernement a le droit de les dissoudre.

37. Les colléges électoraux ne peuvent, ni directement ni indirectement, sous quelque prétexte que ce soit, correspondre entre eux.

38. La dissolution d'un corps électoral opère le renouvellement de tous ses membres.

TITRE IV.

Des consuls.

39. Les consuls sont à vie.

Ils sont membres du sénat, et le président.

40. Le second et le troisième consuls sont nommés par le sénat, sur la présentation du premier.

41. A cet effet, lorsque l'une des deux places vient à vaquer, le premier consul présente au sénat un premier sujet; s'il n'est pas nommé, il en présente un second; si le second n'est pas accepté, il en présente un troisième, qui est nécessairement nommé.

42. Lorsque le premier consul le juge convenable, il présente un citoyen pour lui succéder après sa mort, dans les formes indiquées par l'article précédent.

43. Le citoyen nommé pour succéder au premier consul, prête serment à la République, entre les mains du premier consul, assisté des second et troisième consuls, en présence du sénat, des ministres, du conseil d'État, du Corps législatif, du tribunat, du tribunal de cassation, des archevêques, des évêques, des présidents des tribunaux d'appel, des présidents des colléges électoraux, des présidents des assemblées de canton, des grands officiers de la Légion d'honneur, et des maires des vingt-quatre principales villes de la République.

Le secrétaire d'État dresse le procès-verbal de la prestation de serment.

44. Le serment est ainsi conçu :

« Je jure de maintenir la constitution, de res« pecter la liberté des consciences, de m'opposer « au retour des institutions féodales, de ne ja« mais faire la guerre que pour la défense et la « gloire de la République, et de n'employer le « pouvoir dont je serai revêtu que pour le bon« heur du peuple, de qui et pour qui je l'aurai « reçu. »

45. Le serment prêté, il prend séance au sénat, immédiatement après le troisième consul.

46. Le premier consul peut déposer aux archives du gouvernement son vœu sur la nomination de son successeur, pour être présenté au sénat après sa mort.

47. Dans ce cas, il appelle le second et le troisième consuls, les ministres, et les présidents des sections du conseil d'État;

En leur présence, il remet au secrétaire d'État le papier scellé de son sceau, dans lequel est consigné son vœu. Ce papier est souscrit par tous ceux qui sont présents à l'acte.

Le secrétaire d'État le dépose aux archives du gouvernement, en présence des ministres et des présidents des sections du conseil d'État.

48. Le premier consul peut retirer ce dépôt, en observant les formalités prescrites dans l'article précédent.

49. Après la mort du premier consul, si son vœu est resté déposé, le papier qui le renferme est retiré des archives du gouvernement par le secrétaire d'État, en présence des ministres et des présidents des sections du conseil d'État. L'intégrité et l'identité en sont reconnues en présence des second et troisième consuls. Il est adressé au sénat par un message du gouvernement, avec expédition des procès-verbaux qui en ont constaté le dépôt, l'identité et l'intégrité.

50. Si le sujet présenté par le premier consul n'est pas nommé, le second et le troisième consuls en présentent chacun un : en cas de non-nomination, ils en présentent chacun un autre, et l'un des deux est nécessairement nommé.

51. Si le premier consul n'a point laissé de présentation, les second et troisième consuls font leurs présentations séparées; une première, une seconde; et si ni l'une ni l'autre n'a obtenu de nomination, une troisième. Le sénat nomme nécessairement sur la troisième.

52. Dans tous les cas, les présentations et la nomination devront être consommées dans les vingt-quatre heures qui suivront la mort du premier consul.

53. La loi fixe pour la vie de chaque premier consul l'état des dépenses du gouvernement.

TITRE V.

Du sénat.

54. Le Sénat règle par un sénatus-consulte organique,

1° La constitution des colonies;

2° Tout ce qui n'a pas été prévu par la constitution, et qui est nécessaire à sa marche;

3° Il explique les articles de la constitution qui donnent lieu à différentes interprétations.

55. Le Sénat, par des actes intitulés *Sénatus-consultes*, 1° suspend pour cinq ans les fonctions de jurés dans les départements où cette mesure est nécessaire;

2° Déclare, quand les circonstances l'exigent, des départements hors de la constitution;

3° Détermine le temps dans lequel des individus arrêtés en vertu de l'article 46 de la constitution doivent être traduits devant les tribunaux, lorsqu'ils ne l'ont pas été dans les dix jours de leur arrestation;

4° Annule les jugements des tribunaux, lorsqu'ils sont attentatoires à la sûreté de l'État;

5° Dissout le Corps législatif et le tribunat;

6° Nomme les consuls.

56. Les sénatus-consultes organiques et les sénatus-consultes sont délibérés par le sénat, sur l'initiative du gouvernement.

Une simple majorité suffit pour les sénatus-consultes; il faut les deux tiers des voix des membres présents pour un sénatus-consulte organique.

57. Les projets de sénatus-consulte pris en conséquence des articles 54 et 55, sont discutés dans un conseil privé, composé des consuls, de deux ministres, de deux sénateurs, de deux conseillers d'État et de deux grands officiers de la Légion d'honneur.

Le premier consul désigne, à chaque tenue, les membres qui doivent composer le conseil privé.

58. Le premier consul ratifie les traités de paix et d'alliance, après avoir pris l'avis du conseil privé.

Avant de les promulguer, il en donne connaissance au sénat.

59. L'acte de nomination d'un membre du Corps législatif, du tribunat et du tribunal de cassation, s'intitule *Arrêté*.

60. Les actes du sénat relatifs à sa police et à son administration intérieure, s'intitulent *Délibérations*.

61. Dans le courant de l'an XI, il sera procédé à la nomination de quatorze citoyens pour compléter le nombre de quatre-vingt sénateurs, déterminé par l'article 15 de la constitution.

Cette nomination sera faite par le sénat, sur la présentation du premier consul, qui, pour cette présentation, et pour les présentations ultérieures dans le nombre de quatre-vingts, prend trois sujets sur la liste des citoyens désignés par les collèges électoraux.

62. Les membres du grand conseil de la Légion d'honneur sont membres du sénat, quel que soit leur âge.

63. Le premier consul peut, en outre, nommer au sénat, sans présentation préalable par les collèges électoraux de département, des citoyens distingués par leurs services et leurs talents, à condition néanmoins qu'ils auront l'âge requis par la constitution, et que le nombre des sénateurs ne pourra, en aucun cas, excéder cent vingt.

64. Les sénateurs pourront être consuls, ministres, membres de la Légion d'honneur, inspecteurs de l'instruction publique, et employés dans des missions extraordinaires et temporaires.

Le sénat nomme, chaque année, deux de ses membres, pour remplir les fonctions de secrétaires.

65. Les ministres ont séance au sénat, mais sans voix délibérative, s'ils ne sont sénateurs.

TITRE VI.

Des conseillers d'État.

66. Les conseillers d'État n'excéderont jamais le nombre de cinquante.

67. Le conseil d'État se divise en sections.

68. Les ministres ont rang, séance et voix délibérative au conseil d'État.

TITRE VII.

Du Corps législatif.

69. Chaque département aura dans le Corps législatif un nombre de membres proportionné à l'étendue de sa population, conformément au tableau ci-joint.

70. Tous les membres du Corps législatif appartenant à la même députation sont nommés à la fois.

71. Les départements de la République sont divisés en cinq séries, conformément au tableau ci-joint.

72. Les députés actuels sont classés dans les cinq séries.

73. Ils seront renouvelés dans l'année à laquelle appartiendra la série où sera placé le département auquel ils auront été attachés.

74. Néanmoins les députés qui ont été nommés en l'an X, rempliront leurs cinq années.

75. Le gouvernement convoque, ajourne et proroge le Corps législatif.

TITRE VIII.

Du tribunat.

76. A dater de l'an XIII, le tribunat sera réduit à cinquante membres.

Moitié des cinquante sortira tous les trois ans. Jusqu'à cette réduction, les membres sortants ne seront pas remplacés.

Le tribunat se divise en sections.

77. Le Corps législatif et le tribunat sont renouvelés dans tous leurs membres quand le sénat en a prononcé la dissolution.

TITRE IX.

De la justice et des tribunaux.

78. Il y a un grand juge ministre de la justice.

79. Il a une place distinguée au sénat et au conseil d'État.

80. Il préside le tribunal de cassation et les tribunaux d'appel, quand le gouvernement le juge convenable.

81. Il a sur les tribunaux, les justices de paix et les membres qui les composent, le droit de les surveiller et de les reprendre.

82. Le tribunal de cassation, présidé par lui, a droit de censure et de discipline sur les tribunaux d'appel et les tribunaux criminels : il peut, pour cause grave, suspendre les juges de leurs fonctions, les mander près du grand juge, pour y rendre compte de leur conduite.

83. Les tribunaux d'appel ont droit de surveillance sur les tribunaux civils de leur ressort, et les tribunaux civils sur les juges de paix de leur arrondissement.

84. Le commissaire du gouvernement près le tribunal de cassation surveille les commissaires près les tribunaux d'appel et les tribunaux criminels.

Les commissaires près les tribunaux d'appel surveillent les commissaires près les tribunaux civils.

85. Les membres du tribunal de cassation sont nommés par le sénat, sur la présentation du premier consul.

Le premier consul présente trois sujets pour chaque place vacante.

TITRE X.

Droit de faire grâce.

86. Le premier consul a droit de faire grâce.

Il l'exerce après avoir entendu, dans un conseil privé, le grand juge, deux ministres, deux sénateurs, deux conseillers d'État et deux juges du tribunal de cassation.

Le présent sénatus-consulte sera transmis par un message aux consuls de la République.

Signé BARTHÉLEMY, *président;* VAUBOIS, FARGUES, *secrétaires*. Par le sénat conservateur : *le secrétaire général*, signé CAUCHY.

TABLEAU *du nombre des députés à élire, par chaque département, pour la formation du Corps législatif.*

NOMS des départem.	NOMBRE des dép.
Ain.	3
Aisne.	4
Allier.	2
Alpes (Basses).	1
Alpes (Hautes).	1
Alpes-Maritimes.	1
Ardèche.	2
Ardennes.	2
Arriége.	2
Aube.	2
Aude.	2
Aveyron.	3
Bouches-du-Rhône.	3
Calvados.	4
Cantal.	2
Charente.	3
Charente-Inférieure.	4
Cher.	2
Corrèze.	2
Côte-d'Or.	3
Côtes-du-Nord.	4
Creuse.	2
Dordogne.	4
Doubs.	2
Drôme.	2
Dyle.	4
Escaut.	4
Eure.	4
Eure-et-Loir.	2
Finistère.	4
Forêts.	2
Gard.	3
Garonne (Haute).	4
Gers.	3
Gironde.	5
A reporter.	97
Report.	97
Golo.	1
Hérault.	3
Ille-et-Vilaine.	4
Indre.	2
Indre-et-Loire.	2
Isère.	4
Jemmape.	4
Jura.	2
Landes.	2
Léman.	2
Liamone.	1
Loir-et-Cher.	2
Loire.	3
Loire (Haute).	2
Loire-Inférieure.	4
Loiret.	3
Lot.	4
Lot-et-Garonne.	3
Lozère.	1
Lys.	4
Maine-et-Loire.	4
Manche.	4
Marne.	3
Marne (Haute).	2
Mayenne.	3
Meurthe.	3
Meuse.	2
Meuse-Inférieure.	2
Mont-Blanc.	3
Mont-Tonnerre.	3
Morbihan.	4
Moselle.	4
Nèthes (Deux).	3
Nièvre.	2
A reporter.	192
Report.	192
Nord.	8
Oise.	3
Orne.	4
Ourthe.	3
Pas-de-Calais.	4
Puy-de-Dôme.	4
Pyrénées (Basses).	2
Pyrénées (Hautes).	2
Pyrénées-Orientales.	1
Rhin (Bas).	4
Rhin (Haut).	3
Rhin-et-Moselle.	2
Rhône.	3
Roër.	4
Sambre-et-Meuse.	2
Saône (Haute).	2
Saône-et-Loire.	4
A reporter.	247
Report.	247
Sarre.	2
Sarthe.	4
Seine.	8
Seine-Inférieure.	6
Seine-et-Marne.	3
Seine-et-Oise.	4
Sèvres (Deux).	2
Somme.	4
Tarn.	2
Var.	3
Vaucluse.	1
Vendée.	3
Vienne.	2
Vienne (Haute).	2
Vosges.	3
Yonne.	3
TOTAL.	300

TABLEAU *des départements de la République, divisés en cinq séries.*

1re SÉRIE.

Ain, Aisne, Allier, Eure, Pyrénées-Orientales, Alpes (Hautes), Mont-Tonnerre, Lozère, Ardennes, Marne (Haute), Indre-et-Loire, Saône (Haute), Aude, Aveyron, Cantal, Loir-et-Cher, Manche, Cher, Corrèze, Lys, Gers, Creuse, Deux-Sèvres, Gard, Meuse-Inférieure.

2e SÉRIE.

Garonne (Haute), Var, Finistère, Seine-et-Marne, Nord, Tarn, Somme, Meurthe, Ille-et-Vilaine, Rhin-et-Moselle, Vaucluse, Pyrénées (Hautes), Calvados, Yonne, Forêts, Rhin (Haut), Vendée, Dyle.

3e SÉRIE.

Loiret, Isère, Lot-et-Garonne, Côtes-du-Nord, Alpes-Maritimes, Pas-de-Calais, Marne, Arriége, Charente-Inférieure, Bouches-du-Rhône, Meuse, Vienne, Jura, Mont-Blanc, Nièvre, Oise, Ourthe, Ardèche, Mayenne, Deux-Nèthes, Jemmape.

4e SÉRIE.

Gironde, Moselle, Morbihan, Alpes (Basses), Puy-de-Dôme, Orne, Rhin (Bas), Sambre-et-Meuse, Eure-et-Loir, Loire, Aube, Golo, Charente, Vosges, Sarre, Seine, Maine-et-Loire, Escaut.

5e SÉRIE.

Dordogne, Doubs, Drôme, Seine-Inférieure, Pyrénées (Basses), Côte-d'Or, Hérault, Saône-et-Loire, Haute-Vienne, Indre, Lot, Landes, Léman, Sarthe, Liamone, Rhône, Loire (Haute), Seine-et-Oise, Loire-Inférieure, Roër.

Soit le présent sénatus-consulte revêtu du sceau de l'État, inséré au Bulletin des lois, inscrit dans les registres des autorités judiciaires et administratives, et le ministre de la justice chargé d'en surveiller la publication.

---

8 FRUCTIDOR an X (26 août 1802). — *Sénatus-consulte relatif aux termes dans lesquels sera rédigé le sénatus-consulte qui prononcera la dissolution du Corps législatif ou du tribunat, ou de l'un et de l'autre.* (III. Bull. n° 1931.)

Le Sénat conservateur réuni au nombre de membres prescrit par l'article 90 de la constitution;

Vu le projet de sénatus-consulte rédigé en la forme prescrite par l'article 57 du sénatus-consulte organique de la constitution, du 16 thermidor dernier;

Vu l'article 55 du même sénatus-consulte organique :

« Le Sénat dissout le Corps législatif et le « tribunat; »

Après avoir entendu les orateurs du gouvernement, et le rapport de sa commission spéciale, nommée dans la séance du 3 de ce mois,

Décrète ce qui suit :

Art. 1er. Le sénatus-consulte qui prononcera la dissolution du Corps législatif ou du tribunat, ou de l'un et de l'autre, énoncera la proposition du gouvernement, le rapport d'une commission spéciale sur cet objet, et que les suffrages ont été recueillis au scrutin secret;

Il sera rédigé dans les termes suivants :

« Le Sénat décrète :

« Le Corps législatif *ou* le tribunat est dis- « sous; »

Ou « Le Corps législatif et le tribunal sont « dissous. »

2. Le sénatus-consulte sera notifié au président du corps dissous, s'il est encore en session.

Si la dissolution est prononcée hors le temps de la session, l'insertion au Bulletin des lois tiendra lieu de la notification au président.

Le présent sénatus-consulte sera transmis, par un message, aux consuls de la République.

8 FRUCTIDOR an X (26 août 1802). — *Sénatus-consulte qui désigne les villes dont les maires seront présents à la prestation de serment du citoyen nommé pour succéder au premier consul* (1). (III. Bull. n° 1929.)

Le Sénat conservateur, réuni au nombre de membres prescrit par l'article 90 de la constitution;

Vu le projet de sénatus-consulte, rédigé en la forme prescrite par l'article 57 du sénatus-consulte organique de la constitution du 16 thermidor dernier;

Vu l'article 43 du même sénatus-consulte, qui porte que le citoyen nommé pour succéder au premier consul, prêtera serment à la République entre les mains du premier consul, assisté des second et troisième consuls, en présence du sénat, des ministres, du conseil d'État, du Corps législatif, du tribunat, du tribunal de cassation, des archevêques, des évêques, des présidents des tribunaux d'appel, des présidents des colléges électoraux, des présidents des assemblées de canton, des grands officiers de la Légion d'honneur, et des maires des vingt-quatre principales villes de la République;

Après avoir entendu les orateurs du gouvernement, et le rapport de sa commission spéciale, nommée dans la séance du 3 de ce mois,

Décrète ce qui suit :

Art. 1er. Les vingt-quatre principales villes de la République, dont les maires sont présents à la prestation du serment du citoyen nommé pour succéder au premier consul, sont les villes suivantes :

Paris, Lyon, Bordeaux, Marseille, Rouen, Nantes, Bruxelles, Mayence, Anvers, Liége, Lille, Toulouse, Strasbourg, Orléans, Versailles, Montpellier, Rennes, Caen, Reims, Nanci, Amiens, Genève, Dijon, Nice.

2. Le présent sénatus-consulte sera transmis, par un message, aux consuls de la République.

---

27 FRUCTIDOR an X (14 septembre 1802). — *Arrêté portant qu'à compter du 1er brumaire an XI, les départements du Golo et du Liamone rentreront sous l'empire de la constitution.* (III. Bull. n° 1976.)

Les Consuls de la République arrêtent :

Art. 1er. A dater du 1er brumaire an XI, les départements du Golo et du Liamone rentreront sous l'empire de la constitution.

2. L'administrateur général cessera ses fonctions.

3. Dans le courant de vendémiaire, les tribunaux qui sont annulés par la loi qui met des départements hors de l'empire de la constitution, seront réorganisés. Le ministre ne pourra présenter que des individus qui aient été licenciés, ou qui aient exercé près des tribunaux au moins pendant dix ans.

SECTION VI. CONSTITUTION IMPÉRIALE DU 28 FLORÉAL AN XII (2).

§ 1. *Actes préliminaires* (3).

§ 2. *Texte de la constitution.*

28 FLORÉAL an XII (18 mai 1804). — *Sénatus-consulte organique.* (IV. Bull. n° 1.)

Napoléon, par la grâce de Dieu et les constitutions de la République, empereur des Français, à tous présents et à venir, salut.

Le Sénat, après avoir entendu les orateurs du conseil d'État, a décrété et nous ordonnons ce qui suit :

Extrait des registres du sénat conservateur, du 28 floréal an XII de la République.

Le Sénat conservateur, réuni au nombre de membres prescrit par l'article 90 de la constitution; vu le projet de sénatus-consulte rédigé en la forme prescrite par l'article 57 du sénatus-consulte organique en date du 16 thermidor an X;

Après avoir entendu, sur les motifs dudit projet, les orateurs du gouvernement, et le rapport de sa commission spéciale, nommée dans la séance du 26 de ce mois;

L'adoption ayant été délibérée au nombre de voix prescrit par l'article 56 du sénatus-consulte organique du 16 thermidor an X,

Décrète ce qui suit :

TITRE Ier.

Art. 1er. Le gouvernement de la République est confié à un empereur, qui prend le titre d'Empereur des Français.

La justice se rend, au nom de l'empereur, par les officiers qu'il institue.

2. Napoléon Bonaparte, premier consul actuel de la République, est empereur des Français.

TITRE II.

De l'hérédité.

3. La dignité impériale est héréditaire dans la descendance directe, naturelle et légitime de Napoléon Bonaparte, de mâle en mâle, par ordre de primogéniture, et à l'exclusion perpétuelle des femmes et de leur descendance.

4. Napoléon Bonaparte peut adopter les enfants ou petits-enfants de ses frères, pourvu qu'ils aient atteint l'âge de dix-huit ans accomplis, et que lui-même n'ait point d'enfants mâles au moment de l'adoption.

Ses fils adoptifs entrent dans la ligne de sa descendance directe.

Si, postérieurement à l'adoption, il lui survient des enfants mâles, ses fils adoptifs ne peuvent être appelés qu'après les descendants naturels et légitimes.

L'adoption est interdite aux successeurs de Napoléon Bonaparte et à leurs descendants.

5. A défaut d'héritier naturel et légitime ou d'héritier adoptif de Napoléon Bonaparte, la dignité impériale est dévolue et déférée à Joseph Bonaparte et à ses descendants naturels et légitimes, par ordre de primogéniture, et de mâle en mâle, à l'exclusion perpétuelle des femmes et de leur descendance.

6. A défaut de Joseph Bonaparte et de ses descendants mâles, la dignité impériale est dévolue et déférée à Louis Bonaparte et à ses descendants naturels et légitimes, par ordre de primogéniture, et de mâle en mâle, à l'exclusion perpétuelle des femmes et de leur descendance.

7. A défaut d'héritier naturel et légitime et d'héritier adoptif de Napoléon Bonaparte;

A défaut d'héritiers naturels et légitimes de Joseph Bonaparte et de ses descendants mâles,

De Louis Bonaparte et de ses descendants mâles,

Un sénatus-consulte organique, proposé au sénat par les titulaires des grandes dignités de l'empire, et soumis à l'acceptation du peuple, nomme l'empereur, et règle dans sa famille l'ordre de l'hérédité, de mâle en mâle, à l'exclusion perpétuelle des femmes et de leur descendance.

8. Jusqu'au moment où l'élection du nouvel empereur est consommée, les affaires de l'État sont gouvernées par les ministres, qui se forment en conseil de gouvernement, et qui délibèrent à la majorité des voix. Le secrétaire d'État tient le registre des délibérations.

TITRE III.

De la famille impériale.

9. Les membres de la famille impériale, dans l'ordre de l'hérédité, portent le titre de *Princes français.*

Le fils aîné de l'empereur porte celui de *Prince impérial.*

10. Un sénatus-consulte règle le mode de l'éducation des princes français.

11. Ils sont membres du sénat et du conseil d'État, lorsqu'ils ont atteint leur dix-huitième année.

12. Ils ne peuvent se marier sans l'autorisation de l'empereur.

Le mariage d'un prince français, fait sans l'autorisation de l'empereur, emporte privation de tout droit à l'hérédité, tant pour celui qui l'a contracté que pour ses descendants.

Néanmoins, s'il n'existe point d'enfant de ce mariage, et qu'il vienne à se dissoudre, le prince qui l'avait contracté recouvre ses droits à l'hérédité.

13. Les actes qui constatent la naissance, les mariages et les décès des membres de la famille impériale, sont transmis, sur un ordre de l'empereur, au sénat, qui en ordonne la transcription sur ses registres et le dépôt dans ses archives.

14. Napoléon Bonaparte établit par des statuts auxquels ses successeurs sont tenus de se conformer,

1° Les devoirs des individus de tout sexe, membres de la famille impériale, envers l'empereur;

2° Une organisation du palais impérial conforme à la dignité du trône et à la grandeur de la nation.

15. La liste civile reste réglée ainsi qu'elle l'a été par les articles 1 et 4 du décret du 26 mai 1791.

Les princes français Joseph et Louis Bonaparte, et à l'avenir les fils puînés naturels et légitimes de l'empereur, seront traités conformément aux articles 1, 10, 11, 12 et 13 du décret du 21 décembre 1790.

L'empereur pourra fixer le douaire de l'impératrice et l'assigner sur la liste civile; ses successeurs ne pourront rien changer aux dispositions qu'il aura faites à cet égard.

16. L'empereur visite les départements : en conséquence, des palais impériaux sont établis aux quatre points principaux de l'empire.

Ces palais sont désignés et leurs dépendances déterminées par une loi.

TITRE IV.

De la régence.

17. L'empereur est mineur jusqu'à l'âge de dix-huit ans accomplis; pendant sa minorité il y a un régent de l'empire.

18. Le régent doit être âgé au moins de vingt-cinq ans accomplis.

Les femmes sont exclues de la régence.

19. L'empereur désigne le régent parmi les princes français ayant l'âge exigé par l'article précédent; et à leur défaut, parmi les titulaires des grandes dignités de l'empire.

20. A défaut de désignation de la part de l'empereur, la régence est déférée au prince le plus proche en degré, dans l'ordre de l'hérédité, ayant vingt-cinq ans accomplis.

21. Si, l'empereur n'ayant pas désigné le régent, aucun des princes français n'est âgé de vingt-cinq ans accomplis, le sénat élit le régent parmi les titulaires des grandes dignités de l'empire.

22. Si, à raison de la minorité d'âge du prince appelé à la régence dans l'ordre de l'hérédité, elle a été déférée à un parent plus éloigné, ou à l'un des titulaires des grandes dignités de l'empire, le régent entré en exercice continue ses fonctions jusqu'à la majorité de l'empereur.

23. Aucun sénatus-consulte organique ne peut être rendu pendant la régence, ni avant la fin de la troisième année qui suit la majorité.

24. Le régent exerce jusqu'à la majorité de l'empereur toutes les attributions de la dignité impériale.

Néanmoins il ne peut nommer ni aux grandes dignités de l'empire, ni aux places de grands officiers qui se trouveraient vacantes à l'époque de la régence, ou qui viendraient à vaquer pendant la minorité, ni user de la prérogative réservée à l'empereur d'élever des citoyens au rang de sénateur.

Il ne peut révoquer ni le grand juge, ni le secrétaire d'État.

25. Il n'est pas personnellement responsable des actes de son administration.

26. Tous les actes de la régence sont au nom de l'empereur mineur.

27. Le régent ne propose aucun projet de loi ou de sénatus-consulte, et n'adopte aucun règlement d'administration publique, qu'après avoir pris l'avis du conseil de régence, composé des titulaires des grandes dignités de l'empire.

Il ne peut déclarer la guerre, ni signer des traités de paix, d'alliance ou de commerce, qu'après en avoir délibéré dans le conseil de régence, dont les membres, pour ce seul cas, ont voix délibérative. La délibération a lieu à la majorité des voix; et s'il y a partage, elle passe à l'avis du régent.

Le ministre des relations extérieures prend séance au conseil de régence, lorsque ce conseil délibère sur des objets relatifs à son département.

Le grand juge ministre de la justice y peut être appelé par l'ordre du régent.

(1) Le sénatus-consulte du 24 fructidor an X plaça la ville de Turin au nombre de ces villes.

(2) Le gouvernement impérial établi par le sénatus-consulte du 28 floréal an XII, s'est maintenu avec quelques modifications jusqu'à la chute de Napoléon.

(3) Le 30 avril 1804, le tribun Curée prononça devant le tribunat un discours concerté à l'avance, à la suite duquel il demanda 1° que Napoléon fût proclamé empereur de la République française; 2° que l'empire fût héréditaire dans sa famille; 3° que les institutions existantes fussent mises en harmonie avec les changements politiques demandés. La proposition fut vivement appuyée par MM. Siméon, Duveyrier, Jaubert, Duvidal-Fréville et Carion-Nisas : Carnot seul, osa parler contre la motion.

Le secrétaire d'État tient le registre des délibérations.

28. La régence ne confère aucun droit sur la personne de l'empereur mineur.

29. Le traitement du régent est fixé au quart du montant de la liste civile.

30. La garde de l'empereur mineur est confiée à sa mère, et à son défaut au prince désigné à cet effet par le prédécesseur de l'empereur mineur.

A défaut de la mère de l'empereur mineur, et d'un prince désigné par l'empereur, le sénat confie la garde de l'empereur mineur à l'un des titulaires des grandes dignités de l'empire.

Ne peuvent être élus pour la garde de l'empereur mineur, ni le régent et ses descendants, ni les femmes.

31. Dans le cas où Napoléon Bonaparte usera de la faculté qui lui est conférée par l'article 4, titre II, l'acte d'adoption sera fait en présence des titulaires des grandes dignités de l'empire, reçu par le secrétaire d'État, et transmis aussitôt au sénat pour être transcrit sur ses registres et déposé dans ses archives.

Lorsque l'empereur désigne, soit un régent pour la minorité, soit un prince pour la garde d'un empereur mineur, les mêmes formalités sont observées.

Les actes de désignation, soit d'un régent pour la minorité, soit d'un prince pour la garde d'un empereur mineur, sont révocables à volonté par l'empereur.

Tout acte d'adoption, de désignation, ou de révocation de désignation, qui n'aura pas été transcrit sur les registres du sénat avant le décès de l'empereur, sera nul et de nul effet.

TITRE V.

Des grandes dignités de l'empire.

32. Les grandes dignités de l'empire sont celles

De grand électeur,
D'archichancelier de l'empire,
D'archichancelier d'État,
D'architrésorier,
De connétable,
De grand amiral.

33. Les titulaires des grandes dignités de l'empire sont nommés par l'empereur.

Ils jouissent des mêmes honneurs que les princes français, et prennent rang immédiatement après eux.

L'époque de leur réception détermine le rang qu'ils occupent respectivement.

34. Les grandes dignités de l'empire sont inamovibles.

35. Les titulaires des grandes dignités de l'empire sont sénateurs et conseillers d'État.

36. Ils forment le grand conseil de l'empereur;

Ils sont membres du conseil privé;

Ils composent le grand conseil de la Légion d'honneur.

Les membres actuels du grand conseil de la Légion d'honneur conservent, pour la durée de leur vie, leurs titres, fonctions et prérogatives.

37. Le sénat et le conseil d'État sont présidés par l'empereur.

Lorsque l'empereur ne préside pas le sénat ou le conseil d'État, il désigne celui des titulaires des grandes dignités de l'empire qui doit présider.

38. Tous les actes du sénat et du Corps législatif sont rendus au nom de l'empereur, et promulgués ou publiés sous le sceau impérial.

39. Le grand électeur fait les fonctions de chancelier, 1° pour la convocation du Corps législatif, des colléges électoraux et des assemblées de canton; 2° pour la promulgation des sénatus-consultes portant dissolution, soit du Corps législatif, soit des colléges électoraux.

Le grand électeur préside en l'absence de l'empereur, lorsque le sénat procède aux nominations des sénateurs, des législateurs et des tribuns.

Il peut résider au palais du sénat.

Il porte à la connaissance de l'empereur les réclamations formées par les colléges électoraux ou par les assemblées de canton pour la conservation de leurs prérogatives.

Lorsqu'un membre d'un collége électoral est dénoncé, conformément à l'article 21 du sénatus-consulte organique du 16 thermidor an X, comme s'étant permis quelque acte contraire à l'honneur ou à la patrie, le grand électeur invite le collége à manifester son vœu. Il porte le vœu du collége à la connaissance de l'empereur.

Le grand électeur présente les membres du sénat, du conseil d'État, du Corps législatif et du tribunat, au serment qu'ils prêtent entre les mains de l'empereur.

Il reçoit le serment des présidents des colléges électoraux de département et des assemblées de canton.

Il présente les députations solennelles du sénat, du conseil d'État, du Corps législatif, du tribunat et des colléges électoraux, lorsqu'elles sont admises à l'audience de l'empereur.

40. L'archichancelier de l'empire fait les fonctions de chancelier pour la promulgation des sénatus-consultes organiques et des lois.

Il fait également celles de chancelier du palais impérial.

Il est présent au travail annuel dans lequel le grand juge ministre de la justice rend compte à l'empereur des abus qui peuvent s'être introduits dans l'administration de la justice, soit civile, soit criminelle.

Il préside la haute cour impériale.

Il préside les sections réunies du conseil d'État et du tribunat, conformément à l'article 95, titre XI.

Il est présent à la célébration des mariages et à la naissance des princes; au couronnement et aux obsèques de l'empereur. Il signe le procès-verbal que dresse le secrétaire d'État.

Il présente les titulaires des grandes dignités de l'Empire, les ministres et le secrétaire d'État, les grands officiers civils de la couronne et le premier président de la cour de cassation, au serment qu'ils prêtent entre les mains de l'empereur.

Il reçoit le serment des membres et du parquet de la cour de cassation, des présidents et procureurs généraux des cours d'appel et des cours criminelles.

Il présente les députations solennelles et les membres des cours de justice admis à l'audience de l'empereur.

Il signe et scelle les commissions et brevets des membres des cours de justice et des officiers ministériels; il scelle les commissions et brevets des fonctions civiles administratives et les autres actes qui seront désignés dans le règlement portant organisation du sceau.

41. L'archichancelier d'État fait les fonctions de chancelier pour la promulgation des traités de paix et d'alliance, et pour les déclarations de guerre.

Il présente à l'empereur et signe les lettres de créance et la correspondance d'étiquette avec les différentes cours de l'Europe, rédigées suivant les formes du protocole impérial dont il est le gardien.

Il est présent au travail annuel dans lequel le ministre des relations extérieures rend compte à l'empereur de la situation politique de l'État.

Il présente les ambassadeurs et ministres de l'empereur dans les cours étrangères, au serment qu'ils prêtent entre les mains de sa Majesté Impériale.

Il reçoit le serment des résidents, chargés d'affaires, secrétaires d'ambassade et de légation, et des commissaires généraux et commissaires des relations commerciales.

Il présente les ambassades extraordinaires et les ambassadeurs et ministres français et étrangers.

42. L'architrésorier est présent au travail annuel dans lequel les ministres des finances et du trésor public rendent à l'empereur les comptes des recettes et des dépenses de l'État, et exposent leurs vues sur les besoins des finances de l'empire.

Les comptes des recettes et des dépenses annuelles, avant d'être présentés à l'empereur, sont revêtus de son visa.

Il reçoit, tous les trois mois, le compte des travaux de la comptabilité nationale, et tous les ans le résultat général et les vues de réforme et d'amélioration dans les différentes parties de la comptabilité; il les porte à la connaissance de l'empereur.

Il arrête, tous les ans, le grand livre de la dette publique.

Il signe les brevets des pensions civiles.

Il préside les sections réunies du conseil d'État et du tribunat, conformément à l'article 95, titre XI.

Il reçoit le serment des membres de la comptabilité nationale, des administrations de finances, et des principaux agents du trésor public.

Il présente les députations de la comptabilité nationale et des administrations de finances admises à l'audience de l'empereur.

43. Le connétable est présent au travail annuel dans lequel le ministre de la guerre et le directeur de l'administration de la guerre rendent compte à l'empereur des dispositions à prendre pour compléter le système de défense des frontières, l'entretien, la réparation et l'approvisionnement des places.

Il pose la première pierre des places fortes dont la construction est ordonnée.

Il est gouverneur des écoles militaires.

Lorsque l'empereur ne remet pas en personne les drapeaux aux corps de l'armée, ils leur sont remis en son nom par le connétable.

En l'absence de l'empereur, le connétable passe les grandes revues de la garde impériale.

Lorsqu'un général d'armée est prévenu d'un délit spécifié au code pénal militaire, le connétable peut présider le conseil de guerre qui doit juger.

Il présente les maréchaux de l'empire, les colonels généraux, les inspecteurs généraux, les officiers généraux et les colonels de toutes les armes au serment qu'ils prêtent entre les mains de l'empereur.

Il reçoit le serment des majors, chefs de bataillon et d'escadron de toutes armes.

Il installe les maréchaux de l'empire.

Il présente les officiers généraux et les colonels majors, chefs de bataillon et d'escadron de toutes les armes, lorsqu'ils sont admis à l'audience de l'empereur.

Il signe les brevets de l'armée et ceux des militaires pensionnaires de l'État.

44. Le grand amiral est présent au travail annuel dans lequel le ministre de la marine rend compte à l'empereur de l'état des constructions navales, des arsenaux et des approvisionnements.

Il reçoit annuellement et présente à l'empereur les comptes de la caisse des invalides de la marine.

Lorsqu'un amiral, vice-amiral ou contre-amiral commandant en chef une armée navale, est prévenu d'un délit spécifié au code pénal maritime, le grand amiral peut présider la cour martiale qui doit juger.

Il présente les amiraux, les vice-amiraux, les contre-amiraux et les capitaines de vaisseau, au serment qu'ils prêtent entre les mains de l'empereur.

Il reçoit le serment des membres du conseil des prises et des capitaines de frégate.

Il présente les amiraux, les vice-amiraux, les contre-amiraux, les capitaines de vaisseau et de frégate, et les membres du conseil des prises, lorsqu'ils sont admis à l'audience de l'empereur.

Il signe les brevets des officiers de l'armée navale et ceux des marins pensionnaires de l'État.

45. Chaque titulaire des grandes dignités de l'empire préside un collége électoral de département.

Le collége électoral séant à Bruxelles est présidé par le grand électeur.

Le collége électoral séant à Bordeaux est présidé par l'archichancelier de l'empire.

Le collége électoral séant à Nantes est présidé par l'archichancelier d'État.

Le collége électoral séant à Lyon est présidé par l'architrésorier de l'empire.

Le collége électoral séant à Turin est présidé par le connétable.

Le collége électoral séant à Marseille est présidé par le grand amiral.

46. Chaque titulaire des grandes dignités de l'empire reçoit annuellement, à titre de traitement fixe, le tiers de la somme affectée aux princes, conformément au décret du 21 décembre 1790.

47. Un statut de l'empereur règle les fonctions des titulaires des grandes dignités de l'empire auprès de l'empereur, et détermine leur costume dans les grandes cérémonies. Les successeurs de l'empereur ne peuvent déroger à ce statut que par un sénatus-consulte.

TITRE VI.

Des grands officiers de l'empire.

48. Les grands officiers de l'empire sont :

Premièrement, des maréchaux de l'empire

choisis parmi les généraux les plus distingués.

Leur nombre n'excède pas celui de seize.

Ne font point partie de ce nombre les maréchaux de l'empire qui sont sénateurs.

Secondement, huit inspecteurs et colonels généraux de l'artillerie et du génie, des troupes à cheval et de la marine.

Troisièmement, des grands officiers civils de la couronne, tels qu'ils seront institués par les statuts de l'empereur.

49. Les places des grands officiers sont inamovibles.

50. Chacun des grands officiers de l'empire préside un collége électoral qui lui est spécialement affecté au moment de sa nomination.

51. Si, par un ordre de l'empereur, ou par toute autre cause que ce puisse être, un titulaire d'une grande dignité de l'empire ou un grand officier vient à cesser ses fonctions, il conserve son titre, son rang, ses prérogatives, et la moitié de son traitement : il ne les perd que par un jugement de la haute cour impériale.

TITRE VII.

Des serments.

52. Dans les deux ans qui suivent son avénement, ou sa majorité, l'empereur accompagné

Des titulaires des grandes dignités de l'empire,

Des ministres,

Des grands officiers de l'empire,

Prête serment au peuple français sur l'Évangile, et en présence

Du sénat,

Du conseil d'État,

Du Corps législatif,

Du tribunat,

De la cour de cassation,

Des archevêques,

Des évêques,

Des grands officiers de la Légion d'honneur,

De la comptabilité nationale,

Des présidents des cours d'appel,

Des présidents des colléges électoraux,

Des présidents des assemblées de canton,

Des présidents des consistoires,

Et des maires des trente-six principales villes de l'empire.

Le secrétaire d'État dresse procès-verbal de la prestation du serment.

53. Le serment de l'empereur est ainsi conçu :

« Je jure de maintenir l'intégrité du territoire « de la république; de respecter et de faire res« pecter les lois du concordat et la liberté des « cultes; de respecter et faire respecter l'égalité « des droits, la liberté politique et civile, l'irré« vocabilité des ventes des biens nationaux; de « ne lever aucun impôt, de n'établir aucune taxe « qu'en vertu de la loi; de maintenir l'institu« tion de la Légion d'honneur; de gouverner « dans la seule vue de l'intérêt, du bonheur et « de la gloire du peuple français. »

54. Avant de commencer l'exercice de ses fonctions, le régent accompagné

Des titulaires des grandes dignités de l'empire,

Des ministres,

Des grands officiers de l'empire,

Prête serment sur l'Évangile, et en présence

Du sénat,

Du conseil d'État,

Du président et des questeurs du Corps législatif,

Du président et des questeurs du tribunat,

Et des grands officiers de la Légion d'honneur.

Le secrétaire d'État dresse procès-verbal de la prestation du serment.

55. Le serment du régent est conçu en ces termes :

« Je jure d'administrer les affaires de l'État, « conformément aux constitutions de l'empire, « aux sénatus-consultes et aux lois; de mainte« nir dans toute leur intégrité le territoire de la « république, les droits de la nation et ceux de « la dignité impériale, et de remettre fidèlement « à l'empereur, au moment de sa majorité, le « pouvoir dont l'exercice m'est confié. »

56. Les titulaires des grandes dignités de l'empire, les ministres et le secrétaire d'État, les grands officiers, les membres du sénat, du conseil d'État, du Corps législatif, du tribunat, des colléges électoraux et des assemblées de canton, prêtent serment en ces termes :

« Je jure obéissance aux constitutions de l'em« pire et fidélité à l'empereur. »

Les fonctionnaires publics, civils et judiciaires, et les officiers et soldats de l'armée de terre et de mer, prêtent le même serment.

TITRE VIII.

Du sénat.

57. Le sénat se compose,

1° Des princes français ayant atteint leur dix-huitième année;

2° Des titulaires des grandes dignités de l'empire;

3° Des quatre-vingts membres nommés sur la présentation de candidats choisis par l'empereur sur les listes formées par les colléges électoraux de département;

4° Des citoyens que l'Empereur juge convenable d'élever à la dignité de sénateur.

Dans le cas où le nombre de sénateurs excédera celui qui a été fixé par l'article 63 du sénatus-consulte organique du 16 thermidor an x, il sera, à cet égard, pourvu par une loi à l'exécution de l'article 17 du sénatus-consulte du 14 nivôse an XI.

58. Le président du sénat est nommé par l'empereur et choisi parmi les sénateurs.

Ses fonctions durent un an.

59. Il convoque le sénat sur un ordre du propre mouvement de l'empereur, et sur la demande, ou des commissions dont il sera parlé ci-après, articles 60 et 64, ou d'un sénateur, conformément aux dispositions de l'article 70, ou d'un officier du sénat, pour les affaires intérieures du corps.

Il rend compte à l'empereur des convocations faites sur la demande des commissions ou d'un sénateur, de leur objet, et des résultats des délibérations du sénat.

60. Une commission de sept membres nommés par le sénat et choisis dans son sein, prend connaissance, sur la communication qui lui en est donnée par les ministres, des arrestations effectuées conformément à l'article 46 de la constitution, lorsque les personnes arrêtées n'ont pas été traduites devant les tribunaux dans les dix jours de leur arrestation.

Cette commission est appelée *commission sénatoriale de la liberté individuelle.*

61. Toutes les personnes arrêtées et non mises en jugement après les dix jours de leur arrestation, peuvent recourir directement, par elles, leurs parents ou leurs représentants, et par voie de pétition, à la commission sénatoriale de la liberté individuelle.

62. Lorsque la commission estime que la détention prolongée au delà des dix jours de l'arrestation n'est pas justifiée par l'intérêt de l'État, elle invite le ministre qui a ordonné l'arrestation à faire mettre en liberté la personne détenue, ou à la renvoyer devant les tribunaux ordinaires.

63. Si, après trois invitations consécutives, renouvelées dans l'espace d'un mois, la personne détenue n'est pas mise en liberté ou renvoyée devant les tribunaux ordinaires, la commission demande une assemblée du sénat, qui est convoqué par le président, et qui rend, s'il y a lieu, la déclaration suivante :

« Il y a de fortes présomptions que N. est dé« tenu arbitrairement. »

On procède ensuite conformément aux dispositions de l'article 112, titre XIII, *de la haute cour impériale.*

64. Une commission de sept membres nommés par le sénat et choisis dans son sein, est chargée de veiller à la liberté de la presse.

Ne sont point compris dans son attribution les ouvrages qui s'impriment et se distribuent par abonnement et à des époques périodiques.

Cette commission est appelée *commission sénatoriale de la liberté de la presse* (1).

65. Les auteurs, imprimeurs ou libraires qui se croient fondés à se plaindre d'empêchement mis à l'impression ou à la circulation d'un ouvrage, peuvent recourir directement et par voie de pétition à la commission sénatoriale de la liberté de la presse.

66. Lorsque la commission estime que les empêchements ne sont pas justifiés par l'intérêt de l'État, elle invite le ministre qui a donné l'ordre à le révoquer.

67. Si, après trois invitations consécutives, renouvelées dans l'espace d'un mois, les empêchements subsistent, la commission demande une assemblée du sénat, qui est convoqué par le président, et qui rend, s'il y a lieu, la déclaration suivante :

« Il y a de fortes présomptions que la liberté « de la presse a été violée. »

On procède ensuite conformément à la disposition de l'article 112, titre XIII, *de la haute cour impériale.*

68. Un membre de chacune des commissions sénatoriales cesse ses fonctions tous les quatre mois.

69. Les projets de lois décrétés par le Corps législatif sont transmis, le jour même de leur adoption, au sénat, et déposés dans ses archives.

70. Tout décret rendu par le Corps législatif peut être dénoncé au sénat par un sénateur, 1° comme tendant au rétablissement du régime féodal; 2° comme contraire à l'irrévocabilité des ventes des domaines nationaux; 3° comme n'ayant pas été délibéré dans les formes prescrites par les constitutions de l'empire, les réglements et les lois; 4° comme portant atteinte aux prérogatives de la dignité impériale et à celles du sénat : sans préjudice de l'exécution des articles 21 et 37 de l'acte des constitutions de l'empire, en date du 22 frimaire an VIII.

71. Le sénat, dans les six jours qui suivent l'adoption du projet de loi, délibérant sur le rapport d'une commission spéciale, et après avoir entendu trois lectures du décret dans trois séances tenues à des jours différents, peut exprimer l'opinion *qu'il n'y a pas lieu à promulguer la loi.*

Le président porte à l'empereur la délibération motivée du sénat.

72. L'empereur, après avoir entendu le conseil d'État, ou déclare par un décret son adhésion à la délibération du sénat, ou fait promulguer la loi.

73. Toute loi dont la promulgation, dans cette circonstance, n'a pas été faite avant l'expiration du délai de dix jours, ne peut plus être promulguée si elle n'a été de nouveau délibérée et adoptée par le Corps législatif.

74. Les opérations entières d'un collége électoral, et les opérations partielles qui sont relatives à la présentation des candidats au sénat, au Corps législatif et au tribunat, ne peuvent être annulées pour cause d'inconstitutionnalité, que par un sénatus-consulte.

TITRE IX.

Du conseil d'État.

75. Lorsque le conseil d'État délibère sur les projets de lois ou sur les réglements d'administration publique, les deux tiers des membres du conseil en service ordinaire doivent être présents.

Le nombre des conseillers d'État présents ne peut être moindre de vingt-cinq.

76. Le conseil d'État se divise en six sections; savoir :

Section de la législation,

Section de l'intérieur,

Section des finances,

Section de la guerre,

Section de la marine,

Et section du commerce.

(1) Cette commission et celle de la liberté individuelle furent muettes et inutiles; elles n'existaient, pour ainsi dire, que dans les almanachs. Cependant Napoléon parut un moment respecter et protéger contre ses ministres la liberté de la presse. On lisait dans le journal de l'Empire, du jeudi 9 janvier 1806, qu'à la suite d'une comédie nouvelle que M. Collin-d'Harleville, poëte dramatique très-estimable, avait comprise dans la collection de ses œuvres, on avait imprimé ces mots : « Vu « et permis l'impression et la mise en vente, d'après « la décision de son excellence le sénateur ministre de la « police générale de l'empire, en date du 9 de ce mois de « prairial an XIII. — Par ordre de son excellence, le « chef de la division de la liberté de la presse, *signé* « LAGARDE. » — Napoléon, qui venait de remporter à Austerlitz une éclatante victoire sur les forces réunies des Russes et des Autrichiens, fut instruit de ce fait; il fit insérer dans le *Moniteur* du mercredi 22 janvier 1806, la note suivante, qui mérite d'être remarquée : « S. M. a été surprise d'apprendre qu'un auteur aussi estimable que M. Collin-d'Harleville avait eu besoin d'approbation pour imprimer un ouvrage qui porte son nom. Il n'existe point de censure en France : tout citoyen français peut publier tel livre qu'il jugera convenable, sauf à en répondre. Aucun ouvrage ne doit être supprimé, aucun auteur ne peut être poursuivi que par les tribunaux, ou d'après un décret de S. M. dans le cas où l'écrit attenterait aux premiers droits de la souveraineté et de l'intérêt public. Nous retomberions dans une étrange situation si un simple commis s'arrogeait le droit d'empêcher l'impression d'un livre ou de forcer un auteur à en retrancher ou à y ajouter quelque chose. La liberté de la pensée est la première conquête du siècle; l'empereur veut qu'elle soit conservée. Il faut seulement que l'usage de cette liberté ne préjudicie ni aux mœurs, ni aux droits de l'autorité suprême, etc. » Tel était alors le langage du vainqueur d'Austerlitz; il ne tarda pas à en changer. — (Voy. au mot LIBERTÉ DE LA PRESSE, le décret du 5 février 1810.)

77. Lorsqu'un membre du conseil d'État a été porté pendant cinq années sur la liste des membres du conseil en service ordinaire, il reçoit un brevet de conseiller d'État à vie.

Lorsqu'il cesse d'être porté sur la liste du conseil d'État en service ordinaire ou extraordinaire, il n'a droit qu'au tiers du traitement de conseiller d'État.

Il ne perd son titre et ses droits que par un jugement de la haute cour impériale, emportant peine afflictive ou infamante.

TITRE X.

Du Corps législatif.

78. Les membres sortants du Corps législatif peuvent être réélus sans intervalle.

79. Les projets de lois présentés au Corps législatif sont renvoyés aux trois sections du tribunat.

80. Les séances du Corps législatif se distinguent en séances ordinaires et en comités généraux.

81. Les séances ordinaires sont composées des membres du Corps législatif, des orateurs du conseil d'État, des orateurs des trois sections du tribunat.

Les comités généraux ne sont composés que des membres du Corps législatif.

Le président du Corps législatif préside les séances ordinaires et les comités généraux.

82. En séance ordinaire, le Corps législatif entend les orateurs du conseil d'État et ceux des trois sections du tribunat, et vote sur le projet de loi.

En comité général, les membres du Corps législatif discutent entre eux les avantages et les inconvénients du projet de loi.

83. Le Corps législatif se forme en comité général,

1° Sur l'invitation du président pour les affaires intérieures du corps;

2° Sur une demande faite au président et signée par cinquante membres présents;

Dans ces deux cas, le comité général est secret, et les discussions ne doivent être ni imprimées ni divulguées;

3° Sur la demande des orateurs du conseil d'État, spécialement autorisés à cet effet.

Dans ce cas, le comité général est nécessairement public.

Aucune délibération ne peut être prise dans les comités généraux.

84. Lorsque la discussion en comité général est fermée, la délibération est ajournée au lendemain en séance ordinaire.

85. Le Corps législatif, le jour où il doit voter sur le projet de loi, entend, dans la même séance, le résumé que font les orateurs du conseil d'État.

86. La délibération d'un projet de loi ne peut, dans aucun cas, être différée de plus de trois jours au delà de celui qui avait été fixé pour la clôture de la discussion.

87. Les sections du tribunat constituent les seules commissions du Corps législatif, qui ne peut en former d'autres que dans le cas énoncé article 113, titre XIII, *de la haute cour impériale*.

TITRE XI.

Du tribunat.

88. Les fonctions des membres du tribunat durent dix ans.

89. Le tribunat est renouvelé par moitié tous les cinq ans.

Le premier renouvellement aura lieu, pour la session de l'an XVII, conformément au sénatus-consulte organique du 16 thermidor an X.

90. Le président du tribunat est nommé par l'empereur, sur une présentation de trois candidats faite par le tribunat au scrutin secret et à la majorité absolue.

91. Les fonctions du président du tribunat durent deux ans.

92. Le tribunat a deux questeurs.

Ils sont nommés par l'empereur, sur une liste triple de candidats choisis par le tribunat au scrutin secret et à la majorité absolue.

Leurs fonctions sont les mêmes que celles attribuées aux questeurs du Corps législatif, par les articles 19, 20, 21, 22, 23, 24 et 25 du sénatus-consulte organique du 24 frimaire an XII.

Un des questeurs est renouvelé chaque année.

93. Le tribunat est divisé en trois sections; savoir :

Section de la législation,
Section de l'intérieur,
Section des finances.

94. Chaque section forme une liste de trois de ses membres, parmi lesquels le président du tribunat désigne le président de la section.

Les fonctions de président de section durent un an.

95. Lorsque les sections respectives du conseil d'État et du tribunat demandent à se réunir, les conférences ont lieu sous la présidence de l'archichancelier de l'empire, ou de l'architrésorier, suivant la nature des objets à examiner.

96. Chaque section discute séparément et en assemblée de section, les projets de lois qui lui sont transmis par le Corps législatif.

Deux orateurs de chacune des trois sections portent au Corps législatif le vœu de leur section, et en développent les motifs.

97. En aucun cas, les projets de lois ne peuvent être discutés par le tribunat en assemblée générale.

Il se réunit en assemblée générale, sous la présidence de son président, pour l'exercice de ses autres attributions.

TITRE XII.

Des colléges électoraux.

98. Toutes les fois qu'un collége électoral de département est réuni pour la formation de la liste des candidats au Corps législatif, les listes de candidats pour le sénat sont renouvelées.

Chaque renouvellement rend les présentations antérieures de nul effet.

99. Les grands officiers, les commandants et les officiers de la Légion d'honneur, sont membres du collége électoral du département dans lequel ils ont leur domicile, ou de l'un des départements de la cohorte à laquelle ils appartiennent.

Les légionnaires sont membres du collége électoral de leur arrondissement.

Les membres de la Légion d'honneur sont admis au collége électoral dont ils doivent faire partie, sur la présentation d'un brevet qui leur est délivré à cet effet par le grand électeur.

100. Les préfets et les commandants militaires des départements ne peuvent être élus candidats au sénat par les colléges électoraux des départements dans lesquels ils exercent leurs fonctions.

TITRE XIII.

De la haute cour impériale.

101. Une haute cour impériale connaît,

1° Des délits personnels commis par des membres de la famille impériale, par des titulaires des grandes dignités de l'empire, par des ministres et par le secrétaire d'État, par de grands officiers, par des sénateurs, par des conseillers d'État;

2° Des crimes, attentats et complots contre la sûreté intérieure et extérieure de l'État, la personne de l'empereur et celle de l'héritier présomptif de l'empire;

3° Des *délits de responsabilité d'office* commis par les ministres et les conseillers d'État chargés spécialement d'une partie d'administration publique;

4° Des prévarications et abus de pouvoir, commis, soit par des capitaines généraux des colonies, des préfets coloniaux et des commandants des établissements français hors du continent; soit par des administrateurs généraux employés extraordinairement, soit par des généraux de terre ou de mer; sans préjudice, à l'égard de ceux-ci, des poursuites de la juridiction militaire, dans les cas déterminés par les lois;

5° Du fait de désobéissance des généraux de terre ou de mer qui contreviennent à leurs instructions;

6° Des concussions et dilapidations dont les préfets de l'intérieur se rendent coupables dans l'exercice de leurs fonctions;

7° Des forfaitures ou prises à partie qui peuvent être encourues par une cour d'appel, ou par une cour de justice criminelle, ou par des membres de la cour de cassation;

8° Des dénonciations pour cause de détention arbitraire et de violation de la liberté de la presse.

102. Le siége de la haute cour impériale est dans le sénat.

103. Elle est présidée par l'archichancelier de l'empire.

S'il est malade, absent ou légitimement empêché, elle est présidée par un autre titulaire d'une grande dignité de l'empire.

104. La haute cour impériale est composée des princes, des titulaires des grandes dignités et grands officiers de l'empire, du grand juge ministre de la justice, de soixante sénateurs, des six présidents des sections du conseil d'État, de quatorze conseillers d'État et de vingt membres de la cour de cassation.

Les sénateurs, les conseillers d'État et les membres de la cour de cassation, sont appelés par ordre d'ancienneté.

105. Il y a auprès de la haute cour impériale un procureur général, nommé à vie par l'empereur.

Il exerce le ministère public, étant assisté de trois tribuns, nommés chaque année par le Corps législatif, sur une liste de neuf candidats présentés par le tribunat, et de trois magistrats que l'empereur nomme aussi, chaque année, parmi les officiers des cours d'appel ou de justice criminelle.

106. Il y a auprès de la haute cour impériale un greffier en chef, nommé à vie par l'empereur.

107. Le président de la haute cour impériale ne peut jamais être récusé; il peut s'abstenir pour des causes légitimes.

108. La haute cour impériale ne peut agir que sur les poursuites du ministère public, dans les délits commis par ceux que leur qualité rend justiciables de la cour impériale; s'il y a un plaignant, le ministère public devient nécessairement partie jointe et poursuivante, et procède ainsi qu'il est réglé ci-après.

Le ministère public est également partie jointe et poursuivante dans les cas de forfaiture ou de prise à partie.

109. Les magistrats de sûreté et les directeurs de jury sont tenus de s'arrêter, et de renvoyer, dans le délai de huitaine, au procureur général près la haute cour impériale, toutes les pièces de la procédure, lorsque, dans les délits dont ils poursuivent la réparation, il résulte, soit de la qualité des personnes, soit du titre de l'accusation, soit des circonstances, que le fait est de la compétence de la haute cour impériale.

Néanmoins les magistrats de sûreté continuent à recueillir les preuves et les traces du délit.

110. Les ministres ou les conseillers d'État chargés d'une partie quelconque d'administration publique, peuvent être dénoncés par le Corps législatif, s'ils ont donné des ordres contraires aux constitutions et aux lois de l'empire.

111. Peuvent être également dénoncés par le Corps législatif

Les capitaines généraux des colonies, les préfets coloniaux, les commandants des établissements français hors du continent, les administrateurs généraux, lorsqu'ils ont prévariqué ou abusé de leur pouvoir;

Les généraux de terre ou de mer qui ont désobéi à leurs instructions;

Les préfets de l'intérieur qui se sont rendus coupables de dilapidation ou de concussion.

112. Le Corps législatif dénonce pareillement les ministres ou agents de l'autorité, lorsqu'il y a eu, de la part du sénat, déclaration de *fortes présomptions de détention arbitraire* ou *de violation de la liberté de la presse.*

113. La dénonciation du Corps législatif ne peut être arrêtée que sur la demande du tribunat, ou sur la réclamation de cinquante membres du Corps législatif, qui requièrent un comité secret à l'effet de faire désigner, par la voie du scrutin, dix d'entre eux pour rédiger le projet de dénonciation.

114. Dans l'un et l'autre cas, la demande ou la réclamation doit être faite par écrit, signée par le président et les secrétaires du tribunat, ou par les dix membres du Corps législatif.

Si elle est dirigée contre un ministre ou contre un conseiller d'État chargé d'une partie d'administration publique, elle leur est communiquée dans le délai d'un mois.

115. Le ministre ou le conseiller d'État dénoncé ne comparaît point pour y répondre.

L'empereur nomme trois conseillers d'État pour se rendre au Corps législatif le jour qui est indiqué, et donner des éclaircissements sur les faits de la dénonciation.

116. Le Corps législatif discute en comité secret les faits compris dans la demande ou dans la réclamation, et il délibère par la voie du scrutin.

117. L'acte de dénonciation doit être circonstancié, signé par le président et par les secrétaires du Corps législatif.

Il est adressé par un message, à l'archichancelier de l'empire, qui le transmet au procureur général près la haute cour impériale.

118. Les prévarications ou abus de pouvoir des capitaines généraux des colonies, des préfets coloniaux, des commandants des établissements

hors du continent, des administrateurs généraux, les faits de désobéissance de la part des généraux de terre ou de mer aux instructions qui leur ont été données, les dilapidations et concussions des préfets, sont aussi dénoncés par les ministres, chacun dans ses attributions, aux officiers chargés du ministère public.

Si la dénonciation est faite par le grand juge ministre de la justice, il ne peut point assister ni prendre part aux jugements qui interviennent sur sa dénonciation.

119. Dans les cas déterminés par les articles 110, 111, 112 et 118, le procureur général informe sous trois jours l'archichancelier de l'empire, qu'il y a lieu de réunir la haute cour impériale.

L'archichancelier, après avoir pris les ordres de l'empereur, fixe dans la huitaine l'ouverture des séances.

120. Dans la première séance de la haute cour impériale, elle doit juger sa compétence.

121. Lorsqu'il y a dénonciation ou plainte, le procureur général, de concert avec les tribuns et les trois magistrats officiers du parquet, examine s'il y a lieu à poursuites.

La décision lui appartient; l'un des magistrats du parquet peut être chargé, par le procureur général, de diriger les poursuites.

Si le ministère public estime que la plainte ou la dénonciation ne doit pas être admise, il motive les conclusions sur lesquelles la haute cour impériale prononce, après avoir entendu le magistrat chargé du rapport.

122. Lorsque les conclusions sont adoptées, la haute cour impériale termine l'affaire par un jugement définitif.

Lorsqu'elles sont rejetées, le ministère public est tenu de continuer les poursuites.

123. Dans le second des cas prévus par l'article précédent, et aussi lorsque le ministère public estime que la plainte ou la dénonciation doit être admise, il est tenu de dresser l'acte d'accusation dans la huitaine, et de le communiquer au commissaire et au suppléant que l'archichancelier de l'empire nomme parmi les juges de la cour de cassation qui sont membres de la haute cour impériale. Les fonctions de ce commissaire, et, à son défaut, du suppléant, consistent à faire l'instruction et le rapport.

124 Le rapporteur ou son suppléant soumet l'acte d'accusation à douze commissaires de la haute cour impériale, choisis par l'archichancelier de l'empire, six parmi les sénateurs, et six parmi les autres membres de la haute cour impériale. Les membres choisis ne concourent point au jugement de la haute cour impériale.

125. Si les douze commissaires jugent qu'il y a lieu à accusation, le commissaire rapporteur rend une ordonnance conforme, décerne les mandats d'arrêt et procède à l'instruction.

126. Si les commissaires estiment au contraire qu'il n'y a pas lieu à accusation, il en est référé par le rapporteur à la haute cour impériale, qui prononce définitivement.

127. La haute cour impériale ne peut juger à moins de soixante membres. Dix de la totalité des membres qui sont appelés à la composer, peuvent être récusés sans motifs déterminés par l'accusé, et dix par la partie publique. L'arrêt est rendu à la majorité absolue des voix.

128. Les débats et le jugement ont lieu en public.

129. Les accusés ont des défenseurs : s'ils n'en présentent point, l'archichancelier de l'empire leur en donne d'office.

130. La haute cour impériale ne peut prononcer que des peines portées par le code pénal.

Elle prononce, s'il y a lieu, la condamnation aux dommages et intérêts civils.

131. Lorsqu'elle acquitte, elle peut mettre ceux qui sont absous sous la surveillance ou à la disposition de la haute police de l'État, pour le temps qu'elle détermine.

132. Les arrêts rendus par la haute cour impériale ne sont soumis à aucun recours;

Ceux qui prononcent une condamnation à une peine afflictive ou infamante, ne peuvent être exécutés que lorsqu'ils ont été signés par l'empereur.

133. Un sénatus-consulte particulier contient le surplus des dispositions relatives à l'organisation et à l'action de la haute cour impériale.

TITRE XIV.

De l'ordre judiciaire.

134. Les jugements des cours de justice sont intitulés Arrêts.

135. Les présidents de la cour de cassation, des cours d'appel et de justice criminelle sont nommés à vie par l'empereur, et peuvent être choisis hors des cours qu'ils doivent présider.

136. Le tribunal de cassation prend la dénomination de *cour de cassation.*

Les tribunaux d'appel prennent celle de *cours d'appel.*

Les tribunaux criminels celle de *cour de justice criminelle.*

Le président de la cour de cassation et celui des cours d'appel divisées en sections, prennent le titre de *premier président.*

Les vice-présidents prennent celui de *présidents.*

Les commissaires du gouvernement près de la cour de cassation, des cours d'appel et des cours de justice criminelle, prennent le titre de *procureurs généraux impériaux.*

Les commissaires du gouvernement auprès des autres tribunaux prennent le titre de *procureurs impériaux.*

TITRE XV.

De la promulgation.

137. L'empereur fait sceller et fait promulguer les sénatus-consultes organiques,

Les sénatus-consultes,

Les actes du sénat,

Les lois.

Les sénatus-consultes organiques, les sénatus-consultes, les actes du sénat, sont promulgués au plus tard le dixième jour qui suit leur émission.

138. Il est fait deux expéditions originales de chacun des actes mentionnés en l'article précédent.

Toutes deux sont signées par l'empereur, visées par l'un des titulaires des grandes dignités, chacun suivant leurs droits et leurs attributions, contre-signées par le secrétaire d'État et le ministre de la justice, et scellées du grand sceau de l'État.

139. L'une de ces expéditions est déposée aux archives du sceau, et l'autre est remise aux archives de l'autorité publique de laquelle l'acte est émané.

140. La promulgation est ainsi conçue :

« N. (*le prénom de l'empereur*), par la grâce « de Dieu et les constitutions de la république, « empereur des Français, à tous présents et à venir, salut.

« Le sénat, après avoir entendu les orateurs « du conseil d'État, a décrété *ou* arrêté, et nous « ordonnons ce qui suit :

« (*Et s'il s'agit d'une loi*) : Le Corps législatif a « rendu, le...... (*la date*) le décret suivant, con- « formément à la proposition faite au nom de « l'empereur, et après avoir entendu les orateurs « du conseil d'État et des sections du tribunat, « le.......

« Mandons et ordonnons que les présentes, « revêtues des sceaux de l'État, insérées au Bul- « letin des lois, soient adressées aux cours, aux « tribunaux et aux autorités administratives, « pour qu'ils les inscrivent dans leurs registres, « les observent et les fassent observer; et le « grand juge ministre de la justice est chargé d'en « surveiller la publication. »

141. Les expéditions exécutoires des jugements sont rédigées ainsi qu'il suit :

« N. (*le prénom de l'empereur*), par la grâce « de Dieu et les constitutions de la république, « empereur des Français, à tous présents et à « venir, salut.

« La cour de........ *ou* le tribunal de....... (*si « c'est un tribunal de première instance*), a « rendu le jugement suivant :

(*Ici copier l'arrêt ou le jugement.*)

« Mandons et ordonnons à tous huissiers, sur « ce requis, de mettre ledit jugement à exécu- « tion; à nos procureurs généraux, et à nos pro- « cureurs près les tribunaux de première ins- « tance, d'y tenir la main; à tous commandants « et officiers de la force publique, de prêter « main-forte lorsqu'ils en seront légalement re- « quis.

« En foi de quoi le présent jugement a été si- « gné par le président de la cour *ou* du tribunal, « et par le greffier. »

TITRE XVI ET DERNIER.

142. La proposition suivante sera présentée à l'acceptation du peuple, dans les formes déterminées par l'arrêté du 20 floréal an x :

« Le peuple veut l'hérédité de la dignité impériale dans la descendance directe, naturelle, légitime et adoptive de Napoléon Bonaparte, et dans la descendance directe, naturelle et légitime de Joseph Bonaparte et de Louis Bonaparte, ainsi qu'il est réglé par le sénatus-consulte en date de ce jour. »

---

§ III. *Actes complémentaires ou modificatifs.*

29 FLORÉAL an XII (19 mai 1804). — *Décret impérial portant règlement sur le mode de présentation à l'acceptation du peuple, de la proposition énoncée article 142 du sénatus-consulte organique du 28 floréal an XII.* (IV. Bull. n° 2.)

Napoléon, par la grâce de Dieu et les constitutions de la république, empereur des Français;

Sur le rapport des ministres; le conseil d'État entendu; vu le sénatus-consulte du 28 floréal,

Décrète le règlement dont la teneur suit :

Art. 1er. Il sera ouvert,

Aux secrétariats de toutes les administrations et de toutes les municipalités, aux greffes de tous les tribunaux, chez tous les juges de paix et chez tous les notaires,

Des registres sur lesquels les Français seront appelés à consigner leur vœu sur la proposition suivante :

« Le peuple veut l'hérédité de la dignité impé- « riale dans la descendance directe, naturelle, « légitime et adoptive de Napoléon Bonaparte, « et dans la descendance directe, naturelle et « légitime de Joseph Bonaparte et de Louis Bo- « naparte, ainsi qu'il est réglé par le sénatus- « consulte organique du 28 floréal an XII. »

2. Ces registres resteront ouverts pendant douze jours.

3. Aussitôt après l'expiration du temps donné pour voter, chaque dépositaire d'un registre l'arrêtera, portera au bas le relevé des votes, certifiera le tout, et l'adressera, dans les deux jours suivants, au maire de sa municipalité; celui-ci, dans les vingt-quatre heures suivantes, les fera passer au sous-préfet de son arrondissement, avec un relevé de lui certifié, et qui sera conforme au modèle joint au présent règlement sous le n° 1er.

4. Vingt et un jours après la publication du présent règlement, le sous-préfet transmettra au préfet tous les registres de son arrondissement, avec un relevé de lui certifié, et qui sera conforme au modèle n° 2.

5. Vingt-cinq jours après la publication du présent règlement, chaque préfet adressera au ministre de l'intérieur tous les registres de son département, avec un relevé général de lui certifié, et qui sera conforme au modèle n° 3.

6. Les préfets sont autorisés à mettre en réquisition extraordinaire la gendarmerie nationale, pour la prompte transmission des ordres relatifs à l'exécution du présent règlement, et au prompt transport des registres des diverses municipalités.

N° I.

Relevé des votes émis dans la municipalité d arrondissement d département d sur la proposition présentée à l'acceptation du peuple par le sénatus-consulte organique du 28 floréal an XII.

« Le peuple veut l'hérédité de la dignité im- « périale dans la descendance directe, naturelle, « légitime et adoptive de Napoléon Bonaparte, « et dans la descendance directe, naturelle et lé- « gitime de Joseph Bonaparte et de Louis Bona- « parte, ainsi qu'il est réglé par le sénatus-con- « sulte organique du 28 floréal an XII. »

AUTORITÉS qui ont reçu les votes.	Nombre de registr.	Nomb. des votes par oui	Nomb. des votes par non	TOTAL.

N° II.

Relevé des votes émis dans l'arrondissement d département d sur, etc.

[Voir le N° 1.]

NOMS des MUNICIPALITÉS.	Nombre de registr.	Nomb. des votes par oui	Nomb. des votes par non	TOTAL.

N° III.

Relevé des votes émis dans l'arrondissement d département d sur, etc.

[Voir le N° I.]

NOMS des ARRONDISSEM.	Nombre de registr.	Nomb. des votes		TOTAL.
		par oui	par non	

Certifié conforme : *Le grand juge ministre de la justice*, REGNIER.

3 MESSIDOR an XII (22 juin 1804). — *Décret impérial contenant désignation des villes dont les maires assisteront au serment de l'empereur.* (IV. Bull. n° 56.)

Napoléon, etc.

Art. 1er. Les trente-six villes dont les maires assisteront au serment de l'empereur, en exécution de l'article. 52 du sénatus-consulte organique du 28 floréal an XII, sont fixées ainsi qu'il suit :

1° Paris, 2° Marseille, 3° Bordeaux, 4° Lyon, 5° Rouen, 6° Turin, 7° Nantes, 8° Bruxelles, 9° Anvers, 10° Gand, 11° Lille, 12° Toulouse, 13° Liége, 14° Strasbourg, 15° Aix-la-Chapelle, 16° Orléans, 17° Amiens, 18° Angers, 19° Montpellier, 20° Metz, 21° Caen, 22° Alexandrie, 23° Clermont, 24° Besançon, 25° Nanci, 26° Versailles, 27° Rennes, 28° Genève, 29° Mayence, 30° Tours, 31° Bourges, 32° Grenoble, 33° la Rochelle, 34° Dijon, 35° Reims, 36° Nice.

21 MESSIDOR an XII (10 juillet 1804). — *Décret impérial sur la prestation de serment et le couronnement de l'empereur.* (IV. Bull. n° 106.)

Napoléon, etc.

SECTION I.

De la prestation de serment et du couronnement.

Art. 1er. La prestation de serment et le couronnement de l'empereur auront lieu le 18 brumaire prochain.

2. Une proclamation annoncera cette solennité à tout l'empire, et appellera ceux qui doivent y assister, aux termes du sénatus-consulte organique du 28 floréal dernier, à se rendre à Paris avant le 10 brumaire.

3. Il leur sera en outre adressé des lettres closes par Sa Majesté.

4. Les fonctionnaires publics convoqués feront connaître leur arrivée au grand maître des cérémonies, qui leur indiquera les lieux où ils devront se rendre pour la cérémonie.

5. La solennité de la prestation de serment et du couronnement aura lieu, en présence de l'impératrice, des princes, princesses, des grands dignitaires, et de tous les fonctionnaires publics désignés au sénatus-consulte organique du 28 floréal, dans la chapelle des Invalides.

SECTION II.

De la cérémonie qui aura lieu au Champ de Mars.

6. Après la solennité de la prestation de serment et du couronnement, Sa Majesté l'empereur se rendra au Champ de Mars.

7. Les gardes nationales de chaque département de l'empire enverront à Paris un détachement de seize hommes avec un drapeau par détachement, dont moitié de fusiliers ou grenadiers, un quart de sous-officiers et un quart d'officiers.

8. Les arrondissements maritimes, escadres, flottilles et vaisseaux armés de l'empire, enverront cinquante détachements de dix hommes avec un pavillon par détachement.

9. Chaque corps de troupe de l'armée et de toute arme enverra une députation de seize hommes, dont moitié de grenadiers, fusiliers, soldats, dragons, chasseurs ou cavaliers, un quart de sous-officiers, un quart d'officiers, avec le drapeau, étendard ou guidon.

10. L'article précédent est applicable aux régiments d'artillerie de la marine.

11. L'arme du génie enverra trois députations de seize hommes chacune.

12. Les vingt-six légions de la gendarmerie enverront chacune une députation de quatre hommes et un guidon.

13. Les invalides de l'hôtel de Paris et ceux des succursales de Louvain et Avignon enverront trois députations dont la composition sera réglée par une instruction du ministre de la guerre.

14. Toutes ces députations prêteront successivement serment de fidélité et obéissance à Sa Majesté l'empereur.

15. Les députations des gardes nationales, celles des arrondissements maritimes, et celles des corps ayant des drapeaux, guidons ou étendards, recevront ensuite de Sa Majesté, pour leurs départements ou régiments, un drapeau par département, un pavillon par détachement de la marine, et un drapeau, guidon ou étendard par bataillon ou escadron.

16. Les drapeaux des départements resteront au chef-lieu, à l'hôtel de la préfecture, sous la garde déjà réglée pour les préfets.

Ils n'en sortiront que portés par un officier nommé par l'empereur; ils seront déployés et montrés au peuple dans toutes les solennités.

17. Les pavillons seront répartis entre les arrondissements maritimes, selon qu'il sera réglé, et déposés à l'hôtel de la marine, sous une garde d'honneur, aux chefs-lieux des sept arrondissements, y compris Anvers, pour être confiés aux escadres, armées navales, flottilles ou autres armements et expéditions, selon les ordres de l'empereur. Au débarquement, ces pavillons seront rapportés à l'hôtel de la marine, où ils seront gardés dans la salle du conseil jusqu'à un nouvel armement.

18. Les drapeaux, étendards et guidons des corps, seront remis à chaque bataillon ou escadron. Ceux qui, par les événements de la guerre, viendront à les perdre, n'en recevront de pareils que par une décision directe de Sa Majesté, rendue après qu'il aura été reconnu qu'ils n'ont pas été perdus par la faute du régiment. Les corps qui les auraient perdus par leur faute, n'en recevraient point d'autres de l'empereur.

SECTION III.

Dispositions générales.

19. Tout ce qui est relatif aux cérémonies et aux fêtes du jour du couronnement, sera ultérieurement réglé.

15 BRUMAIRE an XIII (26 novembre 1804). — *Sénatus-consulte relatif à l'hérédité de la dignité impériale.* (IV. Bull. n° 374.)

Le Sénat conservateur, réuni au nombre de membres prescrit par l'article 90 de la constitution;

Délibérant sur le message de Sa Majesté Impériale, du 1er de ce mois;

Après avoir entendu le rapport de sa commission spéciale, chargée de vérifier les registres des votes émis par le peuple français, en exécution de l'article 142 de l'acte des constitutions de l'empire, en date du 28 floréal an XII, sur l'acceptation de cette proposition :

« Le peuple français veut l'hérédité de la dignité impériale dans la descendance directe, « naturelle, légitime et adoptive de Napoléon Bo« naparte, et dans la descendance directe, natu« relle et légitime de Joseph Bonaparte et de « Louis Bonaparte, ainsi qu'il est réglé par le « sénatus-consulte de ce jour (28 floréal an XII); »

Vu le procès-verbal fait par la commission spéciale, et qui constate que 3,524,254 citoyens ont donné leurs suffrages, et que 3,521,675 citoyens ont accepté ladite proposition,

Déclare ce qui suit :

La dignité impériale est héréditaire dans la descendance directe, naturelle, légitime et adoptive de Napoléon Bonaparte, et dans la descendance directe, naturelle et légitime de Joseph Bonaparte et de Louis Bonaparte, ainsi qu'il est réglé par l'acte des constitutions de l'empire, en date du 28 floréal an XII.

Le présent sénatus-consulte sera transmis par un message à sa Majesté l'empereur.

Les président et secrétaires, *signé* FRANÇOIS (de Neufchâteau), *président;* PORCHER, COLAUD, *secrétaires.* Vu et scellé : *le chancelier du sénat*, signé LAPLACE.

Mandons et ordonnons que les présentes, revêtues des sceaux de l'État, soient publiées et insérées au Bulletin des lois, et le grand juge ministre de la justice chargé d'en surveiller la publication.

Donné au palais de Fontainebleau, le 5 frimaire an XIII.

Signé NAPOLÉON. *Vu par nous archichancelier de l'empire*, signé CAMBACÉRÈS. *Le grand juge ministre de la justice*, signé REGNIER. Par l'empereur : *le secrétaire d'État*, signé HUGUES B. MARET.

Extrait des registres du sénat conservateur, du mardi 15 brumaire an XIII.

Procès-verbal du recensement des votes émis par le peuple français, sur l'hérédité du pouvoir impérial, dressé en exécution de l'arrêté du sénat, du 2 brumaire an XIII.

Le 3 brumaire an XIII, les sénateurs soussignés, membres de la commission spéciale, chargée par délibération du sénat, en date du jour d'hier, de l'examen du projet de sénatus-consulte que sa Majesté impériale a fait remettre le même jour au sénat par des orateurs du gouvernement, ainsi que du recensement des votes émis par le peuple français sur la proposition suivante : Le « peuple veut l'hérédité de la dignité impériale « dans la descendance directe, naturelle, légi« time et adoptive de Napoléon Bonaparte, et « dans la descendance directe, naturelle et lé« gitime de Joseph Bonaparte et de Louis Bo« naparte, ainsi qu'il est réglé par le sénatus« consulte organique du 28 floréal an XII, » ayant considéré que si les registres contenant lesdits votes se trouvent à la disposition du sénat, le transport et le déplacement d'une quantité aussi considérable de papiers entraîneraient des lenteurs, ont arrêté, pour la célérité de l'opération, de se transporter au dépôt provisoire où sont ces papiers.

Et de suite ils se sont transportés dans une des maisons occupées par la première division du ministère de l'intérieur, où la remise desdits papiers leur a été faite.

Ils ont trouvé les registres de chaque département réunis en un ou plusieurs dossiers, et le tout classé et disposé dans un ordre très-régulier.

Conformément au décret du 29 floréal, ces registres ont été ouverts au secrétariat de toutes les administrations et de toutes les municipalités, aux greffes de tous les tribunaux, chez tous les juges de paix et chez tous les notaires. Chaque dépositaire d'un registre l'a arrêté, et après avoir porté au bas le relevé des votes et certifié le tout, l'a adressé au maire de sa municipalité; celui-ci les a fait passer au sous-préfet de son arrondissement, avec un relevé de lui certifié, et conforme au modèle qui avait été envoyé : chaque sous-préfet a transmis au préfet les registres de son arrondissement, avec un relevé de lui certifié, et conforme aussi à un second modèle imprimé. Chaque préfet a ensuite envoyé au ministre de l'intérieur les registres de son département, avec un relevé général de lui certifié, et conforme à un troisième modèle également imprimé.

Les votes émis dans le département de la Seine ont été adressés, soit au préfet du département, soit au préfet de police, soit directement au ministre de l'intérieur. Les chefs de chaque établissement ou corps ont certifié le contenu de ces registres.

Plusieurs maires ne s'étant pas conformés aux instructions qu'ils avaient reçues, ont adressé directement au ministre de l'intérieur les registres de leur commune; on les a renvoyés aux préfets, qui les ont transmis de nouveau, après les avoir légalisés et certifiés.

Tous les départements, sans aucune exception, ont envoyé leurs registres.

Il est parvenu quelques votes isolés; on n'en a point tenu compte.

Le ministre des relations extérieures a envoyé à celui de l'intérieur les votes des Français employés ou résidants momentanément en pays étranger : quelques-uns de ces votes lui ont été adressés immédiatement par les votants; d'autres ont été consignés sur des registres ouverts à cet effet chez nos agents diplomatiques, qui les ont certifiés.

Un grand nombre de suppléments de votes étant parvenus au ministre de l'intérieur depuis la confection du tableau annexé au projet de sénatus-consulte, ces suppléments ont été représentés aux commissaires, qui ont arrêté, 1° de former deux résultats; le premier, du nombre des votes, tel qu'il était à l'époque où ledit tableau a été dressé; et le second, où l'on ajouterait le nombre total des votes, tel qu'il est aujourd'hui, d'après les registres et les suppléments; 2° d'annexer au présent procès-verbal un tableau *par départements*, où les derniers suppléments ne seraient pas compris ; 3° de faire dresser, pour être annexé également au procès-verbal, un second tableau par arrondissements de sous-préfectures, qui contiendrait la totalité des votes actuels.

De la vérification et du recensement opérés de la manière susdite, il résulte 1° que sur la proposition de l'hérédité du pouvoir impérial, telle qu'elle est énoncée en l'article 142 du sénatus-consulte du 28 floréal dernier, et rapportée au commencement du présent acte, le nombre des votants, tel qu'il était parvenu peu de jours avant la rédaction du projet de sénatus-consulte, en y comprenant les 400,000 votes de l'armée de terre et les 50,000 des armées navales, se trouve de 3,524,254, et le nombre des registres de 60,870 ; que le nombre des votes affirmatifs est de 3,521,675, et celui des votes négatifs de 2,569.

Il résulte, 2°, que le nombre des votants, tel qu'il se trouve aujourd'hui d'après la totalité des pièces représentées aux commissaires, est de 3,574,898 votants, et le nombre des registres de 61,968 ; que le nombre des votes affirmatifs est de 3,572,329, et celui des votes négatifs de 2,569 ; qu'ainsi le nombre des votes affirmatifs excède aujourd'hui de 50,654 la quantité des mêmes votes énoncée au projet de sénatus-consulte.

Le procès-verbal ci-dessus arrêté et clos le 12 brumaire an XIII, et signé de chacun des membres de la commission.

N° I.

Relevé général des votes émis par le peuple français sur la proposition présentée à son acceptation par le sénatus-consulte organique du 28 floréal an XII.

Le peuple veut l'hérédité de la dignité impériale dans la descendance directe, naturelle, légitime et adoptive de Napoléon Bonaparte, et dans la descendance directe, naturelle et légitime de Joseph Bonaparte et de Louis Bonaparte, ainsi qu'il est réglé par le sénatus-consulte du 28 floréal an XII.

DÉPARTEMENTS.	Nombre des Registr.	NOMBRE DES VOTES POUR		
		Oui.	Non.	TOTAL.
1 Ain.	845	27,390	17	27,407
2 Aisne.	1,089	24,846	34	24,880
3 Allier.	430	23,603	3	23,606
4 Alpes (Basses).	303	13,334	1	13,335
5 Alpes (Hautes).	281	23,015	»	23,015
6 Alpes-Maritimes.	173	8,390	5	8,395
7 Ardèche.	490	19,416	12	19,428
8 Ardennes.	734	21,656	18	21,674
9 Arriége.	441	23,514	3	23,517
10 Aube.	621	30,804	25	30,829
11 Aude.	»	13,829	3	13,832
12 Aveyron.	487	20,412	4	20,416
13 Bouches-du-Rhône	274	14,043	4	14,047
14 Calvados.	959	24,362	19	24,381
15 Cantal.	141	6,276	3	6,279
16 Charente.	670	21,482	18	21,500
17 Charente-Infer.	768	23,245	25	23,270
18 Cher.	409	37,802	2	37,804
19 Corrèze.	411	23,973	»	23,973
20 Côte-d'Or.	884	19,702	27	19,729
21 Côtes-du-Nord.	880	18,242	19	18,261
22 Creuse.	485	13,962	13	13,975
23 Doire.	282	7,805	41	7,846
24 Dordogne.	826	40,659	32	40,691
25 Doubs.	722	15,197	76	15,273
26 Drôme.	494	18,998	9	19,007
27 Dyle.	659	73,323	6	73,329
École de Rome.	1	19	»	19
28 Elbe (Ile d'). (1)	»	4,487	100	4,587
29 Escaut.	851	41,986	14	42,000
30 Eure.	841	24,867	6	24,873
31 Eure-et-Loir.	629	25,931	11	25,942
32 Finistère.	588	12,066	1	12,067
33 Forêts.	476	23,740	32	23,772
34 Gard.	830	20,984	»	20,984
35 Garonne (Haute).	883	38,525	7	38,532
36 Gers.	641	24,224	19	24,243
37 Gironde.	763	20,317	21	20,338
38 Golo.	348	28,864	1	28,865
39 Hérault.	494	25,185	7	25,192
40 Ile-et-Vilaine.	862	20,769	11	20,780
41 Indre.	364	10,013	»	10,013
42 Indre-et-Loire.	310	18,734	6	18,740
43 Isère.	773	82,084	12	82,096
44 Jemmape.	339	19,038	19	19,057
45 Jura.	838	17,275	74	17,349
46 Landes.	460	45,767	6	45,773
47 Léman.	259	10,114	43	10,157
48 Liamone.	196	16,133	»	16,133
49 Loir-et-Cher.	423	10,733	8	10,741
50 Loire.	417	14,227	5	14,232
51 Loire (Haute).	425	21,863	»	21,863
52 Loire-Inférieure.	390	24,303	3	24,306
53 Loiret.	334	22,990	»	22,990
54 Lot.	581	39,783	6	39,789
55 Lot-et-Garonne.	683	19,985	10	19,995
56 Lozère.	235	12,007	4	12,011
57 Lys.	370	18,225	8	18,233
58 Maine-et-Loire.	602	40,379	10	40,389
59 Manche.	809	48,430	6	48,436
60 Marengo.	382	23,348	18	23,366
61 Marne.	871	18,990	17	19,007
62 Marne (Haute).	707	19,280	23	19,303
63 Mayenne.	597	13,712	2	13,714
64 Meurthe.	600	32,316	41	32,357
65 Meuse.	722	21,152	17	21,169
66 Meuse-Inférieure.	334	30,227	11	30,238
67 Mont-Blanc.	380	22,649	12	22,661
68 Mont-Tonnerre.	870	39,299	131	39,430
69 Morbihan.	372	19,355	1	19,356
70 Moselle.	1,031	51,975	26	52,001
71 Nèthes (Deux).	231	11,587	9	11,596
72 Nièvre.	468	26,634	8	26,642
73 Nord.	998	63,088	31	63,119
74 Oise.	800	34,236	17	34,253
75 Orne.	763	26,873	10	26,883
76 Ourte.	402	20,359	10	20,369
77 Pas-de-Calais.	1,123	56,342	17	56,359
78 Pô.	893	23,574	201	23,775
79 Puy-de-Dôme.	700	30,874	15	30,907
80 Pyrénées (Basses).	759	41,059	18	41,077
81 Pyrénées (Hautes).	611	22,461	17	22,478
82 Pyrénées-Orient.	243	9,431	17	9,409
83 Rhin (Bas).	735	35,406	18	35,424
84 Rhin (Haut).	798	35,673	127	35,800
85 Rhin-et-Moselle.	340	30,382	88	30,470
86 Rhône.	584	18,247	7	18,254
87 Roer.	440	95,005	101	95,040
88 Sambre-et-Meuse.	860	11,739	3	11,742
89 Saône (Haute).	784	32,113	74	32,187
90 Saône-et-Loire.	861	81,059	14	81,073
91 Sarre.	260	38,909	68	38,977
92 Sarthe.	895	20,154	6	20,160
93 Seine.	439	120,947	70	121,017
94 Seine-Inférieure.	1,107	64,208	10	64,218
95 Seine-et-Marne.	711	35,849	13	35,862
96 Seine-et-Oise.	881	52,906	9	52,915
97 Sesia.	389	14,071	30	14,101
98 Sèvres (Deux).	807	27,348	»	27,348
99 Somme.	1,042	19,869	26	19,895
100 Stura.	520	17,568	65	17,633
101 Tanaro.	495	35,053	32	35,085
102 Tarn.	819	38,626	7	38,633
103 Var.	400	10,585	»	10,585
104 Vaucluse.	346	17,780	»	17,780
105 Vendée.	420	16,052	7	16,059
106 Vienne.	468	16,391	7	16,398
107 Vienne (Haute).	334	19,622	»	19,622
108 Vosges.	684	20,480	107	20,587
109 Yonne.	681	31,106	14	31,120
TOTAUX........	60,816	3,069,911	2,568	3,072,479
Armée de terre.	»	400,000	»	400,000
Armée navale.	»	50,000	»	50,000
Agences polit. et com.	54	1,764	11	1,775
TOT. GÉNÉR. (1)....	60,870	3,521,675	2,569	3,524,254

(1) Y compris les militaires au nombre de 2,312, dont 60 votes négatifs.

30 MARS 1806. — *Statuts sur l'état de la famille impériale.* (IV. Bull. n° 1432.)

Message de Sa Majesté l'empereur au sénat conservateur.

Sénateurs,

Nous avons chargé notre cousin l'archichancelier de l'empire de vous donner connaissance, pour être transcrits sur vos registres,

1° Des statuts qu'en vertu de l'article 14 de l'acte des constitutions de l'empire, en date du 28 floréal an XII, nous avons jugé convenable d'adopter : ils forment la loi de notre famille impériale ;

2° De la disposition que nous avons faite du royaume de Naples et de Sicile, des duchés de Berg et de Clèves, du duché de Guastalla et de la principauté de Neufchâtel, que différentes transactions politiques ont mis entre nos mains ;

3° De l'accroissement de territoire que nous avons trouvé à propos de donner, tant à notre royaume d'Italie, en y incorporant tous les États vénitiens, qu'à la principauté de Lucques.

Nous avons jugé, dans ces circonstances, devoir imposer plusieurs obligations et faire supporter plusieurs charges à notre couronne d'Italie, au roi de Naples et au prince de Lucques. Nous avons ainsi trouvé moyen de concilier les intérêts et la dignité de notre trône et le sentiment de notre reconnaissance pour les services qui nous ont été rendus dans la carrière civile et dans la carrière militaire. Quelle que soit la puissance à laquelle la divine Providence et l'amour de nos peuples nous ont élevés, elle est insuffisante pour récompenser tant de braves, et pour reconnaître les nombreux témoignages de fidélité et d'amour qu'ils ont donnés à notre personne.

Vous remarquerez dans plusieurs des dispositions qui vous seront communiquées, que nous ne nous sommes pas uniquement abandonnés aux sentiments affectueux dont nous étions pénétrés, et au bonheur de faire du bien à ceux qui nous ont si bien servis. Nous avons été principalement guidés par la grande pensée de consolider l'ordre social et notre trône, qui en est le fondement et la base, et de donner des centres de correspondance et d'appui à ce grand empire : elle se rattache à nos pensées les plus chères, à celle à laquelle nous avons dévoué notre vie entière ; la grandeur et la prospérité de nos peuples.

Donné en notre palais des Tuileries, le 30 mars de l'an 1806.

Signé NAPOLÉON.

Par l'empereur :

Le ministre secrétaire d'État, signé HUGUES B. MARET.

(1) Le relevé général par arrondissements de sous-préfectures dont il a été question ci-dessus donna 50,654 votes affirmatifs de plus que ceux énoncés au présent tableau.

Napoléon, par la grâce de Dieu et les constitutions de l'État, empereur des Français, roi d'Italie, à tous présents et à venir, salut.

L'article 14 de l'acte des constitutions du 28 floréal an XII porte que nous établirons par des statuts auxquels nos successeurs seront tenus de se conformer, les devoirs des individus de tout sexe, membres de la maison impériale, envers l'empereur. Pour nous acquitter de cette importante obligation, nous avons considéré, dans son objet et dans ses conséquences, la disposition dont il s'agit, et nous avons pesé les principes sur lesquels doit reposer le statut constitutionnel qui formera la loi de notre famille.

L'état des princes appelés à régner sur ce vaste empire, et à le fortifier par des alliances, ne saurait être absolument le même que celui des autres Français.

Leur naissance, leurs mariages, leurs décès, les adoptions qu'ils pourraient faire, intéressent la nation tout entière, et influent plus ou moins sur ses destinées : comme tout ce qui concerne l'existence sociale de ces princes appartient plus au droit politique qu'au droit civil, les dispositions de celui-ci ne peuvent leur être appliquées qu'avec les modifications déterminées par la raison d'État ; et si cette raison d'État leur impose des obligations dont les simples citoyens sont affranchis, ils doivent les considérer comme une conséquence nécessaire de cette haute dignité à laquelle ils sont élevés, et qui les dévoue sans réserve aux grands intérêts de la patrie et à la gloire de notre maison.

Des actes aussi importants que ceux qui constatent l'état civil de la maison impériale, doivent être reçus dans les formes les plus solennelles : la dignité du trône l'exige, et il faut d'ailleurs rendre toute surprise impossible.

En conséquence, nous avons jugé convenable de confier à notre cousin l'archichancelier de l'empire, le droit de remplir exclusivement, par rapport à nous et aux princes et princesses de notre maison, les fonctions attribuées par les lois aux officiers de l'état civil. Nous avons aussi commis à l'archichancelier le soin de recevoir le testament de l'empereur et le statut qui fixera le douaire de l'impératrice. Ces actes, ainsi que ceux de l'état civil, tiennent de si près à la maison impériale et à l'ordre politique, qu'il est impossible de leur appliquer exclusivement les formes ordinairement employées pour les contrats et pour les dispositions de dernière volonté.

Après avoir réglé l'état des princes et princesses de notre sang, notre sollicitude devait se porter sur l'éducation de leurs enfants. Rien de plus important que d'écarter d'eux de bonne heure, les flatteurs qui tenteraient de les corrompre, les ambitieux qui, par des complaisances coupables, pourraient capter leur confiance, et préparer à la nation des souverains faibles, sous le nom desquels ils se promettraient un jour de régner. Le choix des personnes chargées de l'éducation des enfants des princes et princesses de la maison impériale doit donc être réservé à l'empereur.

Nous avons ensuite considéré les princes et princesses dans les actions communes de la vie. Trop souvent la conduite des princes a troublé le repos des peuples, et produit des déchirements dans l'État. Nous devons armer les empereurs qui régneront après nous, de tout le pouvoir nécessaire pour prévenir ces malheurs dans leurs causes éloignées, pour les arrêter dans leurs progrès, pour les étouffer lorsqu'ils éclatent.

Nous avons aussi pensé que les princes de l'empire, titulaires des grandes dignités, étant appelés par leurs éminentes prérogatives à servir d'exemple au reste de nos sujets, leur conduite devait, à plusieurs égards, être l'objet de notre particulière sollicitude.

Tant de précautions seraient sans doute inutiles, si les souverains qui sont destinés à s'asseoir un jour sur le trône impérial, avaient, comme nous, l'avantage de ne voir autour d'eux que des parents dévoués à leur service et au bonheur des peuples, que des grands distingués par un attachement inviolable à leur personne : mais notre prévoyance doit se porter sur d'autres temps; et notre amour pour la patrie nous presse d'assurer, s'il se peut, aux Français, pour une longue suite de siècles, l'état de gloire et de prospérité où, avec l'aide de Dieu, nous sommes parvenus à les placer.

A ces causes, nous avons décrété et décrétons le présent statut, auquel, en exécution de l'article 14 de l'acte des constitutions de l'empire, du 28 floréal an XII, nos successeurs seront tenus de se conformer.

TITRE Ier.

De l'état des princes et princesses de la maison impériale.

Art. 1er. L'empereur est le chef et le père commun de sa famille. A ces titres, il exerce sur ceux qui la composent, la puissance paternelle pendant leur minorité, et conserve toujours à leur égard un pouvoir de surveillance, de police et de discipline, dont les effets principaux seront déterminés ci-après.

2. Si l'empereur est lui-même mineur, les droits mentionnés dans l'article précédent appartiennent au régent, qui ne peut les exercer qu'en vertu d'une délibération du conseil de régence, prise dans les cas où il y a lieu à en faire l'application.

3. La maison impériale se compose,

1° Des princes compris dans l'ordre d'hérédité établi par l'acte des constitutions du 28 floréal an XII, de leurs épouses et de leur descendance en légitime mariage;

2° Des princesses nos sœurs, de leurs époux et de leur descendance en légitime mariage, jusqu'au cinquième degré inclusivement;

3° De nos enfants d'adoption et de leur descendance légitime.

4. Le mariage des princes et princesses de la maison impériale, à quelque âge qu'ils soient parvenus, sera nul et de nul effet, de plein droit, et sans qu'il soit besoin de jugement, toutes les fois qu'il aura été contracté sans le consentement formel de l'empereur.

Ce consentement sera exprimé dans une lettre close, contre-signée par l'archichancelier de l'empire. Il suffira seul, et tiendra lieu de dispense d'âge et de parenté, dans tous les cas où ces dispenses sont nécessaires.

5. Tous les enfants nés d'une union qui n'aurait point été contractée conformément aux dispositions du précédent article, seront réputés illégitimes, sans que ni eux ni leurs père et mère puissent prétendre, en vertu de cette union, aucun des avantages attachés par les lois et usages de certains pays aux mariages dits *de la main gauche*; lesquels mariages ne sont autorisés ni par le code civil, ni par les constitutions de l'empire, et sont, autant que besoin est, prohibés par le présent statut.

6. Les conventions matrimoniales des princes et princesses de la maison impériale sont nulles, si elles ne sont approuvées par l'empereur, sans que, dans ce cas, les parties puissent exciper des dispositions du code civil, lesquelles n'auront point lieu à leur égard.

7. Le divorce est interdit aux membres de la maison impériale de tout sexe et de tout âge.

8. Ils pourront néanmoins demander la séparation de corps.

Elle s'opérera par la seule autorisation de l'empereur, sans forme ni procédure.

Elle n'aura d'effet que quant à l'habitation commune, et ne changera rien aux conventions matrimoniales.

9. Les biens des princes et princesses de la maison impériale, dont le père serait décédé, seront, pendant leur minorité, administrés par un ou plusieurs tuteurs que l'empereur nommera.

10. Ces tuteurs rendront le compte de tutelle au conseil de famille dont il sera parlé ci-après.

11. Le conseil de famille exercera sur le tuteur, en tout ce qui concernera l'administration de la tutelle, une juridiction coactive et contentieuse.

Il remplira, pour les actes de tutelle, toutes les fonctions qui, à l'égard des particuliers, sont déléguées par le code civil aux conseils de famille ordinaires et aux tribunaux.

Néanmoins les décisions qu'il rendra n'auront d'effet qu'après l'approbation de l'empereur, dans tous les cas où, entre particuliers, les délibérations du conseil de famille sont sujettes à l'homologation des tribunaux.

12. Les membres de la maison impériale ne peuvent, sans le consentement exprès de l'empereur, ni adopter, ni se charger de tutelle officieuse, ni reconnaître leurs enfants naturels.

Dans ces cas, l'empereur réglera les effets que l'acte devra produire, quant aux biens, et quant au rang qu'il donnera dans l'État à la personne qui en sera l'objet.

13. L'interdiction des princes et princesses de la maison impériale, dans les cas prévus par l'article 489 du code civil, est prononcée par le conseil de famille.

Le jugement n'a d'effet qu'après avoir été approuvé par l'empereur.

Le conseil de famille exercera sur le curateur, sur l'interdit et sur ses biens, la même autorité et la même juridiction qui, entre particuliers, appartiennent aux conseils de famille ordinaires et aux tribunaux.

TITRE II.

Des actes relatifs à l'état des princes et princesses de la maison impériale.

14. L'archichancelier de l'empire remplira exclusivement, par rapport à nous et aux princes et princesses de notre maison, les fonctions attribuées par les lois aux officiers de l'état civil.

En conséquence, il recevra les actes de naissance, d'adoption, de mariage, et tous autres actes prescrits ou autorisés par le code civil.

15. Ces actes seront transcrits sur un registre double, tenu par le secrétaire de l'état de la maison impériale, coté par première et dernière, et paraphé sur chaque feuille par l'archichancelier.

Le secrétaire de l'état de la maison impériale sera nommé par l'empereur, et choisi parmi les fonctionnaires qui font ou ont fait partie du ministère ou du conseil d'État.

16. Le secrétaire de l'état de la maison impériale demeurera dépositaire de ces registres. Il délivrera les extraits des actes y contenus, lesquels seront visés par l'archichancelier.

17. Lorsque ces registres seront finis, ils seront clos et arrêtés par l'archichancelier : l'un des doubles restera aux archives impériales, l'autre sera déposé aux archives du sénat, conformément à l'article 13 de l'acte des constitutions du 28 floréal an XII.

18. Les actes seront rédigés dans les formes établies par le code civil, sauf ce qui est réglé par l'article 31 de l'acte des constitutions du 28 floréal an XII, pour les actes d'adoption, dans le cas prévu par l'article 4 dudit acte.

19. L'empereur indiquera les témoins qui assisteront aux actes de naissance et de mariage des membres de la maison impériale.

S'il est absent du lieu où l'acte est passé, ou s'il n'y a pas eu d'indication de sa part, l'archichancelier sera tenu de prendre les témoins parmi les princes du sang, en suivant l'ordre de leur proximité du trône; après eux, parmi les princes de l'empire titulaires de grandes dignités; et au défaut de ceux-ci, parmi les grands officiers de l'empire et les membres du sénat.

20. L'archichancelier ne pourra recevoir l'acte de mariage des princes et princesses, ni aucun acte d'adoption ou de reconnaissance d'enfants naturels, qu'après qu'il lui aura apparu de l'autorisation de l'empereur. A cet effet, il lui sera adressé, le cas échéant, une lettre close qui indiquera en outre le lieu où l'acte doit être reçu. Cette lettre sera transcrite en entier dans l'acte.

21. Les actes ci-dessus mentionnés qui, par l'effet de circonstances particulières, seraient dressés en l'absence de l'archichancelier, lui seront remis par celui qui aura été désigné pour le suppléer.

Ces actes seront inscrits sur le registre; et la minute y demeurera annexée, après avoir été visée par l'archichancelier.

22. L'acte qui fixera le douaire de l'impératrice sera reçu par l'archichancelier, assisté du secrétaire de l'état de la maison impériale, qui l'écrira en présence de deux témoins indiqués par l'empereur.

Cet acte, soit clos, soit ouvert, suivant que l'empereur l'aura déterminé, sera déposé au sénat par l'archichancelier.

23. Lorsque l'empereur jugera à propos de faire son testament par acte public, l'archichancelier, assisté du secrétaire de l'état de la maison impériale, recevra sa dernière volonté, laquelle sera écrite sous la dictée de l'empereur par le secrétaire de l'état de la maison impériale, en présence de deux témoins.

Dans ce cas, l'acte sera écrit sur le registre mentionné en l'article 15 ci-dessus.

24. Si l'empereur dispose par testament mystique, l'acte de suscription sera dressé par l'archichancelier et inscrit par le secrétaire de l'état de la maison impériale. Ils signeront l'un et l'autre avec l'empereur et les six témoins qu'il aura indiqués.

Le testament mystique de l'empereur sera déposé au sénat par l'archichancelier.

25. Après le décès des princes et princesses de la maison impériale, les scellés seront apposés dans leurs palais et maisons par le secrétaire de l'état de la maison impériale, et, en cas d'empêchement, par un conseiller d'État désigné à cet effet par l'archichancelier de l'empire.

TITRE III.

De l'éducation des princes et princesses de la maison impériale.

26. L'empereur règle tout ce qui concerne l'éducation des enfants des princes et princesses de sa maison. Il nomme et révoque à volonté ceux qui en sont chargés, et détermine le lieu où elle doit s'effectuer.

27. Tous les princes nés dans l'ordre de l'hérédité seront élevés ensemble et par les mêmes instituteurs et officiers, soit dans le palais qu'habite l'empereur, soit dans un autre palais, dans le rayon de dix myriamètres de sa résidence habituelle.

28. Leur cours d'éducation commencera à l'âge de sept ans, et finira lorsqu'ils auront atteint leur seizième année.

Les enfants de ceux qui se sont distingués par leurs services, pourront être admis par l'empereur à en partager les avantages.

29. Le cas arrivant où un prince, dans l'ordre de l'hérédité, monterait sur un trône étranger, il sera tenu, lorsque ses enfants mâles auront atteint l'âge de sept ans, de les envoyer à la susdite maison pour y recevoir leur éducation.

TITRE IV.

Du pouvoir de surveillance, de discipline et de police que l'empereur exerce dans l'intérieur de sa famille.

30. Les princes et princesses de la maison impériale, quel que soit leur âge, ne peuvent, sans l'ordre ou sans le congé de l'empereur, sortir du territoire de l'empire, ni s'éloigner de plus de quinze myriamètres (trente lieues) de la ville où la résidence impériale se trouve établie.

31. Si un membre de la maison impériale vient à se livrer à des déportements et oublier sa dignité ou ses devoirs, l'empereur pourra infliger, pour un temps déterminé et qui n'excédera point une année, les peines suivantes; savoir :

Les arrêts,

L'éloignement de sa personne,

L'exil.

32. L'empereur peut ordonner aux membres de la maison impériale d'éloigner d'eux les personnes qui lui paraissent suspectes, encore que ces personnes ne fassent point partie de leur maison.

TITRE V.

Du conseil de famille.

33. Il y aura auprès de l'empereur un conseil de famille. Indépendamment des attributions qui sont données à ce conseil par les articles 10, 11 et 13 du présent statut, il connaîtra,

1° Des plaintes portées contre les princes et princesses de la maison impériale, toutes les fois qu'elles n'auront point pour objet des délits de la nature de ceux qui, aux termes de l'article 101 de l'acte des constitutions du 28 floréal an XII, doivent être jugés par la haute cour;

2° Des actions purement personnelles, intentées soit par les princes et princesses de la maison impériale, soit contre eux.

A l'égard des actions réelles mixtes, elles continueront à être portées devant les tribunaux ordinaires.

34. Le conseil de famille sera présidé par l'empereur, et, à son défaut, par l'archichance-

lier de l'empire, lequel en fait toujours partie.

Il sera composé, en outre, d'un prince de la maison impériale désigné par l'empereur, de celui des princes grands dignitaires de l'empire qui aura le premier rang d'ancienneté, du doyen des maréchaux de l'empire, du chancelier du sénat, et du premier président de la cour de cassation.

Le grand juge ministre de la justice remplit près le conseil les fonctions du ministère public.

Le secrétaire de l'état de la maison impériale y tient la plume.

Les pièces et les minutes des jugements seront déposées aux archives impériales.

35. Les demandes susceptibles d'être présentées au conseil seront préalablement communiquées à l'archichancelier, qui en rendra compte, dans huitaine au plus tard, à l'empereur, et prendra ses ordres.

36. Si l'empereur ordonne que l'affaire soit suivie devant le conseil, l'archichancelier procédera d'abord à la conciliation.

Les procès-verbaux contenant les dires, aveux et propositions des parties intéressées, seront dressés par le secrétaire de l'état de la maison impériale. L'accommodement dont les parties pourraient convenir, n'aura d'effet qu'après avoir été approuvé par l'empereur.

37. Le conseil de famille n'est point tenu de suivre les formes ordinaires, soit dans l'instruction des causes portées devant lui, soit dans les jugements qu'il rend.

Néanmoins il doit toujours entendre les parties, soit par elles-mêmes, soit par leur fondé de pouvoirs, et ses jugements sont motivés.

Il doit aussi avoir prononcé dans le mois.

38. Les jugements rendus par le conseil de famille ne sont point susceptibles de recours en cassation. Ils sont signifiés aux parties, à la requête du grand juge, par les huissiers de la chambre ou tous autres à ce commis.

39. Lorsque le conseil de famille statue sur des plaintes, et qu'il les croit fondées, il se borne à déclarer que celui contre qui elles sont dirigées, est répréhensible pour le fait que la plainte spécifie, et renvoie pour le surplus à l'empereur.

40. Si l'empereur ne croit pas devoir user d'indulgence, il prononce l'une des peines portées en l'article 31 ci-dessus, et même, suivant la gravité du fait, la peine de deux ans de réclusion dans une prison d'État.

TITRE VI.

Des dispositions du présent statut qui sont applicables aux princes de l'empire titulaires des grandes dignités.

41. Les grands dignitaires et les ducs sont assujettis aux dispositions de l'article 31 ci-dessus, dans les cas prévus par cet article.

---

25 FÉVRIER 1809. — *Décret impérial concernant les discours ou adresses faits au nom d'un des corps de l'État.* (IV. Bull. n° 4138.)

Art. 1er. Tout discours ou adresse fait au nom d'un des corps de l'État, politiques, administratifs, judiciaires, savants ou littéraires, par leur président, ne pourra être prononcé qu'après avoir été préalablement soumis à l'approbation respective de chaque corps.

2. Lorsque la rédaction du projet de discours ou d'adresse n'aura pas été confiée à une commission, le président en sera chargé de droit.

3. Lorsqu'une commission en aura été chargée, elle désignera un de ses membres pour la rédaction; elle entendra ensuite la lecture, discutera s'il y a lieu, arrêtera les changements, additions ou retranchements, que le rédacteur exécutera; et le projet, adopté par la commission, sera ensuite soumis à l'approbation de l'assemblée générale.

4. Lorsque le président sera chargé de la rédaction, une commission de cinq membres sera formée par le sort, et l'on procédera comme il est dit à l'article précédent.

5. Les discours et adresses, lus et approuvés dans l'assemblée générale, seront inscrits sur les registres du secrétariat, ou sur le procès-verbal; et expédition en sera remise au président chargé de porter la parole.

---

19 MARS 1811. — *Sénatus-consulte organique portant création de deux nouvelles places de grand officier de l'empire.* (IV. Bull. n° 6579.)

Le Sénat conservateur, réuni au nombre de membres prescrit par l'article 90 de l'acte des constitutions en date du 13 décembre 1799;

Vu, 1° le 4e paragraphe de l'article 48 de l'acte des constitutions du 18 mai 1804, portant création de huit grands officiers de l'empire, inspecteurs et colonels généraux de l'artillerie et du génie, des troupes à cheval et de la marine;

2° Les sénatus-consultes organiques des 8 octobre 1805, 24 mai 1808 et 13 décembre 1810;

3° Le projet de sénatus-consulte organique rédigé en la forme prescrite par l'article 57 de l'acte des constitutions du 4 août 1802;

Après avoir entendu, sur les motifs dudit projet, les orateurs du conseil d'État, et le rapport de la commission spéciale nommée dans la séance du 14 de ce mois;

L'adoption ayant été délibérée au nombre de voix prescrit par l'article 56 de l'acte des constitutions du 4 août 1802,

Décrète :

Art. 1er. Deux nouvelles places de grand officier de l'empire sont créées, l'une sous le titre d'*inspecteur général des côtes de la mer de Ligurie*, et l'autre sous le titre d'*inspecteur général des côtes de la mer du Nord.*

En conséquence, le nombre des grands officiers de l'empire, inspecteurs et colonels généraux, fixé à huit par le 4e paragraphe de l'article 48 de l'acte des constitutions du 18 mai 1804, est porté à dix.

2. Le présent sénatus-consulte organique sera transmis, par un message, à Sa Majesté l'empereur et roi.

---

22 JUIN 1811. — *Décret impérial relatif aux princes de la famille impériale qui ont été ou qui seraient appelés, du consentement de l'empereur, à une couronne étrangère.* (IV. Bull. n° 7097.)

Art. 1er. Les princes de notre famille qui ont été ou qui seraient appelés, de notre consentement, à une couronne étrangère, seront traités, dans l'étendue de notre empire, comme princes français.

Ils porteront, lorsqu'ils seront dans notre empire, la cocarde française et le costume de prince français, sans pouvoir porter aucun costume étranger.

2. Ils auront les honneurs civils et militaires tels qu'ils sont déterminés par notre décret du 24 messidor an XII, et par tous autres règlements qui pourraient intervenir sur le fait des rangs et préséances.

3. L'étiquette intérieure et extérieure de notre palais sera réglée conformément à ce qui est déterminé au précédent article.

---

5 FÉVRIER 1813. — *Sénatus-consulte organique concernant la régence de l'empire, et le sacre et couronnement de l'impératrice et du prince impérial roi de Rome.* (IV. Bull. n° 8668.)

Le Sénat conservateur, réuni au nombre de membres prescrit par l'article 90 de l'acte des constitutions du 13 décembre 1799;

Vu le projet de sénatus-consulte organique, rédigé en la forme prescrite par l'article 57 de l'acte des constitutions du 4 août 1802;

Après avoir entendu, sur les motifs dudit projet, les orateurs du conseil d'État, et le rapport de la commission spéciale nommée dans la séance du 2 de ce mois;

L'adoption ayant été délibérée au nombre de voix prescrit par l'article 56 de l'acte des constitutions en date du 4 août 1802,

Décrète :

TITRE Ier.

De la régence.

Art. 1er. Le cas arrivant où l'empereur mineur monte sur le trône sans que l'empereur son père ait disposé de la régence de l'empire, l'impératrice mère réunit de droit à la garde de son fils mineur, la régence de l'empire.

2. L'impératrice régente ne peut passer à de secondes noces.

3. Au défaut de l'impératrice, la régence, si l'empereur n'en a autrement disposé, appartient au premier prince du sang, et, à son défaut, à l'un des autres princes français dans l'ordre de l'hérédité de la couronne.

4. S'il n'existe aucun prince du sang habile à exercer la régence, elle est déférée de droit au premier des princes grands dignitaires de l'empire, en fonctions au moment du décès de l'empereur; à l'un, à défaut de l'autre, dans l'ordre suivant, savoir :

Le premier, l'archichancelier de l'empire;
Le second, l'archichancelier d'État;
Le troisième, le grand électeur;
Le quatrième, le connétable;
Le cinquième, l'architrésorier;
Le sixième, le grand amiral.

5. Un prince français assis sur un trône royal étranger, au moment du décès de l'empereur, n'est pas habile à exercer la régence.

6. L'empereur ne nommant de vice-grands dignitaires que quand les titulaires sont appelés à des couronnes étrangères, les vice-grands dignitaires exercent les droits des titulaires qu'ils suppléent, même en ce qui touche l'entrée au conseil de régence.

7. Les princes titulaires des grandes dignités de l'empire qui, d'après l'article 51 de l'acte des constitutions du 18 mai 1804, se trouvent privés de l'exercice de leurs fonctions, au moment du décès de l'empereur, ne reprennent leurs fonctions que lorsqu'ils sont rappelés par la régente ou le régent.

8. Pour être habile à exercer la régence, et pour entrer au conseil de régence, un prince français doit être âgé au moins de vingt et un ans accomplis.

9. Tous les actes de la régence sont au nom de l'empereur mineur.

TITRE II.

De la manière dont l'empereur dispose de la régence.

10. L'empereur dispose de la régence, soit par acte de dernière volonté rédigé dans les formes établies par le statut du 30 mars 1806, soit par lettres patentes.

TITRE III.

De l'étendue du pouvoir de la régence, et de sa durée.

11. Jusqu'à la majorité de l'empereur, l'impératrice régente ou le prince régent exerce, pour l'empereur mineur, toute la plénitude de l'autorité impériale.

12. Leurs fonctions commencent au moment du décès de l'empereur.

13. L'impératrice régente nomme aux grandes dignités et aux grands offices de l'empire et de la couronne, qui sont ou deviennent vacants durant sa régence.

14. L'impératrice régente ou le régent nomment, révoquent tous les ministres sans exception, et peuvent élever des citoyens au rang de sénateurs, conformément à l'article 57 de l'acte des constitutions du 18 mai 1804.

15. Si l'empereur mineur décède laissant un frère héritier du trône, la régence de l'impératrice ou celle du prince régent continue sans aucune formalité nouvelle.

16. La régence de l'impératrice cesse si l'ordre d'hérédité appelle au trône un prince qui ne soit pas son fils. Il est pourvu, dans ce cas, à l'exercice de la régence, conformément à l'article 4.

17. Si l'empereur mineur décède laissant la couronne à un empereur mineur d'une autre branche, le prince régent conservera l'exercice de la régence jusqu'à la majorité du nouvel empereur.

18. Le prince français ou le prince grand dignitaire qui exerce la régence, par défaut d'âge ou autre cause d'empêchement du prince appelé avant lui à la régence par les constitutions, conserve la régence jusqu'à la majorité de l'empereur.

Le prince français qui s'est trouvé empêché, pour quelque cause que ce soit, d'exercer la régence au moment du décès de l'empereur, ne peut, l'empêchement cessant, reprendre l'exercice de la régence.

TITRE IV.

Du conseil de régence.

SECTION Ire.

De la formation du conseil de régence.

19. Le conseil de régence est composé du premier prince du sang, des princes du sang, oncles de l'empereur, et des princes grands dignitaires de l'empire.

20. S'il n'existe qu'un prince, oncle de l'empereur, ou s'il n'en existe pas du tout, un prince français, dans le premier cas, et deux dans le second, les plus proches parents de l'empereur,

dans l'ordre de l'hérédité, ont entrée au conseil de régence.

21. L'empereur, soit par ses lettres patentes, soit par son testament, ajoute au conseil de régence le nombre de membres qu'il juge convenable.

22. Aucun des membres du conseil de régence ne peut être éloigné de ses fonctions par l'impératrice régente ou le régent.

23. L'impératrice régente ou le régent président le conseil de régence, ou délèguent, pour présider à leur place, un des princes français ou un des princes grands dignitaires.

SECTION II.

Des délibérations du conseil de régence.

24. Le conseil de régence délibère nécessairement à la majorité absolue des voix,

1° Sur le mariage de l'empereur;

2° Sur les déclarations de guerre, la signature des traités de paix, d'alliance ou de commerce;

3° Sur toute aliénation, ou disposition, pour former de nouvelles dotations, des immeubles ou des valeurs immobilières composant le domaine extraordinaire de la couronne;

4° Sur la question de savoir s'il sera nommé, par le régent, à une ou plusieurs des grandes dignités de l'empire, vacantes durant la minorité.

25. Le conseil de régence fait les fonctions de conseil privé, tant pour les recours en grâce que pour la rédaction des sénatus-consultes.

26. En cas de partage, la voix de l'impératrice ou du régent est prépondérante.

Si la présidence est exercée par délégation, l'impératrice régente ou le régent décident.

27. Sur toutes les autres affaires renvoyées à son examen, le conseil de régence n'a que voix consultative.

28. Le ministre secrétaire d'État tient la plume aux séances du conseil de régence, et dresse procès-verbal de ses délibérations.

TITRE V.

De la garde de l'empereur mineur.

29. La garde de l'empereur mineur, la surintendance de sa maison et la surveillance de son éducation, sont confiées à sa mère.

30. A défaut de la mère, ou d'un prince désigné par le feu empereur, la garde de l'empereur est confiée, par le conseil de régence, à l'un des princes titulaires des grandes dignités de l'empire.

31. Ce choix se fait au scrutin, à la majorité absolue des voix; en cas de partage, le régent décide.

TITRE VI.

Du serment de l'impératrice régente et de celui du prince régent pour l'exercice de la régence.

SECTION Ire.

Du serment de l'impératrice régente.

32. Si l'impératrice régente n'a pas prêté serment du vivant de l'empereur, pour l'exercice de la régence, elle le prête dans les trois mois qui suivent le décès de l'empereur.

33. Le serment est prêté à l'empereur mineur assis sur le trône, assisté du prince archichancelier de l'empire, des princes français, des membres du conseil de régence, des ministres du cabinet, des grands officiers de l'empire et de la couronne, des ministres d'État et des grands aigles de la Légion d'honneur, en présence du sénat et du conseil d'État.

34. Le serment que prête l'impératrice est conçu en ces termes :

« Je jure fidélité à l'empereur.

« Je jure de me conformer aux actes des constitutions, et d'observer les dispositions faites « par l'empereur, mon époux, sur l'exercice de « la régence; de ne consulter, dans l'emploi de « mon autorité, que mon amour et mon dévouement pour mon fils et pour la France, et de remettre fidèlement à l'empereur, à sa majorité, « le pouvoir qui m'est confié.

« Je jure de maintenir l'intégrité du territoire « de l'empire; de respecter et de faire respecter « les lois du concordat et la liberté des cultes; de « respecter et faire respecter l'égalité des droits, « la liberté civile et l'irrévocabilité des ventes des « biens nationaux; de ne lever aucun impôt, de « n'établir aucune taxe que pour les besoins de « l'État et conformément aux lois fondamentales « de la monarchie; de maintenir l'institution de « la Légion d'honneur; de gouverner dans la « seule vue de l'intérêt, du bonheur et de la gloire « du peuple français. »

SECTION II.

Du serment du régent.

35. Le prince appelé à la régence prête, dans les trois mois qui suivent le décès de l'empereur, de la même manière et devant les personnes désignées pour assister au serment de l'impératrice, le serment dont la teneur suit :

« Je jure fidélité à l'empereur.

« Je jure de me conformer aux actes des constitutions, et d'observer les dispositions faites « par l'empereur sur l'exercice de la régence, « et de remettre fidèlement à l'empereur, à sa « majorité, le pouvoir qui m'est confié.

« Je jure de maintenir l'intégrité du territoire « de l'empire, de respecter et faire respecter les « lois du concordat et la liberté des cultes; de « respecter et faire respecter l'égalité des droits, « la liberté civile, l'irrévocabilité des ventes des « biens nationaux; de ne lever aucun impôt, de « n'établir aucune taxe que pour les besoins de « l'État, et conformément aux lois fondamentales de la monarchie; de maintenir l'institution « de la Légion d'honneur; de gouverner dans la « seule vue de l'intérêt, du bonheur et de la « gloire du peuple français. »

36. Le prince archichancelier, assisté du ministre secrétaire d'État, dresse procès-verbal de ce serment. L'acte est signé par l'impératrice ou le régent, par les princes, par les grands dignitaires, les ministres et les grands officiers de l'empire.

TITRE VII.

De l'administration du domaine impérial, et de la disposition des revenus en cas de minorité et de régence.

SECTION Ire.

De la dotation de la couronne.

37. Durant la régence, l'administration de la dotation de la couronne continue selon les règles établies.

L'emploi des revenus est déterminé dans les formes accoutumées, sous l'autorité de l'impératrice régente ou du régent.

38. Les dépenses d'entretien de leur maison, et leurs dépenses personnelles, feront partie du budget de la couronne.

SECTION II.

Du domaine privé.

39. Arrivant le décès de l'empereur, le prince archichancelier de l'empire, et, à son défaut, le premier en rang des grands dignitaires, fera apposer les scellés sur les caisses du trésor du domaine privé, par le secrétaire de l'état de la famille impériale, en présence du grand juge, du chancelier du sénat, et de l'intendant général du domaine privé.

40. Il sera, d'après les ordres du conseil de famille, procédé à l'inventaire des fonds et des objets mobiliers, par le secrétaire de l'état de la famille impériale, assisté des personnes dénommées dans l'article précédent.

41. Le conseil de famille veillera à l'exécution des dispositions du sénatus-consulte du 30 janvier 1810, pour le partage des biens du domaine privé. Les fonds appartenants à l'empereur, après ce partage, seront versés, par le trésorier du domaine privé, au trésor impérial, sous la surveillance du conseil de famille, et placés de la manière la plus utile.

42. Les produits en seront successivement réunis au capital; et le tout restera en réserve jusqu'à la majorité de l'empereur.

43. Il sera rendu compte de toutes ces opérations, par le conseil de famille, à la régente ou au régent, qui donnera l'autorisation définitive pour les placements.

SECTION III.

Du domaine extraordinaire.

44. L'impératrice régente ou le prince régent disposent, s'ils le jugent convenable, de toutes les dotations de cinquante mille francs de rente et au-dessous qui ont fait, avant la minorité, sans qu'il en ait été disposé, ou font durant la régence, retour au domaine extraordinaire de la couronne.

45. Les autres dotations restent en réserve jusqu'à la majorité de l'empereur.

46. L'administration du domaine extraordinaire continuera, selon les règles accoutumées, comme il est dit ci-dessus du domaine de la couronne.

47. Les fonds qui se trouveront au trésor du domaine extraordinaire, au moment du décès de l'empereur, seront versés au trésor de l'État, et y resteront jusqu'à la majorité de l'empereur.

TITRE VIII.

Du cas d'absence de l'empereur ou du régent.

SECTION Ire.

Du cas d'absence de l'empereur.

48. Si, au moment du décès de l'empereur, son successeur majeur est hors du territoire de l'empire, les pouvoirs des ministres se trouvent prorogés jusqu'à ce que l'empereur soit arrivé sur le territoire de l'empire : le premier en rang des grands dignitaires préside le conseil qui gouverne l'État, sous la forme de conseil de gouvernement. Les délibérations y sont prises à la majorité absolue des voix; le président a voix prépondérante en cas de partage.

49. Tous les actes sont faits au nom de l'empereur; mais il ne commence l'exercice de la puissance impériale que lorsqu'il est entré sur le territoire de l'empire.

SECTION II.

Du cas d'absence du régent.

50. En cas d'absence du régent, au commencement d'une minorité, sans qu'il y ait été pourvu par l'empereur avant son décès, les pouvoirs des ministres se trouvent prorogés jusqu'à l'arrivée du régent, comme il est dit à l'article 48.

SECTION III.

Des cas non prévus.

51. Si en l'absence de l'empereur, majeur ou mineur, ou en l'absence du régent, le gouvernement étant entre les mains du conseil des ministres présidé par un grand dignitaire, il se présentait à résoudre des questions non décidées par le présent acte, ledit conseil du gouvernement, faisant fonction de conseil privé, rédigerait le projet de sénatus-consulte, et le ferait présenter au sénat par deux de ses membres.

TITRE IX.

Du sacre et couronnement de l'impératrice.

52. L'impératrice mère du prince héréditaire roi de Rome, pourra être sacrée et couronnée.

53. Cette prérogative sera accordée à l'impératrice par des lettres patentes publiées dans les formes accoutumées, et qui seront, en outre, adressées au sénat, et transcrites sur ses registres.

54. Le couronnement se fera dans la basilique de Notre-Dame, ou dans toute autre église désignée dans les lettres patentes.

TITRE X.

Du sacre et couronnement du prince impérial roi de Rome.

55. Le prince impérial roi de Rome pourra, en sa qualité d'héritier de l'empire, être sacré et couronné du vivant de l'empereur.

56. Cette cérémonie n'aura lieu qu'en vertu de lettres patentes, dans les mêmes formes que celles relatives au couronnement de l'impératrice.

57. Après le sacre et le couronnement du prince impérial roi de Rome, les sénatus-consultes, lois, règlements, statuts impériaux, décrets et tous actes émanés de l'empereur, ou faits en son nom, porteront, outre l'indication de l'année de son règne, l'année du couronnement du prince impérial roi de Rome.

58. Le présent sénatus-consulte organique sera transmis par un message à Sa Majesté l'empereur et roi.

Signé NAPOLÉON. *Vu par nous archichancelier de l'empire*, signé CAMBACÉRÈS. *Le grand juge ministre de la justice*, signé le duc DE MASSA. Par l'empereur, *le ministre secrétaire d'État*, signé le comte DARU.

1er AVRIL 1814. — *Acte du sénat qui nomme un gouvernement provisoire chargé de pourvoir aux besoins de l'administration, et de présenter au sénat un projet de constitution* (1). (V. Bull. n° 1.)

A trois heures et demie, les membres du sénat se réunissent, en vertu d'une convocation

(1) Voyez ci-après section IX, le projet de constitution rédigé par le sénat.

extraordinaire, sous la présidence de S. A. S. le prince de Bénévent, vice-grand électeur.

La séance est ouverte par la lecture du procès-verbal de celle du 28 mars dernier.

Le sénat en adopte la rédaction.

S. A. S. le prince vice-grand électeur, président, prend ensuite la parole en ces termes :

Sénateurs,

La lettre que j'ai eu l'honneur d'adresser à chacun de vous, pour le prévenir de cette convocation, lui en fait connaître l'objet. Il s'agit de vous transmettre des propositions. Ce seul mot suffit pour indiquer la liberté que chacun de vous apporte dans cette assemblée : elle vous donne les moyens de laisser prendre un généreux essor aux sentiments dont l'âme de chacun de vous est remplie, la volonté de sauver votre pays, et la résolution d'accourir au secours d'un peuple délaissé.

Sénateurs, les circonstances, quelque graves qu'elles soient, ne peuvent être au-dessus du patriotisme ferme et éclairé de tous les membres de cette assemblée; et vous avez sûrement senti tous également la nécessité d'une délibération qui ferme la porte à tout retard, et qui ne laisse pas écouler la journée sans rétablir l'action de l'administration, le premier de tous les besoins, pour la formation d'un gouvernement dont l'autorité, formée pour le besoin du moment, ne peut qu'être rassurante.

Le prince vice-grand électeur ayant cessé de parler, diverses propositions sont faites par plusieurs membres. La matière mise en délibération, le sénat arrête,

1° Qu'il sera établi un gouvernement provisoire, chargé de pourvoir aux besoins de l'administration, et de présenter au sénat un projet de constitution qui puisse convenir au peuple français;

2° Que ce gouvernement sera composé de cinq membres.

Procédant de suite à leur nomination, le sénat élit pour membres du gouvernement provisoire,

M. de Talleyrand, prince de Bénévent;

M. le sénateur comte de Beurnonville;

M. le sénateur comte de Jaucourt;

M. le duc de Dalberg, conseiller d'État;

M. de Montesquiou, ancien membre de l'assemblée constituante.

Ils sont proclamés en cette qualité par le prince vice-grand électeur, président.

Signé *Abrial, Barbé de Marbois, Barthélemy*, le cardinal *de Bayane, Belderbusch, Berthollet*, le général comte *Beurnonville, Buonacorsi, Carbonara*, le général comte *Chasseloup-Laubat, Cholet*, le général *Colaud, Cornet, Davous, Degregory-Marcorengo*, le général *Dembarère, Depère, Destutt-Tracy*, le général *d'Harville, d'Haubersaert*, le général *d'Hédouville, Dubois-Dubais, Emmery, Fabre* (de l'Aude), le général *Ferino, Fontanes, Garat, Grégoire, Herwin, Jaucourt, Journu-Aubert*, le général *Klein, Lejeas, Lambrechts, Lanjuinais, Lannoy, Lebrun de Rochemont, Lemercier*, le général *Lespinasse, Maleville, Meerman, Monbadon, Pastoret, Peré, Pontécoulant, Porcher-Rigal, Roger-Ducos, Saint-Martin de la Motte*, le général *Sainte-Suzanne, Saur, Schimmelpenninck*, le maréchal *Sérurier*, le général *Soulès, Tascher*, le général comte *de Valence*, le maréchal duc *de Valmy, Van Deden, Van Depoll*, le général *Vaubois, Villetard, Vimar, Volney*. Les président et secrétaires, *signé* le prince DE BÉNÉVENT; le comte DE VALENCE, PASTORET.

---

2 AVRIL 1814. — *Adresse du gouvernement provisoire aux armées françaises.* (V. Bull. n° 3.)

Soldats,

La France vient de briser le joug sous lequel elle gémit avec vous depuis tant d'années.

Vous n'avez jamais combattu que pour la patrie : vous ne pouvez plus combattre que contre elle, sous les drapeaux de l'homme qui vous conduit.

Voyez tout ce que vous avez souffert de sa tyrannie. Vous étiez naguère un million de soldats; presque tous ont péri : on les a livrés au fer de l'ennemi, sans subsistances, sans hôpitaux; ils ont été condamnés à périr de misère et de faim.

Soldats, il est temps de finir les maux de la patrie : la paix est dans vos mains; la refuserez-vous à la France désolée? Les ennemis mêmes vous la demandent : ils regrettent de ravager ces belles contrées, et ne veulent s'armer que contre votre oppresseur et le nôtre. Seriez-vous sourds à la voix de la patrie, qui vous rappelle et vous supplie? Elle vous parle par son sénat, par sa capitale, et surtout par ses malheurs; vous êtes ses plus nobles enfants, et ne pouvez appartenir à celui qui l'a ravagée, qui l'a livrée sans armes, sans défense, qui a voulu rendre votre nom odieux à toutes les nations, et qui aurait peut-être compromis votre gloire, si un homme qui n'est pas même Français, pouvait jamais affaiblir l'honneur de nos armes et la générosité de nos soldats.

Vous n'êtes plus les soldats de Napoléon : le sénat et la France entière vous dégagent de vos serments.

Les membres du gouvernement provisoire, signé le prince DE BÉNÉVENT, le duc DE DALBERG, le général comte DE BEURNONVILLE, F. DE JAUCOURT, l'abbé DE MONTESQUIOU.

---

3 AVRIL 1814. — *Décret du Sénat conservateur portant que* Napoléon Bonaparte *est déchu du trône, et que le droit d'hérédité établi dans sa famille est aboli.* (V. Bull. n° 8.)

Le Sénat conservateur,

Considérant que, dans une monarchie constitutionnelle, le monarque n'existe qu'en vertu de la constitution ou du pacte social;

Que Napoléon Bonaparte, pendant quelque temps d'un gouvernement ferme et prudent, avait donné à la nation des sujets de compter pour l'avenir sur des actes de sagesse et de justice; mais qu'ensuite il a déchiré le pacte qui l'unissait au peuple français, notamment en levant des impôts, en établissant des taxes autrement qu'en vertu de la loi, contre la teneur expresse du serment qu'il avait prêté à son avénement au trône, conformément à l'article 53 de l'acte des constitutions du 28 floréal an XII;

Qu'il a commis cet attentat aux droits du peuple lors même qu'il venait d'ajourner, sans nécessité, le Corps législatif, et de faire supprimer comme criminel un rapport de ce corps, auquel il contestait son titre et sa part à la représentation nationale;

Qu'il a entrepris une suite de guerres en violation de l'article 50 de l'acte des constitutions du 22 frimaire an VIII, qui veut que la déclaration de guerre soit proposée, discutée, décrétée et promulguée comme des lois;

Qu'il a inconstitutionnellement rendu plusieurs décrets portant peine de mort, nommément les deux décrets du 5 mars dernier, tendant à faire considérer comme nationale une guerre qui n'avait lieu que dans l'intérêt de son ambition démesurée;

Qu'il a violé les lois constitutionnelles par ses décrets sur les prisons d'État;

Qu'il a anéanti la responsabilité des ministres, confondu tous les pouvoirs et détruit l'indépendance des corps judiciaires;

Considérant que la liberté de la presse, établie et consacrée comme l'un des droits de la nation, a été constamment soumise à la censure arbitraire de sa police, et qu'en même temps il s'est toujours servi de la presse, pour remplir la France et l'Europe de faits controuvés, de maximes fausses, de doctrines favorables au despotisme, et d'outrages contre les gouvernements étrangers;

Que des actes et rapports entendus par le sénat ont subi des altérations dans la publication qui en a été faite;

Considérant qu'au lieu de régner dans la seule vue de l'intérêt, du bonheur et de la gloire du peuple français, aux termes de son serment, Napoléon a mis le comble aux malheurs de la patrie, par son refus de traiter à des conditions que l'intérêt national obligeait d'accepter, et qui ne compromettaient pas l'honneur français;

Par l'abus qu'il a fait de tous les moyens qu'on lui a confiés en hommes et en argent;

Par l'abandon des blessés sans pansements, sans secours, sans subsistances;

Par différentes mesures dont les suites étaient la ruine des villes, la dépopulation des campagnes, la famine et les maladies contagieuses;

Considérant que, par toutes ces causes, le gouvernement impérial établi par le sénatus-consulte du 28 floréal an XII a cessé d'exister, et que le vœu manifeste de tous les Français appelle un ordre de choses dont le premier résultat soit le rétablissement de la paix générale, et qui soit aussi l'époque d'une réconciliation solennelle entre tous les États de la grande famille européenne;

Le Sénat déclare et décrète ce qui suit :

Art. 1er. Napoléon Bonaparte est déchu du trône, et le droit d'hérédité établi dans sa famille est aboli.

2. Le peuple français et l'armée sont déliés du serment de fidélité envers Napoléon Bonaparte.

3. Le présent décret sera transmis par un message au gouvernement provisoire de la France, envoyé de suite à tous les départements et aux armées, et proclamé incessamment dans tous les quartiers de la capitale (1).

Les président et secrétaires, signé BARTHÉLEMY; le comte DE VALENCE, PASTORET.

---

3 AVRIL 1814. — *Acte par lequel le Corps législatif, adhérant à l'acte du sénat, reconnaît et déclare la déchéance de* Napoléon Bonaparte *et des membres de sa famille.* (V. Bull. n° 9.)

Le Corps législatif réuni en son palais et dans la salle ordinaire de ses séances, en vertu de l'invitation que lui en ont fait faire ce jour MM. les membres composant le gouvernement provisoire, M. Félix Faulcon, vice-président, a occupé le fauteuil; MM. Bois-Savary, Laborde et Faure, secrétaires.

M. le président a fait lecture d'un arrêté du gouvernement provisoire, en date du 2 de ce mois, par lequel il annonce que le sénat a prononcé la déchéance de Napoléon Bonaparte et de sa famille, et a déclaré que les Français sont dégagés envers lui de tous liens civils et militaires, et de toute obéissance.

A cet arrêté était jointe copie de la lettre écrite le même jour, soir, aux membres du gouvernement provisoire, par le président du sénat, pour lui annoncer cet acte.

Le Corps législatif, après avoir délibéré en séance secrète et en la forme accoutumée sur cette importante communication, a rendu la séance publique et pris l'arrêté dont suit la teneur :

Vu l'acte du sénat du 2 de ce mois, par lequel il prononce la déchéance de Napoléon Bonaparte

(1) Le lendemain, 4 avril 1814, Napoléon mit à l'ordre du jour le manifeste suivant : « L'empereur remercie l'armée pour l'attachement qu'elle lui témoigne, et principalement parce qu'elle reconnaît que la France est en lui et non pas dans le peuple de la capitale. Le soldat suit la fortune et l'infortune de son général, son honneur et sa religion. Le duc de Raguse n'a pas inspiré ces sentiments à ses compagnons d'armes; il est passé aux alliés. L'empereur ne peut approuver la condition sous laquelle il a fait cette démarche; il ne peut accepter la vie ni la liberté de la merci d'un sujet. Le sénat s'est permis de disposer du gouvernement français; il a oublié qu'il doit à l'empereur le pouvoir dont il abuse maintenant; que c'est lui qui a sauvé une partie de ses membres de l'orage de la révolution, tiré de l'obscurité et protégé l'autre contre la haine de la nation. Le sénat se fonde sur les articles de la constitution pour la renverser; il ne rougit pas de faire des reproches à l'empereur, sans remarquer que, comme premier corps de l'État, il a pris part à tous les événements. Il est allé si loin, qu'il a osé accuser l'empereur d'avoir changé des actes dans la publication. Le monde entier sait qu'il n'avait pas besoin de tels artifices; un signe était un ordre pour le sénat, qui faisait toujours plus qu'on ne désirait de lui. L'empereur a toujours été accessible aux sages remontrances de ses ministres, et il attendait d'eux, dans cette circonstance, la justification des mesures qu'il avait prises. Si l'enthousiasme s'est mêlé dans les adresses et les discours publics, alors l'empereur a été trompé; mais ceux qui ont tenu ce langage doivent s'attribuer à eux-mêmes les suites funestes de leurs flatteries. Le sénat ne rougit pas de parler des libelles publiés contre les gouvernements étrangers : il oublie qu'ils furent rédigés dans son sein. Aussi longtemps que la fortune s'est montrée fidèle à leur souverain, ces hommes sont restés fidèles, et nulle plainte n'a été entendue sur les abus du pouvoir. Si l'empereur avait méprisé les hommes, comme on le lui a reproché, le monde reconnaîtrait aujourd'hui qu'il a eu des raisons qui motivaient son mépris. Il tenait sa dignité de Dieu et de la nation : eux seuls pouvaient l'en priver. Il l'a toujours considérée comme un fardeau, et lorsqu'il l'accepta, ce fut dans la conviction que lui seul était à même de le porter dignement. Son bonheur paraissait être sa destination; aujourd'hui que la fortune s'est déclarée contre lui, la volonté de la nation seule pourrait le persuader de rester plus longtemps sur le trône. S'il doit se considérer comme le seul obstacle à la paix, il fait volontiers ce dernier sacrifice à la France. Il a en conséquence envoyé le prince de la Moskowa et les ducs de Vicence et de Tarente à Paris, pour entamer des négociations. L'armée peut être certaine que son bonheur ne sera jamais en contradiction avec le bonheur de la France »

et de sa famille, et déclare les Français dégagés envers lui de tous liens civils et militaires, et de toute obéissance;

Vu l'arrêté du gouvernement provisoire du même jour, par lequel le Corps législatif est invité à participer à cette importante opération;

Le Corps législatif, considérant que Napoléon Bonaparte a violé le pacte constitutionnel;

Adhérant à l'acte du sénat,

Reconnaît et déclare la déchéance de Napoléon Bonaparte et des membres de sa famille.

Le présent sera transmis, par un message, au gouvernement provisoire et au sénat.

Signé *Félix Faulcon*, président; *Chauvin de Bois-Savary, D. Laborde, Faure*, secrétaires; *Aubert, Barrot, Bolla, Bouteiaud, Bruys-Charly, Caze de la Bove, Challan, Chappuis, Charlès (Duhaud), Chatenay-Lanty, Cherrier, Chirat, Clausel de Coussergues, Clément, Cotchen, Dalmassy, Dampmartin, Dauzat, Delattre, Duchesne de Gillevoisin, Dorbach, Ebaudy de Rochetaille, Emeric-David, Emmery, Estourmel, de Falaiseau, Finot, Flaugergues, Fornier de Saint-Lary, de Fougerais, Gallois, Garnier, Geoffroy, Geroll, de Girardin, Goulard, Gourlay, de Grote, Griveau, Jacobi, Janod, Jaubert, Lajard de la Seine, Lefeuvre, Leférre-Gineau, Delesné-Harel, Louvel, Metz, Moreau, Morellet, Pémartin, Perèse, Petersen, Petit de Beauverger, Petit du Cher, Pictet Diodati, Poggi, Poyferé de Cère, de Prunele, Ragon-Gillet, Raynouard, Rigaut de l'Isle, Rivière, Rossée, le baron de Septenville, Sylvestre de Sacy, Sturtz, Thiry, Travaglini, Van Recum, Figueron, Filliers, de Waldner-Freundstein.*

---

4 AVRIL 1814. — *Arrêté du gouvernement provisoire, qui ordonne la suppression des emblèmes, chiffres et armoiries du gouvernement de Bonaparte.* (V. Bull. n° 11.)

Le gouvernement provisoire arrête :

1° Que tous les emblêmes, chiffres et armoiries qui ont caractérisé le gouvernement de Bonaparte, seront supprimés et effacés partout où ils peuvent exister;

2° Que cette suppression sera exclusivement opérée par les personnes déléguées par les autorités de police ou municipales, sans que le zèle individuel d'aucun particulier puisse y concourir ou les prévenir;

3° Qu'aucune adresse, proclamation, feuille publique ou écrit particulier, ne contiendra d'injures ou expressions outrageantes contre le gouvernement renversé; la cause de la patrie étant trop noble pour adopter aucun des moyens odieux dont il s'est servi.

Les membres du gouvernement provisoire, signé le prince DE BÉNÉVENT, FRANÇOIS DE JAUCOURT, le général BEURNONVILLE, le duc DE DALBERG, MONTESQUIOU.

---

4 AVRIL 1814. — *Adresse du gouvernement provisoire au peuple français.* (V. Bull. n° 12.)

Français,

Au sortir des discordes civiles, vous avez choisi pour chef un homme qui paraissait sur la scène du monde avec les caractères de la grandeur. Vous avez mis en lui toutes vos espérances; ces espérances ont été trompées. Sur les ruines de l'anarchie il n'a fondé que le despotisme.

Il devait au moins, par reconnaissance, devenir Français avec vous. Il ne l'a jamais été. Il n'a cessé d'entreprendre, sans but et sans motif, des guerres injustes, en aventurier qui veut être fameux. Il a, dans peu d'années, dévoré vos richesses et votre population.

Chaque famille est en deuil; toute la France gémit : il est sourd à nos maux. Peut-être rêve-t-il encore à ses desseins gigantesques, même quand des revers inouïs punissent avec tant d'éclat l'orgueil et l'abus de la victoire.

Il n'a su régner ni dans l'intérêt national, ni dans l'intérêt même de son despotisme. Il a détruit tout ce qu'il voulait créer, et recréé tout ce qu'il voulait détruire. Il ne croyait qu'à la force; la force l'accable aujourd'hui; juste retour d'une ambition insensée.

Enfin cette tyrannie sans exemple a cessé : les puissances alliées viennent d'entrer dans la capitale de la France.

Napoléon nous gouvernait comme un roi de barbares : Alexandre et ses magnanimes alliés ne parlent que le langage de l'honneur, de la justice et de l'humanité. Ils viennent réconcilier avec l'Europe un peuple brave et malheureux.

Français, le sénat a déclaré Napoléon déchu du trône; la patrie n'est plus avec lui : un autre ordre de choses peut seul la sauver. Nous avons connu les excès de la licence populaire et ceux du pouvoir absolu : rétablissons la véritable monarchie, en limitant, par de sages lois, les divers pouvoirs qui la composent.

Qu'à l'abri d'un trône paternel, l'agriculture épuisée refleurisse; que le commerce, chargé d'entraves, reprenne sa liberté; que la jeunesse ne soit plus moissonnée par les armes, avant d'avoir la force de les porter; que l'ordre de la nature ne soit plus interrompu, et que le vieillard puisse espérer de mourir avant ses enfants! Français, rallions-nous; les calamités passées vont finir, et la paix va mettre un terme au bouleversement de l'Europe. Les augustes alliés en ont donné leur parole. La France se reposera de ses longues agitations; et, mieux éclairée par la double épreuve de l'anarchie et du despotisme, elle trouvera le bonheur dans le retour d'un gouvernement tutélaire.

Les membres du gouvernement provisoire, signé le prince DE BÉNÉVENT, le général BEURNONVILLE, MONTESQUIOU, le comte DE JAUCOURT, le duc DE DALBERG.

---

4 AVRIL 1814. — *Adresse du gouvernement provisoire à l'Armée.* (V. Bull. n° 37.)

Soldats,

Vous n'êtes plus à Napoléon; mais vous êtes toujours à la patrie. Votre premier serment de fidélité fut pour elle : ce serment est irrévocable et sacré.

La constitution nouvelle vous assure vos honneurs, vos grades, vos pensions. Le sénat et le gouvernement provisoire ont reconnu vos droits; ils sont sûrs que vous n'oublierez pas vos devoirs. Dès ce moment, vos souffrances et vos fatigues cessent. Votre gloire demeure tout entière : la paix vous garantira le prix de vos longs travaux.

Quelle était votre destinée sous le gouvernement qui n'est plus? Traînés des bords du Tage à ceux du Danube, des bords du Nil à ceux du Niéper; tour à tour brûlés par les chaleurs du désert ou glacés par les frimas du Nord, vous éleviez, sans intérêt pour la France, une grandeur monstrueuse, dont tout le poids retombait sur vous, comme sur le reste du monde. Tant de milliers de braves n'ont été que les instruments et les victimes d'une force sans prudence, qui voulait fonder un empire sans proportion. Combien sont morts inconnus, pour augmenter la renommée d'un seul homme! Ils ne jouissaient pas même de celle qui leur était due. Leurs familles en larmes, à la fin de chaque campagne, ne pouvaient constater leur fin glorieuse, et s'honorer de leurs faits d'armes.

Tout est changé : vous ne périrez plus à cinq cents lieues de la patrie, pour une cause qui n'est pas la sienne. Des princes nés Français ménageront votre sang, car leur sang est le vôtre. Leurs ancêtres ont gouverné vos ancêtres. Le temps perpétuait entre eux et nous un long héritage de souvenirs, d'intérêts et de services réciproques. Cette race antique a produit des rois qu'on surnommait *les Pères du peuple*. Elle nous donna *Henri IV*, que les guerriers nomment encore *le roi vaillant*, et que les laboureurs nommeront toujours *le bon roi*.

C'est à ses enfants que votre sort est confié; pourriez-vous concevoir quelques alarmes? Ils admiraient dans une terre étrangère, les prodiges de la valeur française; ils l'admiraient, en gémissant que leur retour fût suspendu par tant d'exploits inutiles.

Ces princes sont enfin au milieu de vous. Ils furent malheureux comme *Henri IV*; ils régneront comme lui.

Ils n'ignorent pas que la portion la plus distinguée de leur grande famille est celle qui compose l'armée : ils veilleront sur vous comme sur leurs premiers enfants.

Restez donc fidèles à votre drapeau. De bons cantonnements vous seront donnés. Il est parmi vous des guerriers qui, jeunes encore, sont déjà des vétérans de la gloire : leurs blessures ont doublé leurs années. Ceux-là, s'ils le veulent, iront vieillir auprès de leur berceau, avec des récompenses honorables. Les autres continueront à suivre la carrière des armes, avec toutes les espérances d'avancement et de stabilité qu'elle peut offrir.

Soldats de la France, que tous les sentiments français vous animent! Ouvrez vos cœurs à toutes les affections de famille. Revenez vivre avec vos pères, vos frères, vos compatriotes. Gardez votre héroïsme, mais pour la seule défense de notre territoire, et non pour l'invasion du territoire étranger. Gardez votre héroïsme; mais que l'ambition ne le rende point funeste à la France, funeste à vous-mêmes, et qu'elle n'en fasse plus un sujet d'inquiétude pour l'Europe entière.

Les membres du gouvernement provisoire, signé le prince DE BÉNÉVENT, le duc DE DALBERG, le général comte DE BEURNONVILLE, F. DE JAUCOURT, l'abbé DE MONTESQUIOU. Par le gouvernement provisoire : *Signé* DUPONT (de Nemours), *secrétaire général*.

---

8 AVRIL 1814. — *Arrêté du gouvernement provisoire, relatif aux actes faits par Bonaparte depuis la déchéance.* (V. Bull. n° 19.)

Le gouvernement provisoire fait connaître à toutes les autorités que tout ce qui a été ou aurait été fait au nom et par ordre de Napoléon Bonaparte, postérieurement à sa déchéance prononcée par le sénat, est nul et doit être regardé comme non avenu.

Les membres du gouvernement provisoire, signé le prince DE BÉNÉVENT, le duc DE DALBERG, F. DE JAUCOURT, le général comte DE BEURNONVILLE, l'abbé DE MONTESQUIOU.

SECTION VII. ACTE ADDITIONNEL AUX CONSTITUTIONS DE L'EMPIRE (1).

§ I. *Actes préliminaires.*

1er MARS 1815. — *Proclamation de S. M. l'empereur au peuple français.* (VI. Bull. n° 1.)

Napoléon, par la grâce de Dieu et les constitutions de l'État, empereur des Français, etc. etc. etc., au peuple français.

Français,

La défection du duc *de Castiglione* livra Lyon sans défense à nos ennemis; l'armée dont je lui avais confié le commandement, était, par le nombre de ses bataillons, la bravoure et le patriotisme des troupes qui la composaient, à même de battre le corps d'armée autrichien qui lui était opposé, et d'arriver sur les derrières du flanc gauche de l'armée ennemie qui menaçait Paris.

Les victoires de *Champ-Aubert*, de *Montmirail*, de *Château-Thierry*, de *Vauchamp*, de *Mormans*, de *Montereau*, de *Craone*, de *Reims*, d'*Arcy-sur-Aube* et de *Saint-Dizier*, l'insurrection des braves paysans de la Lorraine, de la Champagne, de l'Alsace, de la Franche-Comté et de la Bourgogne, et la position que j'avais prise sur les derrières de l'armée ennemie, en la séparant de ses magasins, de ses parcs de réserve, de ses convois et de tous ses équipages, l'avaient placée dans une situation désespérée. Les Français ne furent jamais sur le point d'être plus puissants, et l'élite de l'armée ennemie était perdue sans ressource; elle eût trouvé son tombeau dans ces vastes contrées qu'elle avait si impitoyablement saccagées, lorsque la trahison du duc *de Raguse* livra la capitale et désorganisa l'armée. La conduite inattendue de ces deux généraux, qui trahirent à la fois leur patrie, leur prince et leur bienfaiteur, changea le destin de la guerre. La situation désastreuse de l'ennemi était telle, qu'à la fin de l'affaire qui eut lieu devant Paris, il était sans munitions, par la séparation de ses parcs de réserve.

(1) La Charte ayant été en vigueur avant et après l'acte additionnel, il y avait ici impossibilité de conserver l'ordre chronologique, sans jeter de la confusion dans les matières. Pour n'être pas obligé d'interrompre la série des documents relatifs à la Charte de 1814, nous allons donner dès à présent les actes qui se rapportent au droit constitutionnel pendant les cent jours, savoir l'ACTE ADDITIONNEL et le PROJET DE CONSTITUTION dont la discussion commencée à la Chambre des Représentants fut interrompue par la seconde invasion. Nous reviendrons ensuite à 1814, et nous placerons sous les yeux du lecteur le projet de CONSTITUTION DU SÉNAT (section IX), qu'on peut considérer comme le précurseur de la Charte de 1814, qui en a reproduit les principales dispositions.

Dans ces nouvelles et grandes circonstances, mon cœur fut déchiré; mais mon âme resta inébranlable. Je ne consultai que l'intérêt de la patrie; je m'exilai sur un rocher au milieu des mers : ma vie vous était et devait encore vous être utile. Je ne permis pas que le grand nombre de citoyens qui voulaient m'accompagner partageassent mon sort; je crus leur présence utile à la France, et je n'emmenai avec moi qu'une poignée de braves nécessaires à ma garde.

Élevé au trône par votre choix, tout ce qui a été fait sans vous est illégitime. Depuis vingt-cinq ans, la France a de nouveaux intérêts, de nouvelles institutions, une nouvelle gloire, qui ne peuvent être garantis que par un gouvernement national et par une dynastie née dans ces nouvelles circonstances. Un prince qui régnerait sur vous, qui serait assis sur mon trône par la force des mêmes armées qui ont ravagé notre territoire, chercherait en vain à s'étayer des principes du droit féodal; il ne pourrait assurer l'honneur et les droits que d'un petit nombre d'individus ennemis du peuple, qui, depuis vingt-cinq ans, les a condamnés dans toutes nos assemblées nationales. Votre tranquillité intérieure et votre considération extérieure seraient perdues à jamais.

Français, dans mon exil, j'ai entendu vos plaintes et vos vœux; vous réclamez ce gouvernement de votre choix qui seul est légitime. Vous accusiez mon long sommeil; vous me reprochiez de sacrifier à mon repos les grands intérêts de la patrie.

J'ai traversé les mers au milieu des périls de toute espèce; j'arrive parmi vous pour reprendre mes droits qui sont les vôtres. Tout ce que des individus ont fait, écrit ou dit depuis la prise de Paris, je l'ignorerai toujours : cela n'influera en rien sur le souvenir que je conserve des services importants qu'ils ont rendus; car il est des événements d'une telle nature, qu'ils sont au-dessus de l'organisation humaine.

Français, il n'est aucune nation, quelque petite qu'elle soit, qui n'ait eu le droit de se soustraire et ne se soit soustraite au déshonneur d'obéir à un prince imposé par un ennemi momentanément victorieux. Lorsque Charles VII rentra à Paris et renversa le trône éphémère de Henri VI, il reconnut tenir son trône de la vaillance de ses braves, et non d'un prince régent d'Angleterre.

C'est aussi à vous seuls, et aux braves de l'armée, que je fais et ferai toujours gloire de tout devoir.

1er MARS 1815. — *Proclamation de S. M. l'empereur à l'armée.* (VI. Bull. n° 2.)

Napoléon, etc.

Soldats,

Nous n'avons point été vaincus. Deux hommes sortis de nos rangs ont trahi nos lauriers, leur pays, leur prince, leur bienfaiteur.

Ceux que nous avons vus pendant vingt-cinq ans parcourir toute l'Europe pour nous susciter des ennemis, qui ont passé leur vie à combattre contre nous dans les rangs des armées étrangères, en maudissant notre belle France, prétendraient-ils commander et enchaîner nos aigles, eux qui n'ont jamais pu en soutenir les regards! Souffrirons-nous qu'ils héritent du fruit de nos glorieux travaux; qu'ils s'emparent de nos honneurs, de nos biens; qu'ils calomnient notre gloire? Si leur règne durait, tout serait perdu, même le souvenir de ces immortelles journées. Avec quel acharnement ils les dénaturent! Ils cherchent à empoisonner ce que le monde admire; et s'il reste encore des défenseurs de notre gloire, c'est parmi ces mêmes ennemis que nous avons combattus sur le champ de bataille.

Soldats, dans mon exil j'ai entendu votre voix; je suis arrivé à travers tous les obstacles et tous les périls.

Votre général, appelé au trône par le choix du peuple et élevé sur vos pavois, vous est rendu : venez le joindre.

Arrachez ces couleurs que la nation a proscrites, et qui, pendant vingt-cinq ans, servirent de ralliement à tous les ennemis de la France. Arborez cette cocarde tricolore; vous la portiez dans nos grandes journées!

Nous devons oublier que nous avons été les maîtres des nations; mais nous ne devons pas souffrir qu'aucune se mêle de nos affaires. Qui prétendrait être maître chez nous! qui en aurait le pouvoir! Reprenez ces aigles que vous aviez à Ulm, à Austerlitz, à Iéna, à Eylau, à Friedland, à Tudella, à Eckmuhl, à Essling, à Wagram, à Smolensk, à la Moscowa, à Lutzen, à Vurchen, à Montmirail. Pensez-vous que cette poignée de Français aujourd'hui si arrogants puissent en soutenir la vue! Ils retourneront d'où ils viennent; et là, s'ils le veulent, ils régneront comme ils prétendent l'avoir fait pendant dix-neuf ans.

Vos rangs, vos biens, votre gloire, les biens, les rangs et la gloire de vos enfants, n'ont pas de plus grands ennemis que ces princes que les étrangers nous ont imposés : ils sont les ennemis de notre gloire, puisque le récit de tant d'actions héroïques qui ont illustré le peuple français combattant contre eux pour se soustraire à leur joug, est leur condamnation.

Les vétérans des armées de Sambre-et-Meuse, du Rhin, d'Italie, d'Égypte, de l'Ouest, de la grande armée, sont humiliés; leurs honorables cicatrices sont flétries; leurs succès seraient des crimes, ces braves seraient des rebelles, si, comme le prétendent les ennemis du peuple, les souverains légitimes étaient au milieu des armées étrangères. Les honneurs, les récompenses, leur affection, sont pour ceux qui les ont servis contre la patrie et contre nous.

Soldats, venez vous ranger sous les drapeaux de votre chef. Son existence ne se compose que de la vôtre; ses droits ne sont que ceux du peuple et les vôtres; son intérêt, son honneur et sa gloire ne sont autres que votre intérêt, votre honneur et votre gloire. La victoire marchera au pas de charge; l'aigle, avec les couleurs nationales, volera de clocher en clocher jusqu'aux tours de Notre-Dame : alors vous pourrez vous vanter de ce que vous aurez fait; vous serez les libérateurs de la patrie.

Dans votre vieillesse, entourés et considérés de vos concitoyens, ils vous entendront avec respect raconter vos hauts faits; vous pourrez dire avec orgueil : *Et moi aussi je faisais partie de cette grande armée* qui est entrée deux fois dans les murs de Vienne, dans ceux de Berlin, de Madrid, de Moscou, et qui a délivré Paris de la souillure que la trahison et la présence de l'ennemi y ont empreinte. Honneur à ces braves soldats, la gloire de la patrie! et honte éternelle aux Français criminels, dans quelque rang que la fortune les ait fait naître, qui combattirent vingt-cinq ans avec l'étranger pour déchirer le sein de la patrie!

Signé NAPOLÉON.

13 MARS 1815. — *Décret impérial portant dissolution de la Chambre des Pairs et de celle des Communes, et convocation à Paris des colléges électoraux de département en assemblée extraordinaire du Champ de mai, pour la modification des constitutions de l'empire et le couronnement de l'impératrice et du prince impérial.* (VI. Bull. n° 8.)

Napoléon, etc.

Considérant que la Chambre des Pairs est composée en partie de personnes qui ont porté les armes contre la France, et qui ont intérêt au rétablissement des droits féodaux, à la destruction de l'égalité entre les différentes classes, à l'annulation des ventes des domaines nationaux, et enfin à priver le peuple des droits qu'il a acquis par vingt-cinq ans de combats contre les ennemis de la gloire nationale;

Considérant que les pouvoirs des députés au Corps législatif étaient expirés, et que dès lors la Chambre des Communes n'a plus aucun caractère national; qu'une partie de cette Chambre s'est rendue indigne de la confiance de la nation, en adhérant au rétablissement de la noblesse féodale, abolie par les constitutions acceptées par le peuple; en faisant payer par la France des dettes contractées à l'étranger pour tramer des coalitions et soudoyer des armées contre le peuple français; en donnant aux Bourbons le titre de roi légitime, ce qui était déclarer rebelles le peuple français et les armées, proclamer seuls bons Français les émigrés qui ont déchiré pendant vingt-cinq ans le sein de la patrie, et violer tous les droits du peuple en consacrant le principe que la nation était faite pour le trône, et non le trône pour la nation,

Nous avons décrété et décrétons ce qui suit :

Art. 1er. La Chambre des Pairs est dissoute.

2. La Chambre des Communes est dissoute; il est ordonné à chacun des membres convoqués et arrivés à Paris depuis le 7 mars dernier, de retourner sans délai dans son domicile.

3. Les colléges électoraux des départements de l'empire seront réunis à Paris, dans le courant du mois de mai prochain, *en assemblée extraordinaire du Champ de mai*, afin de prendre les mesures convenables pour corriger et modifier nos constitutions selon l'intérêt et la volonté de la nation, et en même temps pour assister au couronnement de l'impératrice, notre très-chère et bien-aimée épouse, et à celui de notre cher et bien-aimé fils.

4. Notre grand maréchal, faisant fonctions de major général de la grande armée, est chargé de prendre les mesures nécessaires pour la publication du présent décret.

13 MARS 1815. — *Décret impérial qui abolit la noblesse et les titres féodaux.* (VI. Bull. n° 11.)

Napoléon, etc.

Nous avons décrété et décrétons ce qui suit :

Art. 1er. La noblesse est abolie, et les lois de l'assemblée constituante seront mises en vigueur.

2. Les titres féodaux sont supprimés; les lois de nos assemblées nationales seront mises en vigueur.

3. Les individus qui ont obtenu de nous des titres nationaux, comme récompense nationale, et dont les lettres patentes ont été vérifiées au conseil du sceau des titres, continueront à les porter.

4. Nous nous réservons de donner des titres aux descendants des hommes qui ont illustré le nom français dans les différents siècles, soit dans le commandement des armées de terre et de mer, dans les conseils du souverain, dans les administrations civiles et judiciaires, soit enfin dans les sciences et arts et dans le commerce, conformément à la loi qui sera promulguée sur cette matière.

5. Notre grand maréchal, faisant fonctions de major général de la grande armée, est chargé de prendre les mesures nécessaires pour la publication du présent décret.

13 MARS 1815. — *Proclamation de S. M. l'empereur aux habitants de la ville de Lyon.* (VI. Bull. n° 17.)

Lyonnais,

Au moment de quitter votre ville pour me rendre dans ma capitale, j'éprouve le besoin de vous faire connaître les sentiments que vous m'avez inspirés. Vous avez toujours été au premier rang dans mon affection. Sur le trône ou dans l'exil, vous m'avez toujours montré les mêmes sentiments. Ce caractère élevé qui vous distingue spécialement, vous a mérité toute mon estime. Dans des moments plus tranquilles, je reviendrai pour m'occuper de vos besoins et de la prospérité de vos manufactures et de votre ville.

Lyonnais, je vous aime.

Signé NAPOLÉON.

§ II. *Texte de la constitution.*

22 AVRIL 1815. — *Acte additionnel aux constitutions de l'empire.* (VI. Bull. n° 112.)

Au palais de l'Élysée, le 22 avril 1815.

Napoléon, etc.

Depuis que nous avons été appelé, il y a quinze années, par le vœu de la France, au gouvernement de l'État, nous avons cherché à perfectionner, à diverses époques, les formes constitutionnelles, suivant les besoins et les désirs de la nation, et en profitant des leçons de l'expérience. Les constitutions de l'empire se sont ainsi formées d'une série d'actes qui ont été revêtus de l'acceptation du peuple. Nous avions alors pour but d'organiser un grand système fédératif européen, que nous avions adopté comme conforme à l'esprit du siècle, et favorable aux progrès de la civilisation. Pour parvenir à le compléter et à lui donner toute l'étendue et toute la stabilité dont il était susceptible, nous avions ajourné l'établissement de plusieurs institutions intérieures, plus spécialement destinées à protéger la liberté des citoyens. Notre but n'est plus désormais que d'accroître la prospérité de la France par l'affermissement de la liberté publique. De là résulte la nécessité de plusieurs modifications importantes dans les constitutions, sénatus-consultes et autres actes qui régissent cet empire. A ces causes, voulant, d'un côté, conserver du passé ce qu'il y a de bon et de salutaire, et, de l'autre, rendre les constitutions de notre empire conformes en tout aux vœux et aux besoins nationaux, ainsi qu'à l'état de paix que nous désirons maintenir avec l'Europe, nous avons résolu de proposer au peuple une suite de dispositions tendant à modifier et perfectionner ses actes constitutionnels, à entourer les droits des citoyens de toutes leurs garanties, à donner au système représentatif toute son extension, à investir les corps intermédiaires de la considération et du pouvoir désirables; en un mot, à combiner le plus haut point de liberté politique et de sûreté individuelle avec la force et la centralisation nécessaires pour faire respecter par l'étranger l'indépendance du peuple français et la dignité de notre couronne. En conséquence, les articles suivants, formant un acte supplémentaire aux constitutions de l'empire, seront soumis à l'acceptation libre et solennelle de tous les citoyens, dans toute l'étendue de la France.

TITRE Ier.

Dispositions générales.

Art. 1er. Les constitutions de l'empire, nommément l'acte constitutionnel du 22 frimaire an VIII, les sénatus-consultes des 14 et 16 thermidor an X, et celui du 28 floréal an XII, seront modifiés par les dispositions qui suivent. Toutes leurs autres dispositions sont confirmées et maintenues.

2. Le pouvoir législatif est exercé par l'empereur et par deux chambres.

3. La première chambre, nommée Chambre des Pairs, est héréditaire.

4. L'empereur en nomme les membres, qui sont irrévocables, eux et leurs descendants mâles, d'aîné en aîné en ligne directe. Le nombre des pairs est illimité. L'adoption ne transmet point la dignité de pair à celui qui en est l'objet.

Les pairs prennent séance à vingt et un ans, mais n'ont voix délibérative qu'à vingt-cinq.

5. La Chambre des Pairs est présidée par l'archichancelier de l'empire, ou, dans le cas prévu par l'article 51 du sénatus-consulte du 28 floréal an XII, par un des membres de cette chambre désigné spécialement par l'empereur.

6. Les membres de la famille impériale, dans l'ordre de l'hérédité, sont pairs de droit. Ils siégent après le président. Ils prennent séance à dix-huit ans, mais n'ont voix délibérative qu'à vingt et un.

7. La seconde chambre, nommée Chambre des Représentants, est élue par le peuple.

8. Les membres de cette chambre sont au nombre de six cent vingt-neuf. Ils doivent être âgés de vingt-cinq ans au moins.

9. Le président de la Chambre des Représentants est nommé par la chambre, à l'ouverture de la première session. Il reste en fonctions jusqu'au renouvellement de la chambre. Sa nomination est soumise à l'approbation de l'empereur.

10. La Chambre des Représentants vérifie les pouvoirs de ses membres, et prononce sur la validité des élections contestées.

11. Les membres de la Chambre des Représentants reçoivent pour frais de voyage, et durant la session, l'indemnité décrétée par l'assemblée constituante.

12. Ils sont indéfiniment rééligibles.

13. La Chambre des Représentants est renouvelée de droit en entier tous les cinq ans.

14. Aucun membre de l'une ou de l'autre chambre ne peut être arrêté, sauf le cas de flagrant délit, ni poursuivi en matière criminelle et correctionnelle, pendant les sessions, qu'en vertu d'une résolution de la chambre dont il fait partie.

15. Aucun ne peut être arrêté ni détenu pour dettes, à partir de la convocation, ni quarante jours après la session.

16. Les pairs sont jugés par leur chambre, en matière criminelle et correctionnelle, dans les formes qui seront réglées par la loi.

17. La qualité de pair et de représentant est compatible avec toute fonction publique, hors celles de comptables.

Toutefois les préfets et sous-préfets ne sont pas éligibles par le collége électoral du département ou de l'arrondissement qu'ils administrent.

18. L'empereur envoie dans les chambres des ministres d'État et des conseillers d'État, qui y siégent et prennent part aux discussions, mais qui n'ont voix délibérative que dans le cas où ils sont membres de la chambre comme pairs ou élus du peuple.

19. Les ministres qui sont membres de la Chambre des Pairs ou de celle des Représentants, ou qui siégent par mission du gouvernement, donnent aux chambres les éclaircissements qui sont jugés nécessaires, quand leur publicité ne compromet pas l'intérêt de l'État.

20. Les séances des deux chambres sont publiques. Elles peuvent néanmoins se former en comité secret, la Chambre des Pairs sur la demande de dix membres, celle des Représentants sur la demande de vingt-cinq. Le gouvernement peut également requérir des comités secrets pour des communications à faire. Dans tous les cas, les délibérations et les votes ne peuvent avoir lieu qu'en séance publique.

21. L'empereur peut proroger, ajourner et dissoudre la Chambre des Représentants. La proclamation qui prononce la dissolution, convoque les colléges électoraux pour une élection nouvelle, et indique la réunion des représentants dans six mois au plus tard.

22. Durant l'intervalle des sessions de la Chambre des Représentants, ou en cas de dissolution de cette chambre, la Chambre des Pairs ne peut s'assembler.

23. Le gouvernement a la proposition de la loi; les chambres peuvent proposer des amendements : si ces amendements ne sont pas adoptés par le gouvernement, les Chambres sont tenues de voter sur la loi, telle qu'elle a été proposée.

24. Les chambres ont la faculté d'inviter le gouvernement à proposer une loi sur un objet déterminé, et de rédiger ce qu'il leur paraît convenable d'insérer dans la loi. Cette demande peut être faite par chacune des deux chambres.

25. Lorsqu'une rédaction est adoptée dans l'une des deux chambres, elle est portée à l'autre; et si elle y est approuvée, elle est portée à l'empereur.

26. Aucun discours écrit, excepté les rapports des commissions, les rapports des ministres sur les lois qui sont présentées, et les comptes qui sont rendus, ne peut être lu dans l'une ou l'autre des chambres.

TITRE II.

Des colléges électoraux et du mode d'élection.

27. Les colléges électoraux de département et d'arrondissement sont maintenus, conformément au sénatus-consulte du 16 thermidor an X, sauf les modifications qui suivent.

28. Les assemblées de canton rempliront chaque année, par des élections annuelles, toutes les vacances dans les colléges électoraux.

29. A dater de l'an 1816, un membre de la Chambre des Pairs, désigné par l'empereur, sera président à vie et inamovible de chaque collége électoral de département.

30. A dater de la même époque, le collége électoral de chaque département nommera, parmi les membres de chaque collége d'arrondissement, le président et deux vice-présidents. A cet effet, l'assemblée du collége de département précédera de quinze jours celle du collége d'arrondissement.

31. Les colléges de département et d'arrondissement nommeront le nombre de représentants établi pour chacun par l'acte et le tableau ci-annexés, n° I.

32. Les représentants peuvent être choisis indifféremment dans toute l'étendue de la France.

Chaque collége de département ou d'arrondissement qui choisira un représentant hors du département ou de l'arrondissement, nommera un suppléant qui sera pris nécessairement dans le département ou l'arrondissement.

33. L'industrie et la propriété manufacturière et commerciale auront une représentation spéciale.

L'élection des représentants commerciaux et manufacturiers sera faite par le collége électoral de département, sur une liste d'éligibles dressée par les chambres de commerce et les chambres consultatives réunies, suivant l'acte et le tableau ci-annexés, n° II.

TITRE III.

De la loi de l'impôt.

34. L'impôt général direct, soit foncier, soit mobilier, n'est voté que pour un an; les impôts indirects peuvent être votés pour plusieurs années.

Dans le cas de la dissolution de la Chambre des Représentants, les impositions votées dans la session précédente sont continuées jusqu'à la nouvelle réunion de la chambre.

35. Aucun impôt direct ou indirect en argent ou en nature ne peut être perçu, aucun emprunt ne peut avoir lieu, aucune inscription de créance au grand-livre de la dette publique ne peut être faite, aucun domaine ne peut être aliéné ni échangé, aucune levée d'hommes pour l'armée ne peut être ordonnée, aucune portion du territoire ne peut être échangée, qu'en vertu d'une loi.

36. Toute proposition d'impôt, d'emprunt, ou de levée d'hommes, ne peut être faite qu'à la Chambre des Représentants.

37. C'est aussi à la Chambre des Représentants qu'est porté d'abord, 1° le budget général de l'État, contenant l'aperçu des recettes et la proposition des fonds assignés pour l'année à chaque département du ministère; 2° le compte des recettes et dépenses de l'année ou des années précédentes.

TITRE IV.

Des ministres, et de la responsabilité.

38. Tous les actes du gouvernement doivent être contre-signés par un ministre ayant département.

39. Les ministres sont responsables des actes du gouvernement signés par eux, ainsi que de l'exécution des lois.

40. Ils peuvent être accusés par la Chambre des Représentants, et sont jugés par celle des Pairs.

41. Tout ministre, tout commandant d'armée de terre ou de mer, peut être accusé par la Chambre des Représentants et jugé par la Chambre des Pairs, pour avoir compromis la sûreté ou l'honneur de la nation.

42. La Chambre des Pairs, en ce cas, exerce, soit pour caractériser le délit, soit pour infliger la peine, un pouvoir discrétionnaire.

43. Avant de prononcer la mise en accusation d'un ministre, la Chambre des Représentants doit déclarer qu'il y a lieu à examiner la proposition d'accusation.

44. Cette déclaration ne peut se faire qu'après le rapport d'une commission de soixante membres tirés au sort. Cette commission ne fait son rapport que dix jours au plus tôt après sa nomination.

45. Quand la chambre a déclaré qu'il y a lieu à examen, elle peut appeler le ministre dans son sein pour lui demander des explications. Cet appel ne peut avoir lieu que dix jours après le rapport de la commission.

46. Dans tout autre cas, les ministres ayant département ne peuvent être appelés ni mandés par les chambres.

47. Lorsque la Chambre des Représentants a déclaré qu'il y a lieu à examen contre un ministre, il est formé une nouvelle commission de soixante membres tirés au sort, comme la première, et il est fait, par cette commission, un nouveau rapport sur la mise en accusation. Cette commission ne fait son rapport que dix jours après sa nomination.

48. La mise en accusation ne peut être prononcée que dix jours après la lecture et la distribution du rapport.

49. L'accusation étant prononcée, la Chambre des Représentants nomme cinq commissaires pris dans son sein, pour poursuivre l'accusation devant la Chambre des Pairs.

50. L'article 75 du titre VIII de l'acte constitutionnel du 22 frimaire an VIII, portant que les agents du gouvernement ne peuvent être poursuivis qu'en vertu d'une décision du conseil d'État, sera modifié par une loi.

TITRE V.

Du pouvoir judiciaire.

51. L'empereur nomme tous les juges. Ils sont inamovibles et à vie dès l'instant de leur nomination, sauf la nomination des juges de paix et des juges de commerce, qui aura lieu comme par le passé. Les juges actuels nommés par l'empereur, aux termes du sénatus-consulte du 12 octobre 1807, et qu'il jugera convenable de conserver, recevront des provisions à vie avant le 1er janvier prochain.

52. L'institution des jurés est maintenue.

53. Les débats en matière criminelle sont publics.

54. Les délits militaires seuls sont du ressort des tribunaux militaires.

55. Tous les autres délits, même commis par

les militaires, sont de la compétence des tribunaux civils.

56. Tous les crimes et délits qui étaient attribués à la haute cour impériale et dont le jugement n'est pas réservé par le présent acte à la Chambre des Pairs, seront portés devant les tribunaux ordinaires.

57. L'empereur a le droit de faire grâce, même en matière correctionnelle, et d'accorder des amnisties.

58. Les interprétations des lois, demandées par la cour de cassation, seront données dans la forme d'une loi.

TITRE VI.

Droits des citoyens.

59. Les Français sont égaux devant la loi, soit pour la contribution aux impôts et charges publiques, soit pour l'admission aux emplois civils et militaires.

60. Nul ne peut, sous aucun prétexte, être distrait des juges qui lui sont assignés par la loi.

61. Nul ne peut être poursuivi, arrêté, détenu ni exilé, que dans les cas prévus par la loi et suivant les formes prescrites.

62. La liberté des cultes est garantie à tous.

63. Toutes les propriétés possédées ou acquises en vertu des lois, et toutes les créances sur l'État, sont inviolables.

64. Tout citoyen a le droit d'imprimer et de publier ses pensées, en les signant, sans aucune censure préalable, sauf la responsabilité légale, après la publication, par jugement par jurés, quand même il n'y aurait lieu qu'à l'application d'une peine correctionnelle.

65. Le droit de pétition est assuré à tous les citoyens. Toute pétition est individuelle. Ces pétitions peuvent être adressées, soit au gouvernement, soit aux deux chambres: néanmoins ces dernières même doivent porter l'intitulé, A. S. M. L'EMPEREUR. Elles seront présentées aux chambres sous la garantie d'un membre qui recommande la pétition. Elles sont lues publiquement; et si la chambre les prend en considération, elles sont portées à l'empereur par le président.

66. Aucune place, aucune partie du territoire, ne peut être déclarée en état de siége, que dans le cas d'invasion de la part d'une force étrangère, ou de troubles civils.

Dans le premier cas, la déclaration est faite par un acte du gouvernement.

Dans le second cas, elle ne peut l'être que par la loi. Toutefois, si, le cas arrivant, les chambres ne sont pas assemblées, l'acte du gouvernement déclarant l'état de siége doit être converti en une proposition de loi dans les quinze premiers jours de la réunion des chambres.

67. Le peuple français déclare que, dans la délégation qu'il a faite et qu'il fait de ses pouvoirs, il n'a pas entendu et n'entend pas donner le droit de proposer le rétablissement des Bourbons ou d'aucun prince de cette famille sur le trône, même en cas d'extinction de la dynastie impériale, ni le droit de rétablir soit l'ancienne noblesse féodale, soit les droits féodaux et seigneuriaux, soit les dîmes, soit aucun culte privilégié et dominant, ni la faculté de porter aucune atteinte à l'irrévocabilité de la vente des domaines nationaux; il interdit formellement au gouvernement, aux chambres et aux citoyens, toute proposition à cet égard.

---

22 AVRIL 1815. — *Acte et tableau fixant le nombre des députés à élire pour la Chambre des Représentants.* — (VI. Bull. n° 112.)

Napoléon, etc.

Nous avons décrété et décrétons ce qui suit:

Art. 1er. La proportion du nombre de députés à la Chambre des Représentants et leur élection sont réglées ainsi qu'il suit.

2. Les colléges électoraux de département nommeront deux cent trente-huit députés à la Chambre des Représentants, et les colléges électoraux d'arrondissement nommeront, quelle que soit leur population, un député par chaque arrondissement, le tout conformément au tableau joint au présent acte.

3. Le présent acte sera joint à l'acte additionnel aux constitutions, en date de ce jour.

TABLEAU N° I.

NOMS des DÉPARTEMENTS.	NOMBRE des Arrondissements.	De Députés à nommer par le collége de département.	De Députés à nommer par les colléges d'arrondissement.	TOTAL DES DÉPUTÉS par département.
Ain.	5	2	5	7
Aisne.	5	4	5	9
Allier.	4	2	4	6
Alpes (Basses).	5	1	5	6
Alpes (Hautes).	3	1	3	4
Ardèche.	3	2	3	5
Ardennes.	5	2	5	7
Ariége.	3	1	3	4
Aube.	5	2	5	7
Aude.	4	2	4	6
Aveyron.	5	2	5	7
Bouches-du-Rhône.	3	4	3	7
Calvados.	6	4	6	10
Cantal.	4	2	4	6
Charente.	5	2	5	7
Charente-Inférieure.	6	4	6	10
Cher.	3	2	3	5
Corrèze.	3	2	3	5
Corse.	5	1	5	6
Côte-d'Or.	4	3	4	7
Côtes-du-Nord.	5	4	5	9
Creuse.	4	2	4	6
Dordogne.	5	3	5	8
Doubs.	4	2	4	6
Drôme.	4	2	4	6
Eure.	5	3	5	8
Eure-et-Loir.	4	2	4	6
Finistère.	5	4	5	9
Gard.	4	3	4	7
Garonne (Haute).	4	4	4	8
Gers.	5	2	5	7
Gironde.	6	4	6	10
Hérault.	4	2	4	6
Ille-et-Vilaine.	6	4	6	10
Indre.	4	2	4	6
Indre-et-Loire.	3	2	3	5
Isère.	4	4	4	8
Jura.	4	3	4	7
Landes.	3	2	3	5
Loir-et-Cher.	3	2	3	5
Loire.	3	3	3	6
Loire (Haute).	3	2	3	5
Loire-Inférieure.	5	3	5	8
Loiret.	4	2	4	6
Lot.	3	2	3	5
Lot-et-Garonne.	4	3	4	7
Lozère.	3	1	3	4
Maine-et-Loire.	5	3	5	8
Manche.	6	4	6	10
Marne.	5	3	5	8
Marne (Haute).	3	2	3	5
Mayenne.	3	3	3	6
Meurthe.	5	3	5	8
Meuse.	4	2	4	6
Mont-Blanc.	3	2	3	5
Morbihan.	4	4	4	8
Moselle.	4	3	4	7
Nièvre.	4	2	4	6
Nord.	6	6	6	12
Oise.	4	3	4	7
Orne.	4	3	4	7
Pas-de-Calais.	6	5	6	11
Puy-de-Dôme.	5	4	5	9
Pyrénées (Basses).	5	3	5	8
Pyrénées (Hautes).	3	2	3	5
Pyrénées-Orientales.	3	1	3	4
Rhin (Bas).	4	4	4	8
Rhin (Haut).	3	3	3	6
Rhône.	2	3	2	5
Saône (Haute).	3	3	3	6
Saône-et-Loire.	5	4	5	9
Sarthe.	4	3	4	7
Seine.	6	6	6	12
Seine-Inférieure.	5	5	5	10
Seine-et-Marne.	5	2	5	7
Seine-et-Oise.	6	4	6	10
Sèvres (Deux).	4	2	4	6
Somme.	5	4	5	9
Tarn.	4	2	4	6
Tarn-et-Garonne.	3	2	3	5
Var.	4	2	4	6
Vaucluse.	4	2	4	6
Vendée.	3	2	3	5
Vienne.	5	2	5	7
Vienne (Haute).	4	2	4	6
Vosges.	5	3	5	8
Yonne.	5	3	5	8
TOTAUX.	369	238	369	606

22 AVRIL 1815. — *Acte et tableau pour régler le nombre de députés pour représenter la propriété et l'industrie commerciale et manufacturière.* — (VI. Bull. n° 112.)

Napoléon, etc.

Nous avons décrété et décrétons ce qui suit:

Art. 1er. Pour l'exécution de l'article 33 de l'acte des constitutions, relatif à la représentation de l'industrie et de la propriété commerciale et manufacturière, la France sera divisée en treize arrondissements, conformément au tableau ci-joint, n° II.

2. Il sera nommé pour tous les arrondissements vingt-trois députés, choisis, 1° parmi les négociants, armateurs ou banquiers; 2° parmi les manufacturiers ou fabricants, d'après la répartition portée au même tableau.

3. Les députés seront nommés au chef-lieu et par les électeurs du département indiqué à la première colonne du tableau.

4. Les députés seront pris nécessairement sur une liste d'éligibles formée par les membres réunis des chambres de commerce et des chambres consultatives de commerce de tout l'arrondissement commercial, lesquels nommeront, au scrutin et à la majorité, un président, un vice-président et un secrétaire.

5. L'assemblée chargée de la formation de cette liste y portera les commerçants qui se sont le plus distingués par leur probité et leurs talents, et qui payent le plus de contributions, qui font les opérations les plus considérables en France ou à l'étranger, ou qui emploient le plus d'ouvriers, en les distinguant par la nature des opérations commerciales auxquelles ils se livrent.

6. Cette liste sera de soixante pour chaque arrondissement commercial, et de cent vingt pour l'arrondissement de Paris. Il y aura sur chacune au moins un tiers de manufacturiers et un tiers de négociants.

7. Elle sera renouvelée en entier, tous les cinq ans, à la fin de chaque législature, ou en cas de dissolution de la Chambre des Représentants.

8. Le présent acte sera joint à l'acte additionnel aux constitutions, en date de ce jour.

TABLEAU N° II. *Division de la France en treize arrondissements, pour l'élection des députés destinés à représenter la propriété et l'industrie commerciale et manufacturière.*

DÉSIGNATION des CHEFS-LIEUX d'arrondiss.	NOMS des départements compris dans l'arrondissement.	NOMBRE DES DÉPUTÉS à élire parmi les Négociants, Armateurs ou Banquiers.	Manufacturiers ou Fabricants.
LILLE	Nord. Aisne. Pas-de-Calais.	1	1
ROUEN	Seine-Inférieure. Eure. Somme. Calvados. Orne. Manche.	1	1
NANTES	Loire-Inférieure. Ille-et-Vilaine. Côtes-du-Nord. Finistère. Morbihan. Mayenne. Vendée.	1	1
BORDEAUX	Gironde. Charente. Charente-Inférieure. Deux-Sèvres. Lot-et-Garonne. Corrèze. Dordogne. Landes.	2	»
TOULOUSE	Haute-Garonne. Tarn-et-Garonne. Tarn. Pyrénées (Basses). Pyrénées (Hautes). Aude. Lot. Ariége. Pyrénées-Orient. Gers.	»	1
NIMES	Gard. Vaucluse. Aveyron. Hérault. Lozère.	»	2
MARSEILLE	Bouches-du-Rhône. Var. Hautes-Alpes. Basses-Alpes. Corse.	1	1
LYON	Rhône. Mont-Blanc. Allier. Haute-Loire. Ardèche. Cantal. Loire. Puy-de-Dôme. Isère. Saône-et-Loire. Drôme. Ain. Jura.	»	2
STRASBOURG	Bas-Rhin. Haut-Rhin. Haute-Saône. Vosges. Meurthe. Moselle. Meuse.	1	»
TROYES	Aube. Seine-et-Marne. Marne. Haute-Marne. Ardennes. Oise. Seine-et-Oise. Côte-d'Or. Doubs.	»	1

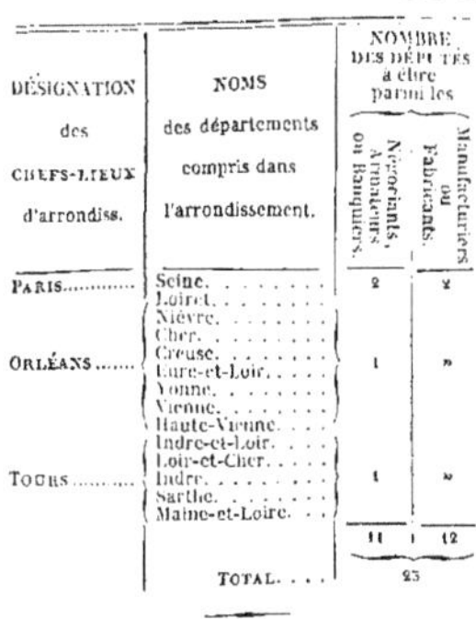

DÉSIGNATION des CHEFS-LIEUX d'arrondiss.	NOMS des départements compris dans l'arrondissement.	NOMBRE DES DÉPUTÉS à élire parmi les Négociants, Armateurs ou Banquiers.	Manufacturiers ou Fabricants.
PARIS	Seine	2	2
ORLÉANS	Loiret, Nièvre, Cher, Creuse, Eure-et-Loir, Yonne, Vienne, Haute-Vienne	1	»
TOURS	Indre-et-Loir, Loir-et-Cher, Indre, Sarthe, Maine-et-Loire	1	»
		11	12
	TOTAL	23	

§ III. *Actes complémentaires ou modificatifs.*

22 AVRIL 1815. — *Décret impérial ordonnant la présentation de l'acte additionnel aux constitutions à l'acceptation du peuple français.* (VI. Bull. n° 113.)

Napoléon, etc.

Conformément à ce qui a été fait en l'an VIII, en l'an X et en l'an XII, pour la présentation des actes des constitutions à l'acceptation du peuple français,

Nous avons décrété et décrétons ce qui suit :

Art. 1er. Il sera ouvert,

Aux secrétariats de toutes les administrations et de toutes les municipalités,

Aux greffes de tous les tribunaux,

Chez tous les juges de paix,

Chez tous les notaires,

Des registres sur lesquels les Français seront appelés à consigner leur vote sur l'acte additionnel aux constitutions, en date de ce jour.

2. Ces registres s'ouvriront deux jours au plus tard après la réception du Bulletin des lois, et resteront ouverts pendant dix jours.

3. Aussitôt après l'expiration du temps donné pour voter, chaque dépositaire d'un registre l'arrêtera, portera au bas le relevé du nombre des votes, certifiera le tout, et l'adressera, dans les deux jours suivants, au maire de sa municipalité; celui-ci, dans les vingt-quatre heures suivantes, le fera passer au sous-préfet de son arrondissement, avec un relevé de lui certifié, et qui sera conforme au modèle joint au présent réglement, sous le n° Ier.

4. Vingt et un jours après la publication du présent réglement, le sous-préfet transmettra au préfet tous les registres de son arrondissement, avec un relevé de lui certifié, et qui sera conforme au modèle n° II.

5. Vingt-cinq jours après la publication du présent réglement, chaque préfet adressera au ministre de l'intérieur tous les registres de son département, avec un relevé général de lui certifié, et qui sera conforme au modèle n° III.

6. L'acte additionnel aux constitutions sera envoyé à l'acceptation des armées de terre et de mer.

7. Dix jours après la réception du Bulletin des lois, chaque corps enverra aux secrétariats du ministère de la guerre et de celui de la marine, le registre de ses votes.

8. Le dépouillement de tous les registres et le recensement des votes auront lieu à l'assemblée du Champ de mai qui est, à cet effet, convoquée à Paris, pour le 26 mai prochain.

N° I. *Relevé des votes émis dans la municipalité d'   arrondissement d'   département d'   sur l'acte présenté à l'acceptation du peuple français.*

AUTORITÉS qui ont reçu les votes.	Nombre de registr.	Nomb. des votes, par oui	par non	TOTAL.

N° II. *Relevé des votes émis dans l'arrondissement d'   département d'   sur l'acte, etc.*

NOMS des MUNICIPALITÉS.	Nombre de registr.	Nomb. des votes, par oui	par non	TOTAL.

N° III. *Relevé des votes émis dans l'arrondissement d'   département d'   sur l'acte, etc.*

NOMS des ARRONDISSEM.	Nombre de registr.	Nomb. des votes, par oui	par non	TOTAL.

22 AVRIL 1815. — *Décret impérial relatif à l'assemblée du Champ de mai.* (VI. Bull. n° 114.)

Napoléon, etc.

Nous avons décrété et décrétons ce qui suit :

Art. 1er. L'assemblée du Champ de mai, convoquée pour le 26 du mois de mai prochain, sera composée,

1° Des membres de tous les colléges électoraux de département et d'arrondissement de l'empire ;

2° Des députations qui seront nommées par tous les corps de l'armée de terre et de mer.

2. Aussitôt après leur arrivée à Paris, les membres des colléges électoraux se présenteront au ministère de l'intérieur, où on leur indiquera le lieu qui aura été assigné pour la réunion, en une seule assemblée, des membres des différents colléges de chaque département.

3. L'assemblée des membres des colléges du même département se formera sous la présidence du président du collége électoral du département.

Après avoir nommé ses secrétaires et ses scrutateurs, elle procédera au dépouillement des votes du département.

4. Les assemblées des colléges de chaque département nommeront chacune une députation de cinq membres pour porter le dépouillement des votes du département à une assemblée centrale.

Les registres des votes de l'armée de terre et de mer seront transmis à cette assemblée.

Elle fera le recensement général des votes sous la présidence du prince archichancelier, qui en portera le résultat à l'empereur.

5. Tous les membres des colléges électoraux et des députations de l'armée, formant l'assemblée du Champ de mai, se réuniront au Champ de Mars, en présence de l'empereur.

Le résultat du recensement général des votes sera proclamé, et l'acte additionnel aux constitutions sera promulgué et scellé du sceau de l'État.

6. Après le serment de l'empereur, chaque assemblée des colléges électoraux, successivement et par ordre alphabétique, prêtera, par l'organe de l'un de ses membres, le serment d'obéissance aux constitutions et de fidélité à l'empereur.

7. Des aigles seront distribuées dans l'assemblée du Champ de mai, au collége électoral de chaque département pour la garde nationale du département, et aux députations de chacun des corps de l'armée de terre et de mer.

22 JUIN 1815. — *Déclaration au peuple français.* (VI. Bull. n° 274.)

Français,

En commençant la guerre pour soutenir l'indépendance nationale, je comptais sur la réunion de tous les efforts, de toutes les volontés, et le concours de toutes les autorités nationales; j'étais fondé à en espérer le succès, et j'avais bravé toutes les déclarations des puissances contre moi.

Les circonstances paraissent changées : je m'offre en sacrifice à la haine des ennemis de la France. Puissent-ils être sincères dans leurs déclarations, et n'en avoir jamais voulu qu'à ma personne! Ma vie politique est terminée, et je proclame mon fils, sous le titre de Napoléon II, empereur des Français.

Les ministres actuels formeront provisoirement le conseil de gouvernement; l'intérêt que je porte à mon fils, m'engage à inviter les chambres à organiser sans délai la régence par une loi.

Unissez-vous tous pour le salut public, et pour rester une nation indépendante.

Au palais de l'Élysée, le 22 juin 1815.

NAPOLÉON.

22 JUIN 1815. — *Résolution des chambres relative à l'abdication de Napoléon Bonaparte et à la formation d'une commission de gouvernement.* (Mon. page 718.)

La Chambre des Représentants, considérant que le premier intérêt du peuple français est le maintien des lois qui assurent l'organisation et l'action de tous les pouvoirs, passe à l'ordre du jour sur les propositions qui ont été faites de la former en Assemblée nationale ou en Assemblée constituante.

La Chambre arrête que le président et son bureau se retireront devers Napoléon Bonaparte pour lui exprimer, au nom de la nation, la reconnaissance et le respect avec lesquels elle accepte le noble sacrifice qu'il a fait à l'indépendance et au bonheur du peuple français.

La Chambre arrête qu'il sera nommé sans délai une commission de cinq membres, dont trois choisis par la Chambre des Représentans, et deux par la Chambre des Pairs, pour exercer provisoirement les fonctions du gouvernement, et que les ministres continueront leurs fonctions, sous l'autorité de cette commission.

Les membres des deux chambres qui feront partie de la commission du gouvernement ne pourront, pendant la durée de leurs fonctions dans cette commission, exercer aucunes fonctions législatives.

La Chambre des Pairs, après avoir pris connaissance de la résolution de la Chambre des Représentants, en date de ce jour, adhère aux principes constitutionnels contenus dans le premier article de cette résolution, et arrête que son président et ses secrétaires se retireront devant Napoléon Bonaparte pour lui exprimer, au nom de la nation, la reconnaissance et le respect avec lesquels elle accepte le noble sacrifice qu'il fait à l'indépendance et au bonheur du peuple français.

SECTION VIII. PROJET DE CONSTITUTION PROPOSÉ A LA CHAMBRE DES REPRÉSENTANTS.

§ 1. *Actes préliminaires.*

23 JUIN 1815. *Résolution des deux chambres relative à leur arrêté portant nomination d'une commission de gouvernement.* (Mon. page 725.)

La Chambre des Représentants délibérant sur les diverses propositions faites dans sa séance, et mentionnées dans son procès-verbal, passe à l'ordre du jour motivé, 1° sur ce que Napoléon II est devenu empereur des Français par le fait de l'abdication de Napoléon Ier et par la force des constitutions de l'empire; 2° sur ce que les deux chambres ont voulu et entendu, par leur arrêté à la date d'hier, portant nomination d'une commission de gouvernement provisoire, assurer à la nation la garantie dont elle a besoin, dans les circonstances extraordinaires ou elle se trouve, pour sa liberté et son repos, au moyen d'une administration qui ait toute la confiance du peuple.

La Chambre des Pairs, vu la résolution de la Chambre des Représentants, en date de ce jour, l'adopte dans les mêmes termes.

23 JUIN 1815. — *Arrêté par lequel la commission du gouvernement se constitue sous la présidence de M. le duc d'Otrante.* (VI. Bull. n° 275.)

La commission du gouvernement se constitue sous la présidence de M. le duc d'Otrante.

Signé le duc D'OTRANTE, *président;* CAULAINCOURT, duc de Vicence; comte GRENIER, CARNOT, QUINETTE.

§ 2. *Texte du projet.*

29 JUIN 1815. — *Projet d'acte constitutionnel présenté par la commission centrale de la Chambre des Représentants.*

DISPOSITIONS FONDAMENTALES.

Article unique. La souveraineté nationale réside dans l'universalité des citoyens.

CHAPITRE Ier.

Des droits communs à tous les Français.

Art. 1er. Les droits suivants sont garantis à tous les Français :

1° L'égalité des droits civils et politiques, et l'application des mêmes peines quand les délits sont les mêmes, sans aucune distinction de personnes.

2° L'admission à toutes les fonctions publiques, places et emplois civils et militaires, sans autres conditions que celles imposées par les lois.

3° L'égale répartition des contributions dans la proportion des facultés de chacun, ainsi que de toutes les autres charges publiques.

4° La liberté d'aller, de rester, de partir, sans pouvoir être arrêté, détenu ou exilé, que selon les formes déterminées par les lois.

5° La liberté d'imprimer et de publier ses pensées, sans que les écrits soient soumis à aucune censure ni inspection avant leur publication; sauf, après la publication, la responsabilité légale, et le jugement par jurés, quand même il n'y aurait lieu qu'à l'application d'une peine correctionnelle.

6° La liberté à chacun de professer et d'exercer librement son culte, sans qu'aucun culte puisse jamais devenir exclusif, dominant ou privilégié.

7° L'irrévocabilité des aliénations des biens nationaux de toute origine, sous quelque forme qu'elles aient été faites.

8° L'inviolabilité de toutes les propriétés, sans qu'on puisse jamais exiger le sacrifice d'aucune, que pour cause d'intérêt ou d'utilité publique, constatée par une loi, et avec une indemnité préalablement convenue ou légalement évaluée, et acquittée avant la dépossession.

9° Le droit d'être jugé par des jurés, et la publicité des débats en matière criminelle.

10° Le droit de présenter des pétitions aux chambres et au gouvernement, soit dans l'intérêt général de l'État, soit dans l'intérêt particulier des citoyens.

11° L'institution des gardes nationales pour la défense du territoire, le maintien de la paix publique et la garantie des propriétés.

CHAPITRE II (1).

De l'exercice des droits politiques.

2. Tout Français qui, âgé de vingt et un ans accomplis, s'est fait inscrire sur le registre civique de son arrondissement communal, exerce les droits de citoyen.

3. Un étranger devient citoyen français, lorsque, après avoir atteint l'âge de vingt et un ans accomplis, et avoir déclaré l'intention de se fixer en France, il y a résidé pendant dix années consécutives.

4. Lorsqu'un étranger apporte en France des talents, une invention ou une industrie utile, ou y forme de grands établissements, il peut obtenir sa naturalisation par une loi.

5. Tout étranger ayant servi dix ans dans les armées françaises, ou ayant, pendant le même temps, exercé des fonctions dans l'ordre administratif ou judiciaire français, ou qui a reçu la décoration de la Légion d'honneur, pour services tant civils que militaires, et qui a fait devant le maire de son domicile la déclaration de son intention de se fixer en France, est citoyen français.

6. La qualité de citoyen français se perd par naturalisation en pays étranger; par l'acceptation, sans autorisation du gouvernement français, de fonctions ou de pensions offertes par un gouvernement étranger; par l'affiliation à toute corporation étrangère qui supposerait des distinctions de naissance; par la condamnation à des peines afflictives ou infamantes.

7. L'exercice des droits de citoyen français est suspendu par l'état de débiteur failli, ou d'héritier immédiat ou donataire (2) détenteur à titre gratuit de la succession totale ou partielle d'un failli; par l'état de domestique à gages, attaché au service de la personne ou du ménage; par l'état d'interdiction judiciaire, d'accusation ou de contumace.

8. Pour exercer les droits de cité dans un arrondissement communal, il faut (3) y avoir acquis son domicile par une année de résidence, et ne l'avoir pas perdu par une année d'absence.

9. La noblesse ancienne et nouvelle est abolie. Les titres et dénominations féodales sont abolis.

(1) Les chapitres II et III et la section Ire du chapitre IV, furent seuls discutés et adoptés par la Chambre des Représentants, dans les séances des 6 et 7 juillet.

(2) Amendement : *assimilé à l'héritier.*

(3) Amendement : *payer une contribution directe et.*

CHAPITRE III.

Du gouvernement de la France.

SECTION Ire.

Du gouvernement.

10. Le gouvernement français est monarchique et représentatif. La représentation nationale se compose du monarque, d'une Chambre des Pairs et d'une Chambre des Représentants.

SECTION II.

Du pouvoir exécutif.

11. Le pouvoir du monarque est délégué héréditairement à la race régnante, de mâle en mâle, par ordre de primogéniture, à l'exclusion perpétuelle des femmes et de leurs descendants.

12. La personne du monarque est inviolable et sacrée.

13. Le monarque est le chef suprême de l'État: il nomme aux emplois administratifs, judiciaires et militaires, en se conformant aux règles d'éligibilité (1) établies par les lois.

14. Le monarque, à son avénement au trône, ou dès qu'il a atteint sa majorité, prête à la nation, en présence des deux chambres, le serment suivant : « Je jure d'être fidèle à la nation et à la loi, d'employer tout le pouvoir qui m'est délégué à maintenir la présente constitution. »

15. Le monarque est majeur à dix-huit ans accomplis (2). La garde du monarque est formée d'individus ayant servi au moins deux ans dans l'armée de ligne. Les corps qui la composent ne peuvent excéder le nombre de 3,000 hommes de toutes armes (3). Ils sont, pour leur formation et en tout ce qui ne concerne pas le service personnel du monarque ou de sa famille, sous les ordres du ministre de la guerre. Aucun membre de la famille régnante n'a de corps particuliers pour sa garde. Aucun corps composé d'étrangers ne peut faire partie de la garde du monarque.

16. Aucun corps de troupes étrangères ne peut être introduit sur le territoire français, sans le consentement des deux chambres.

17. La nation pourvoit à la splendeur du trône, par une liste civile dont la loi détermine la somme à chaque changement de règne, et pour toute la durée du règne.

18. La loi pourvoit en outre, aux frais du trésor public, à l'établissement des membres de la famille régnante.

19. Les princes et princesses de la famille régnante ne sont distingués que par leurs prénoms. Ils ne portent aucun titre féodal. Aucun apanage territorial ne peut leur être accordé.

20. Le monarque ne peut, même sur la liste civile, fournir aucun subside à l'étranger sans le consentement des chambres (4).

21. En aucun cas, le monarque, ni l'héritier présomptif, ne peuvent sortir du territoire français sans le consentement des deux chambres.

22. Le monarque, ni l'héritier présomptif de la couronne, ne peuvent commander personnellement les armées sans le consentement des chambres.

23. Le monarque a le droit de faire grâce, même en matière correctionnelle (5), et d'accorder des amnisties (6).

24. Il ne peut y avoir de limites ou d'exception à ce droit que celles établies par la loi (7).

25. Les déclarations de guerre et les traités de paix et d'alliance sont présentés à l'approbation des chambres. Les traités de commerce sont délibérés dans la forme des lois. Jamais les articles patents d'un traité ne peuvent être détruits ou modifiés par des articles secrets.

26. Le monarque ne peut céder ni échanger aucune partie du territoire de la France, ni réunir à ce territoire aucun pays conquis ou cédé, qu'avec l'approbation des deux chambres.

27. L'établissement de la régence et les attributions du régent seront ultérieurement déterminés par une loi (1).

(1) Amendement : *et aux exceptions.*

(2) A commencer de ces mots : *la garde du monarque*; le reste de l'article 15 devint un article séparé qui fut le 16e.

(3) Amendement : *et ils sont assimilés, pour les grades et l'avancement, à la troupe de ligne.*

(4) Cet article fut supprimé.

(5) Amendement : *le droit de faire grâce n'a de limites que pour les ministres poursuivis par la Chambre des Représentants et condamnés par celle des Pairs.*

(6) Amendement : *l'amnistie est un acte de législation.*

(7) En conséquence des amendements à l'article précédent, l'article 24 fut supprimé.

SECTION III.

Du ministère.

28. Le nombre des départements du ministère est déterminé par le monarque, qui nomme et révoque les ministres.

29. Les ministres sont responsables de tous les actes du gouvernement. A cet effet, chacun de ces actes signés du monarque est contre-signé par le ministre du département auquel il est relatif (2).

30. Les ministres sont en outre responsables de tous les actes de leur ministère qui porteraient atteinte à la sûreté de l'État, à la constitution, aux intérêts du trésor public, à la propriété, à la liberté des individus, à la liberté de la presse, à la liberté des cultes.

31. Les ministres peuvent être accusés par la Chambre des Représentants, pour raison des actes du gouvernement, ou de leur ministère. En ce cas, ils sont jugés par la Chambre des Pairs.

32. Les formes de la poursuite et du jugement sont déterminées par une loi.

33. La Chambre des Pairs exerce en ce cas, soit pour caractériser le délit dont un ministre est accusé, soit pour infliger la peine, un pouvoir discrétionnaire.

34. Les ministres et leurs agents (3) subordonnés peuvent être poursuivis par les particuliers, à raison des dommages qu'ils prétendraient avoir injustement soufferts par les actes du ministère ou de l'administration. La requête est portée à la Chambre des Pairs, qui décide s'il y a ou non lieu à poursuite. Si la poursuite est autorisée, elle a lieu devant les tribunaux ordinaires (4).

35. Il y a un chancelier garde du sceau de l'État.

36. Le ministère de la justice peut, selon la volonté du monarque, être exercé par le chancelier ou confié à un autre.

37. Le chancelier appose le sceau de l'État sur les lois et sur les actes du gouvernement, contre-signés des ministres, et est chargé de la promulgation, laquelle est toujours faite au nom du monarque (5).

CHAPITRE IV.

Du pouvoir législatif.

SECTION Ire.

De la formation du pouvoir législatif et de ses attributions.

38. L'exercice du pouvoir législatif est confié collectivement au monarque, à une Chambre des Pairs, à une Chambre des Représentants, composée de députés des départements.

39. La loi ne peut être faite que par le concours du monarque et des deux chambres.

40. Les membres des deux chambres sont inviolables. Ils ne peuvent être poursuivis et attaqués pour les opinions par eux émises dans l'exercice de leurs fonctions.

41. Les deux chambres sont convoquées par le monarque pour la même époque, et au moins pour une session par année. A défaut de convocation par le monarque avant le 1er octobre, les chambres s'assemblent de plein droit au 1er novembre suivant.

42. Le monarque proroge la session des chambres par un message à chacune d'elles, et en détermine la fin par un décret contre-signé d'un ministre.

43. Le monarque peut dissoudre la Chambre des Représentants. Mais pour opérer la dissolution, la proclamation qui la prononce doit convoquer, dans quinze jours, les colléges électoraux pour une nouvelle élection, et indiquer la convocation des membres des chambres dans

(1) Article proposé : *Il ne sera jamais élevé de monument au monarque pendant sa vie.* L'examen de cet article additionnel fut renvoyé au Comité de Constitution.

(2) Article additionnel : *Nul, s'il n'est citoyen français, ne peut exercer aucune fonction publique en France.*

(3) Les mots : *et leurs agents*, furent supprimés.

(4) Addition : *Quant au mode de poursuivre les fonctionnaires civils et administratifs, il sera réglé par une loi.*

(5) Les articles 35, 36 et 37 furent ensuite retranchés et remplacés par cet article : *Le ministre, dépositaire du sceau de l'État, sera chargé de l'apposer sur les lois et sur les actes du gouvernement, contre signés par des ministres; et est chargé de la promulgation, laquelle est toujours faite au nom du monarque.*

quarante jours au plus, après l'époque de la convocation des colléges électoraux (1).

44. Chacune des deux chambres peut exercer l'initiative. Le gouvernement peut également l'exercer. Dans ce cas, il fait porter la proposition, et soutenir la discussion par les ministres, soit qu'ils siégent dans les chambres comme pairs ou représentants, soit qu'ils n'en fassent pas partie.

45. A compter du jour de la convocation des chambres jusqu'au quarantième jour après la fin de la session, aucune contrainte par corps ne peut être exercée contre aucun de leurs membres.

46. Durant la session des chambres, nul de leurs membres ne peut être poursuivi ni arrêté en matière criminelle ou correctionnelle (2), sauf le cas de flagrant délit, si ce n'est après que la chambre, à laquelle il appartient, a autorisé la poursuite.

47. Aucun impôt direct ou indirect, aucune taxe en argent, aucune perception en nature au profit du trésor; aucun impôt, comme fonds spécial pour le compte des départements, des arrondissements ou des communes, ne peut être établi ni perçu; aucune prohibition d'entrée ou de sortie de denrées ou marchandises ne peut être prononcée; aucun emprunt ne peut avoir lieu; aucune inscription de créance au grand-livre de la dette publique ne peut être faite; aucune levée d'hommes pour l'armée ne peut être ordonnée; le titre des monnaies ne peut être changé qu'en vertu d'une loi.

48. L'impôt général direct, soit foncier, soit mobilier, n'est voté que pour un an; les impôts indirects peuvent être votés pour plusieurs années, ou sans qu'il leur soit fixé de terme (3).

49. Les propositions d'impôt ou d'emprunt, les demandes de levée d'hommes sont présentées d'abord à la Chambre des Représentants.

50. Le budget de chaque ministère est divisé en chapitres. Aucune somme allouée pour un chapitre ne peut être reportée au crédit d'un autre chapitre, et employée à d'autres dépenses sans une loi.

51. C'est aussi à la Chambre des Représentants que sont portés d'abord : 1°. Le budget général de l'État, contenant l'aperçu des recettes, et la proposition des fonds assignés pour l'année à chaque département du ministère. 2° Le compte des recettes et dépenses de l'année, ou des années précédentes, avec distinction de chaque département du ministère (4).

52. Chacune des chambres peut, en temps de guerre, énoncer et porter au gouvernement son vœu pour la paix.

53. Les interprétations des lois, demandées par la cour de cassation, sont données dans la forme d'une loi.

54. Aucune place, aucune partie du territoire ne peut être déclarée en état de siége que dans le cas d'invasion imminente ou effectuée de la part d'une force étrangère, ou de troubles civils. Dans le premier cas, la déclaration est faite par un acte du gouvernement. Dans le second cas, elle ne peut l'être que par une loi. Si, le cas arrivant, les chambres ne sont pas assemblées, l'acte du gouvernement, déclarant l'état de siége, doit être converti en une proposition de loi, dans les quinze premiers jours de la réunion des chambres. La capitale ne peut, en aucun cas, être mise en état de siége, qu'en vertu d'une loi.

55. Aucun corps de troupes ne peut séjourner dans la distance de dix myriamètres du lieu où siégent les deux chambres, si ce n'est en vertu d'une loi.

SECTION II.

De la Chambre des Pairs.

56. Les membres de la Chambre des Pairs sont nommés par le monarque. Leur nombre n'est pas limité.

57. La succession à la pairie a lieu et est bornée à la succession directe du pair dernier décédé (5).

58. Les princes de la famille régnante sont de droit membres de la Chambre des Pairs; ils y ont entrée et séance à dix-huit ans, et voix délibérative à vingt et un ans. Ils siégent immédiatement après le président.

59. Les autres membres de la Chambre des Pairs y ont entrée à vingt et un ans, et voix délibérative à vingt-cinq ans.

60. A chaque titre de pair est attaché un revenu de 30,000 francs, fondé sur des propriétés immobilières, libres de toutes hypothèques, inaliénables et transmissibles avec et comme le titre. En cas d'insuffisance des propriétés du premier titulaire, il sera pourvu au complément sur les fonds de l'État, en vertu d'une loi. Une loi établira les autres règles nécessaires à l'exécution du présent article.

61. La Chambre des Pairs est présidée par le chancelier; à son défaut, par un vice-président nommé par la chambre.

62. La Chambre des Pairs ne peut voter légalement, si elle n'a au moins cinquante membres présents.

63. Ses séances sont publiques; elle se forme en comité secret sur la demande de dix de ses membres; mais ses délibérations ne peuvent avoir lieu qu'en séance publique.

64. Les pairs peuvent être ministres, ambassadeurs, grands officiers de la couronne, et servir dans les armées de terre et de mer. Toute autre fonction salariée est incompatible avec la dignité de pair.

65. Les pairs ne peuvent être mis en arrestation que par l'autorité de la chambre. Ils ne peuvent, en matière criminelle, correctionnelle ou de police, être jugés que par elle et selon les formes qui seront déterminées par une loi.

66. La Chambre des Pairs ne peut se réunir hors du temps des sessions, que pour l'exercice de celles de ses attributions judiciaires qui n'exigent pas la présence de la Chambre des Représentants. Tout autre acte de la Chambre des Pairs, hors du temps des sessions législatives, est illicite et nul de plein droit.

SECTION III.

De la Chambre des Représentants.

67. Pour former la Chambre des Représentants, il est nommé un député par chaque collége d'arrondissement, et par chaque collége de département le nombre de députés porté au tableau ci-joint n° I (1).

68. L'industrie et la propriété manufacturière et commerciale ont une représentation spéciale. Les représentants du commerce et de l'industrie sont nommés par les colléges de département dans les proportions et d'après la division du territoire portées au tableau ci-joint n° II (2).

69. Tout citoyen français est éligible, s'il a l'âge de vingt-cinq ans accomplis.

70. La Chambre des Représentants vérifie les pouvoirs de ses membres, et prononce sur la validité des élections contestées.

71. Elle choisit, pour chaque session, son président, quatre vice-présidents et quatre secrétaires.

72. Les séances de la chambre sont publiques. Elle se forme en comité secret, sur la demande de vingt-cinq membres ou sur la demande du gouvernement.

73. Les ministres et les fonctionnaires administratifs ou judiciaires révocables peuvent être élus membres de la Chambre des Représentants. Si un membre de cette chambre est nommé ministre, ou appelé à une fonction administrative ou judiciaire révocable, le collége électoral qui l'a nommé est convoqué pour procéder à une nouvelle élection. Le ministre ou autre fonctionnaire nommé ne cesse pas d'être éligible.

74. Les fonctions de membre de la Chambre des Représentants sont incompatibles avec la qualité de comptable des deniers publics.

75. La Chambre des Représentants ne peut délibérer, si la majorité absolue de ses membres n'est présente.

76. Aucune délibération ne peut avoir lieu en comité secret.

77. La Chambre des Représentants se renouvelle en entier tous les cinq ans, sauf le cas de dissolution par le monarque avant l'expiration de ce terme. Les membres de la chambre sont indéfiniment rééligibles.

78. Tout commandant d'armée de terre ou de mer peut être accusé par la Chambre des Représentants pour avoir compromis la sûreté ou l'honneur de la nation. En ce cas, il est jugé comme les ministres.

79. Les représentants reçoivent, outre leurs frais de voyage, une indemnité qui est réglée par la loi.

CHAPITRE V.

Des assemblées primaires et des assemblées électorales.

80. Tout citoyen français, réunissant les qualités énoncées par les articles 2, 3 et 4 du chapitre II, a droit de voter aux assemblées primaires.

81. La formation des colléges électoraux, le nombre de leurs membres, sont réglés par une loi, sans que les fonctions d'électeurs puissent durer plus de cinq ans, à moins de réélection.

82. Les membres des colléges électoraux de département sont nécessairement pris sur une liste contenant les noms de six cents citoyens du département les plus imposés au rôle des contributions directes, en réunissant ce qu'ils payent dans tous les départements.

83. Les membres des colléges électoraux d'arrondissement sont nécessairement pris sur une liste des quatre cents plus imposés de l'arrondissement, formée de la même manière.

84. Les assemblées primaires et électorales nomment leur président.

85. Les assemblées primaires s'assemblent de droit tous les cinq ans au plus tard, au 1er septembre, pour compléter ou renouveler les colléges électoraux. Les colléges électoraux s'assemblent de droit tous les cinq ans au plus tard au 1er octobre, pour élire immédiatement les membres de la Chambre des Représentants.

86. Les colléges électoraux s'assemblent sur l'invitation du président de la Chambre des Représentants, pour les remplacements à faire pendant la durée de chaque session.

87. Nul ne peut avoir entrée dans un collége électoral, s'il n'a été nommé électeur par les assemblées primaires.

CHAPITRE VI.

De l'autorité judiciaire.

88. La cour de cassation, la cour des comptes, les cours d'appel, les tribunaux de première instance, les tribunaux de commerce, les justices de paix, sont maintenus. Il ne peut être apporté de changements dans le nombre et les attributions des cours et tribunaux que par la loi.

89. Le monarque nomme les juges des cours et des tribunaux de première instance. Les juges de paix, et les juges de commerce sont nommés selon les formes établies par les lois.

90. Les juges nommés par le monarque sont inamovibles, et ne peuvent être remplacés que pour crime ou délit constaté par jugement légal.

91. Nul ne peut être distrait des juges que la constitution ou la loi lui assigne, ni être traduit pour être jugé, dans sa personne ou dans ses biens, devant aucune commission.

92. Les tribunaux ne peuvent jamais motiver leur jugement sur une décision, ou interprétation de la loi, ou réglement, donnés par l'autorité ministérielle.

93. Tout délit civil commis en France par un militaire, à moins qu'il ne soit dans un camp ou en campagne, est jugé par les tribunaux criminels ordinaires.

94. Il en est de même de toute accusation contre un militaire, dans laquelle un individu non militaire est compris.

95. Toutes contestations relatives aux domaines nationaux de toute origine, seront portées par-devant les cours et tribunaux, sans qu'il soit permis de contester la validité des aliénations qui ont été faites de ces domaines jusqu'à ce jour, ni pour vice de forme, ni pour lésion dans le prix, ni pour insuffisance des valeurs employées au payement.

CHAPITRE VII.

De l'autorité administrative.

96. Il y aura pour chaque département, pour chaque arrondissement, pour chaque commune, un conseil élu par les citoyens, et un agent du gouvernement nommé par lui.

(1) Article additionnel : *En cas d'invasion du territoire par l'étranger, les chambres ne peuvent être dissoutes, et si les chambres n'étaient pas réunies, le monarque serait tenu de les convoquer.*

(2) Amendement : *ou de simple police.*

(3) Les mots : *ou sans qu'il leur soit fixé de terme,* furent supprimés.

(4) Un article additionnel proposé : *Il y aura près du trésor cinq commissaires choisis par la chambre,* fut renvoyé à l'examen de la Commission de Constitution.

(5) Les articles, 56 et 57 furent les derniers discutés et adoptés. Le lendemain 8 juillet la salle des séances de la Chambre des Députés fut occupée par la force armée, et son entrée interdite aux Représentants de la nation. (Voyez ci-après la protestation du 8 juillet.)

(1) Six cent six Députés, nombre des Députés qui composaient alors la chambre.

(2) Vingt-trois Députés.

97. Le nombre des membres des conseils de département, d'arrondissement et de commune, les conditions et le mode d'éligibilité, leurs fonctions et les fonctions de l'agent du gouvernement, seront réglés par une loi.

CHAPITRE VIII.

De l'armée.

98. L'armée est essentiellement obéissante; nul corps armé ne peut délibérer.

99. La garde nationale ne peut être mobilisée en tout ou en partie, qu'en vertu d'une loi.

100. L'armée et la garde nationale mobilisée sont soumises aux règles d'administration publique; la garde nationale sédentaire n'est soumise qu'à la loi.

CHAPITRE IX.

De l'instruction publique.

101. L'organisation de l'instruction publique est réglée par une loi.

102. La loi sur l'instruction publique ne peut jamais la confier à aucun corps religieux, ni en charger exclusivement les ministres d'aucun culte.

103. Il y a des écoles primaires pour les enfants des deux sexes. Une loi en détermine l'organisation.

104. L'Institut national et tous les établissements d'instruction publique, de sciences et d'arts actuellement existants, sont maintenus. Il ne peut y être rien changé que par une loi.

CHAPITRE X.

Garantie des citoyens et des propriétés et dispositions générales.

105. La peine de la confiscation des biens est abolie.

106. Le droit de pétition est exercé personnellement par un ou plusieurs individus, jamais au nom d'aucun corps. Les pétitions peuvent être adressées soit au gouvernement, soit aux deux chambres. Elles ne peuvent être présentées par les pétitionnaires en personne.

107. Nul ne peut être recherché, poursuivi, attaqué en aucun temps, ni d'aucune manière, à raison de ses votes, de ses opinions, ni de l'exercice de fonctions publiques antérieures à la présente constitution.

108. La dette publique est garantie.

109. Les droits de tous les créanciers avec lesquels le gouvernement a pris des engagements encore subsistants, sont maintenus.

110. Les militaires en activité de service, les officiers, employés, militaires et soldats en retraite, les veuves des officiers, employés, militaires et soldats pensionnés, conserveront leurs grades, honneurs et pensions. La même disposition est applicable aux pensions civiles et ecclésiastiques.

111. Les traitements fixés pour les ministres des cultes salariés par l'État sont compris dans le budget annuel d'un des ministères. Il ne peut être apporté de changement à la quotité de ces traitements que par la loi.

112. Les récompenses nationales ne peuvent être accordées que par une loi.

113. Les domaines nationaux non vendus, et qui sont ou qui rentreront entre les mains de l'administration des domaines, demeurent irrévocablement acquis à l'État.

114. Les dîmes, les rentes, les droits féodaux et seigneuriaux ne pourront être rétablis sous aucun prétexte.

115. Hors du palais du monarque, hors des cérémonies publiques, hors de l'exercice des fonctions publiques, aucun citoyen ne peut prétendre, en quelque lieu ou en quelque circonstance que ce soit, à aucun rang, privilége ou prérogative.

116. L'institution de la Légion d'honneur est maintenue. Ses membres conservent tous les droits, dénominations, prérogatives et traitements qui y ont été affectés par la loi qui l'établit. La décoration de la Légion d'honneur est portée avant toute autre par le monarque et les princes de sa famille. Aucun autre ordre ne peut être rétabli ni créé que par une loi.

117. Le pavillon national et la cocarde nationale sont tricolores.

118. Tout ce qui est relatif aux majorats précédemment institués, soit par le gouvernement, soit par les particuliers, aux droits des appelés, à ceux du gouvernement en cas de retour, au régime et à la conservation des biens pendant la jouissance du titulaire, sera réglé par une loi.

119. La maison de toute personne habitant le territoire français est un asile inviolable. Pendant la nuit, nul n'a le droit d'y entrer qu'en cas d'incendie, d'inondation ou de réclamation faite de l'intérieur de la maison. Pendant le jour, on peut y entrer pour un objet spécial déterminé, ou par une loi, ou par un ordre émané d'une autorité publique.

120. Pour que l'acte qui ordonne l'arrestation d'une personne puisse être exécuté, il faut, 1° qu'il exprime formellement le motif de l'arrestation et la loi en exécution de laquelle elle est ordonnée; 2° qu'il émane d'un fonctionnaire à qui la loi ait donné formellement ce pouvoir; 3° qu'il soit notifié à la personne arrêtée, et qu'il lui en soit laissé copie.

121. Les juges qui seront en fonctions lors de l'acceptation de la présente constitution, seront pourvus de provisions à vie, dans les trois mois.

122. Les colonies sont régies par des lois particulières. La traite des noirs ne peut être rétablie.

123. La présente constitution sera présentée à l'acceptation des citoyens, qui seront appelés à voter au scrutin secret, en assemblées primaires.

---

2 JUILLET 1815. — *Loi concernant les droits de la nation française.* (VI, n° 314.)

Au nom du peuple français.

Les Chambres ont arrêté ce qui suit :

Français, les puissances étrangères ont proclamé à la face de l'Europe qu'elles ne s'étaient armées que contre Napoléon; qu'elles voulaient respecter notre indépendance, et le droit qu'a toute nation de se choisir un gouvernement conforme à ses mœurs et à ses intérêts. Napoléon n'est plus le chef de l'État; lui-même a renoncé au trône; son abdication a été acceptée par vos représentants : il s'est éloigné de nous; son fils est appelé à l'empire par les constitutions de l'État. Les souverains coalisés le savent; la guerre doit donc être finie, si les promesses des rois ne sont pas vaines. Cependant, tandis que des plénipotentiaires ont été envoyés vers les puissances alliées pour traiter de la paix au nom de la France, les généraux de deux de ces puissances se sont refusés à toute suspension d'armes; leurs troupes ont précipité leur marche à la faveur d'un moment de trouble et d'hésitation : elles sont aux portes de la capitale, sans que nulle communication soit venue nous apprendre pourquoi la guerre continue. Bientôt nos plénipotentiaires nous diront s'il faut renoncer à la paix : en attendant, la résistance est aussi nécessaire que légitime; et si l'humanité demande compte du sang inutilement versé, elle n'accusera point les braves qui ne se battent que pour repousser de leurs foyers le fléau de la guerre, le meurtre et le pillage, pour défendre, avec leur vie, la cause de la liberté et de cette indépendance dont le droit imprescriptible leur a été garanti par les manifestes même de leurs ennemis. Au milieu de ces graves circonstances, vos représentants ne pouvaient oublier qu'ils ne furent point envoyés pour stipuler les intérêts d'un parti quelconque, mais ceux de la nation tout entière.

Tout acte de faiblesse ne servirait, en les déshonorant, qu'à compromettre le repos de la France pendant un long avenir. Tandis que le gouvernement organise tous les moyens d'obtenir une solide paix, que pouvaient-ils faire de plus utile à la nation que de recueillir et de fixer les règles fondamentales d'un gouvernement monarchique et représentatif, destiné à garantir aux citoyens la libre jouissance des droits sacrés qu'ils ont achetés par tant et de si grands sacrifices, et de rallier pour toujours, sous les couleurs nationales, ce grand nombre de Français qui n'ont d'autre intérêt et ne forment d'autre vœu que de jouir d'un repos honorable et d'une sage indépendance? Maintenant la Chambre croit de son devoir et de sa dignité de déclarer qu'elle ne saurait jamais avouer pour chef légitime de l'État, celui qui, en montant sur le trône, refuserait de reconnaître les droits de la nation, et de les consacrer par un acte solennel : cette charte constitutionnelle est rédigée; et si la force des armes parvenait à nous imposer momentanément un maître; si les destinées d'une grande nation devaient encore être livrées au caprice et à l'arbitraire d'un petit nombre de privilégiés, alors cédant à la force, la représentation nationale protestera, à la face du monde entier, des droits de la nation française opprimée. Elle en appellera à l'énergie de la génération actuelle et des générations futures, pour revendiquer à la fois l'indépendance nationale et les droits de la liberté civile. Elle en appelle dès aujourd'hui à la justice et à la raison de tous les peuples civilisés. La présente résolution prise par la Chambre des Représentants et adoptée par la Chambre des Pairs, sera promulguée comme loi de l'État.

---

5 JUILLET 1815. — *Déclaration des droits des Français et des principes fondamentaux de leur constitution.* (Mon. du 6 juillet 1815, page 772.) (1).

Art. 1er. Tous les pouvoirs émanent du peuple; la souveraineté du peuple se compose de la réunion des droits de tous les citoyens.

2. La division des pouvoirs est le principe le plus nécessaire à l'établissement de la liberté et à sa conservation.

3. La puissance législative, en France, se compose de trois pouvoirs toujours distincts dans leurs éléments et dans leur action : une Chambre de Représentants, une Chambre haute et un monarque.

4. Dans la confection des lois, la proposition, la sanction et l'opposition appartiennent également aux trois branches de la puissance législative. La loi n'existe que par leur accord. A la Chambre des Représentants, exclusivement, appartient l'initiative en trois matières : les contributions publiques, les levées d'hommes, et l'élection d'une nouvelle dynastie à l'extinction de la dynastie régnante.

5. L'action du pouvoir exécutif ne s'exerce que par des ministres, tous responsables solidairement pour les déterminations prises en commun, chacun en particulier, pour les actes particuliers de son département.

6. Le monarque est inviolable, sa personne est sacrée. En cas de violation des lois et d'attentats contre la liberté et la sûreté individuelle ou publique, les ministres sont mis en accusation par la Chambre des Représentants; ils sont jugés par la Chambre haute.

7. La liberté de chaque individu consiste à pouvoir faire ce qui ne nuit pas à autrui. Aucune atteinte ne peut y être portée qu'au nom des lois, par leurs organes, et sous des formes assez précises pour ne pouvoir être éludées ou négligées.

8. La liberté de la presse est inviolable. Aucun écrit ne peut être soumis à une censure préalable. Les lois déterminent quels sont les abus de la presse assez graves pour être qualifiés crimes ou délits; ils sont réprimés, suivant les différents degrés de gravité, par des peines dont la sévérité sera aussi graduée, et par jugement de jurés.

9. Chacun a la liberté de professer ses opinions religieuses, et obtient la même protection pour son culte.

10. L'indépendance des tribunaux est garantie. Les juges des cours de justice et des tribunaux civils sont inamovibles et à vie. En matière criminelle, les débats sont publics, le fait est jugé par des jurés, et la loi appliquée par des juges.

11. Une instruction primaire, indispensable pour la connaissance des droits et des devoirs de l'homme en société, est mise gratuitement à la portée de toutes les classes du peuple. Les éléments des sciences, des belles-lettres et des beaux-arts, sont enseignés dans les hautes écoles.

12. La constitution garantit l'égalité des droits civils et politiques, l'abolition de la noblesse, des priviléges, des qualifications féodales, des dîmes, des droits féodaux, et de la confiscation des biens. Elle garantit le droit de pétition, les secours publics, l'inviolabilité des propriétés et de la dette publique, l'irrévocabilité de l'aliénation des domaines nationaux de toute origine, et l'égalité proportionnelle dans la répartition des contributions; elle garantit enfin le maintien de la Légion d'honneur, des couleurs nationales, et des récompenses pour les services civils et militaires. Elle ne reconnaît point les ordres monastiques et les vœux perpétuels de religion.

13. Le prince, soit héréditaire, soit appelé par élection, ne montera sur le trône de France qu'après avoir prêté et signé le serment d'observer et de faire observer la présente déclaration. La présente déclaration sera communiquée par

(1) Cette Déclaration des Droits fut proposée par M. Garat dans la séance du 4 juillet, renvoyée à la Commission de Constitution, qui dut faire son rapport séance tenante, et adoptée dans la séance du 5 juillet. Ce fut, suivant l'expression de Manuel, le *testament politique* de la Chambre des Représentants.

un message à la Chambre des Pairs et à la commission de gouvernement.

---

6 JUILLET 1815. — *Déclaration de la Chambre des Représentants, adoptée par la Chambre des Pairs.* (Mon. du 6 juillet 1815.)

Les troupes des puissances alliées vont occuper la capitale. La Chambre des Représentants n'en continuera pas moins de siéger au milieu des habitants de Paris, ou la volonté expresse du peuple a appelé ses mandataires. Mais dans ces graves circonstances, la Chambre des Représentants se doit à elle-même, elle doit à la France, à l'Europe, une déclaration de ses sentiments et de ses principes.

Elle déclare donc qu'elle fait un appel solennel à la fidélité et au patriotisme de la garde nationale parisienne, chargée du dépôt de la représentation nationale.

Elle déclare qu'elle se repose avec la plus haute confiance sur les principes de morale, d'honneur, sur la magnanimité des puissances alliées, et sur leur respect pour l'indépendance de la nation, si positivement exprimés dans leurs manifestes.

Elle déclare que le gouvernement de la France, quel qu'en puisse être le chef, doit réunir les vœux de la nation légalement émis, et se coordonner avec les autres gouvernements, pour devenir un lien commun et la garantie de la paix entre la France et l'Europe.

Elle déclare qu'un monarque ne peut offrir des garanties réelles, s'il ne jure d'observer une constitution délibérée par la représentation nationale et acceptée par le peuple. Ainsi tout gouvernement qui n'aurait d'autres titres que des acclamations et les volontés d'un parti, ou qui serait imposé par la force; tout gouvernement qui n'adopterait pas les couleurs nationales et ne garantirait point la liberté des citoyens, l'égalité des droits civils et politiques, la liberté de la presse, la liberté des cultes, le système représentatif, le libre consentement des levées d'hommes et d'impôts, la responsabilité des ministres, l'irrévocabilité des ventes de biens nationaux de toute origine, l'inviolabilité des propriétés, l'abolition de la dime, de la noblesse ancienne et nouvelle, héréditaire, de la féodalité; l'abolition de toute confiscation des biens, l'entier oubli des opinions et des votes politiques émis jusqu'à ce jour; l'institution de la Légion d'honneur, les récompenses dues aux officiers et aux soldats, les secours dus à leurs veuves; l'institution du jury, l'inamovibilité des juges, le payement de la dette publique; n'aurait qu'une existence éphémère et n'assurerait point la tranquillité de la France ni de l'Europe. Que si des bases énoncées dans cette déclaration pouvaient être méconnues ou violées, les représentants du peuple français, s'acquittant aujourd'hui d'un devoir sacré, protestent d'avance à la face du monde entier contre la violence et l'usurpation.

Ils confient le maintien des dispositions qu'ils proclament à tous les bons Français, à tous les cœurs généreux, à tous les esprits éclairés, à tous les hommes jaloux de leur liberté, enfin aux générations futures!

---

8 JUILLET 1815, 10 *h. du matin.* — *Acte signé par la majorité de la Chambre des Représentants relatif à l'interdiction de la salle des séances* (1).

Dans la séance du jour d'hier, sur le message par lequel la commission du gouvernement annonçait qu'elle cessait ses fonctions, la Chambre des Représentants passa à l'ordre du jour. Elle continua ensuite ses délibérations sur les dispositions du projet d'acte constitutionnel dont la rédaction lui fut expressément recommandée par le peuple français; et lorsqu'elle suspendit sa séance, elle s'ajourna à ce jour, 8 juillet, à huit heures du matin.

En conséquence de cet ajournement, les membres de la Chambre des Représentants se sont rendus au lieu ordinaire de leurs séances. Mais les portes du palais étant fermées, les avenues gardées par la force armée, et les officiers qui la commandaient ayant annoncé qu'ils avaient l'ordre formel de refuser l'entrée du palais;

Les soussignés, membres de la chambre, se sont réunis chez M. Lanjuinais, président, et là ils ont dressé et signé individuellement le présent procès-verbal pour constater les faits ci-dessus.

(1) Cet acte fut imprimé, distribué et déposé aux archives de la chambre.

SECTION IX. PROJET DE CONSTITUTION DU SÉNAT DU 6 AVRIL 1814 (1).

6 AVRIL 1814. — *Constitution française.* (V. Bull. n° 13) (2).

Le Sénat conservateur, délibérant sur le projet de constitution qui lui a été présenté par le gouvernement provisoire, en exécution de l'acte du Sénat du 1er de ce mois;

Après avoir entendu le rapport d'une commission spéciale de sept membres,

Décrète ce qui suit :

Art. 1er. Le gouvernement français est monarchique et héréditaire de mâle en mâle, par ordre de primogéniture.

2. Le peuple français appelle librement au trône de France Louis-Stanislas-Xavier de France, frère du dernier roi, et après lui les autres membres de la maison de Bourbon, dans l'ordre ancien.

3. La noblesse ancienne reprend ses titres : la nouvelle conserve les siens héréditairement. La Légion d'honneur est maintenue avec ses prérogatives; le roi déterminera la décoration.

4. Le pouvoir exécutif appartient au roi.

5. Le roi, le Sénat et le Corps législatif, concourent à la formation des lois.

Les projets de loi peuvent être également proposés dans le Sénat et dans le Corps législatif.

Ceux relatifs aux contributions ne peuvent l'être que dans le Corps législatif.

Le roi peut inviter également les deux corps à s'occuper des objets qu'il juge convenables.

La sanction du roi est nécessaire pour le complément de la loi.

6. Il y a cent cinquante sénateurs au moins, et deux cents au plus.

Leur dignité est inamovible et héréditaire de mâle en mâle, par primogéniture. Ils sont nommés par le roi.

Les sénateurs actuels, à l'exception de ceux qui renonceraient à la qualité de citoyen français, sont maintenus et font partie de ce nombre. La dotation actuelle du Sénat et des sénatoreries leur appartient. Les revenus en sont partagés également entre eux, et passent à leurs successeurs. Le cas échéant de la mort d'un sénateur sans postérité masculine directe, sa portion retourne au trésor public. Les sénateurs qui seront nommés à l'avenir, ne peuvent avoir part à cette dotation.

7. Les princes de la famille royale et les princes du sang sont, de droit, membres du Sénat.

On ne peut exercer les fonctions de sénateur qu'après avoir atteint l'âge de majorité.

8. Le Sénat détermine les cas où la discussion des objets qu'il traite doit être publique ou secrète.

9. Chaque département nommera au Corps législatif le même nombre de députés qu'il y envoyait.

Les députés qui siégeaient au Corps législatif lors du dernier ajournement, continueront à y siéger jusqu'à leur remplacement. Tous conservent leur traitement.

A l'avenir, ils seront choisis immédiatement par les colléges électoraux, lesquels sont conservés, sauf les changements qui pourraient être faits par une loi à leur organisation.

La durée des fonctions des députés au Corps législatif est fixée à cinq années.

Les nouvelles élections auront lieu pour la session de 1816.

10. Le Corps législatif s'assemble de droit chaque année le 1er octobre. Le roi peut le convoquer extraordinairement. Il peut l'ajourner; il peut aussi le dissoudre : mais, dans ce dernier cas, un autre Corps législatif doit être formé au plus tard dans les trois mois, par les colléges électoraux.

11. Le Corps législatif a le droit de discussion. Les séances sont publiques, sauf le cas où il juge à propos de se former en comité général.

12. Le Sénat, le Corps législatif, les colléges électoraux et les assemblées de canton, élisent leur président dans leur sein.

13. Aucun membre du Sénat ou du Corps législatif ne peut être arrêté sans une autorisation préalable du corps auquel il appartient.

Le jugement d'un membre du Sénat ou du Corps législatif, accusé, appartient exclusivement au Sénat.

14. Les ministres peuvent être membres, soit du Sénat, soit du Corps législatif.

15. L'égalité de proportion dans l'impôt est de droit. Aucun impôt ne peut être établi ni perçu, s'il n'a été librement consenti par le Corps législatif et par le Sénat. L'impôt foncier ne peut être établi que pour un an. Le budget de l'année suivante et les comptes de l'année précédente sont présentés chaque année au Corps législatif et au Sénat, à l'ouverture de la session du Corps législatif.

16. La loi déterminera le mode et la quotité du recrutement de l'armée.

17. L'indépendance du pouvoir judiciaire est garantie. Nul ne peut être distrait de ses juges naturels.

L'institution des jurés est conservée, ainsi que la publicité des débats en matière criminelle.

La peine de la confiscation des biens est abolie.

Le roi a le droit de faire grâce.

18. Les cours et tribunaux ordinaires actuellement existants sont maintenus; leur nombre ne pourra être diminué ou augmenté qu'en vertu d'une loi. Les juges sont à vie et inamovibles, à l'exception des juges de paix et des juges de commerce. Les commissions et les tribunaux extraordinaires sont supprimés, et ne pourront être rétablis.

19. La cour de cassation, les cours d'appel et les tribunaux de première instance proposent au roi trois candidats pour chaque place de juge vacante dans leur sein : le roi choisit l'un des trois. Le roi nomme les premiers présidents et le ministère public des cours et des tribunaux.

20. Les militaires en activité, les officiers et soldats en retraite, les veuves et les officiers pensionnés, conservent leurs grades, leurs honneurs et leurs pensions.

21. La personne du roi est inviolable et sacrée. Tous les actes du gouvernement sont signés par un ministre. Les ministres sont responsables de tout ce que ces actes contiendraient d'attentatoire aux lois, à la liberté publique et individuelle, et aux droits des citoyens.

22. La liberté des cultes et des consciences est garantie. Les ministres des cultes sont également traités et protégés.

23. La liberté de la presse est entière, sauf la répression légale des délits qui pourraient résulter de l'abus de cette liberté. Les commissions sénatoriales de la liberté de la presse et de la liberté individuelle sont conservées.

24. La dette publique est garantie.

Les ventes des domaines nationaux sont irrévocablement maintenues.

25. Aucun Français ne peut être recherché pour les opinions ou les votes qu'il a pu émettre

(1) Voyez page 81 la note 1, sur l'interversion des dates.

(2) Ce projet de constitution diffère principalement de la charte de 1814, en ce que la constitution y est considérée comme un pacte entre la nation et la famille de Bourbon; tandis que la charte est *octroyée* en vertu d'un droit préexistant.

La constitution du sénat ayant été présentée au comte d'Artois (depuis Charles X), ce prince fit la réponse suivante :

« Messieurs, j'ai pris connaissance de l'acte constitutionnel qui rappelle au trône de France le roi mon auguste frère. Je n'ai point reçu de lui le pouvoir d'accepter la constitution; mais je connais ses sentiments et ses principes, et je ne crains pas d'être désavoué en assurant en son nom qu'il en admettra les bases. Le roi, en déclarant qu'il maintiendrait la forme actuelle du gouvernement, a donc reconnu que la monarchie devait être pondérée par un gouvernement représentatif, divisé en deux chambres : ces deux chambres sont le Sénat et la Chambre des Députés des départements; que l'impôt sera librement consenti par les représentants de la nation; la liberté publique et individuelle assurée; la liberté de la presse respectée, sauf les restrictions nécessaires à l'ordre et à la tranquillité publique; la liberté des cultes garantie; que les propriétés seront inviolables et sacrées; les ministres responsables, pouvant être accusés et pousuivis par les représentants de la nation; que les juges sont inamovibles; le pouvoir judiciaire indépendant, nul ne pouvant être distrait de ses juges naturels; que la dette publique sera garantie; les pensions, grades, honneurs militaires seront conservés, ainsi que l'ancienne et la nouvelle noblesse; la Légion d'honneur maintenue : le roi en déterminera la décoration; que tout Français sera admissible aux emplois civils et militaires; qu'aucun individu ne pourra être inquiété pour ses opinions et ses votes; et que la vente des biens nationaux sera irrévocable. Voilà, ce me semble, Messieurs, les bases essentielles et nécessaires pour conserver tous les droits, tracer tous les devoirs, assurer toutes les existences, et garantir notre avenir. »

26. Toute personne a le droit d'adresser des pétitions individuelles à toute autorité constituée.

27. Tous les Français sont également admissibles à tous les emplois civils et militaires.

28. Toutes les lois actuellement existantes restent en vigueur, jusqu'à ce qu'il y soit légalement dérogé. Le Code des lois civiles sera intitulé, *Code civil des Français*.

29. La présente constitution sera soumise à l'acceptation du peuple français dans la forme qui sera réglée. LOUIS-STANISLAS-XAVIER sera proclamé *roi des Français*, aussitôt qu'il aura juré et signé par un acte portant : *J'accepte la constitution, je jure de l'observer et de la faire observer*. Ce serment sera réitéré dans la solennité où il recevra le serment de fidélité des Français.

Signé le prince DE BÉNÉVENT, *président*; les comtes DE VALENCE et DE PASTORET, *secrétaires*;

Le Prince *architrésorier;* les comtes *Abrial, Barbé-Marbois, Emmery, Barthélemy, Belderbusch, Berthollet, Beurnonville, Cornet, Carbonara, Legrand, Chasseloup, Cholet, Colaud, Davous, Degregory, Decroy, Depère, Dembarrère, d'Haubersaert, Destutt-Tracy, d'Harville, d'Hédouville, Fabre* (de l'Aude), *Ferino, Dubois-Dubais, de Fontanes, Garat, Grégoire, Herwyn de Nevele, Jaucourt, Klein, Journu-Aubert, Lambrechts, Lanjuinais, Lejeas, Lebrun de Rochemont, Lemercier, Meerman, de Lespinasse, de Monbadon, Lenoir-Laroche, de Maleville, Redon, Roger-Ducos, Péré, Tascher, Porcher de Richebourg, de Pontécoulant, Saur, Rigal, Saint-Martin de la Motte, Sainte-Suzanne, Sieyes, Schimmelpenninck, Van-Dedem-van-de-Gelder, Van-Depoll, Venturi, Vaubois*, duc de *Valmy, Villetard, Vimar, Van-Zuylen-van-Nyevelt.*

---

7 AVRIL 1814. — *Message du Corps législatif contenant acceptation de la constitution.* (Mon. 8 avril 1814.)

---

2 MAI 1814. — *Déclaration du roi.* (V. Bull. n° 89) (1).

Louis, par la grâce de Dieu, roi de France et de Navarre, à tous ceux qui ces présentes verront, salut.

Rappelés par l'amour de notre peuple au trône de nos pères, éclairés par les malheurs de la nation que nous sommes destinés à gouverner, notre première pensée est d'invoquer cette confiance mutuelle si nécessaire à notre repos, à son bonheur.

Après avoir lu attentivement le plan de constitution proposé par le Sénat dans sa séance du 6 avril dernier, nous avons reconnu que les bases en étaient bonnes, mais qu'un grand nombre d'articles portant l'empreinte de la précipitation avec laquelle ils ont été rédigés, ils ne peuvent dans leur forme actuelle devenir lois fondamentales de l'État.

Résolus d'adopter une constitution libérale, nous voulons qu'elle soit sagement combinée; et ne pouvant en accepter une qu'il est indispensable de rectifier, nous convoquons pour le 10 du mois de juin de la présente année le Sénat et le Corps législatif, nous engageant à mettre sous leurs yeux le travail que nous aurons fait avec une commission choisie dans le sein de ces deux corps, et à donner pour base à cette constitution les garanties suivantes :

Le gouvernement représentatif sera maintenu tel qu'il existe aujourd'hui, divisé en deux corps, savoir :

Le Sénat, et la chambre composée des députés des départements.

L'impôt sera librement consenti;

La liberté publique et individuelle assurée;

La liberté de la presse respectée, sauf les précautions nécessaires à la tranquillité publique;

La liberté des cultes garantie.

Les propriétés seront inviolables et sacrées; la vente des biens nationaux restera irrévocable.

Les ministres, responsables, pourront être poursuivis par une des chambres législatives, et jugés par l'autre.

Les juges seront inamovibles, et le pouvoir judiciaire indépendant.

La dette publique sera garantie; les pensions, grades, honneurs militaires seront conservés, ainsi que l'ancienne et la nouvelle noblesse.

La Légion d'honneur, dont nous déterminerons la décoration, sera maintenue.

Tout Français sera admissible aux emplois civils et militaires.

Enfin nul individu ne pourra être inquiété pour ses opinions et ses votes.

Fait à Saint-Ouen, le 2 mai 1814.

Signé LOUIS.

(1) Voyez page 89, 2e colonne, note 2, la réponse du comte d'Artois.

SECTION X. CHARTE CONSTITUTIONNELLE DE 1814 (1).

§ 1. *Actes préliminaires* (2).

14 AVRIL 1814. — *Décret du Sénat, qui défère le gouvernement provisoire de la France à S. A. R. Mgr le comte d'Artois, sous le titre de lieutenant général du royaume.* (V. Bull. n° 43.)

Le Sénat, délibérant sur la proposition du gouvernement provisoire,

Après avoir entendu le rapport d'une commission spéciale de sept membres,

Décrète ce qui suit :

Le Sénat défère le gouvernement provisoire de la France à S. A. R. Mgr le comte d'Artois, sous le titre de lieutenant général du royaume, en attendant que Louis-Stanislas-Xavier de France, appelé au trône des Français, ait accepté la charte constitutionnelle.

Le Sénat arrête que le décret de ce jour, concernant le gouvernement provisoire de la France, sera présenté ce soir par le Sénat en corps à S. A. R. Mgr le comte d'Artois.

Les président et secrétaires, signé le prince DE BÉNÉVENT; le comte DE VALENCE, le comte DE PASTORET.

---

9 MAI 1814. — *Proclamation du roi.* (V. Bull. n° 91.)

Louis, par la grâce de Dieu, roi de France et de Navarre, à tous ceux qui ces présentes lettres verront, salut.

En remontant sur le trône de nos ancêtres, nous avons retrouvé nos droits dans votre amour; et notre cœur s'est ouvert tout entier aux sentiments que Louis XII, le père du peuple, et Henri IV, le bon roi, ont jadis manifestés. Leur application constante au bonheur de la France marquera aussi notre règne; et nos vœux les plus in-

(1) Voyez CHAMBRE DES PAIRS. — CHAMBRE DES DÉPUTÉS. — ÉLECTIONS PARLEMENTAIRES. — LIBERTÉ DE LA PRESSE. — LOUIS XVIII. — CHARLES X.

(2) Nous croyons devoir rapporter ici les divers actes par lesquels Louis XVIII, dans son exil, ne cessa de protester, avec une persévérance infatigable, en faveur du droit en vertu duquel il *octroya* la charte de 1814 : ces pièces, qui offrent un si grand intérêt historique, ne se trouvent dans aucun autre des recueils de lois.

28 JANVIER 1793. — *Déclaration du comte de Provence.* (Mon. 26 février 1793. — Annual Register, 1793, page 136.)

Louis-Stanislas-Xavier, fils de France, oncle du roi et régent du royaume, à tous ceux qui ces présentes verront, salut.

Pénétré d'horreur, en apprenant que les plus criminels des hommes viennent de mettre le comble à leurs nombreux attentats par le plus grand des forfaits, nous avons d'abord invoqué le ciel pour obtenir de son assistance de surmonter les sentiments d'une douleur profonde et les mouvements de notre indignation, afin de pouvoir nous livrer à l'accomplissement des devoirs qui, dans des circonstances aussi graves, sont les premiers dans l'ordre de ceux que les lois immuables de la monarchie française nous imposent. — Notre très-cher et très-honoré frère et souverain seigneur, le roi Louis seizième du nom étant mort, le 21 du présent mois de janvier, sous le fer parricide que les féroces usurpateurs de l'autorité souveraine en France ont porté sur son auguste personne, nous déclarons que le dauphin, Louis-Charles, né le 27e jour du mois de mars l'an de grâce 1785, est roi de France et de Navarre sous le nom de Louis XVII, et que, par le droit de naissance, ainsi que par les dispositions des lois fondamentales du royaume, nous sommes et serons (agirons) comme régent de France, durant la minorité du roi notre neveu et seigneur. — Investi, en cette qualité, de l'exercice des droits de la souveraineté et du ministère supérieur de la justice royale, nous en prenons la charge, ainsi que nous en sommes tenu, pour l'acquit de nos obligations et devoirs, à l'effet de nous employer, avec l'aide de Dieu et l'assistance de tous les bons et loyaux Français, de tous les ordres du royaume et des puissants secours des souverains alliés de la couronne de France, — A la libération du roi Louis XVII, notre royal neveu; de sa majesté la reine, son auguste mère et tutrice; de la princesse royale Marie-Thérèse, sa sœur et notre nièce, et de S. A. la princesse Élisabeth, sa tante, notre très-chère sœur, tous détenus, dans la plus dure captivité, par les chefs des factieux; — Et simultanément, au rétablissement de la monarchie, sur les bases inaltérables de sa constitution; à la réformation des abus introduits dans le régime de l'administration publique, au rétablissement de la religion de nos pères, dans la pureté de son culte et de la discipline canonique; à la réintégration de la magistrature, pour le maintien de l'ordre public et la dispensation de la justice; à la réintégration des Français de tous les ordres dans l'exercice des droits légitimes et dans la jouissance de leurs propriétés nouvellement envahies et usurpées; à la sévère et exemplaire punition des crimes; au rétablissement des lois et de la paix; et enfin à l'accomplissement des engagements solennels que nous avons voulu prendre conjointement avec notre très-cher frère Charles-Philippe de France, comte d'Artois, auquel se sont unis nos très-chers neveux, petits-fils de France, L. A. R. Louis-Antoine, duc d'Angoulême, et Charles-Ferdinand, duc de Berri; et nos cousins, princes du sang royal, L. A. R. Louis-Joseph de Bourbon, prince de Condé, Louis-Henri-Joseph de Bourbon, duc de Bourbon, et Louis-Antoine-Henri de Bourbon, duc d'Enghien, par nos délibérations adressée au feu roi notre frère, les 11 février et 10 septembre 1791, et autres actes émanés de nous, déclaratifs de nos principes, sentiments et volontés, dans lesquels nous persistons et persisterons invariablement. — Auxquelles fins, mandons et ordonnons à tous Français et sujets du roi, d'obéir aux commandements qu'ils recevront de nous de par le roi et du commandement de notre très-cher frère Charles-Philippe de France, comte d'Artois, que nous avons nommé et substitué lieutenant général du royaume, lorsque notredit frère et lieutenant général ordonnera de par le roi et le régent de France. — Sera notre présente déclaration, notifiée à qui il appartiendra, et publiée par tous les officiers du roi, militaires ou de magistrature, à qui nous en donnerons commission et charge, pour que ladite déclaration ait toute la notoriété qu'il sera possible de lui donner en France présentement et jusqu'à ce qu'elle soit adressée, en la forme ordinaire, aux cours du royaume, aussitôt qu'elles seront rentrées dans l'exercice de leurs juridictions, pour y être notifiée, publiée, enregistrée et exécutée.

Donné à Ham en Westphalie, sous notre seing et notre scel ordinaires, dont nous faisons usage pour les actes de souveraineté, jusqu'à ce que les sceaux du royaume, détruits par les factieux, aient été rétablis, et sous le contre-seing des ministres d'État, les maréchaux de Broglie et de Castries, ce vingt-huitième jour de janvier de l'an de grâce 1793, et du règne du roi, le premier.

Signé LOUIS-STANISLAS-XAVIER. Par le régent, le maréchal duc DE BROGLIE; le maréchal DE CASTRIES.

---

28 JANVIER 1793. — *Lettres patentes du régent de France, portant nomination d'un lieutenant général du royaume.* (Annual Register, 1793, page 136.)

Louis-Stanislas-Xavier, fils de France, oncle du roi et régent du royaume, à notre cher frère Charles-Philippe de France, comte d'Artois, salut.

Le Dieu de nos pères, le Dieu de saint Louis, qui a si longtemps protégé la monarchie française, ne permettra certainement pas son entière destruction par les mains d'une poignée de factieux aussi exécrables par leur audace impie que par l'énormité de leurs crimes. Sûrement le ciel, et c'est notre plus grand espoir, nous a destinés à être les ministres de sa justice, à venger le sang du roi, notre frère, que ces monstres ont osé répandre avec la plus étonnante férocité. C'est donc pour placer notre neveu et souverain sur le trône de son père, pour le remettre et maintenir en possession de tous les droits et prérogatives de sa couronne, que nous réclamons de vous, Charles-Philippe de France, comte d'Artois, aide et assistance. — Ce premier acte de notre régence vous montre, suivant le vœu de notre cœur, l'entière confiance que nous mettons en vous. — A ces causes, et pour atteindre ces fins honorables, nous vous avons établi et vous établissons, par ces présentes, lieutenant général du royaume de France; vous investissant de tous les pouvoirs que le régent de France peut déléguer, et spécialement du pouvoir de commander, en notre absence et en notre présence, sous notre autorité, les armées du roi; voulant que tous les officiers du roi, militaires ou de magistrature, et tous Français sujets du roi, obéissent aux commandements donnés par vous au nom du roi et du régent de France. — Voulons et nous plaît que vous assistiez à tous les conseils d'État, de justice et d'administration, et autres qu'il sera jugé nécessaire d'établir; comme aussi qu'ils soient présidés par vous en notre absence; lous lesquels pouvoirs conserveront leur force aussi longtemps que durera notre régence, à moins qu'ils ne soient restreints ou annulés de notre autorité. — En vertu des présentes, toutes lettres patentes délivrées en la forme ordinaire et adressées aux cours de justice du royaume, aussitôt qu'elles seront rétablies dans leurs juridictions respectives, y seront notifiées, enregistrées, publiées et exécutées.

Donné à Ham en Westphalie, sous notre seing et scel ordinaires, et contre-signé par les maréchaux de Broglie et de Castries, nos ministres d'État, le 28e jour du mois de janvier, l'an 1793, et du règne du roi le premier.

Signé LOUIS-STANISLAS-XAVIER. Par le régent de

times sont qu'il laisse, à son tour, des souvenirs dignes de s'associer à la mémoire de ces rois, dont une bonté paternelle fut la première et la plus noble vertu.

France, maréchal DE BROGLIE, maréchal DE CASTRIES.

JUILLET 1795. — *Déclaration de Louis XVIII.* (Bibl. royaliste, III, 325.)

Louis, par la grâce de Dieu, roi de France et de Navarre, à tous nos sujets, salut.

En vous privant d'un roi qui n'a régné que dans les fers, mais dont l'enfance même vous promettait le digne successeur du meilleur des rois, les impénétrables décrets de la Providence nous ont transmis avec sa couronne la nécessité de l'arracher des mains de la révolte, et le devoir de sauver la patrie qu'une révolution désastreuse a placée sur le penchant de sa ruine. — Cette fatale conformité entre les commencements de notre règne et du règne de Henri IV, nous est un nouvel engagement de le prendre pour modèle; et imitant d'abord sa noble franchise, notre âme tout entière va se dévoiler à vos yeux. Assez et trop longtemps nous avons gémi des fatales conjonctures qui tenaient notre voix captive; écoutez-la, lorsqu'enfin elle peut se faire entendre. Notre amour pour vous est le seul sentiment qui nous inspire, la clémence est pour notre cœur un besoin que nous nous hâtons de satisfaire; et puisque le ciel nous a réservés, à l'exemple du grand Henri, pour rétablir dans notre empire le règne de l'ordre et des lois, comme lui, nous remplirons cette sublime destinée à l'aide de nos fidèles sujets, et en alliant la bonté à la justice. — Une terrible expérience ne vous a que trop éclairés sur vos malheurs et sur leurs causes. Des hommes impies et factieux, après vous avoir séduits par de mensongères déclamations et par des promesses trompeuses, vous entraînèrent dans l'irréligion et la révolte. Depuis ce moment, un déluge de calamités a fondu sur vous de toutes parts. Vous fûtes infidèles au Dieu de vos pères, et ce Dieu, justement irrité, vous a fait sentir tout le poids de sa colère; vous fûtes rebelles à l'autorité qu'il avait établie pour vous gouverner, et un despotisme sanglant, une anarchie non moins cruelle se succédant tour à tour, vous ont sans cesse déchirés avec une fureur toujours renaissante. — Considérez un instant l'origine et les progrès des maux qui vous accablent. — Vous vous livrâtes d'abord à d'infidèles mandataires qui, trahissant votre confiance, foulant aux pieds leurs serments, préparèrent leur rébellion contre leur roi par le parjure envers vous, et vous rendirent les instruments de leurs passions et de votre perte. — Après cela, vous vous laissâtes asservir par des tyrans ombrageux et farouches, qui se disputaient, en s'entr'égorgeant, le droit d'opprimer la France, et ils vous ont imposé un joug d'airain.

Vous avez souffert que leur sceptre ensanglanté passât dans les mains d'une faction rivale, qui, pour s'emparer de la puissance et recueillir le fruit de leurs crimes, se couvrit du masque de la modération qu'elle soulève quelquefois, mais qu'elle n'ose pas déposer encore, et pour des despotes sanguinaires que vous abhorrez, vous avez eu des despotes hypocrites que vous méprisez. Ils cachent leur faiblesse sous une feinte douceur, mais la même ambition les dévore. Le règne de la terreur a suspendu ses ravages, mais les désordres de l'anarchie les ont remplacés; moins de sang inonde la France, mais plus de misère la consume; votre esclavage enfin n'a fait que changer de forme, et vos désastres, que s'aggraver. Vous avez prêté l'oreille aux calomnies répandues contre cette race antique, qui depuis longtemps régnait sur vos cœurs autant que sur la France; et votre aveugle crédulité a appesanti vos chaînes et prolongé vos infortunes. En un mot, on a ébranlé, abattu les autels de votre Dieu et le trône de votre roi; et vous avez été malheureux. Ainsi l'impiété et la révolte ont causé tous vos tourments. Pour en terminer le cours, il faut en tarir la source, renoncer à la domination de ces usurpateurs fourbes et cruels qui vous promettaient le bonheur, mais qui ne vous ont donné que la famine et la mort: nous voulons vous délivrer de leur tyrannie, elle vous a fait assez de mal pour vous inspirer la résolution de vous y soustraire. Il faut revenir à cette religion sainte, qui avait attiré sur la France les bénédictions du ciel. Nous voulons relever ses autels; en commandant la justice aux souverains et la fidélité aux sujets, elle maintient le bon ordre, elle assure le triomphe des lois, elle produit la félicité des empires. Il faut rétablir ce gouvernement qui fut, pendant quatorze siècles, la gloire de la France et les délices des Français, qui avait fait de notre patrie le plus florissant des États, et de vous-mêmes le plus heureux des peuples: nous voulons vous le rendre. Tant de révolutions, qui vous déchirent depuis qu'il est renversé, ne vous ont-elles pas convaincus qu'il est le seul qui vous convienne?

Et ne croyez pas ces hommes avides et ambitieux, qui, pour envahir vos fortunes et la toute-puissance, vous ont dit que la France n'avait point de constitution, ou que sa constitution, du moins, vous livrait au despotisme. Elle existe, aussi ancienne que la monarchie des Francs; elle est le fruit du génie, le chef-d'œuvre de la sagesse, et le résultat de l'expérience. En composant de trois ordres distincts le corps du peuple français, elle a gradué sur une exacte mesure l'échelle de la subordination, sans laquelle l'état social ne peut se maintenir; mais elle n'attribue à aucun des trois ordres aucun droit politique qui ne soit commun

Au milieu des acclamations unanimes et si touchantes pour notre cœur, dont nous avons été accompagnés des frontières de notre royaume jusqu'au sein de notre capitale, nous n'avons

à tous; elle laisse l'entrée de tous les emplois ouverte aux Français de toutes les classes; elle accorde également la protection publique à toutes les personnes et à tous les biens. C'est ainsi qu'elle fait disparaître aux yeux des lois, et dans le temple de la justice, toutes les inégalités que l'ordre civil introduit nécessairement dans le rang et dans la fortune des habitants du même empire. Voilà de grands avantages: en voici de plus précieux. Elle soumet les lois à des formes qu'elle a consacrées, et le souverain lui-même, à l'observation des lois, afin de prévenir la sagesse du législateur contre les piéges de la séduction, et de défendre la liberté des sujets contre les abus de l'autorité. Elle prescrit des conditions à l'établissement des impôts, afin d'assurer le peuple que les tributs qu'il paye sont nécessaires pour le salut de l'État; elle confie aux premiers corps de magistrature le dépôt des lois, afin qu'ils veillent à leur exécution, et qu'ils éclairent la religion du monarque, si elle était trompée; elle met les lois fondamentales sous la sauvegarde du roi et des trois ordres, afin de prévenir les révolutions, la plus grande des calamités qui puisse affliger les peuples. Elle a multiplié les précautions pour vous faire jouir des avantages du gouvernement monarchique, et vous garantir de ses dangers. Vos malheurs inouïs, autant que sa vénérable antiquité, ne rendent-ils pas témoignage de sa sagesse? vos pères éprouvèrent-ils jamais les fléaux qui vous ravagent depuis que des novateurs ignorants et pervers l'ont détruite? Elle était l'appui commun de la cabane du pauvre et du palais du riche, de la liberté individuelle et de la sûreté publique, des droits du trône et de la prospérité de l'État. Aussitôt qu'elle a été renversée, propriété, sûreté, liberté, tout a disparu avec elle; vos biens sont devenus la pâture des brigands, à l'instant où le trône est devenu la proie des usurpateurs; la servitude, la tyrannie vous ont opprimés, dès que l'autorité royale a cessé de vous couvrir de son égide. Cette antique et sage constitution, dont la chute a entraîné votre perte, nous voulons lui rendre toute sa pureté que le temps avait affaiblie; mais elle nous a mis elle-même dans l'heureuse impuissance de la changer. Elle est pour nous, telle que l'arche sainte; il nous est défendu d'y porter une main téméraire; votre bonheur et notre gloire, le vœu des vrais Français, et les lumières que nous avons puisées à l'école de l'infortune, tout nous fait mieux sentir la nécessité de la rétablir intacte. C'est parce que la France nous est chère que nous voulons la remettre sous la protection bienfaisante d'un gouvernement éprouvé par une prospérité si longue; c'est parce qu'il est de notre devoir d'étouffer cet esprit de système, cette manie des nouveautés qui vous a perdus, que nous voulons renouveler, raffermir des lois salutaires, qui seules sont capables de rallier tous les esprits, de fixer toutes les opinions, et d'opposer une digue insurmontable à la fureur révolutionnaire, que tout projet de changement dans la constitution de notre royaume déchaînerait encore. — Mais tandis que la main du temps imprime le sceau de la sagesse aux institutions humaines, les passions s'étudient à les dégrader, et mettent leur ouvrage ou à côté des lois pour les affaiblir, ou à la place des lois pour les rendre vaines. Toujours les abus marchent à la suite de la gloire et de la prospérité constante; une gloire soutenue leur facilite l'entrée des empires, en les dérobant à l'attention de ceux qui gouvernent. Il s'en était donc introduit dans le gouvernement de la France, et longtemps ils ont pesé, non-seulement sur la classe du peuple, mais sur tous les ordres de l'État. Le feu roi, notre frère et souverain seigneur et maître, les avait aperçus: il voulait les détruire; il mourut, en chargeant son successeur d'exécuter les projets qu'il avait conçus dans sa sagesse, pour le bonheur de ce peuple égaré qui le laissait périr. En quittant le trône d'où l'arrachèrent le crime et l'impiété, pour monter sur celui que le ciel réservait à ses vertus, il nous traça nos devoirs dans ce testament immortel, source inépuisable d'admiration et de regrets. Ce roi martyr, soumis au Dieu qui l'avait fait roi, sut, à son exemple, mourir sans murmurer, faire de l'instrument de son supplice le trophée de sa gloire, et s'occuper du bonheur de ses sujets ingrats, lors même qu'ils comblaient la mesure de ses infortunes! Ce que Louis XVI n'a pu exécuter, nous l'accomplirons. — Mais si des plans de réforme peuvent se méditer au milieu des troubles, ils ne peuvent s'exécuter qu'au sein de la tranquillité. Replacer sur ses bases antiques la constitution du royaume, lui donner sa première impulsion, mettre en mouvement toutes ses parties, corriger les vices qui s'étaient glissés dans le régime de l'administration publique, c'est l'œuvre de la paix. Il faut que le culte de la religion soit rétabli, que l'hydre de l'anarchie soit étouffée, que l'autorité royale ait recouvré la plénitude de ses droits; c'est alors que nous nous opposerons aux abus avec une fermeté insurmontable; et que nous saurons également les chercher et les proscrire. — Les implacables tyrans qui vous tiennent asservis, retardent seuls ces heureux instants; ils ne se dissimulent pas que le temps de l'illusion est fini; et que vous sentez tout le poids de leur impéritie, de leurs crimes, de leurs brigandages. Mais aux frauduleuses promesses dont vous n'êtes plus les dupes, ils font succéder la crainte des supplices qu'eux seuls ont mérités: après vous avoir tout ravi, ils nous peignent à vos yeux comme un vengeur irrité, qui vient encore vous arracher la vie, l'unique bien qui vous reste. Épouvan-

cessé de porter nos regards sur la situation de nos provinces et de nos braves armées. L'oppression sous laquelle la France était accablée, a laissé après elle bien des maux, et nous en sommes vi-

tés par les reproches de leur conscience, ils voudraient vous associer à leur sort, pour s'armer de votre désespoir; ils voudraient, en vous inspirant de fausses alarmes, se rassurer eux-mêmes contre les frayeurs qui les obsèdent. Connaissez le cœur de votre roi, et reposez-vous sur lui du soin de vous sauver. — Non-seulement nous ne verrons pas des crimes dans de simples erreurs, mais les crimes mêmes que de simples erreurs ont causés, obtiendront grâce à nos yeux. Tous les Français qui, abjurant des opinions funestes, viendront se jeter au pied du trône, y seront reçus; tous les Français qui n'ont été coupables que pour avoir été entraînés, loin de trouver en nous un juge inflexible, n'y trouveront qu'un père compatissant. Ceux qui sont restés fidèles au sein de la révolte, ceux qu'un dévouement héroïque a rendus les compagnons de notre exil et de nos peines; ceux qui ont déjà secoué le bandeau des illusions et le joug de la révolte, ceux qui, dominés encore par un cruel entêtement, se hâteront de revenir à la voix de la raison et au devoir: tous seront nos enfants. Si les uns en ont conservé la qualité et les droits par une vertu constante, les autres l'ont recouvrée par un salutaire repentir: tous participeront à notre amour. Nous sommes Français! ce titre, que les crimes de quelques scélérats ne sauraient avilir, comme les forfaits du duc d'Orléans ne peuvent souiller le sang de Henri IV; ce titre, qui nous fut toujours cher, nous rend chers aussi tous ceux qui le portent. Nous plaignons les hommes faibles ou séduits qui marchent encore dans la voie de l'égarement; nous arrosons de vos larmes les cendres des malheureuses victimes de leur fidélité; nous gémissons sur le sort de ceux qui ont péri pour le soutien de la rébellion et du schisme, et qu'il nous eût été bien doux de ramener au sein de l'Église et de la monarchie. Nous ne souffrons que de nos maux; et la seule félicité que nous puissions désormais nous promettre, c'est de les guérir. — Sans doute ils sont affreux, les excès auxquels le peuple s'est livré; mais n'oublions pas que la séduction a eu sur lui plus d'empire que l'opinion et la volonté; nous savons que, même en favorisant les attentats de la révolution, son cœur, resté fidèle en tout, désavouait sa conduite dirigée par la terreur. Ce peuple, trompé et subjugué tour à tour, mais toujours plus à plaindre que coupable; ce peuple, assez et trop puni par six ans d'esclavage et d'oppression, par cette multitude de fléaux dont il s'est frappé lui-même; ce peuple, qui fut toujours l'objet des affections des rois nos prédécesseurs, nous dédommagera de nos tourments par les bienfaits que nous répandrons sur lui. — Qui eût osé le croire, que jamais la force et la rébellion pourraient atteindre cette armée, jadis l'appui du trône, et dévouée de tout temps à l'honneur et au roi? Ses succès ont prouvé que le courage est ineffaçable dans le cœur des Français: mais que de larmes ils doivent vous coûter, ces succès si funestes! Ils ont été le principe de l'oppression générale; ils ont été l'appui, ils ont fomenté l'audace de vos exécrables tyrans; c'est l'instrument dont la main de Dieu s'est servie pour le châtiment de la France. Quel soldat, rentrant dans ses foyers, n'y trouvera pas les traces encore sanglantes des malheurs causés par ses victoires? Mais enfin l'armée française ne peut pas être longtemps l'ennemie de son roi. Puisqu'elle a conservé son antique bravoure, elle reprendra ses premières vertus; puisque l'honneur n'est point éteint dans son âme, elle en reconnaîtra, elle en suivra la voix. Bientôt, n'en doutons pas, le cri de *vive le roi!* remplacera, parmi elle, les clameurs de la sédition; bientôt elle reviendra, fidèle et soumise, raffermir notre trône, expier à nos pieds jusqu'à sa gloire, et lire dans nos regards l'oubli de ses erreurs et le pardon de ses fautes. — Nous pourrions, nous devrions peut-être laisser à la justice un libre cours contre les criminels auteurs des égarements du peuple, contre les chefs et les instigateurs de la révolte. Eh! comment pallier les maux irréparables qu'ils ont faits à la France? Mais ceux que la justice divine n'a pas encore frappés, nous les livrons à leur conscience; elle fera leur supplice. Puissent-ils, vaincus par cet excès d'indulgence, et restant sincèrement dans la soumission et le devoir, nous justifier à nous-mêmes de la grâce inattendue que nous leur aurons accordée!

Il est cependant des forfaits (que ne peuvent-ils s'effacer de notre souvenir et de la mémoire des hommes!), il est des forfaits dont l'atrocité passe les bornes de la clémence royale. Dans cette séance, à jamais horrible, où des sujets eurent l'audace de juger leur roi, tous les députés qui participèrent au jugement en furent complices. Nous aimons à croire néanmoins que ceux dont le suffrage voulut détourner le fer de sa tête sacrée, ne se mêlèrent parmi ses assassins que dans le désir de le sauver; et ce motif pourra solliciter leur pardon. Mais les scélérats dont la bouche sacrilége osa prononcer le vœu de sa mort; mais tous ceux qui ont été les coopérateurs, les instruments directs et immédiats de son supplice; mais les membres de ce tribunal de sang qui, après avoir donné dans la capitale le signal et l'exemple des massacres judiciaires, mit le comble à ses attentats, en envoyant à l'échafaud leur reine, plus grande encore dans sa prison que sur le trône, une princesse que le ciel avait formée pour être le modèle accompli de toutes les vertus! tous ces monstres que la postérité ne nommera jamais qu'avec horreur, la France entière appelle sur leurs têtes le glaive de la justice. — Le sentiment qui nous fait restreindre la vengeance

vement touchés; notre peine en est profonde; mais leur poids va chaque jour s'alléger: tous nos soins y sont consacrés, et notre plus douce satisfaction croîtra avec le bonheur de nos peuples. Déjà un armistice, conclu dans les vues d'une politique sage et modérée, fait sentir ses avantages précurseurs de la paix; et le traité qui la fixera d'une manière durable, est l'objet le plus assidu comme le plus important de nos pensées. Dans un court intervalle, l'olivier, gage du repos de l'Europe, paraîtra aux yeux de tous les peuples qui le demandent. La marche des armées alliées

des lois dans des bornes si étroites, vous est un gage assuré que nous ne souffrirons pas de vengeances particulières. Ainsi loin de vous la pensée qu'aucune vengeance particulière vous menace! — Les princes fidèles de notre maison partagent nos principes, nos affections et nos vues; ils vous chérissent comme nous vous aimons; comme nous, ils ne forment des vœux que pour la fin de vos tourments. Le seul but de leurs travaux, comme des nôtres, c'est votre délivrance; et si dans ces jours de deuil et de crimes, la Providence nous réservait successivement un sort funeste, vous verriez passer le sceptre jusqu'au dernier de nous, sans vous apercevoir que l'autorité royale eût changé de dépositaire. — Les Français qui sont restés parmi leurs compatriotes, pour leur donner l'exemple d'une fidélité à toute épreuve, ne sauront que plaindre ceux qui n'ont pas su les imiter; et la vertu inaltérable qu'ils ont opposée au torrent de la corruption, ne sera pas flétrie par des animosités coupables. — Les ministres d'un Dieu de paix, qui ne se sont dérobés à la violence de la persécution que pour vous conserver la foi, remplis du zèle qui éclaire, de la charité qui pardonne, enseigneront, par leurs exemples autant que par leurs discours, l'oubli des injures et l'amour de ses ennemis. Pourriez-vous craindre qu'ils ternissent l'éclat immortel que leur conduite généreuse et le sang de tant de martyrs ont répandu sur l'Église gallicane? — Nos cours de magistrature, qui se sont toujours distinguées par leur intégrité dans l'administration de la justice, donneront l'exemple de l'obéissance aux lois, dont elles sont les ministres. Inaccessibles aux passions que leur devoir est de réprimer, elles assureront, par une fermeté impartiale, l'effet des sentiments que la clémence nous inspire. — Cette noblesse, qui n'a quitté sa patrie que pour la mieux défendre; qui n'a tiré l'épée que dans la ferme persuasion qu'elle s'armait pour la France, et non contre elle; qui vous tend une main secourable, alors même qu'elle est obligée de vous combattre; qui, aux attaques de la calomnie, oppose sa constance dans l'adversité, son intrépidité dans les combats, son humanité dans la victoire, son dévouement à l'honneur; cette noblesse qu'on s'efforce de mettre en butte à votre haine, n'oubliera pas que le peuple doit trouver en elle sa lumière, son secours, son appui. Elle mettra sa gloire dans sa magnanimité: elle illustrera tant de sacrifices qu'elle a faits par le sacrifice de tous ses ressentiments; et cette classe d'émigrés qui sont ses inférieurs par la naissance, mais ses égaux par la vertu, ces bons Français dont la fidélité est d'autant plus recommandable qu'ils avaient plus de séductions à vaincre, témoins non suspects de ses sentiments généreux, en seraient, s'il était nécessaire, les garants auprès de vous. *Qui oserait se venger quand le roi pardonne?* — Mais la clémence qui signalera les premiers jours de notre règne, sera inséparable de la fermeté: notre amour pour nos sujets nous engage à être indulgents; le même motif nous apprend à être justes. Nous pardonnerons sans regret à ces hommes si coupables qui ont égaré le peuple; nous traiterons avec une rigueur inexorable ceux qui, désormais, tenteront de le séduire. Nous tendrons les bras aux rebelles que le repentir et la confiance amèneront à nous; s'il en est qui s'obstinent dans la révolte, ils apprendront que notre indulgence s'arrête au terme marqué par la justice, et que la force saura réduire ceux que la bonté n'aura pu gagner. — Ce trône que deux fois la révolution a privé du souverain qui l'occupait, n'est pas pour nous un objet d'ambition ou de jouissances. Hélas! fumant encore du sang de notre famille, et tout entouré de ruines, il ne nous promet que des souvenirs douloureux, des travaux et des peines. Mais la Providence nous ordonne d'y monter, et nous savons lui obéir; nos droits nous y appellent, et nous saurons les défendre; nous pourrons travailler au bonheur de la France, et ce motif enflamme notre courage. Si nous sommes réduits à le conquérir, pleins de confiance dans la justice de notre cause et dans le zèle des bons Français, nous marcherons à sa conquête avec une constance infatigable et d'un pas intrépide. Nous y marcherons, s'il le faut, à travers les cohortes des rebelles et les poignards des assassins. Le Dieu de saint Louis, ce Dieu que nous prenons à témoin de la pureté de nos vues, sera notre guide et notre appui. — Mais non, nous ne serons pas contraints d'employer les armes contre des sujets égarés. Non, nous ne devrons qu'à eux-mêmes, à leurs regrets, à leur amour, le rétablissement de notre trône; et la miséricorde céleste, fléchie par leurs larmes, fera refleurir la religion dans l'empire des rois très-chrétiens. — Ce doux espoir luit au fond de notre cœur. L'infortune a déchiré le voile qui couvrait vos yeux; les dures leçons de l'expérience vous ont instruits à regretter les biens que vous avez perdus. Déjà les sentiments religieux, qui se manifestent avec éclat dans toutes les provinces du royaume, retracent aux yeux édifiés l'image des beaux siècles de l'Église! Déjà le mouvement de vos cœurs, toujours français, qui vous mène à votre roi, annonce que vous sentez le besoin d'être gouvernés par un père. — Mais ce n'est pas assez de former des vœux stériles, il faut prendre une résolution ferme; ce n'est pas assez de gémir sous le joug des oppresseurs, il vous faut aider à le rompre. Montrez à l'univers comment les Français, rendus à eux-mêmes, savent effacer des fautes dont leur cœur n'était point complice. Prouvez que si le grand Henri nous a transmis avec son sang son amour pour son peuple, vous êtes aussi les descendants de ce peuple, dont une partie, toujours fidèle, combattit pour lui rendre sa couronne, et l'autre, abjurant une erreur passagère, baigna ses pieds des larmes du repentir. Songez, enfin, que vous êtes les petits-fils des vainqueurs d'Ivry et de Fontaine-Française. — Et vous, invincibles héros, que Dieu a choisis pour être les restaurateurs des autels et du trône, et dont la mission est attestée par une multitude de prodiges; vous dont les mains triomphantes et pures ont entretenu, au sein de la France, le flambeau de la foi et le feu sacré de l'honneur; vous, que notre cœur a constamment suivis, auprès de qui nos vœux nous portaient sans cesse, qui fûtes toujours notre consolation et notre espoir; illustres armées catholiques et royales, dignes modèles de tous les Français, recevez les témoignages de la satisfaction de votre roi. Jamais il n'oubliera vos services, votre courage, l'intégrité de vos principes, et votre inébranlable fidélité.

Donné à Vérone, au mois de juillet, l'an de grâce 1798, et de notre règne, le premier.

Signé LOUIS.

---

26 FÉVRIER 1803. — *Réponse de Louis XVIII.* (Châteaubriand, III. 191.)

M. Meyer, président de la régence de Varsovie, fut introduit auprès du roi le 26 février 1803, en qualité d'envoyé du cabinet de Berlin. Il était chargé d'annoncer à S. M. que Buonaparte était disposé à lui assurer des indemnités en Italie, si elle voulait renoncer, ainsi que les membres de sa famille, au trône de France. S. M. répondit sur-le-champ:

« Je ne confonds pas M. Buonaparte avec ceux qui « l'ont précédé; j'estime sa valeur, ses talents militaires; « je lui sais gré de plusieurs actes d'administration, « car le bien que l'on fera à mon peuple me sera tou- « jours cher. Mais il se trompe s'il croit m'engager à « transiger sur mes droits: loin de là, il les établirait « lui-même, s'ils pouvaient être litigieux, par la démar- « che qu'il fait en ce moment.

« J'ignore quels sont les desseins de Dieu sur ma « race et sur moi; mais je connais les obligations qu'il « m'a imposées par le rang où il lui a plu de me faire « naître. Chrétien, je remplirai ces obligations jus- « qu'à mon dernier soupir; fils de saint Louis, je sau- « rai, à son exemple, me respecter jusque dans les « fers; successeur de François Ier, je veux du moins « pouvoir dire comme lui: *Nous avons tout perdu* « *fors l'honneur*.

« — L'influence de Buonaparte s'étend sur toute l'Europe. N'est-il pas à craindre, dit M. Meyer, qu'il ne force les souverains dont Votre Majesté reçoit des subsides à les lui retirer? »

« — Je ne crains pas la pauvreté, répliqua le roi; s'il « le fallait, je mangerais du pain noir avec ma famille « et mes fidèles serviteurs; mais, ne vous y trompez « pas, je n'en serai jamais réduit là; j'ai une autre res- « source dont je ne crois pas devoir user tant que j'ai « des amis puissants; c'est de faire connaître mon état « en France, et de tendre la main, non au gouverne- « ment usurpateur; cela jamais! mais à mes fidèles su- « jets; et croyez-moi, je serais bientôt plus riche que « je ne suis. »

L'envoyé persista, et fit pressentir au roi que Buonaparte pourrait contraindre la plupart des puissances européennes à lui refuser un asile.

« Je plaindrai le souverain, ajouta S. M., qui se croi- « ra forcé de prendre un parti de ce genre, et je m'en « irai. »

---

5 JUIN 1804. — (*Varsovie.*) — *Protestation de Louis XVIII contre l'usurpation de Bonaparte.* (Annual Register, 1804.)

Louis.... En prenant le titre d'empereur, et en cherchant à le rendre héréditaire dans sa famille, Buonaparte a mis le comble à son usurpation. Ce nouvel acte d'une révolution où tout depuis son origine est nul et de nul effet, ne peut affaiblir nos droits; mais responsable de notre conduite envers les souverains, dont les droits n'en sont pas moins offensés que les nôtres, dont les trônes sont attaqués par les dangereux principes que le sénat de Paris a eu l'audace de publier; comptable envers la France, envers notre famille, et envers notre propre honneur, nous pourrions paraître trahir la cause commune si nous gardions le silence en cette occasion. Nous déclarons donc, en renouvelant nos protestations contre tous les actes illégaux qui, depuis la convocation des états généraux en France, ont amené la crise alarmante où la France et l'Europe se trouvent maintenant engagées; nous déclarons, en présence de tous les souverains, que, bien loin de reconnaître le titre d'empereur que Buonaparte a reçu d'un corps qui n'avait aucune existence légitime, nous protestons aussi bien contre ce titre que contre tous les actes subséquents auxquels il pourra être donné naissance.

Donné à Varsovie, le cinquième jour de juin de l'an de grâce 1804 et de notre règne le neuvième.

Signé LOUIS.

Napoléon ne craignit pas de faire imprimer cette protestation dans les papiers français; il se crut assez fort pour mépriser l'effet qu'elle pouvait produire sur l'opinion publique; il eut le bon esprit d'écarter dans sa réponse les invectives et la question du droit.

« Nous n'entrerons pas, dit-il, dans la discussion des droits que le comte de Lille s'arroge. La question a été décidée par les publicistes les plus habiles, par les nations elles-mêmes, par l'histoire de toutes les dynasties, longtemps avant la révolution française. C'est l'intérêt des peuples qui fait les rois, et la force nationale qui les soutient; à ce double titre la maison de Hanovre règne sur la Grande-Bretagne, et celle d'Autriche tient le sceptre impérial. Hugues Capet, chef de la dernière dynastie, reçut la couronne de ses pairs, qui représentaient la nation; et si l'on admettait les principes sur lesquels repose la réclamation du comte de Lille, ce prince lui-même n'aurait d'autres titres à faire valoir que celui qui lui aurait été transmis par l'usurpateur des droits des enfants de Charlemagne.

« Mais qu'est-il besoin de ces exemples? Si le comte de Lille proteste contre la révolution, la révolution ne proteste pas moins contre lui. Les résultats de cette révolution, reconnus par toute l'Europe, scellés par la victoire, affermis par l'intérêt des peuples, élèvent entre la France et la maison de Bourbon une barrière de diamant; il faut que le comte de Lille la franchisse avant que sa voix soit entendue. — Ce n'est point par des écrits que l'on recouvre un trône: le souverain réduit à cette extrémité est déchu du haut rang où la volonté de la nation l'avait placé. Quand Henri IV voulut remonter sur le trône de saint Louis, il prit les armes, combattit et régna. Il fut un temps où le comte de Lille aurait pu parler de ses droits, parce qu'il était en son pouvoir de les défendre; il préféra de se retirer. Il n'est que deux partis pour un roi détrôné, de combattre ou de se taire. »

---

2 DÉCEMBRE 1804. (*Mittau.*) — *Proclamation de Louis XVIII.*

Louis, par la grâce de Dieu, roi de France et de Navare, à tous nos sujets, salut.

A l'époque où nous fûmes appelé à recueillir le sanglant héritage de nos pères, on nous entendit satisfaire à la fois au besoin de notre cœur, en vous parlant de notre amour, et au cri du devoir, en vous exposant les vues et les intentions de votre roi. — Lorsqu'à Dillingen, un lâche émissaire de vos tyrans porta sur nous une main parricide, nous vous adressâmes la parole; et, de ces lieux mêmes que notre sang venait de teindre, n'ayant que trop à prévoir que nos jours seraient incessamment poursuivis par les complots et la rage aveugle des méchants, nous prîmes l'engagement solennel, qu'à travers les embûches et les assassins, invoquant le Dieu tout-puissant, et appelant le retour de ses bénédictions sur la France, nous marcherions invariablement au but de nos travaux. — Bientôt nos agents dans l'intérieur étant devenus victimes de leur dévouement et de leur zèle, les instructions qu'ils avaient reçues de nous furent rendues publiques, et vous n'y vîtes, ainsi que dans l'adresse aux Français, que nous fîmes à cette occasion, que modération et clémence. — Après ces premiers élans de notre âme, sans appui de la part des puissances armées contre l'hydre révolutionnaire, cédant aux conseils de celle qui nous servait d'égide, et dont les glorieux étendards venaient de se déployer pour le salut de la France; ne voyant pas de terme aux proscriptions, au brigandage, à la dépravation, que dans l'excès même de leurs horreurs, nous dûmes, accablé des maux de la patrie, gémir sur elle, observer en silence la marche rétrograde qu'une terrible expérience imprimait aux esprits, et régler notre conduite sur les progrès de l'opinion. — La chute du Directoire prépara celle du code dévastateur dont ce gouvernement méprisable avait hérité. — Déjà de nouvelles instructions émanées de nous garantissaient aux Français le fruit de notre sollicitude et de nos réflexions sur les calamités inouïes où les avaient plongés la révolte et l'esprit de vertige. Ce n'étaient plus, dans leur intégrité, les principes et les vues de notre déclaration de 1789. A cette mémorable époque, tout nous faisait un devoir de nous tenir plus près des maximes antiques, en prenant pour fanal l'immortel testament du roi notre seigneur et frère. Sans doute la même intention dirigeait nos efforts. Ils eurent, ils auront constamment pour objet la liberté du peuple et l'indépendance du monarque, premier élément de cette liberté. Mais tant d'années de bouleversement nous imposaient la loi de modifier nos idées sur les voies de la restauration, et de chercher au milieu des décombres, les matériaux propres à reconstruire l'édifice. — Nous disions alors, sur l'ordre judiciaire et administratif: « La division de la France, l'administration des départements, districts et municipalités, les institutions concernant la police, et l'authenticité des actes, les tribunaux chargés de rendre la justice, seront provisoirement conservés, à la charge, par les juges, etc., de remplir leurs fonctions en notre nom, et de prêter serment de fidélité. — Les personnes actuellement employées dans l'ordre administratif ou judiciaire conserveront leurs emplois, à l'exception seulement de celles que la voix publique en déclarerait indignes. Les places vacantes seront données aux sujets les plus capables de les remplir et à ceux principalement qui s'y sont déjà distingués par leur probité et par leurs lumières. » — Sur les propriétés envahies sous le titre de biens nationaux: « Tranquillisez les possesseurs actuels; dites-leur que mon intention étant de pourvoir à ce qui recommence à s'opérer vers nos frontières; et les augustes souverains dont les principes ont été si généreux à notre égard, veulent resserrer noblement, entre eux et nous, les liens d'une amitié

garde les biens dits nationaux, par les moyens les plus propres à concilier et à garantir les droits et les intérêts de tous, je vous ai enjoint de recueillir sur ce point important, et de me transmettre les idées et les vues des hommes les plus éclairés et les plus vertueux, afin de pouvoir adopter une direction conforme au bien général et au véritable vœu de la nation. » — Sur les crimes et les délits : « J'ai promis, et vous garantirez à mes sujets, que la publication d'une amnistie générale leur annoncera mon retour. Répétez à tous que, si mon propre vœu me porte à l'indulgence envers les fautes, le salut de l'État, cette suprême loi, sollicite ma clémence en faveur même des crimes, etc. Et, dans la crainte qu'un zèle inconsidéré n'altère d'avance l'effet de ces dispositions, je veux que les tribunaux s'interdisent toutes poursuites concernant les crimes et délits relatifs à la révolution; sauf les mesures de sûreté qu'il est sage de prendre contre les rebelles qui s'obstineraient dans la révolte. » — Nous disions enfin, à l'égard des militaires : « En déplorant les erreurs auxquelles l'armée ne put se soustraire, je n'ai pas vu sans fierté sa valeur dans les combats. Je conserverai leurs grades, emplois, soldes et appointements aux généraux, officiers, sous-officiers et soldats qui contribueront au salut de l'État, en contribuant au rétablissement de la monarchie. Ceux qui se signaleront par leur zèle en faveur de ma cause, inséparable des intérêts du peuple, obtiendront des récompenses proportionnées à leurs services. Roi d'une nation belliqueuse et libre, et éprouvant dans mon âme la juste considération que l'esprit français attache à la profession guerrière, véritable origine de la noblesse, j'abolirai et ces lois dont la violence traîne sous les drapeaux ceux que l'honneur et l'amour de la patrie doivent seuls y conduire, et ces règlements, ouvrage d'un temps d'imprévoyance, où l'on sembla méconnaître que parmi les Condé, les Turenne, les Luxembourg, la monarchie avait produit des Fabert, des Catinat, des Chevert, et que la France touchait à une époque qui devait en enfanter de nouveaux, non moins propres à illustrer ses armes. »

Français! voilà cette contre-révolution telle que votre roi l'avait conçue, telle qu'il l'envisage aujourd'hui, telle enfin qu'elle sera tôt ou tard consommée. Car si les décrets de la divine Providence ne nous ont pas destiné à réparer vos malheurs, nous descendrons du moins dans la tombe avec cette consolante idée qu'héritier de l'amour que nous portions à nos peuples, celui des nôtres qui doit régner sur vous fera bénir un jour notre mémoire, en exécutant les plans qu'au sein de la fortune la plus adverse nous avions formés pour votre prospérité. — Mais pendant que nous travaillions à vous éclairer, nos yeux devaient naturellement se porter sur l'homme éminemment protégé par la fortune et la victoire, qui venait de s'emparer de l'autorité. Cet homme alors, en sachant dédaigner le fruit odieux des forfaits de ses prédécesseurs, pouvait recueillir les bénédictions de la France et l'admiration des siècles. Nous lui parlâmes; il reçut de notre main l'invitation de partager avec nous l'impérissable gloire de fixer vos destinées; nous lui dîmes, avec une franchise faite pour toucher une âme généreuse et grande : « Nous pouvons assurer les destins de la France; je dis nous, parce que j'aurai besoin pour cela de Buonaparte, et qu'il ne le pourrait pas sans moi. »

Pour entendre ce langage, il eût fallu être Français. La réponse de l'étranger fut négative, astucieuse; il osa dire à votre père : « Renoncez à vos droits; la postérité vous en tiendra compte : vous auriez à marcher sur cent mille cadavres. » — Ainsi, cherchant à nous séduire par une sollicitude affectée, et semant en même temps, sur nous et les nôtres, les calomnies les plus infâmes, il apprêtait le joug qui devait bientôt peser sur vos têtes. — Cependant trois années s'étaient écoulées. Fier d'avoir arraché la paix à la fatigue des puissances, ne pouvant supporter un voile qui déjà ne couvrait plus ses projets, croyant s'acquitter envers vous par l'offre d'un insolent bienfait envers son roi, aveuglé enfin par l'orgueil, nous le vîmes tout à coup rendre hommage à nos droits, en osant nous proposer de les vendre. Notre réponse devint bientôt publique, et vous n'ignorez pas que notre frère, nos neveux et tous les princes de notre sang adhérèrent à notre inébranlable constance. — Trompé dans son attente, honteux d'avoir payé de trente mille victimes les cendres de Saint-Domingue, et préparé de ses mains perfides le massacre de nos infortunés colons; exaspéré par l'inutilité des efforts auxquels, dans une lutte ruineuse, vous asservit son imperturbable système d'envahissement, il se détermina à déployer comme un signe d'épouvante, à tremper dans le sang le plus précieux, et du peuple et du roi, le bandeau qu'à tout prix il voulait ceindre. — C'est ainsi que, foulant aux pieds la plus sainte loi des nations, et ces principes mêmes de prétendue liberté dont lui et ses pareils étaient naguère les champions les plus fougueux, il fonda le despotisme et ce trône éphémère au pied duquel vous voyez tous les intérêts s'agiter, sans pouvoir jamais en attendre le repos auquel vous aspirez, ces inappréciables avantages que vous avez perdus en perdant l'autorité tutélaire et durable, la seule qui, désormais, puisse assurer les fortunes, servir d'exemple et de centre à un concours généreux de sentiments et de volontés, enfin commander, d'accord avec vous-mêmes, les sacrifices que demande la patrie pour

et d'une confiance mutuelle qui ne pourra jamais recevoir d'atteinte.

Nous savons que quelques abus particuliers ont été commis, et que des contributions diver-

fixer et cimenter la réunion de tous. — Eh! ne voyez-vous pas les mêmes mains, empressées aujourd'hui à soutenir l'étranger et les siens au faîte du pouvoir, les renverser dans la poudre? Qui osera y monter après lui, de quelque manière que finisse sa turbulente carrière? Faudra-t-il que cette couronne pesante, écrasant quelques têtes débiles et obscures, vouées aux risées ou à la mort, entraîne et déchire dans sa chute les rameaux renaissants de l'antique monarchie, et redevienne la proie passagère du premier audacieux qui saura la saisir?

On vous parle sans cesse de secousses, de déchirements, de changements brusques et douloureux qui suivraient infailliblement notre retour. On ose vous dire que nous ne pouvons recouvrer le trône qu'en désolant vos foyers, en versant des flots de sang. Français! nous en appelons à vous; ces terreurs sont-elles les vôtres? pouvez-vous douter du cœur de votre roi, des engagements pris par lui et tous ses proches, à la face de l'Europe? Le frère de Louis XVI traîner après lui la désolation, marcher sur vos cadavres! Est-ce donc vous ou son usurpation que Buonaparte veut défendre, en cherchant à rejeter sur nous la haine et l'effroi? — Voyez quels sont ses droits : les prisons d'État, la déportation, le meurtre public et clandestin, la conscription, des impôts accablants, votre commerce anéanti. Toutes relations libres, franches et amicales avec vous sont constamment impossibles. Vous êtes pour vos voisins un éternel objet d'épouvante, attirant vous-mêmes les haines et les vengeances. Un système de perfidie, de violence, d'ambition sans limite et d'arrogance sans frein, vous livre à d'interminables guerres dont la lassitude seule suspendra le fléau. Peuple malheureux! dans ces trophées du tyran qui vous opprime, ne reconnaissez-vous pas les effets de la colère céleste? Que ne peut du moins votre père en épuiser sur lui tous les coups! Ah! interrogez vos besoins, la sécurité de vos familles, la dignité du nom français; examinez si une maison qui émancipa les communes peut avoir le projet de vous asservir; s'il est préférable pour le rétablissement des mœurs, que les crimes restent impunis, ou qu'ils soient pardonnés; enfin jugez si la nation française peut longtemps rougir sous le joug de ces Corses fastueux, gorgés de la substance du peuple, et dont, au mépris de la religion, le chef commande l'adulation aux ministres des autels; ou si, reprenant le cours de ses heureuses destinées, elle doit refleurir et prospérer autour de l'arbre antique et religieux qui, en la couvrant de son ombre, a fourni deux cents rois à l'Europe. — Français, au sein de la Baltique, en face et sous la protection du ciel, fort de la présence de notre frère, de celle du duc d'Angoulême, notre neveu; de l'assentiment des autres princes de notre sang, qui tous partagent nos principes, et sont pénétrés des mêmes sentiments qui nous animent; attestant et les royales victimes, et celles que la fidélité, l'honneur, la piété, l'innocence, le patriotisme, le dévouement, offrirent à la fureur révolutionnaire, ou à la soif et à la jalousie des tyrans; invoquant les mânes du jeune héros que des mains impies viennent de ravir à la patrie et à la gloire; offrant à nos peuples, comme gage de notre réconciliation, les vertus de l'ange consolateur que la Providence, pour nous donner un grand exemple, a voulu attacher à de nouvelles adversités, en l'arrachant aux bourreaux et aux fers, nous le jurons : jamais on ne nous verra rompre le nœud sacré qui unit inséparablement nos destinées aux vôtres, qui nous lie à vos familles, à vos cœurs, à vos consciences; jamais nous ne transigerons sur l'héritage de nos pères, jamais nous n'abandonnerons nos droits. Français! nous prenons à témoin de ce serment le Dieu de saint Louis, celui qui juge l'injustice.

Donné le deuxième de décembre l'an de grâce 1804 et de notre règne le dixième.

Signé LOUIS. Par le roi, ALEXANDRE-ANGÉLIQUE TALLEYRAND-PÉRIGORD, archevêque de Reims; le comte D'AVARAY.

1

1er FÉVRIER 1813. — (*Hartwell, comté de Buckingam.*)

Louis, par la grâce de Dieu, roi de France et de Navarre, à tous mes sujets, salut.

Le moment est enfin arrivé où la divine Providence semble prête à briser l'instrument de sa colère. L'usurpateur du trône de saint Louis, le dévastateur de l'Europe, éprouve à son tour des revers. Ne feront-ils qu'aggraver les maux de la France, et n'osera-t-elle renverser un pouvoir odieux, que ne protégent plus les prestiges de la victoire? Quelles préventions ou quelles craintes pourraient aujourd'hui l'empêcher de se jeter dans les bras de son roi, et de reconnaître, dans le rétablissement de sa légitime autorité, le seul gage de l'union, de la paix et du bonheur, que ses promesses ont tant de fois garantis à ses sujets opprimés? — Ne voulant, ne pouvant tenir que de leurs efforts le trône que ses droits et leur amour peuvent seuls affermir, quels vœux seraient contraires à ceux qu'il ne cesse de former? Quel doute pourrait s'élever sur ses intentions paternelles? — Le roi a dit dans ses déclarations précédentes, et il réitère l'assurance que les corps administratifs et judiciaires seront maintenus dans la plénitude de leurs attributions; qu'il conservera leurs places à ceux qui en sont pourvus, et qui lui

se sont frappé les départements de notre royaume depuis la conclusion de l'armistice; mais les déclarations justes et libérales que les souverains alliés nous ont faites à l'égard de ces abus, nous autorisent à défendre à nos sujets d'obtempérer à des réquisitions illégales et contraires au traité qui a stipulé la suspension générale des hostilités. Toutefois notre reconnaissance et les usages de la guerre exigent que nous ordonnions à toutes les autorités civiles et militaires de nos États de redoubler de soins et de zèle pour que les vaillantes armées des souverains alliés reçoivent, avec exactitude et abondance, tout ce qui leur est nécessaire en objets de subsistance et besoins de troupes. Toutes demandes étrangères aux vivres demeureront ainsi de nul effet, et les sacrifices seront adoucis.

Français! vous entendez votre roi, et il veut à son tour que votre voix lui parvienne et lui expose vos besoins et vos vœux : la sienne sera toujours celle de l'amour qu'il porte à ses peuples; les cités les plus vastes et les hameaux les plus ignorés, tous les points de son royaume, sont également sous ses yeux, et il rapproche en même temps tous ses sujets de son cœur. Il ne croit pas qu'il puisse avoir des sentiments trop paternels pour des peuples dont la valeur, la loyauté et le dévouement à leurs rois, ont fait, durant de longs siècles, la gloire et la prospérité.

Fait au château des Tuileries, le 9 mai 1814.

Signé LOUIS.

---

4 JUIN 1814. — *Discours du roi dans la séance royale.* (Monit. 5 juin 1814.)

Messieurs, lorsque pour la première fois je viens, dans cette enceinte, m'environner des grands corps de l'État, des représentants d'une nation qui ne cesse de me prodiguer les marques les plus touchantes de son amour, je me félicite d'être devenu le dispensateur des bienfaits que la divine Providence daigne accorder à mon peuple.

J'ai fait avec l'Autriche, la Russie, l'Angleterre et la Prusse, une paix dans laquelle sont compris leurs alliés, c'est-à-dire tous les princes de la chrétienté; la guerre était universelle, la réconciliation l'est pareillement. Le rang que la France a toujours occupé parmi les nations n'a été transféré à aucune autre et lui demeure sans partage. Tout ce que les autres États acquièrent de sécurité accroît également la sienne, et, par conséquent, ajoute à sa puissance véritable; ce

prêteront serment de fidélité; que les tribunaux, dépositaires des lois, s'interdiront toutes les poursuites relatives à ces temps malheureux dont son retour aura scellé pour jamais l'oubli; qu'enfin le code, souillé du nom de Napoléon, mais qui ne renferme en grande partie que les anciennes ordonnances et coutumes du royaume, restera en vigueur, si l'on en excepte les dispositions contraires aux dogmes religieux, assujettis longtemps, ainsi que la liberté du peuple, aux caprices du tyran. — Le sénat, où siégent des hommes que leurs talents distinguent à si juste titre, et que tant de services peuvent illustrer aux yeux de la France et de la postérité; ce corps, dont l'utilité et l'importance ne seront bien reconnues qu'après la restauration, peut-il manquer d'apercevoir la destinée glorieuse qui l'appelle à être le premier instrument du grand bienfait qui deviendra la plus solide comme la plus honorable garantie de son existence et de ses prérogatives? — A l'égard des propriétés, le roi, qui a déjà annoncé l'intention d'employer les moyens les plus propres à concilier les droits et les intérêts de tous, voit les nombreuses transactions qui ont eu lieu entre les anciens et les nouveaux propriétaires rendre ses soins presque superflus. Il s'engage maintenant à interdire aux tribunaux toutes procédures contraires auxdites transactions, à encourager les arrangements volontaires, et à donner lui-même, ainsi que sa famille, l'exemple de tous les sacrifices qui pourront contribuer au repos de la France et à l'union sincère des Français. — Le roi a garanti à l'armée la conservation des grades, emplois, solde et appointements dont elle jouit à présent; il promet aussi aux généraux, officiers et soldats qui se signaleront en faveur de sa cause (inséparable de celle du peuple français), des récompenses plus réelles, des distinctions plus honorables que celles qu'ils ont pu recevoir d'un usurpateur, toujours prêt à méconnaître ou même à redouter leurs services. Le roi prend de nouveau l'engagement d'abolir cette conscription funeste qui détruit le bonheur des familles et l'espérance de la patrie. — Telles ont toujours été, telles sont encore les intentions du roi. Son rétablissement sur le trône de ses ancêtres ne sera pour la France que l'heureuse transition des calamités d'une guerre que perpétue la tyrannie, aux bienfaits d'une paix solide, dont les puissances étrangères ne peuvent trouver la garantie que dans la parole du souverain légitime.

Donné à Hartwell, le 1er février, l'an de grâce 1813, et de notre règne le dix-huitième.

Signé LOUIS.

qu'elle ne conserve pas de ses conquêtes ne doit donc pas être regardé comme retranché de sa force réelle. — La gloire des armées françaises n'a reçu aucune atteinte ; les monuments de leur valeur subsistent, et les chefs-d'œuvre des arts nous appartiennent désormais par des droits plus stables et plus sacrés que ceux de la victoire. — Les routes de commerce, si longtemps fermées, vont être libres ; le marché de la France ne sera plus seul ouvert aux productions de son sol et de son industrie ; celles dont l'habitude lui a fait un besoin, ou qui sont nécessaires aux arts qu'elle exerce, lui seront fournies par les possessions qu'elle recouvre. Elle ne sera plus réduite à s'en priver, ou à ne les obtenir qu'à des conditions ruineuses. Nos manufactures vont refleurir, nos villes maritimes vont renaître, et tout nous promet qu'un long calme au dehors et une félicité durable au dedans seront les heureux fruits de la paix. — Un souvenir douloureux vient toutefois troubler ma joie ; j'étais né, je me flattais de rester toute ma vie le plus fidèle sujet du meilleur des rois, et j'occupe aujourd'hui sa place ! Mais du moins il n'est pas mort tout entier, il revit dans ce testament qu'il destinait à l'instruction de l'auguste et malheureux enfant auquel je devais succéder ! C'est les yeux fixés sur cet immortel ouvrage ; c'est pénétré des sentiments qui le dictèrent ; c'est guidé par l'expérience et secondé par les conseils de plusieurs d'entre vous, que j'ai rédigé la charte constitutionnelle, dont vous allez entendre la lecture, et qui asseoit sur des bases solides la prospérité de l'État.

Mon chancelier va vous faire connaître avec plus de détails mes instructions paternelles.

M. le chancelier a pris la parole en ces termes :

Messieurs les sénateurs, messieurs les députés des départements, vous venez d'entendre les paroles touchantes et les intentions paternelles de Sa Majesté ; c'est à ses ministres à vous faire les communications importantes qui en sont la suite. Quel magnifique et touchant spectacle que celui d'un roi qui, pour s'assurer de nos respects, n'avait besoin que de ses vertus ! qui déploie l'appareil imposant de la royauté, pour apporter à son peuple épuisé par vingt-cinq ans de malheurs, le bienfait si désiré d'une paix honorable, et celui non moins précieux d'une ordonnance de réformation, par laquelle il éteint tous les partis, comme il maintient tous les droits. Il s'est écoulé bien des années depuis que la Providence divine appela notre monarque au trône de ses pères. A l'époque de son avénement, la France, égarée par de fausses théories, divisée par l'esprit d'intrigue, aveuglée par de vaines apparences de liberté, était devenue la proie de toutes les factions, comme le théâtre de tous les excès, et se trouvait livrée aux plus horribles convulsions de l'anarchie. Elle a successivement essayé de tous les gouvernements, jusqu'à ce que le poids des maux qui l'accablaient l'ait enfin ramenée au gouvernement paternel qui, pendant quatorze siècles, avait fait sa gloire et son bonheur. Le souffle de Dieu a renversé ce colosse formidable de puissance qui pesait sur l'Europe entière ; mais sous les débris d'un édifice gigantesque encore plus promptement détruit qu'élevé, la France a retrouvé du moins les fondements inébranlables de son antique monarchie. — C'est sur cette base sacrée qu'il faut élever aujourd'hui un édifice durable que le temps et la main des hommes ne puissent plus détruire : c'est le roi qui en devient plus que jamais la pierre fondamentale ; c'est autour de lui que tous les Français doivent se rallier ; et quel roi mérita jamais mieux leur obéissance et leur fidélité ! Rappelé dans ses États par les vœux unanimes de ses peuples, il les a conquis sans armée, les a soumis par amour ; il a réuni tous les esprits en gagnant tous les cœurs. En pleine possession de ses droits héréditaires sur ce beau royaume, il ne veut exercer l'autorité qu'il tient de Dieu et de ses pères, qu'en posant lui-même les bornes de son pouvoir. Loin de lui l'idée que la souveraineté doive être dégagée des contre-poids salutaires qui, sous des dénominations différentes, ont constamment existé dans notre constitution. Il y substitue lui-même un établissement de pouvoir tellement combiné, qu'il offre autant de garanties pour la nation que de sauvegarde à la royauté ; il ne veut être que le chef suprême de la grande famille dont il est le père ; c'est lui-même qui vient donner aux Français une charte constitutionnelle appropriée à leurs désirs comme à leurs besoins, et à la situation respective des hommes et des choses. — L'enthousiasme touchant avec lequel le roi a été reçu dans ses États, l'empressement spontané de tous les corps civils et militaires, ont convaincu Sa Majesté de cette vérité, si douce pour son cœur, que la France était monarchique par sentiment, et regardait le pouvoir de la couronne comme un pouvoir tutélaire nécessaire à son bonheur.

Sa Majesté ne craint donc pas qu'il puisse rester aucun genre de défiance entre elle et son peuple : inséparablement unis par les liens d'un tendre amour, une confiance mutuelle doit cimenter tous leurs engagements. Il faut à la France un pouvoir royal protecteur, sans pouvoir devenir oppressif ; il faut au roi des sujets aimants et fidèles, toujours libres et égaux devant la loi. L'autorité doit avoir assez de force pour déjouer tous les partis, comprimer toutes les factions, en imposer à tous les ennemis qui menaceraient son repos et son bonheur. La nation peut en même temps désirer une garantie contre tous les genres d'abus dont elle vient d'éprouver les excès. La situation momentanée du royaume, après tant d'années d'orages, exige enfin quelques précautions, peut-être même quelques sacrifices, pour apaiser toutes les haines, prévenir toutes les réactions, consolider toutes les fortunes, amener, en un mot, tous les Français à un oubli généreux du passé et à une réconciliation générale. Tel est, Messieurs, l'esprit vraiment paternel dans lequel a été rédigée cette grande charte que le roi m'ordonne de mettre sous les yeux de l'ancien Sénat et du dernier Corps législatif. Si le premier de ces corps a, pour ainsi dire, cessé d'exister avec la puissance qui l'avait établi ; si le second ne peut plus avoir, sans l'autorisation du roi, que des pouvoirs incertains, et déjà expirés pour plusieurs de ses séries, leurs membres n'en sont pas moins l'élite légale des notables du royaume. Aussi le roi les a-t-il consultés, en choisissant dans leur sein les membres que leur confiance avait plus d'une fois signalés à l'estime publique. Il en a, pour ainsi dire, agrandi son conseil, et il doit, à leurs sages observations, plusieurs additions utiles, plusieurs restrictions importantes. C'est le travail unanime de la commission dont ils ont fait partie qui va être mis sous vos yeux, pour être ensuite porté aux deux chambres créées par la constitution, et envoyé à tous les tribunaux comme à toutes les municipalités. Je ne doute pas, messieurs, qu'il n'excite parmi vous un enthousiasme de reconnaissance, qui, du sein de la capitale, se propagera bientôt jusqu'aux extrémités du royaume. — (M. Ferrand, ministre d'État, a ensuite donné lecture de la charte.)

§ II. *Texte de la Charte.*

4-10 JUIN 1814. — *Charte constitutionnelle.* (V. Bull. n° 133) (1).

Louis, par la grâce de Dieu, roi de France et de Navarre,

A tous ceux qui ces présentes verront, salut.

La divine Providence, en nous rappelant dans nos États après une longue absence, nous a imposé de grandes obligations. La paix était le premier besoin de nos sujets : nous nous en sommes occupés sans relâche ; et cette paix si nécessaire à la France comme au reste de l'Europe, est signée. Une charte constitutionnelle était sollicitée par l'état actuel du royaume ; nous l'avons promise, et nous la publions. Nous avons considéré que, bien que l'autorité tout entière résidât en France dans la personne du roi, nos prédécesseurs n'avaient point hésité à en modifier l'exercice, suivant la différence des temps ; que c'est ainsi que les communes ont dû leur affranchissement à Louis le Gros, la confirmation et l'extension de leurs droits à saint Louis et à Philippe le Bel ; que l'ordre judiciaire a été établi et développé par les lois de Louis XI, de Henri II et de Charles IX ; enfin, que Louis XIV a réglé presque toutes les parties de l'administration publique par différentes ordonnances dont rien encore n'avait surpassé la sagesse.

Nous avons dû, à l'exemple des rois nos prédécesseurs, apprécier les effets des progrès toujours croissants des lumières, les rapports nouveaux que ces progrès ont introduits dans la société, la direction imprimée aux esprits depuis un demi-siècle, et les graves altérations qui en sont résultées : nous avons reconnu que le vœu de nos sujets pour une charte constitutionnelle était l'expression d'un besoin réel ; mais en cédant à ce vœu, nous avons pris toutes les précautions pour que cette charte fût digne de nous et du peuple auquel nous sommes fiers de commander. Des hommes sages, pris dans les premiers corps de l'État, se sont réunis à des commissaires de notre conseil, pour travailler à cet important ouvrage.

En même temps que nous reconnaissions qu'une constitution libre et monarchique devait remplir l'attente de l'Europe éclairée, nous avons dû nous souvenir aussi que notre premier devoir envers nos peuples était de conserver, pour leur propre intérêt, les droits et les prérogatives de notre couronne. Nous avons espéré qu'instruits par l'expérience, ils seraient convaincus que l'autorité suprême peut seule donner aux institutions qu'elle établit, la force, la permanence et la majesté dont elle est elle-même revêtue ; qu'ainsi, lorsque la sagesse des rois s'accorde librement avec le vœu des peuples, une charte constitutionnelle peut être de longue durée ; mais que, quand la violence arrache des concessions à la faiblesse du gouvernement, la liberté publique n'est pas moins en danger que le trône même. Nous avons enfin cherché les principes de la charte constitutionnelle dans le caractère français, et dans les monuments vénérables des siècles passés. Ainsi, nous avons vu dans le renouvellement de la pairie une institution vraiment nationale, et qui doit lier tous les souvenirs à toutes les espérances, en réunissant les temps anciens et les temps modernes.

Nous avons remplacé, par la Chambre des Députés, ces anciennes assemblées des Champs de mars et de mai, et ces Chambres du tiers état, qui ont si souvent donné tout à la fois des preuves de zèle pour les intérêts du peuple, de fidélité et de respect pour l'autorité des rois. En cherchant ainsi à renouer la chaîne des temps, que de funestes écarts avaient interrompue, nous avons effacé de notre souvenir, comme nous voudrions qu'on pût les effacer de l'histoire, tous les maux qui ont affligé la patrie durant notre absence. Heureux de nous retrouver au sein de la grande famille, nous n'avons su répondre à l'amour dont nous recevons tant de témoignages, qu'en prononçant des paroles de paix et de consolation. Le vœu le plus cher à notre cœur, c'est que tous les Français vivent en frères, et que jamais aucun souvenir amer ne trouble la sécurité qui doit suivre l'acte solennel que nous leur accordons aujourd'hui.

Sûrs de nos intentions, forts de notre conscience, nous nous engageons, devant l'assemblée qui nous écoute, à être fidèles à cette charte constitutionnelle, nous réservant d'en jurer le maintien, avec une nouvelle solennité, devant les autels de celui qui pèse dans la même balance les rois et les nations.

A ces causes,

Nous avons volontairement, et par le libre exercice de notre autorité royale, accordé et accordons, fait concession et octroi à nos sujets, tant pour nous que pour nos successeurs, et à toujours, de la charte constitutionnelle qui suit (1) :

Droit public des Français.

Art. 1er. Les Français sont égaux devant la loi, quels que soient d'ailleurs leurs titres et leurs rangs (2).

2. Ils contribuent indistinctement, dans la proportion de leur fortune, aux charges de l'État (3).

(1) La charte de 1814 est beaucoup moins complète que les constitutions précédentes : elle ne contient guère que les dispositions fondamentales de notre droit constitutionnel : une foule de points importants y sont passés sous silence : ainsi elle ne contient rien ni *sur l'ordre de successibilité au trône*, ni *sur la régence*, ni *sur la majorité du roi*, ni *sur l'état civil de la famille royale*, ni *sur la qualité de citoyen*, *etc.*, *etc.*

Quelques-unes de ces lacunes ont été remplies par les ordonnances des 23 mars 1816 et 23 avril 1820, rapportées ci-après dans le § 3.

Conformément à notre système de réserver principalement les annotations pour les lois en vigueur, nous nous bornerons ici à établir la concordance entre la charte de 1814 et celle de 1830. — Nous renvoyons, pour les notes plus étendues, 1° à la déclaration de la Chambre des Députés, du 7 août, où nous présentons un résumé des discussions de la Chambre des Députés ; 2° à l'adhésion de la Chambre des Pairs du même mois ; 3° enfin au texte officiel de la charte publié le 11 août 1830.

(1) Le préambule a été retranché dans la charte de 1830.

(2) Art. 1, reproduit par l'art. 1 de la Ch. de 1830.

(3) Art. 2, reproduit par l'art. 2 Ch. de 1830.

3. Ils sont tous également admissibles aux emplois civils et militaires (1).

4. Leur liberté individuelle est également garantie, personne ne pouvant être poursuivi ni arrêté que dans les cas prévus par la loi, et dans la forme qu'elle prescrit (2).

5. Chacun professe sa religion avec une égale liberté, et obtient pour son culte la même protection (3).

6. Cependant la religion catholique, apostolique et romaine, est la religion de l'État (4).

7. Les ministres de la religion catholique, apostolique et romaine, et ceux des autres cultes chrétiens, reçoivent seuls des traitements du trésor royal (5).

8. Les Français ont le droit de publier et de faire imprimer leurs opinions, en se conformant aux lois qui doivent réprimer les abus de cette liberté (6).

9. Toutes les propriétés sont inviolables, sans aucune exception de celles qu'on appelle *nationales*, la loi ne mettant aucune différence entre elles (7).

10. L'État peut exiger le sacrifice d'une propriété, pour cause d'intérêt public légalement constaté, mais avec une indemnité préalable (8).

11. Toutes recherches des opinions et votes émis jusqu'à la restauration, sont interdites. Le même oubli est commandé aux tribunaux et aux citoyens (9).

12. La conscription est abolie. Le mode de recrutement de l'armée de terre et de mer est déterminé par une loi (10).

Formes du gouvernement du roi.

13. La personne du roi est inviolable et sacrée. Ses ministres sont responsables. Au roi seul appartient la puissance exécutive (11).

14. Le roi est le chef suprême de l'État, commande les forces de terre et de mer, déclare la guerre, fait les traités de paix, d'alliance et de commerce, nomme à tous les emplois d'administration publique, et fait les règlements et ordonnances nécessaires pour l'exécution des lois et la sûreté de l'État (12).

15. La puissance législative s'exerce collectivement par le roi, la Chambre des Pairs, et la Chambre des Députés des départements (13).

16. Le roi propose la loi (14).

17. La proposition de la loi est portée, au gré du roi, à la Chambre des Pairs ou à celle des Députés, excepté la loi de l'impôt, qui doit être adressée d'abord à la Chambre des Députés (15).

18. Toute loi doit être discutée et votée librement par la majorité de chacune des deux chambres (16).

19. Les chambres ont la faculté de supplier le roi de proposer une loi sur quelque objet que ce soit, et d'indiquer ce qu'il leur paraît convenable que la loi contienne (17).

(1) Art. 3, reproduit par l'art. 3 Ch. de 1830.

(2) Art. 4, reproduit par l'art. 4 Ch. de 1830.

(3) Art. 5, reproduit par l'art. 5 Ch. de 1830.

(4) Art. 6, supprimé dans la Charte de 1830. (Voyez la note suivante.)

(5) Art. 7 est devenu l'art. 6 de la Ch. de 1830, avec cette modification que, après les mots *apostolique et romaine*, on a ajouté ceux-ci : *professée par la majorité des Français.*

(6) Art. 8 est devenu l'art. 7 de la Ch. de 1830, avec cette modification importante que les mots : *qui doivent réprimer les abus de cette liberté*, sont remplacés par ceux-ci : *La censure ne pourra jamais être rétablie.*

(7) Art. 9, reproduit par l'art. 8 Ch. de 1830.

(8) Art. 10, reproduit par l'art. 9 Ch. de 1830.

(9) Art. 11, reproduit par l'art. 10 Ch. de 1830.

(10) Art. 12, reproduit par l'art. 11 Ch. de 1830.

(11) Art. 13, reproduit par l'art. 12 Ch. de 1830.

(12) C'est sur cet article 14 que sont fondées les ordonnances du 25 juillet 1830. — L'art. 14 est devenu l'art. 13 de la Ch. de 1830, mais avec une modification capitale : les mots *et la sûreté de l'État* sont remplacés par ceux-ci : *sans pouvoir jamais ni suspendre les lois elles-mêmes, ni dispenser de leur exécution. — Toutefois aucune troupe étrangère ne pourra être admise au service de l'État qu'en vertu d'une loi.*

(13) Art. 15, reproduit par l'art. 14 de la Ch. de 1830, moins ces mots *des départements.*

(14 et 15) Les art. 16 et 17 sont remplacés dans la Ch. de 1830 par l'art. 15 ainsi conçu : *La proposition des lois appartient au roi, à la Chambre des Pairs et à la Chambre des Députés. — Néanmoins toute loi d'impôt doit être d'abord votée par la Chambre des Députés.*

(16) Art. 18, reproduit par l'art. 16 Ch. de 1830.

(17, 18 et 19) Art. 19, 20, 21 supprimés, et remplacés par l'art. 17 ainsi conçu : *Si une proposition de loi a été rejetée par l'un des trois pouvoirs, elle ne pourra être représentée dans la même session.*

20. Cette demande pourra être faite par chacune des deux chambres, mais après avoir été discutée en comité secret : elle ne sera envoyée à l'autre chambre par celle qui l'aura proposée, qu'après un délai de dix jours (18).

21. Si la proposition est adoptée par l'autre chambre, elle sera mise sous les yeux du roi; si elle est rejetée, elle ne pourra être représentée dans la même session (19).

22. Le roi seul sanctionne et promulgue les lois (1).

23. La liste civile est fixée, pour toute la durée du règne, par la première législature assemblée depuis l'avénement du roi (2).

De la Chambre des Pairs.

24. La Chambre des Pairs est une portion essentielle de la puissance législative (3).

25. Elle est convoquée par le roi, en même temps que la Chambre des Députés des départements. La session de l'une commence et finit en même temps que celle de l'autre (4).

26. Toute assemblée de la Chambre des Pairs qui serait tenue hors du temps de la session de la Chambre des Députés, ou qui ne serait pas ordonnée par le roi, est illicite et nulle de plein droit (5).

27. La nomination des pairs de France appartient au roi. Leur nombre est illimité : il peut en varier les dignités, les nommer à vie ou les rendre héréditaires, selon sa volonté (6).

28. Les pairs ont entrée dans la chambre à vingt-cinq ans, et voix délibérative à trente ans seulement (7).

29. La Chambre des Pairs est présidée par le chancelier de France, et, en son absence, par un pair nommé par le roi (8).

30. Les membres de la famille royale et les princes du sang sont pairs par le droit de leur naissance. Ils siégent immédiatement après le président; mais ils n'ont voix délibérative qu'à vingt-cinq ans (9).

31. Les princes ne peuvent prendre séance à la chambre que de l'ordre du roi, exprimé pour chaque session par un message, à peine de nullité de tout ce qui aurait été fait en leur présence (10).

32. Toutes les délibérations de la Chambre des Pairs sont secrètes (11).

33. La Chambre des Pairs connaît des crimes de haute trahison et des attentats à la sûreté de l'État qui seront définis par la loi (12).

34. Aucun pair ne peut être arrêté que de l'autorité de la chambre, et jugé que par elle en matière criminelle (13).

De la Chambre des Députés des départements.

35. La Chambre des Députés sera composée des députés élus par les colléges électoraux dont l'organisation sera déterminée par des lois (14).

36. Chaque département aura le même nombre de députés qu'il a eu jusqu'à présent (15).

37. Les députés seront élus pour cinq ans, et de manière que la chambre soit renouvelée chaque année par cinquième (16).

(1) Art. 22, reproduit par l'art. 18 Ch. de 1830.

(2) Art. 23, reproduit par l'art. 19 Ch. de 1830.

(3) Art. 24, reproduit par l'art. 20 Ch. de 1830.

(4) Art. 25, reproduit par l'art. 21 Ch. de 1830.

(5) Art. 26, remplacé par l'art. 22 Ch. de 1830, ainsi conçu : *Toute assemblée de la Chambre des Pairs qui serait tenue hors du temps de la session de la Chambre des Députés, est illicite et nulle de plein droit, sauf le seul cas où elle est réunie comme cour de justice, et alors elle ne peut exercer que des fonctions judiciaires.*

(6) Art. 27. La déclaration de la Chambre des Députés du 7 août 1830 portait : *L'art. 27 de la Charte sera soumis à un nouvel examen dans la session de 1831.* Cet examen a produit la loi du 29 décembre 1831 — 7 janvier 1832, que nous reproduisons au mot CHAMBRE DES PAIRS.

(7) Art. 28, reproduit par l'art. 24 Ch. de 1830.

(8) Art. 29, reproduit par l'art. 25 Ch. de 1830.

(9) Art. 30, remplacé dans la Ch. de 1830, par l'art. 26 ainsi conçu : *Les princes du sang sont pairs par droit de naissance; ils siégent immédiatement après le président.*

(10) Art. 31, supprimé dans la Ch. 1830.

(11) Art. 32, remplacé par l'art. 27 de la Ch. de 1830 ainsi conçu : *Les séances de la Chambre des Pairs sont publiques comme celles de la Chambre des Députés.*

(12) Art. 33, reproduit par l'art. 28 Ch. de 1830.

(13) Art. 34, reproduit par l'art. 29 Ch. de 1830.

(14) Art. 35, reproduit par l'art. 30 Ch. de 1830.

(15) Art. 36, supprimé.

(16) Art. 37, avait été violé par la loi du 19 juin 1824 sur le renouvellement intégral et septennal de la Chambre des Députés. Dans la charte de 1830, il a été remplacé par l'art. 31, ainsi conçu : *Les députés sont élus pour cinq ans.*

38. Aucun député ne peut être admis dans la chambre s'il n'est âgé de quarante ans, et s'il ne paye une contribution directe de mille francs (1).

39. Si néanmoins il ne se trouvait pas dans le département cinquante personnes de l'âge indiqué, payant au moins mille francs de contributions directes, leur nombre sera complété par les plus imposés au-dessous de mille francs, et ceux-ci pourront être élus concurremment avec les premiers (2).

40. Les électeurs qui concourent à la nomination des députés, ne peuvent avoir droit de suffrage s'ils ne payent une contribution directe de trois cents francs, et s'ils ont moins de trente ans (3).

41. Les présidents des colléges électoraux seront nommés par le roi, et de droit membres du collége (4).

42. La moitié au moins des députés sera choisie parmi des éligibles qui ont leur domicile politique dans le département (5).

43. Le président de la Chambre des Députés est nommé par le roi, sur une liste de cinq membres présentée par la chambre (6).

44. Les séances de la chambre sont publiques; mais la demande de cinq membres suffit pour qu'elle se forme en comité secret (7).

45. La chambre se partage en bureaux pour discuter les projets qui lui ont été présentés de la part du roi (8).

46. Aucun amendement ne peut être fait à une loi, s'il n'a été proposé ou consenti par le roi, et s'il n'a été renvoyé et discuté dans les bureaux (9).

47. La Chambre des Députés reçoit toutes les propositions d'impôts; ce n'est qu'après que ces propositions ont été admises, qu'elles peuvent être portées à la Chambre des Pairs (10).

48. Aucun impôt ne peut être établi ni perçu, s'il n'a été consenti par les deux chambres et sanctionné par le roi (11).

49. L'impôt foncier n'est consenti que pour un an. Les impositions indirectes peuvent l'être pour plusieurs années (12).

50. Le roi convoque chaque année les deux chambres; il proroge, et peut dissoudre celle des députés des départements; mais, dans ce cas, il doit en convoquer une nouvelle dans le délai de trois mois (13).

51. Aucune contrainte par corps ne peut être exercée contre un membre de la chambre, durant la session, et dans les six semaines qui l'auront précédée ou suivie (14).

52. Aucun membre de la chambre ne peut, pendant la durée de la session, être poursuivi ni arrêté en matière criminelle, sauf le cas de flagrant délit, qu'après que la chambre a permis sa poursuite (15).

53. Toute pétition à l'une ou à l'autre des chambres ne peut être faite et présentée que par écrit. La loi interdit d'en apporter en personne et à la barre (16).

Des ministres.

54. Les ministres peuvent être membres de la Chambre des Pairs ou de la Chambre des Députés. Ils ont en outre leur entrée dans l'une ou l'autre

(1) Art. 38, remplacé dans la Ch. de 1830 par l'art. 32 ainsi conçu : *Aucun député ne peut être admis dans la chambre s'il n'est âgé de trente ans, et s'il ne réunit les autres conditions déterminées par la loi.*

(Voyez ÉLECTIONS PARLEMENTAIRES : L. du 19 avril 1831.)

(2) Art. 39, remplacé dans la Charte de 1830 par l'article 33 ainsi conçu : *Si néanmoins il ne se trouvait pas dans le département cinquante personnes de l'âge indiqué, payant le cens déterminé par la loi, leur nombre sera complété par les plus imposés au-dessous du taux de ce cens, et ceux-ci pourront être élus concurremment avec les premiers.*

(3) Art. 40, remplacé dans la Ch. de 1830 par l'art 34 ainsi conçu : *Nul n'est électeur s'il a moins de vingt-cinq ans, et s'il ne réunit les autres conditions déterminées par la loi.*

(4) Art. 41, remplacé dans la Ch. de 1830 par l'art. 35 ainsi conçu : *Les présidents des colléges électoraux sont nommés par les électeurs.*

(5) Art. 42, reproduit par l'art. 36 Ch. de 1830.

(6) Art. 43, remplacé dans la Ch. de 1830 par l'art. 37, ainsi conçu : *Le président de la Chambre des Députés est élu par elle à l'ouverture de chaque session.*

(7) Art. 44, reproduit par l'art. 38 Ch. de 1830.

(8) Art. 45, reproduit par l'art. 39 Ch. de 1830.

(9 et 10) Art. 46 et 47, supprimés dans la charte de 1830, à cause des changements apportés à *l'initiative.*

(11) Art. 48, reproduit par l'art. 40 Ch. de 1830.

(12) Art. 49, reproduit par l'art. 41 Ch. de 1830.

(13) Art. 50, reproduit par l'art. 42 Ch. de 1830.

(14) Art. 51, reproduit par l'art. 43 Ch. de 1830.

(15) Art. 52, reproduit par l'art. 44 Ch. de 1830.

(16) Art. 53, reproduit par l'art. 45 Ch. de 1830.

chambre, et doivent être entendus quand ils le demandent (1).

55. La Chambre des Députés a le droit d'accuser les ministres, et de les traduire devant la Chambre des Pairs, qui seule a celui de les juger (2).

56. Ils ne peuvent être accusés que pour fait de trahison ou de concussion. Des lois particulières spécifieront cette nature de délits, et en détermineront la poursuite (3).

De l'ordre judiciaire.

57. Toute justice émane du roi. Elle s'administre en son nom par des juges qu'il nomme et qu'il institue (4).

58. Les juges nommés par le roi sont inamovibles (5).

59. Les cours et tribunaux ordinaires actuellement existants sont maintenus. Il n'y sera rien changé qu'en vertu d'une loi (6).

60. L'institution actuelle des juges de commerce est conservée (7).

61. La justice de paix est également conservée. Les juges de paix, quoique nommés par le roi, ne sont point inamovibles (8).

62. Nul ne pourra être distrait de ses juges naturels (9).

63. Il ne pourra en conséquence être créé de commissions et tribunaux extraordinaires. Ne sont pas comprises sous cette dénomination les juridictions prévôtales, si leur rétablissement est jugé nécessaire (10).

64. Les débats seront publics en matière criminelle, à moins que cette publicité ne soit dangereuse pour l'ordre et les mœurs; et, dans ce cas, le tribunal le déclare par un jugement (11).

65. L'institution des jurés est conservée. Les changements qu'une plus longue expérience ferait juger nécessaires, ne peuvent être effectués que par une loi (12).

66. La peine de la confiscation des biens est abolie, et ne pourra pas être rétablie (13).

67. Le roi a le droit de faire grâce, et celui de commuer les peines (14).

68. Le code civil et les lois actuellement existantes qui ne sont pas contraires à la présente charte, restent en vigueur jusqu'à ce qu'il y soit légalement dérogé (15).

Droits particuliers garantis par l'État.

69. Les militaires en activité de service, les officiers et soldats en retraite, les veuves, les officiers et soldats pensionnés, conserveront leurs grades, honneurs et pensions (16).

70. La dette publique est garantie. Toute espèce d'engagement pris par l'État avec ses créanciers, est inviolable (17).

71. La noblesse ancienne reprend ses titres. La nouvelle conserve les siens. Le roi fait des nobles à volonté; mais il ne leur accorde que des rangs et des honneurs, sans aucune exemption des charges et des devoirs de la société (18).

72. La Légion d'honneur est maintenue. Le roi déterminera les règlements intérieurs et la décoration (19).

73. Les colonies seront régies par des lois et des règlements particuliers (20).

74. Le roi et ses successeurs jureront, dans la solennité de leur sacre, d'observer fidèlement la présente charte constitutionnelle (21).

Articles transitoires.

75. Les députés des départements de France qui siégeaient au Corps législatif lors du dernier ajournement, continueront de siéger à la Chambre des Députés, jusqu'à remplacement (1).

76. Le premier renouvellement d'un cinquième de la Chambre des Députés aura lieu au plus tard en l'année 1816, suivant l'ordre établi entre les séries (2).

Nous ordonnons que la présente charte constitutionnelle, mise sous les yeux du Sénat et du Corps législatif, conformément à notre proclamation du 2 mai, sera envoyée incontinent à la Chambre des Pairs et à celle des Députés.

Donné à Paris, l'an de grâce 1814, et de notre règne le dix-neuvième.

Signé LOUIS.

---

§ III. *Actes complémentaires ou modificatifs* (3).

4 JUIN 1814. — *Adresse de la Chambre des Pairs au roi valant acceptation de la charte.*

« Sire, les fidèles sujets de Votre Majesté, formant la Chambre des Pairs, viennent déposer au pied de son trône le tribut de la plus juste reconnaissance, pour le double et inappréciable bienfait d'une paix glorieuse à la France et d'une constitution régénératrice. La grande charte que Votre Majesté vient de faire publier, consacre de nouveau l'antique principe constitutif de la monarchie française, qui établit sur le même fondement, et par un admirable accord, la puissance du roi et la liberté du peuple. La forme que Votre Majesté a donnée à l'application de cet inaltérable principe, est un témoignage éclatant de sa profonde sagesse et de son amour pour les Français. C'est ainsi que la force de la monarchie se développera et s'accroîtra de plus en plus comme la gloire personnelle de Votre Majesté; et après que nous aurons eu le bonheur d'être longtemps gouvernés par elle, la postérité s'empressera d'unir le nom de Louis XVIII à celui de ses plus illustres prédécesseurs.

« Daignez, sire, agréer l'hommage de notre respect, de notre dévouement et de notre fidélité à remplir les obligations que la grande charte nous impose, en concourant, par un zèle invariable, au maintien des institutions fortes et généreuses que vient de fonder la prévoyance paternelle de Votre Majesté.

« L'Assemblée arrête que l'adresse ci-dessus sera présentée à Sa Majesté par la Chambre entière.

« Les *président* et *secrétaires*, DAMBRAY, comte DE VALENCE, comte DE PASTORET. »

---

6 JUIN 1814. — *Adresse de la Chambre des Députés au roi, sanctionnant le vœu des Français.*

« Sire, vos fidèles sujets de la Chambre des Députés des départements viennent porter au pied du trône l'hommage de la reconnaissance que la France doit à Votre Majesté.

« Parmi les sages dont les institutions ont préparé le bonheur des États, l'histoire ne nous en offre pas qui aient réuni plus d'avantages que Votre Majesté pour imprimer aux lois ce caractère qui commande le respect des peuples. La France voit en vous, sire, comme le disait Bossuet du grand Condé, la France voit en vous ce je ne sais quoi d'achevé que les malheurs ajoutent aux grandes vertus.

« Au milieu des circonstances merveilleuses qui vous ont replacé, sire, sur le trône de saint Louis et de Henri IV, Votre Majesté aurait eu, pour présenter des lois à son peuple, plus d'ascendant que n'en avaient les anciens si révérés, dont le génie seul fondait les États les plus libres; mais Votre Majesté a senti qu'elle imprimerait aux lois de la France un caractère plus irrévocable en sanctionnant le vœu des Français. C'est en effet en accueillant les principales dispositions présentées par les différents corps de l'État, c'est en écoutant tous les vœux, que Votre Majesté a formé cette charte constitutionnelle qui, par le concours de toutes les volontés, raffermit à la fois les bases du trône et de la liberté publique.

« Interrogeant les siècles, Votre Majesté a combiné d'anciens usages avec des mœurs nouvelles, et nos institutions se trouvent accommodées aux temps, au progrès de l'esprit, à l'état de la civilisation, aux rapports des nations entre elles : Votre Majesté a voulu travailler aussi à la restauration de ce peuple dont elle a dit que l'amour l'avait rappelée au trône de ses pères.

« Plus rapprochés des besoins des peuples (suivant les paroles de Votre Majesté), les députés sont destinés à les lui faire connaître et à concourir aux moyens de les soulager.

« La charte ouvre aux accents de la vérité toutes les voies pour arriver jusqu'au trône, puisqu'elle consacre la liberté de la presse et le droit de pétition. Entre les garanties qu'elle donne, la France remarquera la responsabilité des ministres qui trahiraient la confiance de Votre Majesté en violant les droits publics et privés que consacre la charte constitutionnelle.

« En vertu de cette charte, la noblesse ne se présentera désormais à la vénération du peuple qu'entourée de témoignages d'honneur et de gloire, que ne pourront plus altérer les souvenirs de la féodalité.

« Les principes de la liberté civile se trouvent établis sur l'indépendance du pouvoir judiciaire et la conservation du jury, précieuse garantie de tous les droits.

« Que si des circonstances malheureuses obligeaient à rétablir les juridictions prévôtales, essentiellement temporaires, nous sommes convaincus, d'après les bases consacrées, qu'elles ne seraient formées qu'en vertu d'une loi.

« La publicité des débats, si rassurante pour l'innocence, ne sera restreinte par les tribunaux que dans ces occasions rares qui exigent un sacrifice momentané du droit le plus sacré.

« Enfin, si les droits et les besoins publics faisaient désirer des améliorations, la charte constitutionnelle, qui renferme en elle-même les moyens de les accorder, doit rassurer toutes les opinions et dissiper toutes les inquiétudes.

« C'est ainsi qu'après avoir sagement balancé les pouvoirs publics, la charte constitutionnelle promet à la France et la jouissance de cette liberté politique qui, en élevant la nation, donne plus d'éclat au trône lui-même, et les bienfaits de cette liberté civile qui, en faisant chérir par toutes les classes l'autorité royale qui les protége, rend l'obéissance à la fois plus douce et plus sûre. Aussi avons-nous, sire, l'intime confiance que l'assentiment des Français donnera à cette charte tutélaire un caractère tout à fait national. La durée de ces bienfaits, sire, paraît devoir être inaltérable, lorsqu'ils arrivent au moment d'une paix que le ciel accorde enfin à la France. L'armée qui a combattu pour la patrie et pour l'honneur, et le peuple qu'elle a défendu, reconnaissent à l'envi que cette paix, signée dès le premier mois du retour de Votre Majesté dans sa capitale, est due à l'auguste maison de Bourbon, autour de qui la grande famille française se rallie tout entière, dans l'espoir de réparer ses malheurs.

« Oui, sire, tous les intérêts, tous les droits, toutes les espérances se confondent sous la protection de la couronne. On ne verra plus en France que de véritables citoyens, ne s'occupant du passé qu'afin d'y chercher d'utiles leçons pour l'avenir, et disposés à faire le sacrifice de leurs prétentions opposées et de leurs ressentiments. Les Français, également remplis d'amour

(1) Art. 54, reproduit par l'art. 46 Ch. de 1830.
(2) Art. 55, reproduit par l'art. 47 Ch. de 1830.
(3) Art. 56, supprimé dans la Ch. de 1830.
(4) Art. 57, reproduit par l'art. 48 Ch. de 1830.
(5) Art. 58, reproduit par l'art. 49 Ch. de 1830.
(6) Art. 59, reproduit par l'art. 50 Ch. de 1830.
(7) Art. 60, reproduit par l'art. 51 Ch. de 1830.
(8) Art. 61, reproduit par l'art. 52 Ch. de 1830.
(9) Art. 62, reproduit par l'art. 53 Ch. de 1830.
(10) Art. 63, remplacé, dans la charte de 1830, par l'art. 54 ainsi conçu : *Il ne pourra en conséquence être créé de commissions et tribunaux extraordinaires à quelque titre et sous quelque dénomination que ce puisse être.*
(11) Art. 64, reproduit par l'art. 55 Ch. de 1830
(12) Art. 65, reproduit par l'art. 56 Ch. de 1830.
(13) Art. 66, reproduit par l'art. 57 Ch. de 1830.
(14) Art. 67, reproduit par l'art. 58 Ch. de 1830
(15) Art. 68, reproduit par l'art. 59 Ch. de 1830.
(16) Art. 69, reproduit par l'art. 60 Ch. de 1830.
(17) Art. 70, reproduit par l'art. 61 Ch. de 1830.
(18) Art. 71, reproduit par l'art. 62 Ch. de 1830.
(19) Art. 72, reproduit par l'art. 63 Ch. de 1830.
(20) Art. 73, remplacé, dans la charte de 1830, par l'art. 64, ainsi conçu : *Les colonies sont régies par des lois particulières.*
(21) Art. 74, remplacé, dans la Ch. de 1830, par l'art. 65, ainsi conçu : *Le roi et ses successeurs jureront, à leur avénement, en présence des chambres réunies, d'observer fidèlement la charte constitutionnelle.*

A la suite de cet article ont été ajoutés, dans la charte de 1830, deux articles nouveaux qui portent aujourd'hui les numéros 66 et 67. (Voir à la section suivante.)

(1) Art. 75, supprimé dans la Ch. de 1830.
(2) Art. 76, supprimé dans la Ch. de 1830.

A la suite de la charte de 1830 ont été ajoutés deux articles transitoires : l'un, sous le numéro 68, annulle les créations de pairs faites par Charles X; l'autre, sous le numéro 69, ordonne qu'il sera pourvu par des lois séparées et dans le plus court délai possible, à divers objets que cet article détermine. (Voyez dans la section suivante la charte de 1830 et les annotations.)

(3) L'ordonnance du 13 juillet 1815 avait apporté momentanément quelques modifications à la charte; l'article 14 décidait, en outre, textuellement : « Les articles 16, 25, 35, 36, 37, 38, 39, 40, 41, 42, 43, 44, 45 et 46 seront soumis à la révision du pouvoir législatif dans la prochaine session des chambres. » Cette annonce menaçante, en raison de l'esprit de réaction qui animait la fameuse chambre de 1815, fut bientôt retirée; l'article 1er de l'ordonnance du 5 septembre 1816 portait en effet : « Aucun des articles de la charte ne sera revisé. » (Voyez les deux ordonn. au mot ÉLECTIONS PARLEMENTAIRES, section VI.)

Nonobstant cette promesse, plusieurs dispositions de la charte ont été modifiées. (Voyez plus haut les notes placées sous les articles de la charte.)

Enfin, les célèbres ordonnances du 25 juillet 1830 ont amené et la ruine de la charte de 1814 et la chute de la branche aînée de la maison de Bourbon.

BIBLIOTHEQUE NATIONALE DE FRANCE
3 7531 03968181 3

www.ingramcontent.com/pod-product-compliance
Ingram Content Group UK Ltd.
Pitfield, Milton Keynes, MK11 3LW, UK
UKHW020355230726
13925UKWH00003B/1135